edition suhrkamp

Redaktion: Günther Busch

Richard Lorenz, geboren 1934, studierte Geschichte, Politische Wissenschaften und Philosophie in Leipzig, West-Berlin, Frankfurt am Main und Marburg an der Lahn. 1971 habilitierte er sich mit einer Arbeit über das Ende der Neuen Ökonomischen Politik. Von 1972 bis 1975 war er Professor für Politische Wissenschaften an der Universität Marburg; seit 1975 lehrt er Neuere osteuropäische Geschichte an der Gesamthochschule Kassel. Wichtige Publikationen: *Anfänge der bolschewistischen Industriepolitik,* 1965; *Proletarische Kulturrevolution in Sowjetrußland* (Hrsg.), 1969; *Die Sowjetunion* (1917-1941), in: *Fischer Weltgeschichte* Band 31, 1972; *Sozialgeschichte der Sowjetunion 1 1917-1945,* 1976.

Die chinesische Revolution, die mit den Aufständen gegen das Kaiserhaus im Jahre 1911 begann und 1949 in der Machtübernahme durch die Kommunistische Partei ihren Höhepunkt fand, unterschied sich in ihrer sozialen Basis, den treibenden politischen Kräften und den angewandten Strategien von allen vorangegangenen Revolutionen einschließlich der russischen Oktoberrevolution. Diese Unterschiede entsprangen der besonderen ökonomischen und sozialen Struktur Chinas, die im Rahmen unseres Bandes näher untersucht wird. Folgende Problemkreise werden hierbei behandelt: die kategoriale Bestimmung der chinesischen Gesellschaft, die Krise der alten Agrarökonomie, die Entstehung revolutionären Bewußtseins innerhalb der armen Bauernschaft, der Akkumulationsprozeß, die Entfaltung der Arbeiterbewegung und die Theorien der chinesischen Revolution. Die Analyse dieser Zusammenhänge und Sachverhalte trägt zugleich zum Verständnis der Entwicklung der Volksrepublik China bei.

Umwälzung einer Gesellschaft
Zur Sozialgeschichte der chinesischen Revolution (1911-1949)

Herausgegeben von Richard Lorenz

Suhrkamp Verlag

Hinweis

Die chinesischen Phoneme werden in der amtlichen Umschrift der Volksrepublik China (Hanyu pinyin) wiedergegeben. Ausgenommen wurden lediglich Mao Tse-tung, Sun Yat-sen, Tschou En-lai und Tschiang Kai-schek sowie Hongkong, Kanton und Peking. Die Umschrift russischer Namen und Begriffe folgt in der Regel der preußischen Transkriptionsordnung.

edition suhrkamp 870
Erste Auflage 1977

Satz, in Linotype Garamond, Druck und Bindung bei Georg Wagner, Nördlingen.
Gesamtausstattung Willy Fleckhaus.

Inhalt

Vorwort

China trat ins 20. Jahrhundert als eine in Auflösung und Verfall begriffene Agrargesellschaft ein. Der Auflösungs- und Verfallsprozeß wurde vor allem durch die Einwirkung des kapitalistischen Weltmarktes hervorgerufen, in den das chinesische Kaiserreich nach seiner Niederlage im ersten Opiumkrieg (1839-1842) gewaltsam eingezogen wurde. So geriet das alte »Reich der Mitte« in eine soziale und nationale Krise, die auch nach dem Sturz der kaiserlichen Monarchie, unter der Herrschaft der Militärmachthaber und der Guomindang, fortdauerte und sich weiter vertiefte. Diese Krise bildete den Ausgangspunkt einer revolutionären Bewegung, die sich sowohl gegen die eigenen besitzenden Klassen als auch gegen die ausländische Vorherrschaft richtete. Das Schwergewicht der Bewegung, an deren Spitze die 1921 gegründete Kommunistische Partei stand, verlagerte sich von den Städten immer mehr aufs Land, wo eine revolutionäre Armee aufgebaut wurde. Gestützt auf eine verelendete und verzweifelte Bauernschaft, gelang es den kommunistisch geführten Streitkräften schließlich – nachdem sie im Krieg gegen Japan (1937-1945) ihre politische Basis erheblich erweitert hatten –, die Macht im Lande zu erobern. Verlauf und Charakter der chinesischen Revolution wurden dadurch bestimmt, daß ihr wichtigster sozialer Träger keine moderne Gesellschaftsklasse war, sondern eine mit einer verfallenden Produktionsweise verbundene Bevölkerungsschicht, die teilweise bereits aus der Produktionssphäre ausgeschlossen war – eine Entwicklung, die durch die Revolutionstheorien von Marx und Lenin nur ganz unzulänglich erklärt werden kann.[1]

1 Mao Tse-tung versucht, die chinesische Revolution in Kategorien der Revolutionslehre zu interpretieren, die Lenin in den Jahren 1905-1907 für Rußland – also eine ganz andere gesellschaftliche Situation – entwickelt hatte, wobei es diesem besonders auf den Zusammenhang von bürgerlich-demokratischer und proletarisch-sozialistischer Revolution angekommen war. Vgl. vor allem *Die chinesische Revolution und die Kommunistische Partei Chinas* sowie *Über die Neue Demokratie*, in: Mao Tse-tung, *Ausgewählte Werke*, Peking 1968 ff., Bd. II, S. 353-388 und S. 395-450. Das Revolutionskonzept Lenins findet sich in der Schrift *Zwei Taktiken der Sozialdemokratie in der demokratischen Revolution*, in: W. I. Lenin, *Werke*, Berlin 1955 ff., Bd. 9, S. 1-130.

Die folgenden Arbeiten behandeln (nach einem einleitenden Aufsatz zur gesellschaftlichen Struktur des traditionalen China) den krisenhaften Transformationsprozeß der chinesischen Wirtschaft und Gesellschaft in der ersten Hälfte des 20. Jahrhunderts und die hieraus entspringende revolutionäre Bewegung sowie deren theoretisches Selbstverständnis. Die Autoren versuchen, Grundelemente dieser Entwicklung zu bestimmen und damit einen Beitrag zum Verständnis der chinesischen Revolution zu leisten. Weiterführende Literatur enthalten die jeweiligen Anmerkungsapparate und die ausgewählte Bibliographie am Schluß des Bandes.

R. L.

Richard Lorenz
Die traditionale chinesische Gesellschaft

Eine Interpretation sowjetischer Forschungsergebnisse

Die Frage nach dem Charakter der traditionalen chinesischen Gesellschaft stellt ein Problem dar, das nicht nur sinologische Fachkreise interessiert. Das Interesse gilt in erster Linie der Jahrtausende währenden Kontinuität einer Kultur, wie sie in der Geschichte anderer Länder nicht ihresgleichen findet. Unter dem Einfluß eines europazentrischen Geschichtsbildes hat man sich China lange Zeit als ein Land vorgestellt, das schon sehr früh seine starre Form erhalten und sich danach nicht mehr weiterentwickelt habe.[1] Die Vorstellung eines sich ewig gleichbleibenden China, das auf die konfuzianische Überlieferung zurückgeht[2], lag bereits der China-Rezeption im Zeitalter der Aufklärung zugrunde. Sie bestimmte vor allem die universalhistorisch orientierte Geschichtsphilosophie und Geschichtsschreibung des 19. Jahrhunderts, die die Dichotomie zwischen den dynamischen Völkern des Westens und den statischen Völkern des Ostens hervorhob.[3] Sowohl Hegel und Ranke als auch Marx sprachen China jede Fähigkeit zu eigener Entwicklung ab.[4] Auch später betrachtete man dieses Land stets als den »direkten Gegenpol Europas«.[5] Da China aus der historischen Forschung nach wie vor fast völlig ausgeklammert blieb, konnte das von einem europäischen Ethnozentrismus geprägte Bild einer archaischen Gesellschaft bis ins 20. Jahrhundert hinein fortbestehen.[6]

Das historische Interesse wurde erst intensiviert, als China als selbst handelndes Subjekt zunehmend ins öffentliche Bewußtsein trat. Unter dem unmittelbaren Eindruck der revolutionären Ereignisse in den zwanziger Jahren begann vor allem in der Sowjetunion ein systematisches China-Studium, das ausgehend von der Gegenwart immer mehr in die Vergangenheit des Landes zurückführte.[7] Diese vielversprechenden Ansätze, in denen kritische Quellenforschung und geschichtstheoretische Überlegungen einander ergänzten, wurden jedoch in der Stalin-Zeit abrupt unterbrochen. Sie konnten erst nach fast drei Jahrzehnten weitergeführt werden, als sich die historische Forschung in der UdSSR wieder stärker an immanenten wissenschaftlichen Fragestellungen und Zielsetzungen zu orientieren begann. Ihre Ergebnisse gerieten nun zunehmend in Widerspruch zum System des Historischen Materialismus, das dem bürgerlichen Geschichtsbild des 19. Jahrhunderts verhaftet war.[8] Sie widersprachen nicht nur der herkömmlichen These von der Existenz einer Sklavenhaltergesellschaft[9], sondern stellten auch den Versuch, den Marxschen Feudalismus-Begriff[10] auf das chinesische Kaiserreich anzuwenden, in Frage, da hier weitgehend große landwirtschaftliche Güter, Erbaristokratie, Lehnswesen und Leibeigenschaft gefehlt sowie eine besondere Schicht gelehrter Beamter und eine zentralisierte Staatsgewalt bestanden hatten. Andererseits mußte auch der Rückgriff auf die von Marx manchmal verwendete Kategorie der »asiatischen Produktionsweise« schon allein deshalb wissenschaftlich unbefriedigend bleiben, weil sich darin das statische Asienbild des 19. Jahrhunderts widerspiegelte.[11] Vor allem aber war in China die auf Gemeineigentum basierende Dorfgemeinde – Marx zufolge die Grundlage der asiatischen Produktionsweise – bereits sehr früh zerfallen, so daß diese Kategorie allenfalls für die ältere Zeit einen gewissen Erklärungswert haben konnte. Um trotz aller methodologischen Schwierigkeiten am vorgegebenen Interpretationsrahmen des Historischen Materialismus festhalten zu können, stützt sich die sowjetische Historiographie heute auf eine Reihe von Hilfskonstruktionen (Mischformation, Übergangsperiode, Besonderheit u. ä.), die es ihr ermöglichen, ein differenziertes Bild vom Gesamtverlauf der chinesischen Geschichte zu zeichnen.

Die eigentliche Leistung der modernen sowjetischen China-Forschung aber besteht darin, daß sie sich weitgehend auf die historische Analyse gesellschaftlicher Teilsysteme konzentriert, die häufig mit strukturell-vergleichenden Untersuchungen verbunden wird. Auf derartige, an der kritischen Erschließung chinesischen Quellenmaterials orientierte Einzelstudien stützen sich auch die folgenden Ausführungen, in denen grundlegende Strukturelemente der traditionalen chinesischen Gesellschaft bestimmt werden sollen. Sie greifen eine Reihe

Fragen auf, die in der Diskussion um den Systemcharakter dieser Gesellschaft behandelt wurden, und versuchen, sie durch die – primär am sowjetischen Forschungsstand orientierte – historische Darstellung zu beantworten.[12] Nichtsowjetische Fachliteratur wird dabei insoweit einbezogen, wie das für die Argumentation erforderlich ist und zum besseren Verständnis der besonderen sowjetischen Forschungsposition beiträgt. – Die historische Gliederung spiegelt zugleich Unterschiede in der gesellschaftlichen Organisation wider.

I. Das alte China*

Die chinesische Gesellschaft der Shang- und Zhou-Zeit (16. Jh.-221 v. d. Z.), die wegen der damals üblichen Landüberweisungen des Herrschers und – später – der zentrifugalen Tendenzen traditionell als feudalistisch bezeichnet wird[13], war in den beiden letzten Jahrzehnten bevorzugter Forschungsgegenstand der sowjetischen Sinologie.[14] Vergleicht man die bisherigen Resultate mit entsprechenden westlichen Arbeiten, so wird man feststellen können, daß sich vor allem die Kenntnis der ökonomischen und sozialen Strukturen erweitert hat. Obwohl auch in der Sowjetunion die Erforschung der älteren chinesischen Gesellschaft noch an den Anfängen steht und viele Ergebnisse – schon allein infolge der schwierigen Quellenprobleme – noch sehr umstritten sind und der weiteren wissenschaftlichen Klärung bedürfen, so scheinen doch inzwischen zumindest über gesellschaftliche Teilbereiche einige relativ sichere Aussagen möglich. Das betrifft in erster Linie die Grundeigentumsverhältnisse, die sozialen Organisationsformen der bäuerlichen Produzenten und bestimmte außerlandwirtschaftliche Aspekte. Darüber hinaus bestätigen die sowjetischen Forschungsergebnisse, daß die gesellschaftliche Umwälzung in der späten Zhou-Zeit eine tiefe Zäsur in der historischen Entwicklung Chinas bedeutete.

* Als »altes China« wird in dieser Darstellung das China der Shang- und Zhou-Zeit (16. Jh.-221 v. d. Z.) bezeichnet.

1. Die Anfänge der chinesischen Zivilisation

a) Die Grundeigentumsverhältnisse[15]

Die Existenzgrundlage der altchinesischen Gesellschaft, die um die Mitte des 2. Jahrtausends v. d. Z. am Mittel- und Unterlauf des Huanghe und im Mündungsgebiet seiner Nebenflüsse entstand, war der Ackerbau, der von den natürlichen Bedingungen begünstigt wurde.[15a] Der Lößboden Nordchinas, der halb trocken war und spärlichen Graswuchs aufwies, ließ sich bereits mit Hilfe eines leichten Grabstockes – ohne künstliche Bewässerung – bearbeiten. Die historischen Quellen aus der Shang-Zeit (16.-11. Jh. v. d. Z.) und der Periode der Westlichen Zhou (11.-8. Jh. v. d. Z.) geben keinerlei Kunde von einer landwirtschaftlichen Bewässerungstechnik, die unter den Bedingungen der nordchinesischen Trockenkultur-Landwirtschaft auch gar nicht erforderlich war.[16] Aus den Orakelinschriften geht hervor, daß die landwirtschaftlichen Arbeiten in hohem Maße von der Intensität und dem Rhythmus der natürlichen Niederschläge abhängig und häufig durch katastrophenartige Überschwemmungen gefährdet waren.[17] Daher spielte der Kampf gegen das Hochwasser – wie neuere chinesische Forschungsergebnisse bestätigen – im alten China eine wichtige Rolle.[18] Der Hochwasserschutz war nicht nur für die Landwirtschaft von Bedeutung, sondern diente darüber hinaus zur Sicherung der ersten menschlichen Siedlungen, die in der Nähe von Flußläufen lagen. In einer Arbeit über die Staatsentstehung in China macht Th. Tilo darauf aufmerksam, daß »feste Siedlungen und ein festes und sicheres Regierungszentrum [. . .] natürlich für die Etablierung einer Staatsgewalt eine wichtige Voraussetzung« bilden.[19] In diesem Sinne hatte die Hochwasserabwehr, die bereits in der chinesischen Mythologie breiten Raum einnahm, für die anfängliche Entfaltung und Sicherung der chinesischen Zivilisation eine wichtige Bedeutung.

Die – zahlenmäßig zunächst noch sehr geringe – bäuerliche Bevölkerung lebte in Dorfgemeinschaften, deren ökonomische Basis der gemeinsame Landbesitz und die kollektive Wirtschaft bildeten. Das gemeinschaftlich bestellte Land war jedoch nicht unmittelbar Eigentum der Bauerngemeinde, sondern gehörte dem ›König‹ *(wang)*, den Fürsten *(zhuhou)* und der Aristokratie. In einer 1958 erschienenen Arbeit hat der ungarische Historiker und Sinologe F. Tökei dargelegt, daß es im alten China bis ins 5. Jahrhundert v. d. Z. hinein kein Privateigentum gab und alle Formen von Landveräußerung an das Gemeinwesen gebunden waren.[20] Neuere sowjetische Forschungsarbeiten weisen darauf hin, daß zumindest seit der frühen Zhou-Zeit Obereigentum bzw. Gesamteigentum an Grund und Boden bestand, das ursprünglich vom König, später dann von den einzelnen Fürsten repräsentiert wurde.[21] Im Jahre 1961 veröffentlichte der sowjetische Sinologe L. S. Vasil'ev eine Monographie über die Agrarverhältnisse und die Dorfgemeinschaften im alten China, die eine ausführliche Beschreibung der ländlichen Eigentumsverfassung enthält.[22] Daraus geht hervor, daß das Gesamtgrundeigentum des Königs und der Fürsten zu Beginn der Zhou-Zeit das alte Gemeineigentum ablöste, das während der Shang-Zeit noch existiert hatte. In diesem Rahmen bildeten sich zwei grundlegende Besitzformen heraus: der kollektive Landbesitz der Dorfgemeinschaften und der bedingte Landbesitz des Adels.

Von besonderem Interesse ist, daß die altchinesischen Dorfgemeinschaften keine starren und unbeweglichen sozialen Gebilde darstellten, sondern sich in ihnen gewisse Veränderungen vollzogen, die besonders die Feldeinteilung betrafen. Ursprünglich gab es nur einheitliche Felder, die von den in Sippenverbänden organisierten Bauern gemeinsam bestellt wurden. »Jedenfalls gibt es in den Quellen keine Belege dafür, daß in der Shang-Zeit ebenso wie zu Beginn der Zhou-Zeit individuelle Formen der Bodennutzung existierten.«[23] Im 9. Jahrhundert v. d. Z. zeichnete sich dann nach Vasil'ev eine Differenzierung in »öffentliche Felder« oder »Gemeinschaftsfelder« *(gongtian)* und »Privatfelder« *(sitian)* ab. Die Sippengemeinschaften wurden von Dorfgemeinschaften abgelöst, in denen die einzelnen Familien Anteilland zur persönlichen Bewirtschaftung erhielten. Dabei waren die Feldstücke gleichmäßig unter den Familien aufgeteilt, ohne daß diese zu Eigentümern wurden. Zunächst bearbeitete man die Privatfelder noch kollektiv, später dann individuell. Daneben gab es die Gemeinschaftsfelder, deren Bestellung für alle Mitglieder der Dorfgemeinschaft obligatorisch war. Die kollektive Bearbeitung dieser Felder, deren Erträge sich der Herrscher und die Aristokratie aneigneten, hatte stets Vorrang vor der Bestellung der privaten Felder. – Obwohl einzelne Elemente des altchinesischen Agrarsystems (die gemeinsame Bestellung der Felder, der Vorrang der Gemeinschaftsfelder, das System der kollektiven Arbeitsleistungen) dem *jingtian*-System, dem sogenannten Brunnenfeldsystem, entsprachen, das in der konfuzianischen Überlieferung eine zentrale Rolle spielte, so weisen doch neuere Arbeiten nach, daß dieses System in der von Mengzi beschriebenen Form zu keiner Zeit wirklich existiert und es sich bereits bei seiner ursprünglichen Darstellung um eine Art rückwärtsgewandter Utopie gehandelt hat.[24]

Dem sowjetischen Sinologen, Ethnologen und Historiker M. V. Krjukov gelang es, ein noch präziseres Bild der Eigentumsverhältnisse im alten China zu rekonstruieren.[25] Er wies vor allem nach, daß das Gesamtgrundeigentum des Herrschers in der frühen Zhou-Zeit durch ein mehrstufiges System des bedingten Landbesitzes realisiert wurde. An der Spitze dieses Systems stand der König oder Himmelssohn, von dem sich der gesamte Landbesitz ableitete. Es folgten die Fürsten, der höhere und mittlere Adel (*qing* und *dafu*), der niedere Adel (*shi*) und schließlich die Bauern, das einfache Volk (*shuren*). Handwerker und »Kaufleute«, die vom Landbesitz ausgeschlossen waren, standen ebenso außerhalb dieses Systems wie die Sklaven, die allerdings in der landwirtschaftlichen Produktion kaum eine Rolle spielten. Der König, der als oberster Repräsentant des Gesamtgrundeigentums fungierte, überwies den Boden – mit Ausnahme der Königsdomäne – an die Fürsten, die hiervon einen kleinen Teil von den Bauern bearbeiten ließen, den größeren Teil aber an den höheren und mittleren Adel weitervergaben. Auch dieser ließ wieder nur einen Teil des Landes von den Bauern bestellen, während er das übrige an den Adel der untersten Rangstufe weiterverlieh. Die Angehörigen des niederen Adels bestellten den Boden entweder selbst oder verteilten ihn an die Bauern. Die bäuerlichen Produzenten mußten jeweils einen Teil des Arbeitsertrages an diejenige Adelsschicht abliefern, von der sie den Boden erhalten hatten. Doch auch der Adel der unteren Rangstufen hatte einen Teil des bäuerlichen Produkts, das auf dem ihm überwiesenen Land erarbeitet wurde, an die jeweils höhere

Adelsschicht abzuführen. Aus der Arbeit Krjukovs wird deutlich, wie sich die Stellung im System des bedingten Landbesitzes jeweils aus einer bestimmten sozialen Rangstufe ableitete.

Der soziale Rang aber wurde durch den Grad der Abstammung vom Herrscherhaus bestimmt. In der hierarchisch strukturierten Zhou-Gesellschaft, die auf dem Verwandtschaftsprinzip basierte, waren die Fürsten mit dem König verwandt und der Adel mit dem König oder mit den Fürsten. Sowohl das Amt des Herrschers als auch die Stellung der höheren adeligen Würdenträger waren erblich. Die Brüder und Söhne des Herrschers bekleideten in der Regel auch die Funktionen höherer Würdenträger. Ebenso wurden die niedrigen Posten von Söhnen des Herrschers oder der höchsten Würdenträger wahrgenommen. Die unterste Stufe der Adelshierarchie, der dienende Adel, rekrutierte sich zumeist aus Angehörigen der nächsthöheren Adelsschicht. So beruhte die Macht der Aristokratie, die im alten China die politische Autorität verkörperte, durchweg auf den blutsverwandtschaftlichen Bindungen der großen Adelssippen.[26]

An den grundlegenden Eigentumsverhältnissen hat sich offenbar auch in der Chunqiu-Periode (770-476 v. d. Z.) nichts geändert. Das Gesamtgrundeigentum der Aristokratie, das die Aneignung des bäuerlichen Mehrprodukts ermöglichte, bestand auch dann fort, als im 8. Jahrhundert v. d. Z. der Verfall der königlichen Zentralgewalt einsetzte und sich das Zhou-Reich in viele einander bekämpfende Teilstaaten auflöste. In dem Maße, wie die zentrale Macht des Zhou-Königs abnahm und sich die partikulare Macht der einzelnen Fürsten konsolidierte, verwandelten sich diese in die eigentlichen Repräsentanten des Gesamteigentums. Die Landvergabe blieb Sache des jeweiligen Herrschers; das an den Adel überwiesene Land hatte nach wie vor nicht den Charakter von Privateigentum; die Angehörigen der Aristokratie übten auf dem ihnen zugeteilten Boden lediglich Nutzungsrechte aus. Der Ostberliner Sinologe R. Felber, der der Frage nachgeht, ob und inwieweit Grund und Boden in der Chunqiu-Periode bereits als Tauschobjekt fungierte, bringt zahlreiche Belege dafür, daß das oberste Eigentumsrecht des jeweiligen Herrschers auch im 6. Jahrhundert v. d. Z. noch respektiert wurde.[27] In diesem Zusammenhang verweist er auch auf das *Zuozhuan*, in dem zwar das Problem des Landerwerbs und der Landverteilung behandelt, dabei jedoch nichts über Kauf und Verkauf berichtet wird. Sämtliche Landtransaktionen, von denen in diesem als besonders zuverlässig geltenden Geschichtswerk die Rede ist, beziehen sich auf die Nutzungsrechte, nicht auf das Eigentum an Land.[28] Auch zwischen den einzelnen Staatswesen gab es in der Chunqiu-Periode noch keinen eigentlichen Landhandel. Soweit Landübertragungen vorkamen, handelte es sich um einfachen Austausch. Hierbei fungierten als Tauschpartner nicht Privatpersonen, sondern die Repräsentanten der beteiligten Gemeinwesen. Die auf diese Weise erworbenen Ländereien waren kein Privateigentum, sondern gingen in den Bestand des Gesamtgrundeigentums ein.

Die hier beschriebenen Eigentumsverhältnisse an Grund und Boden entsprachen in ihrer Grundstruktur der asiatischen Eigentumsform, wie sie Marx in seiner Schrift *Formen, die der kapitalistischen Produktion vorhergehen* skizziert hatte. Das Ober- bzw. Gesamtgrundeigentum des Herrschers kann als eine Übergangsform vom urwüchsigen Gemeineigentum zum eigentlichen Privateigentum betrachtet werden. Man kann es schon allein deshalb nicht als ausgesprochenes Privateigentum bezeichnen, weil es gegenüber anderem Privateigentum nicht abgegrenzt war. Es handelte sich um ein modifiziertes Stammeseigentum, wobei die vom Herrscher verkörperte »zusammenfassende Einheit, die über allen diesen kleinen Gemeinwesen steht, als der höhere Eigentümer oder als der einzige Eigentümer erscheint, die wirklichen Gemeinden daher nur als erbliche Besitzer«. Diese »zusammenfassende Einheit« war letztlich der »wirkliche Eigentümer und die wirkliche Voraussetzung des gemeinschaftlichen Eigentums«.[29]

b) Soziale Organisationsformen der Bauern

Die Bauern waren im alten China in Sippenverbänden, Großfamilien und Dorfgemeinschaften organisiert, die die Grundlage der gesellschaftlichen Struktur bildeten. Bereits in zwei frühen Arbeiten hat Krjukov den alten, blutsverwandtschaftlich organisierten Sippenverband als wirtschaftliche und politische Grundzelle der Shang-Gesellschaft beschrieben und gezeigt, wie die Masse der bäuerlichen Produzenten durch die

Sippenaristokratie ausgebeutet wurde.[30] Nach seiner Auffassung gab es zu jener Zeit noch keine territoriale Einteilung der Bevölkerung; trotz sozialer Ungleichheit bestand keine voll ausgebildete staatliche Organisation. Die Untersuchungen Vasil'evs bestätigen, daß in der Shang- und der frühen Zhou-Zeit noch Sippengemeinschaften existierten, die gemeinsam über den Boden verfügten, ehe an ihre Stelle dorfgemeinschaftliche Bindungen traten. Erst im 6. und 5. Jahrhundert v. d. Z. zeichnete sich innerhalb der Dorfgemeinschaften eine wachsende Tendenz zur wirtschaftlichen Verselbständigung der einzelnen Bauernfamilien ab. Die erhöhte Arbeitsproduktivität, die aus dem Einsatz verbesserter Produktionsinstrumente sowie aus neuen Arbeitsmethoden und -erfahrungen resultierte, machte die bäuerliche Einzelwirtschaft jetzt zunehmend ertragreich. Wenngleich sich, wie Vasil'ev betont, die Formen des Bodenbesitzes und der Bodennutzung in den einzelnen Gebieten des Zhou-Reiches erheblich voneinander unterschieden, verwandelte sich nun überall die alte Dorfkommune, die auf Gemeineigentum an Grund und Boden und kollektiver Wirtschaftsführung basiert hatte, in die besitzmäßig differenzierte, territorial organisierte Nachbargemeinde. An die Stelle der ursprünglichen Dorfgemeinschaft trat die ländliche Organisation selbstwirtschaftender Bauernfamilien; es entstanden Dörfer von Parzellenbauern.[31]

Über die innere Struktur des Sippensystems, das den Charakter der Dorfgemeinschaften und die gesamte Sozialverfassung bestimmte, geben vor allem die Forschungen Krjukovs zur *zongzu*-Organisation Aufschluß.[32] Hierbei handelte es sich um ein Kollektiv verwandter Familien, deren Mitglieder einen gemeinsamen Klannamen trugen und ihre Abstammung von einem gemeinsamen Vorfahren herleiteten. M. O. Kosven hatte bereits 1931 auf diesen Familienverband als besondere soziale Organisationsform im alten China aufmerksam gemacht und ihn als *Patronymie* oder *Patriklan* bezeichnet.[33] Krjukov versucht nun in seinem 1967 erschienenen Werk über *Formen der sozialen Organisation der alten Chinesen,* in dem er der Frage nach der sozialökonomischen Grundeinheit der Shang- und Zhou-Gesellschaft nachgeht, den Charakter der *zongzu*-Organisation und ihr Verhältnis zu anderen sozialen Institutionen näher zu bestimmen. Er verweist darauf, daß zwar nach wie vor der alte Sippenverband existierte, dieser jedoch wegen der Wirksamkeit exogamer Regeln nicht mit der Großfamilie identisch war und vor allem keinen Ortsverband und damit auch keine wirtschaftliche Organisationseinheit bildete. Diese Funktion hatte Krjukov zufolge inzwischen die *zongzu*-Organisation übernommen, die nach seiner Auffassung als unterste gesellschaftliche Einheit im alten China betrachtet werden muß.

Im Unterschied zu den blutsverwandtschaftlich organisierten Sippenverbänden bildete die *zongzu*-Organisation eine territoriale Einheit, die in sich hierarchisch aufgebaut und sozial differenziert war. Sie trug die Verantwortung für sämtliche Mitglieder, die durch kollektive Opferungen für einen gemeinsamen Vorfahren sowie durch wechselseitige Hilfeleistungen miteinander verbunden waren und im Krieg eine militärische Einheit bildeten. Der Familienverband, der eine gewisse Selbständigkeit besaß, wurde von einem *zongzi* geführt. Die Stellung des einzelnen Verbandes in der Hierarchie der Zhou-Gesellschaft, die auf Verwandtschaftsverhältnissen basierte, war jeweils durch die Abstammung seines Begründers bestimmt. Im Unterschied zu westlichen Sinologen[34] vertritt Krjukov die Auffassung, daß die *zongzu*-Organisation einen Verband bildete, der neben der aristokratischen Oberschicht auch die Bauern einschloß.

Das erklärt auch den verschleierten Charakter der Ausbeutungsverhältnisse im alten China. In den Dorfgemeinschaften, die abgeschlossene, sich selbst genügende wirtschaftliche und soziale Einheiten darstellten, erschien die ökonomische Tätigkeit der unmittelbaren Produzenten im wesentlichen als Produktion für den Eigenbedarf. In Wirklichkeit jedoch produzierten die Bauern nicht nur für sich selbst, sondern zugleich auch für die Aristokratie, die das Gemeinwesen repräsentierte. Die ökonomische Aktivität erschöpfte sich nicht in der Reproduktion der kleinen Gemeinwesen, die die Reproduktion ihrer Mitglieder als »self-sustaining peasants«[35] einschloß, sondern orientierte sich darüber hinaus an den Sonderinteressen einer Stammesaristokratie. Die Aristokratie eignete sich das bäuerliche Mehrprodukt an, indem sie Anspruch auf die von den Bauern auf den Gemeinschaftsfeldern in kollektiver Arbeit erwirtschafteten Erträge erhob; später forderte sie

Abgaben von den Erträgen, die die Bauern auf den in ihren Besitz übergegangenen Feldstücken erwirtschafteten; außerdem war sie durch Besteuerung auch am hausgewerblichen Nebenprodukt beteiligt. Die Verteilung der innerhalb der Dorfgemeinschaft erzeugten Güter vollzog sich auf dem Wege der zwangsweisen Produktenübertragung, die ein Ausbeutungsverhältnis darstellte.[36] Die bäuerliche Mehrarbeit erschien jedoch als Arbeit für die Gemeinschaft. Sie stellte sich »für die unmittelbaren Produzenten, die mit ihren Herren in einer Verwandtschaftsgruppe vereinigt waren, als gesellschaftlich notwendige Arbeit für den *zongzi* dar, der ihr ›Verwandter‹ war und den sie als Wahrer ihrer sozialen und kultischen Interessen ansehen mußten«.[37]

c) Handel, Handwerk, Städte

Obwohl die alte chinesische Gesellschaft auf der Landwirtschaft basierte, entfalteten sich daneben doch bereits ein spezialisiertes Handwerk, ein bäuerliches Hausgewerbe sowie einfachere Formen des Handels, und es entstand eine größere Anzahl von Städten. Aus dem archäologischen Material der Shang-Zeit geht hervor, daß sich schon sehr früh eine qualifizierte handwerkliche Produktion herausbildete.[38] Besonders fortgeschritten war die Bronzetechnik, die auf einer innerbetrieblichen Aufteilung des Arbeitsprozesses beruhte, der von unterschiedlich spezialisierten Handwerkern ausgeübt wurde. Aber auch andere Handwerkszweige wiesen eine Gliederung in verschiedene Arbeitsgänge sowie differenzierte Organisationsformen auf. Die Erzeugnisse, die häufig serienmäßig und in großen Mengen hergestellt wurden, waren hohe kunsthandwerkliche Leistungen. Ausgrabungen beweisen, daß es damals auch schon größere Handwerksstätten gab, die vorwiegend in der Nähe der Hauptstädte konzentriert waren.[39] Das deutet auf einen relativ fortgeschrittenen Stand der gesellschaftlichen Arbeitsteilung und auf die beginnende Trennung des Handwerks vom Ackerbau hin.

Allerdings existierte unter den Bedingungen des Gesamtgrundeigentums noch kein privates Handwerk. Die Handwerkersippen, die ursprünglich für das gesamte Stammeskollektiv gearbeitet hatten, verwandelten sich allmählich in abhängige

Produzentenkollektive, die – unter dem Schleier der Gemeinschaft – den Bedarf der Aristokratie befriedigten. Während sie scheinbar noch für das gesamte Gemeinwesen arbeiteten, lieferten sie in Wirklichkeit vor allem solche Güter, die die in den Städten lebende Aristokratie für Ahnenkult und Opferzeremonielle, für Kriegszüge, die Jagd und das Leben im Palast benötigte. Tökei bemerkt in diesem Zusammenhang, daß die ursprüngliche Aufgabe des Handwerks zu den religiösen Funktionen des Stammes gehörte.[40] Sowohl in der Produktion als auch im Lebensunterhalt waren die Handwerker von der Aristokratie abhängig, der die – außerhalb der Stadtmauern gelegenen – Werkstätten und damit auch die Produktionsresultate gehörten. Dennoch kann man sie nicht als Sklaven bezeichnen, da sie die gleiche oder eine höhere soziale Stellung als die Bauern einnahmen und sich dadurch von den eigentlichen Sklaven erheblich unterschieden.[41] Bei der patriarchalischen Abhängigkeit, die die Handwerker an die aristokratische Oberschicht ihres Stammes band, handelte es sich um das allgemeine Abhängigkeits- und Knechtschaftsverhältnis, dem im alten China die gesamte arbeitende Bevölkerung unterworfen war.

Hieran hat sich bis weit in die Zhou-Zeit hinein nichts geändert – auch als die Herstellung von Bronzegeräten erheblich zunahm, eine Reihe neuer Produktionszweige entstand und vielfältigere Ansprüche zu befriedigen waren.[42] Trotz einer gewissen Verselbständigung blieb das Handwerk letztlich stammesgebunden und wurde nach wie vor von der Aristokratie kontrolliert, die das Gemeinwesen repräsentierte. Krjukov zufolge waren auch die Handwerker in der Zhou-Zeit Mitglieder der *zongzu*-Organisation.[43] Aus den historischen Quellen verlautet nichts über einen unabhängigen Handwerkerstand. Nach wie vor hatte die handwerkliche Produktion in erster Linie die Bedürfnisse der aristokratischen Oberschicht zu befriedigen. »Das Abhängigkeitsverhältnis, das die Handwerker an die Aristokratie band und das so weit gehen konnte, daß sie vom Fürsten, dessen Brot sie aßen, an andere Adlige verschenkt wurden, entsprach den Verhältnissen des fortbestehenden Gesamteigentums an Grund und Boden, unter denen mit wachsender Macht der Aristokratie die Masse der ehemals freien Stammesmitglieder faktisch zu

Abhängigen ihrer aristokratischen Oberschicht geworden war.«[44]

Auch das bäuerliche Hausgewerbe, das sich allmählich herausbildete, blieb voll und ganz in die landwirtschaftliche Produktion integriert. Während der Ackerbau Angelegenheit der Männer war, wurde die häusliche Hanf- und Seidenweberei in der Regel von den Frauen betrieben. Felber verweist in diesem Zusammenhang auf das *»Kaogongji«*, das die Frauen als besondere Gruppe von Beschäftigten aufführt: »Die Seide und Hanf bearbeiten und Erzeugnisse daraus fertigen – das sind die tätigen Frauen.«[45] Bei dieser Form von Arbeitsteilung blieb die für die ökonomische Struktur des alten China charakteristische »Einheit von Agrikultur und Handmanufaktur« erhalten, die Marx als grundlegendes sozialökonomisches Strukturmerkmal der asiatischen Eigentumsform angesehen hatte.[46] Das Hausgewerbe, das gegenüber dem Ackerbau von untergeordneter Bedeutung war, arbeitete ebenso wie das Handwerk für die unmittelbare Befriedigung konkreter Bedürfnisse und lieferte in erster Linie Hanftuche für die bäuerliche Kleidung sowie die von der Aristokratie als Abgabeleistung geforderten Seidenkokons bzw. Rohseide.

Solange ein privates warenproduzierendes Gewerbe fehlte, gab es auch – wie Felber in seiner gründlichen Untersuchung der Austauschverhältnisse im alten China zeigt – keinen eigentlichen Handel und keinen Markt.[47] Die einzelnen Stammesverbände waren weitgehend autark, so daß sich zwischen ihnen nur ein unbedeutender Tauschverkehr abspielte. Es handelte sich noch nicht um Äquivalententausch, d. h. einen genau auf Wert und Gegenwert berechneten Austausch, sondern um Produktenaustausch oder einfachen Tauschhandel, eine Vorform des eigentlichen Warenhandels, der – ebenso wie die gesamte Produktion – auf die Erzielung von Gebrauchswert ausgerichtet war. Solche primitiven Tauschbeziehungen herrschten Felber zufolge in China vom ausgehenden Neolithikum über die Shang- und die frühe Zhou-Zeit bis zur Chunqiu-Periode.

Der Austausch zwischen den einzelnen Stammesorganisationen blieb eine Angelegenheit der Aristokratie. Es war vorwiegend ein Geschenkaustausch[48], der dazu diente, das Herrscherhaus und die aristokratische Oberschicht mit speziellen Gütern zu versorgen, an denen es im eigenen Gemeinwesen mangelte. Im Unterschied zur zwangsweisen Produktenübertragung geschah hierbei ein wirklicher Tausch: »ein Geschenk gegen ein anderes, eine Leistung gegen ein Geschenk, oder auch umgekehrt ein Geschenk gegen einen Dienst«.[49] Sofern sich dieser Geschenkaustausch, der innerhalb der Aristokratie eine wichtige Rolle spielte, nicht unmittelbar vollzog, dienten bestimmte Gebrauchsgüter – darunter Kaurimuscheln und Metall – als Tauschmittel. Es gab zu dieser Zeit noch kein Metallgeld, das als »Ware der Waren« fungieren konnte; Münzgeld war erst im 4. und 3. Jahrhundert v. d. Z. stärker verbreitet.[50] Unter solchen Umständen konnte es auch noch keinen unabhängigen Kaufmannsstand geben. Zwar setzte die Aristokratie immer häufiger spezielle Beauftragte ein, die den Austausch mit den angrenzenden Stämmen tätigten. Doch diese waren völlig von der Aristokratie abhängig, deren Geschäfte sie zu besorgen hatten.

Dem patriarchalischen Charakter von Handwerk und Handel entsprachen Funktion und Struktur der altchinesischen Stadt. Aus einer Reihe von Untersuchungen geht hervor, daß diese im wesentlichen den politischen und kultischen Interessen der Aristokratie diente und noch nicht Träger einer ökonomischen Funktion war.[51] Die relativ zahlreichen kleinen Städte waren »Stützpunkte der Stammesaristokratie, die von dort aus ihre Herrschaft über die Masse der Dorfgemeinschaftsbauern ausübte und gegen äußere Einflüsse verteidigte«.[52] Die Handwerksstätten, die die Aristokratie versorgten, lagen in der Regel noch außerhalb der Stadtmauern. Soweit Handel und Gewerbe existierten, waren sie zunächst nicht in die Stadt einbezogen. Als städtische Märkte entstanden, waren sie Einrichtungen der Aristokratie, deren Bedürfnisse der Güteraustausch befriedigte. Sie befanden sich in unmittelbarer Nähe der Königs- und Fürstenpaläste oder innerhalb dieser Paläste und unterstanden der Kontrolle eines meist adeligen Aufsehers. Für die altchinesische Stadt trifft die Bestimmung von Marx zu, der die asiatische Geschichte als »eine Art indifferenter Einheit von Stadt und Land« bezeichnet hat, in der Städte bloß als fürstliche Lager zu betrachten seien, als »Superfötation über die eigentlich ökonomische Konstruktion«.[53] Handwerk, Handel und Städte waren demnach völlig in die von patriarchalisch-dorfgemeinschaftlichen Verhältnissen geprägte gesellschaftliche Struktur einbezogen.

2. *Die gesellschaftliche Umwälzung der späten Zhou-Zeit*

In der späten Zhou-Zeit kam es in China zu grundlegenden gesellschaftlichen Veränderungen, in deren Verlauf sich neue Eigentums- und Abhängigkeitsverhältnisse herausbildeten, die auf dem Privatgrundeigentum basierten. Handwerk und Handel nahmen einen raschen Aufschwung und befreiten sich aus ihrer Abhängigkeit von der Aristokratie. Die Städte, die bisher nur Träger einer politischen, kultischen und militärischen Funktion waren, entwickelten sich nun zu wirtschaftlichen Zentren. Handwerker und Kaufleute, die beträchtlichen Reichtum ansammelten und häufig auch Grundbesitz erwarben, bestimmten zunehmend das soziale Profil der Gesellschaft. Zugleich verlor die alte Aristokratie ihre ökonomische und politische Machtstellung. Die Alleinherrschaft des Adels, die auf Sippenbindungen beruht hatte, wurde durch despotische Herrschaftsformen abgelöst, die mit einer bürokratischen Verwaltungsstruktur verbunden waren. Der gesellschaftliche Transformationsprozeß, der durch den endgültigen Zerfall des Zhou-Reiches beschleunigt wurde, war von vielfältigen geistigen Auseinandersetzungen und einer »Massenproduktion philosophischer Ideen« begleitet.[54]

Der ökonomische und soziale Wandel wurde durch Entwicklungen innerhalb der Produktionssphäre vorbereitet, in deren Verlauf sowohl neue Arbeitswerkzeuge und -geräte als auch neue Kooperationsformen der gesellschaftlichen Arbeitskraft entstanden. Während bisher vor allem Produktionsinstrumente aus Holz, Stein und Knochen verwendet worden waren, die ihren Charakter im Laufe der Jahrhunderte kaum verändert hatten, begannen Ende des 6./Anfang des 5. Jahrhunderts v. d. Z. die Gewinnung und Verwertung des Eisens. Die Auswertung schriftlicher Quellen und vor allem archäologischer Funde zeigt, daß in China gegen Ende der Chunqiu-Periode und zu Beginn der Zhanguo-Ära (475-221 v. d. Z.) die ersten primitiven Eisengeräte verwendet wurden.[55] Obwohl der Übergang zu eisernen Geräten nur sehr langsam erfolgte, fanden diese doch bereits im 4. und 3. Jahrhundert

v. d. Z. in der agrikolen und handwerklichen Produktion weite Verbreitung. Der Einsatz von Sicheln, Hacken, Breithacken, Spaten und Pflugscharen ermöglichte eine bessere Bearbeitung der Felder, die – zusammen mit neuen Anbaumethoden und Arbeitserfahrungen sowie der künstlichen Bewässerungstechnik – zu einer beträchtlichen Erhöhung der Agrarerträge führte.

Mit dem Einsatz eiserner Produktionsinstrumente entwickelte sich in China auch der Damm- und Kanalbau, für den die staatlichen Organe in großem Maßstab Arbeitskräfte mobilisierten.[56] Neuere chinesische Forschungsergebnisse bestätigen, daß die Errichtung umfangreicher Wasser- und anderer Großbauten erst auf der Grundlage relativ fortgeschrittener Produktivkräfte möglich wurde, zu denen sowohl Eisengeräte als auch die koordinierte große Kooperation der Arbeit gehörten.[57] Bereits im 5. Jahrhundert v. d. Z. wurde ein Kanal zwischen dem Yangzi und dem Huai-Fluß gebaut; im 4. Jahrhundert schuf man das Kanalsystem Honggou im Staate Wei und im 3. Jahrhundert die Anlage Dujiang Yan im heutigen Sichuan; im 3. Jahrhundert wurden auch die Flüsse Luo und Jing durch einen Kanal miteinander verbunden, der die Bewässerung einer riesigen Ackerfläche ermöglichte.[58] Seither fand in China die Technik der künstlichen Bewässerung, die vor allem für die südlichen Reisanbaugebiete von großer Bedeutung war, immer weiter Verbreitung, wodurch die gesamte wirtschaftliche Entwicklung und die weitere Entfaltung der chinesischen Zivilisation erheblich beschleunigt wurden. Soweit der Staat selbst die Errichtung derartiger Bewässerungsanlagen organisierte, trug das – wie L. S. Perelomov zeigt – in hohem Maße zur Stärkung seiner Machtgrundlagen bei.[59]

Die Entwicklung neuer Produktionsinstrumente war von einer fortschreitenden Arbeitsteilung begleitet. Im China der Zhanguo-Ära gab es bereits den privaten Gewerbetreibenden. Neben den selbständigen Einzelhandwerkern, die in erster Linie die bäuerliche Bevölkerung mit den notwendigen Gütern versorgten, entstanden nun auch größere private Werkstätten, die – in bestimmten Grenzen – für den Markt arbeiteten und erheblichen Reichtum akkumulierten. Vor allem die Eisen- und Salzproduktion lag ursprünglich in den Händen privater Unternehmer, die allerdings einen großen

Teil ihres Gewinns an den Staat abführen mußten.[60] Die führende ökonomische Stellung aber hatte das staatliche Handwerk inne, das aus der handwerklichen Produktion an den Königs- und Fürstenhöfen hervorgegangen war. Es nahm sowohl auf zentraler Ebene als auch im lokalen Rahmen einen wichtigen Platz ein, wobei es jeweils von Beamten unterschiedlicher Rangstufen angeleitet und kontrolliert wurde. Diese führende Position behielt das staatliche Handwerk, »wo das Staatsoberhaupt und seine Satrapen ihre Revenue (Surplusprodukt) austauschen gegen Arbeit, sie als *labour funds* verausgaben«[61], auch in den späteren Jahrhunderten.

Zu gleicher Zeit wie das selbständige Handwerk, das seine patriarchalischen Fesseln abstreifte, entwickelte sich in China eine rege Handelstätigkeit. Anstelle des Produktenaustauschs traten zunehmend der Warenhandel und die Geldwirtschaft, die sich nun – in den vom Staat gesetzten Grenzen – frei entfalten konnten. Das bedeutete, daß ein bestimmter Teil der Produktion für den Markt erzeugt wurde. Felber legt dar, wie diese Verselbständigung des Tauschaktes mit der Verbreitung des Metallgeldes einherging, wodurch sich der gesamte Zirkulationsprozeß umgestaltete.[62] Es kam zur Akkumulation von Geldvermögen; der Reichtums- und Schatzbegriff wurde immer mehr vom Tauschwert bestimmt; Handels- und Kaufmannskapital bildete sich heraus. Mit den erweiterten Handelsmöglichkeiten entstand in China auch eine unabhängige Kaufmannschaft. Zwar sahen sich die Kaufleute seit der Zhanguo-Ära staatlicher Diskriminierung ausgesetzt, da Handel und Gewerbe allgemein als »sekundäre Tätigkeiten« galten, die – im Unterschied zu den »primären Tätigkeiten«, dem Ackerbau – von den Regierungen mit Restriktionsmaßnahmen verfolgt wurden.[63] Doch vermochten die Kaufleute trotz derartiger Maßnahmen ihre soziale Stellung erheblich zu verbessern, da die inzwischen einsetzende Entwicklung des Privatgrundeigentums die Möglichkeit bot, den in Handel und Gewerbe erzielten Reichtum in Grundbesitz anzulegen und damit auch eine primäre Tätigkeit auszuüben.

Der Aufschwung von Handel und Gewerbe führte in Verbindung mit einer erheblichen Bevölkerungszunahme zu einer raschen Expansion der Städte, die nun vor allem ökonomische Funktionen wahrnahmen.[64] Umfangreiche Ausgrabungen und

Felduntersuchungen bezeugen, daß es in der Zhanguo-Periode auch zu einer bedeutenden Erweiterung der Städte kam, die jetzt die Arbeits- und Wohnstätten der Kaufleute und Handwerker einschlossen. »Wahrscheinlich bildeten die Einzelhandwerker in den Städten ganze Ladenlinien [. . .] und waren Handwerker und Krämer zugleich.«[65] Während die Städte früher politische und kultische Zentren der Aristokratie dargestellt hatten, verwandelten sie sich gegen Ende der Zhou-Zeit in Zentren des Wirtschaftslebens und der sich herausbildenden Verwaltungsbürokratie – eine Doppelfunktion, die sie auch in späterer Zeit noch wahrnahmen.

In die Austauschbeziehungen, die sich bisher im wesentlichen auf den Austausch zwischen den einzelnen Staaten und auf die städtischen Märkte beschränkt hatten, wurde nun in zunehmendem Maße die bäuerliche Bevölkerung einbezogen. Obwohl im Dorf der einfache Produktenaustausch fortbestand, konnte daneben auch die Waren- und Geldwirtschaft festen Fuß fassen. Die Entwicklung des privaten Grundeigentums, die das Recht auf Veräußerung einschloß, führte zu Landkäufen und -verkäufen. Vasil'ev zeigt, daß mit den Ware-Geld-Beziehungen auch solche Begleiterscheinungen wie Getreidespekulation und Wucher ins Dorf eindrangen und zur wirtschaftlichen Abhängigkeit und Verelendung vieler Bauern führten.[66] Auf diese Weise förderte die Entfaltung des Handels die innere Differenzierung des Dorfes, so daß sich die beginnende Auflösung der alten patriarchalischen Gemeinwesen beschleunigte. Alle Veränderungen in den Austauschverhältnissen – so resümiert Felber – »sind geknüpft an eine Fortentwicklung des Privateigentums im Innern der Gemeinwesen, an die Auflösung der Dorfgemeinden, an die Entstehung der privaten Bauernwirtschaften, des privaten Handwerks und an ein weiteres Vordringen der gesellschaftlichen Arbeitsteilung, wobei die Entfaltung des Privateigentums gleichermaßen Ergebnis wie Grundlage für entfaltete Warenbeziehungen ist«.[67]

Die Auflösung der alten Dorfgemeinschaften und die wirtschaftliche Verselbständigung der Bauernfamilien, die – wie Vasil'ev zeigt – bereits im 6. und 5. Jahrhundert v. d. Z. eingesetzt und zur Entstehung der besitzmäßig differenzierten dörflichen Nachbargemeinde geführt hatten[68], erforderten eine neue Form der Aneignung des bäuerlichen Mehrprodukts. Mit dem Zerfall des Gesamtgrundeigentums und des gemeinschaftlichen Besitzes der Dorfkommune verschwanden auch die kollektiv bewirtschafteten Gemeinschaftsfelder, deren Erträge sich die Aristokratie angeeignet hatte. »Die alte Aneignungsform des Mehrprodukts hatte ihre historische Grenze erreicht.«[69] In den einzelnen Staaten des Zhou-Reiches wurde das bisherige System der kollektiven Arbeitsleistungen durch das Steuersystem ersetzt; alle Feldstücke, die sich in Einzelbewirtschaftung befanden, wurden besteuert. Die erste Besteuerung privaten Grundbesitzes erfolgte bereits 593 v. d. Z. im Staate Lu; im Jahre 573 wurde ein solches Steuer- und Abgabensystem im Staate Zheng eingeführt; 547 registrierte man in Chu den gesamten Boden, so daß auch hier die Voraussetzungen für den Übergang zum Steuersystem geschaffen wurden. Die weitere Entwicklung führte schließlich zu den Reformen des Shang Yang, der als Kanzler von Qin in der Mitte des 4. Jahrhunderts v. d. Z. das Privatgrundeigentum legalisierte und damit die alte Feldeinteilung endgültig beseitigte.[70]

Das Reformwerk Shang Yangs insgesamt – Gegenstand zahlreicher sowjetischer Arbeiten[71] – umfaßte eine Reihe ökonomischer, politischer und militärischer Maßnahmen: staatliche Förderung der bäuerlichen Einzelwirtschaften, Einführung eines strengen Straf- und Belohnungssystems für Bauern und Soldaten, Beschränkung der Adelsprivilegien, Zentralisierung des staatlichen Verwaltungssystems, Besoldung der Beamten, die sich hierdurch zu einem eigenen Stand entwickelten. Kernstück der Reformen aber war die Legalisierung des Privatgrundbesitzes. Auf diese Weise sollten die Einzelbauern zu vermehrter Arbeitsleistung angespornt werden, um so die wirtschaftliche und militärische Basis des Staates zu stärken. Mit den Reformen Shang Yangs war der Untergang der alten chinesischen Gesellschaft besiegelt.

Die Reformen Shang Yangs im Staate Qin beschleunigten die Ausbildung neuer gesellschaftlicher Verhältnisse und schufen zugleich die Voraussetzungen für die spätere gewaltsame Wiedervereinigung des Reiches. Sie förderten vor allem die innere Differenzierung des Dorfes, die weitere Entwicklung des Privatgrundeigentums und die Bodenkonzentration.

Die durch die Reform geschaffene Möglichkeit, den Boden frei zu kaufen und zu verkaufen, bewirkte eine fortschreitende Differenzierung der Grundeigentümer, den Verfall der bäuerlichen Parzellenwirtschaft und die Entstehung von Pachtbeziehungen. Den Bauern, die durch den Differenzierungsprozeß ihr Land verloren und in Elend gerieten, blieb nur die Wahl, sich mit ihren Familien in die Schuldsklaverei zu begeben oder die Felder eines reichen Grundherrn zu bestellen und dafür eine hohe Pachtsumme zu entrichten. Die Auswertung der historischen Quellen zeigt, daß bereits in den letzten Jahrhunderten v. d. Z. Pachtverhältnisse in China außerordentlich verbreitet waren.[72] Die Klasse der großen Grundeigentümer rekrutierte sich aus der nichtadeligen Oberschicht, die sich im Rahmen der Dorfgemeinde herausgebildet hatte, aus Angehörigen der alten Aristokratie und vor allem aus der aufstrebenden Schicht der Kaufleute und Handwerker, die ihren neu erworbenen Reichtum durch Landerwerb sicherte. Die Grundherren führten in der Regel keine eigene Wirtschaft, sondern zogen es aufgrund der günstigen Gewinnaussichten vor, ihr Land zu verpachten. Da sich die Pacht unter den spezifischen Bedingungen der intensiven chinesischen Landwirtschaft ökonomisch als besonders vorteilhaft und jeder Art von Zwangsarbeit überlegen erwies, war die Bodenkonzentration in China von Anfang an mit einer Ausbreitung von Pachtverhältnissen verknüpft. Zugleich bildete sich ein – bereits von N. L. Swann und Chen Huan-chang eingehend beschriebenes – System direkter und indirekter Steuern, von Abgaben und Arbeitsdiensten heraus, dem die Masse der selbstwirtschaftenden Bauern unterlag.[73] Das führte dazu, daß ein immer größerer Teil der Bauern, der den verschiedenen Natural- und Arbeitsverpflichtungen gegenüber dem Staat nicht nachzukommen vermochte, in Abhängigkeit von Wucherern geriet, die ihm mit Krediten aushalfen und hierfür hohe Zinsen verlangten.

Obwohl die Entwicklung der landwirtschaftlichen Produktionsverhältnisse nach den Reformen Shang Yangs vom Privatgrundeigentum bestimmt wurde, bedeutete das zunächst noch nicht die völlige Zerstörung der alten Dorfgemeinschaften. Aus den Forschungen Perelomovs geht hervor, daß diese nach Auflösung ihrer ökonomischen Basis in modifizierter

Form – als sich selbst verwaltende Kollektive freier Grundeigentümer – noch eine Zeitlang fortbestanden und eine Reihe wichtiger Aufgaben ausführten.[74] So organisierten sie nach wie vor gemeinschaftliche Arbeiten und nahmen außerdem soziale, politische und kultische Funktionen wahr. Die Organe der Dorfgemeinschaften übten immer noch ein erhebliches Mitspracherecht aus. Auch als der soziale und ökonomische Differenzierungsprozeß schon sehr weit fortgeschritten war, erforderte die Veräußerung von dörflichem Grund und Boden noch die Zustimmung des Dorfvorstehers. Perelomov zeigt, daß die dörflichen Selbstverwaltungsorgane nach Beseitigung des gemeinschaftlichen Grundbesitzes und der kollektiven Wirtschaft noch Jahrhunderte hindurch ihre Autonomie bewahren konnten. Der sich herausbildenden despotischen Staatsgewalt gelang es zunächst nicht, diese Organe in das zentralisierte Verwaltungssystem einzubeziehen. In diesem Zusammenhang verweist Perelomov auch auf den Fortbestand der *Patronymie*- oder *zongzu*-Organisation.[75] Derartige Organisationen, die oft Hunderte und Tausende von Familien umfaßten und sich über mehrere Dörfer erstreckten, überdauerten vor allem in den rückständigeren Gebieten Chinas. Demnach lebte die bäuerliche Bevölkerung in den Jahrhunderten um die Zeitwende in einer großen *Patronymie*-Organisation oder in einer territorial organisierten dörflichen Nachbargemeinschaft. Perelomov zufolge verloren die chinesischen Dorfkommunen ihre politische Unabhängigkeit erst gegen Ende der Han-Zeit (206 v. d. Z. – 220 n. d. Z.), als sich der Großgrundbesitz ökonomisch und politisch weiter festigte. Sie verwandelten sich nun in eine fiskalische Institution des bürokratischen Zentralstaates, deren innere Struktur – häufig unter dem Schleier formaler Selbstverwaltung und verwandtschaftlicher Beziehungen – von Abhängigkeits- und Ausbeutungsverhältnissen bestimmt wurde.

Als besonders stabil erwies sich die Verbindung von Ackerbau und bäuerlichem Hausgewerbe, die auch erhalten blieb, als Ware-Geld-Beziehungen ins Dorf eindrangen. Während die Regierungen in der Zhanguo-Periode gegen Handel und Gewerbe, die sogenannten sekundären Tätigkeiten, einschränkende Maßnahmen ergriffen, standen sie dem bäuerlichen Nebengewerbe, das – ebenso wie der Ackerbau – als primäre

Tätigkeit galt, positiv gegenüber.[76] Nach der herrschenden Auffassung schufen Ackerbau und bäuerliches Hausgewerbe die realen Werte, die gleichermaßen die Bedürfnisse der Bevölkerung und die Steuerforderungen des Staates befriedigten. Aus den historischen Quellen geht hervor, daß vor allem Seidenraupenzucht, Spinnerei, Tuch- und Seidenweberei, Sandalenherstellung, Korb- und Mattenflechterei sowie Netzknüpferei in den Dörfern vertreten waren.[77] Solche Nebentätigkeiten, die in der Regel von den Frauen betrieben wurden, unterlagen der Besteuerung. Im Unterschied zum privaten Handwerk blieb das bäuerliche Hausgewerbe auf den Gebrauchswert ausgerichtet; die Bauernfamilien waren nicht in der Lage, über den Selbstbedarf und die Abgabenverpflichtungen hinaus noch für den Verkauf zu produzieren. In dieser Form bildete die »Einheit von Agrikultur und Handmanufaktur«[78] auch dann noch die Grundlage der chinesischen Wirtschaft, als sich die alte Dorfgemeinschaft längst aufgelöst hatte.

Die Transformation der Produktionsverhältnisse und der gesellschaftliche Differenzierungsprozeß der späten Zhou-Zeit waren mit einer Umgestaltung der politischen Strukturen verbunden. Die alte Aristokratie, die bisher die politische Autorität verkörpert hatte, verlor endgültig ihre auf blutsverwandtschaftlichen Bindungen basierende Vormachtstellung. Der amerikanische Forscher Hsu Cho-yun, der die soziale Mobilität in den letzten Jahrhunderten der Zhou-Zeit untersucht, zeigt, wie die gesellschaftliche Bedeutung und der politische Einfluß der alten Nobilität ständig zurückgingen, während zugleich das Gewicht der reichen Grundherren, Kaufleute, Händler und Handwerker immer stärker zunahm.[79] Das führte auch zu Veränderungen in der sozialen Zusammensetzung des politischen Machtapparates und zu neuen Beziehungen zwischen dem Herrscher und den Würdenträgern, die nicht mehr notwendigerweise durch blutsverwandtschaftliche Beziehungen bestimmt wurden. Während nach wie vor ein Herrscher an der Spitze der einzelnen Staatswesen stand, dessen Amt erblich war, wurden die hohen Würdenträger nun nach Nützlichkeitskriterien ausgesucht und ernannt. Auch die Kanzler, die jetzt in der Regel aus besonders erfolgreichen Würdenträgern oder aus Prinzen anderer Staaten ausgewählt wurden, wechselten häufig. Durch die Umgestaltung der politischen Machtstrukturen besetzte der niedere Adel, in den infolge veränderter Besitzverhältnisse auch nichtadelige Grundbesitzer aufstiegen, Schlüsselstellungen im neuen Machtapparat und gelangte so zu wachsendem politischen Einfluß.

In China bildeten sich nun immer deutlicher despotische und bürokratische Herrschaftsformen heraus, die auf der Einführung einer zentralisierten Verwaltungsstruktur basierten.[80] In der Zhanguo-Periode richtete man in zahlreichen Fürstentümern Verwaltungsbezirke *(xian)* ein, die von Beamten der Zentralregierung geleitet wurden. Auf diese Weise entstand ein hierarchisch gegliederter Beamtenapparat, mit dessen Hilfe die Macht der alten Aristokratie endgültig gebrochen werden konnte. Der Prozeß staatlicher Machtkonzentration, der allmählich sämtliche chinesischen Staaten erfaßte, vollzog sich besonders ausgeprägt in Qin, das sich schon früh in einen straff organisierten Beamten- und Militärstaat verwandelte. Aufgrund seiner ökonomischen und militärischen Überlegenheit vermochte Qin bald die Vorherrschaft in China zu erlangen und das Reich im Jahre 221 v. d. Z. auf gewaltsame Weise wieder zu vereinigen.[81] Damit waren die jahrhundertelangen politischen und militärischen Auseinandersetzungen zwischen den einzelnen Teilstaaten, in die das Zhou-Reich zerfallen war, beendet. Die staatliche Zentrifugalbewegung, die den sozialen Umbruch der späten Zhou-Zeit begleitet hatte, wurde von einem zentralisierten Einheitsstaat abgelöst, der in der – auf die nur wenige Jahre währende Herrschaft der Qin-Dynastie folgenden – Han-Zeit die grundlegende Form erhielt, in der er mehr als zwei Jahrtausende fortbestand. In diesem Sinne bildete die Errichtung des bürokratischen Zentralstaates, der die Kontrolle über Handel und Gewerbe erlangte und zeitweilig auch dem privaten Großgrundbesitz entgegentrat, eine tiefe Zäsur in der historischen Entwicklung Chinas.[82]

Bereits in der Zhanguo-Periode wurden die wichtigsten Lehren formuliert, die der Rechtfertigung und Stabilisierung des despotischen Herrschaftssystems dienten. In diesem Zusammenhang arbeitet Perelomov vor allem die Funktion des Konfuzianismus und des Legalismus (Rechtsschule, Gesetzesschule) heraus, deren staats- und rechtstheoretische Vorstellungen die Struktur des bürokratischen Zentralstaates bis ins 20. Jahrhundert hinein bestimmten.[83] Beide Schulen intendierten ein neues System sozialer Subordination, das den veränderten gesellschaftlichen Bedingungen entsprach, versuchten dies jedoch auf unterschiedlichem Wege zu erreichen. Konfuzius (551-479 v. d. Z.), der das diskursive Denken in China begründete, ging von einer ethischen Argumentation aus. Seine Lehre verstand sich ursprünglich als Werkzeug, die chinesische Gesellschaft aus Chaos und Instabilität herauszuführen und ein System gesellschaftlicher Hierarchie herzustellen, das nicht mehr durch blutsverwandtschaftliche Beziehungen, sondern – und darin sehen sowjetische Sinologen das demokratische Element des frühen Konfuzianismus[84] – durch die Moral und die Lebensweise bestimmt wurde. Dieses Ziel sollte durch eine Reform der zwischenmenschlichen Beziehungen erreicht werden. Konfuzius und seine Schule verlangten, daß sich die Gesellschaft an bestimmten ethischen Grundwerten orientieren sollte, die auf dem Prinzip der Menschenliebe *(ren)* basierten. Durch einen moralischen Besserungs- und Erziehungsprozeß sollten die Menschen richtiges soziales Verhalten lernen, das die Grundlage einer vernünftigen und guten gesellschaftlichen Ordnung bildete. Auf diese Weise würden die sozialen Widersprüche entschärft, das gesellschaftliche Leben harmonisiert und das System der sozialen Ungleichheit und Subordination unter den neuen Bedingungen aufrechterhalten. In diesem Sinne stellt die Lehre des Konfuzius eine »total gewordene Soziallehre« dar.[85]

Im Gegensatz zum frühen Konfuzianismus betonte die legalistische Schule, die die herrschende Ideologie der Zhanguo-Zeit darstellte, die Funktion von Gesetz, Zwang und Strafe. Sie forderte bedingungslosen Gehorsam gegenüber dem Herrscher im Innern und rechtfertigte die Aggression nach außen. Han Feizi, durch den der Legalismus im 3. Jahrhundert v. d. Z. seine klassische Formulierung erhielt, erstrebte die Festigung des bestehenden gesellschaftlichen Systems durch Gesetz und repressive Gewalt, die seiner Auffassung nach allein Ordnung und Herrschaft aufrechterhalten konnten. Der Herrscher regiert mit dem Gesetz – so kommentiert R. Moritz –, »doch nachdem das Gesetz und die Grundregeln der Administration geschaffen sind, folgen sie ihrer eigenen Logik, ohne Zutun des Herrschers, und werden demgemäß quasi-mechanisch von den Beamten angewandt«.[86] Solche Auffassungen übten großen Einfluß auf den Konfuzianismus aus, der sich durch die Aufnahme legalistischer Elemente bereits in der Han-Zeit mit Dong Zhongshu (176-104 v. d. Z.) in die offizielle Staatsdoktrin verwandeln konnte.

In den Zusammenhang des Legalismus gehören auch die ökonomischen Lehren, die die zentrale Funktion des Staates für das wirtschaftliche Leben und die Bedeutung der Landwirtschaft für die Stärkung der staatlichen Macht begründeten. In erster Linie sind hier das *Guanzi* und das *Shangjunshu* zu nennen. Das *Guanzi*, das aus den letzten Jahrhunderten v. d. Z. stammt und allgemein als wichtigstes Werk zur Wirtschaftspolitik des alten China gilt, fordert zur »systematischen Regulierung der gesamten Volkswirtschaft durch die Regierung« auf.[87] Das bedeutete in erster Linie ein staatliches Monopol der Bodenschätze und Mineralien, das eine wichtige Einnahmequelle bildete, sowie die Organisation eines staatlichen Vorratssystems, das der Kontrolle über die private Waren- und Geldwirtschaft diente. So wird die Anlage von Getreidereserven zu einem wichtigen wirtschaftspolitischen Ziel erklärt. »Von dem, was man in einem Jahr erntet, kann man fünf Jahre leben«, heißt es im *Guanzi*. Auch der Anlage staatlicher Goldvorräte wird große Bedeutung beigemessen, da das Gold die Preise der Güter bestimmte und als Grundlage des Kupfergeldes diente. In diesem Zusammenhang untersucht das *Guanzi* die Entfaltung der Marktbeziehungen – vorab der Marktpreise –, wobei das Geld in seiner Funktion als Umlaufmittel sowie das Verhältnis von Waren- und Geldumlauf analysiert werden.[88] Der sowjetische Sinologe und Ökonom V. M. Štejn sieht im *Guanzi*, das die ökonomische Monopolstellung des Staates zu rechtfertigen versucht, eine ethisch begründete »Anti-Markt-Theorie«.[89] Nach seiner Auffassung wollte es vor allem die Bauernschaft, auf deren wirtschaftlicher Kraft die Macht des Staates basierte, vor den Auswirkungen der Warenwirtschaft schützen.

Noch konsequenter tritt das *Shangjunshu*, das die ökonomischen und politischen Lehren des Shang Yang enthält, für die staatliche Vorherrschaft im wirtschaftlichen Bereich ein.[90] Aus diesem Kompendium geht hervor, daß Shang Yang im Staate Qin den privaten Getreidehandel verbot, die Marktpreise staatlicher Kontrolle unterwarf, die Handelssteuer erhöhte und versuchte, Personen im Dienst von Kaufleuten wieder dem Ackerbau zuzuführen. Shang Yang betrachtete es als eine Selbstverständlichkeit, daß der Staat massiv in die wirtschaftlichen Prozesse eingriff, zumal die Bauern vor den ökonomischen und sozialen Folgen der sich entwickelnden Waren- und Geldbeziehungen geschützt werden mußten. Sekundäre Tätigkeiten wie Handel und Gewerbe waren seiner Auffassung nach zwar notwendig; doch der Staat sollte derartige ökonomische Funktionen selbst übernehmen. Shang Yang empfahl, die gesamte Kraft des Volkes auf den Ackerbau und die Kriegsführung zu konzentrieren. »Der vollkommene und weise Herrscher regiert das Land, indem er das Volk zwingt, innerhalb des Landes ausschließlich dem Ackerbau nachzugehen und außerhalb allein an den Krieg zu denken.«[91] Alle von Shang Yang vorgesehenen Maßnahmen waren darauf gerichtet, durch die Erhaltung möglichst vieler steuerzahlender und kriegsdienstleistender Bauern die ökonomische und militärische Macht des Staates zu stärken. Der sowjetische Übersetzer und Interpret Perelomov, der – im Unterschied zur philologischen Interpretation von J. J. L. Duyvendak[92] – die Lehren Shang Yangs im gesellschaftlichen Zusammenhang seiner Zeit darzustellen versucht, verweist darauf, daß es Shang Yang vorab auf die absolute Macht des Königs und die Schaffung eines mächtigen Staates ankam. Er sieht in ihm den Urheber eines »vollendeten Modells eines despotischen Staates«.[93] In diesem Zusammenhang zeigt Perelomov auch, in welch hohem Maße die Auffassungen Shang Yangs den Konfuzianismus beeinflußten und später die Struktur des bürokratischen Staates prägten.

In Gestalt solcher Werke wie dem *Guanzi* und dem *Shangjunshu* verfügte der entstehende bürokratische Zentralstaat über die grundlegenden Argumente, die zur Rechtfertigung seiner praktischen Wirtschaftspolitik erforderlich waren. Der ökonomische Herrschaftsanspruch des Staates verwandelte sich bald in ein Gewohnheitsrecht, das dieser mit allen Machtmitteln durchzusetzen verstand. So erreichte die staatliche Vorherrschaft in der Wirtschaft in China ein Ausmaß, das man – wie A. V. Meliksetov betont – in anderen Ländern vergeblich sucht.[94]

II. Das chinesische Kaiserreich

Die neue Gesellschaft, die aus dem Transformationsprozeß der späten Zhou-Zeit hervorging und in ihren grundlegenden historischen Strukturelementen etwa 2000 Jahre lang Bestand hatte, wird in der westlichen Fachliteratur zumeist als »bürokratische Gesellschaft« oder – mit einem Begriff aus der englischen Geschichte – als »*Gentry*-Gesellschaft« bezeichnet.[95] Die sowjetische Forschung konzentriert sich in erster Linie auf die Entwicklung der Agrarverhältnisse und die Lage der bäuerlichen Bevölkerung, daneben aber auch auf die Struktur und Funktion des bürokratischen Zentralstaates.[96] In diesen Bereichen dürften – auch gegenüber einer wirtschafts- und sozialgeschichtlich orientierten amerikanischen Sinologie – die hauptsächlichen Erkenntnisfortschritte liegen. Die an einer systematischen Erschließung und Auswertung der Quellen orientierte Einzelforschung, die sich auf bestimmte historische Zeitspannen, geographische Regionen und gesellschaftliche Teilbereiche beschränkt, vermittelt Einsichten in wichtige strukturelle Zusammenhänge und wirft zugleich weiteres Licht auf das vieldiskutierte Problem der sozialökonomischen Stagnation, das in den letzten Jahrhunderten des Kaiserreichs immer deutlicher hervortrat.

1. Der bürokratische Zentralstaat

Von besonderer Bedeutung für die Geschichte Chinas waren der Fortbestand und die Stärkung der staatlichen Zentralgewalt, eine Entwicklung, die in krassem Gegensatz zur Zersplitterung der öffentlichen Gewalt im mittelalterlichen Europa steht. Der einheitliche Zentralstaat, den die Qin-Dynastie bereits im Jahre 221 v. d. Z. geschaffen und dessen grundlegende institutionelle Form sich in der darauffolgenden Han-Zeit herausgebildet hatte, stellte – mit zeitweiliger Unterbrechung – bis zum Sturz der Qing-Dynastie im Jahre 1911 den politischen Rahmen der chinesischen Gesellschaft dar. Im

Grunde genommen kopierte jede neue Dynastie die vorangegangene institutionelle Struktur. Die staatliche Zentralgewalt, die sich im 10. Jahrhundert gegenüber den zentrifugalen Bestrebungen schließlich durchsetzen konnte, überdauerte alle Perioden politischer Teilung und Fremdherrschaft. Sie vermochte die wirtschaftlichen Grundlagen des chinesischen Reiches zu sichern und das gesellschaftliche Gleichgewicht durch sämtliche innere und äußere Erschütterungen hindurch stets wiederherzustellen und aufrechtzuerhalten. Es gelang ihr, alle gesellschaftlichen Emanzipationsbewegungen zu unterbinden und andere Ansprüche auf ökonomische Herrschaft und politische Unabhängigkeit erfolgreich abzuwehren. So blieb die gesamte Macht in den Händen der kaiserlichen Zentralregierung konzentriert, die das riesige Reich mit Hilfe einer relativ kleinen Beamtenschaft verwaltete. Der bürokratische Zentralstaat gewährleistete – unter den Bedingungen weitgehender internationaler Isolierung – eine außergewöhnliche Kontinuität und Stabilität der gesellschaftlichen Entwicklung, die das Interesse zahlreicher Forscher weckten.[97]

An der Spitze des zentralisierten Einheitsstaates stand der autokratische Kaiser, der »Sohn des Himmels«[98], der als unumstrittenes politisches und kultisches Oberhaupt galt. Er war Träger aller legislativen, exekutiven und judikativen Gewalt. Die absolute Monarchie, die sich bald herausbildete und deren despotischer Charakter sich vor allem zur Zeit der Ming-Dynastie (1368-1644) ausprägte[99], existierte bis zum Sturz des Kaiserreichs. Während die verschiedenen kaiserlichen Dynastien einander ablösten, blieb das Kaisertum selbst, das die Einheit von weltlicher und sakraler Macht verkörperte, mehr als 2000 Jahre lang bestehen. Auch in Zeiten staatlicher Teilung und politischer Zersplitterung bildete das Kaiserhaus eine starke politische Kraft.

Der Kaiser hatte in erster Linie die bestehende Ordnung zu schützen. Das war auch der eigentliche Inhalt des »Mandats des Himmels«, das der Herrscher so lange innehatte, wie er es gewissenhaft wahrnahm.[100] Nach konfuzianischer Lehre gab der Himmel, der in China die Rolle der höchsten Gottheit spielte, dem Monarchen das Mandat, »alles, was sich unter dem Himmel befindet«, zu verwalten. Im Herrscher manifestierte sich der Wille des Himmels, er verkörperte die göttliche

Weltordnung, symbolisierte die Einheit und Größe des Reiches, die eigentliche Identität des Volkes und die höchste Moralnorm. Das Mandat des Himmels erhielten nur tugendhafte Herrscher, und es wurde demjenigen entzogen, der mit den moralischen Normen des Konfuzianismus in Konflikt geriet. Dabei konnte der Himmel durch seine Zeichen (Sonnenfinsternis, Meteoriten, Dürre, Überschwemmungen und andere Naturerscheinungen) jeweils sein Mißfallen am Herrscher äußern. Falls das nicht half, durfte das Volk den Herrscher vertreiben. Das Recht des Volkes auf eine solche Revolution, d. h. den Entzug des Mandats *(geming)*, war bereits von Mengzi verkündet worden.[101] Vasil'ev verweist darauf, »daß die konfuzianische ›Revolution‹ zum Unterschied von den allgemein verbreiteten Vorstellungen kein Protest gegen veraltete Prinzipien, sondern gerade umgekehrt eine Aktion zu ihrer Verteidigung war«.[102] – Obwohl in der chinesischen Geschichte die Lehre vom Entzug des himmlischen Mandats kaum direkt dazu diente, zu Aktionen gegen den Herrscher aufzurufen, so stellte sie doch ein wichtiges politisches Instrument in den Händen der kaiserlichen Bürokratie dar, die die Einhaltung der konfuzianischen Lehre überwachte. Auch die konfuzianische Geschichtsschreibung hat die erfolgreichen Bauernaufstände, die zur Ablösung einer kaiserlichen Dynastie führten, in diesem Sinne interpretiert.

Das Kaiserhaus stützte sich auf eine kleine, aber straff organisierte und zentralisierte Beamtenschaft, die in verschiedene Ränge unterteilt war.[103] Die nationale Beamtenelite war für die allgemeine politische Führung, für die gesamte Staatsverwaltung sowie die Staatsideologie und vor allem für die Steuereintreibung zuständig. Sie kontrollierte die Einhaltung der ein für allemal festgelegten moralischen Normen und bekämpfte jeden Versuch, die bestehende Ordnung zu verändern, wobei sie die konfuzianischen Traditionen selbst gegenüber dem Kaiserhaus vertrat, dem sie zur Loyalität verpflichtet war und von dem sie im wesentlichen ihre eigene Macht herleitete. So befand sich der gesamte Staatsapparat in den Händen einer konservativen bürokratischen Machtelite, die als Träger der Staatsorthodoxie sich alles Wissen aus dem klassischen Kanon des Konfuzianismus aneignete und hiernach die Gesellschaft zu lenken und zu formen trachtete.

Die Rekrutierung der kaiserlichen Beamten erfolgte in der Regel durch ein System staatlicher Prüfungen, das sich im Verlauf der Errichtung des zentralisierten Einheitsstaates herausbildete, unter der Song- und Ming-Dynastie dann ausgebaut wurde und unter der Qing-Dynastie noch bis zum Jahre 1905 fortbestand.[104] Dabei handelte es sich um den Versuch einer amtlichen konfuzianischen Erziehung, die durch das Prüfungssystem, das für Beamtentitel und staatliche Ämter qualifizierte, streng reglementiert wurde. Dadurch versuchte der Staat, der alle Bildung verwaltete und vermittelte, zuverlässige und loyale Beamte zu gewinnen, die die Stabilität und ideale Harmonie der bestehenden Gesellschaft sichern konnten. Bei den staatlichen Examina ging es nicht um den Nachweis von Fachwissen, sondern um die genaue Kenntnis der konfuzianischen Staatslehre, »die Beherrschung eines kodifizierten, formalen Wissens, welches allein den Zugang zum Staatsdienst eröffnete«.[105] Es gab verschiedene Examensstufen, die jeweils einen bestimmten wissenschaftlichen Grad einbrachten. Der Weg zu diesen Gelehrtengraden war außerordentlich mühselig; die Vorbereitung zu den Staatsprüfungen erforderte viele Jahre Unterricht. »Viele opferten ihr ganzes Leben, um sich das formale Wissen anzueignen, und sie starben, ohne etwas erreicht zu haben.«[106] Vor allem die höheren wissenschaftlichen Grade wurden nur sehr selten erreicht. Die außerordentlichen Privilegien, die die Ablegung der Examina einbrachte, bedeuteten jedoch für viele einen großen Ansporn. Sie wurden von Familien, Sippen und Gemeinden unterstützt, die später an diesen Privilegien teilzuhaben hofften. Wenngleich die Prüfungen, die nur Männern zugänglich waren, nicht unmittelbar zur Erlangung eines Staatsamtes führten, so ermöglichten sie doch den Eintritt in die privilegierte Schicht der *shenshi,* die sich bereits in der Song-Zeit zur Führungsschicht Chinas entwickelt hatte.[107]

Obwohl das Examenssystem später formal allen Bevölkerungsschichten den Weg zum Staatsdienst und damit soziale Aufstiegsmöglichkeiten eröffnete, hatte es keineswegs den demokratischen Charakter, der ihm lange Zeit zugeschrieben wurde.[108] Es kann daher auch nicht als Instrument der freien Zirkulation der Elite in China angesehen werden. Ärmeren Familien und Sippen war es in der Regel unmöglich, die hohen

Ausbildungskosten für einen Beamtenanwärter aufzubringen. Außerdem vermochte auch die lokale Administration eine solche Beamtenlaufbahn zu verhindern. Allerdings führte die durch das Prüfungssystem vermittelte Auslese von Eliten zu einer höheren sozialen Mobilität, als sie die Gesellschaft des vorbürgerlichen Europa kannte. In den letzten Jahrhunderten des Kaiserreichs wurden die Beamten aus einer relativ breiten Schicht ausgewählt. Vor allem Kaufleute konnten in zunehmendem Maße an den Prüfungen teilnehmen und so zumindest in die unteren Ränge der chinesischen Führungsschicht aufsteigen. Zu diesem Aufstieg verhalf ihnen häufig auch die Möglichkeit, Beamtenstellen zu kaufen. Der Eintritt ins Beamtentum aber blieb auch im 19. Jahrhundert in China praktisch der einzige Weg zu einer hohen sozialen Stellung.

Die konfuzianischen Lehren, an denen sich die Erziehung der kaiserlichen Beamtenschaft orientierte, bestimmten später deren gesamte bürokratische Praxis, so daß kaum Kritik an der Regierung aufkommen konnte. Sie stabilisierten deren dauerhafte Herrschaft und waren auf diese Weise eng mit der Kontinuität und Stabilität des autokratischen Zentralstaates verbunden. Seit der Konfuzianismus – nach einer erheblichen Modifikation seiner ursprünglichen Inhalte – in der Han-Zeit zur offiziellen Staatsdoktrin geworden war, bestimmte er alle gesellschaftlichen Beziehungen. Er formulierte allgemein verbindliche Moral- und Verhaltensnormen und legte die Rechte und Pflichten der Chinesen im einzelnen fest. »In dieser Gesellschaft kannte jeder, vom Kaiser bis zum letzten Bauern, seinen Platz und seine Bestimmung.«[109] Niemand konnte sich den genau fixierten Moral- und Verhaltensregeln entziehen. Die konfuzianische Lehre brachte ein festes System von Riten hervor, das das gesamte private und gesellschaftliche Leben reglementierte und der persönlichen Initiative kaum noch Spielraum ließ. Die ein für allemal festgelegten sozialen Vorschriften und Prinzipien waren genau einzuhalten und vor jeder Veränderung zu bewahren; sie entzogen sich jeder kritischen Erörterung und jedem Zweifel. Die Chinesen hatten in erster Linie ethische Normen zu lernen. Das von der konfuzianischen Bürokratie monopolisierte klassische Bildungssystem war so aufgebaut, »daß der Mensch von Kindheit an Wert und Sinn der Welt lediglich in den Regeln und Sprüchen der alten Weisen erblickte«.[110] Besonders stark prägten die konfuzianischen Lehren das Leben in der chinesischen Großfamilie. Hier herrschten absolute Unterordnung unter das Familienoberhaupt und strenge Einhaltung der Traditionen und Kulte, vorab des Ahnenkults.[111] Auf diese Weise gewährleistete der Konfuzianismus eine ideologische Einheit und Stabilität, wie es sie in keinem anderen Lande gab. Mehr als zwei Jahrtausende fungierte er – in seinen verschiedenen Variationen[112] – als systemstabilisierende Staatsideologie, der sich selbst die aufständischen Bauernmassen immer wieder unterwarfen. Otto Franke sprach 1930 in diesem Zusammenhang von »dem – wenn man den Erfolg als Maßstab nimmt – gewaltigsten und machtvollsten Organisationsmittel, das wir bisher in der Weltgeschichte kennen«.[113]

Der bürokratische Zentralstaat nahm vielfältige und bedeutsame ökonomische Funktionen wahr. Als seine wirtschaftliche Hauptaufgabe betrachtete er die Sicherung der landwirtschaftlichen Produktion, die die Existenzgrundlage der chinesischen Gesellschaft und die staatliche Machtbasis darstellte. Der Staat war nicht nur unmittelbarer Eigentümer großer Ländereien, sondern griff darüber hinaus häufig in die Bodenbesitzverhältnisse und den gesamten landwirtschaftlichen Produktionsprozeß ein. Des öfteren versuchten die zuständigen Behörden, die landwirtschaftliche Arbeitsorganisation zu verbessern, neue Agrartechniken einzuführen und die Landwirtschaft durch zahlreiche weitere Förderungsmaßnahmen voranzubringen. Von besonderer Bedeutung war in diesem Zusammenhang die zentrale Organisation hydrotechnischer Arbeiten, der alle kaiserlichen Dynastien große Bedeutung beimaßen.[114] Während im Norden – bedingt durch die starke Wasserdurchlässigkeit des Lößbodens – eher der Hochwasserschutz zu organisieren war, bildete im Süden – infolge der starken Wasserbedürftigkeit der Reiskulturen – die künstliche Bewässerung eine Grundbedingung der landwirtschaftlichen Arbeiten. Da sowohl die Organisation der Hochwasserabwehr als auch die Errichtung und Unterhaltung von Bewässerungsanlagen häufig die lokalen Kräfte überstiegen, mußte die zentrale Staatsgewalt zumindest einen Teil dieser Aufgaben übernehmen.[115]

Mit Hilfe eines umfangreichen administrativen Apparats, in

dem das Ministerium für öffentliche Arbeiten *(Gong bu)* einen besonders wichtigen Platz einnahm, kontrollierte der Staat – direkt oder indirekt – auch den nichtagrikolen Wirtschaftsbereich.[116] Von Anfang an waren Handel und Gewerbe seiner Aufsicht unterworfen, wobei zugleich die Städte in das bürokratische Verwaltungssystem integriert wurden. Die Kontrolle reichte von der Errichtung staatlicher Monopole, wie sie bereits zur Han-Zeit erfolgte, bis zur Ablieferungspflicht der Produzenten und zum staatlichen Vorkaufsrecht. Den Schwerpunkt der gewerblichen Produktion bildeten das staatliche Handwerk und die staatliche Manufaktur. Die Kaufleute, deren Zahl schon nach der ersten Reichseinigung erheblich zunahm, waren fest in das staatliche Verteilungsnetz eingegliedert, so daß ihnen kaum Spielraum für selbständige Aktivitäten verblieb. »Dem Kaufmannstand gelang es nicht, im Handel eine beherrschende Stellung zu erobern oder gar den Außenhandel als Hebel zur Stärkung der eigenen Position zu nutzen.«[117] Darüber hinaus lagen auch das Transport- und Verkehrssystem sowie die gesamte Infrastruktur in staatlichen Händen. Da der Staat außerdem allein berechtigt war, Steuern und Abgaben zu erheben sowie Arbeits- und Dienstleistungen von seinen Untertanen zu verlangen, verfügte er über eine breite wirtschaftliche Basis, die es ihm ermöglichte, allen anderen ökonomischen Herrschaftsansprüchen wirksam entgegenzutreten.

Eine Reihe von Historikern und Sinologen sieht den eigentlichen Schlüssel zum Verständnis der traditionalen chinesischen Gesellschaft in der überragenden Rolle des bürokratischen Staatsapparates. Besonders starken Einfluß übte in dieser Hinsicht die universalgeschichtlich angelegte Konzeption K. A. Wittfogels aus, die alle gesellschaftlichen Strukturen aus den öffentlichen – vorab hydraulischen – Funktionen des Staates zu erklären versuchte.[118] Dieser Konzeption zufolge verlangte die Errichtung, Nutzung und Unterhaltung der für die Landwirtschaft notwendigen Bewässerungssysteme den zentral gelenkten Masseneinsatz von Arbeitskräften. Hierfür war eine besondere Schicht leitender Spezialisten erforderlich, die auf diese Weise in eine gesellschaftliche Schlüsselstellung gelangte, über die ökonomischen Ressourcen und die politische Macht sowie zahlreiche Privilegien verfügte. Eine solche bürokratische Herrschaft, die sich permanent reproduzierte und jede gesellschaftliche Fortentwicklung ausschloß, erscheint bei Wittfogel als eine Art totalitärer Moloch, dem die Untertanen hilflos ausgeliefert waren.

Im Unterschied zu Wittfogels universeller »Theorie der bürokratischen Klassenherrschaft«[119], die die hydraulischen Funktionen des Staates verabsolutierte und eine statische Gesellschaftsordnung unterstellte, unternahm Étienne Balazs – im Anschluß an soziologische Fragestellungen Max Webers – einen historisch differenzierenden, am Quellenmaterial orientierten Versuch, China als »bürokratische Gesellschaft« zu bestimmen.[120] Balazs zufolge wurde der Funktionsmechanismus der chinesischen Agrargesellschaft, in der solche Zwischenschichten wie Kaufleute und Handwerker nur schwach entwickelt waren, von der kaiserlichen Bürokratie gewährleistet, die an der Spitze der Sozialpyramide stand. Diese – weitgehend verselbständigte – Klasse von Beamten-Literaten, die sich durch innere Homogenität und Stabilität auszeichnete und sich im wesentlichen aus sich selbst rekrutierte, verkörperte als Träger der zentralen Staatsgewalt eine außerordentliche Macht, war in jeder Hinsicht privilegiert und verfügte über umfangreiche Ländereien. Sie kontrollierte alle gesellschaftlichen Lebensbereiche, wobei sie jede private Initiative unterdrückte. Balazs beschreibt die konfuzianische Beamtenschaft als ein Instrument des Zentralismus, eine Macht der Ordnung und Tradition. Ihre gesellschaftliche Schlüsselstellung leitet er aus ihrer zentralen Funktion ab: der Aufgabe, die Arbeiten der gesamten Bevölkerung zu koordinieren und zu überwachen, um den gesellschaftlichen Reproduktionsmechanismus aufrechtzuerhalten. »Ihre soziale Rolle war gleichzeitig die eines Architekten, Ingenieurs, Administrators und Herrschers.«[121]

Eine ähnliche Auffassung vertreten auch einige sowjetische Gelehrte, die sich in ihren Forschungen von bestimmten Bemerkungen von Marx und Engels zur »asiatischen Produktionsweise« und zur »orientalischen Despotie« leiten lassen, in denen die lebensnotwendige Funktion der zentralen Staatsgewalt in den östlichen Zivilisationen hervorgehoben wird.[122] Danach stellte der bürokratische Staat selbst die herrschende

Klasse dar, die sich auch das bäuerliche Mehrprodukt aneignete. So hat bereits Ende der zwanziger Jahre L. I. Mad'jar – unter Hinweis auf eine Bemerkung von Marx zur Doppelfunktion des asiatischen Staates als Souverän und Grundeigentümer[123] – betont, daß es im chinesischen Kaiserreich keine von der Grundrente verschiedene Steuer gäbe.[124] Zwar habe auch unter den Bedingungen staatlichen Obereigentums an Grund und Boden eine spezifische Form von Privatgrundeigentum existiert; doch seien Steuer und Rente insofern identisch gewesen, als der Staat wichtige öffentliche Aufgaben wahrnahm und der staatlichen Aufgabe der Vorratshaltung besondere Bedeutung zukam. Allerdings blieb bei Mad'jar die Frage unberücksichtigt, ob das Kaiserhaus seine Oberhoheit über den Boden und die großen Bewässerungsanlagen im Sinne realer Eigentumsrechte auffaßte, oder ob es sich lediglich um einen allgemeinen Herrschaftsanspruch über Territorium und Bevölkerung handelte.

Die an der Marxschen Kategorie der asiatischen Produktionsweise orientierte Interpretation der chinesischen Geschichte, die den bürokratischen Staatsapparat mit der herrschenden Klasse gleichsetzte, wurde von der sowjetischen Sinologie und Historiographie erst in den sechziger Jahren wiederaufgegriffen.[125] Dabei fand vor allem das Konzept einer »staatlich-agrarischen Struktur« oder auch »administrativ-agrarischen Struktur« Verbreitung, das unterstellt, daß es in China keine ökonomisch selbständigen Klassen gab und daher die zentrale Staatsgewalt den bäuerlichen Produzenten unmittelbar gegenübertrat.[126] Der Staatsapparat habe auch die funktionstragenden Schichten und herrschenden Machteliten hervorgebracht, »deren gesellschaftliche Stellung allein vom offiziellen Staatsdienst abhing«.[127] – In der westlichen China-Geschichtsschreibung ist der ungarische Sinologe Tökei bekannter, der die gesamte Geschichte Chinas bis zum Eindringen der Europäer als eine historische Realisierung der asiatischen Produktionsweise auffaßt, wobei er sich vor allem auf die – inzwischen veröffentlichten[128] – methodologischen Hinweise von Marx zur Entwicklung und Struktur der asiatischen Gemeindeform stützt.[129] Das von Tökei unterstellte gemeinsame Interesse von Staatsbeamten und Gemeindebauern »stand der Entwicklung des feudalen Privateigentums im Wege und hatte eine im wesentlichen unveränderte Reproduktion der asiatischen Produktionsweise zur Folge«.[130]

Derartige Interpretationsansätze, die besonders den bürokratischen Charakter der chinesischen Gesellschaft hervorhoben, stießen jedoch auf erheblichen Widerspruch. Die meisten sowjetischen Sinologen und Historiker versuchen, die traditionale chinesische Gesellschaft vom Bereich der Grundeigentumsverhältnisse her zu analysieren.[131] Sie betrachten das kaiserliche China als eine feudale Gesellschaft, in der sich Großgrundbesitzer und persönlich abhängige, aber wirtschaftlich selbständige Bauern gegenüberstanden und sich erstere das bäuerliche Mehrprodukt, die Grundrente, mit Hilfe außerökonomischen Zwangs aneigneten. Die Beamten-Literaten bzw. *shenshi* erscheinen in dieser Betrachtungsweise als eine besondere Gruppe von Grundherren, deren Aufgabe darin bestand, im Rahmen des zentralen Staatsapparats das politische Gesamtinteresse dieser Klasse zu vertreten. »[...] im Grunde handelt es sich um eine einzige Klasse, weil die meisten *shenshi* große Grundbesitzer sind; die Macht aber, die man in erster Linie mit dem Begriff *shenshi* assoziiert, wird im Interesse der Klasse der feudalen Grundeigentümer insgesamt verwirklicht.«[132] In diesem Zusammenhang ist oft von einem »bürokratischen Feudalismus« die Rede – ein Begriff, den auch J. Needham aufgriff.[133]

Hinter der meist sehr abstrakt geführten Kontroverse um die Frage, ob es sich in China um eine feudale Gesellschaft oder um eine Gesellschaft der asiatischen Produktionsweise gehandelt habe, verbirgt sich die entscheidende Frage nach dem Zusammenhang von Grundbesitz und bürokratischer Herrschaft. Inzwischen liegen zahlreiche Untersuchungen vor, die belegen, daß die kaiserlichen Beamten in der Regel über Grundbesitz verfügten und die großen Grundherren häufig auch Beamte waren.[134] Mag auch im einzelnen strittig sein, inwieweit der Grundbesitz das Ergebnis einer Beamtenlaufbahn war und inwieweit dieser eine solche Laufbahn überhaupt erst ermöglichte, so gilt doch deren wechselseitige Verflechtung auch in der westlichen Sinologie als erwiesen. Herbert Franke und Rolf Trauzettel, die immer wieder auf die Existenz feudaler Strukturen im kaiserlichen China hinweisen, bemerken, »daß das Beamtentum innerhalb der Klasse der

Grundherren bald das politisch bestimmende Element und damit in die Lage versetzt wurde, seine ökonomische Basis auch politisch zu sichern«.[135] Auch das Konzept der *Gentry*-Gesellschaft betont die enge Verbindung von Grundbesitz und Beamtenschaft, wobei die Grundherren und gelehrten Beamten als eine einheitliche Klasse angesehen werden. So betrachtet vor allem Wolfram Eberhard die *Gentry* als Oberschicht des chinesischen Kaiserreiches, deren wirtschaftliche Basis der Grundbesitz bildete und deren sozialer Zusammenhalt auf Familienbeziehungen beruhte.[136]

Der nationale Beamtenapparat und die lokale Führungsschicht, die *Gentry*, waren auf gegenseitige Unterstützung angewiesen. Die kaiserliche Bürokratie, die die organisatorischen Dienste der lokalen *Gentry* in Anspruch nahm, garantierte vor allem die Eigentumsrechte der Grundherren. »Waren die Beamten ihrerseits bei der Aufrechterhaltung der Ordnung, der Vertretung der konfuzianischen Grundsätze und der Steuereintreibung auf die Mitarbeit der *Gentry* angewiesen, so verließ sich die *Gentry* ganz auf die Beamten, wenn es um die Erhaltung der Werte ging, nach denen sie lebte, wie sie sich auch letzten Endes auf sie verließ, wenn sie ihre Einkünfte und ihren Grundbesitz in Gefahr sah.«[137] Um Interessenkonflikte der Beamten, die zugleich der nationalen und der lokalen Führungsschicht angehörten, von vornherein auszuschließen und ihre Loyalität gegenüber dem Staat zu fördern, wurde ihnen untersagt, ein Amt in ihrer Heimatprovinz zu bekleiden oder dort, wo sie eingesetzt waren, Land zu kaufen; in wichtigen bürokratischen Institutionen durfte jeweils nur ein Mitglied derselben Familie als Beamter tätig sein. Dennoch spielten die lokalen Familien- und Sippeninteressen eine erhebliche Rolle – namentlich dann, wenn die zentrale Kontrolle nachließ.

Besonders eng mit dem Staatsapparat verbunden waren die *shenshi*, die von den meisten sowjetischen Forschern als wichtigste soziale Gruppe innerhalb der herrschenden Klasse angesehen werden.[138] Zu ihnen gehörten die *Literati* oder Gelehrten, die sich für den Staatsdienst qualifiziert hatten, und die nichtaktiven Beamten, die in den Gemeinden ansässig waren. Die *shenshi* verfügten auf lokaler Ebene, wo sie vielfältige – teils staatliche, teils gesellschaftliche – Funktionen bekleideten, über die wichtigsten Machtpositionen, und aus ihnen rekrutierte sich der gesamtstaatliche aktive Beamtenapparat. Ihr sozialer Status wurde in erster Linie dadurch bestimmt, »daß sie einen inoffiziellen Zweig der offiziellen Bürokratie, eine Schicht zwischen dem staatlichen Leitungsmechanismus und der örtlichen Selbstverwaltung, ein besonderes gesellschaftliches Subsystem darstellten«.[139] Die meisten *shenshi* waren Grundherren. Der größte Teil ihrer Einkünfte entstammte jedoch Einnahmequellen, die sich aus ihrer bürokratischen Funktion ergaben. Nach einer Untersuchung von Chung-li Chang gehörten hierzu im 19. Jahrhundert die öffentlichen Gehälter, Einnahmen aus Honoratiorenfunktionen, Lehrtätigkeit und Sekretärsdiensten, aber auch bereits aus Handel und Bankwesen.[140] Derartige Einkünfte kamen allerdings, wie B. Moore betont, vor allem der Spitzenschicht der *shenshi* zugute.[141] – So bestanden zwischen dem nationalen Beamtenapparat und dem Grundbesitz vielfältige wirtschaftliche und politische Beziehungen. Hieraus ergaben sich besondere Interessenverbindungen, die vor allem im Agrarbereich häufig in Widerstreit mit den gesamtgesellschaftlichen Aufgaben der kaiserlichen Bürokratie gerieten.

2. *Entwicklung und Struktur der Grundeigentumsverhältnisse*[142]

Bereits in den letzten Jahrhunderten vor Beginn unserer Zeitrechnung war die Entwicklung der Grundeigentumsverhältnisse trotz zahlreicher Beschränkungen im wesentlichen vom Privatgrundeigentum bestimmt.[142a] Damit setzte sich auch der ökonomische und soziale Differenzierungsprozeß der Grundbesitzer fort, so daß sich die Klassenscheidung der Gesellschaft in grundbesitzende Oberschicht und die Masse der landlosen und landarmen Bauern immer mehr verfestigte. Der große Grundbesitz entwickelte sich zunehmend zum bestimmenden Faktor der chinesischen Agrarverfassung. Seinem gesellschaftlichen Charakter nach unterschied er sich erheblich vom westeuropäischen Feudaleigentum (Grundherrschaft, Manor, Seigneurie): So fehlten vor allem das Lehnssystem und die Erbaristokratie; der Boden war käuflich, und innerhalb der Klasse der Grundherren gab es eine beträchtliche Mobilität.[143] Als soziale Träger des großen Grundbesitzes fungierten nicht nur Privatpersonen, sondern auch öffentliche Institutionen, die buddhistische und daoistische Geistlichkeit, der Staat und das Kaiserhaus. Zwar versuchte die zentrale Staatsgewalt unter Berufung auf das kaiserliche Obereigentum an Grund und Boden vor allem in früheren Jahrhunderten immer wieder, den privaten Großgrundbesitz zurückzudrängen und die Zahl der selbstwirtschaftenden Bauern zu vermehren, von deren Steuerkraft sowie Arbeits- und Kriegsdiensten ihre Macht in erster Linie abhing. Derartige Versuche waren jedoch allenfalls kurze Zeit erfolgreich. Langfristig vermochte der Staat den spontanen Prozeß der Bodenkonzentration, der von einem fortschreitenden Verfall der kleinen Bauernwirtschaften begleitet war, nicht aufzuhalten, zumal seine Repräsentanten in der Regel selbst an einer Vermehrung ihrer Ländereien interessiert waren.

Sowjetische Forschungen zeigen, daß das System der Grundeigentumsverhältnisse bereits in der Han-Zeit von der Tendenz zur Bodenkonzentration bestimmt war, die der Staat, der der Agrarfrage größte Aufmerksamkeit widmete, vergeblich aufzuhalten trachtete.[144] Es bildeten sich mächtige Familien- und Sippenverbände, die über riesigen Grundbesitz verfügten. Daneben gab es eine große Zahl mittlerer und kleinerer Grundherren. Aber auch die bäuerliche Parzellenwirtschaft, die in zunehmende Schwierigkeiten geriet, bestand weiter fort. Außerdem existierten verschiedene Formen staatlichen Grundeigentums. Der Staat griff immer aktiver in die Gestaltung der Bodenbesitzverhältnisse und die landwirtschaftliche Arbeitsorganisation ein, um der durch die zunehmende Bodenkonzentration hervorgerufenen wirtschaftlichen und sozialen Krise entgegenzuwirken. Dabei machte er auch nicht halt vor den Interessen der Grundherren, sondern versuchte, den Großgrundbesitz einzuschränken, um dadurch den Bauern das Land zu erhalten. Die Regierung trat gegen die Anlage von Handelskapital in der Landwirtschaft auf, führte umfangreiche Landzuteilungen durch und gewährte erhebliche Steuererleichterungen. Als der freie Bodenfonds erschöpft war, schuf sie – vor allem durch Landkonfiskation bei den reichen Kaufleuten – einen besonderen staatlichen Bodenfonds, die sogenannten öffentlichen Felder *(gongtian)*, die als Grundlage der staatlichen Landzuteilungen dienten. Außerdem wurden (ursprünglich vorrangig in den nordwestlichen Grenzgebieten, später zunehmend auch im Landesinnern) große staatliche Landmassive geschaffen, die durch eine Umsiedlungsaktion die notwendigen Arbeitskräfte zugeführt erhielten. Diese Militärsiedlungen *(tuntian)* unterstanden unmittelbar staatlicher Verwaltung, und ihr Grund und Boden war vom freien Grundstücksverkehr ausgenommen. Die bäuerlichen Arbeitskräfte waren hier nicht nur der staatlichen Arbeitspflicht, sondern auch der Kriegsdienstpflicht unterworfen.[145]

In die Zeit der Han-Dynastie fiel auch die am »Brunnenfeld«-System orientierte Agrarreform Wang Mangs zu Beginn des 1. Jahrhunderts n. d. Z., die einen systematischen und umfassenden Versuch darstellte, die Agrarkrise durch weitreichende staatliche Eingriffe zu lösen.[146] Wang Mang erklärte den gesamten Grund und Boden zu Staatseigentum und verbot den freien Bodenkauf und -verkauf. Alles Ackerland sollte gleichmäßig an die Bauern verteilt und von ihnen bewirtschaftet werden, wobei der Staat jeweils ein Neuntel des Ertrages beanspruchte. Außerdem bestimmte die Regierung die Nahrungsmittelpreise, die durch ein staatliches Vorkaufsrecht reguliert werden sollten. Dem Reformprogramm Wang Mangs, dessen Hauptzweck die Stärkung der zentralen Staatsmacht bildete, war jedoch nur geringer Erfolg beschieden, da die Landzuteilung an die Bauern im wesentlichen Deklaration blieb. Es vermochte ebensowenig wie die vorangegangenen staatlichen Maßnahmen die Bodenkonzentration und die fortschreitende Differenzierung der Grundbesitzer aufzuhalten. »Im Ergebnis der Agrarpolitik Wang Mangs waren sowohl die großen Grundbesitzer als auch die Bauernschaft, die durch seine Reform nichts erhalten hatte, unzufrieden.«[147]

Nach dem Zusammenbruch des Han-Imperiums, der durch den Bauernaufstand der »Gelben Turbane« eingeleitet wurde, folgte eine längere Periode politischer Teilung. Die staatliche Kontrolle über die Landwirtschaft wurde jedoch rasch wiederhergestellt. Auch im 3. Jahrhundert schuf der Staat – vor allem aus dem Bestand brachliegender Ländereien – große Bodenmassive im Innern des Landes.[148] Der staatliche Bodenfonds, der auf diese Weise akkumuliert wurde, diente zugleich als Kontrollinstrument über die bäuerliche Landwirtschaft;

mit seiner Hilfe vermochte der Staat eine regulierende Funktion im gesamten Agrarbereich auszuüben. Ebenso wie zur Han-Zeit gab es auch in der Sanguo-Periode (220-280) verschiedene Formen staatlichen und privaten Grundeigentums. Die wichtigste Form der staatlichen Landwirtschaft stellten die Militärsiedlungen dar. Die Ballung von Großgrundbesitz setzte sich weiter fort, wobei vor allem die »großen Sippen« und »großen Häuser« eine wichtige Rolle spielten.

Besonders ausgeprägt war die staatliche Kontrolle über die Landwirtschaft vom Ende des 3. bis zum Ende des 8. Jahrhunderts, in der Periode der staatlichen Landzuteilungssysteme.[149] Die Gesetzgebung jener Zeit versuchte, die Agrarfrage durch eine periodische, differenzierte Neuverteilung des Bodens zu lösen und so der Bildung von Großgrundbesitz entgegenzuwirken. Auf diese Weise hoffte der Staat die Lage der Bauern erträglicher zu gestalten und den Ackerbau weiter auszudehnen. Der Politik der staatlichen Landzuteilung lag die Vorstellung zugrunde, daß der gesamte Grund und Boden dem Staat als dem obersten Eigentümer gehörte. Bereits das erste historisch überlieferte Agrargesetz aus dem Jahre 280 – unmittelbar nach der kurzfristigen Wiedervereinigung des Reiches – intendierte eine Agrarreform auf der Grundlage staatlicher Landzuweisung *(zhantian)*.[150] Jeder Mann und jede Frau ab 13 bzw. 16 Jahre hatten Anspruch auf ein bestimmtes Feldstück, wobei besonders das infolge langer Kriege liegengebliebene Brachland genutzt werden sollte. Kaiserliche Beamte hatten ihrem jeweiligen Rang entsprechend ein Recht auf größeren Landbesitz. Auf der Grundlage dieses Gesetzes konnte zwar ein gewisser Bodenausgleich erzielt werden. Doch setzte sich der Konzentrationsprozeß vor allem im Süden des Landes schon bald wieder durch, zumal die Beamten, die selbst Großgrundbesitzer waren, nicht an einer konsequenten Verwirklichung der im Gesetz vorgesehenen Maßnahmen interessiert sein konnten.

In Nordchina, das zu jener Zeit das wirtschaftliche Kerngebiet des Landes darstellte, blieb der Bodenausgleich unter der Fremdherrschaft der Toba bestimmendes Prinzip der Agrarpolitik. Im Jahre 485 wurde im Toba-Reich ein Gesetz zur gleichmäßigen Landverteilung *(juntian)* erlassen, das fast 300 Jahre lang in Kraft blieb.[151] Um die landwirtschaftlichen

Erträge und das staatliche Steueraufkommen zu erhöhen, sollten landlos gewordene Bauern ein Feldstück erhalten. Jedem Mann und jeder Frau stand nach dem Gesetz eine bestimmte Menge Land zu. Dabei wurde zwischen verkäuflichem und vererbbarem Familieneigentum und einer zeitlich befristeten Bodennutzung unterschieden. Während das zum Hause gehörige Gartenland mit seinen Maulbeer- und Obstbäumen der Bauernfamilie als Dauereigentum gehörte, galt das freie Ackerland ohne Bäume als sogenanntes persönliches Land, das nach dem Tode des Besitzers zur Neuverteilung an den Staat zurückfiel. Das Agrargesetz von 485 sah vor, daß der Boden auf der Basis von Personenstandslisten jährlich neu verteilt wurde. Es beruhte auf einer genauen Volkszählung und einer umfassenden Landvermessung. Aus zeitgenössischen Quellen geht hervor, daß das *juntian*-System der Tobas – trotz der Privilegien der Beamten – zunächst auch praktisch angewandt wurde, ohne daß freilich hierdurch ein konsequenter Landausgleich erfolgt wäre.[152]

Das Prinzip der gleichmäßigen Landverteilung, das schließlich auf ganz China ausgedehnt wurde, spielte auch zu Beginn der Tang-Dynastie (618-907) eine wichtige Rolle, die damit die wirtschaftliche und soziale Basis des wiedervereinigten Reiches zu stärken versuchte.[153] Die neue Dynastie verkündete im Jahre 624, nach der Beendigung der inneren Kämpfe, ein Gesetz zur Bodenumverteilung, das an die vorangegangene Agrargesetzgebung anknüpfte. Danach sollte der Bodenbesitz so ausgeglichen werden, daß möglichst alle Bauern gleich viel Land besaßen und der Ballung von Großgrundbesitz entgegengewirkt würde. Nach dem Gesetz hatten alle männlichen und weiblichen Mitglieder der bäuerlichen Familie Anspruch auf einen Landanteil, wobei auch wieder zwischen dem vererbbaren und dem persönlichen, an den Staat zurückfallenden Land unterschieden wurde. Ein Fünftel des Bodens galt als bei der Familie verbleibendes Erbland, auf dem Maulbeerbäume oder teilweise auch Hanf angepflanzt werden mußten. Die übrigen vier Fünftel des Bodens gingen nach dem Tode des Besitzers an den Staat zurück, der das Land dann neu verteilte. Dieser persönliche Anteil durfte nach den geltenden Bestimmungen nicht verkauft werden, damit die Bauern nicht wieder landlos wurden. Formal waren auch Handwerker und Kaufleute berechtigt, kleine Landstücke zu erwerben, falls sie diese selbst bearbeiteten.

Inwieweit das Agrargesetz von 624 wirklich durchgeführt wurde, läßt sich im einzelnen schwer feststellen. Voraussetzung war in jedem Fall, daß ausreichend Land zur Verfügung stand und der Beamtenapparat zur loyalen Mitarbeit bereit war. Da die Aristokratie sowie die kaiserlichen Beamten überdurchschnittlich große Ländereien zugeteilt erhielten, setzte sich in der Tang-Zeit die Bildung von Großgrundbesitz schon allein auf legalem Wege weiter fort. Aber auch der Kauf und Verkauf von Land war durch staatliche Restriktionsmaßnahmen nicht aufzuhalten. Außerdem konzentrierten sich immer größere Ländereien in den Händen der daoistischen und besonders der buddhistischen Geistlichkeit. Darüber hinaus bekamen die staatlichen Behörden zur Bestreitung öffentlicher Ausgaben oder zur privaten Nutzung der Beamten Land zugewiesen. In manchen Teilen des Reiches entstanden auch landwirtschaftliche Großbetriebe, die von Pächtern und Landarbeitern bearbeitet wurden. Wie unter den vorangegangenen Dynastien gab es in der Tang-Zeit Militärsiedlungen und zivile Ackerbaukolonien, die unmittelbar vom Staat verwaltet wurden. – Die Regierung vermochte nicht, den Konzentrationsprozeß des Bodens auf dem Wege der Gesetzgebung aufzuhalten und die Bauern vor dem Verlust ihres Landes zu schützen. Der Zerfall des staatlichen Landverteilungssystems, der schon bald einsetzte, wurde durch eine Steuerreform im Jahre 780 besiegelt, nach der sich die Steuern am jeweiligen Landbesitz bemaßen. So wurde das Prinzip der periodischen Neuverteilung des Bodens bereits aufgegeben, ehe das Tang-Reich – durch zentrifugale Kräfte und Bauernaufstände schwer erschüttert – endgültig zusammenbrach. Damit war der große Grundbesitz staatlich sanktioniert.[154]

Durch das System der ausgleichenden Bodennutzung, das die staatliche Agrarpolitik vom Ende des 3. bis zum Ende des 8. Jahrhunderts kennzeichnete, war zwar der spontane Prozeß der Bodenkonzentration etwas abgebremst worden. Doch war der große Grundbesitz auch in dieser Periode im wesentlichen erhalten geblieben. Der Staat hatte die Privilegien der sozialen Oberschicht, die bei der Landzuteilung sehr stark begünstigt wurde, nicht angetastet. Auch das Prinzip des

Privateigentums hatte zwar zeitweise gewisse Einschränkungen erfahren, war jedoch zu keiner Zeit aufgehoben worden. Bei den verschiedenen Landausgleichssystemen, die die chinesische Agrarpolitik etwa 500 Jahre lang bestimmten, handelte es sich um eine besondere Form der Bodennutzung, durch die die Bauern – wie vor allem aus den Forschungen von A. Ju. Tjurin hervorgeht – stärker an den Boden gefesselt wurden.[155]

Als auch das letzte staatliche Landverteilungssystem bereits nach knapp 150 Jahren gescheitert war, konnte sich die Tendenz zur Bodenkonzentration in den folgenden Jahrhunderten endgültig durchsetzen. Seit dem 8. Jahrhundert wurde die wirtschaftliche und gesellschaftliche Entwicklung Chinas von der Herrschaft des privaten Großgrundbesitzes bestimmt, der in der Regel mit kleinbetrieblichen Formen der Bodennutzung verbunden war.[156] Die Ländereien der Grundherren wurden in winzige Bodenstücke aufgeteilt und von Pächtern bewirtschaftet, wodurch sich die privaten Abhängigkeits- und Ausbeutungsverhältnisse weiter ausbreiteten. Versuche neuer kaiserlicher Dynastien, den Boden unter Berufung auf das traditionelle Obereigentum des Herrschers zugunsten der Bauern umzuverteilen, führten zu keiner wesentlichen Änderung der Besitzverhältnisse. Es gab auch in den späteren Jahrhunderten immer noch zahlreiche Formen staatlichen Grundeigentums; doch betrug sein Anteil an der gesamten Ackerfläche nach sowjetischen Berechnungen – zusammen mit den Klosterländereien – im Durchschnitt nur etwa 10 bis 20%.[157] Die übrigen 80 bis 90% des bearbeiteten Bodens gehörten den Grundherren und den selbstwirtschaftenden Bauern. Die verschiedenen Gruppen der Grundherren, die den Boden weiterverpachteten, besaßen im Durchschnitt 40 bis 50% der privaten Ländereien, vor allem in den südlichen Provinzen. Daneben gab es – vorwiegend im Norden – eine große Schicht bäuerlicher Kleineigentümer, die dem Staat steuerpflichtig war. Obwohl sich die Relationen zwischen den einzelnen Eigentumsformen immer wieder veränderten, wobei auch neue Abhängigkeits- und Pachtformen entstanden, bestand diese Agrarverfassung in ihrer Grundstruktur bis zur Revolution von 1949 fort.

In der Song-Zeit (960-1279), in der sich das wirtschaftliche Schwergewicht des Reiches endgültig nach dem Süden verlagerte und die landwirtschaftliche Produktion einen bedeutenden Aufschwung nahm, erreichte der private Großgrundbesitz sein bislang größtes Ausmaß, wobei sich zugleich die Pächter und Teilpächter in die größte bäuerliche Schicht verwandelten.[158] Zwar widmeten besonders die ersten Herrscher der Song-Dynastie der bäuerlichen Landwirtschaft große Aufmerksamkeit und versuchten, sie in jeder Weise – auch durch Umverteilung des Bodens – zu fördern. »Von jeher war die Landwirtschaft die Grundlage der Lebenshaltung des Volkes. Sie produziert Nahrung und Kleidung«, erklärte der Begründer der Dynastie.[159] In diesem Zusammenhang steht auch die am »Brunnenfeld«-System orientierte Agrarreform des Wang Anshi (1021-1086). Die kaiserliche Regierung, die ihre Steuereinnahmen erhöhen wollte, vergrößerte – durch Zwangsaufkauf bei den privaten Großgrundeigentümern – den staatlichen Bodenfonds, um das Land dann an die Bauern weiterzuverpachten. Der fortschreitende Konzentrationsprozeß aber konnte hierdurch nicht ernsthaft aufgehalten werden. Vor allem im Süden, wo große private und staatliche Latifundien entstanden und sich auch der Klosterbesitz ausdehnte, wurde die Landarmut immer drückender. Sowjetische Forschungen zeigen, daß der bäuerliche Kleinbesitz hier weitgehend verschwunden war.[160]

Nachdem die bestehende Agrarverfassung – mit geringfügigen Modifikationen – auch die Mongolenherrschaft überdauert hatte, bedeutete der Beginn der Ming-Dynastie zunächst einen gewissen Einschnitt. Die Agrarpolitik Zhu Yuanzhangs in der zweiten Hälfte des 14. Jahrhunderts – Gegenstand zahlreicher historischer Untersuchungen und bis heute kontrovers[161] – griff massiv in die ländlichen Eigentumsverhältnisse ein, um den großen Grundbesitz und die Pachtbeziehungen zurückzudrängen und die kleinbäuerliche Landwirtschaft, d. h. den Anteil der steuer- und abgabepflichtigen Bauern, zu fördern. Durch eine solche Politik, die sich in die verstärkten Bestrebungen des Staates zur Festigung seiner ökonomischen Vorherrschaft einordnete, versuchte dieser vor allem seine Einkünfte zu erhöhen. Während es ihm gelang, die Ackerfläche weiter auszudehnen, vergrößerte sich der Anteil der selbstwirtschaftenden Bauern nur ganz geringfügig, etwa um 1%. Die Steuereinnahmen stiegen dagegen um das 2,5fache, so daß die Belastungen der Bauern ganz erheblich zunahmen.[162]

Die weitere Ausbreitung der Pachtverhältnisse aber konnte durch keinerlei administrative Maßnahmen aufgehalten werden. Unter den folgenden Herrschern der Ming-Dynastie ging dann auch der Anteil der bäuerlichen Kleinbesitzer wieder zurück. Die Herrschaft des großen Grundbesitzes und die Verelendung der Bauern führten zu einer tiefen Krise des Ming-Imperiums, das – durch Bauernkriege geschwächt – schließlich eine leichte Beute der Mandschuren wurde.

Auch unter der letzten kaiserlichen Dynastie, der Fremddynastie der Qing (1644-1911), setzte sich die bisherige Entwicklungstendenz der Grundeigentumsverhältnisse fort, wobei die Bodenkonzentration vor allem in den fruchtbaren südlichen Provinzen immer größere Ausmaße annahm.[163] Zu Beginn der Qing-Zeit wurden zunächst gewisse Umverteilungen durchgeführt. Ländereien des Staates und der mit der gestürzten Dynastie besonders eng verbundenen Oberschichten gingen in das Eigentum der bisherigen Pächter über; landlose und landarme Bauern erhielten brachliegenden Boden zugeteilt. Nach der inneren Befriedung des Reiches reduzierte die Regierung auch die bäuerlichen Steuer-, Abgabe- und Arbeitsverpflichtungen; die landlosen Bauern wurden 1721 im Rahmen einer Steuerreform *faktisch* von der Steuer befreit. Wie bereits frühere Fremddynastien eigneten sich auch die Mandschuren einen erheblichen Teil des Bodenfonds an. Das mandschurische Kaiserhaus wurde auf diese Weise zum größten Grundbesitzer. Umfangreiche Ländereien gehörten auch der mandschurischen Oberschicht. In Nordchina, in der Nähe von Peking, wurden sogenannte Bannerfelder errichtet; die mandschurischen Offiziere und Soldaten erhielten Boden zugeteilt, der als Erbland galt, von allen Abgaben befreit wurde und dessen Verkauf sowie längerfristige Verpachtung an die chinesischen Bauern ursprünglich verboten waren. Ebenso wie frühere Dynastien errichtete die Qing-Dynastie sowohl in den Grenzgebieten als auch im Landesinnern Militärsiedlungen. Schließlich verfügten nach wie vor auch die konfuzianischen Institutionen, Klöster und Tempel über größere Ländereien, wobei deren Träger von Abgaben an den Staat befreit wurden.[164]

Nach den Berechnungen von A. N. Chochlov betrug der Anteil des privaten Grundbesitzes an der gesamten Ackerfläche in der zweiten Hälfte des 18. und der ersten Hälfte des 19. Jahrhunderts 90%.[165] Das meiste und beste Land konzentrierte sich in den Händen der Großgrundbesitzer, *shenshi*, Kaufleute, der Geistlichkeit, der kaiserlichen Beamten und der lokalen Bürokratie, die es von ihren Pächtern bewirtschaften ließen. Durch die Entwicklung der Ware-Geld-Beziehungen, die im 19. Jahrhundert bedeutende Fortschritte machte, wurde der Konzentrationsprozeß verstärkt. Auch die staatlichen und öffentlichen Ländereien gingen nun immer mehr in den Warenverkehr ein. Sogar die mandschurischen Bannerfelder wurden von chinesischen Grundbesitzern und Kaufleuten aufgekauft, so daß schließlich das Verbot zum Verkauf dieser Ländereien in der zweiten Hälfte des 19. Jahrhunderts zeitweilig aufgehoben wurde. Diese Entwicklung war – besonders in Südchina – mit einer bedeutenden Steigerung der Bodenpreise verbunden, die den zunehmenden Bodenmangel signalisierten. Die Regierung aber hatte inzwischen längst darauf verzichtet, über den sich ausbreitenden Landhandel eine Kontrolle auszuüben.

Gegen Ende des Kaiserreichs dominierten in der chinesischen Landwirtschaft der private Großgrundbesitz und das hiermit verbundene Pachtsystem.[166] Der Besitz von einigen tausend mu war nicht ungewöhnlich; in vielen Provinzen gab es auch Grundstücke in der Größenordnung von einigen zehntausend oder sogar einigen hunderttausend mu. Insgesamt aber überwogen bei weitem die kleineren und mittleren Grundherren. Etwas mehr als die Hälfte aller privaten Ländereien gehörte weiterhin den selbstwirtschaftenden Bauern. Innerhalb der Bauernschaft überwog auch noch zu Beginn des 20. Jahrhunderts das Eigenland gegenüber dem Pachtland. Das kleinbäuerliche Eigentum dominierte im Norden, dem dünner besiedelten »Weizengürtel« Chinas, wo es relativ stabile Positionen innehatte. Hier umfaßte ein Bauernhof durchschnittlich mehr als 30, teilweise sogar mehr als 40 mu, während in China insgesamt die große Masse der Bauern nur auf 8 bis 10 mu und im Süden lediglich auf 3 bis 5 mu kam.[167] In den südlichen Provinzen, dem übervölkerten »Reisgürtel« Chinas, war die Landarmut besonders drückend. Gerade diese wirtschaftlich führende Region des Landes, in der es die fruchtbarsten Ländereien gab, wurde völlig vom Großgrundbesitz beherrscht. – Die Bodennutzung war sowohl bei den Grundherren als auch bei den Bauern durch eine extreme Streu- und Gemengelage gekennzeichnet, die allein schon durch das Fehlen des Majorats ständig zunahm. Daher blieb ein wachsender Teil der Ackerfläche ungenutzt, während zur gleichen Zeit auch die Erschließung von Neuland nur sehr langsame Fortschritte machte. Die Agrarfrage – das soziale Grundproblem Chinas – spitzte sich auf diese Weise gegen Ende des Kaiserreichs zu.

Obwohl die Eigentümer des Bodens über diesen im großen und ganzen frei verfügen, ihn verkaufen, verpfänden, vererben oder verschenken konnten, unterlag das private Grundeigentum auch im 19. Jahrhundert noch zahlreichen Beschränkungen aus älterer Zeit.[168] So war besonders das doppelte Recht auf das gleiche Landstück verbreitet, wobei die fruchtbare Ackerkrume und der dazugehörige Untergrund zwei verschiedenen Personen gehörten. Dabei hatte in der Regel der Eigentümer des Untergrundes die größeren Rechte, war ins Bodenregister eingetragen und zahlte Steuern. Das Recht auf die Oberfläche kam dagegen eher einem erblichen Besitz oder einer erblichen Nutzung gleich. Ein volles Eigentumsrecht auf das Land ergab sich erst aus der Verbindung der beiden Teilrechte. Entsprechend dieser doppelten Struktur setzte sich beim Kauf oder Verkauf des Bodens der Preis aus zwei verschiedenen Teilen zusammen. Daneben bestand aber auch die Möglichkeit, den Untergrund und die Oberfläche einzeln zu erwerben oder zu veräußern. Zu einer Verdoppelung des Eigentumsrechtes konnte es auch bei der Verpfändung kommen, wenn entweder nur der Untergrund oder nur die Oberfläche in die Hände des Gläubigers überging. Sowohl für die einzelnen Teile als auch für beide Teile zusammengenommen wurde bei einer Veräußerung zwischen der endgültigen Form und der Form mit dem Recht auf späteren Rückkauf unterschieden. Ein doppeltes Eigentumsrecht entstand schließlich beim Verkauf von Grundherrenland, das sich in Dauerpacht befand und sogenannten gemeinsamen Grundbesitz darstellte. Der Käufer erhielt hierbei vom Verkäufer ein Entgelt, das dem bisherigen Pächter die alten Rechte garantieren sollte. Letzterer konnte im Falle einer Verschuldung seine Pachtrechte dem Eigentümer des Unterbodens ganz oder teilweise abtreten. Bei der Dauerpacht und weitgehend auch bei der langfristigen Pacht verkauften die Grundherren, die den Untergrund veräußerten, damit zugleich das Recht auf die Grundrente. – Der gesamte Grundstücksverkehr folgte auch im 19. Jahrhundert den älteren Traditionen.[169] So hatten die Verwandten des Verkäufers stets das Recht, zuerst zu kaufen; ihnen war das zum Verkauf anstehende Land zunächst einmal anzubieten. Erst wenn sie sich nicht interessiert zeigten, war der Verkauf auch an Fremde freigegeben. Solche älteren Formen des Grundstücksverkehrs überdauerten besonders in den südlichen Provinzen, wo selbst die geringste Verkaufsoperation der Zustimmung des Sippen- oder Klanvorstehers bedurfte.

Derartige Einschränkungen privater Eigentumsrechte belegen jedoch ebensowenig wie das nominelle kaiserliche Obereigentum die Existenz einer besonderen asiatischen Produktionsweise, die auf einem mehr oder weniger modifizierten Gemeineigentum basiert hätte. Ähnliche – durch die Gemeinde, Familie oder Sippe bestimmte – Beschränkungen der vollen privaten Eigentumsrechte gab es auch in anderen vormodernen Gesellschaften. Selbst in Westeuropa, das als klassisches Beispiel für die Ausbildung privatrechtlicher Beziehungen gilt, haben in der Zeit des Feudalismus keine vollen Eigentumsrechte im Sinne des römischen Rechts oder des späteren bürgerlichen Rechts bestanden.[170] Marx hat in diesem Zusammenhang darauf hingewiesen, daß es »reines Privateigentum, das allen Schein des Gemeinwesens abgestreift und alle Einwirkungen des Staates auf die Entwicklung des Eigentums ausgeschlossen hat«[171], erst in der bürgerlich-kapitalistischen Gesellschaft gibt. Trotz mancher – teils staatlicher, teils korporativer – Beschränkungen war es letztlich das Privatgrundeigentum, das die Geschichte der chinesischen Agrargesellschaft etwa 2500 Jahre lang bestimmt hat.

3. *Die Bauernschaft und das Pachtsystem*

Die Entwicklung des großen Grundeigentums war mit der Ausbreitung von Abhängigkeits- und Ausbeutungsverhältnissen verbunden, wobei von Anfang an das Pachtsystem die dominierende Rolle spielte.[172] Die großen Grundherren verpachteten das Land in kleinen Parzellen an die landlosen und landarmen Bauern und sicherten sich so in Gestalt der vorkapitalistischen Grundrente hohe Einkünfte. Für die Masse der Bauern aber, die ihr Land verloren hatten, bildete die Bodenpacht in der Regel die einzige Möglichkeit, sich und ihre Familien am Leben zu erhalten. So breiteten sich mit der zunehmenden Bodenkonzentration auch die Pachtverhältnisse immer weiter aus; etwa seit dem 8. Jahrhundert entwickelten sie sich zum bestimmenden Produktionsverhältnis der chinesischen Agrargesellschaft. Die Bauernschaft setzte sich seither aus zwei im Durchschnitt etwa gleichgroßen Gruppen zusammen: den bäuerlichen Kleineigentümern, die dem Staat steuerpflichtig waren, und den Pächtern bzw. Teilpächtern, deren Mehrprodukt sich die Grundherren aneigneten. Etwa die Hälfte der Landwirtschaft treibenden Bevölkerung bearbeitete demnach fremden Boden.[173]

Die Pacht basierte auf mündlich oder schriftlich festgelegten vertraglichen Beziehungen zwischen Grundeigentümer und Pächter.[174] Das Pachtverhältnis bedeutete, daß der landlose bzw. landarme Bauer als juristisch freie Person den Boden vom Grundherrn gegen Entgelt zur Nutzung erhielt und damit eine mehr oder weniger selbständige Wirtschaft führen konnte. Formal durfte ein Bauer Land bei jedem beliebigen Grundherrn pachten und konnte diesen nach Erfüllung seiner vertraglichen Verpflichtungen auch wieder verlassen. Es handelte sich also um ein ganz anderes Verhältnis zwischen Grundherren und Bauern, als es zur Zeit der Leibeigenschaft in Europa bestanden hatte. Die staatliche Gesetzgebung im chinesischen Kaiserreich betrachtete die Pächter stets als persönlich freie, den übrigen Landwirten gleichberechtigte Personen.

In der sinologisch-historischen Fachliteratur wird häufig darauf hingewiesen, daß das Pachtsystem – im Unterschied zu solchen Formen der Zwangsarbeit wie Sklaverei oder Leibeigenschaft – den besonderen landwirtschaftlichen Produktionsbedingungen in China in optimaler Weise entsprach, wobei es zugleich die bäuerliche Arbeit stimulierte und den Grundherren hohe Einkünfte gewährleistete. Eberhard bemerkt, daß es unter den Verhältnissen des Ein-Rind-Pfluges und des Bewässerungsackerbaus für die chinesischen Grundherren einfach praktischer war, »Pächter zu haben, die unter dem Schein eines selbständigen Daseins zufriedener sind und keine Aufsicht brauchen. [. . .] Man konnte aus einem Pächter so viel Pacht herausholen, wie man aus einem Sklaven herausholen konnte«.[175] Eine ähnliche Einschätzung erfährt das chinesische Pachtsystem durch Eduard Erkes: »Hier wurde der Fleiß des Pächters dadurch angespornt, daß er nach Ablieferung der meist sehr hohen Pachtgebühren um so mehr für sich behielt, je mehr er herausgewirtschaftet hatte.«[176]

In diesem Zusammenhang spielte vor allem der intensive Charakter der chinesischen Landwirtschaft eine Rolle, der die Verwendung von Zwangsarbeit unproduktiv machte. Die fast gärtnerische Anbautechnik im Ackerbau erforderte eine hohe Arbeitsintensität, große Gewandtheit und Geschicklichkeit sowie außerordentliche Sorgfalt. Die Entfaltung derartiger Qualitäten, die die chinesische Bauernschaft auszeichneten, setzte aber ein persönliches Interesse an der Arbeit voraus. Ähnlich verlangte der Bau und Betrieb der relativ komplizierten hydrotechnischen Anlagen qualifizierte Arbeit, die – wie Erkes bemerkt – nicht von Zwangsarbeitern ausgeführt werden konnte. »Auch hier war es notwendig, daß die Arbeiter selbst Interesse an ihrer Arbeit nahmen, um sie sorgfältig und haltbar auszuführen, und darum vertraute man diese Arbeiten immer Bauern an, deren Leben und Eigentum von der geleisteten Arbeit abhing, nicht aber uninteressierten Zwangsarbeitern.«[177]

Auch der außerordentliche Arbeitskräfteüberschuß, der sich in späteren Jahrhunderten vor allem in Mittel- und Südchina herausbildete, war in diesem Zusammenhang, wie O. E. Nepomnin zeigt, von großer Bedeutung.[178] Unter den Bedingungen der Landverknappung und der agrarischen Überbevölkerung vermochte der Grundherr jederzeit eine genügende Zahl von Pächtern zu finden. Die Massenkonkurrenz potentieller Pächter brachte diese in zunehmende ökonomische Abhängigkeit vom Grundherrn, der so auf das System der Fronarbeit verzichten konnte. »Der Bauer verstand gut, daß der Verlust des Bodens oder seine schlechte Ausnutzung den Hungertod bedeutete«, bemerkt L. P. Deljusin.[179] In diesem Sinne bildete das wachsende Arbeitskräftepotential, das enorme Investitionen an lebendiger Arbeit ermöglichte und die individuelle Pflege jeder einzelnen Reispflanze gestattete, eine wichtige

Bedingung für den Funktionsmechanismus des chinesischen Agrarsystems.

Obwohl die chinesische Landwirtschaft zu keiner Zeit auf dem System der Arbeitssklaverei oder der Leibeigenschaft basierte, bestanden jedoch neben den ökonomischen stets auch mannigfaltige außerökonomische Abhängigkeitsverhältnisse. Die Vorstellung, der chinesische Bauer sei immer »ein persönlich freier Mann [gewesen], der nie an den Grundherrn oder an die Scholle gebunden war und dem niemand etwas in seine Lebenshaltung hineinzureden hatte«[180], wird von neueren sowjetischen Forschungsergebnissen widerlegt. Zwar sind die vielfältigen Abhängigkeitsformen im einzelnen immer noch unzureichend untersucht und teilweise äußerst umstritten. Sowohl in der chinesischen als auch in der sowjetischen Historiographie, die diesem Problem besondere Aufmerksamkeit widmen, gibt es nach wie vor unterschiedliche Auffassungen über das tatsächliche Ausmaß der persönlichen Freiheit.[181] Inzwischen liegen jedoch verschiedene Detailuntersuchungen vor, die über die konkrete Situation der chinesischen Pachtbauern in bestimmten historischen Perioden genaueren Aufschluß geben.

In diesem Zusammenhang ist vor allem eine Studie von G. Ja. Smolin über die Pachtbauern *(kehu)* während der Song-Dynastie von Interesse, aus der hervorgeht, daß zu jener Zeit auch die Bindung an den Boden eine wichtige Rolle spielte.[182] Anhand dokumentarischer Quellen legt der Verfasser dar, daß sich die Grundbesitzer als Herren mit allen Befugnissen betrachteten und die Bauern in der Regel wie Sklaven behandelten. Smolin wertet vor allem ein kaiserliches Dekret aus dem Jahre 1027 aus, das die rechtliche und soziale Lage der Pächter zu verbessern trachtete. In dem Dekret, dessen Geltungsbereich sich auf Zentral-, Süd- und Südostchina erstreckte, wird gesagt, daß die Grundbesitzer den Bauern nicht gestatten, »zu beliebiger Zeit wegzuziehen [...] Wenn die Ernte von allen Feldern voll eingebracht ist, soll über den Wegzug vom Wohnort verhandelt werden dürfen, und jeder wählt das aus, was für ihn am besten und sichersten scheint. Aber selbständig zu einem beliebigen Zeitpunkt wegzuziehen, ist nicht statthaft. Falls die Grundbesitzer den Wegzug unbegründet behindern und die *kehu* zurückhalten, kann durch eine Klage bei der Kreisverwaltung eine gerichtliche Untersuchung gefordert werden.«[183] Das kaiserliche Dekret verlangte keineswegs die volle Freizügigkeit der Pachtbauern. Es gestattete erst dann, wenn die Ernte eingebracht, also die Grundrente gesichert war, Verhandlungen über einen möglichen Wegzug. Offen bleibt auch, zu wessen Gunsten die lokale Administration im Falle einer bäuerlichen Klage entschieden hätte. – Während Smolin zufolge die Bauern im Norden Chinas in ihrer Freizügigkeit nicht eingeschränkt waren, herrschten im Südwesten des Reiches leibeigenschaftsähnliche Verhältnisse. In einer besonders schweren Lage befanden sich die *panghu,* die hier die größte Gruppe der Pächter bildeten. Sie mußten nicht nur Pachtzahlungen an den privaten Grundherrn leisten, sondern waren außerdem dem Staat zu Natural- und Arbeitsleistungen verpflichtet. Sowohl die Pächter privaten Landes als auch die Pächter auf Staatsländereien, die hier ein Drittel der Ackerfläche ausmachten, waren an den Boden gefesselt. Anhand eines Dekrets von 1205 zeigt Smolin, daß sich die leibeigenschafts ähnlichen Bindungen auch auf die Familien der Pachtbauern erstreckten. Häufig kam es vor, daß die Grundherren ihre Felder zusammen mit den Pächtern verkauften oder verpfändeten, die sie als einfaches Anhängsel des Bodens betrachteten. Smolin kommt zu dem Ergebnis, daß die Pächter, die zur Zeit der Song-Dynastie die größte bäuerliche Schicht darstellten, im überwiegenden Teil des Reiches mehr oder weniger an den Boden gebunden waren und von einer realen Freizügigkeit hier nicht die Rede sein konnte. »Die persönliche Freiheit des chinesischen Bauern war nicht mehr als eine bloße juristische Fiktion.«[184] Die Grundherren verfügten über juristische Privilegien und administrative Befugnisse, die es ihnen ermöglichten, eine erhebliche Macht über die Bauern auszuüben. Zwar waren diese – in unterschiedlichem Maße – nur an den Boden, nicht aber an die Grundherren gebunden. Doch untersagte das Gesetz lediglich, die Bauern getrennt vom Boden zu veräußern. Darin bestand faktisch der Unterschied gegenüber den europäischen Leibeigenen.

Auch unter den folgenden Dynastien gab es mannigfache persönliche Abhängigkeitsverhältnisse, darunter bestimmte Formen der Bodenbindung, die die Macht der Grundherren über die Pachtbauern verstärkten. So zeigen etwa die Forschungsergebnisse von N. P. Svistunova und L. V. Simonovskaja zur Agrargeschichte der Ming-Zeit, daß sich das Verhältnis Grundherr-Pachtbauer keineswegs auf die vertraglichen Beziehungen beschränkte und ersterer über weitreichende Kontrollmöglichkeiten verfügte.[185] Neben den Pachtzahlungen, die die Grundherren immer wieder willkürlich heraufsetzten, wurden die Bauern zu verschiedenen Dienstleistungen und Zwangsarbeiten (Häuserbau, Transportarbeiten u. ä.) herangezogen. Ähnliche Verhältnisse herrschten zur Zeit der Qing-Dynastie, die gleich nach Errichtung ihrer Herrschaft Maßnahmen ergriff, um die gesamte Bauernschaft an den Geburtsort und den Wohnsitz zu fesseln.[186] Gegen Pächter, die ihren Verpflichtungen nicht nachkamen, setzte der Staat Zwangsmittel ein. Obwohl die Grundherren zahlungsunfähige oder -unwillige Pächter den Behörden melden sollten, bestraften sie sie häufig selbst. Schuldknechtschaft war in diesem Zusammenhang eine weitverbreitete Erscheinung. – Schließlich trug auch die Orientierung der staatlichen Gesetzgebung an den traditionellen konfuzianischen Lehren zur Verstärkung der persönlichen Abhängigkeit bei. Bereits im Jahre 1372 war das Verhältnis Grundherr-Pächter offiziell dem Verhältnis zwischen Älterem und Jüngerem gleichgestellt worden, was nach der konfuzianischen Tradition ein Unterwerfungs- und Gehorsamsverhältnis beinhaltete. Im Jahre 1647 bestätigte die Qing-Regierung diese Regel. Obwohl sie bereits 1727 formal wieder abgeschafft wurde, blieb sie *de facto* auch in der folgenden Zeit wirksam.[187] Derartige ideologische Zwänge bestimmten die Beziehungen zwischen Grundherren und Pachtbauern bis zur Agrarrevolution. Während die zentrale Gesetzgebung die Pachtbauern einerseits als juristisch freie Personen betrachtete, band sie diese andererseits mit Hilfe ideologischer Normen an die Grundherren.

Die Kontrolle der Grundherren über die Bauern wurde schließlich auch durch die besondere Struktur des chinesischen Dorfes begünstigt, in dem die sozialen Gegensätze weitgehend verdeckt blieben.[188] Vor allem die kleineren Grundherren lebten in der Regel zusammen mit den Bauern innerhalb des Dorfes. In ihrer Lebensweise unterschieden sie sich kaum von den bessergestellten Bauern. Nach der alten vierstufigen Bevölkerungseinteilung gehörten sie ebenso wie die Bauern zur sozialen Schicht der Landwirte *(nong)*. Häufig trug der Grundherr den gleichen Familiennamen wie die anderen Dorfbewohner. Pächter und Grundherr waren oftmals Mitglieder der gleichen Sippe, die nach wie vor eine wichtige soziale Organisationsform darstellte. Gerade in Mittel- und Südchina, wo das Pachtsystem besonders ausgeprägt war, spielten Familien- und Sippenbeziehungen auch im 19. Jahrhundert noch eine große Rolle. Hier gab es Klanorganisationen, die viele Hunderte, oft auch Tausende von Personen zählten (Träger des gleichen Sippennamens, die väterlicherseits vom gleichen Ahnherrn abstammten), die in einem oder mehreren Dörfern zusammenlebten. Die reichen Grundherren, die als Sippenvorsteher fungierten, verfügten hierdurch über zusätzliche, auch durch den Konfuzianismus abgesicherte Autorität.

Unter diesen Umständen vollzog sich die Beherrschung und Ausbeutung der Bauern häufig unter dem Schleier von Verwandtschaftsverhältnissen. Leistungen für den Grundherrn erschienen als Arbeiten für die Sippengemeinschaft, zumal diese in Notzeiten zu einer gewissen Unterstützung ihrer Mitglieder verpflichtet war. Auch Einkünfte aus der Verpachtung des Klanlandes, das besonders in den südlichen Provinzen verbreitet war, kamen in der Regel den lokal führenden Familien zugute. Schließlich konnten sich die Grundherren auf die *shenshi* stützen, die vor allem in Mittel- und Südchina die politische Autorität im Dorf verkörperten und die lokale Administration kontrollierten. So waren sie jederzeit in der Lage, ihre ökonomische Vorherrschaft zu realisieren. Soweit die zentrale Gesetzgebung versuchte, den rechtlichen Status der Pächter etwas zu verbessern, scheiterte sie gewöhnlich an den ökonomischen und sozialen Realitäten des chinesischen Dorfes.[189] – Obwohl die chinesischen Pächter – im Unterschied zu den europäischen Leibeigenen – als juristisch freie Personen galten, weisen detaillierte Einzeluntersuchungen darauf hin, daß Abhängigkeits- und Ausbeutungsverhältnisse im chinesischen Pachtsystem stärker ausgeprägt waren als unter den Bedingungen der europäischen Leibeigenschaft.

Im Laufe der Jahrhunderte bildeten sich unter dem Einfluß der verschiedenartigen sozialen, demographischen und natürlichen Bedingungen zahlreiche Pachtformen heraus.[190] Am meisten verbreitet war von Anfang an die Naturalpacht, vorwiegend in Form der Teilpacht. Für die Nutzung des Pachtlandes erhielt der Grundherr durchschnittlich die Hälfte des Ernteertrages. Die Höhe der Pachtsätze, die relativ stabil blieb, wurde von der Qualität des Bodens, den zur Verfügung stehenden Produktionsinstrumenten, zum Teil auch der Nähe eines Absatzmarktes und den Verkehrsbedingungen beeinflußt. In der Regel verschlangen die hohen Pachtzahlungen das gesamte Mehrprodukt, manchmal rührten sie auch das Existenzminimum an. Im allgemeinen war die Belastung der bäuerlichen Wirtschaft derart hoch, daß eine erweiterte Reproduktion unmöglich war und mitunter auch die einfache Reproduktion verhindert wurde. Es handelte sich fast durchweg um eine Hungerpacht, die – auch langfristig – jeden Akkumulationsprozeß ausschloß. Hierdurch unterschied sich die chinesische Pacht von frühen westeuropäischen Pachtsystemen, die auf der Einstellung von Lohnarbeitern basierten und eine Übergangsform zum Agrarkapitalismus darstellten.[191]

Um die Mitte des 19. Jahrhunderts betrug der Anteil der Pächter an der Landwirtschaft treibenden Bevölkerung insgesamt 45 bis 50%, in den zentralen und südlichen Provinzen 70 bis 75%. Eine Missionarsenquete aus dem Jahre 1888 verdeutlicht im einzelnen, wie die Verbreitung der Pachtverhältnisse vom Norden nach dem Süden zunahm; je südlicher die Provinz, um so ausgeprägter die Pacht. In ähnlicher Weise nahm das Pachtland auch vom Westen nach Osten hin zu.[192]

Noch im 19. Jahrhundert wurde die Struktur der Pachtverhältnisse durch vielfältige außerökonomische Beziehungen mitbestimmt, die einerseits die Abhängigkeit des Pächters verstärkten und diesem andererseits eine gewisse Sicherheit gewährten.[193] Das gleiche administrative und rechtliche System, das die extreme Ausbeutung der Pachtbauern ermöglichte, schützte bis zu einem gewissen Grade ihren sozialen Status, vor allem das traditionelle Recht auf Bodennutzung. So hatte noch immer die alte, gesetzlich verankerte Norm Gültigkeit, derzufolge der Pächter, der seine Verpflichtungen erfüllte, nicht von Grund und Boden vertrieben werden durfte. Obwohl diese Regel ständig verletzt wurde, galt sie auch im 19. Jahrhundert noch als allgemein anerkannte Rechtsnorm.

Dabei war die ökonomische und soziale Sicherheit des Pächters jeweils von der konkreten Pachtform – besonders der Pachtfrist – abhängig. Am günstigsten war die Situation der Bauern bei der ewigen oder Dauer-Pacht, die bereits zur Song-Zeit bestanden hatte und in vielen Provinzen noch im 19. Jahrhundert stark verbreitet war. Hierbei pachtete und bearbeitete eine bäuerliche Familie von Generation zu Generation stets die gleiche Parzelle. Dieses Gewohnheitsrecht war sowohl für den Pächter als auch für den Grundherrn verbindlich. Der Bauer, der den Boden in erblicher Pacht hatte, konnte seine Rechte ohne Zustimmung des Grundherrn an andere Personen abtreten. Die Höhe der langfristig festgelegten Pachtsätze durfte nicht verändert werden. Selbst bei einmaligem Versäumnis der Pachtzahlungen blieb dieses Recht auf Land in manchen Provinzen unangetastet. Im Falle einer Mißernte wurden die bäuerlichen Verpflichtungen gewöhnlich herabgesetzt oder ganz erlassen. Am meisten verbreitet jedoch war im 19. Jahrhundert die langfristige Pacht von 15 bis 20 Jahren. Diese Pachtform war häufig von einer Verschuldung des Pächters begleitet. Der Grundherr aber zog es hier zumeist vor, die persönliche Abhängigkeit des Pächters zu verstärken, statt ihn – was das geltende Recht gestattet hätte – von Grund und Boden zu vertreiben. Im allgemeinen durfte der Pachtbauer, der pünktlich und regelmäßig seinen vertraglichen Verpflichtungen nachkam, auch bei der langfristigen Pacht damit rechnen, daß sich der Eigentümer an die vertraglichen Abmachungen hielt. Unsicherer und rechtloser war dagegen die Lage der Bauern bei der gewöhnlichen bzw. kurzfristigen Pacht, die sich lediglich auf zwei oder drei Jahre erstreckte. In diesem Fall waren der Willkür der Grundherren kaum Schranken gesetzt.

Gegen Ende der Qing-Dynastie dominierte insbesondere in den fruchtbaren und dichtbesiedelten Provinzen Mittel- und Südchinas noch die Naturalrente, die bereits in der Song-Zeit existiert hatte, wobei die Pachtzahlungen sich auf 40 bis 60% des Ernteertrages beliefen.[194] Mit der Naturalpacht waren häufig bestimmte Arbeitsverpflichtungen verbunden. Die Geldpacht, die es ebenfalls schon zur Song-Zeit gegeben hatte, war nach wie vor nur selten anzutreffen, am ehesten in den nördlichen Provinzen mit ihrer wenig ergiebigen Landwirtschaft sowie in den Gebieten mit entwickelter Marktproduktion. Die Pächter waren von der Steuerzahlung befreit; Teilpächter entrichteten lediglich eine Steuer für den ihnen gehörenden Landanteil. Allerdings versuchten die Grundherren häufig, die eigenen Steuerverpflichtungen auf die Pächter abzuwälzen, und eine solche Umverteilung der Lasten konnte sogar in die Pachtverträge aufgenommen werden. Zur außergewöhnlichen Belastung der Bauern trug schließlich auch der Wucher bei, der eng mit dem chinesischen Steuer- und Pachtsystem verbunden und im chinesischen Dorf seit Jahrhunderten weit verbreitet war.[195]

Eine Änderung des bestehenden Agrarsystems aber war nicht abzusehen, zumal sich die Position der Grundherren mit der sowohl durch das rapide Bevölkerungswachstum als auch durch die steigende Bodenkonzentration hervorgerufenen Zunahme der landlosen und landarmen Bauern gegen Ende des Kaiserreichs ständig verbesserte. Für sie war es ökonomisch vorteilhafter und zweckmäßiger, das Land in kleinen und kleinsten Parzellen zu verpachten, als eine eigene großbetriebliche Wirtschaft auf der Basis von Lohnarbeit zu führen. Die Pacht sicherte ihnen höhere Einkünfte, ohne daß sie ein Produktionsrisiko zu tragen brauchten. Diese Einkünfte wurden auch nicht von dem durch den Parzellierungsprozeß verursachten Produktivitätsverlust gemindert, da die Grundherren aufgrund ihres Bodenmonopols die Ausbeutungsrate weiter erhöhen konnten. Vor allem chinesische Ökonomen haben schon früh darauf hingewiesen, daß gerade die Konzentration des Grundeigentums, die eine wachsende Zahl verarmter Bauern bedeutete, die Zersplitterung der Bodennutzung durch das Pachtsystem bewirkte.[196] Die bestehenden Verhältnisse verhinderten einen Übergang zur kapitalistischen Wirtschaftsführung und zur Modernisierung. Da es – sowohl innerhalb als auch außerhalb der Landwirtschaft – kaum eine Nachfrage nach Arbeitskräften gab, konnte sich die Masse der landlosen Bauern nur durch die Pacht einer Bodenparzelle eine karge Ernährungsbasis schaffen. Auf diese Weise gewährleistete die agrarische Überbevölkerung, die in Mittel- und Südchina bedrohliche Ausmaße annahm, die permanente erweiterte Reproduktion der Pachtverhältnisse, die die Grundlage des chinesischen Agrarsystems bildeten.

4. Die sozialökonomische Stagnation: zum Verhältnis von Staat und Stadt

Das chinesische Kaiserreich erreichte zunächst ein relativ hohes Entwicklungsniveau, das es für viele Jahrhunderte zum wohl wichtigsten Kristallisationszentrum der menschlichen Zivilisation machte.[197] Es brachte zahlreiche technische und wissenschaftliche Neuerungen hervor, die in Europa oft erst sehr viel später wiederentdeckt wurden. Besonders rasche Fortschritte machte China zur Zeit des europäischen Mittelalters. Der britische Forscher Mark Elvin spricht in diesem Zusammenhang von einer »mittelalterlichen ökonomischen Revolution« und verweist dabei auf die umwälzenden Neuerungen im Agrarsystem, im Wassertransport, im Geld- und Kreditwesen, in der Markt- und Städtebildung sowie in Wissenschaft und Technik.[198] Durch den Anbau neuer Kulturen sowie mit Hilfe verbesserter Agrartechniken und intensiverer Anbaumethoden kam es vor allem in der Song-Zeit zu einem bedeutenden Aufschwung der landwirtschaftlichen Produktion. Die Entfaltung des Handels, des privaten Handwerks und der lokalen Industrie – vor allem der Textil- und Keramikindustrie –, die bereits gegen Ende der Tang-Zeit eingesetzt hatte, beschleunigte sich unter der Song-Dynastie noch stärker. Weitere Teile des Handwerks trennten sich von der Landwirtschaft und verselbständigten sich, wobei sich nun auch großbetriebliche Formen der handwerklichen Produktion herausbildeten. Es kam zu einer Differenzierung der gesamten ökonomischen Struktur, während sich zugleich das wirtschaftliche Schwergewicht – im Zusammenhang mit der großen Wanderungsbewegung – endgültig nach dem Süden verlagerte. Hierdurch wurden auch Handel und Verkehr gefördert. Der Überseehandel erreichte zum erstenmal einen größeren Umfang; es entstand eine regelrechte Schiffahrtindustrie. Mit der Ausdehnung des Binnen- und Außenhandels breitete sich die Geldwirtschaft aus, wobei vor allem die staatlich regulierte Papiergeldzirkulation sehr stark zunahm. Staatlich geförderte Kreditbeziehungen bewirkten eine zunehmende Mobilität des Geldes. Der allgemeine wirtschaftliche Aufschwung, der auch durch wichtige technische Erfindungen vorangetrieben wurde[199], führte zu einem bedeutenden

Wachstum der Städte, von denen sich viele zu großen Handelszentren entwickelten. Zugleich entstanden innerhalb der Städte neue soziale Strukturen. Das ökonomische Wachstum war von einer gesellschaftlichen Differenzierung begleitet, in deren Verlauf Handwerker und Kaufleute, die sich in zunft- und gildenähnlichen Vereinigungen organisierten, eine wichtige Rolle zu spielen begannen. China hatte einen Höhepunkt seiner gesellschaftlichen Entwicklung erreicht.

In den folgenden Jahrhunderten hat die chinesische Zivilisation das Entwicklungsniveau, das sie zur Zeit der Song-Dynastie erreicht hatte, nicht mehr wesentlich überschritten. Während sich in den westlichen Ländern das moderne kapitalistische Wirtschaftssystem etablierte und sich der technisch-ökonomische Fortschritt immer stärker beschleunigte, blieb China eine traditionale Agrargesellschaft auf naturalwirtschaftlicher Basis, deren Produktionsgrundlage nach wie vor die »Einheit kleiner Agrikultur und häuslicher Industrie« bildete.[200] Elvin spricht von einer »ökonomischen Entwicklung ohne technologische Veränderungen«, in die China mit dem 14. Jahrhundert – dem entscheidenden Wendepunkt seiner Geschichte – eingetreten sei.[201] Es schien, so bemerkt der sowjetische Sinologe G. D. Sucharčuk, als liefe die chinesische Gesellschaft »Hunderte und Aberhunderte von Jahren in einem Kreise ab, ohne aus dessen Grenzen auszubrechen«.[202]

Unter den verschiedenen Ursachen, die eine solche stagnierende Entwicklung und zunehmende gesellschaftliche Immobilität bewirkten, ist vor allem das Verhältnis zwischen der zentralen Staatsgewalt und den sich entwickelnden Städten zu nennen.[203] Während es im mittelalterlichen Europa mit seiner offenen staatlichen Struktur und der Zersplitterung der öffentlichen Gewalt dem städtischen Bürgertum gelang, sich durch eine genossenschaftlich organisierte Stadtkommune, durch Gilden und Zünfte einen erheblichen Aktionsraum sowie ein hohes Maß an Rechtssicherheit zu schaffen, stießen in China die neuen Mittelschichten unmittelbar auf den administrativen Apparat des bürokratischen Zentralstaates. Der Beginn einer modernen kapitalistischen Entwicklung, die besonders in der Bildung kleiner und großer Handelszentren zum Ausdruck kam, fiel hier mit der Expansion und Stabilisierung des autokratischen Zentralstaates zusammen, der nach einer Periode politischer Zersplitterung unter der Song-Dynastie seine Macht im Lande ausbaute. Die Politik dieser Dynastie war darauf gerichtet, sowohl die Stellung der zentralen Bürokratie als auch des Kaisers weiter zu stärken und alle zentrifugalen Tendenzen rigoros zu unterbinden. Dabei dehnte die staatliche Zentralgewalt, die gegenüber den regionalen und lokalen Kräften ein immer stärkeres Übergewicht erlangte, ihre Herrschaft auch auf die aufstrebenden Städte mit ihren Zünften, Gilden und Handelskontoren aus.

Auf diese Weise wurden die neuen wirtschaftlichen Zentren dem gleichen bürokratischen Reglement unterworfen wie die alten Verwaltungszentren, die die chinesischen Städte bislang in erster Linie gewesen waren.[204] Während in Europa die Städte mit ihren Mittelschichten und deren Organisationen den Kern einer sich entwickelnden bürgerlich-kapitalistischen Gesellschaft bildeten, wurden sie in China zu einem Element und Stützpunkt der bürokratischen Staatsgewalt. Dieser gelang es, jede private wirtschaftliche Initiative entweder zu unterdrücken oder umzufunktionieren und den eigenen Interessen dienstbar zu machen. Sie verfügte über einen umfangreichen und straff organisierten administrativen Apparat, mit dessen Hilfe sie – unter Berufung auf alte ideologische Traditionen – das gesamte wirtschaftliche Leben kontrollierte. Es gab in China keine Freiheit für eine private Unternehmertätigkeit, die für die Entwicklung kapitalistischer Produktionsverhältnisse eine notwendige Voraussetzung bildete. In der ständigen Intervention der Staatsbürokratie sehen vor allem Balazs und Needham die grundlegende Ursache für das Ausbleiben eines Modernisierungsprozesses.[205]

Die sowjetische Sinologin Ė. P. Stužina hat das Verhältnis zwischen dem autokratischen Zentralstaat der Song-Dynastie und den sich herausbildenden Städten einer detaillierten Analyse unterzogen, in der sie im einzelnen aufzeigt, wie sowohl die kleineren Kaufleute-Handwerker-Siedlungen und Marktflecken als auch die großen Handelszentren allmählich in das gesamtstaatliche Verwaltungs- und Steuersystem einbezogen wurden.[206] Da die staatliche Zentralgewalt unmittelbar über den städtischen Grund und Boden verfügte, besaß sie schon allein hierdurch eine erhebliche Machtstellung. Die Behörden verpachteten Land an Ladengeschäfte und Handwerksbetriebe, vermieteten staatliche Häuser an die Bevölkerung und zogen aus ihrem Bodenmonopol zahlreiche weitere kommerzielle Vorteile. – Sämtliche Städte waren in administrative Untereinheiten aufgeteilt, die von der Bürokratie streng kontrolliert wurden. Als die Kontrolle geschlossener Stadtviertel, Gassen und Straßen infolge der Bevölkerungszunahme auf Schwierigkeiten stieß, wurde das *Baojia*-System eingeführt, das zur Song-Zeit in China allgemein zur Anwendung gelangte.[207] Man teilte die städtische Bevölkerung in Gruppen von Familien ein, die sich gegenseitig überwachen sollten und wechselseitig für ihr Wohlverhalten verantwortlich waren. Auf diese Weise wurde mit einem Minimum an administrativem Aufwand ein Maximum an Kontrolle erzielt. – Alle Städte wurden in das alte, am Dorf orientierte Verwaltungssystem eingegliedert. Sowohl innerhalb der Landbevölkerung als auch innerhalb der behördlich registrierten Stadtbevölkerung unterschied man zwischen den beiden Kategorien *zhuhu* und *kehu*.[208] Zwecks Durchsetzung der obligatorischen Arbeits- und Steuerpflicht war die Bevölkerung in zehn Stufen eingeteilt, wobei die *kehu* in den größeren und reicheren Siedlungen gewöhnlich von der Steuerpflicht ausgenommen waren. Je nach der Zugehörigkeit zu einer bestimmten Stufe mußten die Stadtbewohner eine Handels- und Handwerkssteuer entrichten, ihrer Arbeitspflicht nachkommen und »Geld für öffentliche Aufgaben« zahlen. Die registrierte Stadtbevölkerung war einer strengen Ordnung unterworfen; sie hatte sich tagtäglicher Aufsicht und häufigen Überprüfungen zu unterziehen; der gesamte städtische Alltag wurde von der Bürokratie reglementiert.

Stužina zeigt, wie der Staat über alle Formen von Handel und Gewerbe eine straffe Kontrolle errichtete.[209] Dabei wurden die inzwischen weitverbreiteten zunft- und gildenähnlichen Organisationen in das staatliche Verwaltungsnetz eingebaut, so daß ihnen jede öffentliche Wirkungsmöglichkeit verlorenging. Der Staat versuchte, sowohl Handwerker und Kaufleute als auch das Dienstleistungsgewerbe zwangsweise in Zünften zu organisieren, um diese dann für fiskalische Zwecke, zur Durchführung der Arbeitspflicht und für zahlreiche andere Aufgaben einzusetzen. Das Eigentum der Handwerker und Kaufleute, die in niedriger sozialer Stellung lebten, war nicht garantiert und vor keinerlei bürokratischer Willkür geschützt. »Zwangsaufkäufe von Waren weit unter den Marktpreisen, Beschlagnahme von Waren ohne Bezahlung – das war die allgemeine Praxis in den chinesischen Städten.«[210] Es gelang auch nicht, die Natural- und Arbeitsverpflichtungen durch Geldzahlungen zu ersetzen und der städtischen Bevölkerung hierdurch gewisse Erleichterungen zu verschaffen. Der Versuch, den der Reformer Wang Anshi im 11. Jahrhundert in dieser Richtung unternahm, blieb erfolglos. – Stužina gelangt zu dem Schluß, daß die Politik einer zwangsweisen Verstaatung aller privaten wirtschaftlichen Aktivitäten und öffentlichen Organisationen bei den städtischen Mittelschichten kaum auf Gegenwehr stieß und es »dem Staat vergleichsweise mühelos gelang, eine rigorose und umfassende Kontrolle über die Stadt zu errichten. [...] Die chinesische Stadt wurde faktisch ein Teil der bürokratischen Maschine und setzte ihr fast keinen Widerstand entgegen.«[211]

Die ökonomische Politik der Song-Dynastie orientierte sich an der alten chinesischen Vorstellung, der zufolge die Landwirtschaft den einzigen produktiven Wirtschaftszweig darstellte, während Handel und Handwerk eine ganz untergeordnete Bedeutung besaßen und keinerlei gesellschaftliche Achtung verdienten. »Die Landwirtschaft – das ist die Wurzel des Baumes, der Handel und das Handwerk sind die Zweige« – so hieß die ökonomische Kernthese, die Stužina zufolge die Politik des bürokratischen Zentralstaates von Anfang an bestimmte.[212] Die landwirtschaftliche Arbeit, durch die reale Werte geschaffen und die Bedürfnisse sowohl der Bevölkerung als auch des Staates befriedigt wurden, war unter allen kaiserlichen Dynastien hoch geachtet und geschätzt. Dagegen galten Handwerk und Handel, die nur dem eigenen Gewinn nachzujagen schienen, als unwürdige Tätigkeiten. Balazs verweist darauf, daß in China dem durch Handel und Gewerbe erzielten Reichtum stets mit gesellschaftlicher Geringschätzung und Mißachtung begegnet wurde.[213] Da nach traditioneller Vorstellung allein die Landwirtschaft die Bevölkerung ernährte und zugleich die Grundlage der staatlichen Macht bildete, mußte man Handel und Gewerbe mit einschränkenden Maßnahmen begegnen. »Die Wurzel stärken, die Zweige beschränken«, »Den Handel vernachlässigen, die Hauptaufmerksamkeit auf die Landwirtschaft richten«, »Das Volk zwingen, in die Landwirtschaft zu gehen« – so und ähnlich lauteten die ökonomischen Postulate des bürokratischen Zentralstaates.[214]

Die Vorstellung von der Schlüsselrolle der Landwirtschaft spielte vor allem in Zeiten innerer Schwierigkeiten und Erschütterungen eine Rolle, wenn die Staatsgewalt nach Lösungen für drängende ökonomische und soziale Probleme suchte. Sie wurde besonders aktuell, als die Ausbreitung der Waren- und Geldwirtschaft in der Song-Zeit die Stabilität der kleinbäuerlichen Landwirtschaft untergrub und damit den Staat in große finanzielle Schwierigkeiten brachte. In diesen gesellschaftlichen Zusammenhang stellt die sowjetische Sinologin Z. G. Lapina die Lehren von Li Gou (1009-1059)[215], den Balazs bereits im Jahre 1933 als »Vorläufer von Wang An-shi« bezeichnet hatte.[216] Li Gou versuchte das Verhältnis der Landwirtschaft zu Handwerk und Handel zu bestimmen, die unterschiedliche Bedeutung dieser Wirtschaftszweige als Quelle staatlichen Reichtums herauszuarbeiten und die Notwendigkeit staatlicher Vorherrschaft in der Wirtschaft zu begründen. In Übereinstimmung mit den legalistischen und konfuzianischen Lehren bezeichnete er die landwirtschaftliche Arbeit als grundlegende Tätigkeit, da sie durch die Erzeugung von Getreide und Reis die materielle Existenz des Volkes und die Steuereinnahmen des Staates sicherte. Die Tätigkeit der Handwerker und Kaufleute, die nur am eigenen Gewinn interessiert seien, hielt er für nutzlos und überflüssig; Kaufleute bezeichnete er als Parasiten, da sie nichts produzierten und doch wohlhabend waren. – In seiner Argumentation unterstellte Li Gou stets eine enge Verbindung zwischen dem Staat und der Landwirtschaft treibenden Bevölkerung, die er mit dem Volk insgesamt gleichsetzte. In diesem Zusammenhang sprach er sich auch gegen die Bodenkonzentration aus und forderte, die Bauern mit Land auszustatten. Als ideale Form der Bodennutzung betrachtete Li Gou das »Brunnenfeld«-System, da dieses seiner Auffassung nach die zweckmäßigste Verbindung von Boden und Arbeitskraft beinhaltete, soziale Ungleichheit und Ungerechtigkeit verhinderte, egalitäre Prinzipien verwirklichte und da die Menschen unter seinen Bedingungen zufrieden lebten. Vor allem aber garantierte das

System eine optimale Ausnutzung des vorhandenen Bodenfonds, die allein die Existenz des Volkes und die Einnahmen des Staates gewährleistete. »Wenn es viel Getreide gibt, ist das Volk reich, und die Finanzen des Staates sind im Überfluß.«[217] In der von Li Gou angestrebten idealen Gesellschaft ging die Bevölkerung im wesentlichen landwirtschaftlicher Arbeit nach, während Handel und Gewerbe eingeschränkt und die hierdurch freiwerdenden Kräfte ebenfalls der Landwirtschaft zugeführt wurden.

Die Auffassungen Li Gous, die auch von anderen Gelehrten jener Zeit geteilt wurden, hatten starken Einfluß auf die Gestaltung der ökonomischen Politik. Ihnen folgte bereits – wie Lapina zeigt – weitgehend der erste Reformpolitiker der Song-Zeit, Fan Zhongyan (989-1052), der zeitweise Vizekanzler war.[218] Vor allem aber beeinflußten sie den großen Reformer Wang Anshi, der mit Unterstützung des Kaisers die Stärkung des autokratischen Zentralstaates anstrebte und in diesem Zusammenhang der Landwirtschaft als Hauptquelle der Staatseinnahmen große Bedeutung beimaß. Die Maßnahmen, die Wang Anshi gegen Handel und Gewerbe ergriff, sowie die von ihm betriebene Erweiterung der ökonomischen Staatsfunktionen waren im wesentlichen eine Verwirklichung der Lehren Li Gous.[219]

An der antikapitalistischen Haltung des bürokratischen Zentralstaates hat sich auch unter den späteren Dynastien nichts geändert, als die Bedeutung des Handelskapitals und der Kaufmannschaft weiter zunahm.[220] Das staatliche Kontroll- und Regulierungssystem, das sich während der Song-Zeit herausgebildet hatte, blieb mit geringfügigen Änderungen bis gegen Ende des Kaiserreichs erhalten. Auch in den folgenden Jahrhunderten versuchte der staatliche Beamtenapparat, die wirtschaftliche Tätigkeit zu reglementieren und auf diese Weise seine Machtpositionen weiter auszubauen. Damit setzten sich die ständige Einmischung zentraler und lokaler Behörden, die Willkür der Beamten und die häufige Beschlagnahme privater Erzeugnisse weiter fort. Nach wie vor gab es für Handel und Gewerbe keinerlei Schutz vor bürokratischen Eingriffen. Der Staat versuchte den Großhandel durch hohe Steuern, willkürliche Abgaben und Restriktionen gegen die Kaufleute in engen Grenzen zu halten. Auch der Errichtung größerer Produktionsstätten begegnete er mit zahlreichen administrativen Beschränkungen. Kaufleute und Handwerker sahen sich fortwährender Diskriminierung ausgesetzt. Das kam auch in der alten vierstufigen Schichtung der Bevölkerung zum Ausdruck, in der sich die Handwerker – nach den Landwirten – an der vorletzten und die Kaufleute an der untersten Stelle der sozialen Stufenleiter befanden, während an der Spitze nach wie vor die Beamten-Literaten standen.[221]

Unter diesen Bedingungen blieben die chinesischen Städte, die sich nicht aus der staatlichen Bevormundung zu befreien vermochten, in einer untergeordneten ökonomischen Stellung.[222] Sie bildeten bis zum Ende des Kaiserreichs ein Anhängsel des bürokratischen Staatsapparates, weshalb sie auch nicht, wie die europäischen Städte, zum Ausgangspunkt bürgerlicher Emanzipationsbestrebungen werden konnten. Die Staatsgewalt verhinderte eine autonome Entwicklung bürgerlicher Institutionen und Organisationen. Nach wie vor wurden die Gilden und Zünfte für staatliche Zwecke eingesetzt, so daß sie nicht in der Lage waren, ihre eigentlichen Aufgaben wahrzunehmen und die Interessen der Kaufleute und Handwerker zu vertreten. Auch im 19. Jahrhundert bestand das alte administrative System fort, das jede städtische Autonomie und Selbstverwaltung ausschloß. Die 1500 Städte, die es nach offizieller Zählung – bei einer Gesamtbevölkerung von 432 Millionen Personen – in der Mitte des 19. Jahrhunderts in China gab[223], waren völlig in das ländliche Verwaltungssystem integriert, das die traditionelle ökonomische Überlegenheit des Dorfes widerspiegelte. Sie bildeten nicht einmal eine besondere administrative Einheit und wurden von den für die ländlichen Verwaltungseinheiten zuständigen Beamten mitverwaltet. Die Stadtbevölkerung mußte die gleichen Steuern wie die Landbevölkerung entrichten, war wie diese der Arbeitspflicht unterworfen und den gleichen Beschränkungen ihrer Freizügigkeit ausgesetzt. Die Qing-Dynastie versuchte, das *Baojia*-System sowohl im Dorf als auch in der Stadt weiter auszubauen. Ein administrativer Unterschied bestand nur insofern, als der Staat der Landbevölkerung unmittelbar gegenübertrat, während die Stadtbevölkerung in einer Reihe von Körperschaften organisiert war, die in der Regel auch die zahlreichen staatlichen Auflagen realisierten.

Der bürokratische Zentralstaat hielt selbst dann noch an seiner antikapitalistischen Politik fest, als er durch die Intervention der Westmächte aus seiner jahrtausendealten Selbstisolierung herausgerissen und zugleich durch die revolutionäre Taiping-Bewegung schwer erschüttert worden war.[224] Seit den sechziger Jahren des 19. Jahrhunderts konzentrierte er seine Kraft in erster Linie auf die Wiederherstellung und Stabilisierung der Landwirtschaft, die er nach wie vor als seine eigentliche Basis betrachtete. Außerdem versuchte er, seine ökonomischen Machtpositionen zu erweitern, wobei er nicht nur die Restriktionen gegen die Kaufleute, die immer noch als überflüssige »Profitmacher« galten, fortsetzte, sondern auch die neuen Industriebetriebe seiner bürokratischen Kontrolle unterwarf. Dem diente vor allem das »System staatlicher Kontrolle und kaufmännischer Leitung«, das sich am staatlichen Salzmonopol orientierte.[225]

Während der Staat in Japan oder Rußland durch gesellschaftliche Strukturreformen die Voraussetzungen für eine kapitalistische Entwicklung schuf und diese nach Kräften förderte, versuchte er in China, die modernen technischen Errungenschaften der westlichen Länder zu übernehmen und sie mit der traditionalen Gesellschaftsform zu verbinden.[226] Auch nach den militärischen Niederlagen in den beiden Opiumkriegen hielt man an der überkommenen Vorstellung von der grundsätzlichen Überlegenheit der chinesischen Kultur fest. So sollte sich der Aufbau des Staates weiterhin an den alten konfuzianischen Traditionen orientieren. Die westliche Wissenschaft war nur für den praktischen Gebrauch, d. h. die Technik, von Bedeutung. An diesem widersprüchlichen Programm orientierte sich auch die Politik der »Selbststärkung« (1861-1894), die die Macht des Staates vor allem durch die Übernahme westlicher Militärtechnik erhöhen wollte. Der Versuch, den technischen Fortschritt unabhängig von seinen ökonomischen und sozialen Voraussetzungen einzuführen, scheiterte jedoch kläglich. Während man noch von der zivilisatorischen Mission sprach, die das »Reich der Mitte« gegenüber den sogenannten Barbaren zu erfüllen habe, waren diese längst dabei, ihren Einfluß in China zu festigen und dem Lande ihre eigenen Entwicklungsgesetze aufzuzwingen.

1 Zur Entwicklung des europäischen Chinabildes vgl. R. Dawson, *The Chinese Chameleon. An Analysis of European Conceptions of Chinese Civilisation*, London/New York 1967 und W. Franke, *China und das Abendland*, Göttingen 1962; B. Wiethoff, *Grundzüge der älteren chinesischen Geschichte*, Darmstadt 1971, S. 9-21.

2 Besonders einflußreich war die dreizehnbändige *Histoire générale de la Chine ou Annales de cet Empire* des Jesuiten J. A. M. de Moyriac de Mailla (Paris 1777-1785). Diese Darstellung, die auf einer Art Handbuch der politischen Ethik des Konfuzianismus aus dem 12. Jahrhundert basierte, suggerierte, daß in China länger als 2000 Jahre alles gleichgeblieben sei.

3 In einer Zeit, in der sich in Europa der technische, wirtschaftliche und gesellschaftliche Fortschritt durchsetzte und von hier aus auf die übrige Welt ausbreitete, schien die Geschichte Europas im wesentlichen mit der Geschichte der menschlichen Zivilisation identisch. Die Europäisierung des Geschichtsbildes, wie sie in den großen universalhistorischen Entwürfen zum Ausdruck kam, erklärt sich auch aus dem Mangel an Kenntnissen über außereuropäische Kulturen, die zu jener Zeit für die Geschichtsschreibung noch einen großen erratischen Block darstellten. Man suchte die historischen Voraussetzungen der Gegenwart in der griechisch-römischen Antike, der gegenüber die alten asiatischen Hochkulturen nur eine primitive Vorstufe zu bilden schienen, die nicht der Erforschung wert war. Vgl. E. Schulin (Hrsg.), *Universalgeschichte*, Köln 1974, darin besonders: Einleitung S. 11 ff.; H. H. Schaeder, *Die Perioden der eurasiatischen Geschichte*, S. 176 ff.; M. G. S. Hodgson, *Die wechselseitigen Beziehungen von Gesellschaften in der eurasiatischen Geschichte*, S. 189 ff.; außerdem K. Iizuki, *What Exists Between Oriental and Occidental History*, in: *East and West*, Rom 1961, S. 45-51.

4 Hegel zufolge hat China »eigentlich keine Geschichte«. Die historische Dynamik, die Europa auszeichnete, wird hier ersetzt durch das »Statarische, das ewig wiedererscheint«. Auch Ranke und die meisten anderen Historiker schlossen China aus der »Kulturwelt«, die den Gegenstand der Weltgeschichte bildete, aus. Es zählte zu den »Völkern des ewigen Stillstands«, die nicht an der allgemeinen historischen Bewegung teilnahmen. Ähnlich betrachteten Marx und Engels die asiatischen Völker als gleichförmige Gebilde, in denen sich die Produktionsverhältnisse »mit der Unwandelbarkeit von Naturverhältnissen reproduzieren«. Marx vermochte sich China zeitlebens nur als »lebende[s] Fossil« vorzustellen. Vgl. Franke, *China und das Abendland*, S. 117-120; E. Schulin, *Die weltgeschichtliche Erfassung des Orients bei Hegel und Ranke*, Göttingen 1958; K. D. Erdmann, *Die asiatische Welt im Denken von Karl Marx und Friedrich Engels*, in: *Historische Forschungen und Probleme*. Festschrift für Peter Rassow, Wiesbaden 1961, S. 256–283; ders., *Geschichte, Politik und Pädagogik. Aufsätze und Reden*. Zum 60. Geburtstag hrsg. von Schülern und Mitarbeitern, Stuttgart 1970, S. 123-138; H. Labuske, *Friedrich Engels lernt Alte Geschichte*, in: *Ethnographisch-Archäologische Zeitschrift* (1975), Nr. 2, S. 269-281; G. Sofri, *Über asiatische Produktionsweise*, Frankfurt/Main 1969, S. 15-75; L. Krader, *The Asiatic Mode of Production. Sources, Development and Critique in the Writings of Karl Marx*, Assen 1975.

5 K. Marx / F. Engels, *Werke* (Berlin 1958 ff.), Bd. 9, S. 95.

6 Noch in den zwanziger Jahren des 20. Jahrhunderts betrachtete man China – wenn auch nicht unwidersprochen (vgl. O. Franke, *Die Rechtsverhältnisse am Grundeigentum in China*, Leipzig 1903) – als ein archaisches Land, das ewig stagnierte, in dem es kein Privateigentum an Grund und Boden gab und wo im Dorf

patriarchalische Gemeindeverhältnisse herrschten. Selbst dort, wo – wie in der Kulturkreislehre von O. Spengler – China als eine Europa und Nordamerika gleichrangige Kultur erschien, wurde jeder historische Zusammenhang und Fortschritt eliminiert und damit das Bild eines ewigen, statischen China letztlich bestätigt. Vgl. E. Schulin, *Weltgeschichte und europäische Geschichte in der Auffassung des 20. Jahrhunderts*, Oulu 1969, S. 9 ff.

7 Die frühe sowjetische China-Forschung hat zur Korrektur des traditionellen Chinabildes erheblich beigetragen. Bereits in den zwanziger Jahren erschienen sowohl umfangreiche empirische Untersuchungen zur gegenwärtigen Agrarstruktur als auch wirtschafts- und sozialhistorische Arbeiten, in denen erstmals versucht wurde, Kategorien des Historischen Materialismus auf die chinesische Geschichte anzuwenden. Diese Untersuchungen und Arbeiten lösten eine Kontroverse um den Charakter der chinesischen Gesellschaft aus. Strittig war vor allem, ob das gegenwärtige und das vorrevolutionäre China als eine spezifische Form des Feudalismus oder als eine besondere, von der europäischen Gesellschaft prinzipiell verschiedene »asiatische Produktionsweise« zu betrachten seien. Während einige Gelehrte den sozialen Gegensatz zwischen Bauernschaft und Grundherren betonten und China als eine feudale Gesellschaft bezeichneten, rückten andere den Gegensatz zwischen Bauernschaft und bürokratischem Staatsapparat in den Mittelpunkt und behaupteten eine asiatische Produktionsweise. Diese interessante sowjetische Diskussion blieb in der westlichen Sinologie unbeachtet und fand nur in China und Japan ein gewisses Echo. *Diskussija ob aziatskom sposobe proizvodstva*, Moskau/Leningrad 1931; V. N. Nikiforov, *Diskussija sovetskich istorikov ob obščestvenno-ėkonomičeskom stroe Kitaja (1925–1927 gg.)*, in: *Narody Azii i Afriki* (1965), Nr. 5, S. 75-91, A. G. Krymov, *Diskussija o dokapitalističeskich otnošenijach v Kitae v 20-30-ch godach*, in: *Problemy dokapitalističeskich obščestv v stranach Vostoka.* Red. G. F. Kim, zusammengestellt von V. N. Nikiforov, Moskau 1971, S. 95-126.

8 So geht vor allem die vielzitierte Formationsfolge »asiatische, antike, feudale und modern bürgerliche Produktionsweisen«, wie sie Marx im Vorwort zur *Kritik der Politischen Ökonomie* und sinngemäß auch in einigen Bemerkungen in der Schrift *Die deutsche Ideologie* skizziert, auf das Hegelsche Periodisierungsschema in der *Philosophie der Weltgeschichte* zurück. Marx übernahm die Hegelsche Periodisierung: Alter Orient, Antike, Mittelalter, Neuzeit, ohne sie selbst abzuleiten oder zu begründen. Vgl. R. Eifler, *Vorkapitalistische Klassengesellschaft und aufsteigende Folge von Gesellschaftsformationen im Werk von Karl Marx*, in: *Zeitschrift für Geschichtswissenschaft* (1972), Nr. 5, S. 577-596; ders., *Fragen der Formationsfolge in der vorsozialistischen Geschichte*, in: *Deutsche Zeitschrift für Philosophie* (1973), Nr. 3, S. 309-325; E. J. Hobsbawm, *Introduction*, in: K. Marx, *Pre-capitalist Economic Formations*, London 1964, S. 9-65; B. H. Hindess und P. O. Hirst, *Pre-capitalist Modes of Production*, London/Boston 1975; B. F. Poršnev, *Periodisacija vsemirno-istoričeskogo progressa u Gegelja i Marksa*, in: *Filosofskie nauki* (1969), Nr. 2; J. I. Semenov, *Teorija obščestvenno-ėkonomičeskich formacij i vsemirnyj istoričeskij progress*, in: *Narody Azii i Afriki* (1970), Nr. 5, S. 88 f. Zur Position der chinesischen Historiographie zu dieser Frage vgl. A. Feuerwerker (Hrsg.), *History in Communist China*, Cambridge (Mass.) 1968; B. Wiethoff, *Grundzüge der älteren chinesischen Geschichte*, S. 30 ff.

9 An dieser These hält auch noch eine neuere sowjetische Darstellung der Weltgeschichte fest. Vgl. *Vsemirnaja istorija.* Glavn. red. E. M. Žukov, 10 Bde., Moskau 1955-1965; deutsch: *Weltgeschichte in zehn Bänden*, Hauptredaktion I. M. Shukow, Berlin (Ost) 1961-1969, Bd. 1 und 2. Die altchinesische Gesellschaft

unterschied sich jedoch in den Grundeigentumsverhältnissen, in der Stellung der unmittelbaren Produzenten und den Formen außerökonomischen Zwangs sowie in den Austausch- und Zirkulationsverhältnissen und der – damit zusammenhängenden – Rolle der Stadt grundlegend von der alteuropäischen Gesellschaft. Obwohl es auch in China – vorab in der Qin- und Han-Zeit – Erscheinungen der Sklaverei gab, basierte diese Gesellschaft zu keiner Zeit auf Sklavenarbeit. E. Erkes, *Das Problem der Sklaverei in China*, Berlin 1952; M. C. Wilbur, *Slavery in China during the Former Han Dynasty*, Chicago 1943; T. Pakora, *Existierte in China eine Sklavenhaltergesellschaft?* in: *Archiv orientálni*, Bd. 31, Prag 1963.

10 Beim Marxschen Feudalismus-Begriff handelt es sich um eine wirtschafts- und sozialhistorische Kategorie. Sie bezieht sich primär nicht auf das Lehnswesen und die Zersplitterung der öffentlichen Gewalt, sondern auf das gesellschaftliche Verhältnis zwischen Großgrundbesitzern und Bauern. Die verstreuten Bemerkungen von Marx und Engels sind sehr stark von zeitgenössischen Vorstellungen geprägt. Während Marx vor allem von der sogenannten Eroberungstheorie beeinflußt wurde, stand Engels unter dem Einfluß der klassischen Rechtsgeschichte. Letzterer bezeichnete das Grundverhältnis der ganzen feudalen Wirtschaft als »Landverleihung gegen Leistung gewisser persönlicher Dienste und Abgaben« (*MEW*, Bd. 21, S. 396). Der Feudalismus-Begriff bezog sich ursprünglich auf die europäische Grundherrschaft. Die methodologische Schwierigkeit besteht darin, die verschiedenartigen Herrschafts- und Knechtschaftsverhältnisse zu bestimmen, bei denen die unmittelbaren Produzenten auf dem Lande ansässig sind. E. Müller-Mertens, *Zur Feudalentwicklung im Okzident und zur Definition des Feudalverhältnisses*, in: *Zeitschrift für Geschichtswissenschaft* (1966), Nr. 14, S. 52-73; ders., *Skizze zur weiteren Verständigung über das feudale Produktionsverhältnis*, in: *Ethnographisch-Archäologische Zeitschrift* (1972), S. 543-578; F. B. Poršnev, *Feodalizm i narodnye massy*, Moskau 1964; H. Wunder (Hrsg.), *Feudalismus*, München 1974; P. Anderson, *Passages from Antiquity to Feudalism*, London 1974.

11 Die Kategorie »asiatische Produktionsweise« sollte eine gesellschaftliche Stagnation erklären, die es in dem im 19. Jahrhundert unterstellten Ausmaß nicht gegeben hat. Als ihre Grundlage betrachtete Marx die alte Dorfgemeinde mit ihrer Einheit von Agrikultur und Hausindustrie. Für ihn ist die asiatische Produktionsweise eine besondere Realisierungsform gemeineigentümlicher Grundverhältnisse; ihr wichtigstes gesellschaftliches Teilsystem ist die Gemeinde. Kennzeichnend für die asiatische Produktionsweise sind: Der gemeinschaftliche Besitz der Dorfgemeinde an Grund und Boden und das Obereigentum des Herrschers; die Einheit von kleiner Agrikultur und häuslichem Handwerk innerhalb der Dorfgemeinde; Produktion vorwiegend für den Selbstbedarf, im wesentlichen einfache Reproduktion, unentwickelte Arbeitsteilung; die Grundrente ist zugleich Hauptelement der Staatssteuer; wirtschaftliche Stagnation; indifferente Einheit von Stadt und Land; die außergewöhnliche Bedeutung großer, gemeinsam durchgeführter und vom Herrscher geleiteter öffentlicher Arbeiten; ökonomisches und politisches System der Despotie. Bestimmend für die asiatische Produktionsweise ist Marx zufolge die kollektive Ausbeutung der autarken Dorfgemeinden durch den Staatsapparat. Vgl. Zusammenfassungen der Diskussion und Literatur bei R. Günther, *Herausbildung und Systemcharakter der vorkapitalistischen Gesellschaftsformationen*, in: *Zeitschrift für Geschichtswissenschaft* (1969), Nr. 1/2, S. 194-208; A. W. Gulyga, *Die »asiatische« Produktionsweise*, in: *Deutsche Zeitschrift für Philosophie* (1968), Nr. 12, S. 1504 ff.; J. Pečirka, *Die sowjetischen Diskussionen über die asiatische Produktionsweise und über die Sklavenhalterformation*, in: *Eirene* 3, Prag 1964, S. 147-169;

ders., *Von der asiatischen Produktionsweise zu einer marxistischen Analyse der frühen Klassengesellschaften. Randbemerkungen zur gegenwärtigen Diskussion in der UdSSR*, in: *Eirene* 6, Prag 1967, S. 141-174; *Recherches internationales à la lumière du marxisme*, Nr. 57/58: *Premières sociétés de classes et mode de production asiatique*, Paris 1967; *Obščee i osobennoe v istoričeskom razvitii stran Vostoka. Materialy diskussii ob oščestvennych formacijach na Vostoke. Aziatskij sposob priozvodstva*, Moskau 1966; G. F. Kim und V. N. Nikiforov (Hrsg.), *Problemy dokapitalističeskich obščestv v stranach Vostoka*, Moskau 1971; G. Sofri, *Über asiatische Produktionsweise*; die gründlichste theoriegeschichtliche Darstellung ist L. Krader, *The Asiatic Mode of Production*.

12 Eine ähnliche Absicht verfolgt F. Tökei, *Zur Frage der asiatischen Produktionsweise*, Neuwied/Berlin 1969, besonders S. 88 ff. Diese Arbeit ist jedoch wissenschaftlich unzulänglich, da sie die neueren sinologisch-historischen Forschungsergebnisse nicht berücksichtigt. Der sowjetische Historiker und Sinologe V. N. Nikiforov versucht in einer großen zusammenfassenden Darstellung (*Vostok i vsemirnaja istorija*, Moskau 1975) die neuesten historischen Forschungsergebnisse mit der Theorie des Historischen Materialismus zu vermitteln. Da er jedoch weitgehend von schematischen Positionen ausgeht, wird er abweichenden Forschungsansätzen nicht gerecht.

13 An dieser Feudalismus-Konzeption halten in der Regel auch neuere westliche Arbeiten zur Geschichte des älteren China fest; vgl. Hsu Cho-yun, *Ancient China in Transition*, Stanford 1965. Die bäuerlichen Produzenten erscheinen dann als Leibeigene oder Hörige wie die des mittelalterlichen Europa, und die landwirtschaftliche Betriebsorganisation wird in Analogie zur europäischen Gutswirtschaft als Manorialsystem bezeichnet. Eine Ausnahme ist J. Gernet, *La Chine Ancienne*, Paris 1964.

14 Vergleiche die Literaturberichte von R. Felber in: *Zeitschrift für Geschichtswissenschaft* (1965), Nr. 5, S. 875 ff. und *Wissenschaftliche Zeitschrift der Karl-Marx-Universität Leipzig. Gesellschafts- und Sprachwissenschaftliche Reihe* (1967), Nr. 5, besonders S. 695-698, sowie die kritische Literaturübersicht von Ju. I. Semenov, *Sovetskie istoriki o stanovlenii klassovogo obščestva v drevnem Kitae*, in: *Narody Azii i Afriki* (1966), Nr. 1, S. 151-161.

15 In der folgenden Darstellung wird nicht streng im Sinne des bürgerlichen Rechts zwischen »Eigentum« und »Besitz« unterschieden. Eine solche Differenzierung würde auch den realen Verhältnissen in China nicht gerecht.

15a Die Bauern verwendeten Werkzeuge aus Holz, Stein, Knochen, Muscheln, Horn, teilweise auch aus Bronze. Die Felder, auf denen man vor allem Hirse, Gerste, Weizen und Sorghum anbaute, wurden mit steinernen Spaten und Hacken sowie hölzernen Grabegabeln oder auch mit Knochen- und Muschelgeräten bearbeitet. Zu Beginn des 1. Jahrtausends v. d. Z. benutzten die Bauern – neben den weitverbreiteten Knochenspaten und Steinmessern – die aus dem Grabstock entwikkelte zweizinkige Grabegabel sowie den hieraus entstandenen Hakenpflug oder Ziehspaten. Am primitiven Charakter des Ackerbaus, der durch Brennrodung gekennzeichnet war, hat sich bis weit in die Zhou-Zeit hinein nichts geändert. L. S. Vasil'ev, *Izučenie problemy genezisa kitajskoj civilizacii*, in: *Istoriografija i istočnikovedenie istorii stran Azii*, vyp. 1, Leningrad 1963, S. 3-9; ders., *O roli vnešnich vlijanij v vozniknovenii kitajskoj civilizacii*, in: *Narody Azii i Afriki* (1964), Nr. 2, S. 123-135; M. V. Krjukov, *In'skaja civilizacija v bassejn reki Chuanche – k voprosu o specifike obščestva In' v Kitae*, in: *Vestnik istorii mirovoj kul'tury* (1960), Nr. 4, S. 41-56; ders., *O razvitii proizvoditel'nych sil v Kitae v XV-XI vv. do n. e.*, in: *Narody Azii i Afriki* (1964), Nr. 3; P. T. Ho, *Loess and the Origin of*

Chinese Agriculture, in: *American Historical Review* (1969), Nr. 1, S. 1-36; Chang Kwang-chih, *The Archaeology of Ancient China*, New Haven/London 1963.

16 Vgl. die in der vorstehenden Anmerkung genannte Literatur. Für die Auffassung K. A. Wittfogels (*Wirtschaft und Gesellschaft Chinas*, Leipzig 1931, *Die Orientalische Despotie*), derzufolge der Anlage großer Bewässerungsbauten für die Entstehung der chinesischen Zivilisation entscheidende Bedeutung zukam, gibt es demnach keinen historischen Beleg.

17 Krjukov, *In'skaja civilizacija.*

18 Die Kommission für Wasserwirtschaft beim Ministerium für Wasser- und Kraftwerksbau der VR China hat die neuen Forschungsergebnisse in einem besonderen Werk zusammengefaßt, angeführt bei G. Lewin, *Zu einigen Problemen der »asiatischen Produktionsweise« in der gesellschaftlichen Entwicklung Chinas*, in: *Wissenschaftliche Zeitschrift der Karl-Marx-Universität Leipzig. Gesellschafts- und Sprachwissenschaftliche Reihe* (1964), Nr. 2, S. 251-256.

19 T. Thilo, *Zum Problem der Staatsentstehung in China*, in: J. Herrmann und I. Sellnow (Hrsg.), *Beiträge zur Entstehung des Staates*, Berlin 1974, S. 67.

20 F. Tökei, *Les conditions de la propriété foncière dans la Chine de l'époque Tcheou*, in: *Acta Antiqua* (1958), VI.

21 Die Auffassungen zur Eigentumsfrage sind innerhalb der sowjetischen Sinologie uneinheitlich. Manche Forscher vertreten die These, daß in China bereits zur Zeit der Shang- und Zhou-Dynastie Privatgrundeigentum existiert hat. So etwa Semenov, *Sovetskie istoriki*, S. 151-161 und Nikiforov, *Vostok*, S. 194 ff.

22 L. S. Vasil'ev, *Agrarnye otnošenija i obščina v drevnem Kitae (XI-XII vv. do n. ė)*, Moskau 1961.

23 Ders., *Ėkspluatacija zemledel'cev i formy prisvoenija v drevnem Kitae*, in: *Narody Azii i Afriki* (1968), Nr. 6, S. 64.

24 Ders., *Problema czin tjan'*, in: *Kitaj-Japonija. Istorija i filologija*, Moskau 1961, S. 24-38; R. Felber, *Die Utopie vom »Brunnenfeld«*, in: *Wissenschaftliche Zeitschrift der Karl-Marx-Universität Leipzig. Gesellschafts- und Sprachwissenschaftliche Reihe* (1965), Nr. 3, S. 351-359.

25 M. V. Krjukov, *Social'naja differencacija v drevnem Kitae*, in: *Razloženie rodóvogo stroja i formirovanie klassovogo obščestva*, Moskau 1967.

26 Bei der staatlichen Organisation der altchinesischen Gesellschaft handelte es sich um Königsmacht mit mehr oder weniger ausgeprägten gentilgesellschaftlichen Beschränkungen. Semenov, *Sovetskie istoriki*; Thilo, *Zum Problem der Staatsentstehung*; H. G. Creel, *The Origins of Statecraft in China 1: The Western Chou Empire*, Chicago/London 1970.

27 R. Felber, *Die Entwicklung der Austauschverhältnisse im alten China (Ende 8. Jh. bis Anfang 5. Jh. v. u. Z.)*, Berlin 1973, S. 101 f. Die in diesem wichtigen Werk vertretene Argumentation, die zugleich bestimmte sowjetische Forschungspositionen wiedergibt, liegt weitgehend der folgenden Darstellung der altchinesischen Verhältnisse zugrunde.

28 F. Tökei, *Les Conditions*, S. 246-368; W. Bauer, *Die Frühgeschichte des Eigentums in China*, in: *Zeitschrift für vergleichende Rechtswissenschaft einschließlich der ethnologischen Rechtsforschung* (1961), S. 138.

29 K. Marx, *Grundrisse der Kritik der politischen Ökonomie*, Berlin 1953, S. 376.

30 M. V. Krjukov, *In'skaja civilizacija;* ders., *Rod i gosudarstvo v in'skom Kitae*, in: *Vestnik drevnej istorii* (1961), Nr. 2, S. 3-22.

31 L. S. Vasil ev, *Agrarnye otnošenija.*

32 M. V. Krjukov, *Formy social'noj organizacii drevnich kitajcev*, Moskau 1967;

ders., *Sistema rodstva kitajzev (ėvoljucija i zakonnomernosti)*, Moskau 1972.

33 M. O. Kosven, *Semejnaja obščina i patronimija*, Moskau 1963; vgl. auch G. P. Murdock, *Social Structure*, New York 1949, S. 67-68.

34 Vgl. A. F. P. Hulsewé, *China im Altertum*, in: *Propyläen-Weltgeschichte*, Bd. 2, Wien/Berlin/Frankfurt 1962, S. 503-506.

35 K. Marx, *Grundrisse*, S. 380.

36 Produktenübertragung setzt den Fortbestand des Gemeineigentums und eine naturwüchsige Arbeitsteilung voraus. Die Erzeugnisse haben noch keinen Warencharakter. Vgl. *MEW*, Bd. 13, S. 21; Bd. 23, S. 92 und 102.

37 R. Felber, *Bemerkungen zur Erforschung des Systemcharakters der ersten Klassengesellschaft in China*, in: *Ethnographisch-Archäologische Zeitschrift* (1969), S. 474.

38 Ders., *Die Austauschverhältnisse*, S. 36 ff.

39 T. Thilo, *Zum Problem der Staatsentstehung*, S. 62 f.; F. Tökei, *Die Formen der chinesischen patriarchalischen Sklaverei in der Chou-Zeit*, in: *Opuscula Ethnologica Memoriae Ludovici Biró Sacra*, Budapest 1959, S. 312; Creel, *The Origins*, S. 68 f.

40 F. Tökei, *Die Formen*, S. 312.

41 Zum Problem der Sklaverei im alten China vgl. L. I. Duman, *Sistema rodstva i real'nye formy braka v ėpochu In' (XIV-XI vv. do n. ė)*, in: *Kratkie soobščenija instituta narodov Azii* (1962), S. 3-24; V. A. Rubin, *Rabovladenie v drevnem Kitae v VII-V vv. do n. e. (po »Czo czuan«)*, in: *Vestnik drevnej istorii* (1959), Nr. 3, S. 3-21.

42 Chen Huan-chang, *The Economic Principles of Confucius and His School*, New York 1911, Bd. 1, S. 401 f.

43 M. V. Krjukov, *Social'naja differencacija*, S. 228.

44 R. Felber, *Die Austauschverhältnisse*, S. 174.

45 Zit. *ebenda*, S. 41.

46 K. Marx, *Grundrisse*, S. 386.

47 R. Felber, *Die Austauschverhältnisse*, S. 56 ff.; vgl. auch L. S. Vasil'ev, *Agrarnye otnošenija*, S. 51; F. Tökei, *Les Conditions*, S. 274-276; ders., *Die Formen*, S. 311; W. Bauer, *Die Frühgeschichte*, S. 158.

48 Beim Geschenkaustausch »gibt der eine Partner dem anderen eine von ihm begehrte Ware zum Geschenk, worauf derselbe sich revanchiert, aber nicht genau den Wert der Waren ausgleicht, sondern sich nur an die ungefähre Konvention hält. Der Zeitpunkt der Geschenkübergabe ist oft rituell geregelt und ebenso steht es mit der Form des Geschenkwechsels.« Dieser Charakteristik von F. M. Heichelheim (*Wirtschaftsgeschichte des Altertums*, Leiden 1938, S. 96) entsprach Felber zufolge auch die Praxis des Schenkens im alten China, die ein regelrechtes Schenkungszeremoniell einschloß.

49 R. Felber, *Die Austauschverhältnisse*, S. 75.

50 V. A. Rubin, *K voprosu o vremeni vozniknovenija monetnogo obraščenija v drevnem Kitae*, in: *Kratkie soobščenija instituta narodov Azii* 61 (1963).

51 Ders., *Tzu-Ch'an and the City-State of Ancient China*, in: *T'oung Pao* (1965), Nr. 52; Chang Kwang-chih, *The Archaeology*, S. 190 ff.; É. Balazs, *Chinese Civilisation and Bureaucracy*, hrsg. von A. F. Wright, New Haven/London 1964, S. 67.

52 R. Felber, *Stadt und Markt im alten China (Zuo-zhuan-Periode)*, in: *Mitteilungen des Instituts für Orientforschung* (1968), S. 94.

53 K. Marx, *Grundrisse*, S. 382.

54 R. Moritz, *Hui Shi und die Entwicklung des philosophischen Denkens im alten China*, Berlin 1973, S. 91 f.

55 J. Needham, *The Development of Iron and Steel Technology in China. Second Biannial Diehinson Memorial Lecture to the Newcomen Society 1956*, London 1958; R. Felber, *Die Austauschverhältnisse*, S. 31 ff.

56 J. Gernet, *Ancient China, from the Beginnings to the Empire*, London 1968, S. 92.

57 Vgl. Lewin, *Zu einigen Problemen der »asiatischen Produktionsweise«*.

58 Ebenda; J. Gernet, *Ancient China*; R. Moritz, *Hui Shi*, S. 6; R. Felber, *Die Austauschverhältnisse*, S. 194, Anmerkung 137.

59 L. S. Perelomov, *Imperija Cin' – pervoe centralizovannoe gosudarstvo v Kitae (201-202 gg. do n. e.)*, Moskau 1962.

60 R. Felber, *Die Austauschverhältnisse*, S. 53.

61 K. Marx, *Grundrisse*, S. 377.

62 R. Felber, *Die Austauschverhältnisse*, S. 159 ff.

63 Auch für das alte China trifft die Bemerkung von Marx zu: »Im Altertum städtisches Gewerb und Handel gering –, Ackerbau aber hochgeachtet [...] Den Landbau achteten die Alten einstimmig für das eigentliche Geschäft des freien Mannes, Schule des Soldaten.« *Grundrisse*, S. 381.

64 Hsu Cho-yun, *Ancient China*; Chang Kwang-chih, *The Archaeology*; R. Felber, *Die Austauschverhältnisse*, S. 90 ff.

65 R. Felber, *Die Austauschverhältnisse*, S. 51; vgl. auch Chen Huan-chang, *The Economic Principles*, Bd. 1, S. 410.

66 L. S. Vasil'ev, *Ėkspluatacija*, S. 72.

67 R. Felber, *Die Austauschverhältnisse*, S. 178.

68 L. S. Vasil'ev, *Agrarnye otnošenija*, besonders S. 195-220.

69 R. Moritz, *Hui Shi*, S. 7.

70 R. Felber, *Die Reformen des Shang Yang und das Problem der Sklaverei in China*, in: *Neue Beiträge zur Geschichte der Alten Welt 1: Alter Orient und Griechenland*, hrsg. v. E. Ch. Welskopf, Berlin 1964; ders., *Die Utopie vom »Brunnenfeld«*.

71 L. S. Perelomov, *Reformy Šan Jana v sovetskoj istoriografii*, in: *Mežvuzovskaja naučnaja konferencii po voprosam istorii stran Azii i Afriki v sovetskoj istoriografii (20-22 dekabrja 1966)*, Moskau 1966.

72 V. P. Iljušečkin, *Arenda v sisteme častnosobstvenničeskoj ėkspluatacii drevnego i srednevekovogo Kitaja*, in: *Agrarnye otnošenija i krest'janskoe dviženie v Kitae*, Moskau 1974, S. 7-10.

73 N. L. Swann, *Food and Money in Ancient China*, Princeton 1950; Chen Huan-chang, *The Economic Principles*, Bd. 1, S. 621-714.

74 L. S. Perelomov, *Vopros o suščestvovanii obščiny v Kitae v III v. do n. ė. kak odin iz važnejšich kriteriev periodizacii istorii drevnego Kitaja*, in: *Mežvuzovskaja naučnaja konferencija po istoriografii i istočnikovedeniju istorii stran Azii i Afriki*, Leningrad 1963; ders., *Ėvoljucija obščiny i rost častnoj zemel'noj sobstvennosti v Kitae v IV v. do n. e. – III v. n. e.*, in: *Obščee i osobennoe v istoričeskom razvitii stran Vostoka*, Moskau 1966, S. 150-159; ders., *Ob organach obščinnogo samoupravlenija v Kitae v V – III vv. d. n. e.*, in: *Kitaj, Japonija, Istorija i filologija*, Moskau 1961.

75 L. S. Perelomov, *Obščina i sem'ja v drevnem Kitae (III v. do n. ė. – III v n. ė.)*, in: *Meždunarodnyj kongress antropologičeskich i etnografičeskich nauk*, Moskau 1964.

76 V. M. Štejn, *Osnovnye napravlenija ėkonomičeskoj mysli drevnego Kitaja*, in: *Problemy social'no-ėkonomičeskoj istorii drevnogo mira*, Moskau/Leningrad 1963, S. 95-109.

77 R. Felber, *Die Austauschverhältnisse*, S. 55.

78 K. Marx, *Grundrisse*, S. 386.

79 Hsu Cho-yun, *Ancient China*, S. 38 f.

80 H. G. Creel, *The Beginnings of Bureaucracy in China: The Origin of the Hsien*, in: *The Journal of Asian Studies* (1964), Nr. 2, S. 155-183; J. Gernet, *Ancient China.*

81 L. S. Perelomov, *Imperija Cin'.*

82 Im Zusammenhang mit der Frage, ob in China eine Gesellschaft der asiatischen Produktionsweise existierte, wäre darauf hinzuweisen, daß sich der bürokratische Zentralstaat erst herausbildete, als das Gemeineigentum an Grund und Boden, das die ökonomische Basis der Dorfgemeinschaft bildete, bereits verfallen war.

83 L. S. Perelomov, *O roli ideologii v stanovlenii despotičeskogo gosudarstve v drevnem Kitae*, in: *Narody Azii i Afriki* (1967), Nr. 3; ders., *O suščnosti legizma*, in: *Problemy Dal'nego Vostoka* (1973), Nr. 2.

84 F. S. Bykov, *Zaroždenie obščestvenno-političeskoj i filosofskoj mysli v Kitae*, Moskau 1966; V. A. Rubin, *Dva istoka kitajskoj političeskoj mysli*, in: *Voprosy istorii* (1967), Nr. 3; vgl. auch R. Moritz, *Hui Shi*, S. 15 ff.

85 R. Moritz, *Hui Shi*, S. 17.

86 *Ebenda*, S. 33.

87 V. M. Štejn, *Guan-czy. Issledovanie i perevod*, Moskau 1959, S. 23 f.

88 *Ebenda*, S. 307-318.

89 *Ebenda*, S. 29.

90 L. S. Perelomov, *Kniga pravitelja Šan (Šan czjun'šu)*, Moskau 1968.

91 *Ebenda*, S. 170.

92 J. J. L. Duyvendak, *The Book of Lord Shang*, London 1928.

93 L. S. Perelomov, *Kniga pravitelja*, S. 94.

94 A. V. Meliksetov, *Bjurokratičeskij kapital v Kitae*, Moskau 1972, S. 47; vgl. auch ders., *O tradicionnosti gosudarstvennogo regulirovanija ėkonomičeskoj žizni v Kitae*, in: *Rol' tradicii v istorii i kul'ture Kitaja*, Moskau 1972.

95 Zur Konzeption der »bürokratischen Gesellschaft« vgl. vor allem É. Balazs, *Chinese Civilization and Bureaucracy*, besonders S. 13-27: »China as a permanently Bureaucratic Society«; dazu: R. Trauzettel, *Stabilität und Kontinuität der chinesischen Gesellschaft. Bemerkungen zum Werk des Sinologen Étienne Balázs (1905-1963)*, in: *Saeculum* (1967) Nr. S. 264-277; vgl. auch die Spezialbibliographie J. Jiang, *Chinese Bureaucracy and Administration. An Annotated Bibliography*, Honolulu 1964. Zur Konzeption der »*Gentry*-Gesellschaft« vgl. vor allem W. Eberhard, *Geschichte Chinas*, Stuttgart 1971. In der westlichen Sinologie spricht man manchmal auch von einem »Manorialismus ohne Feudalismus«, da es in China keine Zersplitterung der öffentlichen Gewalt gab. Vgl. M. Elvin, *The Pattern of the Chinese Past. A Social and Economic Interpretation*, Stanford (Cal.) 1973, S. 69-83.

96 Vgl. den Literaturbericht von R. Felber in: *Wissenschaftliche Zeitschrift der Karl-Marx-Universität Leipzig*, besonders S. 698-706.

97 In der Sowjetunion hat sich vor allem L. S. Vasil'ev mit dieser Problematik beschäftigt. Vgl. L. S. Vasil'ev, *Gosudarstvo i bjurokratija v istorii Kitaja*, in: *Naučnaja konferencija »Obščestvo i gosudarstvo v Kitae«*, Moskau 1970.

98 Der Himmel galt in China als der Ort, an dem die Ahnengeister lebten. So wurde der Himmel zu einem Synonym für die Gesamtheit der Ahnengeister. Daher

ist der Kaiser der »Sohn des Himmels«.

99 A. A. Bokščanin, *Ob ušilenii despotičeskoj vlasti v Kitae v konce XIV veka*, in: *Narody Azii i Afriki* (1969), Nr. 1, S. 54-65; vgl. auch V. A. Rubin, *Problemy vostočnoj despotii v rabotach sovetskich issletovatelej*, in: *Narody Azii i Afriki* (1966), Nr. 3; F. Venturi, *Despotismo orientale*, in: *Rivista storica italiana* LXXII (1960) I.

100 L. S. Vasil'ev, *Konfucianstvo v Kitae*, in: *Voprosy istorii* (1968) Nr. 10; L. I. Duman, *Učenie o syne Neba i ego rol' vo vnešnej politike Kitaja (s drevnosti do novogo vremeni)*, in: *Kitaj: Tradicii i sovremennost'*. Moskau 1976, S. 28-51.

101 *Ebenda.*

102 L. S. Vasil'ev, *Kitaj: nasledie konfucianstva*, in: *Azija i Afrika segodnja* (1966), Nr. 8; deutsch: *Das Erbe des Konfuzianismus in China*, in: *Sowjetwissenschaft. Gesellschaftswissenschaftliche Beiträge* (1967) Nr. 3, S. 312-315.

103 L. S. Vasil'ev, *Gosudarstvo i bjurokratija*; ders., *Političeskaja vlast' i social'nyj kontrol' v tradicionnom Kitae*, in: *Naučnaja konferencija »Obščestvo i gosudarstvo v Kitae«*, Moskau 1971; R. Marsh, *The Mandarins*, New York 1961; M. Loewe, *Das China der Kaiser*, Wien 1968, S. 163 f.

104 Chi Chu, *Das Prüfungssystem in China. Ein geschichtlicher Überblick*, in: *Sinica*, Frankfurt/Main 1931; Chung-li Chang, *The Chinese Gentry*, Seattle 1968; W. Franke, *The Reform and Abolition of the Traditional Chinese Examination System*, Cambridge/Mass. 1960.

105 Ju. K. Ostrovitjanov und A. A. Sterbalova, *Social'nyj »genotip« vostoka i perspektivy nacional'nych gosudarstv*, in: *Novyj mir* (1972), Nr. 12; deutsch: *Der soziale »Genotyp« des Ostens und die Perspektiven der Nationalstaaten*, in: *Sowjetwissenschaft. Gesellschaftswissenschaftliche Beiträge* (1973) Nr. 7, S. 739-761.

106 *Ebenda*, S. 742.

107 Obwohl der chinesische Begriff *shenshi* häufig mit Gentry übersetzt wird, decken sich beide Begriffe nicht. E. Wilkinson, *Beamte*, in: *China Handbuch*, hrsg. von W. Franke unter Mitarbeit von B. Staiger, Düsseldorf 1974, S. 119. Vgl. auch F. Wakeman, Jr., *The Fall of Imperial China*, New York / London 1975, S. 19-37.

108 Die einzigartige Stellung der *shenshi*, der chinesischen Führungsschicht, war westlichen Beobachtern bereits im 16. Jahrhundert aufgefallen. Es schien, als seien in Gestalt der sogenannten *Literati* Bildung und Macht eine Verbindung eingegangen, für die es in keinem anderen Land eine Parallele gab. Man meinte, in China sei die Macht des Geistes durch die Berufung der *Literati* in die Regierungsgeschäfte gesichert, und das Prüfungssystem schien jedermann eine soziale Aufstiegschance zu bieten. Derartige Vorstellungen über die Führungsschicht im traditionalen China waren bis ins 20. Jahrhundert hinein verbreitet. T'ung-tsu Ch'ü, *Chinese Class Structure and its Ideology*, in: J. K. Fairbank (Hrsg.), *Chinese Thought and Institutions*, Chicago/London 1957, S. 235-250.

109 L. S. Vasil'ev, *Das Erbe des Konfuzianismus*, S. 313.

110 *Ebenda*, S. 314.

111 L. S. Vasil'ev, *Kul'ty, religii, tradicii v Kitae*, Moskau 1970; ders., *Nekotorye osobennosti sistemy myšlenija, povedenija i psichologii v tradicionnom Kitae*, in: *Kitaj: Tradicii i sovremennost'*. Moskau 1976, S. 52-82.

112 F. S. Bykov, *Zaroždenie*; L. S. Vasil'ev, *Konfucianstvo*.

113 O. Franke, *Geschichte des chinesischen Reiches*, 5 Bde., Berlin 1930-1952, Bd. 1, S. XXII.

114 J. Needham, *Science and Civilisation in China*, Vol. 4, part II, Cambridge 1965.

115 Die immer noch weitverbreitete Vorstellung, wonach die chinesische Landwirtschaft im wesentlichen vom staatlichen Wasser- und Kanalbau abhängig gewesen sei, ist in dieser Form nicht aufrechtzuerhalten. In der Regel unterhielten die Dörfer in erster Linie ihre eigenen Bewässerungsanlagen, während der Staat sich vor allem um die Infrastruktur und den Wasserschutz kümmerte. Vgl. Wolfram Eberhard, *Conquerors and Rulers. Social Forces in Medieval China* (2nd. rev. Ed.), Leiden 1965, S. 74-88.

116 L. S. Vasil'ev, *Social'nye korporacii v političeskoj strukture tradicionnogo Kitaja*, in: *Tret'ja naučnaja konferencija »Obščestvo i gosudarstvo v Kitae«*, Moskau 1972; G. Lewin, *Die staatliche Leitung und Kontrolle von Manufakturen und handwerklicher Produktion im China der frühen Song-Zeit*, in: *Jahrbuch für Wirtschaftsgeschichte* (1974), Nr. 3, S. 179-199; ders., *Juristische oder politökonomische Kategorien?* in: *Ethnographisch-Archäologische Zeitschrift* (1976), Nr. 2, S. 271-285.

117 G. Lewin, *Die ersten fünfzig Jahre der Song-Dynastie in China*, Berlin 1973, S. 170.

118 K. A. Wittfogel, *Die Orientalische Despotie. Eine vergleichende Untersuchung totaler Macht*, Frankfurt am Main / Berlin / Wien 1977; dazu: M. Meisner, *The Despotism of Concepts. Wittfogel and Marx on China*, in: *China Quarterly* 16 (1963), S. 99-111; A. E. Pavlovskaja, *O konzepzii gidravličeskogo obščestva K. Vitfogelja*, in: *Vestnik drevnej istorii* (1965) Nr. 4; M. P. Pavlova-Sil'vanskaja, *Zarubežnye kritiki o knige K. Vitfogelja »Vostočnyj despotizm«*, in: *Narody Azii i Afriki* (1971) Nr. 2.

119 K. A. Wittfogel, *Die Orientalische Despotie*, S. 27.

120 É. Balazs, *Chinese Civilization*, besonders S. 13-27.

121 *Ebenda*, S. 16.

122 Vor allem Marx hatte auf die Bedeutung der »zentralisierenden Staatsgewalt« hingewiesen: »Die unbedingte Notwendigkeit einer sparsamen und gemeinschaftlichen Verwendung des Wassers, die im Okzident [...] zu freiwilligem Zusammenschluß privater Unternehmungen führte, machte im Orient [...] das Eingreifen einer zentralisierenden Staatsgewalt erforderlich. Hierdurch wurde allen asiatischen Regierungen eine ökonomische Funktion zugewiesen, die Funktion, für öffentliche Arbeiten zu sorgen« (*MEW*, Bd. 9, S. 129). Engels zufolge lag in den östlichen Zivilisationen »der politischen Herrschaft überall eine gesellschaftliche Amtstätigkeit zugrunde [...]; und die politische Herrschaft hat auch dann nur auf die Dauer bestanden, wenn sie diese ihre gesellschaftliche Amtstätigkeit vollzog«. *MEW*, Bd. 20, S. 167.

123 »Sind es nicht Privatgrundeigentümer, die die Produzenten beherrschten, sondern ist es wie in Asien der Staat, der ihnen direkt als Grundeigentümer und gleichzeitig als Souverän gegenübertritt, so fallen Rente und Steuer zusammen, oder es existiert vielmehr dann keine von dieser Form der Grundrente verschiedene Steuer. Unter diesen Umständen braucht das Abhängigkeitsverhältnis politisch wie ökonomisch keine härtere Form zu besitzen als die ist, welche aller Untertanenschaft gegenüber diesem Staat gemeinsam ist.« *MEW*, Bd. 25, S. 799.

124 L. I. Mad'jar, *Ėkonomika sel'skogo chozjajstva v Kitae*, Moskau/Leningrad 1928; ders., *Ǒcerki po ėkonomike Kitaja*, Moskau 1930.

125 V. V. Struve, *Ponjatie »Aziatskij sposob proizvodstva«*, in: *Narody Azii i Afriki* (1965), Nr. 1, S. 105 ff.; N. V. Pigulevskaja, *K voprusu ob aziastskom sposobe proizvodstva*, in: *Vestnik drevnej istorii* (1965), Nr. 3, S. 83 ff.; L. V. Danilova, *Diskussija po važnoj probleme*, in: *Voprosy filosofii* (1965), Nr. 12, S.

149 ff.; J. M. Garušjanc, *Ob aziatskom sposobe proizvodstva*, in: *Voprosy istorii* (1966), Nr. 2, S. 83 ff.; M. A. Korostovcev, *O charaktere drevnevostočnego obščestva*, in: *Narody Azii i Afriki* (1966), Nr. 3, S. 74 ff.

126 Das Konzept der staatlich-agrarischen Struktur bzw. administrativ-agrarischen Struktur wurde ursprünglich von Ju. K. Ostrovitjanov entwickelt, um die besondere Funktion der staatlichen Exekutivgewalt in den rückständigen Ländern zu erklären. Vgl. *Mirovaja ėkonomika i meždunarodnye otnošenija* (1968), Nr. 5. Auf China wurde dieses Konzept vor allem von A. A. Sterbalova angewandt: *Tradicionnyj i sovremennyj Kitaj – osobennosti social'nogo razvitija*, in: *Voprosy filosofii* (1969), Nr. 8, S. 37-48.

127 Ju. K. Ostrovitjanov und A. A. Sterbalova, *Der soziale »Genotyp« des Ostens*, S. 742.

128 Die Schrift von Karl Marx *Formen, die der kapitalistischen Produktion vorhergehen* hatte für die internationale Diskussion große Bedeutung. Sie war zuerst 1939 in Moskau in russischer Sprache gedruckt worden. 1947 erschien eine japanische Ausgabe. 1952 veröffentlichte der Dietz Verlag in Ostberlin den deutschen Text. Seither ist die Marxsche Schrift in alle wichtigen europäischen Sprachen übersetzt worden.

129 F. Tökei, *Zur Frage der asiatischen Produktionsweise*.

130 *Ebenda*, S. 102.

131 L. S. Simonovskaja, *Problemy kitajskogo srednevekov'ja v sovetskoj istoriografii*, in: *Mežvuzovskaja naučnaja konferencija*, S. 36-38; É. P. Stužina, *Sovremennaja kitajskaja istoričeskaja nauka o problemach social'no-ėkonomičeskoj istorii Kitaja v pozdnee srednevekov'e (XVI-XVIII vv.)*, in: *Sovremennaja istoriografija stran zaruběžnogo Vostoka*. Vyp. 1: *Kitaj*, Moskau 1963, S. 102-121; A. N. Chochlov, *Voprosy agrarnoj istorii Kitaja XVII v. v rabotach sovetskich istorikov*, in: *Mežvuzovskaja naučnaja konferencija*, S. 42-43; G. Ja. Smolin, *K Voprosu o krepostničestve v srednevekovom Kitae*, in: *Lenin i problemy istorii stran Azii*, Leningrad 1970.

132 V. N. Nikiforov, *Sovetskie istoriki o problemach Kitaja*, Moskau 1970, S. 261.

133 J. Needham, *The Past in China's Present*, in: *The Centennial Review* (1960), Nr. 2, S. 146/147.

134 Vgl. Anmerkung 131. Siehe auch zwei Aufsätze von É. Balazs: *Evolution of Landownership in 4th and 5th Century China* und *Landownership in China from the 4th to the 14th Century*, in: É. Balazs, *Chinese Civilization*, S. 101-112 und S. 113-125, sowie Chung-li Chang, *The Chinese Gentry*.

135 H. Franke und R. Trauzettel, *Das Chinesische Kaiserreich*, Frankfurt/Main 1968, S. 196.

136 W. Eberhard, *Geschichte Chinas*, S. 81 f.

137 F. Wilkinson, *Beamte*, in: *China Handbuch*, S. 118.

138 Zusammenfassend v. V. N. Nikiforov, *Specifika gospodstvujuščego klassa v starom Kitae (soslovie šen'ši)*, in: *Rol' tradicii v istorii i kul'ture Kitaja*, Moskau 1972; ders., *Sovetskie istoriki*, S. 258-264; ders., *Vostok*, S. 204-209.

139 Ju. K. Ostrovitjanov und A. A. Sterbalova, *Der soziale »Genotyp« des Ostens*, S. 743.

140 Chung-li Chang, *The Chinese Gentry*, S. 3 ff.

141 B. Moore, *Soziale Ursprünge von Diktatur und Demokratie. Die Rolle der Grundbesitzer und Bauern bei der Entstehung der modernen Welt*, Frankfurt/Main 1969, S. 204.

142 Siehe Anm. 15.

142a V. N. Nikiforov, *Vostok*, S. 194-204; V. P. Iljušečkin, *Arenda*, S. 7-10.

143 Vgl. R. Felber, *»Asiatische« oder feudale Produktionsweise in China*, in: *Zeitschrift für Geschichtswissenschaft* (1971), Nr. 1, S. 65-91.

144 V. I. Kudrin, *Iz istorii agrarnoj politiki v epochu Chan'*, in: *Agrarnye otnošenija*, S. 71-98.

145 *Ebenda.*

146 T. V. Stepugina, *Reformy Wan Mana v Kitae v načale I v. n. ė.*, in: *Kratkie soobščenija*, S. 104-116.

147 V. I. Kudrin, *Iz istorii*, S. 96.

148 L. I. Duman, *K voprosu o formach zemlevladenija v Kitae v III v.*, in: *Agrarnye otnošenija*, S. 43-70.

149 V. P. Iljušečkin, *Arenda*, S. 13-20; V. N. Nikiforov, *Vostok*, S. 203 f.; A. Ju. Tjurin, *Formirovanie feodal'no-zavisimogo krest'janstva v Kitae v III-VIII vv. n. ė (k voprosu o nadel'noj sisteme)*, Moskau 1973.

150 V. P. Iljušečkin, *Arenda*, S. 13 f.; L. I. Duman, *K voprosu.*

151 V. P. Iljušečkin, *Arenda*, S. 15 ff.; A. Ju. Tjurin, *Formirovanie*; W. Eberhard, *Das Tobareich Nordchinas. Eine soziologische Untersuchung*, Leiden 1949.

152 H. Franke und R. Trauzettel, *Das chinesische Kaiserreich*, S. 129 ff.

153 V. P. Iljušečkin, *Arenda*, S. 17; A. Ju. Tjurin, *ebenda*; D. Twitchett, *Financial Administration under the T'ang Dynasty*, Cambridge 1963.

154 V. P. Iljušečkin, *Arenda*, S. 20 f.; *ebenda*, S. 170 ff.; G. Ja. Smolin, *Antifeodal'nye narodnye vosstanija v Kitae konca X-XIII vv. v sovestskoj i kitajskoj istoriografii*, in: *Istoriografija i istočnikovedenie istorii stran Azii. Materialy meževusovskoj naučnoj konferencii 25-27 janvarja 1963 g.*, Leningrad 1965, S. 12-22.

155 A. Ju. Tjurin, *Formirovanie.*

156 V. P. Iljušečkin, *Arenda*, S. 21 ff.; D. H. Perkins, *Agricultural Development in China 1368-1968*, Chicago 1969.

157 V. P. Iljušečkin, *Arenda*, S. 21 f.

158 G. Ja. Smolin, *Iz istorii krest'janskogo vosstanija 993-997 gg. pod rukovodstvom Van Sjao-bo, Li Šunja i Čžan Juja*, in: *Voprosy istorii stran Azii*, Leningrad 1965, S. 16-35; G. Lewin, *Die ersten fünfzig Jahre;* D. Twitchett, *Land Tenure and the Social Order in T'ang and Sung China*, London 1962.

159 Zit. bei G. Lewin, *ebenda*, S. 175.

160 G. Ja. Smolin, *Antifeodal'nye narodnye vosstanija.*

161 N. P. Svistunova, *Požalovanie gosudarstvennych zemel' v gody pravlenija Čžu Juan'-čžana (1368-1398 gg.)*, in: *Kitaj- Japonija. Istorija i filologija*, Moskau 1961, S. 93-103; dies., *O svobodnoj krest'janskoj sobstvennosti v načale pravlenija dinastii Min*, in: *Narody Azii i Afriki* (1961), Nr. 3, S. 118-124; dies., *Agrarnaja politika dinastii Min XIV vek*, Moskau 1966; O. E. Nepomnin, *Social'naja suščnost' agrarnoj politiki dinastii Min (vtoraja polovina XIV v.)*, in: *Narody Azii i Afrikii* (1969), Nr. 4, S. 80-89; L. A. Borovkova, *O nekotorych aspektach agrarnoj politiki Čžu Juan'-čžana*, in: *Agrarnye otnošenija*, S. 156-172; vgl. auch W. Franke, *Zur Grundsteuer in China während der Ming-Dynastie*, in: *Zeitschrift für vergleichende Rechtswissenschaft* (1953), S. 93-103.

162 L. A. Borovkova, *O nekotorych aspektach*, S. 170.

163 A. N. Chochlov, *Agrarnye otnošenija v Kitae v vtoroj polovine XVIII – načale XIX v.*, in: *Kratkie soobščenija instituta narodov Azii*, 53 (1962), S. 95-115; ders., *O tak nazyvaemoj verchovnoj sobstvennosti imperatora na zemlju v Kitae (po materialam kitajskich istočnikov XVIII-XIX vv.)*, in: *Pjataja naučnaja konferencija*

»Obščestvo i gosudarstvo v Kitae«, Moskau 1974; O. E. Nepomnin, *Genezis kapitalizma v sel'skom chozjajstve Kitaja*, Moskau 1966; dazu die sehr kritische Rezension von L. P. Deljusin, in: *Narody Azii i Afriki* (1967), Nr. 1, S. 173-180; K. V. Lepešinskij, *O nekotorye social'no-ėkonomičeskich posledstvijach man'čžurskogo zavoevanija Kitaja*, in: *Man'čžurskoe vladyčestvo v Kitae*, hrsg. von S. L. Tichvinskij, Moskau 1966.

164 V. P. Iljušečkin, *Arenda*, S. 21 f.

165 A. N. Chochlov, *Agrarnye otnošenija;* O. E. Nepomnin, *Genezis kapitalizma*, S. 11 ff.

166 O. E. Nepomnin, *ėkonomičeskaja istorija Kitaja (1864-1894 gg)*, Moskau 1974, S. 15-31; G. Jamisson, *Tenure of Land in China and the Condition of the Rural Population*, in: *Journal of the China Branch of the Royal Asiatic Society*, Vol. XXIII (1889); H. Franke, *Die Rechtsverhältnisse;* R. H. Tawney, *Land und Labour in China*, London 1932.

167 O. E. Nepomnin, *Ėkonomičeskaja istorija*, S. 31.

168 *Ebenda*, S. 38 ff.; Die restriktiven Bedingungen des Privateigentums betont sehr stark H. F. Schurmann, *Traditional Property Concepts in China*, in: *Far Eastern Quarterly* (1965), S. 507-516.

169 O. E. Nepomnin, *Ėkonomičeskaja istorija.*

170 S. D. Skazin, *Der Bauer in Westeuropa während der Epoche des Feudalismus*, Berlin 1976, S. 245 ff.

171 *MEW*, Bd. 3, S. 62.

172 V. P. Iljušečkin, *Arenda*, S. 7 ff.; ders., *Arenda-isdol'ščina – osnovnaja forma ėkspluatacii v drevnem i srednedvekovom Kitae*, in: *Tret'ja naučnaja konferencija »Obsčestvo i gosudarstvo v Kitae«*, Vyp. III, Moskau 1972; ders., *Problema vtoroj osnovnoj stadii razvitija obščestva v svete istorii Kitaja*, in: *Kitaj: Obščestvo i gosudarstvo v Kitae«*, Vyp. III, Moskau 1972; ders., *Problema vtoroj osnovnoj stadii razvitija obščestva v svete istorii Kitaja*, in: *Kitaj: Obščestvo i gosudarstvo*, Moskau 1973, S. 78-100.

173 V. P. Iljušečkin, *Arenda*, S. 23 ff.

174 *Ebenda*, S. 3-7.

175 W. Eberhard, *Das Tobareich Nordchinas*, S. 220.

176 E. Erkes, *Das Problem der Sklaverei*, S. 25.

177 *Ebenda.*

178 O. E. Nepomnin, *Ėkonomičeskaja istorija*, S. 17 ff.

179 L. P. Deljusin in seiner Rezension zu Nepomnin, *Genezis kapitalizma*, in: *Narody Azii i Afrikii* (1967), Nr. 1, S. 175.

180 E. Erkes, *Das Problem der Sklaverei*, S. 25.

181 Vgl. L. P. Deljusin in: *Narody Azii i Afrikii* (1967), Nr. 1, S. 176.

182 G. Ja. Smolin, *Osobennosti vneėkonomičeskogo prinuždenija zemledel'cev v Kitae X-XIII vekov (K voprosu o krepostničestve na Vostoke)*, in: *Narody Azii i Afrikii* (1970), Nr. 1, S. 52-61.

183 *Ebenda*, S. 53 f.

184 *Ebenda*, S. 61.

185 N. P. Svistunova, *Agrarnaja politika;* L. V. Simonovskaja, *Velikaja krest'janskaja vojna v Kitae 1628-1645 gg.*, Moskau 1958.

186 O. E. Nepomnin, *Ėkonomičeskaja istorija;* L. V. Simonovskaja, *Dve tendencii v feodal'nom obščestve Kitaja pozdnego perioda*, Moskau 1960.

187 Vgl. V. P. Iljušečkin, *Arenda*, S. 29-31.

188 O. E. Nepomnin, *ebenda*, S. 29-31.

189 V. P. Iljušečkin, *Arenda*, S. 34-36.

190 *Ebenda*, S. 30-34; O. E. Nepomnin, *Ėkonomičeskaja istorija*, S. 37 ff.

191 *MEW*, Bd. 23, S. 771.

192 Angeführt bei O. E. Nepomnin, *Ėkonomičeskaja istorija*, S. 31.

193 A. N. Chochlov, *O charaktere arendnych otnošenii v Kitae v konce XVIII – pervoj polovine XIX v.*, in: *Voprosy istorii i istoriografii Kitaja*, Moskau 1968, S. 138-165; O. E. Nepomnin, *Ėkonomičeskaja istorija*, S. 38 ff.

194 O. E. Nepomnin, *ebenda*, S. 39.

195 *Ebenda*, S. 40 f.

196 Vgl. A. S. Mugruzin, *Agrarnye otnošenija v Kitae v 20-40-ch godach XX veka*, Moskau 1970, S. 51 f. Siehe auch P. T. Ho, *Studies on the Population of China, 1368-1953*, Cambridge (Mass.) 1959.

197 Bei aller methodologischen Problematik eines solchen Vergleichs wird man doch sagen können, daß die chinesische Kultur der des Abendlandes zumindest bis zum 12. Jahrhundert überlegen war. Die frühfeudale europäische Staatenwelt wäre gegenüber China – aber auch Indien, Byzanz und den arabischen Staaten – in unserem heutigen Sprachgebrauch als unterentwickelt zu bezeichnen. Vgl. J. Needham, *Science and Society in East and West*, in: *The Science of Science*, Harmondsworth 1966. Zur Problematik des ungleichzeitigen historischen Fortschritts vgl. E. Ch. Welskopf, *Schauplatzwechsel und Pulsation des Fortschritts*, in: Schulin, *Universalgeschichte*, S. 122-133.

198 M. Elvin, *The Pattern*, S. 91-199.

199 Besonders bekannt wurden der Kompaß, das Schießpulver und der Druck mit beweglichen Lettern, die von China aus in die übrige Welt gelangten. G. Lewin, *Die staatliche Leitung und Kontrolle*, S. 179-184.

200 *MEW*, Bd. 25, S. 343; vgl. auch Bd. 12, S. 569, Bd. 13, S. 540 und 543.

201 M. Elvin, *The Pattern*, S. 202-316.

202 G. D. Sucharčuk, *Kitaj segodnja*, Moskau 1969, Einleitung S. 3.

203 Eine Gesamtanalyse der Ursachen, die die stagnierende Entwicklung in China bewirkten, hätte alle miteinander verflochtenen – sozialen, demographischen und natürlichen – Faktoren zu berücksichtigen. Von sowjetischen Autoren wird in diesem Zusammenhang vor allem noch auf den außerordentlichen Arbeitskräfteüberschuß hingewiesen, der einer Rationalisierung, der Einführung moderner Technik und dem Übergang zur kapitalistischen Wirtschaftsweise im Wege stand. – Obwohl in China kein Prozeß der ursprünglichen Akkumulation stattgefunden hat, der Marx zufolge eine notwendige Voraussetzung des Kapitalismus darstellt, dürften zumindest im 19. Jahrhundert – in Gestalt freier Arbeitskräfte und freier Kapitalien – die objektiven Möglichkeiten für eine kapitalistische Entwicklung bestanden haben. Die gesellschaftlichen Verhältnisse verhinderten jedoch, daß sich diese auch realisierten. A. A. Sterbalova, *Tradicionnyj i sovremennyj Kitaj*, S. 42 f.; O. E. Nepomnin, *Ėkonomičeskaja istorija*, S. 64 f., S. 76 f. und S. 104-106; L. P. Deljusin, *K voprosu ob izučenii osobennosti razvitija feodalizma v Kitae*, in: *Narody Azii i Afriki* (1967), Nr. 4; L. S. Vasil'ev, *Tradicija i problema social'nogo progressa v istorii Kitaja*, in: *Rol' tradicij v istorii i kul'ture Kitaja*, Moskau 1972; É. Balazs, *Chinese Civilization*.

204 Ė. P. Stužina, *Problemy ėkonomičeskoj i social'noj struktury goroda i remeslennogo proizvodstva Kitaja XI-XIII vv. v sovremennoj istoriografii*, in: *Istoriografija stran Vostoka*, Moskau 1969; dies., *Nekotorye voprosy ėkonomiki Kitaja XI-XII vv. v sunskom zakonodatel'stve*, in: *Istoriografija i istočnikovedenie istorii stran Azii i Afriki*, Leningrad 1968, S. 67-79; L. S. Vasil'ev, *Social'nye korporacii v političeskoj*

strukture tradicionnogo Kitaja, in: *Tret'ja naučnaja konferencija »Obščestvo i gosudarstvo v Kitae«*, Moskau 1972.

205 É. Balazs, *Chinese Civilization*, S. 34-54 *(The Birth of Capitalism in China)*; J. Needham, *Glories and Defects of the Chinese Scientific and Technical Traditions*, in: *Neue Beiträge zur Geschichte der Alten Welt*, Bd. 1, *Alter Orient und Griechenland*, hrsg. von E. Ch. Welskopf, Berlin 1964, S. 87-109.

206 Ė. P. Stužina, *Politika kitajskogo gosudarstva po otnošeniju k gorodu (XI-XIII veka)*, in: *Narody Azii i Afriki* (1971), Nr. 6, S. 33-45.

207 S. Kučera, *Stanovlenie tradicii kollektivnoj otvetstvennosti i nakazanija v Kitae*, in: *Rol' tradicij*, S. 161-183.

208 Die *zhuhu* waren die alteingesessene Bevölkerung bzw. Besitzer, die *kehu* waren die Zugereisten oder Fremden bzw. Besitzlosen. Ausführlich hierzu G. Ja. Smolin, *Osobennosti vneėkonomičeskogo prinuždenija;* G. Lewin, *Die ersten fünfzig Jahre*, S. 68-82.

209 Ė. P. Stužina, *Politika kitajskogo gosudarstva*, S. 39 ff.

210 *Ebenda*, S. 41.

211 *Ebenda*, S. 44 f.

212 Ė. P. Stužina, *Kitajskoe remeslo v XVI-XVIII vekach*, Moskau 1970, S. 137 und 193.

213 É. Balazs, *Chinese Civilization*, S. 56.

214 Ė. P. Stužina, *Kitajskoe remeslo*, S. 137.

215 Z. G. Lapina, *K voprosu o tradicii v ėkonomičeskich učenijach kitajskogo srednevekovja*, in: *Narody Azii i Afriki* (1969), Nr. 4, S. 58-67.

216 É. Balazs, *Chinese Civilization*, S. 277-289 *(A Forerunner of Wang An-Shih)*.

217 Z. G. Lapina, *K voprosu o tradicii*, S. 61.

218 Z. G. Lapina, *Proėkt reform Fan Chungyen-ja 1043-1044 gg.*, in: *Kratkie soobščenija Instituta Narodov Azii*, Nr. 66.

219 Ė. P. Stužina, *Politika kitajskogo gosudarstva*, S. 64; Z. G. Lapina, *Kvoprosu o tradici*, S. 67.

220 *Novaja istorija Kitaja*, Moskau 1972, S. 13-64 und S. 268-288; I. S. Ermačenko, *K charakteristike gosudarstvennogo apparata Cinskoj imperii v period zavoevanija Kitaja*, in: *Man'čžurskoe vladyčestvo v Kitae*, S. 151-168.

221 Das traditionelle vierstufige Schema der Bevölkerungseinteilung, das vor allem mit der Notwendigkeit der Arbeitsteilung begründet wurde, hatte folgende Reihenfolge: 1. Literati *(shi)* 2. Bauern *(nong)* 3. Handwerker *(gong)* 4. Kaufleute *(shang)*. Vgl. T'ung-tsu Ch'ü, *Law and Society in Traditional China*, Paris/La Haye 1965.

222 Die ökonomische Funktion der Städte bestand vor allem in der Realisierung und Umverteilung des bäuerlichen Mehrprodukts durch die Grundrente und die Steuern, die von der staatlichen Gesetzgebung gleichgestellt wurden. O. E. Nepomnin, *Ėkonomičeskaja istorija*, S. 54-76.

223 Nach Berechnungen der chinesischen Steuerverwaltung, angeführt *ebenda*, S. 14.

224 V. P. Iljušečkin, *Krest'janskaja vojna tajpinov*, Moskau 1967; *Novaja istorija*, S. 101-206; L. A. Bereznyj, *Načalo kolonial'noj ėkspansii v Kitae i sovremennaja amerikanskaja istoriografija*, Moskau 1972; Ssu-yü Teng, *The Taiping Rebellion and the Western Powers*, London/New York 1971; F. Michael und C. L. Chang, *The Taiping Rebellion*, Seattle 1965-1971, 2 Bde.

225 A. V. Meliksetov, *O tradicionnosti gosudarstvennogo regulirovanija;* S. M. Iovčuk, Ob osobennostjach razvitija fabrično-zavodskoj promyšlennosti v Kitae

v 1861-1895 gg., in: *O genezise kapitalizma v stranach Vostoka (XV-XIX vv.)*, Moskau 1962, S. 60-75; A. Feuerwerker, *China's Early Industrialization. Sheng Hsüan-huai and Mandarin Enterprise*, Cambridge 1953

226 C. L. Tichvinskij, *Politika »samousilenija« pravjaščich krugov Kitaja (1860-1895 gg.)*, in: *Voprosy istorii* (1969), Nr. 4; *Novaja istorija*, S. 207-267; Kwang-ching Liu, *Nineteenth-Century China: The Disintegration of the Old Order and the Impact of the West*, in: Ping-ti Ho und Tang Tsou (Hrsg.), *China in Crisis*, Bd. 1, Chicago 1968, S. 93-178; J. L. Rawlinson, *China's Struggle for Naval Development 1839-1895*, Cambridge 1967. Zum Problem der Modernisierung in China allgemein vgl. R. Trauzettel, *Probleme der Modernisierung in Ostasien*, in: *Saeculum* (1975), Nr. 2, S. 191 ff.

Joachim Durau
Die Krise der chinesischen Agrarökonomie

Seit der Mitte des 19. Jahrhunderts, als China Zug um Zug aus seiner wirtschaftlichen Autarkie und politischen Selbstabkapselung gerissen wurde, war die chinesische Gesellschaft, im Innern durch Bauernaufstände erschüttert, in ständigem Umbruch begriffen. Nach Auffassung der chinesischen Historiographie hatte es bereits vor dieser Zeit Ansätze einer sozioökonomischen Entwicklung gegeben, die, ohne Einwirkung von außen, zu einer originären, wenngleich langsameren Entstehung des Kapitalismus in China hätten führen können.[1] Bereits in früherer Zeit waren Momente der Auflösung der naturalwirtschaftlichen, auf der Einheit von Landwirtschaft und bäuerlichem Heimgewerbe beruhenden Agrarökonomie zutage getreten, und hinsichtlich der bäuerlichen Produktion von Getreide und Textilien waren schon Tendenzen einer über die bestehende Produktionsweise hinausgreifenden gesellschaftlichen Arbeitsteilung entstanden. Auf dem Lande hatten sich lokale Marktbeziehungen herausgebildet, in den Städten hatte sich eine Waren- und Geldwirtschaft entwickelt, und ein überregionaler Handel mit Luxusgütern hatte sich bereits entfaltet. Infolgedessen war die Formierung des Handels als selbständiges Gewerbe und die Akkumulation von Handelskapital, wenn auch durch Eingriffe der imperialen Staatsgewalt ständig behindert, vorangeschritten, und im Bergbau und in Manufakturen, in denen Lohnarbeit angewandt wurde, hatte es schon Vorformen einer industriellen Produktion gegeben.[2] Insgesamt jedoch war das überkommene ökonomische Fundament der chinesischen Gesellschaft, die bäuerliche Eigenbedarfswirtschaft, noch nicht unterhöhlt. Diese vorkapitalistischen Produktionsweisen eigene Einheit von Agrikultur und bäuerlichem Heimgewerbe[3] wurde zunächst durch die Intensivierung des Außenhandels, später, seit Beginn des 20. Jahrhunderts, durch die industrielle Produktion in China selbst weitgehend eingeschränkt und vielerorts aufgehoben. »Der ausländische Kapitalismus hat eine gewaltige Rolle bei der Zersetzung der in China bestehenden sozialökonomischen Ordnung gespielt: Einerseits untergrub er die Grundlagen der selbstgenügsamen Naturalwirtschaft, zerstörte das Handwerk in den Städten und das Heimgewerbe der Bauern, und andererseits förderte er die Entwicklung der Warenwirtschaft in Stadt und Land. [. . .] Die Zerstörung der Naturalwirtschaft eröffnete dem Kapitalismus einen Warenmarkt, während der Ruin einer großen Anzahl von Bauern und Handwerkern für ihn einen Arbeitsmarkt schuf.«[4] Während sich auf Anstoß von außen die bäuerliche Eigenbedarfswirtschaft allmählich auflöste, das Heimgewerbe in der Konkurrenz zunächst mit importierten, später mit einheimischen Industrieerzeugnissen zunehmend verfiel, entfaltete sich in der Landwirtschaft trotz aufkommender Warenproduktion kein Agrarkapitalismus. Zwar verursachte die Einbeziehung der Agrarökonomie in die Warenwirtschaft die Marktausrichtung der agrikolen und den Niedergang der heimgewerblichen Produktion, jedoch führte diese wirtschaftliche Entwicklung nicht zu einer ebenso raschen Veränderung der gesellschaftlichen Verhältnisse auf dem Lande. Hier bestimmten weiterhin die auf dem Eigentum der Grundherren am Boden und dessen Nutzung durch pachtpflichtige Bauern beruhenden Produktionsverhältnisse die grundlegende soziale Struktur und die Klassengegensätze, die sich infolge der fortschreitenden Bodenkonzentration und zunehmender Pachtabgaben während des ersten Drittels des 20. Jahrhunderts verschärften.

I. Die Entwicklung der Warenwirtschaft auf dem Lande

I.1. *Die Entstehung eines Marktes für landwirtschaftliche Erzeugnisse*

Die Unterminierung des chinesischen Wirtschaftsorganismus wurde im 19. Jahrhundert durch die Ausdehnung der Handelsbeziehungen zunächst mit England vorangetrieben. Die entscheidende Rolle in diesem Prozeß spielte der Opiumimport, »der im umgekehrten Verhältnis zum Absatz westlicher Fabrikate wuchs.«[5] Angesichts der sich selbst ausreichend versorgenden Wirtschaft Chinas[6], das sich zunächst Importen verschloß, stellte das Opium die Ware dar, die gegen Baumwolle, Seide, Tee, Porzellan und andere einheimische Erzeugnisse ausgetauscht wurde und hauptsächlich für die negative Handelsbilanz Chinas verantwortlich war. Waren die chinesischen Exporte bei geringem Überschuß und die von England bezogenen Importe einschließlich des Opiums 1818 nahezu ausgeglichen, so betrug das Handelsdefizit Chinas bei konstanter Ausfuhr 1831 mehr als 10 Mill. Yuan und entsprach fast genau dem Wert der Zunahme der Opiumeinfuhren.[7] Während die wachsenden Opiumimporte[8] durch den Abfluß von Silber die chinesischen Staatsfinanzen ruinierten, zur Erhöhung der Steuerlasten beitrugen, Teile der Bevölkerung verseuchten und Teile der Beamtenschaft korrumpierten, führte der zunehmende Außenhandel zu einer allmählichen, insgesamt jedoch nur kurzfristigen Ausweitung des Teeanbaus sowie zur Steigerung der Baumwoll- und Seidenerzeugung; insgesamt begünstigte er eine auf die Bedürfnisse eines ausländischen Marktes orientierte Produktion.[9]

Die industrielle Revolution in England, in erster Linie die Produktivitätssteigerung in der Textilindustrie, fing indessen zur gleichen Zeit, als die chinesische Baumwollerzeugung durch den Außenhandel stimuliert wurde, den Aufschwung der baumwollverarbeitenden bäuerlichen Heimproduktion ab.[10] Seit Beginn der 30er Jahre übertrafen Textilimporte aus England den chinesischen Export von Baumwolltuchen.[11] Der Konkurrenz der westlichen Industrie waren die chinesischen Weber nicht gewachsen.[12] Unter dem zunehmenden wirtschaftlichen Einfluß des ausländischen Kapitalismus wurde China in der Tat »durch die Kattunballen der englischen Bourgeoisie [...] an den Vorabend einer gesellschaftlichen Umwälzung gebracht.«[13] Erst seit Beginn der 70er Jahre zogen die Textilimporte mit den Opiumeinfuhren gleich und überflügelten sie in der Folgezeit[14]; allgemein gemessen an den chinesischen Tee- und Seidenexporten, die zwischen 1874 und 1878 die Textilimporte noch um das Dreifache überragt hatten, war deren Verhältnis zwischen 1894 und 1898 nahezu ausgeglichen.[15] Ihre Vorrangstellung auf dem Weltmarkt büßten Tee und Seide bereits um die Jahrhundertwende ein, als sie auf die Konkurrenz indischen und ceylonesischen Tees sowie japanischer Seide stießen. Während die Teeausfuhren ständig zurückgingen, nahm die Menge exportierter Seide zu.[16]

Die durch den Außenhandel hervorgerufene Marktorientierung der bäuerlichen Produktion erschütterte das innere Gleichgewicht der chinesischen Agrarökonomie. Im Zuge ihrer zunächst einzelne Zweige treffenden Verflechtung mit dem kapitalistischen Weltmarkt vollzog sich der allmähliche Übergang von der selbstgenügsamen Eigenbedarfswirtschaft zur Warenproduktion. Als Indiz des Einflusses, den der Außenhandel während der zweiten Hälfte des 19. Jahrhunderts auf die Agrarwirtschaft ausübte, ist die über den Küstenbereich hinausgreifende Steigerung der Produktion von Baumwolle, Seide (Maulbeerbaumkulturen und Seidenraupenzucht), Tabak u. a. sowie der Rückgang des Teeanbaus zu werten. Der vermehrte Anbau der für den Export bedeutsamen Kulturen konnte wegen der geringen Arbeitsproduktivität in der Landwirtschaft nur durch eine Vergrößerung der ihnen reservierten Nutzflächen bei gleichzeitiger Einschränkung der Anpflanzung anderer Feldfrüchte erzielt werden. Die Ausweitung des Opiumanbaus indessen wurde zum Zweck der Erhöhung der Steuereinnahmen sowie zur Verhinderung des Silberabflusses nach dem englisch-französischen Krieg gegen China von 1857-1860 legalisiert.[17] Die Zunahme der Baumwollexporte um das Achtfache zwischen 1874 und 1894[18] wurde durch Preiserhöhungen auf dem Weltmarkt nach 1860 begünstigt und zunächst von einer rapiden Steigerung der Ausfuhr heimgewerblich erzeugter Baumwolltuche begleitet.[19] Trotz dieses Aufschwunges war das baumwollverarbeitende Heimgewerbe der ausländischen Konkurrenz unterlegen; insbesondere entlang des Meeres und des Yangzi war dieser bäuerliche Erwerbszweig bereits gegen Ende des 19. Jahrhunderts durch die Importe englischer Tuche und Garne weitgehend ruiniert.[20] Während sich durch die Ausdehnung des Tabakanbaus die Exporte zwischen 1884 und 1894 fast verfünffachten[21], wirkte sich der Einfluß des Weltmarktes auf den Teeanbau hemmend aus. Der Preisverfall für chinesischen Tee nach 1860 führte zum Bankrott vieler Teebauern, die nicht mit den großflächigen Plantagen Indiens und Ceylons konkurrieren konnten.[22]

Seit Beginn des 20. Jahrhunderts wurden auch Nahrungsmittel exportiert.[23] Trotz beträchtlicher Schwankungen und kurzfristiger Rückgänge der Ausfuhren einzelner landwirtschaftlicher Erzeugnisse nahm deren Gesamtvolumen stetig zu. Insgesamt hatten bis 1927-1931 die Exporte der mengenmäßig wichtigsten Agrarprodukte – Sojabohnen, Hirse, Erdnüsse, Bohnenöl, Tongöl, Baumwolle – ein stetiges Wachstum zu verzeichnen. Die Ausfuhren von Tabak und Rohseide blieben nach anfänglich schneller Steigerung um die Jahrhundertwende bis zum Beginn der 30er Jahre konstant, während die von Tee bereits ab 1880 und die von Weizen nach 1920 stark zurückgingen.[24] Nach 1931, verursacht durch die Weltwirtschaftskrise sowie durch die japanische Okkupation der nordöstlichen Provinzen und den japanischen Angriff auf den wichtigsten Exporthafen Shanghai im Jahre 1932, sanken die chinesischen Ausfuhren bis 1935 um mehr als die Hälfte und erreichten trotz einzelner Zunahmen bis zum Ausbruch des sino-japanischen Krieges 1937 nicht mehr ihren Höchststand von 1927-1931.[25] Die Intensivierung des Außenhandels während des letzten Drittels des 19. und des ersten Drittels des 20. Jahrhunderts resultierte hauptsächlich aus der Steigerung der Agrarexporte, deren Anteil an den Gesamtausfuhren 1873 nur 3%, 1930 hingegen 45% betrug, während die Exporte handwerklicher Erzeugnisse in dieser Zeit anteilmäßig zurückgingen.[26]

Weiteren Auftrieb erhielt die Marktausrichtung der Agrarproduktion durch die nach der Jahrhundertwende verstärkt einsetzende Gründung von Industrieunternehmen.[27] In ihrer Mehrzahl auf die Herstellung von Konsumgütern ausgerichtet, waren gerade die produktivsten Zweige der chinesischen Industrie auf die Landwirtschaft als Rohstoffbasis angewiesen. An erster Stelle der industriell nutzbaren Kulturen standen Baumwolle, Maulbeerbaumpflanzungen zur Gewinnung von Rohseide und Tabak, und von der Nahrungsmittelindustrie wurden Weizen, Sojabohnen, Erdnüsse und andere ölhaltige Feldfrüchte verarbeitet. Bezeichnenderweise überboten die Textil- und Nahrungsmittelindustrien in der Konzentration von Kapital und Arbeitskräften alle anderen Industriezweige. Besonders stark expandierte die Baumwollindustrie, deren stetige Kapazitätssteigerung erst durch die Weltwirtschaftskrise gestoppt wurde. Allein in Shanghai, dem bedeutendsten Industriezentrum, war 1933 und 1934 ein Drittel der in chinesischen Betrieben beschäftigten Arbeiter in der Baumwollweberei und -spinnerei tätig, und ein Drittel des lokalen Kapitals war in diesen Unternehmen konzentriert.[28] Vom Gesamtproduktionsvolumen der chinesischen Industrie entfielen 1933 auf die Textilindustrie, in der 51% aller Fabrikarbeiter beschäftigt waren, 41%, auf die Nahrungsmittelindustrie, in der 25% aller industriellen Arbeitskräfte tätig waren, 7%.[29]

Moderne Transportmittel wie Eisenbahnen und Dampfschiffe entlang der Küste und auf dem Yangzi[30] bildeten zwar verkehrstechnisch die Voraussetzung für einen das traditionelle Marktgefüge übergreifenden Binnenhandel, von einem zusammenhängenden, nationalen Markt konnte indessen infolge der Konzentration der Industrie in wenigen Gebieten, der interregionalen Zollbarrieren (Lijin-Steuer[30a]) sowie der politisch instabilen Lage nicht die Rede sein. Zwar wurden auf der lokalen Ebene »mehr Waren [. . .] in mehr Karren zu mehr Ständen auf mehr und häufiger veranstalteten Märkten gebracht, aber es gab keine systematische Veränderung«.[31] Insgesamt schritt die Marktausrichtung der landwirtschaftlichen Produktion weder gleichmäßig im landesweiten Rahmen voran, noch erfaßte sie alle Zweige des Fruchtanbaus in gleicher Intensität. Die geographische Lage der Industrie- und Handelsstädte sowie die nur in einigen Gebieten günstigen Transportverbindungen, weiterhin klimatische Unterschiede und die jeweilige lokale Bodenfruchtbarkeit waren in erster Linie dafür verantwortlich, daß die Entwicklung der Warenwirtschaft auf dem Lande nicht einheitlich verlief. Dort jedoch, wo sich die Agrarproduktion am Rohstoffbedarf der Industrie orientierte, war festzustellen, daß »die chinesische Landwirtschaft [. . .] einen modernen Charakter« annahm. »Die haushaltsmäßige Eigenbedarfswirtschaft weicht schnell der modernen Marktproduktion und dem Geldverkehr.«[32] Nicht länger mehr waren viele »chinesische Dörfer selbstversorgende Einheiten [. . .] Der Ackerbau wird in größerem Maße, als manchmal vermutet wird, für den Markt, weniger für den eigenen Unterhalt betrieben.«[33]

Die Entwicklung der Warenwirtschaft auf dem Lande vollzog sich infolge eines starken Bevölkerungswachstums und einer relativen Verknappung der Bodennutzfläche auf der Grundlage einer insgesamt nur bedingt expansionsfähigen Agrarwirtschaft. Nach Informationen der Guomindang-Regierung wuchs die chinesische Bevölkerung von 1873 bis 1933 um 31%, während die Anbaufläche fast konstant blieb (in Indices: 1873 = 100, 1893 = 101, 1933 = 101).[34] Neuere Berechnungen, die sich auf unterschiedliche Schätzungen für das Bevölkerungswachstum und für die Verbreiterung der landwirtschaftlichen Nutzflächen stützten, kamen zwar zu günstigeren Ergebnissen, jedoch scheint sich für diesen Zeitraum ein allgemeiner Rückgang der Bodenfläche pro Kopf der Bevölkerung abgezeichnet zu haben.[35] In den Reisanbaugebieten südlich und entlang des Yangzi, wo die den einzelnen bäuerlichen Haushalten zur Verfügung stehende Anbaufläche durchschnittlich kleiner war, schritt die Verknappung des Bodens langsamer voran als in den nördlichen Weizenanbauzonen[36], obwohl für die Entlastung des Bevölkerungsdrucks in diesen Regionen der Nordosten Chinas (Mandschurei) bereits seit dem Ende des 19. Jahrhunderts neuen Kolonisationsraum bot. Für 75%-80% der um 1930 auf 450 Mill. geschätzten Bevölkerung bildete die Landwirtschaft die Haupterwerbsquelle.[37] Diese konzentrierten sich indessen, bedingt durch Topographie und Klima[38], auf einen insgesamt nur geringen Teil des chinesischen Territoriums, wobei in Nord-Süd-Richtung die Bevölkerungsdichte mit der Erntehäufigkeit zunahm.[39] Die durchschnittliche Betriebsgröße war infolge des demographischen Übergewichtes außerordentlich klein; aber auch in dieser Beziehung differieren die Angaben der repräsentativsten Erhebungen sehr deutlich.

Ihren gartenbauähnlichen Charakter gewann die chinesische Landwirtschaft in erster Linie durch die Parzellierung der ohnehin kleinen Anbauflächen. Neben dem Erbbrauch, das Land gleichmäßig unter die männlichen Nachkommen zu verteilen, war die wirtschaftliche Notwendigkeit, über verschiedenartige Böden entsprechend der Ergiebigkeit unter-

Tab. 1: Betriebsgröße und Fruchtanbaufläche[40]
(in mu; 15 mu = 1 ha)

	Buck 1928-1933 Betriebs-größe	Buck 1928-1933 Frucht-anbaufläche		Nationales landwirtschaftliches Forschungsinstitut[41] 1934 Betriebs-größe	Nationales landwirtschaftliches Forschungsinstitut[41] 1934 Frucht-anbaufläche[41]
China	21,8	23,6	China	32,6	51,6
Weizen-anbauzone	23,5	25,1	Nördl. Rand-provinzen	58,0	58,0
			Nordchina	35,2	52,2
			Mittelchina	21,8	49,9
Reis-anbauzone	15,0	22,0	Südchina	15,5	46,3

(Als Fruchtanbaufläche gilt die landwirtschaftlich genutzte Fläche, multipliziert mit der Erntehäufigkeit, so daß sie bei mehr als einer Ernte sowohl die absolute Betriebsgröße als auch die landwirtschaftlich genutzte Fläche übertrifft.)

schiedlicher Kulturen zu verfügen, Ursache einer extremen Gemengelage. Insgesamt überwogen die ökonomischen Nachteile dieses Systems. Der Ackerbau war vom agronomischen Aspekt her durch Fruchtwechsel und Mehrfruchtpflanzung zwar weit entwickelt, erforderte aber eine hohe Arbeitsintensität. »Vielfach gezwungen durch die verhältnismäßig kleine Betriebsgröße, knappe Düngemittel, häufige Fruchtwechsel, schlechte Krediteinrichtungen und den niedrigen Stand der Naturwissenschaften und Technik, ist der chinesische Landwirt nur imstande, nach der Seite der Arbeit hin seinen Betrieb zu intensivieren, an Kapitalintensivierung darf er überhaupt nicht oder nur in beschränktem Maße denken.«[42] Die Zersplitterung der Nutzfläche schloß von vornherein den produktivitätsfördernden Einsatz von Maschinen aus, konservierte die auf überkommene Weise betriebene Feldbestellung mit einfachem Inventar, verhinderte eine intensive Viehzucht sowie die Großtierhaltung und beeinträchtigte den Ausbau und die Instandhaltung des lokalen Bewässerungsnetzes.[43] Die Überbevölkerung auf dem Lande und die mit dem Erbbrauch verknüpfte Landaufteilung[44] setzten der Wirtschaft der bäuerlichen Haushalte enge Schranken und verstärkten den Zwang zur Pachtung fremden Bodens, ohne daß die auf diese Weise erzielte Erweiterung der Produktionsbasis zu einer Aufhebung ihrer ökonomischen Schwäche hätte führen können. Diese Schwäche wurde im Gegenteil durch Grundrentenabgaben konserviert. Die vorherrschende landwirtschaftliche Produktionseinheit war folglich der Kleinbetrieb, der eine rationelle Wirtschaftsführung verhinderte. Nach einer Untersuchung in 163 Kreisen in 16 Provinzen aus dem Jahre 1934 bewirtschafteten 47% der Haushalte weniger als 10 mu, 32% 10-30 mu Land, während die restlichen Haushalte mehr als 30 mu Ackerboden bestellten.[45]

Die bäuerliche Warenwirtschaft entwickelte sich auf der Grundlage von Kleinbetrieben, die in nur ungenügendem Maße über Boden, Inventar, Zugvieh und Reserven verfügten und daher zwar zur Subsistenz-, kaum aber zur Marktproduktion in der Lage waren. Der die Landwirtschaft kennzeichnende Mangel an den sachlichen Elementen der Produktion bedingte ihre geringe Produktivität und setzte den Rahmen, in dem die bäuerlichen Haushalte zur Eigenversorgung und darüber hinaus zum Austausch mit Agrarerzeugnissen imstande waren. Zur Befriedigung primärer Bedürfnisse, die nicht durch die Eigenproduktion gedeckt werden konnten, waren sie auf die Versorgung über den Markt im Austausch gegen Teile ihrer Ernten angewiesen. Den Marktanteil an ihren Gesamterträgen konnten diese Bauern in der Regel nur durch eine Einschränkung ihres Eigenkonsums oder durch den flächenmäßig extensiven Anbau von absatzgünstigen Kulturen bei entsprechender Reduzierung der Anpflanzung anderer Feldfrüchte steigern. Insgesamt hatte die kleinbetriebliche, höchst arbeitsintensive Wirtschaftsweise nur geringe Entfaltungsmöglichkeiten und verstärkte in dem Maße, in dem die Bauern für den Austausch produzierten, ihre Abhängigkeit vom Markt in der Versorgung mit Nahrungsmitteln und anderen Konsumgütern. Die innerhalb dieser engen Grenzen mögliche Intensivierung der landwirtschaftlichen Warenproduktion durch den Anbau von Marktkulturen ging somit einher mit der Einschränkung der ökonomischen Autarkie des Dorfes und der Aufhebung der bäuerlichen Eigenbedarfswirtschaft.[46]

Im allgemeinen war die relative Ausdehnung der Anbaufläche besonders absatzgünstiger Kulturen zugleich von einem

Produktionsrückgang anderer Früchte begleitet. Dieser Fall trat insbesondere dort ein, wo die Bauern ihre Felder unter Kontrakt bestellten, indem sie sich gegen Bargeld- oder Saatgutvorschuß im voraus zum Verkauf ihrer Ernten an ihre Gläubiger verpflichteten.[47] Die von den kleinbäuerlichen Wirtschaften zu leistende Spezialisierung im Fruchtanbau erforderte, daß die lokale Getreideversorgung über den Markt gewährleistet war und daß der Erlös der vermarkteten Erzeugnisse die notwendigen Produktions- und Reproduktionskosten deckte. Die Marktorientierung der bäuerlichen Wirtschaft war jedoch mit hohem Risiko verbunden. Vielfach hatten die Haushalte keine ausreichenden Rücklagen, und ihre Existenz hing in hohem Maße von den Getreideerträgen ab, die stets durch schlechte Reifungs- und Erntebedingungen gefährdet waren. Die extremen Preisschwankungen auf dem Getreidemarkt führten häufig dazu, daß die Bauern für ihr Warenangebot unmittelbar nach der Ernte nur niedrige Preise erzielten, so daß sie kaum in der Lage waren, mit ihren Einnahmen ihre Auslagen zu decken oder die benötigten Konsumgüter zu kaufen. Auch die hohen Abgaben im Falle der Pachtung fremden Bodens reduzierten den Anteil der Ernteerträge, der für den Austausch bestimmt war, und die pachtpflichtigen Bauern, die sich auf den Anbau absatzgünstiger Kulturen spezialisiert hatten, mußten oft zur Entrichtung ihrer Grundrenten in Naturalien Getreide auf dem Markt hinzukaufen. Insgesamt verhinderte die schwache ökonomische Position der kleinbäuerlichen Betriebe eine ausschließlich auf den Eigenbedarf gerichtete Hauswirtschaft wie auch eine überwiegend für den Markt produzierende Wirtschaft.

Im Prozeß der Marktorientierung der bäuerlichen Wirtschaft standen die Getreideproduktion und der Getreidehandel an der Spitze. Obwohl sich das Ausmaß der Kommerzialisierung, zumal auf lokaler Ebene, nicht genau feststellen läßt, indiziert ein Vergleich zwischen Getreideüberschuß- und Getreidezuschußgebieten einen ausgedehnten Binnenhandel. Die Reisschüssel Chinas bildeten die Provinzen Sichuan, Hubei, Hunan und Jiangsu, während die in den Provinzen Guangdong, Zhejiang, Anhui u. a. erzeugten Reismengen unterhalb des lokalen Bedarfs lagen. Getreideüberschüsse waren im Nordosten (in den Provinzen Heilongjiang, Jilin, Liaoning) zu verzeichnen, während Nordchina (die Provinzen Shandong, Hebei und Henan) ein Getreidedefizit aufwies.[48] Auch die Industriestädte mit ihrer wachsenden Bevölkerung waren Getreideempfänger. In verschiedenen Großstädten (Shanghai, Tianjin, Kanton, Hankou u. a.) setzte nach einer längeren Phase besserer Nahrungsmittelversorgung aus dem Inland etwa ab 1920 ein rückläufiger Trend ein, der wahrscheinlich durch die zunehmenden Getreideimporte aus dem Ausland ausgeglichen wurde.[49]

Zentren des Baumwollanbaus und der Baumwollverarbeitung waren die Provinzen Jiangsu (mit den Industriestädten Shanghai und Wuxi), Hubei (Wuhan), Shandong (Qingdao) und Hebei (Tianjin).[50] Im Kreis Nantong, Provinz Jiangsu, waren von 1917 bis 1924 durchschnittlich 60% der Gesamtnutzfläche für den Anbau von Baumwolle reserviert.[51] Während der 20er Jahre konnten Bauern in verschiedenen Kreisen der Provinz Shanxi, gefördert durch Versuchsstationen und stimuliert durch Geldprämien, ihre Baumwollkulturen ausdehnen. Auch in Kreisen der Provinz Zhejiang nahm mit staatlicher Unterstützung die Baumwollerzeugung während der Jahre von 1924 bis 1933 um mehr als ein Drittel zu, und in verschiedenen Gegenden in den Provinzen Shaanxi, Henan, Sichuan und Yunnan sollen Baumwollkulturen den Opiumanbau verdrängt haben.[52] In jeweils drei Gebieten, die mehrere Kreise umfaßten, wurde der in den Provinzen Hebei und Shandong produzierte Gesamtertrag an Baumwolle geerntet.[53] Verursacht durch Bürgerkriege, Naturkatastrophen und Hungersnöte, die während der Zeit von 1918 bis 1927 zu einer Verringerung der Anbaufläche und zum Rückgang der Gesamternten führten, stiegen bei stetiger industrieller Nachfrage die Marktpreise für Rohbaumwolle bis 1924. Danach folgte ein Preisverfall, der noch anhielt, als in den Jahren von 1927 bis 1930 die Baumwollfelder wieder ausgedehnt wurden und die Ernteerträge wieder zunahmen.[54] Nach der Weltwirtschaftskrise, die die chinesische Baumwollindustrie hart traf, eroberten japanische Unternehmen, deren Produktionskapazität bereits während der 20er Jahre stetig gewachsen war, eine marktbeherrschende Position als Industrieproduzenten und als Käufer der Rohbaumwolle. In Gebieten, die unter der wirtschaftlichen Dominanz Japans standen – besonders die

Provinzen Hebei, Shandong, Shanxi –, stieg die Ausdehnung der Baumwollfelder von 1933 bis 1937 um mehr als ein Drittel. Da den Bauern von japanischer Seite Saatgut und Geld gegen Verpfändung der Ernte vorgeschossen wurde, unterlag der Handel mit Baumwolle weitgehend dem japanischen Marktmonopol. Die bäuerlichen Produzenten büßten ihre wirtschaftliche Selbständigkeit ein.[55]

In der bäuerlichen Wirtschaft Zentral- und Südchinas nahmen die Anpflanzung von Maulbeerbaumkulturen und die Seidenraupenzucht einen wichtigen Rang ein. Während des ersten Quartals dieses Jahrhunderts war eine stetige Ausdehnung der Anbaufläche für Maulbeerbäume und eine Intensivierung der Seidenraupenzucht selbst in Kreisen nordchinesischer Provinzen festzustellen. In der gleichen Zeit nahm die Verarbeitungskapazität der Seidenindustrie ständig zu, aber die Exporte blieben bis 1929 konstant. Hauptproduzenten waren in den 20er Jahren die Provinzen Zhejiang und Guangdong, gefolgt von Sichuan und Jiangsu, aus denen fast 90% der Gesamtmenge an Seidenkokons stammten.[56] In der Provinz Zhejiang, neben Guangdong bedeutendster Rohseidenlieferant, wurde die Seidenraupenzucht in 58 von 75 Kreisen betrieben. Im Kreis Santai, Provinz Sichuan, wurde die Anbaufläche für Maulbeerbäume bei insgesamt variierenden Kokonmengen in den Jahren von 1909 bis 1919 verdoppelt; zugleich wurden lokale Verarbeitungsbetriebe eröffnet. Im Kreis Shunde, Provinz Guangdong, waren 1925 70% des bestellten Bodens allein den Maulbeerbaumkulturen vorbehalten. Auch in Kreisen in den Provinzen Shanxi und Shaanxi wurden die Maulbeerbaumpflanzungen ausgedehnt; die Kokonmengen nahmen allein in den drei Jahren von 1919 bis 1922 um 100% zu.[57] Die chinesische Seidenindustrie, die sich 1928 in der Provinz Guangdong, 1930 in Shanghai auf dem Höhepunkt ihrer Entwicklung befand, hatte seit Beginn der 30er Jahre starke Produktionsrückgänge zu verzeichnen.[58] Für die Verringerung der Seidenerzeugung in Shanghai waren schlechte Maulbeerblätterernten in den Provinzen Zhejiang und Jiangsu verantwortlich, die die Lieferungen von Rohseide an die verarbeitenden Betriebe beeinträchtigten. Weitaus bedrohlicher für die chinesische Seidenindustrie waren jedoch die zunehmenden Seidenexporte Japans, die zusammen mit den Auswirkungen der Weltwirtschaftskrise auf dem Weltmarkt zu einem Preissturz für Rohseide führten.[59] Zwischen 1927 und 1935 fielen die Preise, die die chinesische Seide erzielte, um 70%, und die Ausfuhren gingen während dieser Zeit um mehr als die Hälfte zurück.[60] Von der Depression, in die die Seidenindustrie 1930 fiel, war auch der mit ihr verbundene landwirtschaftliche Produktionszweig betroffen; aus den ländlichen Rohseidezentren der Provinz Jiangsu wurden starke Reduzierungen der Anbauflächen für Maulbeerbaumkulturen gemeldet. Die Menge an Rohseide, die die Spinnereien Shanghais verarbeiteten, wurde bereits 1931 von der der Kunstseide übertroffen.[61]

Tabak und Erdnüsse waren weitere Kulturen, deren Anbaufläche mit zunehmender Marktnachfrage ausgedehnt wurde. Amerikanische Tabaksorten, die die British-American Tobacco Company (BAT) nach 1913 in China einführte, fanden sehr rasch Verbreitung und verdrängten die Anpflanzung einheimischer Sorten.[62] In Shanghai nahm die Anzahl der Zigarettenfabriken sprunghaft zu. Zwischen 1924 und 1927 stieg die Zahl der tabakverarbeitenden Betriebe von 14 auf 186; 1932 produzierten jedoch nur noch 60 Fabriken.[63] Anbaugebiete des amerikanischen Tabaks waren in erster Linie die Provinzen Anhui, Henan und Shandong, wo die Erträge zwischen 1916 und 1937 insgesamt fast verhundertfacht wurden. Allein in Shandong, dem Hauptlieferanten für Tabak, führte die rapide Vergrößerung der Anbaufläche (in Indices: 1913 = 0,4; 1921 = 363,8; 1926 = 100; 1931 = 442,2) zu einer enormen Steigerung der Ernteerträge (in Indices: 1913 = 0,4; 1921 = 359,7; 1926 = 100; 1931 = 434,5).[64] – Der Anbau von Erdnüssen fand erst gegen Ende des 19. Jahrhunderts größere Verbreitung, insbesonders in den Provinzen Guangdong und Shandong. Die Erträge in der letztgenannten Provinz betrugen im Jahre 1921 fast 80% der Gesamternte. In mehreren Kreisen der Provinzen Shandong, Henan und Jiangsu stieg der Anteil der mit Erdnüssen bebauten Felder auf 40%-50% der Gesamtanbaufläche während der Jahre von 1900 bis 1924, in anderen Kreisen dieser Provinzen sowie in Kreisen in Hubei, Hunan und Hebei auf durchschnittlich 25% zwischen 1900 und 1925.[65] Aufgrund des bevorzugten Anbaus von Erdnüssen hatten andere Feldfrüchte Produktionsrückgänge zu verzeichnen, so z. B. in der Provinz Shandong Weizen und Sojabohnen, in Henan Gaoliang, Hirse, Weizen und Sojabohnen, in Hubei Reis und Baumwolle, in Hunan Baumwolle, Gaoliang und Süßkartoffeln.[66] Die Nachfrage nach Baumwolle verursachte ebenfalls vielerorts eine Reduzierung der Reisanbaufläche. Im Kreis Nantong, Provinz Jiangsu, in den Kreisen Tianmen, Hanchuan in der Provinz Hubei, und auch in Kreisen der Provinzen Shanxi, Shaanxi, Hebei und Shandong wurde die Getreidenutzfläche wegen der bevorzugten Anpflanzung von Baumwolle verkleinert.[67]

Die Entwicklung der Warenwirtschaft auf dem Lande zeigte sich deutlich in den Veränderungen im Fruchtanbau. Absatzgünstige Kulturen, die den Bauern ein höheres Einkommen in Aussicht stellten, fanden rasch Verbreitung. »Eine expandierende Marktwirtschaft und der Erwerb neuer Kenntnisse über den Anbau und die Vermarktung bestimmten die Aufeinanderfolge der Früchte, die die Bauern bestellten. Im 19. Jahrhundert übernahmen Bauern den Opiumanbau, sobald er sich auf ertragsärmerem Land als gewinnbringend erwiesen hatte. Nach der Errichtung von Eisenbahnlinien und mit wachsenden Exporten während der 90er Jahre des 19. Jahrhunderts ging der Opiumanbau zurück und wurde durch größere Anpflanzungen von Baumwolle, Erdnüssen und Sojabohnen ersetzt.«[68] »Bauernhaushalte reagierten gewöhnlich schnell auf Veränderungen der Marktpreise und des Einkommens aus Ernteerträgen und wählten mit Bedacht die Frucht, die größere Einkünfte gewährleistete, wenn auch gelegentlich eine höhere Arbeitsleistung benötigt wurde«[69], resümiert Myers die Marktausrichtung der landwirtschaftlichen Produktion in den Provinzen Hebei und Shandong, wo in knapp der Hälfte aller Kreise vorwiegend absatzgünstige Kulturen angebaut wurden.

In vielen Fällen wurde die Veränderung in der Bodennutzung und Fruchtanpflanzung durch die Verbreitung ertragsreicher Kulturen (seit Beginn des 20. Jahrhunderts insbesonders Erdnüsse, Mais, Süßkartoffeln, amerikanische Baumwolle, amerikanischer Tabak[70]) hervorgerufen. Entsprechend den klimatischen Bedingungen und der jeweiligen Bodenfruchtbarkeit war es den Bauern möglich, in größerem Maße Marktkulturen anzubauen, Nebenkulturen auf ertragsärmerem Land anzupflanzen und insgesamt ihre landwirtschaftliche Produktion zu steigern. Höhere Erträge befähigten die Bauern dazu, einen größeren Anteil ihrer Ernten auf den Markt zu bringen. Zugleich trugen Preissteigerungen für einzelne landwirtschaftliche Erzeugnisse sowie die wachsende Nachfrage nach Rohstoffen von seiten der Industrie dazu bei, daß die Bauern zum Anbau absatzgünstiger Kulturen übergingen. Trotz Kenntnis einzelner ausgewählter Beispiele für die Ausdehnung der Anbauflächen bestimmter Pflanzungen ist es jedoch nahezu unmöglich, die Entwicklung und das Ausmaß der landwirtschaftlichen Warenproduktion im landesweiten Rahmen zu erfassen. Die Auswirkungen von Naturkatastrophen, Bürgerkriegen sowie der japanischen Aggression erlauben keine vollständigen Angaben. Eine ungefähre Vorstellung von der Veränderung im Fruchtanbau vermittelt das Ergebnis einer Un-

Tab. 2: Veränderungen im Fruchtanbau[71]
(102 Orte, 100 Kreise, 15 Provinzen, 1904-1933)

Frucht	Anzahl der Orte	Anteil an Gesamtanbaufläche in %				Orte, die Veränderungen gegenüber 1904/09 angaben, in %		
		1904/09	1914/19	1924/29	1929/33	Zunahme	Rückgang	konstant
Gerste	10	24	23	20	19	20	70	10
Bohnen	7	9	9	9	8	57	19	14*
Mais	22	11	14	16	17	82	9	9
Baumwolle	29	11	14	18	20	72	24	4
Indigo	12	10	7	2	**	0	100	0
Gaoliang	14	26	23	20	16	7	93	0
Hirse	15	22	18	17	17	13	67	20
Opium	13	14	3	11	20	46	54	0
Erdnüsse	18	9	8	11	11	50	50	0
Raps	5	15	21	27	28	100	0	0
Reis	17	40	41	37	40	47	47	6
Sesam	7	4	8	10	9	72	14	14
Sojabohnen	7	8	9	10	8	29	42	29
Süßkartoffeln	18	10	11	12	13	78	17	5
Weizen	29	26	27	27	27	48	31	21
Zuckerrohr	10	7	6	5	6	50	50	0

* weniger als 100%
** weniger als 0,5%

tersuchung, die der amerikanische Agrarökonom J. L. Buck zwischen 1929 und 1933 durchführte.

Nach den Ergebnissen Bucks wurde die Ausweitung des Anbaus von Baumwolle, Opium, Erdnüssen, Raps, Reis und Sesam hauptsächlich durch die steigenden Preise, die diese Produkte auf dem Markt erzielten, verursacht. Eine wachsende Konsumnachfrage förderte die zunehmende Anpflanzung von Mais, Süßkartoffeln und Weizen sowie in einigen Orten von Sojabohnen und Hirse. Dürren waren in erster Linie dafür verantwortlich, daß in manchen Orten der Anbau einiger Feldfrüchte eingeschränkt wurde. Der Rückgang des Anbaus von Hirse und Zuckerrohr, welcher einen hohen Arbeitsaufwand erforderte, war in vielen Orten die Folge niedriger Preise. Indigo wurde durch chemische Farbstoffe vom Markt verdrängt.[72]

Nach den Untersuchungen über die bäuerliche Wirtschaft, die Buck in den Jahren von 1921 bis 1925 in Nord- und Ostchina vornahm, wurden von der jeweiligen Gesamternte der betreffenden Haushalte Raps zu 99%, Sesam zu 79%, Hanf zu 64%, Baumwolle zu 31%, Gerste zu 64%, Weizen zu 53%, Reis zu 38%, Gaoliang zu 22%, Gemüse zu 74% und Sojabohnen zu 44% für den Markt produziert. Insgesamt betrug bei diesen Haushalten das Verhältnis von verkauften zu eigenverbrauchten Erzeugnissen durchschnittlich 53% zu 47%, d. h. der vermarktete Teil der Ernteerträge übertraf den für den Eigenkonsum.[73] Hinsichtlich ihres Gesamtkonsums brachten diese Bauern zu 83% ihre Nahrungsmittel selbst auf und versorgten sich zu 18% mit Kleidung sowie zu 89% mit Brennmaterialien aus eigener Wirtschaft.[74] Die von den Bauern selbstkonsumierten Nahrungsmittel waren in der Regel von geringerer Qualität als die auf dem Markt verkauften. Mit Ausnahme von Reis lag der vermarktete Ernteanteil von Getreidefrüchten um so höher, je größer deren Nahrungsgehalt war. Buck beobachtete, »daß der Bauer minderwertiges Getreide ißt und hochwertige Produkte verkauft. In Nordchina essen Bauern Gaoliang und verkaufen ihren Weizen«.[75] Dieses Marktverhalten der Bauern spiegelte ihre geringe wirtschaftliche Stärke, die sie veranlaßte, unter Einschränkung ihres Eigenbedarfs absatzgünstiges Getreide zu verkaufen, um die

Mittel zur Befriedigung der Bedürfnisse, die ihre Wirtschaft nicht deckte, zu erlangen.

Nach der umfassenderen Untersuchung Bucks aus den Jahren von 1929 bis 1933 betrug der durchschnittlich vermarktete Teil der in der folgenden Tabelle aufgeführten Kulturen 31%, der von Obst, Gemüse und anderen Erzeugnissen 39%.

Tab. 3: Vermarkteter Anteil landwirtschaftlicher Erzeugnisse in %[76]

(15 646 Haushalte, 156 Orte, 146 Kreise, 22 Provinzen, 1929-1933)

Tabak	76	Felderbsen	24
Opium	74	Süßkartoffeln	24
Erdnüsse	61	Bohnen	21
Raps	61	Mais	19
Baumwolle	37	Gerste	18
Sojabohnen	30	Hirse, Proso	17
Weizen	29	Sojabohnen, schwarz	15
Astragalus sinensis	28	Reis	15
Gaoliang	25	Gerste, enthülst	12
Bohnen, grün	25	Hirse	10

Durchschnittlich über zwei Drittel der Ernteerträge von Hirse, Buchweizen, enthülster Gerste und Mais wurden von den Bauern selbst konsumiert; der Eigenbedarf an Reis, Weizen und Gaoliang beanspruchte diesen Angaben zufolge knapp mehr als die Hälfte der Ernteerträge. Bei Reis übertraf der für Grundrenten aufzubringende Anteil den, der auf dem Markt verkauft wurde.[77] Insgesamt übertraf die Eigenversorgung der Bauern mit Getreide ihre Marktnachfrage im Verhältnis von 73% zu 27%.[78] Die Konsumausgaben der Haushalte wurden vor allem für Nahrungsmittel, Textilien und Brennmaterialien verwandt, außerdem für Salz und Öl. Nach den Ergebnissen einer Untersuchung in 22 Provinzen aus dem Jahre 1935 wurden Getreide von 35%, Kattun von 30%, Petroleum von 54%, Seife von 34%, Düngemittel von 26%, Öl von 49%, Zigaretten von 19% der betreffenden Haushalte über den Markt bezogen.

Tab. 4: Versorgung bäuerlicher Haushalte über den Markt[79]
(in % der Haushalte, 1935)

Provinz	Getreide	Kattun	Petro-leum	Seife	Dünge-mittel	Öl
Shaanxi	26	27	21	18	11	33
Shanxi	20	19	71	22	7	48
Hebei	34	38	95	32	23	41
Shandong	28	37	93	33	48	55
Jiangsu	40	40	88	66	56	63
Anhui	45	43	80	54	35	51
Henan	31	24	77	19	16	33
Hubei	35	43	74	53	49	62
Sichuan	33	21	8	20	36	63
Hunan	47	39	71	43	20	53
Jiangxi	45	37	54	59	28	65
Zhejiang	53	52	80	82	52	66
Fujian	31	31	79	70	65	60
Guangdong	48	28	83	42	56	49

(gekürzt wiedergegeben; Zahlenangaben auf- bzw. abgerundet)

Die Marktabhängigkeit der bäuerlichen Haushalte in der Versorgung mit Getreide war überdurchschnittlich hoch in den ökonomisch entwickelteren Provinzen (Jiangsu, Zhejiang, Anhui, Guangdong), wo die Warenwirtschaft die Bauern zum Anbau anderer, besonders absatzgünstiger Kulturen veranlaßt hatte. Weiterhin zeigt diese Information, daß in den südlichen Provinzen, wo die durchschnittliche Betriebsgröße geringer als in Nordchina war, prozentual mehr Haushalte einen Teil ihrer Konsummittel vom Markt bezogen. Auch die relativ hohe Marktnachfrage nach Baumwolltuchen und Öl kennzeichnet die allgemeine Tendenz der unzureichenden Eigenversorgung der Bauern.

Fortschreitende Marktausrichtung der Produktion und kleinbetriebliche Wirtschaftsweise schlossen sich nicht wechselseitig aus, sondern förderten einander. Den Anbau von Marktkulturen betrieben nicht nur Bauern, die imstande waren, sich von den Ernten auf ihrem Eigenland selbst zu versorgen, sondern auch arme Haushalte, die zur Vermehrung ihrer Erträge fremden Boden zu ihrem eigenen hinzuzupachten hatten. So betrieben beispielsweise zahlreiche arme Bauern den Anbau amerikanischen Tabaks, da er trotz hoher Produktionsauslagen ein im Unterschied zur Anpflanzung anderer Kulturen höheres Einkommen versprach.[80] Zugleich jedoch waren diese Bauern in größerem Maße von dem Handelskapital auf dem Lande abhängig und auf den Kauf von Nahrungsmitteln angewiesen, hatten die ihnen gebotenen Preise zu akzeptieren und die saisonalen Preisschwankungen auf dem Getreidemarkt zu tragen. Wohlhabende Haushalte in den Tabakanbaugebieten, die mehr Boden als die armen Bauern hatten, führten hingegen eine Wirtschaft, die nicht auf den vorrangigen Anbau einer Kultur beschränkt war, sondern betrieben eine auf mehrere Früchte gerichtete Feldbestellung, die ihnen eine größere Eigenversorgung gewährleistete und sie unabhängiger vom Markt machte.[81] Die Entwicklung der Warenwirtschaft auf dem Lande gründete also nicht nur auf der Produktion wohlhabender Haushalte, die Überschüsse ihrer Ernten auf den Markt brachten, sondern in erster Linie auf der armer Bauern, deren Kleinbetriebe keine Selbstversorgung gestatteten und die deshalb gezwungen waren, Teile ihrer Erträge auf dem Markt gegen andere benötigte Subsistenzmittel auszutauschen.

I.3. *Der Warenaustausch auf dem Lande*

Der Absatz landwirtschaftlicher Waren fand in erster Linie auf der lokalen Ebene statt; Ausnahmen bildeten die Handelsbeziehungen in den Einzugsbereichen größerer Städte. Deshalb stellte sich der Markt den bäuerlichen Produzenten nicht als eine anonyme Kraft dar, die ihre Waren aufsog oder zurückwies, sondern trat ihnen direkt in der Person der örtlich ansässigen oder in Handels- und Kreisstädten residierenden Kaufleute und der im Handel engagierten Grundherren gegenüber. Beide fungierten vielfach – wie z. B. gegenüber den Tabak- oder Baumwollbauern in Nordchina – als Zuträger des einheimischen und ausländischen Industriekapitals bei der Beschaffung von Agrarerzeugnissen.[82] Da sie beim Absatz ihrer Waren auf das Handelskapital angewiesen waren, blieben vor allem arme Bauern außerstande, sich der Übervorteilung durch Preismanipulationen zu entziehen. Sie waren den ihnen diktierten Ankaufs- und Verkaufsbedingungen sowie den äußerst heftigen saisonalen Preisschwankungen unterworfen. »Der Bauer befindet sich in einer schwachen Position, um ein Geschäft abzuschließen. Aufgrund seines Mangels an Reserven muß er oft nach der Ernte, wenn der Markt fällt, verkaufen [...] Da er gezwungen ist, an Käufer in seiner unmittelbaren Nachbarschaft zu verkaufen, ist er eine leichte Beute der lokalen Monopolisten. Solche Verhältnisse erleichtern es einer Gruppe von Händlern, den Markt zu beherrschen. Sie werden noch verschärft durch die Tatsache, daß in China saisonbedingte Preisschwankungen ungewöhnlich heftig sind und daß der scharfe Sturz [der Preise; J. D.] nach der Ernte, gefolgt von einem scharfen Anstieg einige Monate später, wenn die Vorräte erschöpft sind, den Spekulanten in die Taschen spielt.«[83] So betrug 1927 in der Provinz Hunan der Preis für ein Picul (= 60,5 kg) Reis vor der Ernte im Durchschnitt 13 Yuan und nach der Ernte nur 5 Yuan. In der Ebene von Chengdu in der Provinz Sichuan stieg 1926 der Preis für ein Picul Reis von 10 Yuan im Herbst auf 28 Yuan im folgenden Frühling.[84] Bauern in der Nähe von Nanjing, die im Herbst 1929 Reis verkauften, hatten ihren Eigenbedarf im darauf folgenden Frühling auf dem Markt mit einer Verteuerung von 30% zu bezahlen.[85] Nach Angaben aus Gegenden in mehreren Provinzen aus dem Jahre 1936 stiegen die Preise für Reis um 10%-78%, für Weizen um 47%-166%, für Sojabohnen um 37%-120% und für Gaoliang um 41%-52% in den Monaten nach der Ernte.[86]

Die saisonalen Preisschwankungen entsprangen dem Ungleichgewicht von Angebot und Nachfrage, das das Handelskapital auf dem Lande zu seinen Gunsten nutzte. Die unmittelbar nach der Ernte niedrigen Marktpreise verschlechterten die wirtschaftliche Situation der Bauern, die mit dem Verkauf eines Teils ihrer Ernten die Kosten für den nächsten Produktionszyklus sowie ihre Pachtabgaben zu zahlen oder Schulden zu tilgen hatten. In der Regel reichten die Einkünfte armer Bauern nicht aus, um alle Auslagen für produktive und konsumtive Zwecke bis zur nächsten Ernte zu decken. Nur wohlhabende Bauern, die über genügend Rücklagen und Einkünfte verfügten und nicht dem pacht- oder kreditschuldnerischen Zwang zum sofortigen Ernteverkauf ausgesetzt waren, konnten den Preisverfall überstehen und ihre Erzeugnisse horten, bis das temporäre Überangebot einer allmählichen Getreideverknappung und -verteuerung wich. Außer den Händlern zogen auch Grundherren Vorteil aus den saisonalen Preisschwankungen. Die Naturaleinnahmen, die sie aus der Verpachtung ihres Bodens erzielten, erlaubten ihnen die Kontrolle der lokalen Märkte. Sie preßten hohe Handelsgewinne aus den zum Verkauf ihrer Ernteerträge gezwungenen oder nur ungenügend mit Nahrungsgetreide versorgten Bauern heraus, indem sie deren Waren unter Wert ankauften oder ihnen Waren über Wert verkauften. Die über die Warenzirkulation erfolgende Aneignung eines Teils des bäuerlichen Produkts ergänzte die aus den Grundrenten und lenkte auch den Wert der für den Markt bestimmten Waren in die Taschen der mit Agrarerzeugnissen spekulierenden Grundherren.[87] Das Wirtschaftsjahr der Kleinbauern auf geringem Eigenland und der landlosen Pächter oszillierte so zwischen Preisverfall nach der Ernte und Preisanstieg vor der nächsten Ernte. Sie betraten den Markt als Verkäufer ihrer Erzeugnisse zur Zeit eines Warenüberangebotes und als Käufer von Nahrungsmitteln zur Zeit eigenen Getreidemangels, der sie zwang, das gehortete, teure Getreide der Händler, Grundherren oder wohlhabenden Bauern zu kaufen oder als Anleihe aufzunehmen. Diesen Teufelskreis, in den die armen Bauern aufgrund der saisonalen Preisschwankungen gerieten und der häufig zur Kreditaufnahme und Verschuldung führte, konnten sie wegen ihrer schwachen wirtschaftlichen Position nicht durchbrechen.[88] Investitionen in die landwirtschaftliche Produktion, die zu einer Erhöhung der Produktivität der Kleinbetriebe hätten führen können, mußten an diesen Marktverhältnissen scheitern.

Neben den saisonalen Preisschwankungen auf dem Getreidemarkt waren jene Bauern, die industrielle Kulturen anbauten, auch den Preismanipulationen der Aufkäufer ihrer Rohprodukte unterworfen. Indem diese die Preise drückten, minderten sie das Einkommen der Bauern und eigneten sich deren Warenangebot billig an. Chen Han-seng kam in seiner Untersuchung über die Tabakbauern in Nordchina zu dem Ergebnis, daß diese »unter der Kontrolle des ausländischen Finanzkapitals und seiner Verbündeten im Lande kein angemessenes Einkommen erhalten, um die Produktionskosten zu begleichen.«[89] »Daß die Bauern nicht den Verdienst, der ihnen zusteht, erhalten können, ist eine generelle Erscheinung der chinesischen Landwirtschaft. Tatsächlich wird die landwirtschaftliche Produktion in China gegenwärtig auf Kosten des Einkommens aufrechterhalten.«[90] Diese Bauern, die anteilmäßig ein höheres Einkommen aus dem Anbau von Tabak als aus dem von Weizen erzielten und deren Tabakanteil an dem Gesamtverkauf ihrer Ernten um so größer war, je weniger Boden sie hatten, waren vollständig der Marktkontrolle der Tabakgesellschaft BAT ausgeliefert. Die Preise, die ihnen nach Ablieferung ihrer Erzeugnisse gezahlt wurden, waren wesentlich niedriger als die von der Gesellschaft festgesetzten Ankaufspreise. Im Kreis Wei, Provinz Shandong, betrug ihr Einkommen aus dem Verkauf von etwa 50 kg Tabak 8-10 Yuan, aber dieser Betrag entsprach 1919 nur zu 45% und 1934 nur zu 71% den geltenden Marktpreisen. Im Kreis Xiancheng, Provinz Henan, erhielten Bauern 1929 nur 58%, 1931 12% und 1934 48% der von der Tabakgesellschaft festgesetzten Ankaufspreise.[91] Angesichts dieses Preisdrucks und der nichtäquivalenten Aneignung ihres Warenangebotes bedeutete der Anbau von Marktkulturen für diese Bauern einen wirtschaftlichen Verlust. Da jedoch der Tabakverkauf das relativ größte Bareinkommen erbrachte, waren sie auf die Anpflanzung dieser Kultur angewiesen.

Während des ersten Drittels dieses Jahrhunderts war die Relation der Preise für Agrarerzeugnisse und der für Konsumgüter wie Salz und Öl sowie für industrielle Fertigwaren für die Bauern insgesamt ungünstig. Nach Buck, dessen Angaben aus der Zeit von 1906 bis 1933 allerdings nur wenige Kreise und Ortschaften umfassen, hatten die bäuerlichen Haushalte höhere Marktpreise zu zahlen, als sie für ihr Warenangebot erhielten. Lediglich in 6 Jahren innerhalb dieses Zeitraumes waren die Preisverhältnisse für die Bauern günstig.[92] Mit der Weltwirtschaftskrise verschlechterten sich die Austauschrelationen noch mehr.[93] Den Informationen Bucks zufolge gab es indessen hinsichtlich der Entwicklung der Preisrelationen deutliche Unterschiede zwischen den südchinesischen Reisregionen und den nordchinesischen Weizenanbaugebieten. Bei landesweit steigenden Preisen, die entsprechend der säkularen Entwertung des Silbers anzogen, verschlechterten sich nach

1907 die Warenaustauschrelationen im südlichen China, und nur in den Jahren 1925 und 1926 waren die Preisverhältnisse für die Bauern positiv. Zwischen 1916 und 1919 lagen im Durchschnitt die Marktpreise für Konsumgüter und Fertigwaren um 20% über denen bäuerlicher Erzeugnisse. Gemessen an den Preisrelationen von 1925 und 1926, erzielten 1933 Agrarprodukte Preise, die nur 66% der durchschnittlichen Verkaufspreise der Industriewaren betrugen.[94] Anders hingegen entwickelten sich die Warenaustauschverhältnisse in den nördlichen Weizenanbauzonen, wo mit Ausnahme von 6 Jahren innerhalb des Zeitraumes zwischen 1910 und 1930 die Bauern für ihre Erzeugnisse höhere Preise erhielten, als sie für Waren auf dem Markt zu zahlen hatten.[95]

Der Anstieg der Bodenpreise hielt – wiederum nach Buck – mit der Entwicklung der allgemeinen Warenpreise Schritt. In den nördlichen Weizenanbaugebieten zogen die Verkaufspreise für Agrarerzeugnisse schneller an als die Bodenpreise, während in den südlichen Reisregionen die Preise für das bäuerliche Warenangebot langsamer stiegen als die Bodenpreise.[96] Myers kommt in seiner Untersuchung der bäuerlichen Wirtschaft in den Provinzen Hebei und Shandong zu dem Ergebnis, daß die Bodenverknappung noch nicht zu einem im Vergleich zu den allgemeinen Marktpreiserhöhungen schnelleren Ansteigen der Bodenpreise geführt hatte.[97] Bis gegen Ende der 20er Jahre jedoch war in vielen Gebieten ein Anwachsen der Bodenpreise festzustellen. Unabhängig von der Qualität der Nutzflächen betrug die Zuwachsrate innerhalb von zwei Jahrzehnten in manchen Gegenden 100 und mehr Prozent. Zwischen 1916 und 1926 stiegen die Bodenpreise in Gebieten der Provinz Guangdong um 60%-300%, während etwa des gleichen Zeitraumes in der Provinz Shanxi um 100%, seit Beginn des 20. Jahrhunderts in den dünn besiedelten Gebieten des Nordostens um 50%-200%.[98] Während die Bodenpreise in Gebieten entlang des Yangzi bereits seit 1925 stagnierten, fiel landesweit ihr Rückgang mit dem Absinken der Marktpreise für Agrarerzeugnisse um die Dreijahrzehntwende zusammen. Nach regierungsoffiziellen Angaben aus 22 Provinzen sanken die Bodenpreise für bewässertes, trockenes Flach- und Hügelland um nur 16-17%. Einzeluntersuchungen ergaben allerdings einen weitaus größeren Rückgang der Bodenpreise, der in Gebieten in Hunan zwischen 14% und 75% von 1927 bis 1933, in Kreisen in Anhui um 50% zwischen 1931 und 1935, in Hebei zwischen 33% und 75% von 1929 bis 1933 und zwischen 55% und 79% in den Jahren von 1932 bis 1934 betrug.[99] Der Rückgang der Bodenpreise verlief parallel zu der Verschlechterung der Austauschrelationen zwischen Agrarerzeugnissen und nichtagrarischen Fertigwaren und Konsumgütern. Da die Bauern höhere Preise für Waren zu zahlen hatten, verfügten sie in der Regel selbst bei niedrigen Bodenpreisen kaum über Mittel, um Land zur Verbreiterung ihrer Produktionsbasis zu erwerben. Grundherren aber und auch wohlhabende Bauern, die Einkünfte u. a. aus der Verpachtung ihres Bodens oder aus Getreidespekulationen erzielten, waren in der Lage, das Land ruinierter Bauern aufzukaufen.

In den nordchinesischen Weizenanbauzonen waren die sozioökonomischen Bedingungen zur Entwicklung der bäuerlichen Warenwirtschaft günstiger als in den südchinesischen Reisregionen, wo die Bodenverknappung infolge des Bevölkerungsdrucks weiter fortgeschritten war und die bäuerlichen Haushalte in geringerer Zahl über Eigenland verfügten. Im Norden förderten die allgemeinen Marktpreisrelationen vor 1930 den Anbau von absatzgünstigen Kulturen, und die durchschnittlich schneller als die Bodenpreise steigenden Preise für das bäuerliche Warenangebot boten den Haushalten bessere Voraussetzungen, ihre Produktionsbasis durch Kauf oder Pachtung von Land zu erweitern. Diese günstigeren wirtschaftlichen Bedingungen wurden jedoch aufgewogen durch Ereignisse, denen die bäuerlichen Produzenten hilflos gegenüberstanden. Bürgerkriege in den 20er Jahren und die damit verbundene Konfiszierung von Getreide und Zugtieren, die Erhöhung der Steuerlast sowie Dürren und Überschwemmungen verhinderten vielerorts Fortschritte in der Landwirtschaft und beließen die Bauern in einem Zustand der Armut und des Mangels. Deshalb ist anzunehmen, daß kriegs- und naturbedingte Störungen der landwirtschaftlichen Produktion eine Verringerung des bäuerlichen Warenangebotes und damit einen Preisanstieg für Agrarerzeugnisse bewirkten.[100] Insofern waren die für die nordchinesischen Weizenanbaugebiete geltenden Marktpreisrelationen weniger Ausdruck der ökonomischen Stärke der bäuerlichen Kleinbetriebe als vielmehr Ergebnis außerökonomisch verursachter Störungen des Marktes.

In den Reisanbaugebieten des Yangzi und Südchinas begünstigte die größere Bodenfruchtbarkeit einen höheren Grad der Kommerzialisierung der Landwirtschaft.[101] Auch die durchschnittlich geringere Betriebsgröße, die den Haushalten keine Selbstversorgung gestattete, war eine Ursache dafür, daß die Bauern für den Austausch produzierten. Da in diesen Gegenden die Bodenpreise durchschnittlich schneller als die Preise für Agrarerzeugnisse anzogen, war eine Erweiterung der Produktionsbasis der bäuerlichen Haushalte durch Landkauf nahezu ausgeschlossen und konnte nur durch Pachtung erreicht werden. Die Pachtung fremden Bodens führte jedoch nicht zu einer mengenmäßigen Zunahme des bäuerlichen Warenangebotes, da über die Grundrente, deren Anteil an den Ernteerträgen mit dem Ansteigen der Bodenpreise vielerorts wuchs, ein Teil des bäuerlichen Produkts den Grundherren übereignet wurde.

Die Entwicklung der Warenproduktion auf dem Lande stieß angesichts der durchschnittlich geringen Betriebsgröße rasch an ihre Grenze. Die unzureichende Bodennutzfläche pro Haushalt konnte nicht die Grundlage für eine überwiegend für den Markt produzierende bäuerliche Wirtschaft sein. Andererseits minderte sie den Grad der Selbstversorgung, so daß viele Bauern gezwungen waren, einen Teil ihrer Ernten gegen Waren auszutauschen. Unter diesen Bedingungen gewann die Marktorientierung der bäuerlichen Produktion eine besondere Bedeutung, da sie den gewinnspekulierenden Aktivitäten des Handelskapitals und dem Wucher in Verbindung mit Getreide- und Geldkrediten Vorschub leistete. Der Verlust ihrer Autarkie und ihre Abhängigkeit vom Markt als übervorteilte Produzenten und benachteiligte Konsumenten gaben die Bauern der Ausbeutung durch Händler und Wucherer preis, welche die Ausbeutung durch die Grundherren ergänzte und verstärkte. Eine Rückkehr der Bauern zur geschlossenen Hauswirtschaft war selten möglich, weil drückende Pachtabgaben und hohe Steuerlasten die Vermarktung eines Teils der Ernteerträge verlangten.

I.4. *Der Niedergang des bäuerlichen Heimgewerbes*

Unter dem Einfluß des Außenhandels und der Entwicklung der industriellen Produktion in China vollzogen sich Veränderungen innerhalb der Agrarökonomie, die deren organische Einheit von Landwirtschaft und handwerksmäßig betriebenem bäuerlichen Heimgewerbe untergruben. Während früher der geringe Grad der gesellschaftlichen Arbeitsteilung den Zusammenhang von Landwirtschaft und Heimgewerbe aufrechterhalten hatte, waren mit dem Fortschritt der Industrie die Trennung dieser zwei ländlichen Produktionssphären und der Niedergang des Heimgewerbes verbunden. Die Diskontinuität der dem Rhythmus der Jahreszeiten folgenden Agrarproduktion[102] hatte den Einsatz temporär überschüssiger Arbeitskräfte im Heimgewerbe gefördert. Als wichtiger Produktionszweig der Bauern hatte es die Landwirtschaft ergänzt, war aber nicht auf ein unverbundenes, nur von deren Produktionszyklus bestimmtes Nebengewerbe reduziert. Denn erst die enge Verbindung von Landwirtschaft und Heimgewerbe hatte die Autarkie der bäuerlichen Haushalte getragen, die in dem Maße verlorenging, in dem – zusätzlich zur Bodenverknappung – die Industrie den landwirtschaftlichen Rohstoffen einen Absatzmarkt eröffnete und mit ihren Waren die handwerksmäßig hergestellten Erzeugnisse des Heimgewerbes aus dem Felde schlug. In dieser Konkurrenz kämpfte das bäuerliche Heimgewerbe auf verlorenem Posten. Die Konzentration von Kapital in der Industrie kontrastierte mit dem Kapitalmangel im Heimgewerbe, die Zentralisation der industriellen Arbeitskräfte stand der Zersplitterung der im Heimgewerbe tätigen Arbeitskräfte gegenüber, die maschinelle Produktion war technisch der handwerklichen Produktion weit überlegen. Der Überschuß an billigen Arbeitskräften auf dem Lande, die Verfügbarkeit örtlich erzeugter Rohmaterialien, die Nähe lokaler Märkte sowie die geringen Transportkosten ließen das Heimgewerbe allerdings noch dort seine Existenz fristen, wo es die Preise der Industriewaren unterbieten konnte.

Der Niedergang des bäuerlichen Heimgewerbes, der sich bereits gegen Ende des 19. Jahrhunderts abzuzeichnen begann, wurde in der Folgezeit durch die expandierende industrielle Entwicklung beschleunigt. »Jeder Zoll Fortschritt in der Industrialisierung Chinas wird auf Kosten sowohl der städtischen als auch der ländlichen Kleingewerbe zurückgelegt.«[103] Die bedeutendsten Produktionsbereiche des Heimgewerbes, die von der Konkurrenz importierter und in China hergestellter Industrieerzeugnisse am stärksten betroffen wurden, waren die Spinnerei und Weberei von Baumwolle und Seide, die Teeaufbereitung, die Papierherstellung sowie die Getreide- und Ölmüllerei.[104] Die Reisstengel, Bambus und andere Rohstoffe verarbeitende Papierproduktion wurde durch Importe zurückgedrängt; Öl, gewonnen aus Raps und anderen ölhaltigen Früchten, wurde durch Petroleum ersetzt. Die maschinelle Getreideverarbeitung sowie Mehlimporte führten zum Rückgang der traditionellen Mühlenproduktion. Maßgebend für den Niedergang der bäuerlichen Teeaufbereitung war der Rückgang der Exporte, und die einen einheimischen Markt versorgenden Teefabriken übernahmen die Veredelung der Rohprodukte. Die im Heimgewerbe gesponnene Seide wurde von den qualitativ überlegenen Erzeugnissen der Industrie sowie von der Kunstseide vom Markt verdrängt. Der Anteil handgesponnener Seide am Seidenexport nahm beständig ab; betrug er 1895 noch 75%, so fiel er bis 1931 auf 13%.[105] Charakteristisch für den Niedergang des bäuerlichen Heimgewerbes war die Entwicklung der Baumwollverarbeitung. »Die traditionelle Industrie Chinas befand sich hauptsächlich auf dem Lande; z. B. die gesamte Textilindustrie war früher eine bäuerliche Beschäftigung. Gegenwärtig erlebt China tatsächlich einen raschen Niedergang seiner traditionellen Industrie, der direkt durch die industrielle Expansion des Westens verursacht wird.«[106] Erstes Anzeichen des wirtschaftlichen Einflusses von außen auf die bäuerliche Baumwollverarbeitung war die Ersetzung handgesponnener Garne durch importierte, maschinell gefertigte Garne, die den Heimwebern bereits Ende des 19. Jahrhunderts geliefert wurden.[107] Mit den maschinell gefertigten Garnen konnten die Heimweber qualitativ bessere Tuche weben, die einen höheren Preis auf dem Markt erzielten. Zwar wurde »durch die schnell wachsende Produktionsmenge maschinell gewonnenen Garns die Handspinnerei erdrückt«, aber die Garnverarbeitung auf Handwebstühlen nahm zwischen 1913 und 1930 um 39% zu. In der gleichen Zeit wuchs der Garnverbrauch mechanischer Webstühle zwar um das Dreizehnfache[108], doch trotz dieser rapiden Steigerung der industriellen Baumwollverarbeitung wurden 1930 noch vier Fünftel des gesamten Garns auf Handwebstühlen verwebt. Allerdings weisen die unterschiedlichen Wachstumsraten des Garnverbrauchs eindeutig auf die Überlegenheit der industriellen gegenüber der heimgewerblichen Weberei hin.

Die bäuerliche Heimspinnerei und -weberei war insbesondere in den nordchinesischen Baumwollanbaugebieten verbreitet, wo noch in den frühen Jahren des 20. Jahrhunderts die Produktion für den eigenen Bedarf vorherrschte. Mit der Verbreiterung des Absatzmarktes für maschinell gefertigte Baumwollgarne auf dem Lande vollzog sich auf der Grundlage einer gleichzeitig erhöhten Produktivität durch verbesserte Webstühle der Übergang zur Warenproduktion in der bäuerlichen Baumwollweberei. Händler übernahmen die Belieferung mit Garnen und den Vertrieb der Fertigwaren. Damit wurde die familiengebundene, hauptsächlich für den Eigenbedarf produzierende Heimweberei aufgehoben und in das vom Handelskapital kontrollierte Verlagssystem überführt. Während in Zeiten günstiger Konjunktur auf dem Baumwoll- und Tuchmarkt Händler die Produktion der Heimweber kontrollierten, führten diese in Phasen der Depression die Weberei auf eigenes Risiko weiter, beschafften sich Garne und Rohstoffe und verkauften selbst ihre Fertigwaren auf dem Markt. Da in vielen Fällen der Lebensunterhalt der Heimweber durch die Landwirtschaft nicht oder nur unzureichend gedeckt wurde, waren sie auch unter erschwerten Absatzbedingungen bereit, ihre Produktion weiterzuführen. Je weiter ihre Abhängigkeit von der Materialbelieferung und ihre Trennung vom Absatzmarkt fortschritten, um so mehr wandelten sich die einst selbständigen Weber zu Arbeitern des Verlags- und Handelskapitals. In den Zentren der ländlichen Baumwollweberei bezogen Kleinbauern auf geringem Eigenland und landlose Pächter oft sogar einen größeren Unterhaltsbeitrag aus ihrer heimgewerblichen als aus ihrer landwirtschaftlichen Produktion.[109] Im Kreis Baodi, Provinz Hebei, erhielten 1923 72% der Weber, vorwiegend Pächter, Lohn, der 80% ihrer Gesamteinnahmen betrug; bodeneignende Bauern hingegen erwirtschafteten größere Einkünfte aus der Landwirtschaft als aus der Heimweberei. Auch Haushalte im Kreis Gaoyang, Hebei, erzielten 1932 einen Anteil von knapp 80% ihres Einkommens in der Heimweberei.[110] Da pachtpflichtige arme Bauern hohe Abgaben von ihren Ernteerträgen zu leisten hatten, waren sie dringender als wohlhabende Haushalte auf einen Verdienst im Heimgewerbe angewiesen. Zwar eröffnete die Marktausrichtung der Heimweberei den Bauern eine Verdienstmöglichkeit neben der Landwirtschaft, die »einem sehr großen Teil der Bauern kaum ein Auskommen und einigen noch nicht einmal das gewährleistet«[111], aber die Abhängigkeit vom Verleger, der seine Löhne gemäß den Marktpreisen für Webwaren bei entsprechend einkalkuliertem Profit ausrichtete, verhinderte eine Verbesserung des Lebensstandards der bäuerlichen Produzenten. Niedrige Marktpreise bei geringen Lohnzahlungen waren »deshalb eine gewöhnliche Erscheinung und bildeten einen günstigen Faktor im Wettbewerb der ländlichen mit der städtischen Industrie.«[112] Ähnliches berichtete Fei über die Lage der Heimweber in der Provinz Yunnan, die »im Ergebnis [...] sogar weniger Lohn« erhielten, »als die Kosten der konsumierten Nahrungsmittel betragen [...] Diese Weber scheinen die Stellung unabhängiger Produzenten mit ihren eigenen Werkzeugen innezuhalten, aber in Wirklichkeit existiert diese vermutete Unabhängigkeit nicht. Tatsächlich sind die Weber in gewissem Grade Sklaven der Händler.«[113]

Anteilmäßig am Gesamtprodukt des Heimgewerbes übertraf die Baumwollverarbeitung alle anderen Zweige. So entfielen in der Provinz Hebei im Jahre 1928 88% des heimgewerblichen Gesamtprodukts auf die bäuerliche Textilherstellung.[114] Dennoch hatte nach einer Untersuchung in 925 Kreisen in 22 Provinzen aus dem Jahre 1935 die bäuerliche Spinnerei und Weberei an Bedeutung verloren. Während in der Provinz Hebei sich die Anzahl der Haushalte, die Baumwolltuche noch selbst fertigten, mit denen, die Kattun kauften, bei einem über dem Landesdurchschnitt liegenden Anteil ausglich, übertrafen landesweit jedoch die Kattun kaufenden Haushalte die, die Tuche selbst webten.[115] Als zusätzliche Einkommensquelle der bäuerlichen Haushalte hatte die Baumwollverarbeitung nach einer anderen Untersuchung aus dem Jahre 1935, die sich auf Angaben aus 952 Kreisen in 22 Provinzen stützte, ihre führende Rolle verloren. Im Vergleich zur Anzahl der baumwollwebenden Haushalte verschafften sich mehr Bauern mit einfachen Tätigkeiten, die keine besonderen Produktionsvoraussetzungen erforderten, einen zusätzlichen Verdienst. So fertigten nur 24% der untersuchten Haushalte Tuche und 10% zogen Seidenkokons auf, aber 27% schnitten Gras und Brennholz, 18% leisteten als Tagelöhner Aushilfsarbeiten, und 15% waren im Hausierhandel tätig, um ihr Einkommen aus der Landwirtschaft zu ergänzen.[116]

Der Niedergang des bäuerlichen Heimgewerbes, der durch die expandierende Industrieproduktion und durch Importe von Fertigwaren vorangetrieben worden war, wurde durch die große Depression der 30er Jahre beschleunigt. Da die bäuerlichen Heimweber vielerorts von der Belieferung mit maschinell gefertigten Garnen abhingen, hatten auch sie infolge des Produktionsrückganges der Textilindustrie ihre Herstellung von Tuchen einzuschränken. Der zur gleichen Zeit einsetzende Preissturz bot dem Handels- und Verlagskapital keinen Anreiz zur Vergrößerung seines Umsatzes. Sowohl von der Belieferung mit Garnen als auch vom Absatz ihrer Waren abgeschnitten, mußten viele Bauern ihre heimgewerbliche Produktion für den Markt einstellen. Aus verschiedenen Provinzen wurden Rückgänge in der Herstellung von Baumwolltuchen, Rohseide, Leinen und anderen Erzeugnissen gemeldet.[117] Damit war eine Verminderung des Einkommens der bäuerlichen Haushalte verbunden.

Die durchschnittlich geringe Betriebsgröße in der Landwirtschaft verhinderte in der Regel, daß Bauern den Verlust an Einkommen aus dem Heimgewerbe durch eine Steigerung ihrer Ernteerträge ausgleichen konnten. Mit der Aufgabe ihrer heimgewerblichen Produktion verschlechterte sich die Lage vieler Bauern, die gerade wegen unzureichender Unterhaltsmittel aus ihrer Landwirtschaft für den Markt webten oder spannen. Viele Arbeitskräfte wurden freigesetzt, die infolge der allgemeinen Bodenverknappung und des Bevölkerungsdrucks häufig einen nur kurzen oder gar keinen Einsatz in der Agrarproduktion fanden. Arme Bauern, deren Einkommen aus ihren Wirtschaften zu gering war, hatten sich als Tagelöhner zu verdingen, um einen gelegentlichen Zusatzverdienst zu erzielen. Vor allem weibliche Arbeitskräfte fanden nach Aufgabe ihrer heimgewerblichen Produktion kaum andere Beschäftigungen auf dem Lande.[118] Infolge der großen Anzahl von Landarbeitern und Tagelöhnern waren die Löhne niedrig; trotzdem erzielten die Bauern aus der Lohnarbeit häufig einen größeren Beitrag zu ihrem Unterhalt als aus dem Heimgewerbe. Nach Angaben aus 9 Kreisen in den Provinzen Zhejiang, Jiangsu, Anhui und Hebei aus dem Jahre 1922 übertrafen Löhne anteilmäßig am Gesamteinkommen bäuerlicher Haushalte bei weitem die Einkünfte aus dem Heimgewerbe.

Tab. 5: Einkommensanteil des Heimgewerbes 1922, in %[119]
(9 Kreise, 4 Provinzen)

Größe des Bodeneigentums	Einkommen aus Heimgewerbe	Landwirtschaft	Lohnarbeit	anderen Quellen	Zus.
ohne Boden	7	–	81	12	100
weniger als 3 mu	6	55	36	3	100
3-5 mu	3	74	21	2	100
6-10 mu	3	85	11	1	100
11-25 mu	4	86	8	2	100
26-50 mu	1	89	8	2	100
mehr als 50 mu	1	63	10	26	100

Infolge geringer Einkünfte aus dem Heimgewerbe verlor dieser Produktionszweig rasch an Bedeutung selbst für landarme Bauern, für die die Lohnarbeit häufig einträglicher war. Im Vergleich zu früheren Zeiten, als das Heimgewerbe noch die Selbstversorgung der Haushalte unterstützt hatte, wandelte es sich mehr und mehr zu einem wenig gewinnbringenden Nebengewerbe, und nur lokale Rohmaterialien verarbeitende Produktionszweige wie Strohflechterei unterlagen nicht der überlegenen Konkurrenz der Industrie. »Die industrielle Revolution im Westen bedroht schließlich die Bauern in den chinesischen Dörfern in ihrer Fähigkeit als Industriearbeiter (Heimarbeiter; J. D.). Es handelt sich für die unorganisierten Kleineigentümer-Arbeiter um einen hoffnungslosen Kampf. Wie geschickt sie auch immer sein mögen, sie führen einen verlorenen Kampf gegen die Maschine. Aber sie müssen weiterkämpfen, weil sie sonst nicht leben können. Das Resultat ist, daß China allmählich ein Agrarland wird [. . .], und ein agrarisches China ist unvermeidlich ein verhungerndes China.«[120] Daß die Bauern vielfach aus der Lohnarbeit einen bedeutenderen Anteil zu ihrem Unterhalt als aus der heimgewerblichen Produktion für den Markt erzielten, kennzeichnet den hohen Grad ihrer Pauperisierung.

Mit der Entwicklung der landwirtschaftlichen Warenproduktion änderte sich die Funktion des Heimgewerbes in der bäuerlichen Wirtschaft. Am deutlichsten zeigte sich dieser Funktionswandel an der Baumwollweberei, dem bedeutendsten Produktionszweig. Die Aufbereitung und Verarbeitung landwirtschaftlicher Rohprodukte für den Eigenkonsum wurde ersetzt durch die Produktion für den Markt. Zugleich wurde das bäuerliche Heimgewerbe vom Handels- und Verlagskapital erfaßt und der Konkurrenz der Industrie unterworfen, gegen die es sich nicht behaupten konnte. Die Aufhebung der Produktion für den Eigenbedarf, ihre Ausrichtung auf den Markt und schließlich ihr Niedergang vollzogen sich in den Kreisen Baodi und Gaoyang, zwei der Zentren der ländlichen Baumwollweberei Nordchinas, in nur knapp dreißig Jahren.[121] Hatte das bäuerliche Heimgewerbe früher nicht nur die Selbstversorgung der Haushalte mitgetragen, sondern, sofern Produktion für einen städtischen oder lokalen Markt stattgefunden hatte, überdies Einnahmen zur Minderung des Pacht- oder Steuerdrucks erbracht[122], so verlor diese Stütze der bäuerlichen Existenz ihre Bedeutung mit der Entwicklung der gesellschaftlichen Arbeitsteilung von Landwirtschaft und Industrie. Mit dem Niedergang der heimgewerblichen Produktion hatte die Agrarwirtschaft allein die Lasten pachtbedingter Ausbeutung und staatlicher Besteuerung zu tragen.

II. Die Bodenverteilung und die Pachtverhältnisse

II.1. *Die Bodenverteilung*

Die Verteilung des landwirtschaftlich genutzten Bodens unter die Klasse der Grundherren einerseits und die verschiedenen Klassen der Bauernschaft andererseits sowie die Pachtverhältnisse waren von höchster Bedeutung für den sozialen Gärungsprozeß innerhalb der ländlichen Bevölkerung. Während die durchschnittliche Betriebsgröße in erster Linie über die allgemeine Potenz der chinesischen Landwirtschaft im ersten Drittel dieses Jahrhunderts Aufschluß gibt und auf die Entfaltungsbedingungen sowie die Schranken der landwirtschaftlichen Warenproduktion hinweist, illustrieren die Eigentums- und Pachtverhältnisse die Klassenstruktur und die sozialen Beziehungen auf dem Lande.

In der zeitgenössischen Literatur wurden zu diesem Komplex im wesentlichen zwei verschiedene Auffassungen vertreten. Zwar herrschte allgemein Übereinstimmung darüber, daß – pointiert ausgedrückt – »die typische Person auf dem Lande in China nicht der Landarbeiter, sondern der landbesitzende Bauer ist«[123], aber bezüglich der Bestimmung der Eigentumsverhältnisse unterschieden sich die Ansichten. Die eine Auffassung, die sich auf Buck stützte, ging von der Nutzung des Bodens durch die Bauern aus und differenzierte diese nach ihrem jeweiligen Verhältnis zum Land als selbstwirtschaftende Eigentümer *(zigengnong, owner)*, Teileigentümer *(ban zigengnong, part owner)* bzw. Teilpächter *(ban diannong, part tenant)* und Pächter *(diannong, tenant)*. Grundherren *(dizhu)* jedoch, die bedeutendsten Bodeneigentümer, sowie Landarbeiter wurden von dieser Bestimmung der Eigentumsverhältnisse auf dem Lande nicht erfaßt. Da diese Kategorien inhaltlich nicht genügend definiert wurden, mußte diese Methode der sozialen Einstufung der Bauern wesentliche Unterschiede verwischen. Sie erfaßte keine Abgrenzungen beispielsweise zwischen armen Bauern auf Eigenland und wohlhabenden Bauern, die zur Erweiterung ihrer Wirtschaften fremden Boden zu ihrem eigenen hinzupachteten, oder zwischen solchen Bauern, die hauptsächlich eigenen und zu geringem Teil gepachteten Boden bestellten, und solchen, die, nur eine kleine Parzelle eignend, vorwiegend gepachtetes Land bewirtschafteten. Die mangelnde analytische Schärfe dieser Differenzierung der Bauern verführte dann zu der Ansicht, daß ungeachtet der ungleichen Bodenverteilung und der unterschiedlichen Pachtbeziehungen diese »kein für China eigentümliches Problem«[124] darstellten.

Eindeutiger waren die von der Kommunistischen Partei Chinas entworfenen und auch von solchen Autoren wie Chen

Hansheng[125] angewandten Kriterien der Klassenanalyse auf dem Lande. Sie definierten als Grundherren diejenigen, die Eigentum an Boden und anderen Produktionsmitteln besaßen, von der Ausbeutung ihrer Pächter durch die Grundrenten, weniger von der von ihnen eingestellten Landarbeiter lebten, selbst jedoch keine produktive körperliche Arbeit leisteten und zudem aus Handels- und Wuchergeschäften sowie aus Getreidespekulationen ihr Einkommen bezogen. Reiche oder Großbauern *(funong)* waren selbstwirtschaftende Bauern, verfügten im allgemeinen über Boden und über das zu seiner Bestellung erforderliche Inventar und bezogen einen Teil ihrer Einkünfte aus der Ausbeutung von Landarbeitern oder aus der Verpachtung eines Teils ihres Bodens. Sofern sie zu ihrem eigenen noch fremden Boden bestellten oder ihre Wirtschaft auf hauptsächlich gepachtetem Land führten, wurde die von ihnen zu entrichtende Grundrente von dem Anteil ihres Einkommens übertroffen, den sie aus der Ausbeutung von Lohnarbeit oder aus Pachteinnahmen im Falle der Verpachtung eigenen oder der Weiterverpachtung gepachteten Bodens erhielten. Auch Großbauern betrieben, da sie über genügend Überschüsse verfügten, Handels- und Wuchergeschäfte. Mittelbauern *(zhongnong)* lebten im allgemeinen von den Erträgen ihrer eigenen Arbeit auf eigenem Boden und besaßen eigenes Inventar. Die Pachtung fremden Landes zuzüglich zu ihrem eigenen führte in der Regel weder zu wesentlichen Abzügen von ihrem Einkommen, noch wurde dieses durch saisonale Beschäftigung von Landarbeitern in bedeutendem Maße gesteigert. Im Unterschied zu den Mittelbauern waren arme oder Kleinbauern *(pinnong)* gezwungen, ihre Arbeitskraft zeitweise zu verkaufen, da sie über zu wenig Boden verfügten oder nur ungenügendes Inventar besaßen. Bei der Pachtung fremden Bodens hatten sie die Lasten der Pachtabgaben und bei Kreditaufnahme die der Darlehenszinsen zu tragen. Bauern, die weder über Boden noch über Inventar oder über beide nur in völlig ungenügendem Maße verfügten, bestritten ihren Lebensunterhalt hauptsächlich aus dem Verdingen ihrer Arbeitskraft gegen Lohn, waren somit Landarbeiter im eigentlichen Sinn.[126] Neben dem Eigentum an Boden und Inventar wurden in diesen Richtlinien die Pacht- und Lohnverhältnisse sowie die aus diesen Beziehungen entspringende Ausbeutung als Kriterien der sozialen Differenzierung der Bauern berücksichtigt. Allerdings konnten auch diese Maßstäbe zur Bestimmung der Klassenzugehörigkeit der Bauern nur annähernd die gesellschaftlichen Verhältnisse auf dem Lande erfassen.

Änderungen der Klassenzugehörigkeit waren allein schon durch die erbbrauchmäßige Bodenaufteilung häufig, da die Verringerung der Nutzfläche die Pachtung fremden Landes oder die Aufnahme saisonaler Lohnarbeit zum Unterhalt verarmter Haushalte erforderte. Eine exakte Trennung zwischen weniger wohlhabenden Grundherren und wirtschaftlich erfolgreichen Großbauern – die sich im wesentlichen durch die Größe des ihnen eigenen Bodens unterschieden – war kaum noch möglich, wenn die letzteren sich von der Teilnahme an der Produktion zurückzogen und ihren Boden ausschließlich durch fremde Arbeitskräfte bestellen ließen. In Gegenden in der Provinz Guangdong besaßen viele Großbauern nach den Untersuchungen Chen Hanshengs keinen Boden, bestellten aber ihr Pachtland mit Hilfe von Lohnarbeitern.[127] Desgleichen gab es nur graduelle Unterschiede zwischen Kleinbauern auf geringem Eigenland und solchen ohne Boden; beide suchten über die Pacht die Nutzung des Landes. Bei ungünstigen Pachtbedingungen übertraf das Einkommen eines mittellosen Pächters, der alle sachlichen Bedingungen der Produktion vom Grundherrn gestellt erhielt, kaum den Lohn eines ganzjährig eingestellten Landarbeiters. Zudem beschnitten Störungen der landwirtschaftlichen Produktion die wirtschaftliche Position der Bauern, die in kriegs- und naturbedingten Krisenzeiten die Gefahr der Vernichtung ihres Inventars, Spannviehs und ihrer Ernten und damit die Verelendung zu gewärtigen hatten.

Der landwirtschaftlich genutzte Boden befand sich zu mehr als 90% in privater Hand. Weiterhin gab es Land im Eigentum des Staates, der Distrikte, Kreise und Gemeinden, von Religionsgemeinschaften sowie Boden, aus dessen Bewirtschaftung Mittel für den Unterhalt von Ahnentempeln und Schulen gezogen wurden.[128] Kollektiveigenes Clan- oder Sippenland war in vielen Gegenden der Provinz Guangdong zu finden, jedoch bestand es fast nur noch dem Namen nach.[129] Familiäre Beziehungen wurden durch ökonomische Ausbeutungsverhältnisse überlagert, wenn wirtschaftlich mächtige Clanvorsteher *de facto* die Position von Grundherren einnahmen und im Namen einer mehr oder minder fiktiven Gemeinschaft Abgaben von den ärmeren Sippenangehörigen zu eigenem Nutzen eintrieben, ohne daß diesen ein Mitspracherecht in wichtigen gemeinschaftlichen Angelegenheiten zustand. Pachtbeziehungen waren auch innerhalb des Clans anzutreffen. Haushalte, die über wenig Boden verfügten, pachteten Land von ihren wohlhabenderen Sippenangehörigen zu den gleichen Bedingungen, die gegenüber sippenfremden Pächtern fixiert wurden. Daß das Clanland unverkäuflich war, bot ärmeren pachtpflichtigen Sippenmitgliedern einen größeren Schutz vor der Landvertreibung; andererseits wirkten die starken Bindungen an den Boden im Falle der Verarmung und Verschuldung einer freiwilligen Landflucht entgegen. Zwar unterschied das vereinigende Band der gemeinsamen Zugehörigkeit zum eigenen Clan die Sippenmitglieder von sippenfremden Bauern, aber innerhalb dieser verwandtschaftlichen Gemeinschaft machten sich die allgemeinenen gesellschaftlichen Verhältnisse stärker geltend als die weitläufigen familiären Beziehungen.

Die Konzentration des Bodens im Eigentum der Grundherren sowie in geringerem Maße im Eigentum der Großbauern ging einher mit dem vor allem Kleinbauern treffenden Verlust ihrer Landparzellen und war ein genereller, wenn auch nicht in allen Gebieten Chinas in gleicher Intensität sich vollziehender Prozeß. Nach Angaben der Guomindang-Regierung aus 1120 Kreisen in 22 Provinzen aus den Jahren 1931-1936, in denen die Bauern als Eigentümer, Teileigentümer/-pächter und Pächter eingestuft wurden, vergrößerte sich der Anteil der Pächter von 28% im Jahr 1912 auf 32% im Jahre 1933, verringerte sich jener der Eigentümer von 49% auf 45%, blieb der Prozentsatz der Teileigentümer/-pächter in dieser Zeit konstant. Bis zum Jahr 1936 nahm die Zahl der Pächter nur geringfügig wieder ab und die der Eigentümer wieder zu[130], ohne daß diese innerhalb kurzer Frist auftretende Tendenzwende eine grundlegende Änderung der Bodenverteilung bedeutete. »Genau das Gegenteil jedoch ist wahr. Als Resultat der Weltwirtschaftskrise hat das ländliche China einen Zustand des Bankrotts erreicht. [...] Die Abwanderung der

Bauern, besonders der Pächter, vom Land in die Stadt ist eine Erklärung für die Verringerung der Pächter und für die proportionale Zunahme der Eigentümer und Teileigentümer. Wegen der aufgegebenen Höfe und des landwirtschaftliche Erzeugnisse betreffenden Preisrückganges fielen folglich die Bodenpreise, und erfolgreiche Pächter und Teileigentümer [. . .] konnten einigen Boden kaufen und Teileigentümer oder Eigentümer werden. Dies erklärt ebenfalls deren zahlenmäßige Zunahme. Die Verringerung der Pächter in China ist gegenwärtig deshalb ein Anzeichen ländlicher Armut und Trostlosigkeit.«[131]

Diesen Angaben zufolge waren im landesweiten Durchschnitt Pachtverhältnisse in den südlichen Reisanbaugebieten stärker verbreitet als in den nördlichen Weizenanbauregionen. In den 30er Jahren schwankte der Pächteranteil in den Provinzen Sichuan, Hunan, Zhejiang und Guangdong um 50%, und im Jahre 1936 waren Bauern in den nördlichen Provinzen Shandong zu 75%, Hebei zu 72%, Ningxia, Gansu, Shanxi und Shaanxi noch zu mehr als 60% Bodeneigentümer.[132] In Shandong und Hebei vollzog sich zwischen 1890 und 1930 die Aufteilung großer Ländereien mit mehr als 500 mu und eine Angleichung auf ein durchschnittliches Bodeneigentum, das weniger als 30 mu betrug.[133] Vielerorts war indessen ein stetiger Verlust oder die Reduzierung des Eigentums an Boden, die Trennung der Bauern von ihrer Existenzgrundlage und die Polarisierung der ländlichen Bevölkerung in Bodeneigentümer und landlose Pächter zu verzeichnen. Während bereits gegen Ende des 19. Jahrhunderts im nördlich des Yangzi gelegenen Teil der Provinz Jiangsu der kultivierte Boden zu 70%-80% verpachtet wurde, befand er sich im südlichen Teil noch zu 90%, um die Mitte der 20er Jahre jedoch nur noch zu 33% im Eigentum selbstwirtschaftender Bauern, während er zu 40% von Pächtern und zu 27% von Teilpächtern bestellt wurde. Zwischen 1905 und 1924 verringerte sich im Kreis Kunshan, Provinz Jiangsu, der Anteil der bäuerlichen Bodeneigentümer von 26% auf 8%, im Kreis Nantong, Jiangsu, von 20% auf 13%, im Kreis Su, Provinz Anhui, von 59% auf 44%; gleichzeitig stieg der Anteil der Pächter von 57% auf 78% in Kunshan, von 57% auf 64% in Nantong und von 18% auf 25% in Su. Im Westen der Provinz Hubei reduzierte sich der

Anteil bodeneignender Bauern in den 20er Jahren von 45% auf 10%, vergrößerten sich der der Pächter von 15% auf 25% und der der Landarbeiter von 10% auf 45%.[133a] In manchen Gegenden in der Provinz Guangdong betrug der durchschnittliche Anteil der Pächter 70%, in der Umgebung Guangzhous (Kanton) sogar 96%.[134] Obwohl diesen Angaben nicht zu entnehmen ist, zu welcher Klasse der Bauern die Eigentümer, Teileigentümer/-pächter und Pächter zählten, spiegeln sie doch die generelle Tendenz einer insgesamt zunehmenden ungleichen Bodenverteilung wider. Zwar weniger umfassend als die oben erwähnte Repräsentativuntersuchung von 1931-1936, stellten diese und andere stichprobenartige Erhebungen in vielen Kreisen und Ortschaften eine wesentlich stärkere Konzentration des Bodens im Eigentum der Grundherren, eine bedeutend schnellere Verringerung des Anteils selbstwirtschaftender Eigentümer und eine deutlichere Zunahme des Anteils der Pächter in den 20er und 30er Jahren fest.[135]

Obwohl die obigen Angaben der Repräsentativuntersuchung keine Auskunft über den Anteil der Landarbeiter an der ländlichen Bevölkerung geben, ist angesichts der Tatsache, daß bei fortschreitender Bodenkonzentration viele Bauern ihr Land verloren oder landlose Pächter von ihren Höfen vertrieben wurden, zu vermuten, daß ihre Zahl relativ groß war. Schlechte Ernten und darauf folgende Pachtzahlungsunfähigkeit mit erzwungener Verpfändung oder Verkauf des geringen eigenen Bodens oder Inventars trafen in erster Linie landarme Bauern und landlose Pächter, die sich nach Aufgabe ihrer Wirtschaften als Landarbeiter verdingen mußten. Eine Untersuchung aus dem Jahre 1933, durchgeführt in 354 Ortschaften in 19 Provinzen, stellte einen durchschnittlichen Anteil der Landarbeiter von 10% an der jeweiligen Landbevölkerung fest.[136] Einzelerhebungen in den 30er Jahren ergaben einen Anteil landloser Bauern, der von 13% in 5 Kreisen der Provinz Henan bis 75% in einem Kreis der Provinz Suiyuan reichte; so belief sich beispielsweise der Anteil landloser Bauern in 15 Kreisen der Provinz Hebei auf durchschnittlich 28%, in 2 Kreisen im nördlichen Jiangsu auf 27%, in 3 Kreisen im südlichen Jiangsu auf 54%, in einem Kreis in Guangdong auf 52% der jeweiligen Dorfbevölkerung.[137] Wenngleich landlose Bauern nicht von vornherein mit Landarbeitern gleichzusetzen waren, lassen diese wenigen Angaben über landlose Haushalte und Landarbeiter doch auf eine bereits fortgeschrittene Entwicklung der Trennung der Bauern von ihrem Bodeneigentum schließen.

Eine aus Mitgliedern der Kommunistischen Partei und aus Vertretern des linken Flügels der Guomindang bestehende Untersuchungskommission veröffentlichte im Juni 1927 einen Bericht, der im Unterschied zu den auf der Eigentümer-Pächter-Relation beruhenden Angaben ein wesentlich differenzierteres Bild von den sozialen Verhältnissen auf dem Lande und von der Verteilung des Bodens unter die Klassen der Grundherren und Bauern zeichnete. Von der mit 336 Mill. angegebenen ländlichen Bevölkerung verfügten nur 45% oder 150 Mill. Bauern über Boden; 55% oder 186 Mill. hatten kein Bodeneigentum. Von diesen lebten 136 Mill. als Pächter, 30 Mill. als Landarbeiter, 20 Mill. waren Soldaten, Banditen und – so der Bericht – vagabundierende Elemente.[138] Diesen Angaben zufolge verfügten Grundherren und Großbauern, 32% aller Bodeneigentümer, über 81% des privaten Landes, ein Ergeb-

Tab. 6: Die Bodenverteilung

a) Ergebnis des Untersuchungsberichtes von 1927[139]

	Anbaufläche in mu	in % des Bodens	in % der bodeneignenden Haushalte	in % der gesamten ländlichen Bevölkerung
Kleinbauern	1- 10	6	44	20
Mittelbauern	10- 30	13	24	11
Großbauern	30- 50	19	18	
Grundherren (a)	50-100	19	9	14
Grundherren (b)	mehr als 100	43	5	
Landbevölkerung ohne Bodeneigentum				55

b) Ergebnis des Untersuchungsberichtes von 1934-1935[140]

	in % des Bodens	in % der Haushalte
Landarbeiter und Kleinbauern	22	68
Mittelbauern	25	22
Großbauern	27	7
Grundherren	26	3

nis, das zumindest hinsichtlich der relativ hohen Bodenkonzentration von einer Untersuchung der Guomindang-Regierung aus den Jahren 1934-1935 bestätigt wurde.

Dem zweiten Bericht zufolge betrug das Bodeneigentum der Grundherren bei einer Spannweite von 300 bis 20 000 mu im Durchschnitt 2030 mu, das aller Bauern durchschnittlich nur 16 mu. Von Ländereien, die mehrere tausend mu Boden umfaßten, wurde zu verschiedenen Zeiten aus mehreren Provinzen berichtet. Im Jahre 1908 besaßen Großgrundherren in 11 Kreisen in Fengtian, in der heutigen Provinz Liaoning, Ländereien von 5000 bis 10 000 mu, in zwei Fällen von 20 000 und in einem Fall von 72 000 mu.[141] Nach einem Bericht über die Bodenkonzentration in Kreisen in der Provinz Hebei aus dem Jahre 1924 eigneten Großgrundherren 6000-10 000 mu, mittlere Grundherren etwa 1000 mu und weniger wohlhabende Grundherren immerhin noch 300-400 mu Land. Im Vergleich zu diesen verfügten Bauern auf Eigenland über etwa 70-100 mu, und Pächter bestellten eine Nutzfläche von etwa 20-40 mu Land.[142] In den 30er Jahren wurde eine ähnlich hohe Konzentration des Bodens im Eigentum der Grundherren in Kreisen in den Provinzen Jiangsu und Anhui konstatiert. Auch hier eigneten Großgrundherren mehrere Tausend mu Land.[143] Insgesamt jedoch bildeten Ländereien von mehreren Tausend und Zehntausend mu die Ausnahme. Das Bodeneigentum der Grundherren betrug in der Regel nur hundert oder einige Hundert mu, übertraf damit aber bei weitem die durchschnittlichen Zwergwirtschaften bäuerlicher Eigentümer.

Die fortschreitende Bodenkonzentration degradierte die Mehrheit der Bauern zu landarmen und landlosen Pächtern. Lokale Grundherren, Beamte und Militärs, die sich vermittels ihrer administrativen und militärischen Funktionen Boden aneigneten, sowie Händler, die ihre Gewinne in den Boden investierten, trieben die Enteignung der Bauern von ihrem Land voran. »Die Grundherren, die von der Rente leben, die Bürokraten und Militärs, die von Steuern äußerst verschiedener Art leben, die Händler und Kompradoren, die von Preismanipulationen leben, und die Wucherer, die von übermäßigen Zinsen leben, haben sich stärker sogar als die Direktoren des modernen Monopolkapitals miteinander verbunden. Aber das Geld, das diese Leute akkumuliert haben, [...] wurde zum größten Teil und vorzugsweise in Landaufkäufe angelegt. Dieser Prozeß der Bodenkonzentration kann nur ein vorkapitalistisches System der Agrarwirtschaft verewigen.«[144] Mit dem seit Ende des 19. Jahrhunderts einsetzenden Verfall der staatlichen Zentralgewalt, deren Steuerbasis die selbständigen Bauern gebildet hatten, ging die Verselbständigung des militärischen und administrativen Beamtenapparates einher, deren Vertreter sich in die Lage versetzt sahen, die in ihrem Machtbereich lebende bäuerliche Bevölkerung fiskalisch auszupressen und sich große Ländereien anzueignen, die das Bodeneigentum lokaler Grundherren oftmals bei weitem übertrafen. Militärmachthaber, die in den Provinzen ihre Herrschaft festigten, sowie vielfach ihre Gefolgsleute zählten zu den Großgrundherren.[145] In den 30er Jahren war die Mehrzahl der Großgrundherren in Kreisen in der Provinz Anhui Militärs.[146] Nach Angaben aus 10 Kreisen in der Provinz Sichuan aus dem Jahre 1935 hatten Grundherren aus Militär und Verwaltung wesentlich mehr Boden und beuteten mehr Pächter aus als lokale Grundherren.[147] Einzelangaben aus den 30er Jahren berichten, daß in der Provinz Jiangsu von 374 Grundherren, die mehr als 1000 mu besaßen, 166 Militärs und Beamte, 129 Geldverleiher und 67 Händler waren[148], und im Kreis Ya, Provinz Guangdong, beteiligten sich hauptsächlich Militärs und Beamte an Landaufkäufen.[149]

Während die Vertreter des Militär- und Verwaltungsapparates ihre machtpolitischen Funktionen zur Aneignung und Ausweitung großer Ländereien nutzten, entsprang die Aneignung des Bodens durch das Handelskapital in erster Linie der zunehmenden Kommerzialisierung der Agrarökonomie. Der Boden wurde mehr und mehr zu einem Objekt der Spekulation und Investition für außerhalb der Landwirtschaft erzielte Profite. Im Einzugsbereich größerer Städte, wo »die statischen Verhältnisse des ländlichen Lebens durch die Expansion und die Einwirkungen von Industrie und Handel«[150] in Auflösung begriffen waren, entwickelte sich aus der Verbindung von städtischem Kapital und Bodeneigentum der Absentismus. Händler legten ihre Gewinne in Boden an, ließen von Pachteintreibern ihre Pächter kontrollieren und ihre Renten einziehen. Die rasche Verbreitung des Absentismus wurde zudem durch den Rückzug vieler Grundherren vor bäuerlichen Unruhen und Bürgerkriegen in die Städte beschleunigt, die als Zentren der ökonomischen und politischen Macht profitable Geschäfte erlaubten und zugleich persönlichen Schutz vor bäuerlichen Revolten boten.[151] Im Absentismus fanden sich die Vertreter der herrschenden Klasse auf dem Lande mit den Wegbereitern der modernen Warenwirtschaft zusammen. Im allgemeinen war das Verhältnis absenter Grundherren zu ihrem Boden, der für sie eine Quelle ständiger Revenue darstellte, »rein finanzieller Natur«[152]; »die meisten [. . .] wissen nichts über die Lage ihres Landes, über den Fruchtanbau und sogar über ihre Pächter. Ihr einziges Interesse gilt der Rente.«[153]

Als Vermittlungsinstanz zwischen Grundherren und Pächtern fungierten Agenturen, die, auf lokaler Ebene oftmals mit polizeilicher Gewalt ausgestattet, die Interessen ihrer Auftraggeber vertraten und den pachtpflichtigen Bauern die Höhe der zu entrichtenden Grundrenten diktierten. Diese zwischen Grundherren und Pächtern eingeschalteten Organe der Pachteintreibung bildeten den verlängerten Arm absenter Grundherren, trieben jedoch häufig noch weitere Abgaben auf eigene Rechnung ein. Indem auch sie einen Teil der Ernteerträge beanspruchten, stellten sie für die pachtpflichtigen Bauern eine weitere Belastung dar; den Grundherren jedoch garantierten sie, daß die Pacht- und Ausbeutungsverhältnisse im Dorf unverändert blieben. »Ein Ergebnis des zunehmenden Absentismus ist die Einstellung von Agenten, die den Grundherrn des Geschäftes, seine Pächter selbst auszupressen, entheben, die die Pächter mit Drohungen der Vertreibung tyrannisieren, damit sie mehr zahlen, als sie müssen, und die Geld daraus schlagen, den Grundherrn zu prellen und die Pächter einzuschüchtern. Im südlichen Jiangsu [. . .] haben sich Grundherren zusammengeschlossen, um eine Agentur zu gründen, die zwischen ihnen und ihren Pächtern als Vermittlerin dient, die die Pächter auswählt, die darauf achtet, daß die Renten zu den festgesetzten Terminen gezahlt werden, die bei Pachtrückständen die Landvertreibung durchführt und die bei stillschweigender Duldung der Behörden säumige Pächter in einem privaten Gefängnis eingesperrt hält und sie körperlich züchtigt.«[154]

Im Unterschied zu den Grundherren aus Verwaltung, Militär und städtischem Handel verfügten die im Dorf lebenden Grundherren im allgemeinen über weniger Boden. Auch sie verpachteten ihr Land, betrieben mit ihren Einnahmen aus den Grundrenten Handelsgeschäfte und kontrollierten den Getreidemarkt auf lokaler Ebene. Außerdem fungierten sie als Kreditgeber und erzielten für ihre Darlehen hohe Zinsen.[155] Häufig waren sie Grundrentner, Händler und Wucherer in einer Person, und ihre Position war infolge ihres relativ großen Bodeneigentums bei allgemeiner Landknappheit, der für die kleinen Warenproduzenten ungünstigen Marktverhältnisse sowie fehlender anderer Kreditmöglichkeiten im Dorfe unangefochten. Ihre hohen Einkünfte ermöglichten ihnen den Kauf von Land, aber sie eigneten sich den Boden armer Bauern, die Anleihen aufnahmen, aber nicht zurückzahlen konnten, auch durch Kreditvergabe und Wucher an. Ihre wirtschaftliche Macht gründete auf der Ausbeutung landarmer und landloser Bauern durch Pacht und Wucher. Zur Aufrechterhaltung dieses Ausbeutungsverhältnisses stellten sie Privatmilizen oder eigene Hofwehren auf, und ihre enge Verbindung zu den Kreisverwaltungen bot ihnen staatlichen Schutz vor ihren bäuerlichen Schuldnern.[156]

Neben der ungleichen Größe des Bodeneigentums gab es auch Unterschiede hinsichtlich der den Grundherren und den Bauern zur Verfügung stehenden Produktionsmittel. Außer dem Boden bildeten Spannvieh, Transportgefährte, Wasserräder, Windmühlen, Pflüge u. a. wichtige Produktionselemente. Generell galt, daß deren Verfügbarkeit mit der jeweiligen Größe des Bodeneigentums korrelierte. Im allgemeinen übertrafen die Wirtschaften der Grundherren und Großbauern die der anderen bäuerlichen Haushalte in ihrer Ausstattung mit mechanischem Inventar und Zugtieren. Aufgrund der durchschnittlich kleinen Betriebsgröße war die Großviehhaltung wenig entwickelt.[157] Kleinbauern auf geringem Eigenland oder landlosen Pächtern waren allein schon durch die ihnen eigenen oder von ihnen gepachteten Nutzflächen enge Grenzen bei der Zugtierhaltung gezogen. Ihr Bestand an Produktionsinstrumenten erschöpfte sich zumeist in einfachen Ackergeräten, die den arbeitsintensiven Charakter der Landwirtschaft widerspiegelten. Diesen Bauern war die Nutzung produktivitätssteigernden oder zur Aufbereitung ihrer Ernteerträge erforderlichen mechanischen Inventars hauptsächlich nur über die Pacht bzw. bei kurzfristigem Einsatz gegen Entgelt in Form von Arbeitsleistungen, Ernte- oder Geldabgaben möglich. Allerdings galt auch hier die Ausnahme von der Regel, daß einige Grundherren wegen ihrer Nichtbeteiligung an der landwirtschaftlichen Produktion über weniger mechanische oder tierische Produktionsmittel verfügten als selbstwirtschaftende Groß- oder Mittelbauern, die an einer ausreichenden Ausstattung ihrer Betriebe zur profitablen Wirtschaftsführung interessiert waren.[158] Grundherren aus den Reihen der Beamten, Militärs und Händler zogen es häufig vor, ihre Einkünfte aus Grundrenten in den Boden zu investieren anstatt Inventar anzuschaffen. Armen, pachtpflichtigen Bauern jedoch wurden die notwendigen Mittel zur Steigerung der Produktivität ihrer Wirtschaften durch Pachtabgaben genommen.

Die Bodenkonzentration, die die bäuerlichen Produzenten von ihrem Eigentum trennte, trieb die Klassenpolarisierung zwischen Grundherren und landarmen, pachtpflichtigen Bauern voran. Aber dieser Prozeß führte nicht zu einer großbetrieblichen Bewirtschaftung des Landes auf der Grundlage von Lohnarbeit. Infolge der relativen Bodenverknappung bewirkte die drängende Nachfrage armer Bauern nach Land die weite Verteilung des bestellbaren Bodens, dessen Nutzung ihnen gegen die Entrichtung von Abgaben überlassen wurde. Deshalb basierte die Grundherrschaft, die das wichtigste Produktionsmittel – den Boden – zentralisierte, auf der kleinbetrieblichen Produktion abhängiger Bauern. Die Pacht blieb das in der Landwirtschaft vorherrschende Produktionsverhältnis. Ihr Eigentum an Boden sowie dessen Verpachtung befähigten die Grundherren zur Aneignung eines Teils des bäuerlichen Produkts, der nicht nur das gesamte Mehrprodukt, sondern auch einen Teil des notwendigen Produkts der pachtpflichtigen Bauern umfassen konnte.

II.2. *Die Pachtverhältnisse*

Mit der Bodenkonzentration ging die Verschärfung der Pachtbeziehungen zwischen Grundherren und pachtabhängigen Bauern einher. Während des ersten Drittels dieses Jahrhunderts war häufig eine Erhöhung der Grundrenten festzustellen. Neue Abgaben kamen hinzu, und oft wurde die Frist der Nutzung des Pachtlandes verkürzt. Eine ähnliche allmähliche Auflösung wie das Claneigentum an Boden erfaßte das System der durch Vererbung übertragenen »dauernden Pacht«. Bemerkenswert an diesem Pachtsystem war, daß der Boden einer zweifachen Verfügung unterstand. Der Boden unterhalb der Ackeroberfläche war den Grundherren zu eigen, während die Bauern über die Ackerkrume verfügten, zugleich jedoch Pachtabgaben zu entrichten hatten. Ackergrund und Ackerkrume konnten unabhängig voneinander beliehen, verpachtet oder verkauft werden. Nur durch Aufkauf oder im Falle ständiger Unfähigkeit der Pächter, die Grundrenten zu entrichten, waren die Grundherren in der Lage, sich auch die Ackeroberfläche aneignen. Als Eigentümer des Grundes waren sie katastermäßig registriert und steuerpflichtig und insofern berechtigt, Grundrenten einzustreichen.[159] Das einem Gewohnheitsrecht entsprechende System der dauernden Pacht hatte für die Bauern den Vorzug, daß sie bei Einhaltung ihrer Verpflichtung gegenüber den Grundherren nicht vom Land vertrieben werden konnten. Potentiell waren sie auf dem ihnen zur Nutzung überlassenen Land zur Steigerung ihrer Produktion, etwa durch intensive Aufbesserung der Bodenfruchtbarkeit, in der Lage. Die auf Grundherren und Bauern entfallenden Erntemengen konnten auf diese Weise bei gleichbleibenden Ertragsaufteilungsrelationen vergrößert werden. In beiderseitigem Interesse sollen unter der »dauernden Pacht« sogar die Auslagen zur Verbesserung der Ertragsfähigkeit des Bodens gemeinsam getragen worden sein. Die Beleihbarkeit der Ackeroberfläche eröffnete den Dauerpächtern die Möglichkeit, Kredite zur Erweiterung oder Produktivitätssteigerung ihrer Wirtschaften aufzunehmen; andererseits liefen sie Gefahr, durch wucherisch hohe Darlehenszinsen ihren Anspruch auf die Ackeroberfläche an ihre Gläubiger zu verlieren.

Im Unterschied zu den Dauerpächtern waren die Kurzzeitpächter, denen nach Vertragsablauf die Kündigung drohte, kaum zu arbeitsintensiven Bodenmeliorationen imstande und auch kaum dazu motiviert, wenn die Resultate ihrer über die Sicherstellung des unmittelbaren Lebensunterhaltes sowie der

Pachtabgaben hinausgehenden Arbeitsverausgabung nicht ihnen selbst zugute kamen. In der Regel vermieden die Pächter Auslagen, deren Rückfluß während der Dauer ihrer Pachtzeit nicht zu erwarten war. Vorteile aus der aufgebesserten Bodenfruchtbarkeit zogen letzten Endes nur die Grundherren, die bei Pachtneuvergabe oder -verlängerung die Grundrente erhöhen konnten. In den 20er und 30er Jahren war die kurzfristige Bewirtschaftung gepachteten Bodens am verbreitetsten. Die Unfähigkeit der Pächter, ihre vereinbarten Abgaben zu entrichten, oder der kreditschuldnerische Verlust ihrer Verfügung über die Ackeroberfläche bewirkten die Aufhebung der dauernden Pacht. Auch die willkürliche Auflösung der Pachtverhältnisse oder die Erhöhung der Forderungen durch Voraus-, Kautions- oder Zusatzabgaben von seiten der Grundherren setzten der »dauernden Pacht« ein Ende oder führten zur Reduzierung der Pachtdauer auf eine kürzere Frist.[160] Die Konkurrenz landarmer und landloser Bauern um die Nutzung des Bodens förderte die Verschärfung der Pachtverhältnisse und gestattete den Grundherren, ihre Forderungen hochzuschrauben und die Pachtfristen zu kürzen. Nach regierungsoffiziellen Angaben aus dem Jahre 1934 waren in 8 Provinzen kurzfristige Pachtzeiten häufiger anzutreffen als langfristige (10-20 Jahre) und solche auf Dauer. Pachtfristen über nur ein Jahr waren ebenso verbreitet wie die über einen Zeitraum von 3 bis 10 Jahren. Nur in der Provinz Zhejiang wirtschafteten Pächter noch zu mehr als einem Drittel in dauernder Pacht, während in der Provinz Shanxi mehr als die Hälfte der Pächter den ihnen überlassenen Boden für nur ein Jahr bestellte.[161]

Die Nutzung des gepachteten Bodens wurde durch Abgaben in Naturalien oder in Geld sowie durch Arbeitsleistungen der Pächter bzw. ihrer Familienangehörigen auf dem Hof oder im Haushalt der Grundherren beglichen. Die Produktenrente war die vorherrschende Form der Aneignung eines Teils des bäuerlichen Produkts, neben die mit der Entwicklung der Warenwirtschaft auf dem Lande die Geldrente »als die verwandelte Form der Produktenrente«[162] trat. Im Vergleich zu diesen zwei Formen der Grundrente spielte die Arbeitsrente eine nur untergeordnete Rolle; es kam jedoch vor, daß pachtabhängige Bauern zusätzlich zu ihren Natural- oder Geldabgaben zu Arbeitsleistungen verpflichtet waren. Die Produktenrente wurde als Ernte- oder Teilrente entrichtet. Die Ernterente war ein unabhängig vom jeweiligen Ernteertrag festgesetztes Quantum an Naturalien, hauptsächlich Getreide. Während bei wechselnden Ernteergebnissen der auf die Grundherren entfallende Teil des Gesamtertrages konstant blieb, variierte der der Pächter entsprechend der Höhe der jeweiligen Ernteerträge. Bei der Teilrente wurde die gesamte Produktenmenge auf dem Pachtland in einem bestimmten Verhältnis zwischen Grundherren und Pächtern dividiert. Bei festgesetzter Aufteilungsrelation waren die jeweils auf die Grundherren und Pächter entfallenden Produktenmengen direkt abhängig von den jeweiligen Ernteergebnissen. Für die Grundherren war die Teilrente ungünstiger als die Ernterente, da sie bei schlechten Ernten nur niedrige Einnahmen erzielten. Im Vergleich zur Teilrente, bei der das Produkt auf dem Pachtboden in bestimmte Proportionen geteilt wurde, stellte die Ernterente eine entwickeltere Art der Produktenrente dar. Den Maßstab zur Festsetzung ihrer Höhe bildeten die Bodenfruchtbarkeit sowie das durchschnittlich auf dem Pachtland erzielte Erntequantum. Ebenso gab es zwei Arten der Geldrente. Die Höhe der entwickelteren Geldrente richtete sich nach einem festgesetzten Betrag pro mu Pachtland, der sich am Bodenpreis orientierte. Die »umgerechnete Rente« wurde zwar in Geld entrichtet, aber der Maßstab ihrer Festsetzung war nicht der Bodenpreis oder ein festgelegter Geldbetrag, sondern der Wert des auf die Grundherren entfallenden Ernteanteils auf dem Pachtland. Sie stellte eine Übergangsform von der Ernte- zur Geldrente dar.[163]

Außerdem richtete sich die Höhe der Grundrente nach zusätzlichen Produktionselementen, die den Pächtern von den Grundherren gestellt wurden. Vor allem bei der Teilrente, einer Art der Rentenentrichtung, die Tawney mit der der europäischen Metairiewirtschaft verglich, wurden den Pächtern zwar Zugvieh oder Inventar gestellt, aber deren Nutzung führte in der Regel zu einer Erhöhung des an die Grundherren abzuführenden Anteils an der Ernte auf dem Pachtland.[164] Wurde den Pächtern Saatgut vorgeschossen, so wurde diese Menge vor der Ernteaufteilung vom Gesamtertrag abgezogen. In dem extremen Fall, in dem die Pächter nur ihre Arbeitskraft und einfaches Gerät stellten und von den Grundherren Boden, Haus, Saatgut, Düngemittel, Spannvieh u. a. erhielten, unterschieden sie sich in ihrem Einkommen, das infolge der sehr hohen Ernteabgabequoten überaus niedrig war, kaum von Landarbeitern. Neben den Pachtabgaben wurden vielerorts den Pächtern weitere Verpflichtungen aufgebürdet, die als Kautions-, Voraus- oder Zusatzzahlungen in Geld oder Naturalien oder als zusätzliche Arbeitsleistungen zu entrichten waren und die Ausbeutung durch die Pacht verschärften. Nur dem Scheine nach waren »Grundherr und Pächter Beteiligte an einem Geschäftsvertrag, nicht Mitglieder verschiedener Klassen, die auf Privilegien und Unterordnung beruhen.«[165] Vielmehr nutzten die Grundherren ihr Bodenmonopol zur Aneignung eines Teils des bäuerlichen Produkts und zur Ausbeutung ihrer Pächter, die sich angesichts der angespannten Nachfrage nach Land den willkürlichen Pachtbedingungen zu unterwerfen hatten.

Es ist anzunehmen, daß Überschneidungen in der Abgeltung der Grundrente in Natural- oder Geldform oder saisonales Variieren zwischen diesen vorherrschenden Formen der Rente vorkamen. Die in verschiedenen Quellen aufgeführten Angaben über die Häufigkeit der jeweiligen Formen der Grundrente sind zwar nicht einheitlich, weisen jedoch eindeutig auf den Vorrang der Produktenrente hin. Nach regierungsamtlichen Informationen aus 879 Kreisen in 22 Provinzen aus dem Jahre 1934 betrug das Verhältnis der Produktenrente zur Geldrente 79% zu 21%. Diesen Angaben ist im einzelnen allerdings nicht zu entnehmen, daß – wie Chen Boda anführt[166] – die Geldrente in den Provinzen, in denen die Warenwirtschaft stärker entwickelt war, die Produktenrente anteilmäßig übertraf. Nur in 107 Kreisen der Provinz Hebei dominierte die Geldrente mit 53% absolut. In nur 5 untersuchten Kreisen der ökonomisch rückständigen Provinz Ningxia übertraf zwar die Geldrente anteilmäßig sowohl die Ernterente als auch die Teilrente, insgesamt jedoch war hier die Produktenrente die verbreitetste Form der Grundrente. Landesweit war die häufigste Art der Produktenrente die Ernterente, die selbst in den marktwirtschaftlich entwickelteren Provinzen Jiangsu, Anhui, Zhejiang, Guangdong einen Anteil von mehr als 50% erreichte und die insgesamt verbreitetste Art der Grundrente darstellte. Nur in den Provinzen Suiyuan, Shandong und Henan trat die Teilrente häufiger auf als die Ernterente oder auch Geldrente.[167] Der Form ihrer Entrichtung nach wurde die »umgerechnete Rente« zur Geldrente gezählt. Insgesamt war sie nach anderen Informationen aus 153 Kreisen in 11 Provinzen durchschnittlich noch minder häufig als die am Bodenpreis gemessene Geldrente. Aus dieser Untersuchung, die die Entwicklung der Formen der Grundrente zwischen 1924 und 1934 verglich, geht hervor, daß diese zwei Arten der Geldrente kaum an Verbreitung gewannen.[168]

Die im Vergleich zur Geldrente wesentlich größere Verbreitung der Produktenrente hing in erster Linie ab von den im Durchschnitt höheren Gewinnen, die die Ernterente und die Teilrente einbrachten. Die oben erwähnte, 22 Provinzen betreffende Studie aus dem Jahre 1934 ergab bei der Geldrente eine Rate von 11% des durchschnittlichen Bodenpreises von 33 Yuan; in Geld umgerechnet und am Bodenpreis gemessen, erzielten die Ernterente eine Rate von 13% und die Teilrente eine Rate von 14%.[169] Landesweit gab es indessen deutliche Unterschiede bezüglich der Bodenpreise und der Höhe der in Naturalien oder Geld zu entrichtenden Pachtabgaben. Am Beispiel der Teilrente seien kurz die Grenzen aufgeführt, zwischen denen die Raten der Grundrente schwankten. So betrug in einigen Provinzen, in denen die Bodenpreise den landesweiten Durchschnitt übertrafen (in Hebei, Zhejiang, Jiangsu, Hubei, Guizhou betrug der Bodenpreis durchschnittlich 41,5 Yuan), die Rate der Teilrente im Durchschnitt 12% der Bodenpreise und war kleiner als die im Landesdurchschnitt. In anderen Provinzen, in denen die Bodenpreise weit unterhalb des landesweiten Mittels lagen (in Shandong, Fujian, Jiangxi, Hunan durchschnittlich 25 Yuan) betrug die Rate der Teilrente durchschnittlich 27% und war wesentlich höher als die im Landesdurchschnitt, d. h. daß in diesen Provinzen der Wert der Pachtabgaben mehr als ein Viertel des Bodenpreises betrug.[170] Generell galt, daß unabhängig von der Form der Grundrente das Einkommen der Grundherren aus der Verpachtung ihres Bodens »höher war als die normale Zinsrate von 8% im Jahr, die für langfristige Einlagen von Banken in Shanghai [...] gezahlt werden«.[171] Die hohen

Gewinne aus den Pachteinnahmen erklären zur Genüge die für das Handelskapital attraktiven Investitionen seiner Profite in den Boden sowie das Streben der Grundherren nach Vergrößerung ihres Landeigentums.

Nach Informationen aus 19 Provinzen aus dem Jahre 1934 betrug der Wert der Produktenrente auf bewässertem und trockenem Boden im Durchschnitt 44% des Wertes der Ernteerträge.

Tab. 7: Anteil des Werts der Produktenrente am Wert der Ernteerträge in %[172]
(19 Provinzen, 1934)

	Bodenqualität					
	Bewässerter Boden			Trockener Boden		
	Beste Güte	Mittlere Güte	Schlechte Güte	Beste Güte	Mittlere Güte	Schlechte Güte
a) Grundrente (in Yuan)	7.00	5.29	3.75	4.24	3.17	2.09
b) Ernteerträge (in Yuan)	16.05	12.45	8.51	9.96	7.09	4.50
c) Verhältnis a:b (in %)	43.61	42.49	44.07	42.57	44.71	46.44

Neben der Berechnung der Pachtrate im Bezug zum Bodenpreis wurde – wie die zeitgenössische Literatur zeigt – die Rate der Grundrente weitaus häufiger als das prozentuale Verhältnis der Pachtabgaben zu den Ernteerträgen auf dem Pachtland bewertet. Unabhängig von den jeweiligen Boden- oder Marktpreisen läßt diese Berechnungsweise den Grad der Ausbeutung der bäuerlichen Pächter deutlicher erkennen. Angaben aus 23 Provinzen aus dem Jahre 1930 stellten einen Anteil der Produktenrenten von 46% an den Ernteerträgen auf Pachtland fest. Sowohl die Ernterente als auch die Teilrente erzielten die höchsten Raten auf irrigiertem und trockenem Boden der besten Beschaffenheit. Von diesen zwei Arten der Produktenrente erforderte die Teilrente höhere Pachtabgaben als die Ernterente. Die Geldrente hingegen erzielte die höchste Rate, die im Verhältnis zum Bodenpreis durchschnittlich 11% betrug, auf bewässertem und trockenem Pachtland der geringsten Qualität.[173] Obwohl die Raten der Grundrenten von

Provinz zu Provinz deutliche Unterschiede aufwiesen, waren sie landesweit keinen solchen Schwankungen unterworfen, wie sie aus den großen Klimavariationen, der uneinheitlichen jährlichen Häufigkeit des Fruchtanbaus und der unterschiedlichen Bodenfruchtbarkeit in den verschiedenen Landesteilen hätten resultieren können. Diese Informationen lassen allerdings nur mit Einschränkung die von Chen Boda hinsichtlich der Produktenrente gezogene Schlußfolgerung zu, »daß die Höhe der Grundrente in umgekehrtem Verhältnis zur Bodenqualität steht«[174], unterstreichen jedoch eindeutig seine Feststellung, »daß die Rate der Geldrente mit der Verschlechterung der Bodenverhältnisse steigt«.[175]

Vielerorts war während des ersten Drittels dieses Jahrhunderts eine deutliche Steigerung der Pachtabgaben zu verzeichnen, die bei stagnierender Produktivität der bäuerlichen Wirtschaft die Ausbeutung der Pächter verschärfte. Stichprobenartige Erhebungen in verschiedenen Landesteilen in den 20er Jahren ergaben, daß bei der Teilrente zwischen 40%-70% der Gesamterträge als Pachtabgaben abzuführen waren. In vielen Fällen stieg die Rate der Teilrente in dem Maße, in dem die Grundherren ihren Pächtern Inventar oder Spannvieh zur Bewirtschaftung des Pachtlandes überließen.[176] Nach Informationen aus verschiedenen Kreisen der Provinz Jiangsu beanspruchte die Ernterente 1923 30%-40% der Erträge, stieg jedoch schon bis zum Jahr 1927 auf 50%-60% der Ernten in 62 von insgesamt 68 Kreisen dieser Provinz.[177] In knapp der gleichen Zeit nahm die Höhe der Geldrente in der Umgebung von Nanjing, Wuxi, Haimen und 15 anderen Städten im Durchschnitt um 145% zu, während Pächter in der Nähe der Stadt Tianjin, Provinz Hebei, im Jahre 1928 um 50% höhere Geldrenten als im Jahre 1913 zu zahlen hatten.[178] In den Kreisen Kunshan, Nantong und Fengxian in Jiangsu und in den Kreisen Su und Li'an in der Provinz Anhui stiegen die Bodenpreise und die Höhe der Renten um 100%-200% zwischen 1905 und 1924 an. Mit Ausnahme des Kreises Kunshan, wo die Bodenpreise wesentlich schneller als die zum Vergleich aufgeführte »umgerechnete Rente« anzogen, war im allgemeinen, unabhängig von der Form der Renten, eine raschere Erhöhung der Pachtabgaben als der Bodenpreise festzustellen.[179] Selbst in dünn besiedelten Landesteilen, wie z. B. in

Gegenden in der Provinz Heilongjiang, stieg in den Jahren 1911-1923 nicht selten die Höhe der Ernterente um 50%-100%; auch im Nordosten war eine im Vergleich zum Anstieg der Bodenpreise schnellere Erhöhung der Geldrenten festzustellen.[180] Die ständige Aneignung des Bodens durch Beamte, Grundherren und Händler wurde durch gewinnbringende Pachteinnahmen angetrieben, deren Erhöhung häufig durch einen Anstieg der durchschnittlichen Bodenpreise verursacht wurde; steigende Verkaufspreise für den Boden führten zu höheren Pachtforderungen. Vielerorts stiegen die Grundrenten bzw. hielten ihre Höhe auch dann noch, als gegen Ende der 20er und zu Beginn der 30er Jahre die allgemeinen Bodenpreise fielen. Der Sturz der Marktpreise für Agrarerzeugnisse zur Zeit der Weltwirtschaftskrise zwang viele verarmte bäuerliche Haushalte auf geringem Eigenland zur Aufgabe ihrer Wirtschaften, und der Rückgang der Bodenpreise infolge eines großen Angebots an billigem, verkäuflichem Land ruinierter Bauern erleichterte den Grundherren den Erwerb weiteren Bodens. Die permanente Nachfrage nach Land, das für die überwiegende Mehrheit der landarmen und pachtpflichtigen Bauern von existentieller Bedeutung war, verhinderte jedoch, daß die Grundherren die Grundrenten senkten. Bodeneignende Händler und im Handel engagierte Grundherren erhöhten ihre Pachtforderungen, um durch ein mengenreiches, aus Produktenrenten stammendes Marktangebot das Fallen der Marktpreise für Agrarerzeugnisse auszugleichen. Häufig gekoppelt mit steigenden Steuern sowie mit anderen Zusatzabgaben, die die Grundherren in Form erhöhter Pachtlasten an ihre Pächter weiterzuleiten imstande waren, hielt der ökonomische Druck, den pachtpflichtige Bauern zu tragen hatten, in den 30er Jahren unvermindert an.[181]

Nach übereinstimmenden Angaben war die Produktenrente nicht nur die vorherrschende, sondern auch die für die Grundherren ökonomisch vorteilhafteste Form der Grundrente, da sie den Grundstock für Getreidespekulationen und Nahrungsmittel- sowie Saatgutdarlehen bildete. Die über die Produktenrente angeeigneten Agrarerzeugnisse dienten Grundherren und auch wohlhabenden Großbauern, die einen Teil ihres Bodens verpachteten, als Mittel zu profitablen Handels-

und Wuchergeschäften. Die Ernterente erforderte von armen Pächtern, die bei schlechten Ernten oder extremer Marktorientierung ihres Anbaus das festgesetzte Quantum an Naturalien, hauptsächlich Getreide, zur Erfüllung ihrer Rentenverpflichtung nicht erwirtschafteten, daß sie die fehlende Produktenmenge auf dem Markt hinzukauften, Naturaldarlehen aufnahmen oder einen Teil ihres Bodens verpfändeten, sofern sie ein Stück Land besaßen. Andererseits hatten pachtpflichtige Bauern zur Begleichung der Geldrente einen Teil ihrer Erträge zu den unmittelbar nach der Ernte ungünstigen Marktpreisen zu verkaufen. Landarme und landlose Pächter, die ihre Grundrenten bar zu entrichten hatten, unterlagen neben der Übervorteilung auf dem Markt zusätzlich noch den relativ höheren Pachtforderungen, die auf ertragärmerem Land erhoben wurde. Ihre Armut zwang sie, höhere Renten auf weniger fruchtbarem Boden zu akzeptieren, so daß »konsequenterweise der mittelmäßige und arme Boden für die Grundherren immer wertvoller«[182] wurde und häufig dessen Preis schneller anstieg als der für ertragreiches Land. Im allgemeinen jedoch waren nur landpachtende Großbauern und wohlhabende Mittelbauern, die ihre Waren über den saisonalen Preissturz hinweg horten konnten, in der Lage, ihre Renten bar zu entrichten, während arme Bauern in der Regel einen Teil ihrer Produkte als Pachtabgaben an die Grundherren ohne den Umweg über den Markt abführten.

Zusätzlich zu den Grundrenten hatten sich Pächter häufig zu Kautions-, Voraus- oder Zusatzzahlungen in Natural- oder Geldform zu verpflichten. Kautions- und Vorauszahlungen bedeuteten keine Erhöhung der Grundrente, die Zusatzabgaben bildeten jedoch einen neben den Pachtabgaben weiteren Abzug vom Mehrprodukt oder sogar vom notwendigen Produkt der Pächter. Kautionen wurden bei Abschluß des Pachtvertrages bei den Grundherren hinterlegt und waren, sofern die Rentenverpflichtung eingehalten wurde, normalerweise rückzahlbar. Bei der Vorauszahlung wurde zu Beginn des landwirtschaftlichen Produktionszyklus ein Quantum an Naturalien oder ein Geldbetrag von den Pächtern gefordert, die nach der Ernte von der Grundrente abgezogen wurden. Diese die Pachteinnahmen sichernden oder als Teil der zu erwartenden Grundrenten im voraus zu entrichtenden Abgaben bildeten für die Pächter unproduktive Auslagen und schränkten ihre ohnehin geringen Mittel zur Intensivierung oder Erweiterung der Produktion klar ein. Angesichts wechselnder und ungewisser Ernteergebnisse garantierten diese Zahlungsverpflichtungen den Grundherren hingegen ein sicheres Einkommen aus der Verpachtung ihres Bodens.[183] Nach Informationen aus 359 Kreisen aus dem Jahr 1933 waren Kautionsabgaben am häufigsten in den südwestlichen sowie in den Landesteilen südlich und entlang des Yangzi, während sie in Nordchina, wo die Zahl der Pächter geringer war als die der Eigentümer, seltener verlangt wurden.[184] Diese zusätzlichen Verpflichtungen wiesen ähnliche Entwicklungstendenzen auf wie die Grundrenten selbst. Der Anstieg der Kautionen hielt vielerorts mit der Erhöhung der Grundrenten Schritt oder erfolgte sogar schneller. In den 30er Jahren übertrafen diese Abgaben die eigentlichen Pachtverpflichtungen um 66%-98% in 7 Kreisen der Provinz Henan, um 9%-32% in 5 Kreisen der Provinz Anhui und sogar um 400%-500% in einem Kreis der Provinz Jiangsu.[185] In 8 Dörfern des Kreises Baoshan, Jiangsu, wurde die Höhe der Kautionen zwischen 1923 und 1932 verdoppelt, stieg bis 1932 auf das Vierfache im Kreis Jiading in derselben Provinz und auf das Dreifache im Kreis Leqing, Anhui.[186] Zwischen 1927 und 1933 wurden die Kautionen in den Kreisen Nantan, Sui und Zaoyang in der Provinz Hubei um jeweils 40%, 25% und sogar 566% erhöht.[187] Pächter im Kreis Baoshan, Jiangsu, wo die Erhebung der Vorauszahlungen zwischen 1923 und 1932 üblich wurde[188], hatten zwischen 10%-70% der an die Grundherren fallenden Ernteanteile bzw. den entsprechenden Geldbetrag im voraus abzuführen. In der Provinz Hubei betrugen diese Auslagen in einem Dorf des Kreises Jingshan 20%, in 7 Dörfern der Kreise Tianmen und Mianyang 50%-100% der den Grundherren zufließenden Pachteinnahmen. Im Kreis Datong, Provinz Shanxi, beliefen sie sich auf zwei Fünftel und im Kreis Suide, Provinz Shaanxi, auf ein Drittel der dortigen Bodenpreise.[189]

Erfüllten die Pächter ihre Rentenverpflichtungen infolge schlechter Ernteergebnisse nicht vollständig, sondern nur zu einem Teil, so war es den Grundherren möglich, die Kautionen und Vorauszahlungen ohne Rückerstattung oder ohne Verrechnung auf die geleisteten Abgaben einzustreichen. Da diese zusätzlichen Verpflichtungen nicht selten ein größeres Quantum an Naturalien oder einen höheren Geldbetrag als die eigentlichen Grundrenten erforderten, bedeutete die Entrichtung nur eines Teils der vereinbarten Pachtabgaben für die Pächter, daß sie einen insgesamt größeren Verlust als nur den durch die Grundrenten hinzunehmen hatten. In solchen Fällen stellten die Kautions- und Vorauszahlungen dann tatsächlich eine Erhöhung der eigentlichen Pachtabgaben dar. Mit diesen Kautions- und Vorauszahlungen verfügten die Grundherren über ein Druckmittel zur Durchsetzung ihrer Pachtforderungen und zur Eintreibung ihrer Pachteinnahmen. Während sie mit diesen Auflagen ihren Pächtern Naturalien oder Geld zur produktiven Verwertung oder konsumtiven Verwendung entzogen, waren sie selbst in der Lage, diese auf Vorschuß angeeigneten Mittel zu eigenen gewinnbringenden Handels- und Darlehenszwecken einzusetzen. So konnte es vorkommen, daß Grundherren an ihre Pächter Naturalien oder Geld zu hohen Kreditzinsen ausliehen oder Getreide zu hohen Preisen vor der Ernte an ihre Pächter verkauften.[190] Einige Zusatzabgaben standen allerdings nicht in einer eindeutigen Beziehung zur Grundrente, sondern galten häufig als Geschenke der Pächter an ihre Grundherren zu besonderen Anlässen, z. B. zum Neujahrsfest oder bei der Verlängerung des Pachtkontraktes. Dieser allem Anschein nach freiwillige Charakter solcher Leistungen verdeckte indessen nur die Abhängigkeit, in der die Pächter sich befanden, sowie die Willkür, mit der die Grundherren derartige Abgaben forderten. Alle diese Zahlungen förderten die Verschuldung der Pächter. Da vor allem landarme und landlose Pächter kaum über Reserven verfügten, waren sie selten imstande, diese Verpflichtungen zu Beginn des jährlichen Produktionszyklus oder bei Pachtverlängerung ohne Kreditaufnahme zu erfüllen. Unter solchen Bedingungen blieb armen Bauern häufig nur übrig, zur Zahlung von Kautionen einen Teil ihrer Ernten auf dem Pachtland im voraus oder, sofern sie Boden besaßen, ihr geringes Eigenland zu verpfänden.

Die Arbeitsrente war von ökonomisch geringerer Bedeutung. Im allgemeinen wurde sie als eine zusätzliche Arbeitsverpflichtung neben der üblichen Entrichtung der Grundrente abgeleistet und umfaßte sowohl produktive Tätigkeiten auf dem Hof oder im Garten der Grundherren (wie das Schlagen von Brennholz) als auch außerwirtschaftliche Dienste wie Sänftetragen und dergleichen.[191] Die im Vergleich zu den vorherrschenden Formen der Grundrente weniger bedeutsame Arbeitsrente bot den Grundherren allerdings günstige Gelegenheiten, sich der Mehrarbeit ihrer Pächter zu bemächtigen. Während die Höhe der Produktenrente relativ zum Gesamtertrag auf dem Pachtland und die der Geldrente in bezug zum Bodenpreis eindeutig bestimmt waren, war die Arbeitsleistung der Pächter häufig weder zeitlich festgesetzt noch auf eine spezifische Art der Verrichtung eingegrenzt. Verschiedenartige Tätigkeiten und die unterschiedliche Dauer ihrer Beanspruchung bestimmten die Intensität der Verausgabung der Arbeitskraft der Pächter sowie den Grad ihrer Ausbeutung durch die Grundherren. Da die Arbeitsleistungen der Pächter in keinem offensichtlichen, eindeutig kommensurablen Verhältnis zur Größe oder Fruchtbarkeit des gepachteten Bodens standen, waren Forderungen der Grundherren oftmals willkürlich. Weitaus verbreiteter als die befristete Arbeitsverpflichtung war nach Informationen aus 1520 Ortschaften in 19 Provinzen aus dem Jahre 1934 die zeitlich nicht fixierte Arbeitsanforderung[192], d. h. daß häufig Grundherren nach Gutdünken oder Bedarf jederzeit von ihren Pächtern die Einlösung von Arbeitsverpflichtungen verlangen konnten. Während die als Arbeitsrente abzustattenden Dienstleistungen die Grundherren der Notwendigkeit enthoben, zur kurzfristigen Verrichtung von Arbeiten im Hof oder im Haushalt ländliche Lohnarbeiter oder Tagelöhner einzustellen, hatte für die Pächter solche zusätzliche und unentgeltliche Beanspruchung ihrer Arbeitskraft zur Folge, daß sie während der von der Landwirtschaft nicht absorbierten Arbeitszeit andere Tätigkeiten gegen Lohn gar nicht oder nur in beschränktem Maße ausüben konnten.

Zwischen den verschiedenen Formen der Rentenabstattung gab es häufig Überschneidungen. Selbst in solchen Fällen, in denen die Pächter die Nutzung des ihnen überlassenen Bodens hauptsächlich durch Arbeit in den Wirtschaften der Grundherren und auch der Großbauern ableisteten, hatten sie zusätzlich noch einen Teil ihrer Erträge auf dem Pachtland als Produktenrente abzuführen. Andererseits gab es Pachtbeziehungen, bei denen landlosen Pächtern zusätzlich zu dem Stück Land, das sie zur Eigenbewirtschaftung erhielten, noch Lohn in Geld oder Naturalien für ihre Arbeitsleistungen in den Wirtschaften der Grundherren oder Großbauern gewährt wurde. Von den Erträgen auf ihrem Pachtland hatten sie keine Abgaben zu entrichten, und mancherorts war der zusätzliche Lohn um so größer, je kleiner das ihnen zur Eigenbewirtschaftung überlassene Land war. In solchen Fällen bezogen Pächter ohne Eigenland ihren Lebensunterhalt in erster Linie aus dem Lohn, der ihnen für ihre Arbeit gezahlt wurde, und zu einem geringeren Teil aus der Bewirtschaftung des Pachtlandes. Solche Pächter, die wie langfristig oder ganzjährig eingestellte Landarbeiter alle Arbeiten in den Wirtschaften der Grundherren und Großbauern zu verrichten hatten, unterschieden sich von diesen hauptsächlich darin, daß sie Pachtland zur Eigenbewirtschaftung erhielten und dessen Erträge zu ihrem Unterhalt nutzen konnten. Insgesamt jedoch stellten diese auf der Nutzung des Bodens und auf Lohn beruhenden Pachtbeziehungen eine Übergangsform von der mit der Arbeitsrente verknüpften Pacht zur Lohnarbeit dar.

Nur mit Vorbehalt ist solchen Untersuchungen zu folgen, die die zur Arbeitsrente verpflichteten Pächter als Landarbeiter bezeichnen und die das Überlassen eines Stück Landes für Arbeitsleistungen mit einer Art der Entlohnung gleichsetzen. Im Kreis Zaoyang, Provinz Hubei, erhielt beispielsweise eine drei- bis vierköpfige Familie für ihre Arbeitsleistungen in der Wirtschaft eines Großbauern, dem es an Arbeitskräften mangelte, 4-6 mu Boden zur Bewirtschaftung sowie eine Unterkunft. Mit den Ernteerträgen auf dem überlassenen Land deckte sie ihren Lebensunterhalt. Eine solche auf der Arbeitsrente beruhende Pachtbeziehung wurde auch aus Kreisen der Provinzen Jiangsu, Henan, Shandong und Shanxi berichtet. Allerdings ist der Quelle nicht zu entnehmen, ob diese landlosen Pächter Saatgut, Inventar oder Spannvieh gestellt bekamen oder für deren Überlassung einen Teil ihrer Ernten abzuführen hatten. Weniger eindeutig war die auf der Arbeitsrente beruhende Pachtbeziehung in solchen Fällen, in denen die Pächter zusätzlich zur Nutzung eines Stück Landes Geld erhielten. In den Kreisen Wuhu, Provinz Anhui, und Lijin, Provinz Shandong, war der Lohn um so geringer, je größer das überlassene Stück Land war, das die Pächter bestellten; im Kreis Pinglu, Provinz Shanxi, war es üblich, daß für jeden mu überlassenen Landes ein halber Yuan vom Geldlohn, über dessen Höhe allerdings nichts berichtet wird, abgezogen wurde. Auch von einer Überschneidung in der Entrichtung der Grundrente wird berichtet. Pächter erhielten als Entgelt für ihre Arbeitsleistungen nur einen bestimmten Teil der Erträge auf dem ihnen zur Nutzung überlassenen Pachtland. Wie bei der Produktenrente wurden die Ernten in festgesetzte Proportionen aufgeteilt. In den Kreisen Dingyuan und Hao, Provinz Anhui, stellten Grundherren oder Großbauern den Pächtern Boden, Saatgut, Düngemittel, Unterkunft und Verpflegung, aber sie zahlten keinen Lohn. Die Pächter hingegen besaßen eigene Geräte. Die Ernteerträge auf dem überlassenen Land wurden abzüglich der Produktionskosten zu etwa gleichen Anteilen geteilt. In Kreisen in der Provinz Shandong jedoch betrug der Anteil an der Ernte auf dem Pachtland, den die Grundherren oder Großbauern einstrichen, 70%-80%.[193]

Die Bodenkonzentration sowie die Erhöhung der Grundrenten während des ersten Drittels dieses Jahrhunderts verschärften den sozialen Gegensatz zwischen Grundherren und Großbauern auf der einen Seite und pachtpflichtigen Kleinbauern mit geringem Eigenland sowie landlosen Pächtern auf der anderen Seite. Die zusätzlich zu den Grundrenten von pachtabhängigen Bauern einzugehenden Verpflichtungen reduzierten das ihnen zur Verfügung stehende Erntequantum erheblich und erforderten selbst bei Einschränkung des Eigenkonsums häufig Kredite zur Aufnahme oder Fortsetzung von Pachtbeziehungen sowie zur Entrichtung der Pachtabgaben im Falle unzureichender Ernteerträge. Die nach Abzug der Renten übrigen Produkte gewährten landarmen und landlosen Bauern nur einen bescheidenen Unterhalt und deckten nach schlechten Ernten kaum den Grundbedarf. Die Aneignung des Mehrprodukts und häufig auch eines Teils des notwendigen Produkts durch die Grundherren erlaubte dem landarmen und landlosen Pächter in der Regel nur eine Wirtschaft auf der Grundlage der einfachen Reproduktion. Die hohen Pachtabgaben, die durchschnittlich die Hälfte der Ernteerträge beanspruchten, entzogen ihnen die Mittel zur produktiven Verwertung und schlossen daher von vornherein eine Steigerung der Produktivität ihrer landwirtschaftlichen Kleinbetriebe aus. Infolge der hohen Abgaben stand ihnen nur ein geringer Teil ihrer Erträge zur Verfügung, den sie auf den Markt bringen konnten, um ihn gegen Subsistenzmittel, die sie selbst nicht erwirtschafteten, auszutauschen. Häufig waren sie gezwungen, sich als Tagelöhner zu verdingen und einen Zusatzverdienst zu erwerben.

II.3. *Lohnarbeit in der Landwirtschaft*

Im Vergleich zur Pacht kam der Lohnarbeit als Produktionsverhältnis in der Landwirtschaft eine untergeordnete Rolle zu. Die geringe Nutzfläche, die den bäuerlichen Haushalten im Durchschnitt zur Verfügung stand, schloß eine mit fremden Arbeitskräften betriebene Landwirtschaft weitgehend aus. Den Grundherren bot die Bewirtschaftung ihres Landes durch landwirtschaftliche Lohnarbeit – im Vergleich zur Verpachtung ihres Bodens – keine größeren ökonomischen Vorteile, da die drängende Nachfrage landarmer Bauern und landloser Pächter um die Nutzung des Bodens ihnen die Eintreibung hoher Grundrenten gestattete. Ohne selbst Auslagen zu produktiven Zwecken zu leisten, konnten sie ihr Einkommen durch willkürliche Erhöhungen der Pachtabgaben oder durch die Erhebung von Zusatzabgaben steigern. Für sie bestand kein zwingender ökonomischer Anlaß, von der Verpachtung ihres Landes an Bauern, die im allgemeinen alle Kosten der Produktion zu tragen hatten, zur Bewirtschaftung ihres Bodens mit Hilfe von Landarbeitern überzugehen. Deshalb war die Konzentration des Bodens im Eigentum der Grundherren nicht mit einer großbetrieblichen, auf Lohnarbeit basierenden landwirtschaftlichen Produktion verbunden. Selbst für wohlhabende Großbauern, die in erster Linie die Träger der Warenwirtschaft auf dem Lande darstellten, war die Verpachtung eines Teils ihres Bodens vielfach gewinnbringender als die Bestellung ihres Landes mit Hilfe von langfristig eingestellten Landarbeitern. Aufgrund ihrer wirtschaftlichen Potenz waren sie im allgemeinen jedoch in der Lage, eigenen ertragarmen Boden an arme Bauern zu verpachten, selbst fruchtbares Land von Grundherren zu pachten sowie eine landwirtschaftliche Produktion zu betreiben, die auf der Ausbeutung von Lohnarbeit beruhte.

Lohnarbeit in der Landwirtschaft wurde einerseits von armen Bauern geleistet, die als Eigentümer oder als Pächter über zu wenig Boden verfügten, die infolge hoher Grundrenten ihren Lebensunterhalt nicht decken konnten und die im Heimgewerbe kein zusätzliches Einkommen erwirtschafteten, andererseits von Landarbeitern, die nur ihre Arbeitskraft zu verkaufen hatten, um ihre Existenz zu fristen. Während für arme Bauern die Lohnarbeit in der Regel eine notwendige Nebenbeschäftigung darstellte, war sie für Landarbeiter die einzige Unterhaltsquelle. Sie fanden Beschäftigung hauptsächlich bei Großbauern und gelegentlich auch bei Mittelbauern sowie bei Grundherren, die ihr Land nicht gänzlich verpachtet hatten. Nur ausnahmsweise waren auch kleinbäuerliche Haushalte genötigt, Aushilfskräfte kurzfristig in Anspruch zu nehmen, dann nämlich, wenn aufgrund hoher Arbeitsanforderungen zur Saat- oder Erntezeit die eigenen Kräfte nicht genügten. Verrichteten solche Haushalte im verwandtschaftlichen oder nachbarschaftlichen Rahmen wechselseitig Aushilfsarbeiten, so handelte es sich um den Austausch von Leistungen, die bei gleicher Inanspruchnahme keine weitere Entlohnung in Geld oder Naturalien erforderten. Da arme Bauern und landlose Pächter in der Regel von ihren eigenen Wirtschaften nicht vollständig beansprucht wurden, verdingten sie sich kurzfristig als Tage- oder Wochenlöhner an wohlhabende Bauern. Infolge des großen Arbeitskräfteangebotes auf dem Lande waren Landarbeiter gezwungen, auf der Suche nach einer Beschäftigung von Dorf zu Dorf zu wandern und Arbeiten zu niedrigen Löhnen zu verrichten. Sie hatten »den längsten Arbeitstag, den niedrigsten Lohn, die schlechtesten Lebensbedingungen und den am wenigsten gesicherten Arbeitsplatz«.[194] Mancherorts verdingten sich Landarbeiter an Kontraktoren, die ihren Arbeitseinsatz organisierten und für ihre Arbeitsvermittlung einen Teil der Löhne als Verdienst einbehielten.[195] Im Unterschied zur Industrie, wo diese Organisation der Lohnarbeit sehr verbreitet war, scheint die Kontraktarbeit in der Landwirtschaft jedoch nicht üblich gewesen zu sein. Ebenso wie die kleinbäuerlichen, mit Arbeitskräften überbesetzten Zwergwirtschaften waren diese wandernden Landarbeiter ein Anzeichen für die Überbevölkerung und latente Arbeitslosigkeit auf dem Lande.

Gewöhnlich boten arme Bauern oder Pächter, die eine zusätzliche Beschäftigung zu ihrer landwirtschaftlichen Tätigkeit suchten, ihre Arbeitskraft den wohlhabenden Großbauern im Dorf oder in der Umgebung an. Da diese Bauern durch ihre Wirtschaften an ihr Dorf gebunden waren, war es ihnen in der Regel nicht möglich, dort Arbeit aufzunehmen, wo in den Stoßzeiten der landwirtschaftlichen Produktion ein größerer Bedarf an Arbeitskräften bestand. In Kreis- oder Marktstädten waren genügend Arbeitskräfte zu finden, die für kurze Zeit, besonders während der Erntezeit, auf den Feldern der umliegenden Dörfer Aushilfsdienste leisteten. Wandernde Landarbeiter, die in den Städten oder auf dem Lande in den Wirtschaften der Großbauern keine feste Anstellung fanden, waren während der arbeitsintensiven Phasen der landwirtschaftlichen Produktion häufig anzutreffen. Unter ihnen gab es auch arbeitssuchende Frauen; in der Umgebung der Stadt Guilin, Provinz Guangxi, wurden nach einem Bericht aus dem Jahre 1934 mehrere Hundert wandernde Landarbeiterinnen zum Pflanzen und Versetzen der Reisschößlinge eingesetzt, während die Ernte von Landarbeitern eingebracht wurde. Wandernde Landarbeiter und arme Bauern auf der Suche nach einem Verdienst waren nach einem Bericht aus einer Gegend in der Provinz Hebei zur Erntezeit auf den Erdnußfeldern beschäftigt, und zur Opiumernte kamen nach einer Information aus dem Kreis Fuling, Provinz Sichuan, Landarbeiter aus der näheren und weiteren Umgebung.[196] Für arme Bauern stellten wandernde Landarbeiter eine Konkurrenz dar, die die Löhne niedrig hielten.[197] Anders als die Wanderarbeiter waren die armen Bauern an ihre Höfe gebunden und hatten die lokalen Löhne zu akzeptieren.

Unter den langfristig oder ganzjährig eingestellten Landarbeitern, die für Lohn Dienste in den Wirtschaften der Großbauern verrichteten, gab es auch solche, die über ein Stück Eigenland verfügten. Diese Arbeiter waren zwar Bodeneigentümer, jedoch stellte der Verkauf ihrer Arbeitskraft für sie das wichtigste Mittel zum Erwerb ihres Lebensunterhalts dar. Informationen aus den Jahren 1932 bis 1934 erwecken den Eindruck, daß diese bodeneignenden Landarbeiter in vielen Gegenden anzutreffen waren. Ihr Eigenland war in der Regel klein, und der Mangel an Inventar, Saatgut, Düngemittel sowie Spannvieh gestattete ihnen kaum, eine eigene Wirtschaft zu führen, sondern veranlaßte sie, sich als Arbeiter zu verdingen. Gemessen an ihrem Eigenland, das beispielsweise im Kreis Wuyi, Provinz Zhejiang, 3-5 mu betrug, war das der wohlhabenden Bauern mancherorts jedoch nur um einiges größer. Die wenigen Angaben aus den Kreisen Ba, Provinz Hebei, Qingping, Provinz Shandong, Lingqin, Provinz Shanxi, Sanyuan, Provinz Shaanxi, führen großbäuerliche Höfe mit einer Fläche von 20-30 mu Boden an, auf denen Landarbeiter tätig waren, die bis zu 10 mu Land hatten. Im Unterschied zu einfachen Landarbeitern erhielten diese Arbeiter jedoch keinen Lohn. Sie bezogen ihren Lebensunterhalt hauptsächlich aus den Ernteerträgen auf ihrem eigenen Boden. Die Arbeitsleistungen dieser bodeneignenden Landarbeiter wurden in der Weise entlohnt, daß die Großbauern entweder deren Boden bestellten oder ihnen Spannvieh und Inventar zur Bebauung der eigenen Nutzfläche überließen. Auf die Ernteerträge, die der Boden der Landarbeiter hervorbrachte, hatten die Großbauern in der Regel keinen Anspruch. Allerdings war es beispielsweise in den Kreisen Boxing und Jiaxing, Provinz Shandong, üblich, daß Auslagen für Saatgut und Düngemittel, die die Großbauern vorgeschossen hatten, von den Arbeitern mit einem Teil ihrer Ernten auszugleichen waren. Im Kreis Wuyi, Provinz Zhejiang, stellten solche Landarbeiter ihre eigenen Düngemittel, und im Kreis Ba, Provinz Hebei, sorgten sie selbst für Saatgut und Dünger.[198]

In diesen Fällen beruhten die Beziehungen zwischen Großbauern und bodeneignenden Landarbeitern auf dem Austausch von Arbeitsleistungen oder wurden in der Weise geregelt, daß den Arbeitern für ihre Leistungen auf den Höfen der Großbauern Spannvieh und Inventar zur Bewirtschaftung ihrer Felder überlassen wurden. Verglichen mit dem Austausch von Arbeitsleistungen im Rahmen der verwandtschaftlichen oder nachbarschaftlichen Hilfe, handelte es sich bei diesen Beziehungen um Ausbeutungsverhältnisse, da die Landarbeiter ganzjährig in den Wirtschaften der Großbauern arbeiteten, diese jedoch nur während kurzer Zeit die Bestellung des Bodens ihrer Arbeiter vornahmen bzw. ihnen nur kurzfristig Spannvieh oder Inventar zur Nutzung überließen.

Die Löhne, die die Landarbeiter erhielten, deckten in der Regel nur das Existenzminimum und waren wesentlich geringer als die, die in der Industrie gezahlt wurden. In Shanghai und Umgebung erhielten zu Beginn der 20er Jahre Textilarbeiter Monatslöhne von 30-47 Yuan, während der monatliche Verdienst eines Landarbeiters nur 5 Yuan betrug. Ähnliche Unterschiede in der Entlohnung industrieller und landwirtschaftlicher Arbeiter wurden aus den Städten Nanjing und Wuxi berichtet, wo das Lohnniveau in der Industrie im Vergleich zu Shanghai jedoch niedriger lag.[199] In der Provinz Jiangsu betrug nach einer repräsentativen Angabe aus den Jahren 1923 und 1924 der Jahresverdienst eines Landarbeiters im Durchschnitt 20-30 Yuan, der Monatslohn schwankte zwischen 3-5 Yuan, und Tagelöhner erhielten in der Regel weniger als 0,2 Yuan.[200] Durchschnittlich höhere Löhne wurden in der Provinz Guangdong gezahlt. In den Jahren 1921 und 1922 verdienten Landarbeiter in 25 Kreisen dieser Provinz 20-50 Yuan, in 14 anderen Kreisen erhielten sie 1927 sogar 50-100 Yuan.[201] Nach der umfassendsten Information über das Lohnniveau in der Landwirtschaft aus den Jahren von 1932 bis 1934, die sich auf Angaben aus 908 Kreisen in 21 Provinzen stützte, betrug der durchschnittliche Jahresverdienst eines Landarbeiters 36,5 Yuan. In der Provinz Fujian wurde der höchste Durchschnittslohn von 67 Yuan, in der Provinz Henan der niedrigste von 21 Yuan gezahlt.[202] Häufig erhielten Landarbeiter neben ihrem Geldlohn auch Unterkunft und Verpflegung während der Zeit ihrer Einstellung. Insgesamt freilich gewährten diese zusätzlichen Vergütungen den Arbeitern nur das Minimum für den Lebensunterhalt.

Die stetigen Preissteigerungen für Konsumgüter während des ersten Drittels dieses Jahrhunderts führten häufig zur Kaufkraftsenkung der Löhne. In den Jahren 1904 bis 1920 stiegen beispielsweise im Kreis Yanshan, Provinz Hebei, die Preise für Mais, Gaoliang, Weizen und Sojabohnen durchschnittlich um das Vierfache, während die Löhne nur um die Hälfte zunahmen.[203] Wesentlich mehr Daten über die Verschlechterungen der Lebensbedingungen der Landarbeiter liegen aus den 30er Jahren vor. Aus vielen Kreisen verschiedener Provinzen wurden Lohnkürzungen von 50% und mehr berichtet. In Kreisen der Provinz Hebei fielen in der Zeit von

1929 bis 1934 die Jahreslöhne der Landarbeiter von 50-60 Yuan auf 25-30 Yuan. In Jinhua, Provinz Zhejiang, sanken zwischen 1932 und 1936 die Tageslöhne, die während der Saat- und Erntezeit gezahlt wurden, von 0,5 Yuan auf 0,2 Yuan, und die Jahreslöhne fielen von 55 Yuan auf 25 Yuan. Der Ruin vieler armer Bauern drückte in der Provinz Guangxi das Lohnniveau infolge des großen Überangebotes an billigen Arbeitskräften.[204]

Vom Sinken der Löhne und von der Verminderung der Kaufkraft angesichts schnell steigender Preise für Unterhaltsmittel wurden neben den Landarbeitern auch arme Bauern auf geringem Eigenland sowie landlose Pächter hart getroffen, die infolge hoher und häufig zunehmender Pachtabgaben dringend auf einen Zusatzverdienst angewiesen waren. Lohnreduzierungen und Grundrentenerhöhungen trieben diese Bauern an den Rand des Ruins, veranlaßten sie zur Aufnahme von Anleihen oder zwangen sie zur Aufgabe ihrer Höfe. Sie stießen dann zu den wandernden Landarbeitern, die jede Arbeit zu den niedrigsten Löhnen verrichteten. Von dem ständig vorhandenen Überschuß an billigen Arbeitskräften profitierten Großbauern sowie die Grundherren und Mittelbauern, die gelegentlich Landarbeiter einstellten, während arme Bauern und landlose Pächter unter dem Konkurrenzdruck der niedrig entlohnten Landarbeiter ihren dringend benötigten Nebenverdienst einbüßten.

III. Die Pauperisierung der Bauern

III.1. Verschuldung und Wucher

Von der Pauperisierung waren in erster Linie landarme und landlose Pächter betroffen, die ihre Betriebe auf unrationell kleinen Nutzflächen führten, die nach Abzug der hohen Grundrenten gerade, vielfach aber kaum die Auslagen für die einfache Reproduktion decken konnten, die im Falle der Produktion für den Markt dem nichtäquivalenten Warenaustausch unterworfen waren und die durch den Niedergang des einen lokalen Markt versorgenden Heimgewerbes ein zwar wenig gewinnbringendes, aber notwendiges Nebeneinkom-

Tab. 8: Einnahmen und Ausgaben bäuerlicher Haushalte[205]

Provinz, Kreis	Einnahmen aus Landwirtschaft	Einnahmen aus Nebengewerbe*	Ausgaben für Grundrente	Ausgaben für Produktion	Ausgaben für Konsum	Bilanz
Jiangsu, Wuxi						
1923(a)	170	64	6^{x}	**	268	−40
Yixing						
1927(b)	54	**	16	29	37	−28
Nantong						
1929(c)	33	20	27	10	**	16
Changshu						
1933(d)	102	**	33	74	**	− 5
Zhejiang, Wuyi						
1934(e)	136	**	52	23 (15)	97	−51
Anhui, Wuwei						
1931(f)	194	20	**	60	209	−55
Huoqiu						
1931(g)	205	20	**	75	180	−30
Hubei, Huangan Chengzhuan						
1935(h)	58	26	16^{xx}	2	75	− 9
Hebei, Beitang						
1934(i)	90	**	40	30	35	−15
Baodi						
1934(k)	90	**	36	65		−11
Guangxi, Yulin						
1933(l)						
1:	320	**	56	85	214	−35
2:	270	**	68	67	184	−49
3:	166	**	39	33	144	−50
Sichuan, Chengdu						
1926(m)	554	**	348	80	138	−12
ohne Ort						
1933(n)	260	15	148	14	120	− 7
Guangdong, ohne Ort						
ohne Jahr (p)	162	**	80	25	66	− 9

* = einschließlich Heimgewerbe
** = keine Angaben
x = anstatt Grundrente Grundsteuer
xx = Grundrente und Grundsteuer

men verloren. Zusammen mit natur- oder kriegsbedingten Unterbrechungen der landwirtschaftlichen Produktion trieben diese ökonomischen Bedingungen wirtschaftlich schwache Bauern an den Rand des Ruins. »Einfach gesagt, besteht das wesentliche Problem in den chinesischen Dörfern darin, daß das Einkommen der Dorfbewohner auf ein solches Maß reduziert worden ist, daß es noch nicht einmal ausreicht, die Ausgaben für die Mindesterfordernisse des Lebensunterhaltes zu decken. Die wirkliche Frage ist der Hunger der Menschen.«[206] Daß arme Bauern Kredite aufnahmen, um ihre Pachtabgaben zu entrichten, um ihre Grundsteuern zu zahlen, sofern sie über Eigenland verfügten, oder einfach um ihren Lebensunterhalt zu decken, war eine häufige Erscheinung, aber anstatt damit ihre Situation zu verbessern, verstrickten sie sich noch stärker in Armut. Über Kreditschuld und Wucher verloren arme Bauern bei Rückzahlungsunfähigkeit ihren verpfändeten Boden an ihre Gläubiger und lebten als Landarbeiter oder landlose Pächter, denen bei Nichteinhaltung der Pachtverpflichtungen jederzeit die Vertreibung vom Land drohte.

Diese Angaben sind zwar nicht repräsentativ, zeigen aber dennoch deutlich, daß das Einkommen pachtpflichtiger Bauern häufig zu gering war, um nach Abzug der Grundrenten die Ausgaben für den Unterhalt und die Auslagen für produktive Zwecke zu decken. »Offensichtlich«, so urteilt Buck, »würde es den Pächtern finanziell besser [. . .] gehen, wenn sie das Land, das sie gegenwärtig bewirtschaften, eignen würden, wenn sie es so gut wie jetzt bestellen würden und wenn sie ohne die Aufsicht der Grundherren arbeiten könnten.«[207] Während der mehrmonatigen Reifungsphase mußten in der Regel Kleinbauern auf geringem Eigenland und landlose Pächter ihre Unterhaltsmittel durch Kredite ergänzen. Da selbst die einfache Reproduktion durch Grundrenten oft stark beeinträchtigt wurde, nahmen arme Bauern im allgemeinen Kredite zum Kauf von Nahrungsmitteln bzw. in Form von Getreide auf, weiterhin zur Tilgung von Pacht- oder Darlehensschulden sowie zur Begleichung der Grundsteuern, sofern sie über eigenen Boden verfügten. Wenn hingegen wohlhabende Großbauern, die im allgemeinen weniger der Gefahr der

Verschuldung ausgesetzt waren und genügend Überschüsse erwirtschafteten, um häufig selbst als Gläubiger aufzutreten, dennoch Kredite aufnahmen, dienten sie ihnen im Unterschied zu armen Haushalten in der Regel zur Erweiterung ihrer Wirtschaften, nicht zur Sicherung ihrer Subsistenz. Ihr Risiko, durch den Wucher ruiniert zu werden, war demnach gering.

Nach Informationen aus 850 Kreisen in 22 Provinzen aus dem Jahre 1933 hatten 55,5% aller Haushalte Geldschulden, und 48% hatten Getreideanleihen aufgenommen.[208] Stichprobenartige Erhebungen unterstreichen, daß die Verschuldung landloser Pächter größer war als die pachtpflichtiger Kleinbauern auf geringem Eigenland, deren Bedarf an Geld- oder Getreidekrediten wiederum den von Großbauern oder Mittelbauern übertraf. Generell galt, daß die Verschuldung der einzelnen bäuerlichen Klassen in umgekehrtem Verhältnis zu ihrem Eigentum an Produktionsmitteln stand. So waren 1933 von den Schuldnern in 10 Dörfern des Kreises Fanyu, Provinz Guangdong, 11% Großbauern, 22% Mittelbauern und 67% arme Bauern; 1934 zählten in 21 Dörfern in 6 Kreisen der Provinz Guangxi 2% der Kreditnehmer zu den Großbauern, die ihre Darlehen zu 68% in Geld aufnahmen, 9% zu den Mittelbauern und 89% zu den armen Bauern, die ihre Anleihen zu 72% in Getreide empfingen. Im Kreis Ding, Provinz Hebei, waren 1933 Kredite zu 13% an Großbauern, zu 24% an Mittelbauern und zu 63% an arme Bauern vergeben. Nach Angaben aus den Provinzen Hebei, Hubei, Anhui und Jiangxi waren von 852 untersuchten Haushalten 71% verschuldet; Pächter hatten zu 78% ein Darlehen aufgenommen, das zu 94% für konsumtive, aber nur zu 6% für produktive Zwecke verwandt wurde. Selbstwirtschaftende Bauern (die vorliegende Information gestattet keine nähere Differenzierung) waren immerhin noch zu 63% kreditverschuldet und verausgabten ihre Anleihen zu 93% für ihren Unterhalt.[209] Die Untersuchungen Bucks von 1929 bis 1933, die die Tendenz dieser wenigen Angaben bestätigen, ergaben, daß Darlehen lediglich zu 24% als produktive Auslagen, zu 76% jedoch konsumtiv genutzt wurden.[210]

Auf dem Lande befand sich das Leih- und Wucherkapital in erster Linie in den Händen der großen Bodeneigentümer.

Neben den Grundherren, Großbauern und Händlern sowie den als Darlehensgeber weniger bedeutenden Dorfläden und dem örtlichen Pfand- und Geldverleih spielten Banken und Kreditgenossenschaften eine verschwindend geringe Rolle. Die Kreditgenossenschaften hatten zwar bis in die 30er Jahre mit staatlicher Unterstützung einen rapiden Aufschwung zu verzeichnen[211], konnten jedoch keinen entscheidenden Beitrag zur Behebung der bäuerlichen Kreditschwierigkeiten leisten. Denn auch in diesen Institutionen dominierten häufig Grundherren oder Händler, die selber billige Darlehen aufnahmen, um sie mit hohen Zinssätzen an arme Bauern zu verleihen.[212] »Bis 1937 hatte die Genossenschaftsbewegung ihr Ziel verfehlt, die finanziellen Nöte der Bauern zu erleichtern. Tatsächlich wirkte sie zum Vorteil weniger der Dorfarmen als der ländlichen Elite. Die Genossenschaften änderten nicht [. . .] die hauptsächliche Form der Anleihe. [. . .] Mitglieder der ländlichen Elite – Grundherren, Großbauern und Händler – kontrollierten die Genossenschaften, und sie befanden darüber, wer und zu welchen Zinsraten Anleihen erhielt. [. . .] Gewöhnliche Bauern [. . .] wurden als Sicherheitsrisiko betrachtet, und die von ihnen geforderten Zinsraten waren oft doppelt so hoch.«[213] An der Vergabe von Darlehen beteiligten sich nach Informationen aus 22 Provinzen aus dem Jahre 1934 Händler zu 25%, Grundherren zu 24%, Großbauern zu 19%, Dorfläden zusammen mit dem lokalen Pfand- und Geldverleih zu 27%, Banken und Genossenschaften zu 5%. Während in den Landesteilen entlang und südlich des Yangzi, wo die Konzentration des Bodeneigentums weit vorangeschritten war, Grundherren den Kreditmarkt beherrschten und mancherorts selbst die von Großbauern gewährten Anleihen prozentual die der Händler übertrafen, waren diese in den nördlichen Regionen die Hauptgläubiger bäuerlicher Schuldner.[214]

Ihre Kontrolle der lokalen Waren- und Geldmärkte versetzte Händler, Grundherren und Großbauern in die Lage, über die Vergabe von Darlehen zu wucherischen Zinssätzen sich einen Teil des bäuerlichen Produkts anzueignen, Naturalien einzutreiben, die – wie die Einnahmen aus der Bodenverpachtung – zu Handels- oder zu erneuten Wuchergeschäften ausgegeben werden konnten, sowie Geld einzuziehen, das in

Land angelegt werden konnte. Der Wucher beschleunigte die Trennung der bäuerlichen Schuldner von ihrem Eigenland, das sie günstigstenfalls als Pächter weiterhin bewirtschafteten[215], und trieb die Konzentration des Bodens im Eigentum der lokalen oder in Kreis- und Handelsstädten ansässigen Händler und Grundherren voran. Da auch das städtische Leihkapital von der Kreditnot auf dem Lande profitierte, sich des Bodens verschuldeter Bauern bemächtigte und seine Wucherprofite durch Pachteinnahmen steigerte, erhielt der Absentismus starken Auftrieb.[216] Die Beziehungen zwischen Gläubigern und bäuerlichen Schuldnern waren wie die zwischen Grundherren und Pächtern von Willkür und Gewalt gekennzeichnet. Zur Durchsetzung ihrer Ansprüche standen den Wucherern Darlehenseintreiber zur Seite, gegen deren Forderungen die Schuldner keinen Widerstand leisten konnten. »Gewöhnlich zu unwissend, um den Schutz des Gesetzes zu suchen«, und ohne Unterstützung von seiten anderer Dorfbewohner[217] mußten sie die ihnen diktierten Verpflichtungen bei Gefahr des Verlustes ihres geringen Bodeneigentums, ihrer persönlichen Habe, selbst ihrer Familienangehörigen und im äußersten Falle ihres Lebens erfüllen.[218]

Bei der Aufnahme von Darlehen konnten Kleinbauern auf geringem Eigenland außer ihrem geringen Bodeneigentum, ihrem einfachen Inventar bzw. ihrer persönlichen Habe kaum eine andere Sicherheit als die zu erwartende Ernte bieten; landlosen Pächtern blieb bei Kreditaufnahme fast nur die Verpfändung ihrer Erträge. Zusammen mit den hohen Grundrenten bildete der Wucher den wirkungsvollsten Hebel zur Pauperisierung und Expropriierung der meist pachtpflichtigen armen Bauern auf Eigenland. Indem hohe Grundrenten sie zur Aufnahme von Krediten zwangen, verstrickten sie sich in eine Verschuldung, die bei Rückzahlungsunfähigkeit häufig nur durch den Verlust ihres Landes zu lösen war. In diesem Prozeß, der arme Bauern in ständigem Elend gefangenhielt, begünstigten sich Grundherrschaft und Wucherkapital in ihrer oft personellen Verflechtung wechselseitig. Dieser auf der Ausbeutung durch die Grundrente und durch den Wucher beruhende Mechanismus der Verelendung war in erster Linie für die Zunahme des Anteils der landlosen Pächter und der Landarbeiter an der bäuerlichen Bevölkerung verantwortlich.

Da die Kredite überwiegend mit einem Teil der Ernteerträge zurückgezahlt wurden, war die Laufzeit der Darlehen im allgemeinen dem landwirtschaftlichen Produktionszyklus angepaßt. Häufig betrug sie weniger als ein Jahr. Kurze Laufzeiten bedeuteten für die Wucherer, daß sie die Gefahr, ihre verliehenen Mittel durch Insolvenz ihrer Schuldner zu verlieren, geringhalten konnten. Da in der Regel die Zinssätze für Getreidedarlehen die für Geldkredite übertrafen, wurden gerade die Bauern benachteiligt, die nach Abzug der Grundrenten über ein ohnehin geringes Quantum an Naturalien verfügten. Nach 22 Provinzen betreffenden Informationen aus den Jahren 1933 und 1934 betrugen die üblichen Zinsraten für Getreideanleihen monatlich 7,1% und beliefen sich jährlich auf 85,2%. 67% aller Gelddarlehen waren mit einem jährlichen Zinssatz von 20%-40% belastet, und 24% aller verborgten Barbeträge erbrachten einen Kreditgewinn von 40% und mehr auf die vorgeschossene Summe. Die für Getreidedarlehen erhobenen Zinssätze waren regional sehr unterschiedlich; sie reichten von jährlich 179% in der Provinz Shenxi, 140% in Ningxia und 131% in Guangxi bis zu den unter dem landesweiten Durchschnitt liegenden Raten von jährlich 40% in Hebei, 42% in Shandong und 48% in Zhejiang. Zinssätze von 40% und mehr auf Geldanleihen mußten von über der Hälfte aller Schuldner in den Provinzen Ningxia, Shaanxi, Suiyuan und Gansu aufgebracht werden. Abgesehen von einigen Ausnahmen lagen die Kreditraten in den Weizenanbaugebieten nördlich des Yangzi insgesamt höher als in den südlichen Regionen der Reiskultur.[219] Daß dort aber neben der höheren Bodenfruchtbarkeit auch, wie Buck meint[220], die stärkere Entwicklung von Handel und Verkehr der entscheidende Faktor für niedrigere Zinssätze als im Norden gewesen sei, ist angesichts der Tatsache, daß gerade im Süden die Grundherren am häufigsten, das Handels- und Bankkapital in nur geringem Maße Kredite vergaben, zu bezweifeln.

Die mittels hoher Zinsforderungen erfolgende Aneignung eines großen Teils des Mehrprodukts und sogar des notwendigen Produkts der bäuerlichen Schuldner war indessen nur ein Aspekt des Wuchers. Ohne die bei Darlehensabschluß vereinbarten Zinssätze während der Laufzeit zu erhöhen, war es den Gläubigern möglich, noch erheblich größere Rückzahlungen als das um seine Zinsen vermehrte Quantum an vorgeschossenen Naturalien einzustreichen. Die große Spannweite der Getreidepreise innerhalb eines Jahres bildete eine günstige Voraussetzung für die Übervorteilung der bäuerlichen Schuldner. Da nach der Ernte die Preise niedrig lagen, mußte ein größeres Quantum zurückgezahlt werden, dessen Marktpreis dem der geringeren Getreidemenge vor der Ernte, d. h. zum Zeitpunkt der Kreditaufnahme, entsprach. In solchen Fällen, in denen die Werte der Naturaldarlehen an den Marktpreisen ausgerichtet waren, nahm das rückzuzahlende Quantum in dem Maße zu, in dem die Preise sanken. Zuzüglich zu diesem Quantum wurden noch Zinsen erhoben. Während die Gläubiger aus den saisonalen Preisschwankungen Nutzen zogen, bewirkten diese Methode der Darlehensberechnung und der Zeitpunkt der Rückzahlung, daß den bäuerlichen Schuldnern, abgesehen von den Zinsen, eine größere Menge Getreide als die bei Kreditaufnahme erhaltene entzogen wurde. Wurden Geldanleihen aufgenommen und nach der Ernte in Naturalien zurückgezahlt, so war der Sturz der Agrarpreise für die Schuldner in gleicher Weise verhängnisvoll. Abgesehen von den Zinsen hatten sie ein wesentlich höheres Getreideentgelt für das ihnen gewährte Darlehen zu entrichten, als sie für diese Summe auf dem Markt zur Zeit hoher Preise hatten kaufen können.[221] Offensichtlicher als die aus dem Fallen der Agrarpreise resultierende indirekte Erhöhung der Darlehenszinsen waren solche Praktiken wucherischer Kreditvergabe, bei denen ein bestimmter Geldbetrag oder ein bestimmtes Quantum an Getreide von der Anleihe im voraus abgezogen, die Zinsraten aber auf die volle Summe oder auf die volle Menge berechnet wurden.[222] Betrügerischen Manipulationen waren die Schuldner auch dann unterworfen, wenn die Qualität der rückzuzahlenden Naturalien nach Ansicht der Gläubiger nicht mit der des geliehenen Getreides übereinstimmte und durch Aufschläge zuzüglich zu den Zinsen auszugleichen war. Diese und andere betrügerischen Maßnahmen erklären die zahlreichen Beispiele für außerordentlich hohe Kreditrückzahlungen.

In den Laufzeiten der Kredite und der Höhe ihrer Zinssätze herrschten große Unterschiede. Üblich war beispielsweise nach Informationen aus dem Jahre 1926 in Kreisen in der

Provinz Guangdong, daß eine Anleihe von 1 Yuan nach der Ernte mit 4-5 Scheffel Getreide, deren Wert 3 Yuan betrug, rückzahlbar war, daß in der Umgebung von Kanton ein Kredit von 1 Yuan bei einer einmonatigen Laufzeit einen Gewinn von 1 Yuan und bei einer dreimonatigen Laufzeit einen Gewinn von 3 Yuan brachte. Auch kam es vor, daß bei einer vereinbarten Anleihe von 1 Yuan nur 0,9 Yuan ausgezahlt, 1,3 Yuan aber nach einem Monat zurückzuzahlen waren. In Kreisen dieser und anderer Provinzen, in denen diese oder ähnlich hohe Kreditforderungen verbreitet waren, waren monatliche Belastungen von 10%, 20% oder 30% durchaus üblich, und Zinsraten von 50% und mehr pro Monat waren keine Seltenheit.[223] Nach Angaben aus dem Jahre 1935 hatten im Kreis Wujin, Provinz Jiangsu, Haushalte, die einen Scheffel Reis für die Dauer eines Jahres borgten, die dreifache Menge als Zinsen zu entrichten. Die monatliche Forderung für 1 Yuan betrug 100% im Kreis Nantong. Im Kreis Changshu strich der Kreditgeber für ein entliehenes Picul Reis (1 Picul = 60,5 kg) nach sechs Monaten die Hälfte dieser Menge als Zinsgewinn ein, und im Kreis Xuzhou war ein auf zwei Monate vorgeschossener Barbetrag von 10 000 Yuan rückzahlbar mit täglich 200 Yuan.[224]

Nur drängende Not konnte arme Bauern veranlassen, angesichts hoher Zinsraten und kurzer Kreditlaufzeiten ein Darlehen aufzunehmen. Ein Bericht aus dem Jahre 1935 über die Kreditbedingungen in Tunliu, Provinz Shanxi belegt, daß der Zinssatz um so höher lag, je ärmer die anleihebedürftigen Bauern waren.[225] Da die Darlehen überwiegend zum Konsum verwandt wurden, waren arme Bauern kaum imstande, mit diesen Mitteln angesichts der hohen Zinsbelastung und der durchschnittlich kurzen Laufzeit ihre Lage langfristig zu verbessern. »Ständige Verschuldung ist eher die Regel als die Ausnahme. Sie verpfänden ihre Ernte im Sommer, ihre Ackergeräte im Winter und ihre Haushaltsgegenstände während des ganzen Jahres.«[226] Unter solchen Umständen bedeutete die Aufnahme von Darlehen für arme Bauern nur ein Hinauszögern ihres wirtschaftlichen Zusammenbruches, der in dem Maße näherrückte, wie zur Tilgung alter Schulden neue Verpflichtungen einzugehen waren. Nur überdurchschnittlich gute Ernteergebnisse bei günstigen Pachtbedingungen versetzten sie momentan in die Lage, sich der Forderungen ihrer Gläubiger zu entledigen und überdies genügend Unterhaltsmittel zurückzulegen, um ohne erneute Verschuldung die Monate bis zur nächsten Ernte zu überbrücken. Der hohe Anteil verschuldeter Haushalte an der bäuerlichen Bevölkerung gestattet die Annahme, daß solche günstigen Bedingungen nur in Ausnahmefällen zutrafen. Überdies war es pachtpflichtigen Bauern angesichts der vielerorts herrschenden personellen Verflechtung von Grundherrschaft und Wucherkapital häufig unmöglich, bei Erhöhung der Grundrenten sich der Aufnahme von Krediten und der daran geknüpften wucherischen Überforderung zu entziehen. Im Zusammenwirken dieser zwei Arten der Ausbeutung verloren Kleinbauern ihr Eigenland, dessen Aneignung für Grundherren, Händler und Großbauern, die Kreditgeschäfte betrieben, die sicherste und gewinnträchtigste Investition ihres Leihkapitals darstellte.

III.2. *Die Ausbeutung der Bauern durch die Grundsteuer*

Während des ersten Drittels dieses Jahrhunderts nahm die Steuerlast, die die Bauern zu tragen hatten, fortwährend zu. Die Verpflichtungen, die die jeweilige chinesische Regierung zur Zahlung von Kriegsentschädigungen und Kreditschulden an ausländische Mächte eingehen mußte, erforderten wachsende Steuereinnahmen. Allein zwischen 1894 und 1912 erreichten Auslandsanleihen mehr als 1 Milliarde Silbertaels.[227] Nach der Entthronung der Qing-Dynastie 1911 trieben Militärmachthaber Steuern zur Besoldung ihrer Armeen ein. Auch von der Guomindang-Regierung wurde in den 30er Jahren ein Großteil der Steuereinnahmen für militärische Zwecke ausgegeben. Zwischen 1928 und 1934 verschlangen Militärausgaben mehr als 40% der jährlichen Steuereinnahmen, die die Guomindang in den Gebieten unter ihrer Herrschaft erzielte.[228] Weitere Ausgaben dienten der Rückzahlung ausländischer Anleihen oder wurden für wirtschaftliche Projekte wie beispielsweise für den Ausbau des Verkehrsnetzes verwandt[229], aber ein beträchtlicher Anteil der Steuereinnahmen verschwand in den Taschen der Administration. Insgesamt beanspruchten »Militärausgaben und Korruption [...] einen ziemlich großen Teil der Einkünfte. Ein weiterer Teil der zunehmenden Steuern wurde einfach dazu ausgegeben, die lokale Bürokratie zu stärken, damit sie Steuern einziehen konnte, um eine vergrößerte Bürokratie zu unterhalten.«[230]

Die administrative Einheit, die die Grundsteuern einzog und einen Teil der Gesamteinnahmen an die Provinzregierungen weiterleitete, war die Kreisverwaltung, bei der das Bodeneigentum der bäuerlichen Haushalte registriert war. In den 30er Jahren bezogen die Provinzregierungen und Kreisverwaltungen ihre Einnahmen zu 50%-90% aus der Grundsteuer.[231] Wenn diese Einkünfte die Ausgaben nicht deckten, wurden wie in früheren Jahren Zusatzsteuern erhoben. Die eigentliche Grundsteuer wurde um weitere Forderungen erhöht und diese wurden – wie für Kreise in der Provinz Shandong belegt – gesondert eingezogen.[232] Nach einem Gesetz aus dem Jahre 1912 sollten die Zusatzsteuern nicht mehr als 30% der Grundsteuer betragen, aber unter der Herrschaft der Militärmachthaber wurden den Bauern stetig neue und höhere Abgaben auferlegt.[233] Zwar erklärte die Guomindang 1934 die Abschaffung der Zusatzsteuern zu einem ihrer landwirtschafts-politischen Ziele[234], die Verwirklichung dieser Zielsetzung erscheint jedoch zweifelhaft. Um sich drückender Steuerlasten zu entziehen, griffen die Bauern zur Selbsthilfe, indem sie den Kreisverwaltungen falsche Angaben über die Größe ihres Bodeneigentums machten. Wenn sie Land erwarben, gaben sie eine geringere als die tatsächlich gekaufte Bodenfläche an. Da auch der Kauf und die Verpfändung des Bodens wie beispielsweise in der Provinz Hebei mit einer Steuer, deren Höhe sich nach dem Preis des gekauften oder gepfändeten Landes richtete, belegt wurden, versuchten Bauern, dieser Art der Besteuerung durch eine Unterbewertung des Landes entgegenzuwirken.[235] In welchem Zustand sich die Katasterverhältnisse noch in den 30er Jahren befanden, veranschaulicht folgendes Urteil: »In vielen Kreisen gibt es keine Grundbücher und Steuerverzeichnisse. Es ist unmöglich, für das ganze Land herauszufinden, wieviel Boden besteuert wird und welche Steuersätze erhoben werden.«[236]

Nach einem Überblick, der sich auf Angaben aus 1020 Kreisen in 22 Provinzen stützt, stieg während der Zeit von 1912 bis 1931 die Grundsteuer einschließlich der Zusatzabgaben durchschnittlich um 69% auf bewässertem Boden, um

61% auf flachem Trockenboden und um 64% auf hügeligem Trockenboden. Bis 1934 hatte sie im Vergleich zu 1912 entsprechend der Bodenqualität um jeweils 83%, 79% und 82% zugenommen. Bezogen auf das Stichjahr 1931, war diesen Informationen zufolge in den Jahren 1935 und 1936 eine Verringerung der Grundsteuer in den meisten der nördlichen Provinzen festzustellen, während sie in den Provinzen entlang und südlich des Yangzi weiterhin über dem landesweiten Mittel lag.[237] Diese Daten lassen im einzelnen jedoch nicht erkennen, in welchem Maße die Zusatzsteuern zur allgemeinen Erhöhung des bäuerlichen Gesamtsteueraufkommens vor 1934 beigetragen hatten. Im Jahre 1934 wurden in 24 Provinzen insgesamt 673 Zusatzsteuern gezählt, davon 147 allein in der Provinz Jiangsu, 73 in Zhejiang, jeweils 61 in Hubei und Jiangxi und immerhin noch mehr als 40 in Hebei und Henan.[238]

Im Jahre 1925 hatten Bauern in der Provinz Guangdong Abgaben zu entrichten u. a. zur Unterstützung der Armee und des Nordfeldzuges, für die Aufstellung von verschiedenen Milizeinheiten, zur Bekämpfung von Partisanen, für die lokale Selbstverteidigung und Selbstverwaltung sowie zur Zahlung von Kriegsentschädigungen aus der Zeit des Boxer-Aufstandes. Aus einigen Kreisen dieser Provinz wurde im Jahre 1926 berichtet, daß die Selbstschutzeinheiten zu Organen der Steuereintreibung umfunktioniert worden waren. Nach einer Information aus Shandong aus dem Jahre 1925 lasteten die Steuern zur Finanzierung der in dieser Provinz stationierten Truppen besonders schwer auf den Bauern. Neben der Sondersteuer für das Militär wurden ihnen noch drei weitere Abgaben auferlegt, die für die Errichtung von Militärlagern, für die Anschaffung von Waffen sowie für die Versorgung der Truppen mit Schuhwerk bestimmt waren.[239]

Unter der Herrschaft der Guomindang hatten Bauern in der Provinz Zhejiang während der Jahre von 1928 bis 1933 Sonderzusatzsteuern und einfache Zusatzsteuern zu zahlen, die ökonomischen, administrativen, militärischen und pädagogischen Zwecken dienen sollten. Mit jeweils einer Steuer sollten der wirtschaftliche Aufbau, Wasserbauprojekte und der Straßenbau gefördert werden. Kapital war von den Bauern aufzubringen für die Landwirtschaftsbank und für öffentliche

Fonds. Die Durchführung der Bodenvermessung sowie der Plan zur einheitlichen Festsetzung der Grundsteuer sollten mit zwei weiteren Abgaben finanziert werden. Außerdem wurde eine Zusatzsteuer zur Insektenbekämpfung erhoben. Steuern wurden den Bauern zur Finanzierung der Kreisverwaltung, der lokalen Selbstverwaltung sowie der Polizei auferlegt. Allein vier verschiedene Abgaben sollten der Bildung und Erziehung dienen, und weitere zwei Zusatzsteuern waren für die Armenunterstützung und für die Wohlfahrt abzuführen. Zwei Steuern wurden zur Anschaffung von Flugzeugen sowie zur Unterstützung einer Friedensarmee erhoben.[240] Daß der Druck dieser Zusatzsteuern, von denen einige ihrer Zielsetzung nach einer Verbesserung der Verhältnisse auf dem Lande dienen sollten, eher das Gegenteil bewirkte, steht außer Frage.

Untersuchungen in vielen Gegenden kommen zu dem Ergebnis, daß die Zusatzsteuern schneller stiegen als die eigentliche Grundsteuer, ja, diese häufig weit übertrafen. Im Kreis Nantong, Provinz Jiangsu, betrug die Grundsteuer während der Jahre von 1912 bis 1926 1,8 Yuan pro mu Boden, die Zusatzsteuer indessen stieg von einem verschwindend geringen Betrag (0,005 Yuan) auf 4,6 Yuan. Insgesamt nahm in dieser Zeit die Gesamtgrundsteuer um mehr als 200% zu.[241] Während zwischen 1901 und 1927 im Kreis Ding, Provinz Hebei, die Grundsteuer um 63% anstieg, wuchs die Zusatzsteuer jedoch allein in den beiden Jahren 1926 und 1927 um das Zehnfache. Diese plötzliche und rapide Steigerung der Zusatzsteuern war zweifellos auf den enormen Steuerbedarf der Militärmachthaber im Norden zurückzuführen. Nach einer anderen Information betrug 1927 in Kreisen im Süden dieser Provinz die Steuer 26 Yuan pro mu Boden.[242] In einigen Kreisen in Hunan übertrafen 1930 und 1931 die Zusatzsteuern die Grundsteuer, die sich auf 2,4-2,6 Yuan pro mu Boden belief, um mehr als das Vierfache. Jedoch sollen nach einer anderen Information aus dieser Provinz solche Zusatzabgaben, die die Grundsteuer um das Zehnfache überragten, am verbreitetsten gewesen sein.[243] Aus der Provinz Anhui, wo in mehr als der Hälfte aller Kreise die Zusatzsteuern die Grundsteuer übertrafen, wurde berichtet, daß die zusätzlichen Steuereinnahmen im Kreis Xiuning um fast 100% während der Jahre von 1929 bis 1933 und im Kreis She fast um das

Vierfache zwischen 1928 und 1933 gestiegen waren.[244] Besonders bedrohlich für die Existenz der Bauern war die Erhöhung der Steuerlasten in der Provinz Sichuan. Im Kreis Jian beispielsweise wurde zwischen 1912 und 1924 jährlich eine Grundsteuer erhoben, die durchschnittlich 83 000 Yuan erbrachte; zwischen 1925 und 1931 waren im Jahr bereits drei Steuern mit einem Gesamtbetrag von knapp 250 000 Yuan zu entrichten, und zwischen 1932 und 1934 waren pro Jahr sechs Steuern mit einer Gesamtsumme von knapp 500 000 Yuan aufzubringen. Hinzu kamen Zusatzsteuern, die sich im Kreis Jiangjin im Jahre 1927 auf 3 Yuan, im Jahre 1936 jedoch auf 36 Yuan pro mu Boden beliefen. Nach einer anderen Angabe betrug die Grundsteuer in der Provinz Sichuan im Jahre 1915 im Durchschnitt 1,6 Yuan pro mu Boden, im Jahre 1932 hingegen 20 Yuan. Von einer Erhöhung der Steuerlasten um das Dreizehnfache bzw. um das Dreißigfache zwischen 1912 und 1933 wurde auch aus Gebieten in der Provinz Shenxi berichtet.[245]

Neben einer Vielzahl von Zusatzabgaben hatten die Bauern häufig ihre Grundsteuern für mehrere Jahre im voraus zu leisten, um die finanziellen Anforderungen der Militärmachthaber oder einer sich vergrößernden lokalen Bürokratie zu erfüllen. In den 20er Jahren war in Kreisen verschiedener Provinzen die Eintreibung der Steuer für 2-5 Jahre im voraus durchaus üblich. In der Provinz Guangdong wurde im Herbst 1925 die Steuer für 3 Jahre im Kreis Jiaying und für 5 Jahre im Kreis Haifeng auf einen Schlag erhoben. In der Provinz Fujian wurde die Steuer im Kreis Zhangzhou für 5 Jahre im Herbst 1925 eingetrieben, im Herbst 1926 hatten Bauern im Kreis Tingzhou ihre Steuern für 5 Jahre und im Kreis Xinghua für 7 Jahre auf einmal zu entrichten.[246] Außerordentlich hoch waren die Steuervorauszahlungen in der Provinz Sichuan. Zu Beginn der 30er Jahre stellten nach Informationen aus 28 Kreisen Steuervorauszahlungen für weniger als 10 Jahre im voraus eher die Ausnahme, für 10-20 Jahre im voraus die Regel und für mehr als 20 Jahre im voraus keine Seltenheit dar.[247] Die höchste dieser Vorauszahlungen wurde 1935 im Vorgriff auf die nächsten 80 Jahre eingetrieben.[248] Eine wichtige Einnahmequelle der Militärmachthaber zur Besoldung ihrer Truppen bildete in vielen Provinzen die Mohnsteuer.

Bauern, die kein Opium anbauten, wurden häufig mit einer »Faulheitssteuer« bestraft. Nicht nur in der Provinz Sichuan hatten »besonders hohe Steuern den Zweck, die Bauern zum Anpflanzen von Opium zu zwingen. Opium ist die einzige Frucht, die genügend Bargeld [. . .] einbringt, um die übermäßigen Steuern zu zahlen.«[249] Unter diesen Bedingungen betrieben Bauern ihre Landwirtschaft weniger zum eigenen Lebensunterhalt als vielmehr zum Zwecke der Steuerzahlung, die der persönlichen Bereicherung und dem persönlichen Machtstreben der Militärmachthaber und der lokalen Bürokratie diente.

Die hohe Besteuerung des Bodens beanspruchte einen großen Teil des bäuerlichen Einkommens. In den 30er Jahren wurden aus vielen Kreisen verschiedener Provinzen ruinöse Steuerabgaben berichtet. Das in Relation zum Einkommen der Bauern vielleicht höchste Steueraufkommen wurde 1933 aus dem Kreis Guanyuan, Provinz Jiangsu, gemeldet, wo Bauern pro mu Boden einen jährlichen Ernteertrag von 5,2 Yuan erzielten und Abgaben von 4,93 Yuan zu leisten hatten. In anderen Kreisen dieser Provinz beanspruchten die Steuern 50% der Einkünfte. Im Jahre 1933 betrug nach offiziellen Angaben in der Provinz Jiangxi die Grundsteuer 12% der Reisernte, aber nach einer Information aus dem Kreis Guangfeng wurden Steuern in einer Höhe von 60 Yuan pro mu Boden erhoben. Im Kreis Xupu, Provinz Hunan, hatten Bauern ein Sechstel ihrer Ernteerträge als Steuern zu entrichten, in anderen Kreisen verschlangen die Steuern 35% der Reis- und 40% der Baumwollernte. In Kreisen in der Provinz Shaanxi erwirtschafteten arme Bauern, die zwei Ernten im Jahr einbrachten, nicht mehr als 5 Yuan pro mu Boden. Diese Einkünfte reichten jedoch nicht aus, um die Grundsteuer von 2 Yuan und Zusatzsteuern von 4-8 Yuan zu zahlen. Nach einer anderen Information aus dieser Provinz überstiegen die Steuern um 100% das Einkommen der Bauern von 3-4 Yuan pro mu Boden. Unter dem Zwang, ihre Steuern entrichten zu müssen, verkauften sie ihr gesamtes Getreide, für das sie infolge eines Überangebotes auf dem Markt nur geringe Preise erzielten, und ernährten sich von Brei.[250] Nach einer anderen Mitteilung aus dem Kreis Poucheng »verkaufte man Frauen und Kinder, brach die Häuser ab und veräußerte alle Gegenstände, um die Steuern zahlen zu können, von denen sich frei zu machen keine Möglichkeit bestand; schließlich gab man die Bewirtschaftung des Bodens auf und floh.«[251]

Die Ausbeutung durch die Grundsteuer lastete besonders schwer auf solchen armen Bauern, die zusätzlich zu ihrem wenigen Eigenland Boden pachteten. Diese Bauern waren einer zweifachen Exploitation unterworfen, der durch die Grundsteuer und der durch die Grundrente. Grundherren hingegen war es möglich, ihren Steuerbeitrag von ihren Pächtern erwirtschaften zu lassen, und Steuererhöhungen konnten durch höhere Pachtforderungen auf diese abgewälzt werden. Ihre häufig engen Beziehungen zur lokalen Administration boten ihnen günstige Voraussetzungen, sich der Steuerzahlung zu entziehen oder geringere Abgaben zu entrichten, als sie entsprechend der Größe ihres Bodeneigentums zu leisten verpflichtet waren. So wurde im Jahre 1930 aus Kreisen im nördlichen Jiangsu berichtet, daß mächtige Grundherren sich weigerten, ihre Grundsteuern zu zahlen.[252] Da in vielen Gegenden Militärs und Beamte zu den Großgrundherren zählten, die ihre politische Stellung zur Aneignung von Land und zur Behauptung ihrer wirtschaftlichen Macht nutzten, waren sie nicht nur in der Lage, sich der Besteuerung zu entziehen, sondern darüber hinaus aus der Eintreibung und Erhöhung der Grundsteuern eigenen Vorteil zu ziehen. Ihnen stand ein Militär- und Verwaltungsapparat zur Verfügung, dessen Druck arme Bauern nicht widerstehen, dem sie sich nur durch die Landflucht entziehen konnten.

III.*3. Die Landflucht*

Die Landflucht erreichte in den 30er Jahren bedrohliche Ausmaße. Sie war das auffälligste Merkmal der kritischen Situation, in der sich ein großer Teil der bäuerlichen Bevölkerung, dem die Landwirtschaft keine oder eine nur unzureichende Existenzgrundlage bieten konnte, befand. Nach 22 Provinzen betreffenden Informationen aus dem Jahre 1933 hatten 1,9 Mill. Haushalte ihre Dörfer verlassen, und weitere 3,5 Mill. Familien hatten durch die Landflucht einen oder mehrere Angehörige verloren.[253] Diese Angaben gestatten allerdings eine nur ungefähre Einschätzung der bäuerlichen

Migration. Berichte aus vielen Dörfern und Kreisen verschiedener Provinzen vermitteln den Eindruck eines Massenexodus. Zwischen 1929 und 1934 ging die Bevölkerung in einigen Dörfern mehrerer Kreise in der Provinz Guangdong um 10-50% zurück. Verantwortlich für die Landflucht waren hier u. a. sinkende Preise für Getreide und Rohseide.[254] Die Flutkatastrophe im Gebiet des Yangzi und des Huai-Flusses zwang 1931 viele Bauern zur Aufgabe ihrer Höfe oder zur zeitweiligen Unterbrechung ihrer landwirtschaftlichen Produktion. In 89 Kreisen der von der Überschwemmung betroffenen fünf Provinzen Hunan, Hubei, Jiangxi, Anhui und Jiangsu zogen 40% der Bevölkerung auf der Suche nach Arbeit und Unterhalt über das Land.[255] In den Jahren 1932 und 1933 betrug in der Provinz Shandong der Anteil der Bauern, die ihre Dörfer verließen, 10% der Bevölkerung der Kreise Xiangjin und En und sogar 60% der Bevölkerung der Kreise Fei und Ju. Aus dem Kreis Ding, Provinz Hebei, wanderten zwischen 1924 und 1930 knapp 5500 Menschen fort, und weitere 27 600 Personen verließen diese Gegend zwischen 1931 und März 1934, von diesen allein 15 000 während der ersten drei Monate des Jahres 1934.[256] In den 60er Jahren des 19. Jahrhunderts wurden im Kreis Anxi, Provinz Gansu, 2400 Haushalte, 1934 jedoch nur noch 600 Haushalte gezählt. In anderen Kreisen dieser Provinz, in Ningding, Guan, Nanzhao, Xiayi und Huan, betrug 1928 der Anteil der umherziehenden Personen an der jeweiligen Bevölkerung 20% und mehr.[257] Nach Informationen aus der Provinz Sichuan verringerte sich innerhalb von zwanzig Jahren die Einwohnerschaft der Kreise Lei, Ping, Ma und E um die Hälfte und zählte 1935 nur noch 60 000 Menschen. Innerhalb von fünf Jahren wanderten mehr als 8600 Menschen aus den Kreisen Hechuan, Qijiang und Jiangbei in die Stadt Chongqing ab; mehr als 1000 Personen verließen allein 1934 den Kreis Guling in Sichuan.[258]

Die Massenwanderung auf dem Lande sowie in die Städte war das deutlichste Anzeichen für die Verschlechterung der bäuerlichen Lebensbedingungen. Einem Überblick über 22 Provinzen aus dem Jahre 1935 zufolge verließen Bauern ihre Dörfer in erster Linie aus Armut oder aus Mangel an Unterhaltsmitteln (18%) bzw. wegen des Ruins ihrer Wirtschaften

(4%), infolge von Überschwemmungen (10%), Dürren (13%) und anderer Katastrophen (7%), infolge des »Banditenunwesens« bzw. kriegsbedingter Störungen oder Unterbrechungen der landwirtschaftlichen Produktion (14%), wegen der Verringerung der Nutzflächen (4%), des Anwachsens der dörflichen Bevölkerung (4%), schlechter Ernten (4%), drückender Steuerlasten (5%), Erhöhung der Pachtabgaben (1%) und des Preisverfalls (2%) sowie der Geldentwertung (3%).[259] Neben diesen wichtigsten Ursachen der bäuerlichen Landflucht, von denen einige sich allerdings überschneiden, beschleunigten außerökonomische Faktoren wie Bürgerkriege oder Naturkatastrophen den Ruin der Bauern und zwangen sie zur zeitweiligen oder vollständigen Aufgabe ihrer Wirtschaften.

Überschwemmungen, die aus der Vernachlässigung der Dämme und der Flußregulierungsanlagen resultierten, und Bürgerkriege waren jedoch nur die deutlichsten Symptome der kritischen politischen Verhältnisse, die während des ersten Drittels dieses Jahrhunderts die bäuerliche Existenz gefährdeten. Der staatliche Zusammenbruch nach 1911 und die Machtkämpfe verschiedener Militärmachthaber untereinander beschleunigten den Verfall der Be- und Entwässerungsanlagen, deren Instandhaltung die Kräfte einzelner Gemeinden angesichts einer fehlenden Zentralgewalt überforderte. Anstatt die Produktionsbasis zu sichern, wurden Steuereinnahmen zu militärischen Zwecken ausgegeben. Zugleich verlor ein weiterer ökonomischer Stützpfeiler seine Funktion: Das System der lokalen Getreidespeicher zur Überbrückung von Krisenzeiten wurde durch Konfiskationen, marodierende Truppen und auch durch Getreidespekulationen der örtlichen Verwaltungen fast vollständig zerstört.[260]

Unter diesen Umständen wog die ökonomische Schwäche der durchschnittlich kleinbetrieblichen Haushalte um so schwerer, da diese kaum über Rücklagen zur Überbrückung von Krisenphasen verfügten und da ihnen bei Unterbrechung ihrer landwirtschaftlichen Produktion kaum andere Möglichkeiten zum Erwerb ihres Lebensunterhaltes offenstanden. Insofern gaben Bürgerkriege oder Naturkatastrophen nur den nachhaltigen Anstoß zur Landflucht verarmter Bauern, waren aber nicht die entscheidende Ursache ihrer Verelendung. Daß die häufig festzustellende Verschärfung der Pachtbeziehungen

– Verkürzung der Pachtzeiten, Erhöhung der Grundrenten, Entrichtung zusätzlicher Abgaben – nach den Angaben von 1935 als Ursache der Landflucht eine nur geringe Rolle spielte, lag vermutlich daran, daß pachtpflichtige Bauern es vorzogen, auch unter erschwerten Bedingungen den Boden eher weiterzubestellen als ihre Wirtschaften aufzugeben. Zusätzliche Belastungen wie kriegs- oder naturbedingte Störungen der Landwirtschaft konnten sie indessen schwerlich verkraften. Außerstande, ihre Verpflichtungen zur Entrichtung der Grundrente zu erfüllen, waren pachtabhängige Bauern gezwungen, ihre Höfe aufzugeben. Landlose Pächter büßten die Nutzung des ihnen überlassenen Bodens ein, und arme Bauern, die zu ihrem eigenen Land fremdes hinzugepachtet hatten, verloren mit der Aufgabe ihrer Wirtschaften ihren Boden an Grundherren oder Großbauern. Die Kehrseite der Landflucht war folglich die Bodenkonzentration.

Nach Informationen aus dem Jahre 1935 betrug die Größe von 42% aller aufgegebenen Höfe weniger als 5 mu Boden, und 31% aller verlassenen Wirtschaften hatten eine Nutzfläche von nur 5-10 mu. Im einzelnen ist diesen Angaben allerdings nicht zu entnehmen, ob diese abwandernden Bauern Eigentümer oder landlose Pächter waren. Ein Vergleich zwischen einzelnen Provinzen zeigt, daß der Anteil der aufgegebenen Wirtschaften, deren Nutzflächen weniger als 5 mu Boden betrugen, in Nord-Süd-Richtung zunahm. Infolge des stärkeren Bevölkerungsdrucks und der damit verbundenen kleinen Betriebsgröße zählten in den südlichen Provinzen Yunnan, Guizhou, Guangdong und Guangxi, aber auch in der Provinz Zhejiang mehr als 60% der verlassenen Höfe weniger als 5 mu Land. Nur in der nordwestlichen Provinz Ningxia erreichten die aufgegebenen Betriebe von 5-10 mu Nutzfläche einen ähnlich hohen Anteil an allen verlassenen Höfen. In den nordwestlichen Provinzen Chahaer und Suiyuan, wo die bäuerlichen Betriebe im Durchschnitt um das Drei- bis Vierfache größer als die im Süden waren, betrug der Anteil der aufgegebenen Höfe von mehr als 75 mu 43% bzw. 50%. Landesweit verließen am häufigsten die Bauern, die weniger als 1 Hektar (16 mu) bewirtschafteten, ihr Land.[261]

Landflüchtende Bauern hatten weder in den Städten noch in anderen ländlichen Gebieten außerhalb ihrer Dörfer ausreichende Arbeits- und Existenzbedingungen zu erwarten. Die städtischen Industrien, deren Entwicklung durch die Weltwirtschaftskrise ins Stocken geriet, sowie das Handwerk konnten den ständigen Zustrom arbeitsuchender Bauern nicht absorbieren. Nur ein Teil dieser Bauern füllte die Reihen des städtischen Proletariats auf, während viele als Rikschafahrer, Kulis, Dienstboten, Gelegenheitsarbeiter oder auch als Bettler eine nur kümmerliche Existenz fristeten.[262] Auf dem Lande vergrößerten ruinierte Bauern die Zahl der Landarbeiter, die auf der Suche nach Arbeit durch die Dörfer zogen, und viele wurden Banditen. Aus der Provinz Hebei, wo gegen Ende der 20er Jahre eine Hungersnot herrschte und Massen von Bauern zur Landflucht getrieben wurden, existierten zeitweilig Banden in einer Gesamtstärke von 5 Mill. Banditen. Andere verelendete Bauern verdingten sich als Schutzwachen im Solde wohlhabender Grundherren, traten den Armeen der Militärmachthaber oder denen der Guomindang bei oder wurden zum Militär gepreßt.[263]

Die instabilen politischen und die sich verschärfenden sozialen Verhältnisse, die vielfach Grundherren veranlaßten, in den Städten Schutz vor militärischen Auseinandersetzungen und bäuerlichen Aufständen zu suchen, bewirkten, daß diejenigen Grundherren, die auf dem Lande blieben, Privatmilizen aufstellten und auf eigene Faust die Verteidigung ihres Eigentums und ihrer Macht im Dorfe organisierten. Diese Hofwehren wurden sowohl zum Zwecke der Eintreibung der Pachtabgaben und der Darlehensschulden als auch zum Kampf gegen desertierte Soldaten, Marodeure und Banden verelendeter Bauern eingesetzt. In 13 Provinzen sollen während der Jahre von 1930 bis 1933 einer regierungsoffiziellen Angabe zufolge 5,4 Mill. Milizionäre, deren Zahl die Mannschaftsstärke der regulären Armee übertraf, im Dienste der Grundherren gestanden haben. Die weite Verbreitung dieser Schutzwehren sowie ihre große Zahl beleuchten die von Gewalt begleiteten Beziehungen zwischen Grundherren und pachtpflichtigen Bauern sowie die Zuspitzung der Klassenauseinandersetzungen.

Die drückenden sozialen und wirtschaftlichen Verhältnisse, unter denen die Mehrheit der ländlichen Bevölkerung eine armselige Existenz fristete, gaben den Anstoß zu den bäuerlichen Unruhen und Aufständen, an deren Spitze sich seit dem Ende der 20er Jahre die Kommunistische Partei stellte. Diese neue politische Kraft auf dem Lande verwandelte die latente Bereitschaft der Bauern, gegen Ausbeutung aufzubegehren, in einen zielgerichteten Kampf gegen die bestehenden Herrschaftsverhältnisse. In der Agrarrevolution bildeten die Lösung der Bodenfrage und die Regelung der Pachtbeziehungen die zwei für die Masse der pachtabhängigen Bauern entscheidenden Punkte des politischen Programms der Kommunistischen Partei.

Anmerkungen

1 Vgl. Du Zhen, *Die Diskussion über das Problem der Keime des Kapitalismus in China,* in: Zeitschrift für Geschichtswissenschaft, Berlin 1959, Sonderheft *Neue chinesische Geschichtswissenschaft,* S. 130-139.

2 Vgl. Wu Jie, *Zhongguo jindai guomin jingji shi [Geschichte der neuzeitlichen Volkswirtschaft Chinas],* Peking 1958, S. 38-70; Hubei daxue zhengzhi jingjixue jiaoyanzu, *Zhongguo jindai guomin jingji shi* [Lehr- und Forschungsgruppe für Politische Ökonomie an der Hubei-Universität, *Geschichte der neuzeitlichen Volkswirtschaft Chinas,* hinfort abgekürzt: Hubei daxue), Peking 1958, S. 10-55; Vgl. auch M. Elvin, *The Pattern of the Chinese Past,* Stanford 1973, S. 235-298.

3 K. Marx, *Das Kapital,* Dritter Band, in: K. Marx / F. Engels, *Werke,* Berlin 1969 ff., Bd. 25, S. 795.

4 Mao Tse-tung, *Die chinesische Revolution und die Kommunistische Partei Chinas,* in: *Ausgewählte Werke,* Peking 1968 ff., Bd. 2, S. 358-359.

5 K. Marx, *Der Handel mit China,* in: *MEW,* Bd. 13, S. 540.

6 K. Marx, *Über den britisch-chinesischen Vertrag,* in: *MEW,* Bd. 12, S. 565-569.

7 Hubei daxue, S. 73-75; keine Äquivalenzangabe für Yuan.

8 In der Zeit von 1800 bis 1838 stieg der Opiumimport von 4570 Kisten auf 40 200 Kisten und betrug im Jahre 1855 78 354 Kisten; vgl. Wu Jie, *Zhongguo jindai guomin jingji shi,* S. 122-123, 193. Eine Kiste wog etwa 66,5 kg. 1871/73 betrug die Opiumeinfuhr 37 408 gongdan, 1909/11 22 590 gongdan, 1929/33 478 gongdan (1 gongdan = 100 kg); vgl. Yan Zhongping, *Zhongguo jindai jingji shi tongji ziliao xuanji [Zusammenstellung von statistischem Material zur Geschichte der neuzeitlichen Wirtschaft Chinas,* hinfort abgekürzt: *Tongji ziliao],* Peking 1955, S. 74.

9 Wu Jie, *Zhongguo jindai guomin jingji shi,* S. 155-159.

10 Hubei daxue, S. 175.

11 Yan Zhongping, *Tongji ziliao,* S. 13.

12 K. Marx, *Die Revolution in China und Europa,* in: *MEW* Bd. 9, S. 96-97.

13 K. Marx / F. Engels, *Revue,* Januar/Februar 1850, in: *MEW* Bd. 7, S. 222.

14 Hubei daxue, S. 160-161.

15 *Ebenda,* S. 163.

16 Vgl. zur Entwicklung des Tee- und Seidenhandels: Yan Zhongping, *Tongji ziliao,* S. 82.

17 Vgl. Hubei daxue, S. 184-189.

18 *Ebenda*, S. 184. Die Baumwollexporte stiegen von 8486 gongdan 1871/73 auf 290 417 gongdan 1891/93 und erreichten ihren Höhepunkt mit 556 152 gongdan 1909/11; vgl. Yan Zhongping, *Tongji ziliao*, S. 75.

19 Hubei daxue, S. 179-180.

20 Yen Chung-ping, J. Kuczynski, W. Jonas, *Die Lage der Arbeiter in der Baumwollindustrie Shanghais insbesondere in den englischen Fabriken*, Berlin 1964, S. 21; Hubei daxue, S. 174-179.

21 Hubei daxue, S. 186.

22 *Ebenda*, S. 189.

23 *Ebenda*, S. 282, 328-329.

24 Zhang Youyi, *Zhongguo jindai nongye shi ziliao [Materialien zur Geschichte der neuzeitlichen Landwirtschaft Chinas*, hinfort abgekürzt: *Nongye ziliao]*, Bd. 2, Peking 1958, S. 148-149.

25 *The Chinese Yearbook, 1936-37*, Second Issue, hrsg. von Chao-ying Shih, Chi-hsien Chang, Shanghai 1936, S. 847.

26 Yan Zhongping, *Tongji ziliao*, S. 72-73.

27 Hubei daxue, S. 327-328.

28 *The Chinese Yearbook*, 1936-37, S. 1161-1168, 1171-1174; Hubei daxue, S. 308-314; Yan Zhongping, *Tongji ziliao*, S. 107-109.

29 Yan Zhongping, *Tongji ziliao*, S. 105.

30 Vgl. D. H. Perkins, *Agricultural Development in China*, 1368-1968, Chicago 1969, S. 142.

30a Die Lijin-Steuer wurde 1931 in den von der Guomindang kontrollierten Gebieten offiziell abgeschafft und durch andere Steuern ersetzt.

31 G. W. Skinner, *Marketing and Social Structure in Rural China*, Part II, in: *The Journal of Asian Studies*, Feb. 1965, S. 217.

32 H. D. Fong, *China's Industrialization, A Statistical Survey*, Shanghai 1931, S. 13.

33 R. H. Tawney, *Land and Labour in China*, London 1932, S. 54.

34 Shiyebu zhongyang nongyeshi yanjiusuo, *Minguo 23 nian nongqing baogao huibian* [National Agricultural Research Bureau, Ministry of Industry, *Crop Reporting in China 1934*], Nanjing 1936, S. 48, 51; ohne die Provinzen Xigang und Xinjiang; Yan Zhongping, *Tongji ziliao*, S. 357.

35 *Tab. 1: Bevölkerungswachstum und Ausdehnung der Anbaufläche*

Jahr	Bevölkerung (in Mill.)			Anbaufläche (in Mill. mu; 15 mu = 1 ha		
	I	II	III	IV	V	VI
1850	429,9[a]					
1867				815		
1872		329,5			815	
1873			350±25			1210±50
1893			385±25			1240±50
1913			430±25			1360±50
1931		419,9			1248	
1932				1248		
1933			500±25			1470±50
1928-1936	430-480[b]					

Quellen:

I: Ho Ping-ti, *Studies on the Population of China, 1368-1953*, Cambridge (Mass.) 1959, a) S. 282, b) S. 86.

II: A. Kaiming Chiu, *Agriculture*, in: H. F. MacNair, *China*, Berkeley und Los Angeles 1946, S. 469; ohne die Provinzen Xigang, Qinghai und Guangxi.

III: D. H. Perkins, *Agricultural Development in China*, S. 216.

IV: Ho Ping-ti, *Studies on the Population of China*, S. 102.

V: A. Kaiming Chiu, *Agriculture*, S. 469.

VI: D. H. Perkins, *Agricultural Development in China*, S. 216.

36 *Tab. 2: Nutzfläche pro Kopf der Gesamtbevölkerung (in mu)*

Jahr	1872	1900	1916	1931
Nutzfläche in mu	2,49	2,51	3,38	2,97

Quelle: A. Kaiming Chiu, *Agriculture*, S. 469.

Tab. 3: Rückgang der Nutzfläche pro Haushalt (in mu)

Jahr	1870	1890	1910	1933
China	22,3	21,9	17,2	14,9
Weizenzone	28,5	28,8	21,5	17,9
Reiszone	10,8	13,7	12,5	11,7

Quelle: J. L. Buck, *Land Utilization in China*, Shanghai 1937, S. 270; Angaben in acres, in mu umgerechnet.

37 A. Kaiming Chiu, *Agriculture*, S. 466.

38 *Ebenda*, S. 467. 83% der chinesischen Bevölkerung lebten auf nur 17% des Territoriums Chinas. Weiterhin waren – ebenda, S. 468 – mit Ausnahme der Mandschurei weniger als 20% des Territoriums landwirtschaftlich gut nutzbar. 60% des Territoriums weisen Höhen über 2000 Meter auf.

39 J. L. Buck, *Land Utilization*, S. 366, Schaubild 3.

40 *Ebenda*, S. 268; Flächeneinheit in mu umgerechnet.

41 *Crop Reporting in China 1934*, S. 52; nach diesen Angaben ist die Fruchtanbaufläche berechnet von W. Wilmanns, *Die Landwirtschaft Chinas*, Berlin 1938, S. 34.

42 Ssu-Mu Liang, *Die Wirtschaftsstruktur Chinas und die Politik der Nanking-Regierung*, in: *Weltwirtschaftliches Archiv*, Kiel 1934, Bd. 39, Heft 1, S. 426.

43 Vgl. J. L. Buck, *Chinese Farm Economy*. Chicago 1930, S. 24, 27-28; ders., *Land Utilization*, S. 181-185; W. Wagner, *Die chinesische Landwirtschaft*, Berlin 1926, S. 124-126.

44 Vgl. R. H. Myers, *The Chinese Peasant Economy. Agricultural Development in Hopei and Shantung, 1890-1949*, Cambridge (Mass.) 1970, S. 159-166; W. Wagner, *Die chinesische Landwirtschaft*, S. 142-146.

45 Yan Zhongping, *Tongji ziliao*, S. 285; vgl. auch Zhang Youyi, *Nongye ziliao*, Bd. 2, S. 381-386. A. Kaiming Chiu, *Agriculture*, S. 477, führt eine Untersuchung des Nationalen Landwirtschaftlichen Forschungsinstitutes an, die sich auf Angaben aus 891 Kreisen in 22 Provinzen aus dem Jahre 1934 stützte. Dieser Untersuchung

zufolge verfügten 36% der Höfe über weniger als 10 mu, 25% über 10-20 mu, 14% über 20-30 mu, 17% über 30-50 mu, 8% über mehr als 50 mu Boden.

Chen Han-seng, *Landlord and Peasant in China. A Study of the Agrarian Crisis in South China,* New York 1936, S. 17, wendet sich gegen Auffassungen, nach denen in China seit je eine kleinbetriebliche Landwirtschaft vorgeherrscht habe: »Die unkritische Versicherung vieler ausländischer Autoren, der Klein- oder Miniaturbesitz stehe in Übereinstimmung mit einem besonderen Geschick des chinesischen Volkes für eine im kleinen betriebene Landwirtschaft, hat einen Mythos geschaffen, der weder durch historische Tatsachen noch durch eine angemessene Analyse der gegenwärtigen Bedingungen bestätigt wird.« Chen richtet diese Kritik u. a. gegen K. A. Wittfogel, *Wirtschaft und Gesellschaft Chinas,* Leipzig 1931, der zu der Schlußfolgerung kommt, daß es »eine Tatsache ist, [...] daß eine ähnliche Gliederung der Größe der bäuerlichen Wirtschaften bereits seit Jahrtausenden [...] sich in der Agrargeschichte Chinas vorfindet« (S. 381).

46 Chen Han-seng, *Landlord and Peasant in China*, S. XI, beurteilt die Möglichkeiten der bäuerlichen Betriebe, für den Markt zu produzieren, folgendermaßen: »Auf solch lächerlich kleinen Höfen kann der Produzent nur die Übel der kommerziellen Landwirtschaft verfluchen, aber niemals eine wirkliche kapitalistische Entwicklung erreichen.«

Hinsichtlich lokaler Ein- und Ausfuhren landwirtschaftlicher Erzeugnisse vgl. J. L. Buck, *Land Utilization*, S. 357.

47 Vgl. Chen Po-ta, *Eine Studie über die Grundrente im alten China*, in: ders., *Klassenanalyse und Partei in China*, Frankfurt 1971, S. 61-62.

48 Ta-chung Liu, Kung-chia Yeh, *The Economy of the Chinese Mainland: National Income and Economic Development, 1933-1959*, Princeton 1965, S. 297-298; H. D. Fong, *Grain Trade and Milling in Tientsin*, Tientsin 1934, S. 370-371.

49 Zhang Youyi, *Nongye ziliao*, Bd. 2, S. 237-239, 674; Perkins, *Agricultural Development in China*, S. 151-155; zur Höhe der Getreideimporte vgl. Mo Yueda, *Woguo nongye hezuohua de fazhan*, Peking 1957, S. 19.

50 Zhang Youyi, *Nongye ziliao*, Bd. 2, S. 221; H. D. Fong, *Cotton Industry and Trade in China*, Tientsin 1932, S. 26.

51 Zhang Youyi, *Nongye ziliao*, Bd. 2, S. 221.

52 Vgl. diese und andere Beispiele *ebenda*, S. 196-200; anderen Angaben zufolge, *ebenda* S. 620-630, zwangen Militärmachthaber jedoch die in ihrem Machtbereich lebenden Bauern zum Anbau von Opium, das ihnen hohe Steuern einbrachte.

53 R. H. Myers, *Chinese Peasant Economy*, S. 249.

54 H. D. Fong, *Cotton Industry and Trade in China*, S. 26-27; zur Preisentwicklung in Shanghai und Tianjin; vgl. ebenda, S. 74-76.

55 Yen Chung-ping, J. Kuczynski, W. Jonas, *Die Lage der Arbeiter in der Baumwollindustrie Shanghais*, S. 48-49, 82-83; Shih Tien-tsung, *Japan and Cotton Industry in North China*, Nanking 1937, S. 132-133.

56 Zhang Youyi, *Nongye ziliao*, Bd. 2, S. 222.

57 Vgl. diese und andere Beispiele, *ebenda*, S. 190-196, 222-225.

58 D. K. Lieu, *The Silk Reeling Industry in Shanghai*, Shanghai 1933, S. 5, 25.

59 *Ebenda*, S. 7.

60 Yan Zhongping, *Tongji ziliao*, S. 82.

61 D. K. Lieu, *Silk Reeling Industry*, S. 18.

62 Chen Han-seng, *Industrial Capital and Chinese Peasants. A study of the Livelihood of Chinese Tobacco Cultivators*, Shanghai 1939, S. 5, 21.

63 H. H. Kung, *Chinas Industriewirtschaft im Aufbau*, in: *Weltwirtschaftliches Archiv*, Kiel 1937, Bd. 45, Heft 2, S. 213.

64 Zhang Youyi, *Nongye ziliao*, Bd. 2, S. 201-202; vgl. *ebenda*, S. 203, 225-226.

65 *Ebenda*, S. 205-206, 226-227.

66 *Ebenda*, S. 213.

67 *Ebenda*, S. 211-212.

68 R. H. Myers, *Chinese Peasant Economy*, S. 186.

69 *Ebenda*, S. 192-194.

70 D. H. Perkins, *Agricultural Development in China*, S. 47-51; Ho Ping-ti, *Studies on the Population of China*, S. 188-190.

71 J. L. Buck, *Land Utilization*, S. 217; vgl. auch D. H. Perkins, *Agricultural Development in China*, S. 249-256, 258-259, 261, 264.

72 J. L. Buck, *Land Utilization*, S. 218.

73 Ders., *Chinese Farm Economy*, S. 199-200. Der durchschnittliche Anteil der vermarkteten Agrarerzeugnisse lag in Ostchina (63%) höher als in Nordchina (43,5%).

74 *Ebenda*, S. 391-394.

75 *Ebenda*, S. 201. Vgl. *Crop Reporting in China 1934*, S. 55: »Die Bauern [in Shandong, Hebei, im nördlichen Jiangsu und im nördlichen Anhui] verkauften den Großteil ihres Weizens gegen Bargeld und essen rohere und billigere Nahrungsmittel wie Gaoliang, Hirse und Mais. Dies ist in erster Linie eine wirtschaftliche Maßnahme, da Weizen ein gutes Marktgetreide ist und einen weiten Absatz findet.«

76 J. L. Buck, *Land Utilization*, S. 234-235.

77 *Ebenda*, S. 236-237.

78 *Ebenda*, S. 404; Angaben über 2727 Haushalte, 136 Ortschaften, 131 Kreise, 21 Provinzen, 1929-1933.

79 Zhang Youyi, *Nongye ziliao*, Bd. 3, S. 310.

80 Chen Han-seng, *Industrial Capital and Chinese Peasants*, S. 22-23.

81 *Ebenda*, S. 73.

82 Vgl. ebenda, S. 9-10: »Die hohen Kosten der Tabakerzeugung haben einen bedeutsamen sozialen und wirtschaftlichen Aspekt. Ohne die Hilfe des chinesischen Handels- und Wucherkapitals kann das ausländische Industriekapital in Gestalt der BAT in China nicht sehr weit gehen. Die Kompradoren und Kollektoren, die über eine riesige Menge Bargeld der Gesellschaft verfügen, können den Tabakbauern wegen deren schrecklichen Mangels an Bargeld Anweisungen erteilen [. . .] Es ist schwierig für sie [gemeint sind arme Bauern; J. D.], die Auslagen für den Getreide- und Bohnenanbau zu decken; Tabak ohne fremde Hilfe anzubauen, liegt ganz außerhalb ihrer Möglichkeiten.« Weiter S. 28: »[. . .] die chinesischen Kompradoren, Bürokraten und die lokale Gentry haben eine hervorragende Vermittlung gewährleistet, durch die die imperialistische wirtschaftliche Durchdringung Chinas ziemlich langsam, aber mehr oder weniger sicher voranschritt. Nur durch diese Vermittlung war es dem ausländischen Finanzkapital möglich, das Innerste des Landes zu erreichen, Fabriken zu errichten und politischen und militärischen Schutz zu erlangen.«

83 R. H. Tawney, *Land and Labour in China*, S. 56-57.

84 Zhang Youyi, *Nongye ziliao*, Bd. 2, S. 520, 521; vgl. ders., *Nongye ziliao*, Bd. 3, S. 321-324, 345-346.

85 L. L. Chang, *Farm Prices in Wuchin, Kiangsu, China*, Shanghai 1932, S. 15-16.

86 Yan Zhongping, *Tongji ziliao*, S. 336.

87 L. L. Chang, *Farm Prices*, S. 20; Chen Han-seng, *Landlord and Peasant in*

China, S. 55: »Der unmittelbare Grundherr, der [die Renten; J. D.] von den Bauern einzieht, handelt weniger mit Land oder verpachtet es, sondern er spekuliert mit Getreide [. . .] Bei den großen Grundherren liegt der Grund dafür, Getreide als Grundrente einzuziehen, offensichtlich in kommerziellen Spekulationen. Diese Grundherren geben sich nicht mit einem festen Einkommen zufrieden.«

88 L. L. Chang, *Farm Prices*, S. 16: »Dies ist einer der Gründe, warum die Armen immer ärmer und die Reichen immer reicher werden.«

89 Chen Han-seng, *Industrial Capital and Chinese Peasants*, S. 59.

90 *Ebenda*, S. 61.

91 *Ebenda*, S. 51-52.

92 A. B. Lewis, *Prices and Taxation*, in: J. L. Buck, *Land Utilization*, S. 319.

93 *Tab. 4: Verkaufspreise für Agrarprodukte und Einkaufspreise für Konsumgüter 1926-1935* (in Indices)

Jahr	Verkaufspreise	Einkaufspreise	Verhältnis der Verkaufs- zu den Einkaufspreisen
1926	100	100	100
1928	93	113	82,3
1930	126	142	88,7
1932	117	154	75,9
1933	57	108	52,7
1934	49	106	47,2
1935	79	121	65,3

Quelle: L. E. Eastman, *The Abortive Revolution. China Under Nationalist Rule, 1927-1937*, Cambridge, (Mass.) 1974, S. 184, gekürzt wiedergegeben.

Tab. 5: Verkaufs- und Einkaufspreise im Kreis Wujin, Provinz Jiangsu, 1910-1932 (in Indices, 1910-1914 = 100)

Jahr	Verkaufspreise für			Einkaufspreise für	
	Reis	Seidenkokons	Salz	Stoffe	Petroleum
1910	96	–	77	82	88
1914	90	–	109	113	122
1919	89	102	134	154	100
1924	146	131	140	205	141
1927	202	125	172	306	198
1930	239	113	230	332	295
1932	165	57	238	414	348

Quelle: Yan Zhongping, *Tongji ziliao*, S. 338; vgl. auch die Preisentwicklung im Kreis Nancheng, Provinz Jiangxi, von 1907 bis 1932, ebenda, S. 337.

94 A. B. Lewis, in: J. L. Buck, *Land Utilization*, S. 318.

95 *Ebenda*, S. 316.

96 *Ebenda*, S. 316, 318.

97 R. H. Myers, *Chinese Peasant Economy*, S. 141-151.

98 Zhang Youyi, *Nongye ziliao*, Bd. 2, S. 57-61.

99 Ders., *Nongye ziliao*, Bd. 3, S. 706-717; A. B. Lewis, in: J. L. Buck, *Land Utilization*, S. 332-333; *Crop Reporting in China*, 1934, S. 66: »Während der letzten

vier Jahre fiel der Wert von Naßreisland um 18%, der von hochgelegenem Land um 17% und der von hügeligem Land um 18%; hier äußert sich eine landwirtschaftliche Krise in China im allgemeinen Niedergang der Preise.«

100 R. H. Myers, *Chinese Peasant Economy*, S. 276-278; A. B. Lewis, in: J. L. Buck, *Land Utilization*, S. 315.

101 R. H. Tawney, *Land and Labour in China*, S. 37-38.

102 J. L. Buck, *Chinese Farm Economy*, S. 231.

103 H. D. Fong, *Die Industrialisierung Chinas unter Berücksichtigung der ländlichen Industrien*, in: *Weltwirtschaftliches Archiv*, Kiel 1937, Bd. 45, Heft 2, S. 241.

104 Ders., *Rural Industries in China*, Tientsin 1933, S. 10-19; Zhang Youyi, *Nongye ziliao*, Bd. 3, S. 641-644.

105 H. D. Fong, *Die Industrialisierung Chinas unter Berücksichtigung der ländlichen Industrien*, S. 242.

106 Fei Hsiao-tung, *Peasant Life in China*, London 1947, S. 285.

107 R. H. Myers, *Cotton Textile Handicraft and the Development of the Cotton Textile Industry in Modern China*, in: *The Economic History Review*, Utrecht 1965, Vol. XVIII, S. 621.

108 H. D. Fong, *Die Industrialisierung Chinas unter Berücksichtigung der ländlichen Industrien*, S. 242.

109 Diese summarische Darstellung stützt sich auf H. D. Fong, *Rural Weaving and the Merchant Employers in a North China District*, Tientsin 1935; ders., *The Growth and Decline of Rural Industrial Enterprise in North China*, Tientsin 1936; Hubei daxue, S. 338-343.

110 H. D. Fong, *Growth and Decline*, S. 25-26; ders., *Rural Weaving*, S. 23.

111 Ders., *Growth and Decline*, S. 5.

112 Ders., *Rural Weaving*, S. 54.

113 Fei Hsiao-tung, Chang Chih-i, *Earthbound China. A Study of Rural Economy in Yunnan*, Chicago 1945, S. 291.

114 H. D. Fong, *Rural Industries*, S. 45.

115 Peng Zeyi, *Zhongguo jindai shougongye shi ziliao [Materialien zur Geschichte des neuzeitlichen Handwerks in China]*, Bd. 3, Peking 1957, S. 753.

116 *Ebenda*, S. 752.

117 Zhang Youyi, *Nongye ziliao*, Bd. 3, S. 645-648.

118 Fei Hsiao-tung, *Peasant Life*, S. 171, 233.

119 Zhang Youyi, *Nongye ziliao*, Bd. 2, S. 416-418, gekürzt wiedergegeben.

120 Fei Hsiao-tung, Chang Chih-i, *Earthbound China*, S. 305.

121 Vgl. Anmerkung 109.

122 Fei Hsiao-tung, *China's Gentry*, Chicago 1953, S. 113-114; ders., *Peasant Life*, S. 201-202.

123 R. H. Tawney, *Land and Labour in China*, S. 34.

124 J. L. Buck, *Land Utilization*, S. 196.

125 Chen Han-seng, *Landlord and Peasant in China*, S. 4, 8.

126 Mao Tse-tung, *Wie man die Klassen im Dorf unterscheidet*, Bd. 1, S. 157-159. Vgl. auch ders., *Analyse der Klassen in der chinesischen Gesellschaft*, Bd. 1, S. 9-16. In diesem Aufsatz unterscheidet Mao noch zwischen Halbbesitzern, die zu ihrem Eigenland fremden Boden pachten, und armen Bauern, die über keinen eigenen Boden verfügen, während er (auf S. 159) zu den armen Bauern auch noch solche zählt, die über ein geringes Bodeneigentum verfügen.

127 Chen Han-seng, *Landlord and Peasant in China*, S. 123.

128 *Tab. 6: Öffentliches, Gemeinschafts- und privates Land* (in %)

	Öffentl. und Gemeinschaftsland				
	Militärland	Öffentl. land	Gemeinschaftsland, Clanland	Privates Land	Zusammen
Ende des 16. Jahrh.	9,2	27,2	13,6	50,0	100
1887	7,8	11,0	+	81,2	100
1929-1933	2,3	1,0	3,4	93,3	100

+ = weniger als 0,05
Quelle: J. L. Buck, *Land Utilization*, S. 193.
Vgl. auch R. H. Myers, *Chinese Peasant Economy*, S. 217-220.

129 Chen Han-seng, *Landlord and Peasant in China*, S. 27, 35, 37-39; zur Funktion und zum Niedergang des Clansystems im 19. Jahrhundert vgl. Hsiao Kung-chuan, *Rural China, Imperial Control in the Nineteenth Century*, Seattle 1960, S. 323-344, 357-370.

130 *Crop Reporting in China 1934*, S. 62; Zhang Youyi, *Nongye ziliao*, Bd. 3, S. 728-731.

131 *Crop Reporting in China 1934*, S. 63.

132 *Ebenda*, S. 62; Zhang Youyi, *Nongye ziliao*, Bd. 3, S. 728-731.

133 R. H. Myers, *Chinese Peasant Economy*, S. 220-227, 234-238. Vor allem von den Provinzen Shandong und Hebei aus wurde seit Ende des 19. Jahrhunderts der Nordosten (Mandschurei) besiedelt. Der relativ hohe Anteil von Bodeneigentümern unter den Bauern in diesen zwei Provinzen war u. a. Ergebnis der relativen Verringerung des Bevölkerungsdrucks. Vgl. Sih Tien-tsung, *Economic Conditions in North China*, Nanking 1937, S. 48.

133a Zhang Youyi, *Nongye ziliao*, Bd. 2, S. 54-56.

134 *Ebenda*, S. 66.

135 Für weitere Angaben vgl. Zhang Youyi, *Nongye ziliao*, Bd. 2, S. 61-66; ders., *Nongye ziliao*, Bd. 3, S. 683-689, 731-746.

136 Zhang Youyi, *Nongye ziliao*, Bd. 3, S. 770.

137 *Ebenda*, S. 731-732; vgl. auch Yan Zhongping, *Tongji ziliao*, S. 273.

138 Zhang Youyi, *Nongye ziliao*, Bd. 2, S. 490-491.

139 *Ebenda*, S. 67.

140 A. Kaiming Chiu, *Agriculture*, S. 474. Zur Klassenstruktur und zur Bodenverteilung vgl. die folgenden Tabellen S. 186 ff.

141 Zhang Youyi, *Nongye ziliao*, Bd. 2, S. 7.

142 *Ebenda*, S. 63.

143 Zhang Youyi, *Nongye ziliao*, Bd. 3, S. 693-695.

144 Chen Han-seng, *Landlord and Peasant in China*, S. XI.

145 Zhang Youyi, *Nongye ziliao*, Bd. 2, S. 13-16; Großgrundherren verfügten z. B. in Hubei über 50 000 mu, in Hebei über mehr als 10 000 mu, in Anhui über 7000-8000 mu Boden. Verschiedene Informationen sprechen von mehreren tausend mu Boden im Eigentum von Großgrundherren, die Militärs waren.

146 Vgl. Anmerkung 143.

147 Zhang Youyi, *Nongye ziliao*, Bd. 3, S. 704, vgl. auch *ebenda*, S. 698, 700-705, wo weitere Beispiele für die Konzentration des Bodens im Eigentum von Militärs und Beamten aufgeführt werden.

148 *Ebenda*, S. 365.

149 *Ebenda*, S. 701-702.

150 Shu-ching Lee, V. Kriesel, *The Rise of Agrarian Absenteeism and Its Effects on the Traditional Society of China*, in: *Rural Sociology*, Lexington 1957, Nr. 22, S. 242; vgl. Fei Hsiao-tung, *Peasant Life*, S. 185; Fei Hsiao-tung, Chang Chih-i, *Earthbound China*, S. 296.

151 Shu-ching Lee, V. Kriesel, *Rise of Agrarian Absenteeism*, S. 246; vgl. D. H. Perkins, *Agricultural Development in China*, S. 94.

152 R. H. Tawney, *Land and Labour in China*, S. 67-68.

153 Fei Hsiao-tung, *Peasant Life*, S. 187.

154 R. H. Tawney, *Land and Labour in China*, S. 68. Fei Hsiao-tung, *Peasant Life*, S. 188: »Grundherren großer Ländereien errichten ihre eigenen Pachteintreibungsbüros, und kleine Grundherren übertragen diesen ihre Forderungen [. . .] Die Pächter wissen nicht und kümmern sich nicht darum, wer ihr Grundherr ist, sie wissen nur, zu welchem Büro sie gehören [. . .] Gegen Ende Oktober informiert das Büro jeden Pächter über die Höhe der Rente, die für das Jahr gezahlt werden soll. Die Nachricht wird durch Sonderbeauftragte übermittelt. Diese Agenten werden vom Büro eingestellt und sind von der Distriktregierung mit Polizeigewalt betraut. Das Büro ist somit tatsächlich ein halbpolitisches Organ.«

155 Zhang Youyi, *Nongye ziliao*, Bd. 2, S. 319-325, 333-339.

156 Ebenda, S. 378-387.

157 J. L. Buck, *Land Utilization*, S. 246, 252-253; zum Inventar in der Landwirtschaft vgl. W. Wagner, *Die chinesische Landwirtschaft*, S. 194-206.

158 Zhang Youyi, *Nongye ziliao*, Bd. 3, S. 863-869.

159 *Ebenda*, S. 251-256; vgl. auch Zhang Youyi, *Nongye ziliao*, Bd. 2, S. 84-89; Fei Hsiao-tung, *Peasant Life*, S. 177, 185-186; R. H. Tawney, *Land and Labour in China*, S. 36. Chen Han-seng, *Peasant and Landlord in China*, S. 52-53 gibt folgende Erklärung für die Entstehung dieses Pachtverhältnisses: Das Recht auf die dauernde Nutzung des Bodens erhielten Bauern, die das Land, das Beamte von der Zentralgewalt erhalten hatten, fruchtbar gemacht hatten. Eine weitere Ursache bestand darin, daß Bauern auf Eigenland sich in den Schutz lokaler Beamter und Grundherren stellten, um sich drückender Steuerlasten zu entziehen, und diesen Geschenke entrichteten, die sich im Laufe der Zeit zu Pachtabgaben wandelten.

160 Zhang Youyi, *Nongye ziliao*, Bd. 2, S. 84-89; ders., *Nongye ziliao*, Bd. 3, S. 251-256.

161 *Ebenda*, S. 251; Yan Zhongping, *Tongji ziliao*, S. 323.

162 K. Marx, *Das Kapital*, Dritter Band, in: *MEW* Bd. 25, S. 806.

163 Chen Po-ta, *Eine Studie über die Grundrente*, S. 35; *The Chinese Yearbook*, 1936-37, S. 1255; A. Kaiming Chiu, *Agriculture*, S. 475; J. L. Buck, *Land Utilization*, S. 197-198; ders., *Chinese Farm Economy*, S. 147-148; R. H. Myers, *Chinese Peasant Economy*, S. 227-228. Die Bezeichnungen »Ernterente« und »umgerechnete Rente« sind von Chen Po-ta übernommen.

164 R. H. Tawney, *Land and Labour in China*, S. 37, 65; vgl. zur Metairiewirtschaft K. Marx, *Das Kapital*, Dritter Band, in: *MEW* Bd. 25, S. 811.

165 R. H. Tawney, *Land and Labour in China*, S. 63.

166 Chen Po-ta (Chen Boda), *Eine Studie über die Grundrente*, S. 36.

167 Yan Zhongping, *Tongji ziliao*, S. 289; Zhang Youyi, *Nongye ziliao*, Bd. 3, S. 245.

168 Yan Zhongping, *Tongji ziliao*, S. 315; Zhang Youyi, *Nongye ziliao*, Bd. 3, S. 241.

Tab. 7: Die Bodenverteilung
(in % der Haushalte, in % des Bodens)

Provinz, Kreis	Jahr	Lokale Grundherren		Großbauern		Mittelbauern		Arme Bauern u. Landarbeiter		Andere	
		Haushalte	Boden	Haushalte	Boden	Haushalte	Boden	Haushalte	Boden	Haushalte	Boden
Jilin, Heilongjiang, 52 Distrikte	1925	–	–	14,3*	52,0*	42,8	39,0	42,9	9,0	–	–
Jiacha, Jibei (Hebei) Yue-Gebiet 45 Dörfer	1937	2,4	16,4	8,5	21,9	35,4	41,7	47,5	19,1	6,2	–**
Shaanxi, Huande, 4 Dörfer	1933	1,5	16,9	3,3	22,9	11,4	28,4	79,8	31,8	4,0	–
Henan, Hui, 4 Dörfer	1933	4,4	27,5	8,1	20,6	24,7	33,9	58,0	17,8	4,9**	0,1**
Hebei, Baoding, 10 Dörfer	1930	3,7	13,4	8,0	27,9	23,1	32,8	65,2	25,9	–	–
Jiangsu, Qidong, 8 Dörfer	1933	0,5	9,2	7,2	58,4	31,4	25,8	57,8	6,4	3,1	0,2
Jiangsu, Wuxi, 20 Dörfer	1929	5,7	47,3	5,6	17,7	19,8	20,8	68,9	14,2	–	–
Jiangsu, Changshu, 7 Dörfer	1933	1,3	28,2	1,9	31,3	25,3	17,6	65,6	22,4	5,9	0,5
Zhejiang, Longyu, 8 Dörfer	1933	7,2	73,0	6,0	9,7	17,9	10,6	56,9	6,6	12,0	0,2**
Zhejiang, Chongde, 9 Dörfer	1933	2,3	22,8	0,8	4,6	24,6	35,4	67,9	36,5	4,5**	0,7
Zhejiang, Yongjia,											

6 Dörfer	1933	1,4	28,4	1,0	11,0	6,1	17,4	76,4	43,1	15,1	0,1
Jiangxi, Xingguo	1930	1,0	40,0	5,0	30,0	20,0	15,0	61,0	5,0	12,0**	–**
Guangdong, Fanyu											
10 Dörfer	1933	2,9	18,6	8,8	38,6	16,0	21,9	51,6	17,2	20,7	3,8**
Guangxi, Zhulin											
u. 5 Distrikte											
14 Dörfer	1934	4,9	37,8	7,9	22,1	29,6	27,8	57,6	12,3	–	–
Yunnan, Kunming,											
6 Dörfer	1933	1,7	9,5	11,4	33,6	18,7	29,7	68,2	29,0**	–	–
Sichuan, Changshou	1935	–	–	15,7*	68,1*	27,4	23,8	56,9	8,1		

Quelle: Yan Zhongping, *Tongji ziliao*, S. 270.
* = grundherrliche Wirtschaften eingeschlossen
** = ergibt nicht 100%

Tab. 8: Die Bodenverteilung
(in % des Bodens)

Provinz Kreis	Jahr	Grundherren	Großbauern	Mittelbauern, Arme Bauern Landarbeiter
Suiyuan, Linhe	1933	90,0	*	*
Suiyuan, Wuyuan	1933	60,0	*	*
Shaanxi, Suide, 4 Dörfer	1933	55,7	12,2	32,1
Henan, Hui 4 Dörfer	1933	39,0	17,3	43,6**
Jiangsu, Qidong 8 Dörfer	1933	65,0	22,5	12,4**
Jiangsu, Wuxi, 3 Dörfer	1933	53,5	24,1	22,5**
Jiangsu, Changshu, 7 Dörfer	1933	81,7	8,0	10,2**
Zhejiang, Longyu, 8 Dörfer	1933	65,1	12,5	22,2**
Zhejiang, Chongde. 9 Dörfer	1933	34,5	3,9	61,0**
Zhejiang, Yongjia, 6 Dörfer	1933	59,3	6,2	34,4**
Jiangxi, Suichuan u. 4 Kreise	1928	60,0-80,0	*	*
Hunan Chalingling	1928	70,0	*	*
Sichuan, Zhongdu u. 29 Kreise	1935	77,6	*	*
Guangdong, Fanyu, 10 Dörfer	1933	68,2	15,0	15,3**
Guangxi, Guilin u. 5 Kreise	1934	43,4	20,1	36,4**
Yunnan, Kunming, 6 Dörfer	1933	50,8	18,2	31,0

Quelle: Yan Zhongping, *Tongji ziliao*, S. 272.
* = keine Angaben
** = ergibt nicht 100%

Tab. 9: Veränderungen in der Bodenverteilung 1923-1933

Provinz Kreis	Wirtschaften mit einer Bodenfläche von	1923	1928	1933
Shaanxi,	weniger als 20 mu	19,2	30,8	39,8
Taiyang,	20-49 mu	64,9	56,2	40,5
3 Dörfer	mehr als 50 mu	15,9	13,0	19,7
	zusammen	100,0	100,0	100,0
Hubei,	weniger als 5 mu	31,7	–	48,8
Yingcheng,	5-19 mu	39,7	–	51,2
1 Dorf	mehr als 20 mu	28,6	–	–
	zusammen	100,0		100,0
Jiangsu,	weniger als 5 mu	–	2,4	6,1
Zhenjiang,	5-19 mu	29,1	52,6	67,6
1 Dorf	20-25 mu	70,9	44,9	26,3
	zusammen	100,0	99,9	100,0
Jiangsu,		1922	1927	1932
Wuxi,	weniger als 10 mu	38,4	41,5	50,3
3 Dörfer	10-19 mu	36,1	35,4	34,1
	mehr als 20 mu	25,5	23,1	15,6
	zusammen	100,0	100,0	100,0

Quelle: Yan Zhongping, *Tongji ziliao*, S. 286.

169 Zhang Youyi, *Nongye ziliao*, Bd. 3, S. 246, Angaben aus 22 Provinzen; Yan Zhongping, *Tongji ziliao*, S. 309, Angaben aus 18 Provinzen. Bei einem durchschnittlichen Preis von 32,6 Yuan pro mu Boden betrug die Geldrente 3,6 Yuan, die in Geld gemessenen Abgaben der Ernterente 4.2 Yuan und der Teilrente 4,6 Yuan pro mu Boden.

170 Yan Zhongping, *Tongji ziliao*, S. 309.

171 A. Kaiming Chiu, *Agriculture*, S. 475.

172 Yan Zhongping, *Tongji ziliao*, S. 303.

173 Zhang Youyi, *Nongye ziliao*, Bd. 3, S. 247-248.

174 Chen Po-ta, *Eine Studie über die Grundrente*, S. 47; allerdings gestatten die von Chen aufgeführten Beispiele diese Schlußfolgerung.

175 *Ebenda*, S. 48.

176 Zhang Youyi, *Nongye ziliao*, Bd. 2, S. 97-99.

177 *Ebenda*, S. 100-103.

178 Yan Zhongping, *Tongji ziliao*, S. 318.

179 Zhang Youyi, *Nongye ziliao*, Bd. 2, S. 119.

180 *Ebenda*, S. 331-332.

181 Vgl. Zhang Youyi, *Nongye ziliao*, Bd. 3, S. 256-262.

182 Chen Po-ta, *Eine Studie über die Grundrente*, S. 81.

183 Zhang Youyi, *Nongye ziliao*, Bd. 2, S. 103-112.

184 Yan Zhongping, *Tongji ziliao*, S. 292.

185 *Ebenda*.

186 *Ebenda*, S. 321.

187 Zhang Youyi, *Nongye ziliao*, Bd. 3, S. 264.

Tab. 10: Veränderungen der Klassenstruktur 1928-1933
(in % der Haushalte)

Provinz, Kreis	Grundherren		Großbauern		Mittelbauern		Arme Bauern	Land-arbeiter	Andere	
	1928	1933	1928	1933	1928	1933	1928	1933	1928	1933
Shaanxi, Wei'an	1,5	1,4	7,4	6,4	32,9	26,3	55,9	62,7	2,4**	3,2
Shaanxi, Fengxiang	–	–	5,6	1,8	13,4	9,4	79,9	87,3	1,1	1,5
Shaanxi, Suide	1,9	1,5	3,4	3,3	15,5	11,4	74,3	79,8	4,9	4,0
Henan, Xuchang	1,1	1,1	4,7	5,0	21,2	17,0	64,2	68,1	8,8	8,7**
Henan, Hui	4,1	4,4	9,7	8,1	24,6	24,7	55,2	58,0	6,4	4,8
Henan, Zhenping	6,9	6,4	5,7	6,7	15,4	14,6	59,9	60,8	12,1	11,5
Jiangsu, Yancheng	–	0,6	17,8	15,9	37,6	38,3	35,7	37,6	8,9	7,6
Jiangsu, Qidong	0,3	0,5	9,4	7,2	36,3	31,4	50,8	57,8	3,2	3,1
Jiangsu, Changshu	1,3	1,3	2,0	1,9	28,1	25,3	60,1	65,6	8,5	5,9
Zhejiang, Longyu	6,6	7,2	6,6	6,0	24,9	17,9	50,5	56,9	11,4	12,0
Zhejiang, Dongyang	0,3	0,3	1,9	1,8	6,1	6,1	61,6	59,5	30,1	32,3
Zhejiang, Chongde	2,3	2,3	0,5	0,8	30,7	24,6	61,7	67,9	4,7**	4,5**
Zhejiang, Yongjia	1,4	1,4	1,1	1,0	6,8	6,1	75,8	76,4	14,9	15,1
Guangdong, Fanyu	2,6	2,9	9,3	8,8	17,3	16,0	49,2	51,6	21,6	20,7
Guangxi, Cangwu	7,4	7,7	2,4	1,9	13,1	9,8	77,1	80,6	–	–
Guangxi, Guilin	1,9	2,4	11,0	9,2	19,2	19,9	67,9	68,5	–	–
Guangxi, Si'en	1,5	1,2	8,8	9,9	20,6	19,9	69,1	69,0		

Quelle: Yan Zhongping, *Tongji ziliao*, S. 265.
** = ergibt nicht 100%

188 Yan Zhongping, *Tongji ziliao*, S. 323.

189 *Ebenda*, S. 293; vgl. auch Zhang Youyi, *Nongye ziliao*, Bd. 3, S. 262-268.

190 *Ebenda*; vgl. auch Anm. 183.

191 Zhang Youyi, *Nongye ziliao*, Bd. 2, S. 95.

192 Yan Zhongping, *Tongji ziliao*, S. 291; vgl. auch ebenda, S. 308.

193 Zhang Youyi, *Nongye ziliao*, Bd. 3, S. 775-776.

194 Mao Tse-tung, *Analyse der Klassen in der chinesischen Gesellschaft*, Bd. 1, S. 16.

195 Zhang Youyi, *Nongye ziliao*, Bd. 2, S. 458, 460; ders., *Nongye ziliao*, Bd. 3, S. 780.

196 *Ebenda*, Bd. 3, S. 771-773.

197 Fei Hsiao-tung, *Chang Chih-i, Earthbound China*, S. 62.

198 Zhang Youyi, *Nongye ziliao*, Bd. 3, S. 773-774.

199 Ders., *Nongye ziliao*, Bd. 2, S. 464-465.

200 *Ebenda*, S. 456-457.

201 *Ebenda*, S. 453-455.

202 Zhang Youyi, *Nongye ziliao*, Bd. 3, S. 781. Vgl. auch J. L. Buck, *Land Utilization*, S. 305; nach seinen Informationen aus 155 Kreisen in 20 Provinzen aus den Jahren von 1929 bis 1933 betrug der durchschnittliche Jahreslohn in Nordchina 75,18 Yuan, in Südchina 92,90 Yuan. Mit diesen Löhnen konnten Landarbeiter im Durchschnitt 850 kg Weizen oder 1305 kg Reis kaufen (*ebenda*, S. 306).

203 Zhang Youyi, *Nongye ziliao*, Bd. 2, S. 467; vgl. weitere Angaben *ebenda*, S. 465-468.

204 Ders., *Nongye ziliao*, Bd. 3, S. 784-788.

205 Fei Hsiao-tung, *Peasant Life*, S. 282.

206 Zusammengestellt nach:

a) Zhang Youyi, *Nongye ziliao*, Bd. 2, S. 473-474; Bauer auf 10 mu Eigenland.

b) Yan Zhongping, *Tongji ziliao*, S. 311; gepachtet 2 mu Land; in den Ausgaben für den Konsum Nahrungsmittel nicht enthalten.

c) Zhang Youyi, *Nongye ziliao*, Bd. 3, S. 268-269; gepachtet 4 mu Land.

d) Yan Zhongping, *Tongji ziliao*, S. 311; gepachtet 20 mu Land; in den Ausgaben für die Produktion sind 1 Yuan für Wachdienste und 23 Yuan für Lohnarbeit enthalten.

e) *Ebenda;* gepachtet 12 mu Land; in den Ausgaben ist ein nicht näher bezeichneter Betrag von 15 Yuan enthalten.

f) Zhang Youyi, *Nongye ziliao*, Bd. 3, S. 757; Bauer auf 10 mu Eigenland; keine Angabe über Grundsteuer.

g) *Ebenda*, Bauer auf 23 mu Eigenland; keine Angabe über Grundsteuer.

h) *Ebenda*, S. 276; keine Angabe über Pachtland.

i) Yan Zhongping, *Tongji ziliao*, S. 311; gepachtet 10 mu Land.

k) *Ebenda;* gepachtet 10 mu Land.

l) *Ebenda;* 1) Durchschnittsangaben über 27 Bauern, die zu ihrem eigenen Land fremdes hinzupachten; keine Angabe über Pachtland; 2) Durchschnittsangaben über 26 Pächter; keine Angabe über Pachtland; 3) Durchschnittsangaben über 7 Pächter, die zusätzlich für Lohn arbeiten; keine Angabe über Pachtland.

m) *Ebenda;* Angaben gelten für 23 Pächter; keine Angaben über Pachtland.

n) Zhang Youyi, *Nongye ziliao*, Bd. 3, S. 276; gepachtet 10 mu Land.

p) Ders., *Nongye ziliao*, Bd. 2, S. 477; gepachtet 10 mu Land.

Vgl. weitere Angaben in Zhang Youyi, *Nongye ziliao*, Bd. 2, S. 471-485; ders., *Nongye ziliao*, Bd. 3, S. 268-288, 749-761.

207 J. L. Buck, *Chinese Farm Economy*, S. 154.

208 Zhang Youyi, *Nongye ziliao*, Bd. 3, S. 749.

209 *Ebenda*, S. 761-762; vgl. auch Chen Han-seng, *Landlord and Peasant in China*, S. 88. A. Kaiming Chiu, *Agriculture*, S. 476, führt eine Untersuchung von 183 Haushalten an, die ihre Darlehen vorwiegend produktiv nutzen.

210 J. L. Buck, *Land Utilization*, S. 463.

211 A. Kaiming Chiu, *Agriculture*, S. 482-484. Vgl. auch Chen Yin-kwong, Die *landwirtschaftlichen Genossenschaften in China*, Diss. Greifswald 1937.

212 Vgl. Chen Han-seng, *Industrial Capital and Chinese Peasants*, S. 13-15.

213 L. E. Eastman, *The Abortive Revolution*, S. 213. Fei Hsiao-tung., *Peasant Life*, S. 267-274, führt eine bäuerliche Kreditvereinigung für gegenseitige Hilfe an.

214 Yan Zhongping, *Tongji ziliao*, S. 345; vgl. auch Sih Tien-tsung, *Economic Conditions in North China*, S. 66; *Crop Reporting in China*, 1934, S. 70.

215 J. L. Buck, *Land Utilization*, S. 463.

216 Fei Hsiao-tung, *Peasant Life*, S. 278, 284.

217 *Ebenda*, S. 279.

218 *Ebenda;* Chen Han-seng, *Landlord and Peasant in China*, S. 95.

219 Yan Zhongping, *Tongji ziliao*, S. 348; vgl. auch *Crop Reporting in China* 1934, S. 71.

220 J. L. Buck, *Land Utilization*, S. 463.

221 Zhang Youyi, *Nongye ziliao*, Bd. 2, S. 538; ders., *Nongye ziliao*, Bd. 3, S. 352, 359, 371-372.

222 Ders, *Nongye ziliao*, Bd. 2, S. 542-543; vgl. weitere Beispiele für die Ausbeutung durch den Wucher *ebenda*, S. 540-558.

223 *Ebenda*, S. 542-543.

224 Ders., *Nongye ziliao*, Bd. 3, S. 349; vgl. auch *ebenda*, S. 349-377.

225 *Ebenda*, S. 359.

226 R. H. Tawney, *Land and Labour in China*, S. 62.

227 Vgl. W. Franke (Hrsg.), *China Handbuch*, Düsseldorf 1974, S. 178 (Stichwort: *Boxeraufstand*).

228 Zhang Youyi, *Nongye ziliao*, Bd. 3, S. 8.

229 F. H. H. King, *A Concise Economic History of Modern China, 1840-1961*, New York, London 1969, S. 127-130.

230 L. E. Eastman, *The Abortive Revolution*, S. 208.

231 *The Chinese Yearbook, 1936-37*, S. 692.

232 R. H. Myers, *Chinese Peasant Economy*, S. 264.

233 A. Kaiming Chiu, *Agriculture*, S. 472.

234 *The Chinese Yearbook, 1936-37*, S. 556, 691.

235 R. H. Myers, *Chinese Peasant Economy*, S. 271-272.

236 *The Chinese Yearbook, 1936-37*, S. 1259.

237 Zhang Youyi, *Nongye ziliao*, Bd. 3, S. 9-11.

238 *Ebenda*, S. 16-17.

239 Ders., *Nongye ziliao*, Bd. 2, S. 568, 570, 571; vgl. weitere Angaben *ebenda*, S. 567-583.

240 L. E. Eastman, *The Abortive Revolution*, S. 197.

241 Zhang Youyi, *Nongye ziliao*, Bd. 2, S. 560.

242 *Ebenda*, S. 566; vgl. weitere Angaben S. 560-567.

243 Ders., *Nongye ziliao*, Bd. 3, S. 17-18.

244 *Ebenda*, S. 26.

245 *Ebenda*, S. 30; vgl. weitere Angaben S. 12, 18-32.

246 Ders., *Nongye ziliao,* Bd. 2, S. 577.
247 Ders., *Nongye ziliao,* Bd. 3, S. 40-42.
248 *Ebenda,* S. 41.
249 A. B. Lewis, in: J. L. Buck, *Land Utilization,* S. 328.
250 Zu diesen und weiteren Angaben vgl. Zhang Youyi, *Nongye ziliao,* Bd. 3, S. 32-39.
251 Yen Chung-ping, J. Kuczynski, W. Jonas, *Die Lage der Arbeiter in der Baumwollindustrie Shanghais,* S. 66.
252 Zhang Youyi, *Nongye ziliao,* Bd. 3, S. 59, 61.
253 *Ebenda,* S. 886.
254 *Ebenda,* S. 881.
255 *Ebenda,* S. 889, 895.
256 *Ebenda,* S. 882.
257 *Ebenda,* S. 885-886, 888.
258 *Ebenda,* S. 890.
259 *Ebenda,* S. 892.
260 Nach W. H. Mallory, *China: Land of Famine,* New York 1926, S. 67-68, wurden die lokalen Getreidelager 1912 verkauft, um »die Kosten der Revolution zu bezahlen«. Zum System der Getreidespeicher im 19. Jahrhundert vgl. Hsiao Kung-chuan, *Rural China,* S. 144-183; vgl. auch S. D. Gamble, *North China Villages,* Berkeley, Los Angeles 1963, S. 115-117.
261 Zhang Youyi, *Nongye ziliao,* Bd. 3, S. 887.
262 Vgl. ebenda, S. 898 ff. Die Informationen über die Abwanderungsziele landflüchtender Bauern weichen sehr stark voneinander ab. Nach Angaben aus 22 Provinzen aus dem Jahre 1935 zogen knapp 59% aller landflüchtenden Bauern in die Städte, nur 37% suchten auf dem Land nach einer anderen Erwerbstätigkeit (*ebenda,* S. 893). Eine weniger repräsentative Erhebung aus den Jahren von 1928 bis 1933 stellte indessen fest, daß von knapp 20 000 umherziehenden Haushalten weniger als 1% in die Großstädte zogen, etwa 90% auf dem Lande nach Arbeit suchten und knapp 10% von den Städten auf das Land abgewandert waren (*ebenda,* S. 898).
263 *Ebenda,* S. 902-907.
264 *Ebenda,* S. 902.

Jürgen Osterhammel
Chinas Weltmarktabhängigkeit und industrielle Entwicklung (1914-1937)

Es hat in China keine industrielle Revolution gegeben. Die »Keime des Kapitalismus« in der späten Ming- und frühen Qing-Zeit – wie immer die Diskussion darüber entschieden werden mag – haben sich nicht bis zum Punkt einer selbsttragenden ursprünglichen Akkumulation entfaltet.[1] Die Ansammlung naturwissenschaftlicher Erkenntnisse und technologischen Wissens führte nicht zu einem Schub der Produktivkraftentwicklung, wie ihn Mittel- und Nordeuropa nach 1780 erfuhr.[2] Es gab zwar ausgedehnte Manufakturbetriebe, doch die Nutzung lebloser Energiequellen blieb unerheblich. Noch 1911 konnte ein chinesischer Autor »Industrie« als »Anfertigung von Dingen mittels Menschenkraft« definieren.[3] Das Heimgewerbe der bäuerlichen Haushalte wurde durch ein funktional hochdifferenziertes System von Aufkäufern, Mittelsmännern, Verlegern, Groß- und Einzelhändlern koordiniert; organisatorischer Fortschritt fand eher in der Distribution denn in der Produktion statt. Handel war »ein Privileg, das dem Kaiser abgekauft werden mußte«.[4] Soziale Enklaven nach Art der okzidentalen Stadtgemeinde fehlten.[5] Während der Staat einerseits in die Vermögenssubstanz der Kaufleute eingriff und die Akkumulation von Handelskapital behinderte, eröffnete er andererseits durch monopolistische Organisation zentraler Distributionsbereiche privilegierten Gruppen der Kaufmannschaft solch günstige Profitchancen, wie sie industrielle Investition nicht zu bieten vermocht hätte.[6] So ging es dem Handel entweder zu gut oder zu schlecht, als daß alternative Kapitalverwendungen zur Erwägung gestanden hätten. Andere Phänomene, wie sie die europäische Industrialisierung begleiteten, blieben aus: Der Außenhandel wurde unter der Ming-Dynastie auf Tributbeziehungen zurückgeschnitten, statt – wie etwa im Falle Englands – zu expandieren.[7] Vor allem hielten Produktion und Produktivität der Landwirtschaft nicht mit dem rapiden Bevölkerungswachstum während der letzten vier Jahrhunderte des Kaiserreiches Schritt.

Als in den vierziger Jahren des 19. Jahrhunderts die englische Invasion der ökonomischen und kulturellen Quasi-Autarkie des Reiches ein gewaltsames Ende bereitete, waren Ansätze zu einer endogenen Industrialisierung Chinas nicht in Sicht.[8] Mag die »Öffnung« Chinas für den internationalen Waren- und Kapitalverkehr auch nicht die Ursache industrieller Entwicklung gewesen sein, so fungierte sie doch als Auslöser einer solchen Entwicklung und bestimmte die Form, in der sie vonstatten ging: Die Industrialisierung Chinas vor 1949 geschah unter Bedingungen der Weltmarktabhängigkeit und auf der technologischen Grundlage der europäischen industriellen Revolution.[9] In diesem Aufsatz soll untersucht werden, welche Kräfte auf welche Weise die Entstehung einer modernen chinesischen Industrie im Interferenzbereich von traditionaler Gesellschaft und ausländischem Kapitalismus bestimmten.[10]

Als Vorgabe eines diachronen Orientierungsschemas sei folgende Periodisierung der chinesischen Industriegeschichte im 20. Jahrhundert vorgeschlagen:[11]

1895-1914	Gründung ausländischer Industrien in China. Höhepunkt des imperialistischen Eisenbahnbaus. Vorherrschaft Großbritanniens im ausländischen Sektor. Chinesische Pionierprojekte in der Leichtindustrie.
1914-1923	Gründerzeit und Prosperität der nationalen chinesischen Industrie *(minzu gongye)*.
1924-1931	Stagnation der nationalen chinesischen Industrie und Beginn der japanischen Dominanz im ausländischen Sektor.
1931-1937	Auswirkungen der Weltwirtschaftskrise und akute Industriedepression (1931-1935). »Rekonstruktions«-Politik der Guomindang-Nationalregierung (1935-1937). Beginn der japanischen Kolonialisierung der Mandschurei.
1937-1945	Okkupation der Industriezentren durch Japan. Industrieller Aufbau im unbesetzten Südwesten. Zunahme der Staatskontrolle über die Industrie und (seit 1939/40) Inflation in den Guomindang-Gebieten. Herausbildung alternativer Modelle: Industrie-Kooperative und neudemokratische Guerilla-Ökonomie.
1945-1949	Übernahme nahezu der gesamten Industrie in staatlich-bürokratische Verwaltung. Hyperinflation. Verfall der produktiven Kapazitäten.[12]

Auch die geographisch-politische Fragmentierung der industriellen Entwicklung in China muß beachtet werden. »China« ist für die Bürgerkriegsepoche eine problematische Größe. Die politischen Bedingungen unterschieden sich erheblich von denen, die sowohl die mitteleuropäische als auch die russische und die japanische Industrialisierung trugen. Es fehlte ein Nationalstaat, eine zentrale politische Autorität, die das Gebiet des chinesischen Reiches unter einheitliche militärische, administrative und fiskalische Kontrolle gebracht, die politischen Voraussetzungen für die Herausbildung eines nationalen Marktes geschaffen und die Ressourcen des Landes vor ausländischem Zugriff geschützt hätte. Auch zwischen 1927 und 1937, als in Nanjing eine »Nationalregierung« amtierte, war China keineswegs politisch geeint. Nur in den ostchinesischen Küstenprovinzen und für wenige Jahre in jenen Provinzen Mittelchinas, die im Zuge der antikommunistischen Vernichtungsfeldzüge von Tschiang Kai-scheks Truppen erobert worden waren, konnte das Nanjinger Regime unangefochtene Kontrolle ausüben.[13] Im Innern des Landes täuschte die trügerische Loyalität quasi-autonomer Militärmachthaber staatspolitische Einheit vor. Einige unter ihnen, etwa General Yan Xishan in Shanxi, konnten sich der Nationalregierung bis zum Beginn des Japanisch-Chinesischen Krieges erfolgreich widersetzen.[14] Zur gleichen Zeit standen Teile des chinesischen Territoriums unter fremder Besatzung: In den Konzessionen, Niederlassungen und Pachtgebieten herrschten ausländische Konsuln.[15] Die mandschurischen Provinzen, seit der russischen Niederlage 1905 Einflußzone Japans, wurden im Herbst 1931 von japanischen Truppen besetzt und im Laufe der folgenden Jahre in eine industrialisierte Kolonialwirtschaft mit symbiotischen Bindungen an die Ökonomie der japanischen Inseln transformiert.[16] Schließlich befanden sich während der dreißiger Jahre Teile Chinas unter der Kontrolle von KPCh und Roter Armee.

Japaner, Guomindang und KPCh haben in ihren jeweiligen Kontrollbereichen in unterschiedlichen Weisen und Intensitäten auf die chinesische Agrargesellschaft eingewirkt. Das Resultat war eine zunehmende Divergenz der sozialökonomischen Strukturen, die nach 1949 erhebliche Integrationsprobleme stellte. Vor 1937 koexistierten ein koloniales, ein halbkoloniales und ein antikoloniales China; 1945 unterlagen die kolonialen, 1949 die halbkolonialen Kräfte. Die folgende Untersuchung gilt dem, was den Zeitgenossen als das »eigentliche« China erschien: dem halbkolonialen Modell.

1. Das Entwicklungsniveau der Industrie in China vor 1949

Die statistische Darstellung des industriellen Entwicklungsniveaus im China der Bürgerkriegsepoche ist problematisch. Lückenhafte Datenreihen von geringer Zuverlässigkeit lassen keine präzise quantifizierende Argumentation zu.[17] Die folgenden Zahlen sollen ein ungefähres Bild bieten und zumindest die Größenordnungen der wichtigsten ökonomischen Entwicklungsindikatoren zeigen. Vergleichswerte anderer Länder dienen nur zur Illustration und sollen nicht ein Argument stützen.

1936 wurden in ganz China (einschließlich der Mandschurei) 33,8 Millionen t Kohle mit modernen Methoden gefördert.[18] Damit war das Vorkriegsmaximum erreicht. Es entsprach der Kohleförderung Englands um 1840 und Deutschlands Mitte der sechziger Jahre des 19. Jahrhunderts und übertraf den Spitzenwert des vorrevolutionären Rußland.[19] 1960 hatte China seine Kohleförderung auf 344 Millionen t verzehnfacht.[20] Die Roheisenproduktion betrug 1937 etwa 959 000 t[21], ein Niveau, auf dem sich England etwa 1835, Deutschland 1865 und Rußland 1890 befand.[22] Von den 1937 erzeugten 556 000 t Stahl kamen 516 000 t (das sind 92,8%) aus Anshan, dem japanischen Eisenwerk in der Südmandschurei, das 1935 ein mit modernsten deutschen Anlagen ausgestattetes Stahlwerk in Betrieb genommen hatte.[23] Vor 1935 wurde Stahl in China nur in minimalen Mengen produziert.[24] Die Pro-Kopf-Stahlproduktion lag 1937 für ganz China bei etwa einem Kilogramm. Zur Berechnung des Stahlverbrauchs liegen keine zureichenden Daten vor. Es läßt sich schätzen, daß der Stahl- *und* Eisenverbrauch 1937 unter einem *Per-capita*-Maximalwert von 4 kg lag. – 1935 waren in der Textilindustrie 5,5 Millionen Garn- und Zwirnspindeln in Betrieb.[25] 1935 wurden 2,1 Millionen Ballen Baumwollgarn erzeugt.[26]

Die Generierung von Elektrizität belief sich auf 1,57 Milliarden KWH im Jahre 1935; die jährliche *Per-capita*-Konsumtion von Elektrizität betrug 3,7 KWH. Rund 7% der Bevölkerung waren mit elektrischem Strom versorgt.[27]

Zur quantitativen Position des industriellen Sektors innerhalb der Gesamtwirtschaft existieren nur vage Schätzungen. Liu und Yeh beziffern den Anteil der modernen Fabrikindustrie (ohne Bergbau und Transport) am Nettosozialprodukt auf 2,2% für 1933. Ein Viertel davon wurde von der Produktionsgüterindustrie erstellt.[28] Die Beschäftigungsstruktur bietet das geläufige Bild marginal industrialisierter Agrargesellschaften. 1933 waren 79% der erwerbstätigen Bevölkerung in der Landwirtschaft tätig, 21% in nichtagrarischen Bereichen, darunter 6,1% im Handwerk, 4,4% im Transport, 2,9% in Läden und Restaurants, 2,8% im Straßenhandel, 2% in der Verwaltung.[29] Diese Verteilung hat sich zwischen 1911 und 1949 offenbar nur geringfügig verändert. Liu und Yeh schätzen, daß 1933 rund 1,13 Millionen Erwerbstätige (von 7 bis 64 Jahren) in Fabriken mit mehr als 30 Beschäftigten arbeiteten, zusätzliche 770 000 im Bergbau.[30] Ou und Wang nehmen für 1933 eine Zahl von wenig über einer Million Beschäftigten in der verarbeitenden Industrie an, davon 46 000 Vorarbeiter und 115 000 Angestellte[31]. J. Chesneaux beziffert den zahlenmäßigen Umfang des chinesischen Proletariats für 1919 (mit Berg- und Transportarbeitern) auf 1,5 Millionen[32], während G. Lewin für die erste Jahrhunderthälfte generell eine Maximalzahl von 2 Millionen ansetzt.[33] Man geht wohl kaum fehl, wenn man den Anteil der modernen Industriearbeiterschaft auf maximal 0,5% der Gesamtbevölkerung und 0,9% der erwerbstätigen Bevölkerung veranschlagt. Etwa ein Drittel war in der Produktionsgüterindustrie und im Bergbau beschäftigt. In Betrieben mit mehr als 500 Beschäftigten waren 1933 nur 325 000 Arbeiter konzentriert.[34]

Die Beurteilung dieser quantitativen Indikatoren ist kontrovers. Zeitgenössische chinesische Wissenschaftler haben die ökonomische Situation ihres Landes als unterentwickelt eingeschätzt: H. D. Fong registrierte 1936 das Fehlen einer nennenswerten Schwerindustrie und den Niedergang der Leichtindustrie unter dem doppelten Druck von Weltwirtschaftskrise und ausländischer Konkurrenz.[35] Ma Yinchu notierte 1937, die chinesische Industrie habe das Entwicklungsstadium großbetrieblicher Fabrikproduktion noch nicht erreicht.[36] Und ein Leitartikel der *Chinese Economic and Statistical Review* war Mitte 1935 allenfalls bereit, die chinesische Industrie als »halb-modern« zu qualifizieren; von einer Industrialisierung Chinas könne so lange nicht die Rede sein, wie der Einsatz mechanischer Kraftmaschinen und elektrischer Antriebsquellen erst in seinen Anfängen stehe.[37]

Demgegenüber kommen neuere amerikanische Untersuchungen zu dem Schluß, es habe in China am Ende der dreißiger Jahre einen »etablierten modernen Industrie- und Transportsektor« gegeben, »auf den die kommunistische Regierung aufbauen konnte und dies auch tat«.[38] Es wird behauptet, daß China während der Zwischenkriegszeit eine »nahezu ununterbrochene industrielle Expansion« mit jährlichen Wachstumsraten von durchschnittlich 9,4% (für 1912-1936) erlebt habe.[39] So erfolgreich die wachstumsstatistische Argumentation Auffassungen von der uniformen Stagnation der chinesischen Gesellschaft vor 1949 widerlegt, so wenig gelingt es ihr doch, einen »take-off« während der Bürgerkriegsepoche glaubhaft zu machen. Die hohen Wachstumsraten[40] reflektieren zu einem nicht geringen Teil die Zunahme ausländischer Direktinvestitionen aus Kapitalimport und Reinvestition von Profiten; vor allem verdanken sie sich der Industrialisierung der Mandschurei unter japanischer Ägide. Die Wachstumsstatistiker übersehen die außerordentlichen regionalen Entwicklungsunterschiede, verdecken die Rolle des ausländischen Kapitals, schließen unzulässig von quantitativem Progreß auf strukturelle Veränderungen und setzen vorschnell industrielles Wachstum mit Industrialisierung gleich.

Industrialisierung, verstanden als ökonomische Basiskomponente eines Prozesses gesamtgesellschaftlicher Transformation[41] mit der Zielgröße eines raschen und anhaltenden Wachstums des Pro-Kopf-Realeinkommens *und* des Lebensstandards der breiten Masse der Bevölkerung[42], hat in China vor 1949 schwerlich stattgefunden. Das Pro-Kopf-Realeinkommen blieb während der Bürgerkriegsepoche bestenfalls konstant; der Lebensstandard der Bauernschaft und großer Teile des Proletariats hat sich kaum über das Existenzminimum erhoben. Blieb Industrialisierung in diesem umfassenden Sinne auch aus, so gab es doch eine mitunter rapide industrielle Entwicklung in den Grenzen einer geographisch hoch konzentrierten, von ausländischem Kapital beherrschten Enklavenwirtschaft – mit der Formel Alexander Ecksteins: »There was considerable economic growth *in* China but not *of* China.«[43]

2. Das wirtschaftsgeographische Strukturmuster: Eisenbahnen und Vertragshäfen

Bis zum Beginn des Japanisch-Chinesischen Krieges 1937 hatten sich sechs Industriegebiete herausgebildet[44]:

1) *Süd-Jiangsu* zwischen Nanjing und Shanghai mit Hangzhou und dem Nordzipfel von Zhejiang. Hier lag das Zentrum der Leichtindustrie, vor allem der Baumwoll- und Seidenverarbeitung. 56% aller in China betriebenen Baumwollspindeln liefen 1935 allein in Shanghai.[45] Die Nahrungsmittelindustrie hatte hier ebenso ihren Schwerpunkt wie der Maschinenbau. Mitte der dreißiger Jahre waren in Shanghai 40% des gesamten Kapitals im modernen Sektor der Industrie, 43% der Industriearbeiter und 50% des industriellen Output konzentriert.[46]

2) Die *Kanton-Hongkong-Region.* Dies war der traditionell am meisten außenhandelsorientierte Teil Chinas. Kanton mußte jedoch Mitte des 19. Jahrhunderts seine Position als führender Seehafen an Shanghai abtreten. Gleichzeitig verlagerte sich das Zentrum der für den Export produzierenden Seidenindustrie von Guangdong nach Jiangsu.[47] Die Industrialisierung Hongkongs begann erst mit der umfangreichen Kapitalflucht aus der VR China in den frühen fünfziger Jahren.[48]

3) *Hebei.* Diese Provinz, die kaum manufakturelle Traditionen aufwies, wurde erst relativ spät, mit der Öffnung des Hafens Tianjin für den internationalen Handel, industriell erschlossen. 1935 war Tianjin nach Shanghai und Peking und vor Kanton und Nanjing die drittgrößte Stadt des Landes.[49] Neben der Baumwollindustrie spielte die Teppichweberei eine

große Rolle.[50] Um Tangshan entwickelte sich ein Kohlezentrum; die Kailuan Mining Administration, das größte englisch-chinesische Gemeinschaftsunternehmen, hatte hier ihren Sitz. Ihre Gruben förderten 4,5 Millionen t Kohle jährlich.[51]

4) *Hubei.* Die Gegend um Wuhan und die Eisenerzgruben von Daye wurde zum Zentrum der Eisenindustrie in Mittelchina. 1890 inaugurierte Zhang Zhidong, Generalgouverneur von Hubei und Hunan, die Hanyang Eisenwerke, die 1908 in die Hanyeping Coal and Iron Co. umorganisiert wurden, ein privatwirtschaftliches Unternehmen und das größte Industriekonglomerat der Qing-Zeit. Da aus internen Quellen nicht genügend Kapital aufgebracht werden konnte, war das Unternehmen seit 1903 erheblich an japanische Gläubiger verschuldet, die schließlich vollständige Kontrolle gewannen: Hanyeping wurde zum Zulieferer der japanischen Yawata-Stahlwerke. Der Zusammenbruch der japanischen Roheisennachfrage am Ende des Ersten Weltkriegs führte 1925 zur Einstellung der Eisenproduktion. Nur die Daye-Gruben arbeiteten noch mit verminderter Leistung weiter.[52]

5) *Shandong.* Um Qingdao und die Provinzhauptstadt Jinan entstand ein kleineres Industriegebiet mit verhältnismäßig ausgewogener Industriestruktur. In Zaozhuang (Süd-Shandong) befand sich die Zhongxing Co., die bedeutendste Kohlenmine mit rein chinesischem Kapital (Förderung 1,2 Millionen Bitumenkohle pro Jahr).

6) *Liaoning.* Die industrielle Entwicklung der Mandschurei begann mit der Konstruktion der Ostchinesischen Eisenbahn durch Rußland zwischen 1897 und 1903. Der Einfluß der Hegemonialmächte – erst Rußland, dann, seit 1905, Japan mit residualen russischen Interessen in der Nordmandschurei bis 1935 – war von Anfang an beherrschend und ließ eine nationale Industrie kaum entstehen. Während eine fabrikmäßige Konsumgüterproduktion nur ansatzweise entwickelt wurde, war die Südmandschurei seit der Zeit des Ersten Weltkriegs die wichtigste schwerindustrielle Region Chinas. Anshan zählte in den zwanziger und dreißiger Jahren zu den modernsten Eisenwerken der Welt. In Fushun erschloß die Südmandschurische Eisenbahngesellschaft, eine halbstaatliche japanische Kolonisierungsagentur, seit 1907 die damals größten Kohleminen des Fernen Ostens.

Ende der zwanziger Jahre entfielen auf diese sechs Gebiete mehr als drei Viertel des gesamten chinesischen Industriepotentials:

Tabelle 1: Regionale Verteilung der chinesischen Industrie (in Prozent)

	Jiangsu	Guangdong	Hebei	Hubei	Shandong	Liaoning	Summe
Fläche	0,9	1,9	1,5	1,6	1,5	2,6	10,0
Bevölkerung, 1930	7,3	7,2	6,4	5,5	6,7	3,2	36,3
Kohle (Fördermenge), 1928	0,4	0,5	25,3	1,1	4,6	33,0	64,9
Eisenerz (Fördermenge), 1928	–	0,1	–	31,6	–	32,7	64,4
Baumwolle (Spindelzahl), 1930	66,4	–	6,9	7,7	8,8	3,2	93,0
Seide (Exportwert), 1929	44,2	37,1	–	0,1	4,3	6,9	92,6
Elektrizität (Kapazität), 1929	42,2	5,2	10,9	3,9	3,9	21,5	77,6
Außenhandel (Wert), 1929	43,7	11,5	9,0	2,7	4,1	21,5	92,5

Quelle: H. D. Fong, *China's Industrialization. A Statistical Survey*, Shanghai 1931, S. 31.

Dieser Konzentration der Industrie in sechs Regionen, darunter fünf Küstenprovinzen, korrespondierte die relative Unterentwicklung des Landesinnern:

– Die reichen Ölvorkommen in Gansu (Yumen) und Sichuan, teilweise schon zur Ming-Zeit bekannt, wurden vor Beginn des antijapanischen Krieges nicht genutzt. China blieb von Importen durch amerikanische, britische und niederländische Gesellschaften abhängig.

– Die Kohlereserven der Provinz Shanxi, die größten in China, wurden erst nach 1938 von der japanischen Besatzungsmacht in größerem Maßstab erschlossen.[53]

– 1945 waren 65,3% der Flußstahlproduktion in den drei mandschurischen Provinzen und 30,5% in Nordchina, vor allem in Hebei, konzentriert.[54] Nach dem Niedergang von Hanyeping in den zwanziger Jahren stagnierte die Eisen- und Stahlindustrie Mittelchinas weit unterhalb ihrer Entwick-

lungsmöglichkeiten.
– Die Textilindustrie war stärker zentralisiert, als es die Geographie der Baumwollkultivation erfordert hätte. Im Vergleich zu Jiangsu blieben andere potentielle Baumwollgebiete unterentwickelt. Die Ansiedlung moderner Spinnereien führte zu erhöhten Baumwollimporten, statt die heimische Baumwollerzeugung zu stimulieren. 1935 standen einem chinesischen Rohbaumwollertrag von 8,1 Millionen piculs (etwa 489 670 t) Einfuhren in Höhe von 5,5 Millionen piculs (etwa 332 490 t) gegenüber.[55]

Die Konzentration der Industrie in den küstennahen Regionen folgte weder der Geographie natürlicher Ressourcen, noch den Erfordernissen einer gleichmäßig verteilten Versorgung des inneren Marktes. Während die traditionale chinesische Ökonomie durch ein Nord-Süd-Gefälle geprägt war[56], entstand im 19. Jahrhundert als Folge der Öffnung Chinas für den internationalen Handel eine ost-westliche Entwicklungsdifferenz. Zwei neue Strukturelemente wurden der chinesischen Ökonomie implantiert: Vertragshäfen und Eisenbahnen. Sie setzten den Rahmen für industrielle Entwicklung.

Drei der sechs Industriezentren entstanden im Gefolge des Eisenbahnbaus:
– Die mandschurische Industrialisierung begann mit dem Bau der Ostchinesischen Eisenbahn und wurde unter der Führung und mit den Fonds der Südmandschurischen Eisenbahngesellschaft fortgesetzt.[57]
– Die Eisenindustrie Hubeis verdankte ihre Entstehung dem Bau der mit französischem und belgischem Kapital finanzierten Peking-Hankou-Linie.
– In Shandong war die Errichtung der deutschen Qingdao-Jinan-Bahn Schrittmacher der industriellen Entwicklung.[58]

Im Unterschied zur mitteleuropäischen und nordamerikanischen Industrialisierung blieben jedoch binnenökonomische Leiteffekte des Eisenbahnbaus aus. Zum einen wurde die erhöhte Nachfrage nach Eisen und Stahl weitgehend aus dem Ausland gedeckt: Nicht zuletzt verfolgte die Eisenbahnpolitik der imperialistischen Mächte das Ziel, der metropolen Schwerindustrie neue Absatzchancen zu eröffnen. Vor 1937 wurden in China selbst keine Lokomotiven und Waggons gebaut[59]; stimulierende Wirkungen auf die chinesische Schwerindustrie machten sich (außerhalb der Mandschurei) kaum bemerkbar. Zum anderen folgte die Streckenführung nicht den Imperativen nationaler Marktintegration, sondern den ökonomischen und strategischen Interessen der Mächte. Die Bahnsysteme der verschiedenen Einflußzonen waren ungenügend oder gar nicht miteinander verbunden. Die französische Yunnan-Bahn etwa führte ohne jeden Anschluß an andere chinesische Linien vom indochinesischen Hafen Haiphong in die Berge der südwestlichen Grenzprovinz. Da es die Hauptfunktion der Bahnlinien war, das Hinterland für die großen Handelsplätze Shanghai, Kanton, Dalian, Qingdao, Tianjin und Shenyang (Mukden) zu erschließen, betonten sie die Ost-West-Richtung der natürlichen Verkehrswege, statt das System der Wasserstraßen durch Nord-Süd-Verbindungen zu konterkarieren. Als einzige bedeutende Strecke verband die Peking-Kanton-Bahn innerchinesische Wirtschaftszentren. Die Provinz Sichuan, die bevölkerungsreichste Großregion des Landes, blieb bis zum Ende der Republik ohne externe Bahnverbindungen und konnte nur über beschwerliche Straßen und Pfade erreicht werden. Somit verstärkten die Eisenbahnen regionale Ungleichgewichte, dissoziierten das Geflecht der alten Fernverkehrswege und setzten gleichsam Taschen des Weltmarkts in chinesisches Territorium hinein.[60]

Diese Verkehrsstruktur entstand zwischen 1898 und 1914 in der klassischen Periode des Eisenbahnimperialismus. Sie überdauerte die Bürgerkriegsepoche beinahe unverändert. In den zwanziger Jahren kam der Eisenbahnbau nahezu zum Stillstand: Der ausländische Eisenbahnkredit wurde gestoppt, weil China außerstande war, seine Vorkriegsschulden zurückzuzahlen.[61] Infolge von Vernachlässigung, Verwüstung und der Abzweigung von Betriebskapital zur Finanzierung der Generalskämpfe verfielen die bestehenden Linien, so daß 1928 höchstens die Hälfte des Sollbestandes an Gleisen und rollendem Inventar noch brauchbar war.[62] Vielfach waren die Bahnen außerstande, Überschüsse aus dem Landesinnern zu konkurrenzfähigen Tarifen zu den Verarbeitungsbetrieben an der Küste zu transportieren. Verstärkte Rohstoffimporte waren die Folge.[63]

Die Verkehrspolitik der Nanjinger Nationalregierung ergänzte das bestehende Streckennetz und füllte Lücken aus, ohne neue große Linien zu errichten. Sie sorgte zwar für eine zuverlässigere Eisenbahnverwaltung, versäumte aber eine Modernisierung der Betriebsanlagen und eine Erweiterung der Transportkapazitäten. Da die Guomindang aus militärischen Gründen ökonomisch fragwürdige Straßenbauprogramme favorisierte, die häufig durch Zwangsarbeit der Bauern in die Wirklichkeit umgesetzt wurden, da sie zudem ihre Ressourcen auf die Entwicklung der Luftfahrt konzentrierte, wurde die Eisenbahn zum verkehrspolitischen Stiefkind des Regimes. Die Strukturprobleme des Eisenbahntransports blieben bestehen.[64]

Shanghai, Tianjin und Kanton, die drei anderen Industriezentren, hatten sich nach der erzwungenen Öffnung Chinas zu großen Umschlagplätzen des internationalen Handels entwickelt. Shanghai und Kanton erhielten 1842 den Status von Vertragshäfen (Treaty Ports), Tianjin folgte 1860. Am Ende des Ersten Weltkriegs gab es in ganz China 49 Orte mit vollem und weitere 33 mit eingeschränktem Treaty-Port-Status.[65] Vor allem zwei Privilegien machten formalrechtlich diesen Status aus: (a) Ausländer hatten an diesen Plätzen das Recht, sich niederzulassen, Land zu erwerben und Handel zu treiben. Sie waren dem Zugriff der chinesischen Justiz und der chinesischen Steuerbehörden entzogen. Seit 1895 war Ausländern die Errichtung von Industrieunternehmen vertraglich gestattet.[66] (b) Auf ausländische Waren wurde ein einmaliger Einfuhrzoll erhoben, der nominell 5% vom Wert betrug, in Wirklichkeit aber darunter lag.[67] Ausländische Waren waren damit den hohen Binnenzöllen entzogen. – In den größeren Vertragshäfen gab es selbstverwaltete ausländische Residenzgebiete (Konzessionen und Niederlassungen). Sie und die verbliebenen fremden Pachtgebiete wurden von Truppen der imperialistischen Mächte geschützt. Mitte 1930 waren 15 600 ausländische Soldaten in China stationiert; 1933 operierten 150 Kriegsschiffe und Kanonenboote Großbritanniens, der USA, Japans, Frankreichs und Italiens in chinesischen Gewässern.[68] Zur gleichen Zeit lebten etwa 300 000 ausländische Zivilisten in China.

Daß die großen Vertragshäfen im 20. Jahrhundert zu Zentren industrieller Entwicklung wurden, resultierte aus einer Kombination struktureller Voraussetzungen, die sich im

Laufe ihres Aufstiegs als Handelsplätze herausgebildet hatten.

1) *Politischer Sonderstatus.* Unternehmen in den Vertragshäfen waren vor willkürlichen Übergriffen der Bürokratie geschützt. Die Geltung europäischer Zivilrechtsnormen – wie sie seit 1928 dann auch von der Gesetzgebung der Nationalregierung übernommen, aber nur sparsam praktiziert wurden[69] – schuf einen staatsfreien Raum, in dem Privateigentum garantiert und rational kalkulierte Geschäftsführung unter Bedingungen freien Wettbewerbs möglich war. Währungen konnten frei zirkulieren, und es bestand die Möglichkeit hypothekarischer Belastung von Land.

2) *Etablierte Rohstoffversorgung.* Shanghai war der billigste Sammelplatz für jene Ressourcen, auf denen die industrielle Entwicklung in China beruhte.[70] Die Vorteile etablierter Handelswege, wie sie sich mit dem Wachstum der Vertragshäfen herausgebildet hatten, und die Risiken – Preisunsicherheit, Qualitätsunsicherheit, Transportunsicherheit, Besteuerungsunsicherheit, Terminunsicherheit – der Versorgung aus dem chinesischen Hinterland[71] wirkten zusammen, den Rohstoffbezug aus dem Ausland häufig rentabler erscheinen zu lassen. Das Rohmaterial der Shanghaier Mühlen kam zu mehr als der Hälfte aus Indien und den USA; ein Fünftel der in Shanghai verbrauchten Rohbaumwolle, ein Zehntel der Tabakblätter, sämtliche Metalle und Metallgüter, das gesamte verarbeitete Holz und fast alle Materialien der Zündholzindustrie wurden auf dem Seeweg eingeführt.[72]

3) *Etablierte Absatzmärkte.* Das durch den Handel aufgebaute Vertriebssystem erleichterte auch die Verteilung der später in den Vertragshäfen selbst produzierten Industriegüter. Die überseeischen Absatzgebiete für Shanghai lagen in Europa, Amerika und Südostasien und wurden hauptsächlich von britischen Schiffahrtslinien versorgt. Der innere Markt befand sich im Yangzi-Stromgebiet: Allein auf die drei Provinzen Jiangsu, Zhejiang und Anhui verteilte sich 1925 bis 1935 etwa die Hälfte des von Shanghai ausgehenden Warenstromes.[73]

4) *Etablierte Finanzinstitutionen.* Die Erfordernisse der Außenhandelsfinanzierung ließen in den Vertragshäfen ein Finanzsystem entstehen, in dessen Mittelpunkt die großen ausländischen Banken standen, welche enge Verbindung zu den

metropolen Finanzzentren, vor allem zu London, hielten. 1864 wurde die Hongkong and Shanghai Banking Corporation gegründet, die bis in die neunziger Jahre ein faktisches Monopol bei der Finanzierung des chinesischen Außenhandels innehatte.[74] 1857 bereits hatte die Chartered Bank of India, Australia and China eine Filiale in Shanghai eröffnet. 1889 folgte die Deutsch-Asiatische Bank, 1892 die Yokohama Specie Bank, 1899 die Banque de l'Indochine, 1902 die National City Bank of New York. Zwischen 1848 und 1934 eröffneten 49 ausländische Banken Geschäftsstellen in Shanghai. Unter den Banken, die 1934 in Shanghai mit einem Grundkapital von mehr als zehn Millionen chinesischer Dollar operierten, waren 19 ausländisch, aber nur drei chinesisch.[75] Gestützt auf Garantien der ausländischen Banken waren eine Vielzahl einheimischer Geldläden *(qianzhuang)* tätig, die kurzfristige Kredite an chinesische Kaufleute vergaben.[76]
5) *Vorteile der Energieversorgung.* 1865 entstanden britische und französische Gasgesellschaften in Shanghai, 1881 gründeten britische Kaufleute die Shanghai Waterworks Co., ein Jahr später die Shanghai Electric Co. Der Vorsprung Shanghais in der Energieversorgung blieb von da an bestehen. Am Vorabend des antijapanischen Krieges hatte Shanghai einen Anteil von mehr als der Hälfte an der in China erzeugten und verbrauchten Elektrizität. Der Stromkonsum pro Kopf belief sich in Shanghai auf das Fünfundsechzigfache des Landesdurchschnitts.[77] 80% der Elektrizität stellte die Shanghai Power Company bereit, eine Gesellschaft, die sich seit 1929 in amerikanischem Besitz befand; 78% der Abnehmer waren Industriebetriebe. Dies war die infrastrukturelle Voraussetzung sowohl für die großen Baumwollspinnereien als auch für die zahlreichen kleinen Werkstätten, deren Betrieb auf dem Einsatz eines Elektromotors gründete.

Der Prozeß außenhandelsinduzierter Urbanisierung ließ während der zweiten Hälfte des 19. Jahrhunderts in den Vertragshäfen – vor allem wieder in Shanghai, dieser »europäischen Stadt auf chinesischem Boden«[78] – umfangreiche Kapitalfonds entstehen, die unter den geschilderten politischen und infrastrukturellen Rahmenbedingungen zumindest potentiell für industrielle Investition verfügbar waren. Ihre Akkumulation geschah hauptsächlich aus drei Quellen. Zunächst durch das Wachstum der ausländischen Handelsfirmen, die zunehmend in Bereiche investierten, die dem Außenhandel subsidiär waren: Schiffahrt und Schiffsbau, Versicherungen, Banken, Lagerhallen, Kühlhäuser usw., und am Ende des Jahrhunderts auch zu Investitionen in verarbeitende Industrien übergingen. Sodann sammelte sich mit der Zunahme des »absentee landlordism«, der Abwanderung zahlreicher Grundherren in die vor Bauernerhebungen und plündernden Armeen geschützten Vertragshäfen, agrarischer Surplus in den ausländischen Banken an. Dieser Prozeß, ergänzt durch den gegenläufigen der Anlage von Handelsgewinnen in Land, verzahnte den modernen mit dem traditionalen Sektor der Ökonomie und stellt damit die Konzeption eines strikten Dualismus zwischen Treaty-Port-Ökonomie und stagnierender Landwirtschaft in Frage.[79] Anfang der dreißiger Jahre verstärkte die Silberaufkaufpolitik der USA den Abfluß von Reichtum vom Lande dramatisch. Die Shanghaier Silbervorräte stiegen, aufgestaut durch die Eindämmung des Silberexports durch die Nationalregierung, von 275 Millionen Chinesische Dollar im Dezember 1930 auf 503 Millionen Chinesische Dollar im Dezember 1933.[80] Folgen waren Deflation und Verteuerung des ländlichen Kredits auf der einen, Überangebot liquiden Kapitals in den Vertragshäfen auf der anderen Seite. Die Kluft zwischen Stadt und Land weitete sich.

Die Anhäufung großer Vermögen in den Händen einer neuen chinesischen Handelsbourgeoisie war der dritte Prozeß, der in den Vertragshäfen Kapitalfonds entstehen ließ. Kern der neuen Bourgeoisie, die, in ihrem Sozialcharakter deutlich von den traditionalen, in Gilden organisierten Kaufleuten unterschieden[81], ihre Entstehung und Prosperität dem imperialistisch dominierten Außenhandel verdankte, waren die Kompradoren, deren Zahl für 1870 mit 700, für 1900 mit beinahe 10 000 angegeben wird.[82] Ursprünglich angestellte Handelsvermittler im Dienste ausländischer Firmen, wurden sie zunehmend zu selbständig wirtschaftenden Unternehmern und traten nicht selten in unmittelbare Konkurrenz zu ihren ausländischen Auftraggebern. So gelangte etwa der Transferhandel zwischen den Vertragshäfen sowie der Hongkong-Shanghai-Handel fast gänzlich in die Hände von Kompradoren.[83] Gleichwohl bestand bei partieller Interessendivergenz eine generelle Interessenidentität. Kompradorensystem und ausländisches Kapital stützten sich gegenseitig.

Bei der Verwendung dieser Fonds traten zwei Effekte auf, industrialisierungshemmend der eine, der andere – zumindest auf der Oberfläche – industrialisierungsfördernd: Einerseits waren Komprador-Kaufleute, Grundbesitzer und reiche Beamte (nicht selten waren diese Funktionen personalidentisch) im Verein mit ausländischen Residenten Träger eines Luxuskonsums, der sich weitgehend an Konsummustern der westlichen Bourgeoisie orientierte. Geldreichtum wurde in Konsumgüternachfrage auf Auslandsmärkten umgesetzt; dies zweigte potentielle Nachfrage vom Binnenmarkt ab und löste eine Fertigwareneinfuhr aus, die nicht der Vergrößerung der Produktion, sondern der Expansion des Handels zugute kam und eine der Hauptursachen für Chinas chronisches Handelsbilanzdefizit und den Abfluß gesellschaftlichen Reichtums war.[84] Andererseits trugen sie den überwiegenden Teil des Kapitals während der Frühphase industrieller Entwicklung bei. Die *Guandu-shangban*-Unternehmen, die in den siebziger und achtziger Jahren auf Betreiben einflußreicher Regionalmachthaber entstanden, wurden in erster Linie mit Kompradorenkapital finanziert.[85] Nach Daten, die Hao Yen-p'ing ermittelt hat, entfielen auf Kompradoren 54,2% des Kapitals der Dampfschiffahrtsgesellschaften in chinesischem Besitz (1872-93), 62,7% des Kapitals moderner Kohlebergwerke (1863-86), 23,3% des Kapitals in der Textilindustrie (1890–1900) und 27,7% in der Maschinenbauindustrie (1883-1913).[86]

Gleichwohl war der langfristige Industrialisierungseffekt solcher Investitionen begrenzt. Ihr spekulativer und kurzfristiger Charakter stand einer stabilen Kapitalakkumulation im Wege. Häufig wurde dann investiert, wenn die Profitrate industrieller Unternehmungen die des Handels überstieg, wie es während des Ersten Weltkriegs der Fall war, als zum Beispiel die Dividenden der Dah-Sun-Baumwollspinnerei eine Höhe von 90% erreichten.[87] Versprachen nach dem Ende solcher Boomperioden alternative Kapitalverwendungen höhere Profite, so wurden die Gelder wieder aus der Industrie zurückgezogen. Dem entsprach die bis in die dreißiger Jahre hinein übliche Praxis, von industriellen Kapitalanlagen eine garantierte Festverzinsung zu erwarten, meist in Form einer fixen Dividende, die unabhängig vom Geschäftserfolg gezahlt werden mußte und zu den fixen Kosten des Unternehmens zählte. Ebenfalls aus Sicherheitserwägungen zogen vermögende Chinesen die Beteiligung an bereits bestehenden Unternehmungen innovativen Neugründungen vor. Geschützt vor bürokratischer Willkür und den korrupten Praktiken eines unerfahrenen Managements, boten dabei ausländische Firmen die risikoärmsten Möglichkeiten. Während der neunziger Jahre befanden sich etwa 40% des Kapitals ausländischer Unternehmen in China im Besitz chinesischer Teilhaber. In den Vorständen von 64 westlichen Gesellschaften waren Chinesen als Direktoren vertreten.[88]

Der übliche Weg war, chinesisches Kapital durch Filialgesellschaften zu binden. Entweder besaß der Komprador darin eine Minderheitsbeteiligung oder – diese Methode bevorzugte etwa Jardine, Matheson & Co., das größte Handelshaus an der Chinaküste – der chinesische Teilhaber stellte die Kapitalmehrheit, während der ausländische Partner Management, Firmenname und Extraterritorialitätsprivilegien beitrug.[89] Derlei »gemeinsam geführte« Unternehmen sollten später zu einem Hauptinstrument der ökonomischen Penetration Chinas durch die Japaner werden. – Während Investitionen in chinesische Industrieunternehmen nur unvorteilhaft mit sicheren und einträglichen Beteiligungen an ausländischen Firmen konkurrierten, waren sie auf der anderen Seite traditionalen Absorptionsformen wie Landkauf und Geldverleih unterlegen. Der Nettoprofit aus agrarischem Landbesitz und städtischer Bodenspekulation kam industriellen Renditen zumindest gleich; der Zins im Geldverleih lag erheblich darüber. Im Jahre 1912 stand einem industriellen Gesamtvermögen von 55 Millionen Yuan in ganz China ein Geldladen- und Leihhauskapital von 165 Millionen Yuan gegenüber.[90]

Diese und weitere Indizien, die Carl Riskin anführt, weisen auf die Existenz eines beträchtlichen ökonomischen Surplus hin, dessen Anteil am Nettosozialprodukt »die höchsten Investitionsraten aus der Rüstkammer der industrialisierten Länder winzig erscheinen läßt«[91], und ziehen Auffassungen in Zweifel, die Chinas relative Rückständigkeit als technologisches Problem interpretieren und einen Teufelskreis der Armut oder eine »high-level equilibrium trap« am Werke sehen.[92] Die Wirkungen der Vertragshäfen auf den Prozeß industrieller Entwicklung in China erscheinen in dieser Perspektive widersprüchlich: Einerseits schufen die Anbindung Chinas an den Weltmarkt, die Erschließung verkehrsgeographischer Standortvorteile und eine außenhandelsinduzierte Urbanisierung und Infrastrukturentwicklung Bedingungen für industrielle Entwicklung. Zugleich wurden die Vertragshäfen zum Entstehungsort einer neuen chinesischen Handels- und Kompradorenbourgeoisie und zu Konzentrationspunkten von ökonomischem Surplus. Dessen Verwendung jedoch blieb in ein Koordinatensystem von Luxuskonsum und vorkapitalistischen Absorptionsformen eingeschrieben und führte nicht zu stetiger industrieller Kapitalakkumulation. Das System der Vertragshäfen machte Teile des gesellschaftlichen Reichtums Chinas in Form von Konsumgüternachfrage und Geschäftskapital ausländischen Wirtschaftsinteressen nutzbar, konservierte im übrigen jedoch die traditionale Bewegungsform dieses Reichtums: von Land, Handel, Wucher in die Produktion, von der Produktion zurück in Land, Handel, Wucher. So entstand eine nationale Industrie in China nicht während des Dreivierteljahrhunderts intakter Treaty-Port-Ökonomie, sondern in jenen wenigen Jahren, die das Funktionieren eben dieser Ökonomie in Frage stellten – während des Ersten Weltkriegs.

3. Der Außenhandel

Die Einbindung Chinas in den internationalen Handel ging den Anfängen industrieller Entwicklung voraus. Sie war Resultat kriegerischer Invasion. Die Konditionen, unter denen China am internationalen Handel teilnahm, wurden in den Ungleichen Verträgen niedergelegt. Ungleich waren diese Verträge – als Diktate der imperialistischen Mächte – nicht nur in ihrer Genese, sondern ebenso in ihrem Gehalt: Sie gewährten den Mächten Handelsprivilegien, die China vorenthalten blieben. Chinesische Exporte genossen keine festgeschriebenen Vorteile; nicht selten wurden sie diskriminiert. Nach Jahrhunderten einer restriktiven und selektiven Außenhandelspolitik verlor China die Kontrolle über seine externen Wirtschaftsbeziehungen.[93] So war die Struktur der Außenhandelsbeziehungen jeglichen Industrialisierungsansätzen vorgegeben, eine Struktur, die bis zur Gründung der Volksrepublik nahezu unverändert fortbestand. Für die Periode von 1914 bis 1937 zeigte sie folgende Merkmale:

1) Es fehlte ein wirksamer Zollschutz des inneren Marktes. Bis 1928 lag der tatsächlich erhobene Importzoll bei 3,5 bis 4%. Nach 1927 gewährten die Mächte schrittweise Chinas Zollautonomie.[94] Dieser diplomatische Erfolg der Guomindang-Regierung blieb jedoch ohne nachhaltige ökonomische Wirkungen. Nanjing nahm bereits 1934 den maßvoll schutzzöllnerischen Tarif von 1933 unter japanischem Druck zurück. Der Tarif vom 3. Juli 1934 senkte die Belastung wichtiger japanischer Importe (Baumwoll- und Wollstückgüter, Garn, Papier, Fischereiprodukte usw.) und erhöhte die Zölle auf Einfuhren aus den USA, darunter den Tarif für Rohbaumwolle auf 43%. Die USA waren der größte Versorger Chinas mit Rohbaumwolle (1932: 84,1%)[95] und belieferten hauptsächlich die nationale Industrie. Dieser Zolltarif von 1934 machte alle Hoffnungen auf eine erfolgreiche Schutzzollpolitik zunichte.[96] Was an Zollmauern blieb, unterlief Japan in Nordchina durch bewaffneten Schmuggel großen Stils, der die Seezollbehörde etwa ein Drittel ihrer prospektiven Gesamteinnahmen kostete.[97] Der Spielraum für eine an Erfordernissen industrieller Entwicklung ausgerichtete Zollpolitik wurde zudem durch die fiskalische Bedeutung der Zolleinnahmen eingeschränkt. Mit einem Anteil von durchschnittlich 50,5% an den Einnahmen der Nationalregierung stellte der Zoll zwischen 1927 und 1937 die wichtigste Revenue-Quelle des Budgets dar.[98] Zumal nach dem Verlust der Zolleinnahmen aus den mandschurischen Seehäfen (1932) wurden Erhöhungen des Tarifs zur Existenzbedingung des Nanjinger Regimes. Die erhöhten Einkünfte – wie die Aufschlüsselung ihrer Verwendung zeigt – kamen jedoch nicht der binnenwirtschaftlichen Entwicklung zugute:

»Eine genaue Untersuchung der Verwendung der Zolleinnahmen [...] zeigt, daß niemals substantielle Zuwendungen für die kommerzielle und industrielle Entwicklung in China gemacht wurden. Während der gesamten Periode 1926-1936 waren – nach Abzug von Verwaltungsausgaben

– 43% der Zolleinnahmen für die Zahlung der Boxer-Entschädigung und für die Tilgung ausländischer Anleihen vorbestimmt und 42% für den internen Schuldendienst. Nur die restlichen 15% – 30 bis 50 Millionen Chinesische Dollar pro Jahr – kamen den allgemeinen Ausgaben der Zentralregierung zugute, unter denen die Militärausgaben den Hauptposten ausmachten. Folglich erwiesen sich die Zollgebühren, die die chinesische Öffentlichkeit zahlte oder die von den kommerziellen und industriellen Kreisen getragen wurden, als eine reine finanzielle Belastung ohne Gegenleistung der Regierung.«[99]

Wenn die Mächte China eine begrenzte Zollautonomie gewährten, so nicht zuletzt, um die Insolvenz einer Schuldnernation abzuwenden und ein anti-kommunistisches, gemäßigt anti-japanisches Regime fiskalisch zu stabilisieren.

2) Vor 1937 wurden 80% des chinesischen Exports und nahezu der gesamte Import von ausländischen Handelsfirmen abgewickelt.[100] England, Japan und die USA hatten 1931 insgesamt 483,7 Millionen US-Dollar in die Organisation des Ein- und Ausfuhrhandels investiert, der damit 21,4% der Gesamtinvestitionen dieser Länder in China beanspruchte und nur noch vom Transportsektor als Hauptziel des Kapitalexports übertroffen wurde.[101] 1936 waren in China (ohne Mandschurei) 619 fremde Import-Export-Firmen tätig[102], unter denen wenige große Gesellschaften wie Jardine, Matheson & Co., Butterfield & Swire, Dent & Co., Russell & Co., Carlowitz & Co.[103], die meist auch Schiffahrtslinien betrieben, eine Position oligopolistischer Marktbeherrschung innehatten. Diese großen Handelshäuser standen über Zwischenhändler und Kompradore in mittelbarer Verbindung mit den chinesischen Produzenten und Konsumenten. Zum Beispiel vermittelten chinesische Seidenhandlungen zwischen den kleinbetrieblichen Seidenhaspeleien und den ausländischen Exporteuren. Die Seidenhandlungen gewährten den Haspeleien kurzfristige Betriebskredite gegen die Verpflichtung, die Seide an keinen anderen Händler zu verkaufen. Sie unterhielten Lagerhäuser, aus denen sie je nach Nachfrage die Exportfirmen versorgten.[104] Ähnlich war die Distribution von Importen organisiert, etwa im Fall des Absatzes deutscher Textilfarben: Die Importeure errichteten ein Verkaufsnetz, das aus chinesischen Farbenfabriken bestand. Diese Firmen wandelten sich von produzierenden Konkurrenten zu Verkaufsagen-

turen der deutschen Hersteller. Die drei größten besaßen 1930 mit einem Jahresabsatz von 300 000 t einen Anteil von 60% am chinesischen Indigomarkt.[105]

3) China blieb ein hauptsächlich Rohstoffe und Nahrungsmittel exportierendes Land, ohne aber die Kennzeichen einer monokulturalen Exportökonomie zu entwickeln. Zwischen 1877 und 1940 war die Handelsbilanz in jedem Jahr passiv. Das Ausmaß dieser Importüberschüsse wird deutlich, wenn man sie in Relation zum Gesamtimport setzt: 1888: 26%, 1908: 30%, 1913: 30%, 1923: 18%, 1928: 17%, 1932: 53%, 1933: 55%.[106] Was die Exportseite betrifft, so weist eine aggregierte Aufschlüsselung China als Rohstoff- und Nahrungsmittelexporteur aus:

Tabelle 2: Chinas Exporte nach Hauptgruppen (in Millionen Haiguan-Taels)

	Lebende Tiere	Nahrungsmittel, Getränke	Rohstoffe, präp. Rohstoffe	Fertigwaren	Gold und Silber	Summe
1914	5,3	109,4	181,2	49,4	43,9	383,9
1919	4,0	209,4	325,7	91,7	18,9	645,7
1923	5,8	207,2	405,7	125,5	42,6	781,0
1927	4,4	311,1	439,6	163,5	20,2	934,4
1931	6,7	352,6	374,9	175,3	62,6	865,4

Quelle: Hsiao Liang-lin, *China's Foreign Trade Statistics, 1864-1949*, Cambridge (Mass.) 1974, S. 185 (Zahlen auf- oder abgerundet).

Im 20. Jahrhundert verloren Tee und Seide, die 1868 zusammen etwa 95% und 1890 etwa 65% der gesamten Ausfuhr betragen hatten, ihre hervorragende Bedeutung. China, das 1893 noch gut die Hälfte des Welteehandels bestritten hatte, wurde nach 1900 von Indien überholt; 1930 betrug sein Anteil nurmehr 11,6%.[107] Den Seidenmarkt mußte China während der zwanziger Jahre an Japan abtreten. 1930 betrugen die respektiven Anteile am Seide-Weltmarkt 70% und 17%.[108] Mitte der dreißiger Jahre hatte sich der Exportmarkt für China-Tee und China-Seide auf niedrigem Niveau stabilisiert. 1933 sah einen Anteil von Seide von 7,8% und von Tee von 5,6% am Gesamtwert der Ausfuhr.[109] Baumwollgarn (6,5%) wurde erst seit 1927 in größeren Mengen ausgeführt, allerdings überwiegend von ausländischen Spinnereien in China. Rohbaumwolle (4,9%) ging zu drei Vierteln nach Japan, wo sie bei der Herstellung grober Stoffe verarbeitet wurde. Eier und Eiprodukte (5,9%) wurden hauptsächlich von deutschen und englischen Bäckereien abgenommen. Das Halten einiger Hennen war die verbreitetste Form kleinbäuerlicher Exportaktivität; für den Bauern selbst war Eierkonsum ein Luxus. Tong-Öl (4,9%), eine im Yangzi-Tal aus Nüssen gewonnene Substanz, fand vor allem in der amerikanischen Lack- und Firnisindustrie Verwendung. Am Vorabend des antijapanischen Krieges wurde es zu Chinas wichtigstem Exportgut. Mitte der zwanziger Jahre war China der größte Produzent von Erdnüssen (2,8%), litt aber unter dem Schutzzoll, der den amerikanischen Markt versperrte. Zinn (3,3%) wurde erst in den dreißiger Jahren als Exportgut wichtig, ebenso wie Wolfram, das zu 60 bis 70% von der deutschen Rüstungsindustrie aufgekauft wurde. – Dies waren Chinas wichtigste Exportgüter 1933. Keines von ihnen erreichte einen Anteil von mehr als 10% am Gesamtexport. Die zunehmende Diversifikation der Exporte seit dem Ende des 19. Jahrhunderts machte China dem Modell einer Exportökonomie unähnlich.[110] Die Exportabhängigkeit und Exportorientierung der chinesischen Ökonomie war relativ gering. Deutlich kontrastiert damit die Mandschurei, die ein klassischer Fall einer Exportökonomie mit allen Merkmalen des Typus war: Monoproduktion, agrarische Überspezialisierung und chronische Exportüberschüsse. Anfang der dreißiger Jahre machten Sojabohnen und Sojabohnenprodukte 60% der mandschurischen Ausfuhr aus; 85% der Sojabohnenernte des mandschurischen Bauern ging auf den Markt.[111]

4) Chinas Funktion in der Weltwirtschaft war *primär* die eines Absatzmarktes. Der chinesische Markt, im 19. Jahrhundert noch Chimäre, wurde seit Beginn des 20. Jahrhunderts in großem Maßstab erschlossen. Welches Ausmaß die Weltmarktabhängigkeit Chinas Anfang der dreißiger Jahre erreicht hatte, zeigen die Verschiebungen im Außenhandel unter dem Berührungseffekt der Weltwirtschaftskrise. Als nach 1931 der Reihe nach England, Indien, Japan und die USA ihre Währungen abwerteten, entfiel die Schutzwirkung des Silberstandards, und China trat im Winter 1931/32 in eine akute De-

pressionsphase ein. Die Krise verschärfte sich im Laufe des Jahres 1933 katastrophal und fand erst seit Ende 1935 langsam einen Abschluß. Das Außenhandelsvolumen, ausgedrückt in Haiguan-Taels, der offiziellen Rechnungseinheit der Seezollbehörde, stieg 1931 auf einen Maximalwert von 2,34 Mrd. Hg. Tls., stürzte aber 1932 dramatisch ab auf 1,54 Mrd. Hg. Tls.[112] Gleichzeitig öffnete sich eine Schere zwischen Importen und Exporten, wie der folgende Index zeigt:

Tabelle 3: Chinas Importe und Exporte 1930-1935
(1930 = 100)

Jahr	Import	Export	Export + Import
1930	100,00	100,00	100,00
1931	109,47	101,64	106,27
1932	80,11	55,05	69,64
1933	65,94	43,88	56,98
1934	50,46	38,54	45,57
1935	45,05	41,30	43,53

Quelle: Chang Chia-chu, *Foreign Trade*, in: *Chinese Yearbook* 2 (1936/37), Shanghai 1936, S. 847.

Am auffallendsten erhöhten sich die Weizen- und Reisimporte, so daß China, das sich im 19. Jahrhundert agrarisch selbst versorgte, zu einem Großabnehmer ausländischer Nahrungsmittel wurde.[113] Die Guomindang-Regierung unterstützte diese Entwicklung, anstatt ihr entgegenzuwirken. 1931 kaufte sie bei den USA 450 000 t Weizen im Wert von 9 Millionen US-Dollar, 1933 Weizen und Baumwolle für 17,1 Millionen US-Dollar. Da die USA die Kaufsummen kreditär vorschoß (1933 zu einem Zins von 8,6% p. a.), wurden die beiden Aktionen als »Amerikanische Weizenanleihe zur Katastrophenhilfe« und »Amerikanische Baumwollanleihe« bekannt. So fand die agrarische Überproduktion der Vereinigten Staaten ihren Weg auf den chinesischen Markt und trug dort zum Absinken des Agrarpreisniveaus bei.[114] In welchem Maß der Ernteertrag als Indikator landwirtschaftlicher Prosperität durch die Eingriffe des Weltmarktes außer Kraft gesetzt wurde, macht der Außenhandelsbericht des Industrieministeriums für die zweite Hälfte des Jahres 1933 deutlich:

»Vom Standpunkt der Erträge her gesehen, zeigte die landwirtschaftliche Produktion im letzten Jahr ein sehr günstiges Bild. Jedoch hatte dieser Überfluß nur vermehrte Härten für die Bauern zur Folge. Der Mangel an leistungsfähigen und billigen Transportmitteln und die außergewöhnlich niedrigen Preise ausländischer Nahrungsmittel führten zu übermäßigen Vorratsbeständen in den Produktionsregionen, und ein tragischer Preisverfall war die Folge. Dies wiederum beeinträchtigte unmittelbar Industrie und Handel, die für ihre Prosperität weitgehend vom Landesinnern abhängig sind.«[115]

Die Zerstörung des ländlichen Gewerbes nahm in den ersten Jahren der Weltwirtschaftskrise erheblich zu.[116] Wenn dennoch der Import von Baumwolltextilien in dieser Zeit zurückging, so war das die Folge der anti-japanischen Boykotte während der mandschurischen Krise und das Resultat des Zusammenbruchs der britischen Textilimporte. Diese waren 1935 auf 14% des Standes von 1932 gefallen.[117]

Die Position ausländischer Waren auf chinesischen Märkten ist schwierig zu ermitteln. Alle größeren Maschinen mußten importiert werden, ebenso alle Lokomotiven, Kraftfahrzeuge, Uhren, Telefon- und Telegrapheneinrichtungen, nahezu das gesamte Zeitungspapier, natürlich auch westliche Luxuskonsumgüter, die, in zahllose Einzelposten aufgesplittert, in der Statistik aggregiert kaum auszuweisen sind. Schweden dominierte den Zündholzmarkt und beließ nur Raum für kleine Fabriken mit lokalem Absatzbereich. Der Kerosin-Markt wurde von der amerikanischen Standard-Vacuum Oil Company gemeinsam mit Royal Dutch Shell, vertreten durch die Asiatic Petroleum Co., und The Texas Company beherrscht.[118] Diese drei Gesellschaften verfügten über ausgedehnte und effiziente Vertriebssysteme, ähnlich dem der British-American Tobacco Co., die den Zigarettenmarkt kontrollierte. Während chinesische Hersteller den Vertrieb außerhalb Shanghais in der Regel Ausländern übertrugen[119], umspannte BAT den Markt mit einem Netz chinesischer Absatzorganisationen, in denen Kompradoren eine wichtige Rolle spielten. BAT monopolisierte nicht nur den Tabakblätter- und Zigarettenimport, sondern beschäftigte auch in sieben chinesischen Fabriken 25 000 Arbeitskräfte und ließ im Shandong-Anhui-Henan-Grenzgebiet von mehr als 300 000 Bauernfamilien amerikanischen Tabak anbauen.[120]

4. Die ausländische Industrie in China

Im zwanzigsten Jahrhundert wurde China zu einem Hauptziel des Kapitalexports der entwickelten kapitalistischen Länder. Mit einer Gesamtsumme an Auslandskapital von 2557 Millionen US-Dollar im Jahre 1938 stand es an dritter Stelle hinter Argentinien (3193 Millionen) und Indien/Burma/Ceylon (3113 Millionen).[121] Charakteristisch war der außerordentlich hohe Anteil von Direktinvestitionen. Er lag 1914 bei 67%, 1931 bei 78% und 1936 bei 77%.[122] Der Rest entfiel auf Anleihen.

Die Anleihen waren zumeist Folgeerscheinungen der hohen Belastungen, welche die frühen Eisenbahnprojekte und die Boxer-Entschädigung dem Land aufgebürdet hatten: Neue Schulden wurden aufgenommen, um alte zu bezahlen. Die übrigen Anleihen der Zwischenkriegsperiode waren teils Eisenbahnanleihen zur Finanzierung der wenigen neuen Linien, teils Finanzaktionen der Mächte zur Stützung einheimischer Kollaborationsregimes. So die »Reorganisationsanleihe« von 1913, die ein Fünf-Mächte-Konsortium der Regierung Yuan Shikai gewährte.[123] So auch die »Nishihara-Anleihen«, die der Militärmachthaber Duan Qirui zwischen 1916 und 1918 aus obskuren japanischen Quellen erhielt.[124] So schließlich auch die westlichen Hilfsaktionen für das Regime Tschiang Kaischeks. Derlei politische Großkredite, vorzugsweise als Anleihen zu »administrativen« Zwecken deklariert, trugen nichts zur ökonomischen Entwicklung des Landes bei. Sofern sie zurückgezahlt wurden, bedeuteten sie einen Nettokapitalverlust und kamen in ihrer Wirkung Indemnitäten gleich. Zu den Konditionen der Eisenbahnanleihen gehörte in der Regel, ausländischen Gesellschaften das Monopolrecht der Bahnkonstruktion einzuräumen. Der Kapitalexport bahnte hier dem Warenexport den Weg. Da die Linien in den meisten Fällen außerstande waren, die Schuldentilgung aus eigenen Erträgen zu bestreiten[125], müssen auch die Eisenbahnanleihen als gesamtwirtschaftlicher Nettoverlust gewertet werden. Nur 5% der zwischen 1861 und 1937 kontrahierten Anleihesummen wurde für Zwecke industriellen Aufbaus verwendet.[126]

Die ausländischen Direktinvestitionen flossen nur zum kleineren Teil in Bergbau und verarbeitende Industrie. 1931 standen einem Block von Investitionen in Handel, Finanzwesen und Transport in Höhe von 1290 Millionen US-Dollar Industrieinvestitionen von 372 Millionen und Bergbauinvestitionen von 109 Millionen US-Dollar gegenüber. 1914 waren 13,6% der ausländischen Direktinvestitionen in Industrie und Bergbau angelegt, 1931 19,3% und 1936 21,2%.[127] Trotz ansteigender Tendenz sind dies ungewöhnlich niedrige Anteile, vergleicht man sie etwa mit der Position von Industrieinvestitionen innerhalb des ausländischen Kapitals im spätzaristischen Rußland.[128] Die ausländische Industrie in China entstand als Nebenprodukt handels- und finanzimperialistischer Interessen; diesen blieb sie stets untergeordnet.

Die Zahl fremder Verarbeitungsbetriebe wuchs von 106 im Jahre 1913 auf 820, die insgesamt 160 000 Arbeitskräfte beschäftigten, im Jahre 1936.[129] Diese Expansion geht auf eine zügige Ausdehnung der britischen und eine rapide Vervielfachung der japanischen Investitionen während der zwanziger Jahre zurück. Seit Beginn der dreißiger Jahre kam, in Übereinstimmung mit der allgemeinen Verminderung internationaler Kapitalbewegungen[130], der Zufluß von Auslandskapital nahezu zum Stillstand. Inwiefern eine restriktive Politik der Guomindang-Regierung gegenüber ausländischen Kapitalanlagen mit dazu beitrug, bedarf wissenschaftlicher Klärung.[131] 1936 verteilten sich die Investitionen in der verarbeitenden Industrie (außerhalb der Mandschurei) folgendermaßen auf die fünf wichtigsten Länder[132]:

Großbritannien	179,7 Mio. US-$	54,1%
Japan	134,1 Mio. US-$	40,3%
USA	9,5 Mio. US-$	2,9%
Deutschland	7,1 Mio. US-$	2,1%
Frankreich	2,0 Mio. US-$	0,6%
		100,0%

Charakteristisch für die britischen und amerikanischen Investitionen war die Vorherrschaft weniger großer Konzerne, in deren Schatten eine Vielzahl kleiner und kleinster Firmen existierten. 1930 waren 82% des industriell angelegten US-Kapitals in 17 Gesellschaften konzentriert, während sich 18% auf 303 Unternehmen verteilten.[133] Unter den Großkonzernen gab es zwei Gruppen: zum einen die alten Chinahändler, deren Anfänge in die Zeiten von Opiumschmuggel und Teeclipper-Wettfahrten zurückreichten, zum anderen die großen internationalen Korporationen des 20. Jahrhunderts. Als Beispiel für die erste Gruppe seien die industriellen Aktivitäten von Jardine, Matheson & Co. genannt.[134] Jardine *(Yihe)* übernahm 1895 die Ewo Cotton Mill, gründete 1907 die Gongyin-Baumwollspinnerei, 1914 das Yangshupu-Werk. 1936 betrieben die drei zusammen 185 000 Garnspindeln und beschäftigten an die 10 000 Arbeiter in Shanghai. Neben Anteilen an der Hongkong & Shanghai Banking Corporation, der Hongkong & Shanghai Wharf Company und an einigen Versicherungsgesellschaften besaß die Gesellschaft eine moderne Seidenhaspelei, eine Seidenspinnerei und -weberei, eine Färberei und mehrere Zuckerraffinerien. 1908 entstand die Yihe-Packerei, 1923 die Yihe-Maschinenbaugesellschaft und 1935 die Yihe-Brauerei.[135] Butterfield & Swire *(Taigu)*, deren Tochterfirma, die China Navigation Company, 1934 77 Dampfschiffe im Küsten- und Inlandverkehr einsetzte[136], gründete im selben Jahr die Yongguang-Lack- und Firnisfabrik.

Aus der Gruppe der internationalen Konzerne traten unter anderem folgende Gesellschaften in China auf[137]:

1894 Standard-Vacuum Oil Co. *(Meifu gongsi)*;
1902 British-American Tobacco Co. *(Yingmei yancao gongsi)*;
1903 Lever Brothers *(Lihua xiongdi)*, der Seifen- und Nahrungsmittelkonzern;
1909 U.S. Steel Corporation *(Meiguo gangtie gongsi)*;
1913 Asiatic Petroleum Co. *(Yaxiya huoyou gongsi)*;
1919 Ciba *(Qiba)*;
1920 Du Pont de Nemours & Co. *(Dubang gongsi)*;
1920 General Electric *(Tongyong dianqi gongsi)*;
1926 Ford Motor Co. *(Fute qiche gongsi)*.
1929 erwarb International Telephone & Telegraph Co. die Shanghai Mutual Telephone Co., eine britische Firma.

Seit 1933 produzierte die Central Aircraft and Manufacturing Co. mit amerikanischem Kapital und amerikanischer Technologie Militärflugzeuge; Pan-American Airways trat mit einem Anteil von 45% in die halbstaatliche China National Aviation Company ein.[138]

Während die USA bereits früh im 19. Jahrhundert mit einigen Export-Import-Firmen in China vertreten waren und 1895 als erstes amerikanisches Industrieunternehmen die Hongyuan Spinnerei- und Webereigesellschaft eröffnet wurde[139], traten japanische Interessen erst nach der Jahrhundertwende auf. 1902 kauften Japaner eine Baumwollfabrik in Shanghai; fortan war die Baumwollindustrie der Hauptzweig japanischer Industrieinvestitionen in China außerhalb der Mandschurei. 1936 betrug ihr Anteil etwa 80%.[140] 1933 gab es in China (ohne Mandschurei) 41 japanische neben 92 chinesischen und 3 britischen Baumwollspinnereien. Alle britischen, ein Drittel der chinesischen und drei Viertel der japanischen Spinnereien waren in Shanghai ansässig. Die chinesischen Firmen betrieben insgesamt 2,9 Millionen, die japanischen 2,1 Millionen Spindeln.[141] 56% des in China maschinell gewebten Baumwollstoffes kamen 1934 aus japanischen Fabriken. Der Erfolg der japanischen Baumwollindustrie in China ist auf eine Kombination von Faktoren zurückzuführen, die im Rahmen des Privilegiensystems der Ungleichen Verträge wirksam wurden: modernere Produktionsanlagen, höhere Betriebsgrößen, Stützung durch die *zaibatsu* und die japanischen Banken in China[142], schließlich Mitfinanzierung durch amerikanisches Kapital.[143] In Nordchina kam der ökonomischen Expansion die politische und militärische zu Hilfe. Es gelang den Japanern hier, die chinesische Baumwollindustrie zu ruinieren, so daß am Vorabend des Krieges 90% der Spindeln und Webstühle Nordchinas unter japanischer Kontrolle standen.[144] Zugleich wurde die Landwirtschaft in Shandong und Hebei auf die Rohstoffbedürfnisse der japanischen Baumwollfabriken hin monokultural umstrukturiert.[145] Letzten Endes entwickelte sich die japanische Baumwollindustrie in China auf den Auslandsmärkten zu einem bedrohlichen Konkurrenten für die Baumwollindustrie des japanischen Mutterlandes.

Der desolate Zustand chinesischer Statistik erschwert eine Quantifizierung der Position des ausländischen Kapitals im modernen Sektor der chinesischen Industrie. Eine vage Generalziffer gibt an, daß sich 1936 etwa 42% des gesamten Industriekapitals in ausländischer Hand befanden.[146] Das vorliegende Material[147] erlaubt für die mittleren dreißiger Jahre etwa folgendes Bild: Im Transport- und Infrastrukturbereich war die ausländische Position hegemonial. Vier Fünftel der Dampfschiffahrtstonnage im Küsten- und Seeverkehr und zwei Drittel im Binnenverkehr fuhren unter fremder Flagge. Die Eisenbahnen – mit Ausnahme der 464 km langen französischen Yunnan-Bahn und der 40 km langen britischen Jiulong-Kanton-Bahn – unterstanden nominell als staatliche Eisenbahnen dem Nankinger Eisenbahnministerium; *de facto* übten aber ausländische Gläubiger die Finanzkontrolle über mehr als die Hälfte der Linien aus. Bergbau und Schwerindustrie, beide nur gering entwickelt, standen ebenfalls unter fremder Vorherrschaft. Drei Viertel der Kohleförderung in modernen Gruben und nahezu die gesamte Roheisenschmelze geschahen in ausländischen oder sino-ausländischen Unternehmen. In der Leichtindustrie war der ausländische Anteil dort am geringsten, wo mit einfacher Technologie arbeitsintensiv produziert wurde. Im Leitsektor, der Baumwollindustrie, liefen fast die Hälfte aller Spindeln und mehr als die Hälfte der Webstühle in ausländischen Fabriken, die insgesamt drei Fünftel der Baumwolltextilien produzierten. Mehr als 60% des Produktionswerts der Zigarettenindustrie und ein Drittel der Seifenindustrie entfielen auf ausländische Hersteller. Frei von ausländischem Kapital waren die Mehl- und die Zementindustrie.

Die ausländischen Industrien profitierten von all den Privilegien des Systems der Vertragshäfen, denen auch die Handelsgesellschaften ihre Prosperität verdankten. Hinzu kam, daß China ein Billiglohnland *par excellence* war. 1918 begann die General Edison Company mit der Fertigung elektrischer Lampen in China. Die Löhne für qualifizierte Glasbläser, die man, ohne Ausbildungskosten tragen zu müssen, in ausreichender Zahl vorfand, betrugen zwischen 32 und 40 Cent täglich, während für die gleiche Arbeit in den USA 10 Dollar gezahlt wurden. Angelernte Frauen und Mädchen erhielten für das Aufdrehen von Glühfäden 16 Cents pro Tag gegenüber 4,50 Dollar in den USA.[148] Das Überangebot an Arbeitskräften, während der Weltwirtschaftskrise verstärkt durch Rückwanderung von Auslandschinesen und zunehmende Landflucht, hielt die Löhne auf dem Existenzminimum. Die Arbeitslosigkeit in den nicht-agrarischen Sektoren wurde für 1935 auf 20% geschätzt.[149] Die verbal fortschrittliche Arbeiterschutzgesetzgebung der Guomindang-Regierung wurde nicht verwirklicht. Die Garantie ausländischer Kapitalanlagen, die Politik staatlicher Zwangsregulierung von Arbeitskonflikten und die Unterdrückung einer oppositionellen Gewerkschaftsbewegung hielten ein günstiges Investitionsklima aufrecht.[150] »Die Zustände«, so resümierte 1939 die Beauftragte des International Labour Office den Standard der Arbeitsbedingungen in China, »die 1919 existierten, herrschen immer noch vor.«[151]

5. Die nationale chinesische Industrie

In den anderthalb Jahrzehnten, die dem Ersten Weltkrieg vorausgingen, waren die Grundlagen für jenen rapiden Aufschwung der nationalen Industrie geschaffen worden, der 1917 begann und 1923/24 zum Ende kam.[152] Diese Voraussetzungen kamen zum Zuge, als die kriegführenden Mächte ihre Produktions- und Transportkapazitäten auf die heimische Kriegswirtschaft konzentrierten, als sich die Frachtraten des überseeischen Schiffsverkehrs vervielfachten und die Exporte nach Ostasien verminderten. Unterstützt durch die großen Boykotte im Gefolge der 21 Forderungen Japans (1915) und der Versailler Konferenz[153], führten das Nachlassen des Importdrucks und die erhöhte Nachfrage nach »nationalen Produkten« zu quasi-schutzzöllnerischen Bedingungen für die Entwicklung einer nationalen Industrie in China.

Die Zahl der Spinnereien und Webereien in rein chinesischem Besitz stieg zwischen 1914 und 1920 von 35 auf 63; die Zahl der Spindeln verdoppelte sich in diesem Zeitraum von 680 000 auf 1,35 Millionen, die der maschinellen Webstühle von 4600 auf 9700.[154] Die Preise für Baumwolltuche schnellten in die Höhe. Seit 1917 zogen die Profite nach. Erweiterte Profitchancen lockten neue Investitionen an. Kaufleute gründeten Industriebetriebe, handwerkliche Familienbetriebe stellten Lohnarbeiter ein, mechanisierten die Fertigung und verstärkten die Serienproduktion. Moderne Geschäftsbanken begannen die Geldläden zu verdrängen und leiteten Kapital von der Handels- zur Industriefinanzierung.[155] Allein der Engpaß in der Maschinenversorgung bremste die Gründerkonjunktur. Mit der Baumwollindustrie erlebte das Müllereigewerbe einen Boom. In den beiden Jahren 1920 und 1921 wurden 33 mechanische Getreidemühlen errichtet; 1915 erzielte China zum ersten Mal Ausfuhrüberschüsse in Mehl. Die Boykotte etablierten eine chinesische Schirmindustrie. Zündholz- und Zementherstellung florierten. Nur die am meisten exportorientierte Branche, die Teewirtschaft, litt Schaden. Sie verlor unwiederbringlich einen großen Teil ihrer Auslandsmärkte.

Vor allem drei Gründe bewirkten 1923/24 das Ende der Kriegskonjunktur: Erstens war die Grenze erreicht, die die Armut der bäuerlichen Massen der Nachfrage setzte. Zweitens kehrte Japan nach Kriegsende massiv als Importeur und Investor auf den chinesischen Markt zurück, kaufte zahlreiche Baumwollfabriken auf, brachte andere in Schuldabhängigkeit. Mit der relativen Normalisierung der Verhältnisse auf dem Weltmarkt fielen die protektiven Effekte der Kriegssituation fort. Zölle hielten die Importe nicht auf. Drittens ließ das politische Chaos die Ansätze eines nationalen Marktes nicht zur Entfaltung kommen. Kriegsverwüstungen und Plünderungen unterbrachen den Handel, zerrütteten das Transportwesen und vernichteten Produktivkapital. Hatten 1913 etwa eine halbe Million Soldaten unter Waffen gestanden, so waren es 1925 1,9 Millionen und 1928 mehr als 2,2 Millionen.[156] Zusammen mit dem paramilitärisch organisierten Großbanditentum dürfte die Gesamtzahl 2,5 Millionen erreicht haben. Währenddessen bestand das interne Währungschaos fort. Obwohl nominell der Yuan Shikai-Dollar als nationale Währungseinheit galt, blieben die alten Silbertaels weiter in Gebrauch. Mitte der zwanziger Jahre hatten alle größeren Handelsstädte ihre eigenen Taels, die zu flexiblen Wechselkursen untereinander getauscht wurden, wobei man Kursdifferenzen mitunter durch Verschiffung von Silber ausglich. Daneben hielt sich auf dem Lande die Kupferwährung.[157] Die Besteuerung wurde drückender und wirrer. Neben den Sondersteuern, die von den Militärmachthabern auf alles Erdenkliche erhoben wurden[158], blieb das *Lijin* bestehen, eine Transitsteuer auf Konsumgüter, die zur Zeit der Taiping-Rebellion eingeführt worden war. Mitte der zwanziger Jahre waren schätzungsweise 200 000 Personen direkt oder indirekt mit der *Lijin*-Kollektion befaßt.[159] Während sich ausländische Waren durch eine einmalige Abgabe von 2,5% ihres Werts aller weiteren *Lijin*-Forderungen entledigten, wurden chinesische Waren an jeder Sammelstelle erneut verzollt. Dies war etwa der Grund dafür, daß die Qi Xin Cement Co. in Tangshan, die bedeutendste Zementfabrik des Landes, Gips aus Deutschland billiger bezog als aus dem 1000 km entfernten Yingchang in Hubei.[160] Das *Lijin* wurde nominell am 1. Januar 1931 abgeschafft, in Wirklichkeit aber vielerorts unter phantasievollen Namen weiter erhoben.

Neben diesen äußeren Hindernissen hielten innere Strukturschwächen die Expansion der nationalen Industrie in engen Grenzen.[161]

1) Der Gründerboom war unbalanciert, da der Aufbau einer vom nationalen Kapital geführten Schwerindustrie nicht gelang. Bergbau und Eisenindustrie blieben in ausländischer Hand. Eine einheimische Maschinenbauindustrie übertraf kaum das Niveau von Reparaturwerkstätten, so daß die industrielle Entwicklung von Maschinenimporten abhängig blieb.

2) Der Mechanisierungsgrad der nationalen Industrie war gering. Im Bergbau, sofern er von chinesischen Unternehmern betrieben wurde, herrschten archaische Fördermethoden vor. In der Industrie waren die chinesischen Betriebe ihren ausländischen Konkurrenten technologisch unterlegen. Die Abschreibungen waren gering; es fehlte an Kapital zur Erneuerung des Inventars. Die Qi Xin Cement Co. arbeitete 1948 noch mit denselben Anlagen, die bei der Gründung zu Beginn des Jahrhunderts installiert worden waren.[162]

3) Die Betriebe waren klein und wenig stabil. 1935 zählte das Nanjinger Industrieministerium in elf Provinzen und den Städten Shanghai, Nanjing, Hankou und Peking 1117 Betriebe mit mehr als dreißig Beschäftigten, darunter nur 56 oder 5% mit mehr als 500 Beschäftigten.[163] Viele der Kleinbetriebe waren labile Gelegenheitsgründungen, unterkapitalisiert und überempfindlich gegen jede Verschlechterung ihres Marktschicksals. Die durchschnittliche Existenzdauer chinesischer Fabriken in Shanghai betrug 1933 8 Jahre und 4 Monate.[164] Häufig waren sie im Windschatten antijapanischer Boykotte entstanden. Die Finanzierung geschah – in Abwesenheit eines Systems effizienter Industriefinanzierung – durch kurzfristige Hochzinskredite und Zusammenlegen von Ersparnissen. In den meisten Fällen besaßen die Firmen nur die elementarsten Maschinen und Arbeitsgeräte. In Shanghai arbeiteten 80% in gemieteten Gebäuden, die selten als Fabrikhallen errichtet worden waren.[165] Es war nicht unüblich, daß der Fabrikant in

Zeiten schwacher Nachfrage seine Arbeiter entließ und sich selbst als Lohnarbeiter verdingte, bis die Bedingungen wieder günstig waren für die Eröffnung eines neuen Unternehmens. Die geringe Kapitalisierung führte häufig zur Abhängigkeit von Händlern, die Betriebskredite bereitstellten und die Produktion monopolistisch aufkauften. Moderne kapitalistische Formen der Unternehmensorganisation fanden nur wenig Verbreitung. 1933 waren von den 1196 in Shanghai untersuchten Unternehmungen 271 (23%) als Personalunternehmen, 4 (0,3%) als Regierungsunternehmen und 332 (28%) als Gesellschaften mit beschränkter Haftung registriert. Die häufigste Rechtsform war die traditionale Partnerschaft, bei der sich zehn oder mehr Partner, oft Verwandte, zusammenfanden und einen Geschäftsvertrag schlossen, der jährlich bei einem Festbankett erneuert wurde. In Shanghai machte diese Form 37% aus; Angaben für ganz China 1935 beziffern ihren Anteil auf 41%.[166]

All diese Komponenten von Rückständigkeit machten die nationale Industrie für die Auswirkungen der Großen Depression, die 1931 in China spürbar wurden, äußerst anfällig.

6. Die Rolle des Staates

Alexander Gerschenkrons Hypothesen legen die Vermutung nahe, daß in einem nachholend industrialisierenden Land wie China der Staat als Promotor industrieller Entwicklung maßgeblich in Erscheinung treten würde.[167] Dies ist während der Periode 1914-1937 nicht der Fall gewesen. Weder die verschiedenen Warlord-Regimes noch die Guomindang-Nationalregierung haben in nennenswerter Weise zur industriellen Kapitalakkumulation beigetragen.

Das ökonomische Aufbauprogramm der Guomindang, das um 1919 von Sun Yat-sen ausgearbeitet worden war, sah die aktive Rolle des Staates bei der Industrialisierung vor. Die wichtigsten Programmpunkte waren[168]:

1. Forcierung infrastruktureller Erschließung – vor allem Ausbau des Eisenbahnnetzes und der Seehäfen – als Vorbedingung industrieller Entwicklung.

2. Aufhebung der Binnenzölle, Reform des Steuersystems, Vereinheitlichung der Währungen, Rechtsreform nach westlichem Vorbild.
3. Errichtung eines gemischtwirtschaftlichen Systems, in dem der Staat in Form eines umfassenden, vom Volke kontrollierten »Trust« alle »Angelegenheiten von monopolistischem Charakter« betreiben und alle übrigen privatkapitalistischer Unternehmerinitiative überlassen sollte.
4. Finanzierung der industriellen Entwicklung durch ausländisches Kapital auf der Basis von Gleichberechtigung und gegenseitigem Nutzen.

An zwei entscheidenden Stellen war dieses Programm unzulänglich. Zum einen übersah es potentielle binnenökonomische Akkumulationsquellen, vor allem die Chancen einer radikalen Agrarreform und einer Umverteilung des vorhandenen gesellschaftlichen Reichtums zugunsten investiver Verwendungen. Zum anderen versäumte es, zu den Zielen auch mögliche Wege ihrer Verwirklichung anzugeben. Sun Yat-sen hinterließ eine Entwicklungsutopie, keine Entwicklungsstrategie.

Die Guomindang hat sich als Staatspartei Nationalchinas mit diesen Mängeln abgefunden und Sun Yat-sens Modernisierungsemphase nurmehr verbalen Tribut gezollt. Keiner der zahlreichen Entwicklungspläne, die von offiziellen und halboffiziellen Stellen, unkoordiniert und oft konkurrierend, entworfen wurden, wurde realisiert.[169] Der 1931 gegründete Nationale Wirtschaftsrat (National Economic Council), als Anlaufstelle für die technische Beratung durch den Völkerbund gedacht[170], konzentrierte seine Ressourcen auf die unter dem Titel *»rural reconstruction«* zusammengefaßten Bereiche Straßenbau, Wasserbau, Gesundheitswesen, ländliche Kreditgenossenschaften, Verbesserung der Baumwoll- und Seidenkultur. Auf allen diesen Gebieten wurden Modellprojekte initiiert, die nur einem verschwindenen Bruchteil der Bevölkerung zugute kamen. In der Industrieförderung ist der Nationale Wirtschaftsrat nicht tätig geworden. Lediglich der Vierjahrplan des Industrieministers Chen Gongbo, der eine schwerindustrielle Entwicklung des Yangzi-Tales projektierte, wurde in Ansätzen verwirklicht.

Vor 1937 waren die wirtschaftlichen Unternehmungen der Provinzialregierungen gewichtiger als die der Nationalregierung, ein Verhältnis, das sich während des antijapanischen Krieges umkehren sollte. Beide zusammen hielten 1935 einen

Anteil von etwa 12% am gesamten Industriekapital in chinesischer Hand.[171] Zu einem großen Teil handelte es sich dabei um Munitions- und Waffenfabriken wie die Arsenale von Jinan (2000 Arbeiter), Hanyang (4500), Nanjing (4000), Kaifeng (2000, seit 1933 mit der Herstellung von Wasserpumpen und Landmaschinen befaßt), Hangzhou (2500), Nanchang (1000), Kunming (1200), Gongxian (1200), Changsha (400), Xi'an (200), Fuzhou, Kanton, Tianjin, Chengdu usw.[172] Zwischen 1935 und 1937 plante das Nanjinger Industrieministerium sieben Industrieprojekte, von denen nur eines vor Beginn des Krieges realisiert werden konnte.[173] Drei dieser Projekte sollten als staatliche Industrieunternehmen unter der Direktion der Ressourcenkommission der Guomindang geführt werden und den Kern einer staatlichen Schwerindustrie bilden:

- Eine Zentrale Maschinenfabrik hatte ihre Gebäude erstellt, war mit englischen Produktionsanlagen ausgerüstet und stand im Herbst 1937 kurz vor Aufnahme der Produktion;
- ein Stahlwerk in Hunan sollte 1939 mit der Produktion beginnen;
- ein Elektrogerätewerk sollte Ende 1937 fertiggestellt sein.

Von den vier als staatlich-private Gemeinschaftsunternehmen konzipierten Projekten wurde eines, ein chemisches Werk zur Gewinnung von Ammonium-Sulfat, der privaten Yong Li Chemical Ltd. überlassen. Geplant blieben:

- eine Fabrik für Zeitungspapier in Wenxi (Provinz Zhejiang) als *»joint enterprise«* des Industrieministeriums mit dem Shanghaier Verlagsgewerbe;
- mehrere Ölmühlen, die Tong-Öl für den Export gewinnen sollten.

Allein die China Alcohol Distillery, die seit 1934 in Betrieb war, wurde verwirklicht. An ihrer Finanzierung war Auslandschinesenkapital maßgeblich beteiligt. Privates Kapital wurde für die Beteiligung an halbstaatlichen Unternehmen mit Monopolrechten auf fünf Jahre belohnt. Die Monopolisierungspolitik griff Anfang 1937 auch auf den Rohstoffbereich über, als der Antimon- und Wolframexport einem staatlichen Monopol unterstellt wurde.

Zusammenfassend kann gesagt werden, daß die direkte Industrieförderung bescheiden in ihrer Intention und geringer noch in ihren Resultaten war. Der Aufbau einer staatlichen

Schwerindustrie unterblieb; weder an der disproportionalen Unterentwicklung der Produktionsgüterindustrie noch an der Vorherrschaft ausländischen Kapitals im modernen Sektor der chinesischen Industrie hat die Nanjinger Guomindang-Regierung etwas geändert.

Indirekte Maßnahmen, die den äußeren Bedingungsrahmen der Industrialisierung betrafen, zeigten gewichtigere Effekte. Während die Zollpolitik, wie dargestellt, unter protektionistischen Gesichtspunkten ein Fehlschlag war, konnte die ökonomische Politik der Guomindang auf dem Währungssektor ihren größten Erfolg verbuchen. Mit der Erklärung des Silberdollar zur offiziellen Währung und der Abschaffung der Taels im Frühjahr 1933 begann die von Sun Yat-sen geforderte Vereinheitlichung des Währungssystems. Diese Reform erleichterte unmittelbar den Zahlungsverkehr mit dem Ausland, wenn auch die Veränderung der Währungsverhältnisse im Innern des Landes ein gewisses Trägheitsmoment hatte. Der zweite Schritt wurde im November 1935 mit der Einführung einer manipulierten Papierwährung, der Zentralisierung der nationalen Silberreserven in den Regierungsbanken und der Errichtung eines staatlichen Banknotenemissionsmonopols getan. Das Resultat war eine Senkung und Stabilisierung des Devisenkurses, die der Industrie Exportvorteile verschaffte und eine der Ursachen für den Aufschwung der Industriekonjunktur im Jahre 1936 wurde.[174] Der Aufschwung ging allerdings zu Lasten der Arbeiterschaft, deren Nominaleinkommen die seit Ende 1935 rapide steigenden Lebenshaltungskosten nicht einholen konnte.

Ein drittes Feld staatlicher Einwirkung auf den Prozeß industrieller Entwicklung ist die Einnahmen- und Ausgabenpolitik des zentralen Haushalts. Der Staat kann – wie in Japan – das agrarische Mehrprodukt fortsteuern und in die industrielle Kapitalakkumulation lenken.[175] Er kann aber auch in ein *per saldo* parasitäres Verhältnis zur Ökonomie treten, Ressourcen von produktiven in unproduktive Sektoren leiten und durch regressive Besteuerung die Nachfrage auf den Binnenmärkten niedrig halten. Guomindang-China bietet ein Beispiel für diesen zweiten Fall. – Das finanzielle Aktionsfeld der Nanjinger Regierung war eng begrenzt. Der Anteil ihrer Ausgaben am Bruttosozialprodukt lag im Durchschnitt der

Jahre 1931 bis 1935 bei 3,5%.[176] Zwischen 1928 und 1937 war der Haushalt chronisch defizitär. Steuern und andere reguläre Einnahmen deckten nur 80% der Ausgaben; die Differenz mußte durch Anleihen aufgebracht werden. Die drei wichtigsten Einnahmequellen waren Zölle, Salzsteuer und Konsumsteuern. Der Zoll machte etwa die Hälfte der Einkünfte aus, war aber in seiner Höhe starken Schwankungen ausgesetzt, die den Konjunkturen des Außenhandels folgten. Die Einnahmen der Nationalregierung blieben von den Bewegungen des internationalen Handels in starkem Maß abhängig. Die Salzsteuer trug etwa ein Viertel der Einkünfte bei. 1931 wurde sie der Kontrolle des Nanjinger Finanzministeriums unterstellt. Innerhalb der folgenden drei Jahre erhöhte das Ministerium die Steuer dreimal, bis sie im Januar 1934 einen Satz von 20% erreicht hatte. Obwohl der Salzkonsum absolut gesehen zurückging, war, technisch gesprochen, die Preiselastizität der Nachfrage nach diesem Massenkonsumgut so gering, daß der Nachfragerückgang die Preiserhöhungen nicht ausglich und die Einnahmen von 155,1 Millionen Chin. Dollar 1931 auf 217,8 Millionen Dollar anstiegen.[177] Die nominelle Beseitigung des *Lijin* 1931 nahm man zum Anlaß, neue Verbrauchssteuern einzurichten. 1931 wurde ein »Durchfuhrtarif« geschaffen, dem einheimische Waren beim Transport von einem Vertragshafen zum anderen unterlagen. Der Tarif betrug einheitlich 7,5% vom Wert, lag also etwa auf gleicher Höhe wie die durchschnittlichen *Lijin*-Sätze.[178] Bestehende Verbrauchssteuern wurden 1931 zu einer Einheitssteuer zusammengefaßt. Sie stellte fortan den drittwichtigsten Einnahmeposten im zentralen Haushalt dar. Die Steuer wurde vom Finanzministerium verwaltet, durch Steuerbeamte direkt in den Fabriken erhoben und konnte bis Mitte 1937 in 15 Provinzen eingeführt werden. Sie belastete vor allem jene Massenkonsumgüter, auf deren Herstellung die nationale Industrie spezialisiert war, verschlechterte deren Wettbewerbsposition gegenüber der ausländischen Konkurrenz und drückte durch Verteuerung elementarer Konsumgüter den Lebensstandard der Massen herab. Der Ruin von Nanyang Brothers, dem größten nationalen Zigarettenhersteller, im Jahre 1937 ging hauptsächlich auf eine neue Steuerregelung zurück, die höherwertige Zigaretten, wie BAT sie produzierte, weitaus geringer belastete als die einfacheren Qualitäten chinesischer Fabrikation.[179]. Ein weiteres Opfer oppressiver Steuerpolitik war die alte China Merchants Steam Navigation Company, die 1932 vom Staat übernommen und mit amerikanischer Kapitalbeteiligung reorganisiert wurde.[180]

Nach Einführung der Einheitssteuer erreichte die Steuerbelastung bei Zündhölzern 60%, bei Zement 53%, bei Zigaretten bis zu 50%.[181] Die Erhöhung der Steuerlast läßt sich indirekt am Zuwachs der Einnahmen ablesen. So stiegen zwischen 1930 und 1935 die Einkünfte aus Zigarren- und Zigarettensteuer um das 1,6fache, aus Rohtabaksteuer 3,5fach, aus Zementsteuer 4,3fach, aus Zündholzsteuer 6,2fach.[182] Waren so die Produzenten und Konsumenten industrieller Massenkonsumgüter erhöhter Steuerbelastung ausgesetzt, so verzichtete das Regime auf die Besteuerung der Landwirtschaft. Die Grundsteuer, die 1753 drei Viertel und 1908 mehr als ein Drittel der zentralen Einnahmen beigetragen hatte[183], wurde 1930 den Provinzen überlassen. Daran zeigten sich einerseits die mangelnde Kontrollgewalt Nanjings in den Provinzen und auf dem Lande, andererseits die Steuerinteressen von Grundbesitzern und Provinzialmagnaten, die weitgehend die Guomindang in den ländlichen Gebieten bildeten, und das Desinteresse der Guomindang-Führungsgruppe, die sich zumeist aus der Finanz- und Handelsbourgeoisie der Vertragshäfen rekrutierte, an Fragen der Agrarökonomie überhaupt.[184]

Die Steuerpolitik der Nationalregierung war mithin charakterisiert durch 1. Beschränkung auf die Besteuerung des modernen städtisch-industriellen Sektors, eben jenes Sektors, dessen Entwicklung Sun Yat-sen der Guomindang zum Programm gesetzt hatte; 2. eine extreme Regression, die einerseits die effektive Nachfrage nach Konsumgütern beschnitt, andererseits aber nicht in eine erhöhte Nachfrage des Staates nach Produktionsgütern und Erzeugnissen einer nationalen Schwerindustrie umgesetzt wurde. Daß dies so war, zeigt eine Analyse der Nanjinger Ausgabenpolitik.

Für den Jahresdurchschnitt der Periode 1928 bis 1937 ergibt sich ein Anteil der Militärausgaben am Gesamtbudget von 41%. Das Absinken nach 1934 spiegelt weniger eine reale Abrüstung als eine Lockerung der budgetären Praktiken, die zur Verbergung von Militärausgaben in nicht ausgewiesenen

Tabelle 4: Militärausgaben und Schuldendienst der chinesischen Nationalregierung 1928-37 (in Mio. Chin. Dollar)

Finanzjahr	Militärausgaben		Schuldendienst		Militär und Schuldend. insges.	
	absolut	% d. Ges.-ausgaben	absolut	% d. Ges.-ausgaben	absolut	% d. Ges.-ausgaben
1928-29	210	50,8	158	38,3	368	89,1
1929-30	245	45,5	200	37,2	445	82,7
1930-31	312	43,6	290	40,5	602	84,1
1931-32	304	44,5	270	39,5	574	84,0
1932-33	321	49,7	210	32,6	531	82,3
1933-34	373	48,5	244	31,8	617	80,3
1934-35	368	34,4	356	33,2	724	67,6
1935-36	220	21,6	275	26,9	495	48,5
1936-37	322	32,5	239	24,1	561	56,6

Quelle: Tien Hung-mao, *Government and Politics in Kuomintang China, 1927-1937*, Stanford 1972, S. 83 (Tabelle 4).

Sonderfonds führte.[185] Versuche, die erheblichen Militärausgaben zu beschneiden, wie sie in den ersten Jahren des Regimes von einigen Bankiers und Industriellen unter Führung von Song Ziwen (T. V. Soong) unternommen wurden, scheiterten am Widerstand der Militärgruppen in der Guomindang. Deren Stärke mag daran ermessen werden, daß 1933 von den 1 270 000 Mitgliedern der Partei 785 000 – das sind 62% – den Streitkräften angehörten.[186] Die militärischen Ausgaben – eine unabhängige Variable der Nanjinger Finanzpolitik – wirkten als Belastung der Volkswirtschaft. Sie führten das durch Besteuerung aus produktiven Sektoren gezogene Mehrprodukt unproduktiven oder, stellt man die Verheerungen des Bürgerkriegs in Rechnung, destruktiven Verwendungen zu, beschränkten den Massenkonsum, verminderten den Spielraum für öffentliche Investitionen und erhöhten die Einfuhrüberschüsse durch umfangreiche Waffenimporte aus Deutschland und den USA.

Ähnlich wirkte sich die Schuldentilgung aus, die zunehmend inländischen Gläubigern der Regierung zugute kam. Da die öffentlichen Anleihen zu einem großen Teil der Militärfinanzierung dienten, war ihre Rückzahlung gewissermaßen die Folgelast vergangener Militärausgaben. Zwischen 1927 und

1937 gab die Nationalregierung Staatsanleihen mit einem Gesamtwert von 2,6 Milliarden Chin. Dollar aus.[187] Einige davon hatten den Charakter von Zwangsanleihen. Konflikte zwischen dem Regime und seinen Gläubigern erreichten einen Höhepunkt, als die Regierung im Februar 1932 ihre Zahlungsunfähigkeit erklärte. Für kurze Zeit gab sie den Forderungen nach »Offenlegung der Finanzpolitik« und nach Beendigung der Bürgerkriegsfinanzierung auf dem Anleihenwege nach: 1932 wurden keine neuen Anleihen aufgelegt. Bereits 1933 jedoch wurden wieder Staatspapiere in einer Gesamthöhe von 124 Millionen Chin. Dollar gezeichnet.[188] Da die Binnenverschuldung ebensowenig wie die Auslandsanleihen zum Zweck produktiver Investition eingesetzt wurde, konnte die Tilgung nur aus der volkswirtschaftlichen Vermögenssubstanz geschehen. Douglas S. Paauw hat dies als einen Prozeß regressiver Umverteilung beschrieben:

»Während der Nanjing-Periode übertrug dieser Fluß von Kaufkraft über die Regierung und zurück in die private Wirtschaft reelle Kaufkraft von den unteren zu den höheren Einkommensgruppen. Einkünfte, die nahezu ausschließlich bei den unteren Einkommensgruppen eingetrieben wurden, wurden durch ein regressives System indirekter Besteuerung an die einkommensstarken wertpapierbesitzenden Klassen verteilt, die hauptsächlich aus einigen reichen chinesischen Industriellen und Bankiers bestanden.«[189]

Was nach Abzug von Militärausgaben und Schuldendienst blieb, diente größtenteils zur Finanzierung einer heillos überbesetzten, ineffizienten Bürokratie. Die Guomindang habe, so befand Sir Arthur Salter 1934, »nicht das Wachstum des Landes, wohl aber das der zentralen Administration« gefördert.[190]

7. Die Banken

Während die Landwirtschaft auf niedrigem Niveau stagnierte und die nationale Industrie in die Periode der Nachkriegsdepression geriet, florierte das Bankwesen. Die chinesische Ökonomie der Bürgerkriegsepoche war gekennzeichnet durch eine Hypertrophie des Finanzkapitals, die als Anzeichen und Teilursache von Rückständigkeit interpretiert werden muß.

Die Expansion war bemerkenswert. Zwischen 1914 und 1925 entstanden 125 moderne, d. h. nach westlichem Muster organisierte Banken gegenüber 16 zwischen 1897 und 1913.[191] Gleichzeitig mit dem Niedergang des Systems der Shanxi-Banken, die im 18. und 19. Jahrhundert das chinesische Finanzwesen beherrscht hatten[192], stiegen Jiangsu und Zhejiang zum neuen Zentrum des Bankwesens auf; man sprach von einer neuen »Zhejiang-Plutokratie«.[193] Die rasche Entwicklung des Bankwesens war zunächst dem Finanzbedarf der verschiedenen Warlord-Regimes verdankt. Entsprechend bildeten Staatsanleihenspekulation, Ausgabe nicht voll gedeckter Papierwährungen und andere Arten der Regierungsfinanzierung den Kern des Bankgeschäfts. Da die Banken in hohem Maße von politischem Glück und der Zahlungsmoral der Militärmachthaber abhingen, war die Zahl der Konkurse beträchtlich. Gleichwohl vermochten die neuen Banken den Einfluß der Geldläden auf der einen, den der ausländischen Banken auf der anderen Seite langsam zurückzudrängen. Nach 1928 kam ihnen dabei die Guomindang-Regierung zu Hilfe. 1929 wurden die Zoll- und Salzeinnahmen von der Hongkong & Shanghai Banking Corporation zur neuen Central Bank of China transferiert. Während der Weltwirtschaftskrise erlitten die Geldläden, die auf der Grundlage von Garantien ausländischer Banken im traditionalen Finanzsektor operierten, einen drastischen Rückgang ihrer Geschäfte. Zunehmend wurden Depositen von den ausländischen Banken in die modernen chinesischen Banken verlagert. Schließlich wurde 1934 mit der Gründung der China Development Finance Corporation ein wichtiger Schritt zur Entwicklung eines einheimischen Kapitalmarktes in China getan.

Es waren jedoch nicht private Geschäftsbanken, sondern die Institute der »Zentralen Bankgruppe«, die die ausländischen Banken in vielen Funktionen verdrängten und ablösten. Dieser Finanztrust bestand aus vier Banken:

1) Die Central Bank of China wurde im November 1928 mit der Zielbestimmung gegründet, als »Bank der Banken« im Sinne einer modernen Zentralbank zu fungieren. Nach der Währungsreform von 1935 fielen ihr vier Hauptfunktionen zu: (a) Organisation des in- und ausländischen Staatskredits; (b) Ausgabe von Banknoten; (c) Prägung von Münzen; (d)

Schatzverwaltung. Da sie daneben aber unbeschränkt als kommerzielle Geschäftsbank agieren konnte, trat sie, im Vorteil durch ihre Privilegien, als übermächtige Konkurrentin der privaten Banken auf.[194] Seit 1928 stand der Bank Song Ziwen, gleichzeitig Finanzminister, vor; er wurde 1932 durch Kong Xiangxi (H. H. Kung) abgelöst, der wie Song ein Schwager Tschiang Kai-scheks war.

2) Die Bank of China, ursprünglich die Zentralorganisation der Finanzbourgeoisie von Zhejiang, wurde 1928 als Bank für Währungs- und Außenwirtschaftsgeschäfte reorganisiert. Eine Übernahme durch die Regierung scheiterte zunächst am Widerstand der privaten Teilhaber der Bank, die vor allem durch den langjährigen Generaldirektor der Bank Zhang Jia-ao vertreten wurden. 1933 aber trat an Zhangs Stelle Kong Xiangxi, dem 1935 Song Ziwen folgte. Eine erneute Reorganisation im Jahre 1935 erhöhte das Grundkapital auf 40 Millionen Chin. Dollar, von denen die Regierung die Hälfte beitrug; eine neue Satzung sah vor, daß die Direktoren aus dem Kreis der Großaktionäre gewählt werden sollten.[195]

3) Die Bank of Communications, 1928 als Spezialinstitut zur Industriefinanzierung designiert, wurde nach denselben Regulationen wie die Bank of China umorganisiert und geriet 1935 ebenfalls unter Regierungskontrolle.

4) Die Farmers' Bank of China entstand 1933 in den vier Provinzen des »Banditenvernichtungskommandos« als Instrument zur »Rettung des Dorfes« vor der kommunistischen Gefahr. Ihr Grundkapital soll zu einem nicht unerheblichen Teil durch Verkauf von Opium aufgebracht worden sein.[196] Diese »Bauern-Ausbeutungs-Bank«, wie Zhang Yulan sie nannte[197], gehörte ursprünglich zur Hausmacht Tschiang Kai-scheks, geriet aber 1936 unter den Einfluß der parafaschistischen CC-Clique.

Die Zentrale Bankgruppe überschattete alle anderen Banken. 1936 betrieben die vier Regierungsbanken 164 Filialen; sie hielten einen Anteil von 42% des Nettokapitals, 59% des Gesamtvermögens, 59% der Depositen, 78% der Valutareserven und 44% des Reingewinns im modernen chinesischen Bankwesen.[198] Der Zusammenhalt der vier Banken wurde durch ein Hauptverwaltungsbüro gesichert, dem Tschiang Kai-schek vorstand. Central Bank of China, Bank of China und Bank of Communications befanden sich – so eine offizielle Äußerung der Zentralbank – »faktisch unter ein und derselben Kontrolle«.[199] Sie waren auf dreifache Weise mit der Staatsmacht verflochten:

– durch Mehrheitsanteile von »bürokratischen Aktien« am Grundkapital;

– durch weitgehende Personalunion von Bankvorständen und politischen Machthabern;

– durch beträchtliche Privatbeteiligungen der Guomindang-Oligarchen, namentlich der »vier großen Familien« Tschiang, Song, Kong und Chen.

Damit traten alle drei Formen bürokratischer Kontrolle über Kapital auf, die Wang Yanan in seiner kategorialen Untersuchung des »bürokratischen Kapitals« unterschieden hat[200]:

1) Die Bürokratie *nutzt* Kapital, d. h. die Bürokratie besitzt kein nominelles Eigentumsrecht, sondern ein Nutzungsrecht gegenüber dem Kapital. Diese Form war zum Beispiel charakteristisch für alle »staatlichen« *(guoying)* Unternehmen in Guomindang-China.

2) Die Bürokratie *verwaltet* Kapital, d. h. die Bürokratie übt faktische Lenkungs- und Kontrollgewalt über privates Kapital aus und macht dieses zum »Kriegsgefangenen der Bürokratie«.[201]

3) Die Bürokratie *besitzt* Kapital, d. h. die Bürokraten betreiben Unternehmen und sind als Privatsubjekte Eigentümer von Kapital.

Alle drei Formen standen in wechselseitiger Abhängigkeit und bedingten einander: Politische Macht ermöglichte die Akkumulation privaten Reichtums; dieser wiederum wurde zur materiellen Basis politischer Macht.[202] Die Trennung zwischen öffentlicher und privater Sphäre, in der politischen Kultur Chinas ohnehin kaum entwickelt, erlosch. Der Privatisierung zentraler Staatsfunktionen im Dienste einer kleinen Finanzoligarchie korrespondierte die Sanktionierung privater Interessen durch das staatliche Gewaltmonopol. Mangels effektiver Gegengewalt verlief dieser Prozeß wechselseitiger Bedingung expansiv: Das bürokratische Kapital griff um sich und brach in die – von Sun Yat-sen staatlichem Schutz empfohlene – Privatwirtschaft ein. Die Unterwerfung der privaten Industrie begann in größerem Maßstab erst während des

Krieges und erreichte ihren Höhepunkt in den Jahren 1946 bis 1948. Vor 1937 geschah die Expansion des bürokratischen Kapitals als Ausdehnung der Zentralen Bankgruppe auf Kosten der Privatbanken. Dabei wurden folgende Methoden eingesetzt:
- direkter Ankauf illiquider Privatbanken;
- Beteiligung am Aktienkapital in Form »gemeinsamer bürokratisch-privater Unternehmen«;
- staatliche Subventionen an Banken, die nominell privaten Status behielten;
- indirekte Kontrolle durch Besetzung der Vorstandsgremien mit Vertrauensleuten der Regierung bzw. der »vier großen Familien«, umgekehrt Ernennung privater Bankiers zu Kabinettsministern.

Diese Maßnahmen, ermöglicht durch die außerordentlichen Kontrollbefugnisse, die das Bankgesetz von 1931 dem Finanzministerium einräumte, brachten zwischen 1935 und 1937 nahezu alle großen Privatbanken auf die eine oder andere Weise in Abhängigkeit von der Zentralen Bankgruppe.[203]

Während die Erfolge einer direkten staatlichen Industriepolitik vor 1937, wie oben gezeigt, unerheblich waren und vor dem Krieg kein genuin bürokratischer Sektor innerhalb der Industrie entstand, geriet doch eine Reihe kleiner Industrieunternehmen in Abhängigkeit vom Zentralen Banksystem. Die Bank of China und die Bank of Communications eigneten sich vor 1937 15 Spinnereien und Webereien an, davon 4 durch Aufkauf und direkte Beteiligung, 7 durch Verschuldung und 4 durch indirekte Kreditgewährung mittels Konsortien und Kreditgesellschaften.[204] Ebenso dehnten private Banken, vor allem durch Beteiligung am Management, ihre Kontrolle über Industrieunternehmen aus.

Insofern die Banken sich Zutritt zur Industrie verschafften, geschah dies durch Einverleibung bereits bestehender Unternehmen. Zur Initialfinanzierung industrieller Aufbauprojekte haben sie, anders als etwa die Banken in der deutschen Industrialisierung, nur minimal beigetragen. Die Banken stellten sich nicht auf langfristige Darlehen ein, vermieden die Risiken ungesicherter Anleihen, verzichteten auf Kapitalemission zugunsten industrieller Neugründungen, und beschränkten ihr Darlehensgeschäft auf kurzfristige Hochzinskredite.[205] Außerdem blieb die Regierungsfinanzierung nach wie vor einträglicher als die Finanzierung der Industrie. Die Staatsanleihen der Nanjing-Regierung wurden etwa zur Hälfte von Banken aufgenommen, die dabei häufig solch horrende Rabatte erhielten, daß reale Gewinne von 30 bis 40% p.a. möglich wurden; 10 bis 15% dürfen als guter Durchschnitt gelten. Derlei Gewinnmargen erlaubten es den Banken, auf Depositen Zinssätze von 8 bis 9% p.a. zu zahlen[206], Sätze, die die aus industriellen Unternehmungen zu erwartende Rendite übertrafen. So kam das Staatsanleihenunwesen der Nanjing-Zeit Banken und privaten Spekulanten gleichermaßen zugute. Der Primat der Regierungsfinanzierung und die dabei auftretenden hohen Zinssätze verteuerten den Kredit für industrielle Investitionen und trugen zu fortschreitender Schuldverpflichtung privater Industrieunternehmen bei. Die Hypertrophie des Finanzkapitals wirkte so als *Ursache* industrieller Rückständigkeit.

8. Zusammenfassung

1) Die Entwicklung einer modernen Industrie in China blieb in jenem Bedingungsrahmen, den die Intervention der Mächte seit den vierziger Jahren des 19. Jahrhunderts gesetzt hatte. Er bestand aus:

a) dem Privilegiensystem der Ungleichen Verträge, das die Zollsouveränität des chinesischen Staates aufhob, die Navigationshoheit einschränkte und die Errichtung von Gebietsenklaven mit autonomer Verwaltung und Jurisdiktion zuließ;

b) dem Strukturmuster des internationalen China-Handels, gekennzeichnet durch Dominanz ausländischer Banken und Geschäftsunternehmen in der Import-Export-Abwicklung, Herausbildung des Kompradorensystems, chronische Importüberschüsse und überproportionale Entwicklung der Küstenregion;

c) dem Eisenbahnbau, der, mit ausländischem Kapital finanziert, China eine langfristig nicht amortisierbare Schuldenlast aufbürdete und der, in seiner geographischen Anordnung das ost-westliche Entwicklungsgefälle verstärkend, das chinesische Binnenland den Absatz- und Versorgungsinteressen der Weltmarktmächte erschloß, statt die Integration eines natio-

nalen Marktes zu unterstützen.
2) Innerhalb der ausländisch dominierten Enklavenwirtschaft entstand seit dem letzten Jahrzehnt des 19. Jahrhunderts eine moderne Industrie, deren Akkumulationsquellen teils im Kapitalexport der entwickelten kapitalistischen Länder (einschließlich Japans), teils in der Anlage von Handelsgewinnen und Grundrente zu suchen sind. Insofern diese Industrien für den chinesischen Markt produzierten, hatten sie häufig importsubstituierenden Charakter: Ausländische Unternehmen verlagerten die Fabrikation jener Güter, die sie vordem nach China exportiert hatten, in das Land selbst, wobei sie die im internationalen Vergleich minimalen Löhne nutzten. Demgegenüber blieb die Entwicklung einer Exportindustrie in ausländischer Hand gering. Trotz beträchtlicher ausländischer Direktinvestitionen ist vor 1937 im Saldo ein Nettoabfluß von Kapital zu verzeichnen, der hervorgerufen wurde durch die Repatriierung von Profiten und die außerordentlich hohen politischen Zahlungen (Reparationen, Boxer-Entschädigung, etc.), die China zu leisten gezwungen wurde.
3) In dem Freiraum, den während des Ersten Weltkriegs der politische und ökonomische Rückzug der europäischen Mächte aus Ostasien ließ, entstanden zwischen 1916 und 1923 Ansätze einer Leichtindustrie in chinesischer Hand. Auch diese folgte dem vom Imperialismus vorgezeichneten wirtschaftsgeographischen Strukturmuster und konzentrierte sich in den Vertragshäfen entlang der Küste. Wegen der geringen Binnennachfrage infolge niedriger Kaufkraft der bäuerlichen Bevölkerung, des Kapitalmangels, der Beharrlichkeit traditionaler Organisationsformen, technologischer Defizite und fehlender politischer Voraussetzungen für Integration und Protektion eines nationalen Marktes wurde der Kriegsboom nicht zum Initialschub einer tiefgreifenden Industrialisierung.[207] Die neuentstandene chinesische Industrie vermochte der ausländischen, vor allem der japanischen Konkurrenz, die seit Anfang der zwanziger Jahre wieder massiv auf dem chinesischen Markt auftrat, nur mühsam standzuhalten. Zwischen 1914 und 1931 verdoppelten sich die ausländischen Direktinvestitionen, während der wichtigste Zweig der chinesischen nationalen Industrie, die Baumwollspinnerei, seit 1923 stagnierte. Sofern die nationale Industrie ihre Position be-

haupten konnte, verdankte sie dies einer Aufteilung des Marktes, die den ausländischen Herstellern die Fabrikation höherwertiger Qualitäten überließ.

4) Auch während des Ersten Weltkriegs entstand, abgesehen von kleineren Maschinenwerkstätten, die im Zuge der Mechanisierung der Textilverarbeitung Beschäftigung fanden, keine chinesische Schwerindustrie. Vor 1937 war der Bergbau in modernen Minen zum überwiegenden Teil, die Eisen- und Stahlindustrie völlig unter ausländischer Kontrolle. Sieht man von der Mandschurei ab, die seit Beginn des Jahrhunderts Einflußzone und seit 1931 Kolonie Japans war, so hat ausländisches Kapital wenig zum Aufbau einer Schwerindustrie in China beigetragen.

5) Die industrielle Entwicklung in den Grenzen einer Enklavenwirtschaft geschah vor dem Hintergrund einer stagnierenden Landwirtschaft, die ihre Aufgabe als Nahrungsmittel- und Rohstofflieferant für den städtisch-industriellen Sektor nur unvollkommen erfüllte. Ihr Industrialisierungsbeitrag war auf die Bereitstellung einer Reservearmee beschränkt. Weder sprangen Entwicklungsimpulse von der Industrie auf die Landwirtschaft über (eine Mechanisierung der Agrarproduktion blieb aus, es entwickelte sich keine kapitalistische Mittel- und Großbauernwirtschaft), noch gelang es – wie in Japan –, das quantitativ bedeutende agrarische Mehrprodukt[208] durch staatlich erzwungene Umverteilung der industriellen Kapitalakkumulation verfügbar zu machen. Die Außenhandelserlöse der Landwirtschaft wurden nicht zur planmäßigen Finanzierung von Kapitalgüterimporten verwendet.[209]

6) Anders als in Meiji-Japan und – mit geringerem Erfolg – im spätzaristischen Rußland, wo der Staat die Initialfinanzierung der Industrialisierung bewerkstelligte, ist der Staat in China nicht als Industrialisierungsagent in Erscheinung getreten.[210] Das Regime der Guomindang in Nanjing (1927-1937), das als erstes mit einem ökonomischen Entwicklungsprogramm antrat und die Wohlfahrt des Volkes (*minsheng*, das Dritte Volksprinzip nach der Lehre Sun Yat-sens) zum Ziel erhob, blieb politisch so machtlos, daß es keine Kontrolle über die agrarischen Finanzquellen des Landes gewann. Der Widerspruch zwischen militärischer Herrschaftssicherung und wirtschaftlichem Aufbau unter den Regimezielen wurde zugun-

sten der Bürgerkriegsfinanzierung gelöst. Die Errichtung eines Systems halbstaatlicher Geschäftsbanken – formal gesehen ein Modernisierungserfolg der Guomindang – wirkte sich auf mögliche Industrialisierung eher hinderlich aus: Die Banken konzentrierten sich auf Regierungsfinanzierung und leiteten potentielle Akkumulationsfonds in hochverzinsliche Anleihenspekulation. Da deren Kosten durch regressive Besteuerung der städtischen Ökonomie aufgebracht wurden und vornehmlich zu Lasten der unteren Einkommensschichten gingen, da außerdem die Banken zunehmend Teile der chinesischen Industrie unter ihre Kontrolle brachten, ohne selbst industriegründend wirksam zu werden, ging das hypertrophe Wachstum des Finanzkapitals auf Kosten der nationalen Industrie. »Nanjing finanzierte sein Regime«, wie John K. Fairbank urteilt, »indem es Handel und Industrie des modernen Sektors der Wirtschaft besteuerte, und zehrte damit gerade jenen Sektor aus, den es mit allen Mitteln hätte entwickeln müssen.«[211]

Anmerkungen

1 Fu Zhufu / Gu Shutang, *Zhongguo yuanshi ziben jilei wenti [Probleme der ursprünglichen Kapitalakkumulation in China]*, Tianjin 1957, S. 104. Über die Diskussion der »Keime des Kapitalismus« unterrichten einführend: A. Feuerwerker / S. Cheng, *Chinese Communist Studies of Modern Chinese History*, Cambridge (Mass.) 1961, S. 181 ff.; A. Feuerwerker, *Chinas Modern Economic History in Chinese Communist Historiography*, in: ders. (Hrsg.), *History in Communist China*, Cambridge (Mass.) 1969, S. 229 ff.; Kuo Heng-yü, *Über die Periodisierung der modernen Geschichte Chinas. Die Wiedergabe einer Diskussion in der VR China*, in: *Internationales Asienforum* 2 (1971), S. 402 ff. Als Zusammenfassung chinesischer Forschungsergebnisse vgl. Wu Jie, *Zhongguo jindai guomin jingji shi [Geschichte der neueren chinesischen Volkswirtschaft]*, Peking 1958, S. 38-55.

2 Zur chinesischen Wissenschaftsentwicklung vgl. J. Needham, *Science and Civilization in China*, Cambridge 1954 ff. (bisher 8 Bände).

3 Chen Huan-chang, *The Economic Principles of Confucius and His School*, Bd. 1, New York/London 1911, S. 398.

4 F. Wakeman, Jr., *The Fall of Imperial China*, New York/London 1975, S. 44.

5 Vgl. Max Weber, *Wirtschaft und Gesellschaft. Grundriß der verstehenden Soziologie*, 5. revidierte Aufl. Tübingen 1972, S. 736 ff.

6 Deutlichstes Beispiel ist das Salzmonopol. Vgl. Ho Ping-ti, *The Salt Merchants of Yang-chou: A Study of Commercial Capitalism in Eighteenth Century China*, in:

Harvard Journal of Asiatic Studies 17 (1954), S. 130-168; Chiang Tao-chang, *The Salt Industry of Ming China*, in: *Geographical Review* 65 (1975), S. 93-106.

7 Für China: M. Elvin, *The Pattern of the Chinese Past*, London 1973, S. 215 ff.; für England: E. J. Hobsbawm, *Industrie und Empire I. Britische Wirtschaftsgeschichte seit 1750*, Frankfurt a. M. 1969, S. 49 ff.; P. Mathias, *The First Industrial Nation. An Economic History of Britain 1700-1914*, London 1969, S. 92 ff.

8 Als »endogen« soll eine Industrialisierung bezeichnet werden, die im industrialisierenden Land selbst ihren Ursprung hat und von internen gesellschaftlichen und ökonomischen Kräften aufrechterhalten wird. Vgl. B. Sutcliffe, *Imperialism and Industrialization in the Third World*, in: R. Owen / B. Sutcliffe (Hrsg.), *Studies in the Theory of Imperialism*, London 1972, S. 174. Dort ist von »independent industrialization« die Rede. Ähnliches meint Samir Amin mit seinem Begriff des »autozentrierten« Akkumulationsmodells. Vgl. S. Amin, *Zur Theorie von Akkumulation und Entwicklung in der gegenwärtigen Weltgesellschaft*, in: D. Senghaas (Hrsg.), *Peripherer Kapitalismus*, Frankfurt a. M. 1974, S. 71-97.

9 So auch die jüngste Arbeit aus der VR China: Zhu Guangxi, *Zhongguo zibenjia shi zenyang qujia de? [Wie sind die chinesischen Kapitalisten emporgekommen?]*, in: *Lishi yanjiu* 1976, Nr. 2, S. 67-97. »Obwohl es in China schon früh kapitalistische Keime gegeben hat, haben sie sich doch nur sehr langsam entwickelt. Moderne, maschinell produzierende Unternehmen sind erst nach dem gewaltsamen Eindringen des Imperialismus in China gegründet worden. Die gesamte große Industrie ist erst durch Verwendung ausländischer Einrichtungen großgeworden« (*ebenda*, S. 92). Es handelt sich bei diesem Aufsatz um eine theoretisch anspruchslose Sammlung von Fallbeispielen, die eine Typologie kapitalistischer Karrieren illustrieren.

10 Die hier nicht diskutierten nichtökonomischen (normativen) Voraussetzungen industrieller Entwicklung behandeln, auf unterschiedliche Weise von der Weberschen Herrschafts- und Religionssoziologie ausgehend, A. Zingerle, *Max Weber und China. Herrschafts- und religionssoziologische Grundlagen zum Wandel der chinesischen Gesellschaft*, Berlin 1972, sowie N. Jacobs, *The Origins of Modern Capitalism and Eastern Asia*, Hongkong 1958. Aus der Parsonsschen Schule soziologischer Systemtheorie stammt M. J. Levy Jr., *The Family Revolution in Modern China*, Cambridge (Mass.) 1949.

11 Eine zulängliche Gesamtdarstellung steht noch aus. Nach wie vor ist K. L. Mitchell, *Industrialization of the Western Pacific*, New York 1942, S. 95-150, allen anderen Abrissen vorzuziehen, so etwa G. C. Allen, *The Industrialization of the Far East*, in: *The Cambridge Economic History of Europe*, Bd. VI, Cambridge 1965, S. 873-923; F. H. H. King, *A Concise Economic History of Modern China (1840-1961)*, New York/London 1969; G. E. Hubbard, *Eastern Industrialization and Its Effects on the West*, 2. Aufl. London 1938, S. 185-203; B. McFarlane, *The Chinese Economy 1900-1945*, in: C. Mackerras (Hrsg.), *The Impact of Revolution. A Survey of Twentieth Century China*, Hawthorn 1976, S. 79-93. Brauchbare Querschnitte durch die Industriestruktur vor 1949 finden sich in: Wu Yuan-li, *An Economic Survey of Communist China*, New York 1956, S. 32 ff.; Chen Nai-ruenn / W. Galenson, *The Chinese Economy under Communism*, Chicago 1969, S. 1-32; B. Großmann, *Die wirtschaftliche Entwicklung der Volksrepublik China*, Stuttgart 1960, S. 19-44. Eine ausgreifende Gesamtinterpretation unternimmt O. Lattimore, *The Industrial Impact on China*, in: *Première Conference Internationale d'Histoire Economique, Stockholm 1960*, Paris/Den Haag 1960, S. 103-113.

12 In der chinesischen Literatur finden sich abweichende Periodisierungen. So

gelangt Luo Dunwei am Kriterium der Industrialisierungsagenten zu einer sechsfachen Einteilung der Zeit bis 1937:

1864-1881 Periode der bürokratischen Militärindustrie.

1882-1894 Periode der *Guandu-shangban*-Industrie (Industrieunternehmen werden von privaten Geschäftsleuten geführt, unterstehen aber der Oberaufsicht von Beamten).

1895-1902 Gründungsperiode ausländischer Industrien in China.

1903-1910 Periode der Industrieförderung durch die kaiserliche Regierung.

1911-1934 Periode der ungeleiteten Entwicklung der Industrie.

1935-1937 Periode der industriellen Rekonstruktion unter der Guomindang-Nationalregierung.

(Luo Dunwei, *Shinian lai de Zhongguo gongye [Chinas Industrie in den letzten zehn Jahren],* in: Zhongguo wenhua jianshe xiehui (Hrsg.), *Shinian lai de Zhongguo,* Shanghai 1937, S. 145 f.) Ist dieses Schema weithin charakteristisch für nicht-marxistische chinesische Wirtschaftshistoriker, so repräsentiert die folgende Unterscheidung von fünf Perioden in der Entwicklung des Kapitalismus in China die in der VR China vorherrschende Auffassung:

1840-1894 Beginn der imperialistischen Handelsaggression und (seit etwa 1880) Anfänge einer langsamen Entwicklung der nationalen chinesischen Industrie.

1895-1913 Verschärfung der imperialistischen Aggression und Beginn der Errichtung ausländischer Industriebetriebe auf chinesischem Territorium.

1914-1927 Aufschwung und nachfolgende Krise der nationalen chinesischen Industrie.

1927-1937 Verstärkung der imperialistischen Präsenz in China, Unterdrückung der Arbeiterklasse und beabsichtigte Vernichtung der nationalen Industrie durch den von wenigen Finanzkapitalisten, Kompradoren und politischen Machthabern getragenen bürokratischen Kapitalismus der Guomindang.

1937-1949 Dominanz des japanischen Imperialismus in China (bis 1945), Monopolisierung der gesamten Volkswirtschaft durch den bürokratischen Kapitalismus der Guomindang.

(Wu Jiang, *Zhongguo zibenzhuyi jingji fazhan de ruogan tedian [Einige Besonderheiten der Entwicklung der kapitalistischen Ökonomie in China],* in: *Jingji yanjiu* 1955, Nr. 5, S. 59 ff.)

13 Ende 1934, nach der Niederlage der Fujian-Rebellion und dem Rückzug der Roten Macht aus Jiangxi, beherrschte die Guomindang ungefähr die Hälfte der achtzehn Provinzen des Reiches. So O. E. Clubb, *Twentieth Century China,* 2. Aufl. New York/London 1972, S. 184. Aber selbst damit blieb ihre Kontrollgewalt vielfach nur nominell: »As a party the Kumintang had very little authority over provincial rulers. The regime's penetration of the provinces was largely sustained by Chiang's military power. In provinces outside the Bandit Suppression Zones, Nanking's authority was minimal. [...] Provinical and county rulers were slow to come to terms with the Kuomintang. There is little evidence that the party-government had gained control over most of them before the outbreak of the war with Japan« (Tien Hung-mao, *Government and Politics in Kuomintang China, 1927-1937,* Stanford 1972, S. 150). Vgl. auch J. E. Sheridan, *China in Disintegration: The Republican Era in Chinese History, 1912-1949,* New York/London 1975.

14 Über einige dieser Provinz-Satrapen sind Monographien veröffentlicht worden: D. G. Gillin, *Warlord: Yen Hsi-shan in Shansi Province, 1911-1949,* Princeton

1967. Dort (S. 81 ff., 179 ff.) eine Darstellung von Yans ehrgeiziger, aber schließlich erfolgloser Industrialisierungspolitik, die erklärtermaßen am Vorbild des sowjetischen Fünfjahrplans orientiert war. R. A. Kapp, *Szechwan and the Chinese Republic: Provincial Militarism and Central Power, 1911-1938,* New Haven 1973; J. C. S. Hall, *The Yunnan Provincial Faction, 1927-1937,* Canberra 1976; D. Lary, *Region and Nation. The Kwangsi Clique in Chinese Politics, 1925-1937,* Cambridge 1974; J. E. Sheridan, *Chinese Warlord: The Career of Feng Yü-hsiang,* Stanford 1966; Ch'i Hsi-sheng, *Warlord Politics in China, 1916-1928,* Stanford 1976, hat ein aufschlußreiches Kapitel über die Ökonomie der Militärherrschaften (S. 150-178). L. W. Pye, *Warlord Politics. Conflict and Coalition in the Modernization of Republican China,* New York/Washington/London 1971, ist ein fehlgeschlagener Versuch, Kategorien der *Political Science* auf chinesische Verhältnisse zu übertragen.

15 Zu den ausländischen Gebietsenklaven vgl. W. W. Willoughby, *Foreign Rights and Interests in China,* 2 Bde, Baltimore 1927; G. W. Keeton, *The Development of Extraterritoriality in China,* 2 Bde, London 1928; F. Otte, *Niederlassungen. Konzessionen und Pachtgebiete in China,* in: *Zeitschrift für Politik* 16 (1927), S. 603-613. Zur Sozialgeschichte der Ausländer in China: G. Woodcock, *The British in the Far East,* London 1969; F. L. H. Pott, *A Short History of Shanghai,* Shanghai 1928 (in ungetrübter Kolonialattitüde geschrieben, aber wertvoll im Detail); J. V. Davidson-Houston, *Yellow Creek: The Story of Shanghai,* London 1962.

16 Die ökonomische Entwicklung der Mandschurei vor 1931 behandeln V. I. Avarin, *Imperializm v Man'čžurii,* 2 Bde, Moskau 1934; H. P. Bix, *Japanese Imperialism and the Manchurian Economy, 1900-1931,* in : *China Quarterly* Nr. 51 (1972), S. 425-443; A. Eckstein / Kang Chao / J. Chang, *The Economic Development of Manchuria: The Rise of a Frontier Economy,* in: *Journal of Economic History* 34 (1974), S. 239-264. Noch nicht überholt als Gesamtdarstellung von »Mandschukuo« ist F. C. Jones, *Manchuria since 1931,* London 1949. Vgl. daneben E. B. Schumpeter (Hrsg.), *The Industrialization of Japan and Manchukuo,* New York 1940, S. 378-418.

17 Außenhandelsstatistiken sind in aller Regel zuverlässiger als Industriestatistiken, diese wiederum genauer als Agrarstatistiken. Für einige Bereiche, wie den Binnenhandel, liegen bis 1928 keinerlei brauchbare Angaben vor. Die Statistiken der Guomindang-Zeit leiden daran, daß das Erhebungsgebiet oft mit der politischen Stärke Nankings schwankte; manche Steigerungen während der dreißiger Jahre sind auf die Expansion des Regimes und seiner statistischen Dienste zurückzuführen. Die Daten der Seezollbehörde *(Chinese Maritime Customs)* können bis 1932, als die mandschurischen Zollstationen an Japan fielen, als relativ genau angesehen werden.

18 Yan Zhongping u. a., *Zhongguo jindai jingji shi tongji ziliao [Statistische Materialien zur neueren chinesischen Wirtschaftsgeschichte],* Peking 1955, S. 103 (Tabelle 8), fortan zitiert als: *Tongji ziliao.*

19 B. R. Mitchell, *Statistical Appendix 1700-1914,* in: C. M. Cipolla (Hrsg.), *The Fontana Economic History of Europe,* Bd. IV/2, London 1973, S. 770.

20 Wu Yuan-li, *Economic Development and the Use of Energy Resources in Communist China,* New York/London 1963, S. 241.

21 *Tongji ziliao,* S. 142 (Tabelle 26).

22 B. R. Mitchell, *Statistical Appendix,* S. 773.

23 M. G. Clark, *Development of China's Steel Industry and Soviet Technical Aid,* Ithaca, N. Y. 1973, S. 12.

24 So auch die offizielle Selbstdarstellung der Nationalregierung, die Mißerfolgsmeldungen im übrigen eher vermeidet: »Although China has adequate supplies

within her borders of iron-ore and cooking coal, she imports practically all the iron and steel she uses« (*Reconstruction in China. A Record of Progress and Achievement in Facts and Figures*, Shanghai 1935, S. 53).

25 *Cotton Mill Statistics for 1936*, in: *Chinese Economic Journal* Bd. 19, Nr. 4 (Oktober 1936), S. 397.

26 J. K. Chang, *Industrial Production in Pre-Communist China*, Chicago 1966, S. 119. Der Indikator Spindelzahl ist für eine vergleichende Industriestatistik weniger aussagekräftig als das tatsächliche Produktionsergebnis. M. I. Rubinštejn hat darauf hingewiesen, daß die Auslastung der Kapazitäten in China wesentlich höher war als in europäischen Ländern, da die Anlagen 24 Stunden in Betrieb gehalten wurden. Er schätzt, daß die Produktionsleistung pro Maschineneinheit in China Mitte der zwanziger Jahre dreimal so hoch war wie in Europa vor 1914 (M. I. Rubinštejn, *Razvitie kapitalizma v Kitae*, in: *Mirovoe chozjajstvo i mirovaja politika* 1927, Nr. 7, S. 52 f.).

27 *Electrical Enterprises in China*, in: *Chinese Economic Journal*, Bd. 20, Nr. 5 (Mai 1937), S. 530 f.

28 Liu Ta-chung / Yeh Kung-chia, *The Economy of the Chinese Mainland. National Income and Economic Development, 1933-1959*, Princeton 1965, S. 66 (Tabelle 8). Eigene Berechnung nach den dort gegebenen Daten.

29 *Ebenda*, S. 72.

30 *Ebenda*, S. 188 (Tabelle 55).

31 Ou Pao-san / Wang Foh-shen, *Industrial Production and Employment in Pre-War-China*, in: *Economic Journal* 56 (1946), S. 429 (Tabelle 3).

32 J. Chesneaux, *The Chinese Labor Movement 1919-1927*, Stanford 1968, S. 41.

33 G. Lewin, *Zur Definition des Begriffs »Arbeiterklasse« in China (1917 bis 1949)*, in: *Wissenschaftliche Zeitschrift der Karl-Marx-Universität Leipzig. Gesellschafts- und sprachwissenschaftliche Reihe* 21 (1972), S. 549 f.

34 *Tongji ziliao*, S. 110 (Tabelle 10).

35 H. D. Fong, *Toward Economic Control in China*, Tianjin 1936, S. 66.

36 Ma Yinchu, *Shinian lai de Zhongguo jingji jianshe [Chinas wirtschaftlicher Aufbau im letzten Jahrzehnt]*, in: Zhongguo wenhua jianshe xiehui (Hrsg.), *Shinian lai de Zhongguo*, Shanghai 1937, S. 132.

37 *Industrialization of China*, in: *The Chinese Economic and Statistical Review*, Bd. 2, Nr. 7 (Juli 1935), S. 3.

38 D. H. Perkins, *Growth and Changing Structure of China's Twentieth-Century Economy*, in: ders. (Hrsg.), *China's Modern Economy in Historical Perspective*, Stanford 1975, S. 124 f.

39 J. K. Chang, *Industrial Production in Pre-Communist China*, S. 74, 71. Vgl. auch ders., *Industrial Development of Mainland China, 1912-1949*, in: *Journal of Economic History* 27 (1967), S. 56-81. Changs thematisch eng begrenzte und methodisch unprätentiöse Studie ist mehrfach zum Opfer von Überinterpretationen geworden, die ihr Schlußfolgerungen aufbürden, die sie nicht zu tragen vermag.

40 Auch technische Kritik ist gegen J. K. Changs Untersuchung zu richten. Die Schwierigkeit etwa, daß nicht für alle Industrien zulängliche Datenreihen vorliegen, verleitet Chang dazu, seine Indices auf 15 ausgewählte Outputserien zu stützen. Dabei bleiben ausgerechnet jene Industriezweige unberücksichtigt, in denen chinesisches Kapital relativ stark vertreten war (Maschinenbau, Chemie, Mehl-, Zündholz- und Papierindustrie). Changs Indices überbewerten die ausländische und unterbewerten die chinesische Industrie. Daher sind die Wachstumsraten zu hoch.

41 So etwa G. Brandt, *Industrialisierung, Modernisierung, gesellschaftliche Ent-*

wicklung, in: *Zeitschrift für Soziologie* 1 (1972), S. 5-14.

42 M. Dobb, *Some Problems of Industrialization in Agricultural Societies,* in: ders., *Papers on Capitalism, Development, and Planning,* New York 1967, S. 72; H. Myint, *The Economy of the Developing Countries,* 4. Aufl. London 1973, S. 8.

43 A. Eckstein, *The Economic Heritage,* in: A. Eckstein / W. Galenson / Liu Ta-chung (Hrsg.), *Economic Trends in Communist China,* Chicago 1968, S. 84.

44 A. Kolb, *Ostasien. China, Japan, Korea. Geographie eines Kulturerdteils,* Heidelberg 1963, S. 199 ff. Allgemein zur Wirtschaftsgeographie Chinas: G. B. Cressey, *China's Geographic Foundations. A Survey of the Land and Its People,* New York/London 1934; ders., *Land of the 500 Million,* New York 1955; R. Murphey, *A Geographical View of China,* in: J. Meskill (Hrsg.), *An Introduction to Chinese Civilization,* New York/London 1973, S. 515-550; T. R. Tregear, *A Geography of China,* London 1965; ders., *An Economic Geography of China,* London 1970. Informationsreich zur Geographie der natürlichen Ressourcen: Ču Šao-tan, *Geografija novogo Kitaja,* Moskau 1953.

45 H. D. Fong, *Industrial Capital in China,* Tianjin 1936, S. 12.

46 D. K. Lieu, *The Growth and Industrialization of Shanghai,* Shanghai 1936, S. 13 f.

47 E-tu Zen Sun, *Sericulture and Silk Textile Production in Ch'ing China,* in: W. E. Willmott (Hrsg.), *Economic Organisation in Chinese Society,* Stanford 1972, S. 93, 103.

48 Vgl. J. Riedel, *The Industrialization of Hongkong,* Tübingen 1974.

49 Für 1935 werden folgende Einwohnerzahlen genannt:

Shanghai	3 529 120
Peking	1 564 869
Tianjin	1 348 905
Kanton	1 142 829
Nanjing	951 645
Hankou	811 761

(H. O. Kung, *The Growth of Population of the Six Chinese Large Cities,* in: *Chinese Economic Journal,* Bd. 20, Nr. 3 [März 1937], S. 313.)

50 Vgl. H. D. Fong, *Tientsin Carpet Industry,* Tianjin 1929.

51 Lee Chen-tung, *The Coal Industry of China,* Tianjin/Shanghai 1938, S. 1. Zur Vorgeschichte der britischen Dominanz in Kailuan vgl. E. C. Carlson, *The Kaiping Mines (1877-1912),* 2. Aufl. Cambridge (Mass.) 1971.

52 A. Feuerwerker, *China's Nineteenth-Century Industrialization: The Case of the Hanyehping Coal and Iron Company, Limited,* in: C. D. Cowan (Hrsg.), *The Economic Development of China and Japan,* London 1964, S. 79-110, bes. S. 92.

53 Sun' Czin-čši, *Severnyj Kitaj. Ekonomičeskaja geografija,* Moskau 1958, S. 163.

54 R. Hsia, *Changes in the Location of China's Steel Industry,* in: *China Quarterly* Nr. 17 (Januar-März 1964), S. 129.

55 *Chinese Economic Journal,* Bd. 19, Nr. 4 (Oktober 1936), S. 386; *Tongji ziliao,* S. 74 (Tabelle 16). Umrechnung: 1 picul = 60,45 kg. Zum Teil sind die hohen Importe darauf zurückzuführen, daß auf Maschinen amerikanischer Bauart nur langfaserige amerikanische Baumwolle verarbeitet werden konnte. Dazu Hu Teh-wei, *The Development of the Cotton Textile Industry and Chinese Economic Development, 1890-1937,* in: *Journal of Asian and African Studies* 5 (1970), S. 271.

56 Chi Ch'ao-ting, *Key Economic Areas in Chinese History,* London 1936, bes. S. 149 f.

57 Vgl. J. R. Stewart, *Manchuria since 1931*, New York 1936, S. 33 ff.; Tcheng Kui-i, *La Compagnie du Chemin de Fer Sud-Mandchourienne*, Paris 1939.

58 V. Schmidt, *Die deutsche Eisenbahnpolitik in Shantung, 1898-1914. Beitrag zur Geschichte des deutschen Imperialismus in China*, Wiesbaden 1976.

59 H. J. von Lochow, *China's National Railways. Historical Survey and Postwar Planning*, Peking 1948. Dort Angaben zu den Eisenbahn-Reparaturwerkstätten.

60 Die beste Analyse ist: J. Chesneaux, *L'évolution du réseau ferrovaire chinois et le nouvel équilibre régional*, in: *Economie appliquée* 13 (1960), S. 461-483, bes. S. 464.

61 E-tu Zen Sun, *The Pattern of Railway Development in China*, in: *Far Eastern Quarterly* 14 (1955), S. 189 f.

62 *Ostasiatische Rundschau* 10 (1929), S. 65. Den Zustand des Transportwesens in den frühen zwanziger Jahren schildert anschaulich W. H. Mallory, *China – Land of Famine*, New York 1926.

63 Zum Beispiel eine Pressenotiz: »Infolge schlechter Verkehrsmöglichkeiten und der andauernden Beunruhigung des Landes durch Räuber und marodierende Soldaten haben sich die Baumwollerträge in der Provinz Shensi seit drei Jahren angesammelt. Der Preis für Baumwolle ist auf 9 Taels je Picul gesunken« (*Ostasiatische Rundschau* 11 [1930], S. 555).

64 Vgl. zur Verkehrspolitik der Nanking-Regierung: Chang Kia-ngau, *China's Struggle for Railroad Development*, New York 1943; Chen Ho-sen, *Entwicklung und Ausbaumöglichkeiten des chinesischen Transportwesens unter dem Gesichtspunkte der Industrialisierung*, in: *Weltwirtschaftliches Archiv* 45 (1937), S. 320-362; B. Wiethoff, *Luftverkehr in China 1928-1949. Materialien zu einem untauglichen Modernisierungsversuch*, Wiesbaden 1975. – Ökonomisch unsinnig waren die Straßenbauprogramme aus folgenden Gründen: (a) Die Straßen wurden nicht in Nord-Süd-Richtung als Zubringer zu den Wasserwegen und Eisenbahnen angelegt, sondern in einer radialen Anordnung, die die Hauptstadt Nanjing mit den Provinzen verband. (b) Der Straßenbau geschah primär im Zusammenhang mit den antikommunistischen Kampagnen der dreißiger Jahre. Das zeigt die Statistik: Jiangxi, der Hauptschauplatz des Bürgerkriegs, lag mit 4000 km befestigter Straßen (= 22% des gesamtchinesischen Straßennetzes Ende 1935) weit an der Spitze, während es in Sichuan 912 km, in Guangdong 528 km, in Yunnan 193 km, in Shandong 52 km, in Hebei 16 km und in Shaanxi überhaupt keine befestigten Straßen gab. L. M. Chen, *Highways in China*, Nanjing 1936, S. 138. (c) Häufig wurden bestehende Verkehrswege – Flüsse oder unbefestigte Pfade – verdoppelt. Den Bauern war ohnehin in vielen Fällen die Benutzung der neuen Straßen mit ihren unbereiften Karren verboten. (d) Die zivile Motorisierung hielt mit dem Straßenbau nicht Schritt. Fahrzeuge und Treibstoff mußten fast gänzlich importiert werden. (e) Für den billigen Transport von Massengütern war der Straßenverkehr der Eisenbahn weit unterlegen. – Die Verkehrspolitik der Guomindang widersprach, wie auch Wiethoff zeigt, den Erfordernissen ökonomischer Entwicklung; das Regime sabotierte seine eigenen Pläne zur »Rekonstruktion« Chinas.

65 J. Arnold, *Commercial Handbook of China*, Bd. II, Washington D. C. 1920, S. 222; B. Großmann, *Vertragshäfen*, in: W. Franke (Hrsg.), *China-Handbuch*, Düsseldorf 1974, Spp. 1473-1476. Zur Entstehung des Systems der Vertragshäfen: J. K. Fairbank, *Trade and Diplomacy on the China Coast. The Opening of the Treaty Ports, 1842-1854*, Cambridge (Mass.) 1953. Für die chinesische Auffassung vgl. Ding Mingnan u. a., *Diguozhuyi qin Hua shi [Geschichte der imperialistischen Aggression gegen China]*, Peking 1973.

66 Artikel 6, Abschnitt 4 des Vertrags von Shimonoseki vom 17. April 1895.

67 Tongji ziliao, S. 61 (Tabelle 5).

68 *Ostasiatische Rundschau* 11 (1930), S. 538; S. L. Endicott, *Diplomacy and Enterprise. British China Policy, 1933-1937*, Manchester 1975, S. 191.

69 Vgl. E. C. Tang, *Judicial Reforms in China*, Nanjing 1937; Y. Chen, *Zur Übernahme europäischer Rechte in China*, in: *Mitteilungen des Instituts für Orientforschung* 9 (1963), S. 392-409.

70 R. Murphey, *Shanghai – Key to Modern China*, Cambridge (Mass.) 1953, S. 195.

71 H. D. Fong, *Industrial Organization in China*, Tianjin 1937, S. 24 ff. (mit zahlreichen Belegen).

72 R. Murphey, *Shanghai*, S. 171 ff.

73 *Ebenda*, S. 114.

74 M. Collis, *Wayfoong. The Hongkong and Shanghai Banking Corporation*, London 1965, ist die offizielle Firmengeschichte.

75 *Foreign Banking in Shanghai*, in: *Chinese Economic Journal*, Bd. 16, Nr. 1 (Januar 1935), S. 67, 76.

76 Vgl. A. L. McElderry, *Shanghai Old-Style Banks (Ch'ien-chuang), 1800-1935*, Ann Arbor 1976.

77 *Chinese Economic Journal*, Bd. 20, Nr. 5 (Mai 1937), S. 535.

78 O. Schell / J. Esherick, *Modern China. The Making of a New Society from 1839 to the Present*, New York 1972, S. 33.

79 Lee Shu-ching / V. Kriesel, *The Rise of Agrarian Absenteeism and Its Effects on the Traditional Society in China*, in: *Rural Sociology* 22 (1957), S. 241-249; D. H. Perkins, *Agricultural Development in China, 1368-1968*, Chicago 1969, S. 72 ff. Schon Ferdinand von Richthofen registrierte naiv das Phänomen: »Eine auffallende Erscheinung in China überhaupt, besonders aber in der Nähe eines reichen Handelsplatzes, ist das Fehlen von Landbesitz reicher Leute. Innerhalb der Städte bauen sie sich ein nach ihren Begriffen stattliches Haus, aber ein Bedürfnis nach den Freuden des Landlebens scheinen sie nicht zu kennen« (F. von Richthofen, *Tagebücher aus China*, Bd. I, Berlin 1907, S. 190).

80 A. Salter, *China and the Depression*, in: *The Economist*, Nr. 118, 19. Mai 1934, Supplement, S. 4. Vgl. auch Liao Bao-seing, *Die Bedeutung des Silberproblems für die Entwicklung der chinesischen Währungsverhältnisse*, Berlin 1939; D. Borg, *The United States and the Far Eastern Crisis of 1933-1938*, Cambridge (Mass.) 1964, S. 121-137.

81 Vgl. J. S. Burgess, *The Guilds of Peking*, New York 1928; ders., *The Guilds and Trade Associations of China*, in: *Annals of the American Association of Political and Social Science* 152 (1930), S. 72-80; F. Otte, *Handels- und Gewerbekammern in China als Fortbildung des Gildenwesens*, in: *Mitteilungen des Seminars für Orientalische Sprachen zu Berlin* 36 (1933), S. 91-112.

82 Hao Yen-p'ing, *The Comprador in Nineteenth-Century China. Bridge between East and West*, Cambridge (Mass.) 1970, S. 102. Als Resümee dieser Monographie vgl. ders., *A »New Class« in China's Treaty Ports. The Rise of the Comprador Merchant*, in: *Business History Review* 44 (1970), S. 446-459. Die technischen Funktionen des Kompradors behandeln G. Benecke, *Der Komprador. Ein Beitrag zur Entwicklungsgeschichte der einheimischen Handelsvermittlung in China*, in: *Weltwirtschaftliches Archiv* 18 (1922), S. 377-413, 525-556, sowie A. Reiss, *Innere Organisation fremder Firmen in China*, in: J. Hellauer (Hrsg.), *China. Wirtschaft und Wirtschaftsgrundlagen*, Berlin/Leipzig 1921, S. 159-167.

83 Hao Yen-p'ing, *The Comprador*, S. 118.

84 Diesen Zusammenhang analysiert Wang Yanan, *Zhongguo jingji yuanlun [Grundriß der chinesischen Ökonomie]*, Shanghai 1950, S. 94.

85 A. Feuerwerker, *China's Early Industrialization. Sheng Hsuan-huai (1844-1916) and Mandarin Enterprise*, Cambridge (Mass.) 1958, S. 16 ff.; J. Kehnen, *Cheng Kuan-ying. Unternehmer und Reformer der späten Ch'ing-Zeit*, Wiesbaden 1975, S. 32-60; J. Morell, *Two Early Chinese Cotton Mills*, in: *Papers on China*, Bd. 21, Cambridge (Mass.) 1968, S. 43-98; Shih Kuo-heng, *The Early Development of the Modern Chinese Business Class*, in: ders./M. J. Levy, Jr., *The Rise of the Modern Chinese Business Class*, New York 1949, S. 19-56.

86 Hao Yen-p'ing, *The Comprador*, S. 125-132.

87 S. C. Chu, *Reformer in Modern China: Chang Chien, 1853-1926*, New York/London 1965, S. 32.

88 Hao Yen-p'ing, *The Comprador*, S. 136; R. Murphey, *The Treaty Ports and China's Modernization: What Went Wrong?*, Ann Arbor 1970, S. 20.

89 Huang Yifeng, *Guanyu jiu Zhongguo maiban jieji de yanjiu [Untersuchungen zur Kompradorenklasse im alten China]*, in: *Lishi yanjiu* 1964, Nr. 3, S. 94.

90 Wang Jingyu, *Xu [Vorwort]*, in: ders. (Hrsg.), *Zhongguo jindai gongye shi ziliao, 1895-1914 [Materialien zur modernen chinesischen Industriegeschichte]*, Bd. I, Peking 1957, S. 30.

91 C. Riskin, *Surplus and Stagnation in Modern China*, in: D. H. Perkins (Hrsg.), *China's Modern Economy in Historical Perspective*, Stanford 1975, S. 49-84, hier S. 81.

92 So M. Elvin, *The Pattern of the Chinese Past*, S. 285 ff.

93 Einen interessanten Vergleich unternimmt U. Weiss, *Imperial China's Tributary Trade and the Foreign Trade Policy of the People's Republic of China*, in: *Asia Quarterly* 1976/I, S. 35-68.

94 Detailliert zur diplomatischen Geschichte: S. F. Wright, *China's Struggle for Tariff Autonomy, 1843-1938*, Shanghai 1938.

95 U.S. Department of Commerce. Bureau of Foreign Trade, *Where China Buys and Sells*, Washington, D. C. 1935, S. 9.

96 F. Kai-ming Su / A. Barker, *China's Tariff Autonomy. Fact or Myth?*, in: *Far Eastern Survey*, Bd. 5, Nr. 12 (3. Juli 1936), S. 115-122.

97 *Chinese Yearbook 2 (1936/37)*, Shanghai 1936, S. 890; Shih Chao-ying, *Smuggling in North China*, Nanjing 1936.

98 Genaue Zahlen finden sich in A. N. Young, *China's Nation-Building Effort, 1927-1937. The Financial and Economic Record*, Stanford 1971, S. 73.

99 Cheng Yu-kwei, *Foreign Trade and Industrial Development of China*, Washington D.C. 1956, S. 58.

100 Wu Chengming, *Diguozhuyi zai jiu Zhongguo de touzi [Investitionen des Imperialismus im alten China]*, Peking 1958, S. 100.

101 C. F. Remer, *Foreign Investments in China*, London 1933 (Reprint New York 1968), S. 86.

102 Hou Chi-ming, *Foreign Investment and Economic Development in China, 1840-1937*, Cambridge (Mass.) 1965, S. 51 (Tabelle 13).

103 Vgl. als Fallstudie etwa H. Beutler, *Hundert Jahre Carlowitz & Co, Hamburg und China. Ein Beitrag zur wirtschaftsgeschichtlichen Entwicklung des deutschen Chinahandels*, Diss. Hamburg 1946.

104 D. K. Lieu, *The Silk Reeling Industry in Shanghai*, Shanghai 1933, S. 115 ff.

105 Huang Yifeng, *Guanyu jiu Zhongguo maiban jieji de yanjiu*, S. 102.

106 Ho Ping-yin, *The Foreign Trade of China*, Shanghai 1935, S. 20.

107 Djang Siao-mei, *The Position of China as a Producer of Raw Materials and a Consumer of Manufactured Goods*, Shanghai 1933, S. 17 (Tabelle 13).

108 *Ebenda*, S. 11. Vgl. auch *Tongji ziliao*, S. 82 (Tabelle 27).

109 Dazu und zum folgenden: *Tongji ziliao*, S. 74 f. (Tabellen 16, 17), S. 76 (Tabelle 19); C. F. Remer, *The Foreign Trade of China*, Shanghai 1926; M. I. Sladkovskij, *Očerki razvitija vnešneekonomičeskich otnošenii Kitaja*, Moskau 1953.

110 Vgl. zur Analyse von Exportökonomien: J. V. Levin, *The Export Economies. Their Pattern of Development in Historical Perspective*, Cambridge (Mass.) 1960, S. 115 ff.; F. Bézy, *Hégémonie économique et domination par le commerce extérieur*, in: *Tiers Monde* 12 (1971), S. 787-817.

111 K. C. Sun / R. W. Huenemann, *The Economic Development of Manchuria in the First Half of the Twentieth Century*, Cambridge (Mass.) 1969, S. 26.

112 Ho Ping-yin, *The Foreign Trade of China*, S. 17 (Tabelle).

113 Daten: *Tongji ziliao*, S. 76 (Tabelle 18); Ho Ping-yin, *Agriculture in China's Foreign Trade*, in: *Chinese Economic Journal*, Bd. 19, Nr. 6 (Dezember 1936), S. 635-640.

114 Da gleichzeitig die Preise für Industriegüter anstiegen, öffnete sich seit 1931 eine Schere zwischen den Preisen, die der Bauer für seine Ernte erzielte, und den Preisen, die er auf dem Markt zahlen mußte. Dies war neben der Deflation (die durch den Abfluß von Silber ausgelöst wurde), der Yangzi-Flut von 1931 und den Verwüstungen des Bürgerkrieges eine der Ursachen für die katastrophale Verarmung der Bauernschaft in den frühen dreißiger Jahren, die in Landflucht und Hungerrevolten ihren Ausdruck fand.

115 *China's Foreign Trade. Report Submitted to the Minister of Industry by the Director of the Bureau of Foreign Trade*, 2. Halbjahr 1935, S. 15.

116 Chen Han-seng, *Economic Disintegration in China*, in: *Pacific Affairs* 6 (1933), S. 174-76.

117 Errechnet nach Angaben in: *Far Eastern Survey*, Bd. 6, Nr. 13 (13. Juni 1937).

118 I. H. Anderson, Jr., *The Standard-Vacuum Oil Company and United States East Asian Policy, 1933-1941*, Princeton 1975. Diese Studie konzentriert sich im übrigen auf Japan.

119 Lee Hsien-wei, *The Tobacco in China*, Tianjin 1934, S. 33.

120 Zu BAT in China: Chen Han-seng, *Industrial Capital and Chinese Peasants. A Study of the Livelihood of Chinese Tobacco Cultivators*, Shanghai 1939; J. Gittings, *The World and China, 1922-1972*, London 1972, S. 17 ff.; G. C. Allen / A. G. Donnithorne, *Western Enterprise in Far Eastern Economic Development*, London 1954, S. 169 ff.

121 Hou Chi-ming, *Foreign Investment*, S. 98 (Tabelle 20).

122 *Ebenda*, S. 13 (Tabelle 1).

123 Zu den politischen Hintergründen der Reorganisationsanleihe vgl. J. Ch'en, *Yuan Shih-k'ai, 1859-1916*, London 1961, S. 156 ff.

124 M. Chi, *Bureaucratic Capitalists in Operation: Ts'ao Ju-lin and His New Communications Clique*, in: *Journal of Asian Studies* 34 (1974/75), S. 680 ff.

125 Hou Chi-ming, *Foreign Investment*, S. 40.

126 *Ebenda*, S. 28.

127 *Ebenda*, S. 16 (Tabelle 3).

128 Dazu B. Bonwetsch, *Das ausländische Kapital in Rußland. Bemerkungen zum Forschungsstand*, in: *Jahrbücher für Geschichte Osteuropas*, N. F. 22 (1974),

S. 412-425.

129 Wu Chengming, *Diguozhuyi*, S. 43, 63.

130 W. Ashworth, *A Short History of the International Economy since 1850*, 3. Aufl. London 1975, S. 260, spricht von einer »nahezu vollständigen Abwesenheit neuer langfristiger internationaler Investitionen während der dreißiger Jahre«.

131 A. V. Meliksetov, *Bjurokratičeskij kapital v Kitae*, Moskau 1972, S. 126, bescheinigt der Nanking-Regierung eine erfolgreiche Abschreckung ausländischer Investitionen. Die Untersuchung von S. L. Endicott, *Diplomacy and Enterprise*, legt nahe, diesen Faktor nicht zu stark zu bewerten. Die chinesische Historiographie spricht schlichtweg von einem Bündnis zwischen Imperialismus und bürokratischem Kapital. Die Frage bleibt offen.

132 Hou Chi-ming, *Foreign Investment*, S. 81, zusammengestellt aus Tabelle 18.

133 Wu Chengming, *Diguozhuyi*, S. 59.

134 Die Aktivitäten der Firma im 19. Jahrhundert schildert E. LeFevour, *Western Enterprise in Late Ch'ing China: A Selective Study of Jardine, Matheson & Company's Operations, 1842-1895*, Cambridge (Mass.) 1968.

135 Chen Zhen u. a. (Hrsg.), *Zhongguo jindai gongye shi ziliao [Materialien zur neueren chinesischen Industriegeschichte]*, Peking 1957-61, Bd. II, S. 27-29. Im folgenden wird diese sechsbändige Kompilation zitiert als *Gongye shi ziliao*.

136 *China Year Book 1934*, Shanghai 1934, S. 741 f.

137 Wu Chengming, *Diguozhuyi*, S. 42; E. M. Gull, *British Economic Interests in the Far East*, London 1943, S. 118.

138 Wu Chengming, *Diguozhuyi*, S. 63; W. W. Lockwood, *America's Stake in the Far East. II. Investments*, in: *Far Eastern Survey*, Bd. 5, Nr. 17 (12. August 1936), S. 178.

139 Sun Yü-t'ang, *The Historical Development and Aggressive Nature of American Imperialist Investment in China (1784-1914)*, in: *Chinese Studies of History*, Bd. 8, Nr. 3 (Frühjahr 1975), S. 11 ff.

140 *Gongye shi ziliao*, Bd. II, S. 393.

141 D. K. Lieu, *Industry*, in: *Chinese Yearbook 2 (1936/37)*, Shanghai 1936, S. 1162. *British Chamber of Commerce Journal* (Shanghai), N. S. 197 (November 1935), S. 227.

142 Vgl. Chen Tsung-ching, *Les relations commerciales entre la Chine et le Japon*, Paris 1936, bes. S. 229 ff.

143 W. W. Lockwood, *America's Stake in the Far East*, S. 177; Asiaticus [d. i. Hans Müller], *Die amerikanische Wirtschaftspolitik in China*, in: *Ostasiatische Rundschau* 10 (1929), S. 127-129.

144 R. Q. P. Chin, *Cotton Mills, Japan's Economic Spearhead in China*, in: *Far Eastern Survey*, Bd. 6, Nr. 23 (17. November 1937), S. 263.

145 Sih Tien-tsung, *Japan and Cotton Industry in North China*, Nanjing 1937, S. 124 ff.; Yen Chung-p'ing, *Geschichte der Baumwollindustrie in China bis 1937*, in: J. Kuczynski, *Die Geschichte der Lage der Arbeiter unter dem Kapitalismus*, Bd. 28, Berlin (Ost) 1964, S. 48 f., 81 ff. Eine ausgezeichnete Übersicht über Japans ökonomische Position in Nordchina gibt F. C. Jones, *Shanghai and Tientsin with Special Reference to Foreign Interests*, London 1940, S. 113 ff.

146 Zhao Yiwen, *Xin Zhongguo de gongye [Die Industrie des neuen China]*, Peking 1957, S. 8.

147 *Tongji ziliao; Gongye shi ziliao*, Bd. II, bes. S. 957-59; Wu Chengming, *Diguozhuyi;* Hou Chi-ming, *Foreign Investment*, S. 128; G. C. Allen / A. G. Donnithorne, *Western Enterprise;* C. Y. Hsieh / M. C. Chu, *Foreign Interests in the*

Mining Industry in China, Shanghai 1931; vgl. auch Wiethoff, *Luftverkehr in China*, S. 76.

148 C. Lewis, *America's Stake in International Investment*, Washington D.C. 1938, S. 308.

149 Chen Hai-fong, *Die arbeitsmäßigen Voraussetzungen für eine weitere Industrialisierung in China*, in: *Weltwirtschaftliches Archiv* 45 (1937), S. 263.

150 Zur Arbeits- und Sozialpolitik der Nanking-Regierung vgl. Lowe Chuanhua, *Facing Labour Issues in China*, London 1934; N. Wales, *The Chinese Labor Movement*, New York 1945; Léon Y. Chang, *La legislation du travail en Chine*, Nancy 1936, S. 50 ff.; M. Lachin, *La Chine capitaliste*, Paris 1938, S. 147 ff.; T. N. Akatova, *Osnobnye napravlenija politiki gomin'danovskogo pravitel'stva v rabočem voprose*, in: *Kitaj. Obščestvo i gosudarstvo*, Moskau 1973, S. 294-312.

151 A. Wagner, *The International Labour Office and the Regulation of Labour Conditions in China*, in: *Yenching Journal of Social Studies* 2 (1939/40), S. 37.

152 Zu dieser vorbereitenden Periode vgl. M. C. Wright (Hrsg.), *China in Revolution. The First Phase, 1900-1913*, New Haven/London 1968; M.-C. Bergère, *La bourgeosie chinoise et la révolution de 1911*, Den Haag/Paris 1968; J. W. Esherick, *Reform and Revolution in China: The 1911 Revolution in Hunan and Hubei*, Berkeley 1976. Zur Sozialgeschichte der Kriegs- und Nachkriegszeit: J. Chesneaux, *Au lendemain de la première guerre mondiale: transformations sociales en Chine*, in: *Annales* 9 (1954), S. 296-310; M.-C. Bergère, *La bourgeosie chinoise et les problèmes du développement économique (1917-1923)*, in: *Revue d'histoire moderne et contemporaine* 16 (1969), S. 246-267.

153 Eine Fallstudie zum Boykott vom Sommer 1919 in Shanghai ist: J. T. Chen, *The May Fourth Movement in Shanghai*, Leiden 1971. Über die weltwirtschaftliche Konstellation der Kriegsperiode unterrichtet G. Hardach, *Der erste Weltkrieg, 1914-1918*, München 1973, bes. S. 266 ff.

154 Zhao Yiwen, *Xin Zhongguo de gongye*, S. 4.

155 Gong Jun, *Zhongguo xin gongye fazhan shi dagang [Abriß der Entwicklungsgeschichte der neuen chinesischen Industrie]*, Shanghai 1933, S. 92-96.

156 C. M. Wilbur, *Military Separatism and the Process of Reunification under the Nationalist Regime, 1922-1937*, in: Ho Ping-ti / Tsou Tang (Hrsg.), *China in Crisis*, Bd. I, Chicago 1968, S. 21. Zum Ausmaß der Kriegsschäden vgl. A. Nagano, *Development of Capitalism in China*, Tokyo 1931, S. 24 ff.

157 D. K. Lieu, *China's Industries and Finance*, Peking 1927, S. 68 f.; E. Kann, *The Currencies of China*, Shanghai 1927, S. 59-86.

158 Zum Beispiel wurden im Januar 1924 in Amoy siebzig verschiedene Steuern erhoben, vierundvierzig in Gansu Anfang der dreißiger Jahre. Vgl. die Listen in J. E. Sheridan, *Chinese Warlord*, S. 25, und O. E. Clubb, *Twentieth Century China*, S. 187.

159 O. T. Hsü, *Handel und Handelspolitik Chinas*, Diss. Hamburg 1934, S. 48. Zu Entstehung des *Lijin* und früher Kritik daran vgl. E. J. Beal Jr., *The Origins of Likin, 1853-1864*, Cambridge (Mass.) 1958.

160 D. K. Lieu, *China's Industries and Finance*, S. 32.

161 Das Folgende weitgehend nach Wu Chengming, *Zhongguo minzu ziben de tedian [Besonderheiten des nationalen Kapitals in China]*, in: *Jingji yanjiu* 1956, Nr. 6, S. 47 ff.

162 A. Feuerwerker, *Industrial Enterprise in Twentieth-Century China: The Chee Hsin Cement Co.*, in: ders. / R. Murphey / M. C. Wright (Hrsg.), *Approaches to Modern Chinese History*, Berkeley/Los Angeles 1967, S. 325

163 Zhao Yiwen, *Xin Zhongguo de gongye*, S. 14.

164 D. K. Lieu, *The Growth and Industrialization of Shanghai*, S. 98. Die großen China-Konzerne von Jardine, Matheson & Co. bis BAT. bestehen sämtlich noch heute.

165 *Ebenda*, S. 182.

166 *Ebenda*, S. 97 f.; *Gongye shi ziliao*, Bd. IV/1, S. 56; H. D. Fong, *Industrial Organization in China*, S. 11 f.

167 A. Gerschenkron, *Wirtschaftliche Rückständigkeit in historischer Perspektive*, in: R. Braun u. a. (Hrsg.), *Industrielle Revolution*, Köln/Berlin 1972, S. 59-78.

168 Sun Yat-sen, *The International Development of China*, New York/London 1922. Zu Suns Werben um ausländische Kapitalhilfe jetzt C. M. Wilbur, *Sun Yat-sen. Frustrated Patriot*, New York 1976, passim.

169 Für Einzelheiten vgl. G. Chen, *Chinese Government Economic Planning and Reconstruction since 1927*, Tianjin 1933; A. V. Meliksetov, *Bjurokratičeskij kapital v Kitae*, S. 67 ff.

170 *Annual Report of the National Economic Council for 1936*, Nanking 1937; N. Meienberger, *Entwicklungshilfe unter dem Völkerbund. Ein Beitrag zur Geschichte der internationalen Zusammenarbeit in der Zwischenkriegszeit unter besonderer Berücksichtigung der technischen Hilfe an China*, Winterthur 1965, S. 66 ff.

171 *Gongye shi ziliao*, Bd. III/2, S. 1419.

172 *China Year Book 1934*, S. 298-300.

173 Zum folgenden: Luo Dunwei, *Shinian lai de Zhongguo gongye*, S. 176 ff.; H. D. Fong, *Toward Economic Control in China*, S. 67 ff.; Wu Ting-chang, *A Year's Progress in Industrial Reconstruction*, in: *Chinese Economic Journal*, Bd. 20, Nr. 1 (Januar 1937), S. 1-10; Wu Yuan-li, *Industrial Development and Economic Planning, 1927-1937*, in: P. T. K. Shih (Hrsg.), *The Strenuous Decade. China's Nation-Building Efforts, 1927-1937*, New York 1970, S. 245 f.; Cheng Yingchang, *Jin sanshinian lai Zhongguo zhi huaxue gongye [Die chinesische Chemieindustrie während der letzten dreißig Jahre]*, in: *Xue lin* 8 (Juni 1941), S. 2 f.

174 *Gongye shi ziliao*, Bd. I, S. 75-77; Bank of China, *Annual Report for 1936*, Shanghai 1936, S. 23 ff.

175 G. Ranis, *Die Finanzierung der wirtschaftlichen Entwicklung Japans*, in: R. Braun u. a. (Hrsg.), *Industrielle Revolution*, Köln/Berlin 1972, S. 237-252.

176 A. Feuerwerker, *The Chinese Economy 1912-1949*, Ann Arbor 1968, S. 48.

177 Tay Ming-chung, *Das Finanz- und Steuerwesen Chinas*, Jena 1940, S. 61, 45.

178 *Ebenda*, S. 39.

179 Y. C. Wang, *Free Enterprise in China: The Case of a Cigarette Concern, 1905-1953*, in: *Pacific Historical Review* 29 (1960), S. 404.

180 Vgl. *Ostasiatische Rundschau* 14 (1933), S. 3-5.

181 Hubei daxue zhengzhi jingjixue jiaoyanzu [Seminar für politische Ökonomie der Universität Hubei], *Zhongguo jindai guomin jingji shi [Geschichte der neueren chinesischen Volkswirtschaft]*, Peking o. J., S. 371.

182 Tay Ming-chung, *Das Finanz- und Steuerwesen Chinas*, S. 46-56. Eigene Berechnung nach den dort genannten Daten. Vgl. auch Chen Po-ta, *On the Ten-Year Civil War (1927-1937)*, Peking 1966, S. 12.

183 Wang Yeh-chien, *The Fiscal Importance of the Land Tay During the Ch'ing Period*, in: *Journal of Asian Studies* 30 (1970/71), S. 838.

184 Zur sozialen Basis der Guomindang vgl. L. E. Eastman, *The Abortive Revolution. China under Nationalist Rule, 1927-1937*, Cambridge (Mass.) 1974, S. 209 ff.; J. Domes, *Vertagte Revolution. Die Politik der Kuomintang in China,*

1923-1937, Berlin 1969, S. 245 ff., 568 ff.; G. E. Taylor, *The Reconstruction Movement in China*, in: W. L. Holland / K. L. Mitchell (Hrsg.), *Problems of the Pacific 1936*, Chicago 1936, S. 385 ff.

185 D. S. Paauw, *Chinese National Expenditures During the Nanking Period*, in: *Far Eastern Quarterly* 12 (1952/53), S. 12; Ch'ien Tuan-sheng, *The Government and Politics of China, 1912-1949*, Stanford 1970 (zuerst 1950), S. 213.

186 *Novejšaja istorija Kitaja*, Moskau 1972, S. 144.

187 Qian Jiaju (Hrsg.), *Zhongguo gongzhai shi ziliao, 1894-1949 [Materialien zum Staatskredit im alten China]*, Peking 1955, S. 23.

188 *Ebenda*, S. 22.

189 D. S. Paauw, *Chinese National Expenditures*, S. 17.

190 A. Salter, *China and the Depression*, S. 3.

191 Hubei daxue . . ., *Zhongguo jindai guomin jingji shi*, S. 322.

192 Zu den Shanxi-Banken: Yang Lien-sheng, *Money and Credit in China. A Short History*, Cambridge (Mass.) 1952, S. 81-84; F. H. H. King, *Money and Monetary Policy in China, 1845-1895*, Cambridge (Mass.) 1965, S. 92 ff.; D. K. Lieu, *China's Industries and Finance*, S. 43 ff.

193 A. Nagano, *Development of Capitalism in China*, S. 116 ff.

194 Zhang Yulan, *Zhongguo yinhangye fazhan shi [Die Entwicklung des chinesischen Bankwesens]*, Shanghai 1957, S. 106; B. E. Lee, *Modern Banking Reforms in China*, Ph. D. thesis Columbia University 1941, S. 111.

195 F. M. Tamagna, *Banking and Finance in China*, New York 1942, S. 126.

196 Hubei Daxue . . ., *Zhongguo jindai guomin jingji shi*, S. 383.

197 So Zhang Yulan, *Zhongguo yinhangye fazhan shi*, S. 109.

198 *Ebenda*, S. 112.

199 *Bulletin of the Central Bank of China*, September 1935, S. 4.

200 Wang Yanan, *Zhongguo ban fengjian ban zhimindi jingji xingtai yanjiu [Untersuchungen zur Form der halbfeudalen-halbkolonialen Ökonomie Chinas]*, Peking 1957, S. 364 ff.

201 *Ebenda*, S. 366.

202 *Ebenda*, S. 382. Während Wangs Analyse theoretisch-kategorial orientiert ist, behandelt Xu Dixin, *Guanliao ziben lun [Das bürokratische Kapital]*, Hongkong 1947, den Gegenstand in historischer Perspektive. Vgl. auch ders., *Guanyu jiu Zhongguo de guojia longduan zibenzhuyi [Über den staatsmonopolistischen Kapitalismus im alten China]*, in: *Hongqi* 1961, Nr. 3/4, S. 38-46. Xu versucht, eine Kontinuität zwischen dem bürokratischen Kapital der Guomindang und den ökonomischen Machtpositionen der imperialen Bürokratie nachzuweisen. Auch er betont die wechselseitige Abhängigkeit von politischer und ökonomischer Macht. Demgegenüber stellt ein neuer Beitrag nur mehr eine unilineare Wirkungsbeziehung fest: Es sei das Prinzip des bürokratischen Kapitals, »mittels politischer Macht Kapital zu akkumulieren«. Zhu Guangxi, *Zhongguo zibenjia shi zenyang qujia de?*, S. 91.

203 Dazu materialreich Y. C. Wang, *Chinese Intellectuals and the West, 1872-1949*, Chapel Hill 1966, S. 478 ff. Zwei Fälle schildert F. M. Tamagna, *Banking and Finance in China*, S. 161.

204 Zhang Yulan, *Zhongguo yinhangye fazhan shi*, S. 120; Hubei Daxue . . ., *Zhongguo jindai guomin jingji shi*, S. 388.

205 L. G. Ting, *Chinese Modern Banks and the Finance of Government and Industry*, in: *Nankai Social and Economic Quarterly* 8 (1935), S. 606; D. S. Paauw, *The Kuomintang and Economic Stagnation, 1928-1937*, in: *Journal of Asian Studies*

16 (1957), S. 213-220.

206 L. G. Ting, *Chinese Modern Banks*, S. 594, 596, 597.

207 Liu Dajun [d. i. D. K. Lieu], *Gongyehua yu Zhongguo gongye jianshe [Industrialisierung und industrieller Aufbau in China]*, Shanghai 1946, S. 3-6, nennt u. a. folgende Indikatoren erfolgreicher Industrialisierung:
1. Mechanisierung und Verwissenschaftlichung der Produktion;
2. Eröffnung des Kohlebergbaus in großem Stil;
3. Allgemeine Nutzung von Elektrizität in der Produktion, vor allem Elektrifizierung von Exportindustrien;
4. Verwissenschaftlichung und Rationalisierung der Betriebsorganisation;
5. Standardisierung der Produkte;
6. *Large-scale production* und allgemeine Einführung des Fabriksystems;
7. Herausbildung industrieller Großstädte.

Am Ende ihrer Gründerphase genügte die nationale chinesische Industrie allein dem letzten dieser Kriterien.

208 Seit Sun Yat-sen ist die Auffassung von der *allgemeinen* Armut Chinas in der Guomindang einflußreich gewesen: Die Übervölkerung des landwirtschaftlich nutzbaren Bodens habe keine Anreize für eine produktivitätssteigernde Mechanisierung der Landwirtschaft entstehen lassen. Als Folge sei die Agrarproduktion niemals über das Subsistenzniveau hinausgekommen, akkumulierbare Überschüsse seien nicht entstanden, folglich fehlten interne Finanzierungsquellen für industrielle Entwicklung. Diese Überlegung führte Sun Yat-sen dazu, seine Industrialisierungspläne auf Finanzierung durch ausländisches Kapital zu gründen (vgl. Li Shuqing, *Shuibian zhong de Zhongguo shehui [Die chinesische Gesellschaft im Wandel]*, Chongqing 1945, S. 237).

Mit großem analytischem Aufwand hat unlängst Mark Elvin die Stagnationsthese erneuert. Er sieht das traditionale China in seiner letzten Phase (vor 1850) als ein sich selbst blockierendes soziales System, in dem ökonomischer Surplus tendenziell gegen Null strebt: »Infolge einer Anzahl zusammenwirkender Ursachen hatte das Input-Output-Verhältnis der späten traditionalen Ökonomie ein Muster angenommen, das durch binnengesellschaftliache Kräfte kaum noch verändert werden konnte. Hinsichtlich Technologie und Investitionen hatte die landwirtschaftliche Produktivität die Grenze dessen erreicht, was ohne industriell-wissenschaftliche Inputs möglich war, und das Bevölkerungswachstum hatte das überschüssige Produkt jenseits des zur Subsistenz Notwendigen stetig vermindert« (M. Elvin, *The Pattern of the Chinese Past*, London 1973, S. 312). Die optimale Ausnutzung gegebener Ressourcen mit gegebenen technischen und organisatorischen Mitteln bei stetig wachsender Bevölkerung bezeichnet Elvin als *»high-level equilibrium trap«*. Diese Blockierung kann – nimmt man die Bevölkerungszunahme als unabhängige Variable – nur durch signifikante technologische Fortschritte gelöst werden, zu der die späte traditionale Gesellschaft Chinas außerstande war. Nur externe Kräfte konnten China aus der Stagnation befreien: »Es war der historische Beitrag des modernen Westens, die Gleichgewichtsfalle in China zu entspannen und schließlich zu brechen« (S. 315). Trotz einiger Zweifel an der Richtigkeit des empirischen Belegmaterials (vgl. dazu die Rezension von Paul Wheatley, in: *Economic Development and Cultural Change* 24 [1976], S. 437-442) ist jedoch die Elvinsche Argumentation in sich konsistent, sofern man ihre gesellschaftstheoretischen Annahmen akzeptiert, vor allem die Ausblendung all jener Faktoren, die näherungsweise als Produktionsverhältnisse bezeichnet werden können. Während der Malthusianer Elvin Stagnation allein als Resultat unzureichender Surplus-Produktion begreift, betont die »distributionistische« Auffassung die Fehlallokation des vorhandenen gesellschaftlichen Reichtums, bedingt durch die spezifische Klassenstruktur einer Gesellschaft; für China also: das Versickern des agrarischen Surplus in Landkauf, Luxuskonsumtion, Gold- und Silberhortung, *»squeeze«* usw. Elvin vertritt eine anspruchsvolle Position: Sollte der Surplus in absoluten Größen tatsächlich unerheblich sein (oder gegen Null tendieren), so wäre den »Distributionisten« in der Tat der Boden entzogen. An diesem Punkt hat Carl Riskin in einem vorzüglichen Beitrag (vgl. Anm. 91) die Diskussion aufgegriffen. Er errechnet für die zwanziger und dreißiger Jahre des 20. Jahrhunderts die Existenz eines »potentiellen Surplus«, der dem agrarischen Mehrprodukt *(per capita)* Tokugawa-Japans zumindest gleichkam, und erneuert damit die »distributionistische« Fragestellung: »Warum wurde der Surplus nicht für Entwicklungszwecke eingesetzt, und wie wurde er überhaupt verwendet?« (S. 82). Ähnlich argumentiert Victor D. Lippit, *Land Reform and Economic Development in China,* New York 1975. Sehr kritisch dazu die Rezension von R. H. Myers, in: *China Quarterly*, Nr. 70 (Juni 1977), S. 422-424.

209 Vgl. für eine Erläuterung der Zusammenhänge auf der Grundlage von Erfahrungen mit China: Chang Pei-kang. *Agriculture and Industrialization. The Adjustments That Take Place As an Agricultural Country is Industrialized,* Cambridge (Mass.) 1949, bes. S. 197 ff.

210 Das gilt auch für das 19. Jahrhundert, wie ein Vergleich zwischen der chinesischen »Tongzhi-Restauration« (1862-1874) und der japanischen »Meiji-Restauration« (1868-1873) zeigt. In der Forschung finden sich drei Erklärungen: (a) Exzessive bürokratische Reglementierung als Industrialisierungshindernis. (So etwa Feuerwerker in seiner Studie über die *Guandu-shangban*-Unternehmen [Anm. 85].) (b) Inaktivität des Staates und Unfähigkeit der kaiserlichen Regierung, sich an die Spitze eines nationalen Modernisierungsprogramms zu setzen, als Industrialisierungshindernis. (So D. H. Perkins, *Government as an Obstacle to Industrialization: The Case of Nineteenth-Century China,* in: *Journal of Economic History* 27 (1967), S. 478-492.) (c) Indienstnahme der Industrialisierungsprogramme für die Partikularinteressen von Provinzmachthabern (»Vizekönigen«) als Industrialisierungshindernis. (So W. K. K. Chan, *Politics and Industrialization in Late Imperial China,* Singapur 1975.) Eine zureichende Interpretation hätte alle drei Gesichtspunkte zu berücksichtigen. Ansätze dazu finden sich in Mary C. Wrights klasischem Buch *The Last Stand of Chinese Conservatism. The T'ung-Chih Restoration 1862-1874,* Stanford 1957.

211 J. K. Fairbank, *The United States and China,* 3. Aufl. Cambridge (Mass.) 1971, S. 230.

Peter Schier

Die chinesische Arbeiterbewegung

In den zwanziger Jahren dieses Jahrhunderts erlebte die chinesische Arbeiterbewegung einen Aufschwung, der in der Geschichte der internationalen Arbeiterbewegung einmalig ist. Die Gründe dafür waren die miserable Lebenslage des chinesischen Proletariats, die Aufsplitterung Chinas in Einflußsphären verschiedener sich bekämpfender Militärmachthaber, die für große Teile der chinesischen Arbeiterklasse unauflösbare Einheit von nationalem und sozialem Kampf und nicht zuletzt die propagandistischen und organisatorischen Aktivitäten der Kommunistischen Partei Chinas unter den chinesischen Arbeitern.

Die fast totale Zerschlagung der Arbeiterbewegung und des kommunistischen Einflusses in den Städten durch Tschiang Kai-schek im April 1927 setzte diesem Aufschwung ein jähes Ende und zwang die Kommunistische Partei zu einer Änderung ihrer Strategie für eine Revolution in China. Die Übermacht des Imperialismus und der Guomindang in den Städten und die fehlende Bereitschaft der Mehrheit der Arbeiterschaft, nach dem von der KP mitverschuldeten Desaster im April 1927 weiterhin die Kommunisten zu unterstützen, zwangen die Kommunistische Partei, sich zunächst aufs Land und in die Berge zurückzuziehen und die Bauernbewegung zu entfalten.

Der vorliegende Beitrag ist vor allem eine empirische Einführung in die Geschichte der chinesischen Arbeiterbewegung bis 1927.[1] Daneben soll er erste Antworten auf die Fragen geben, wieso sich die chinesische Arbeiterbewegung in den Jahren 1919-1927 so stark entwickelte, und wieso sie 1927 fast völlig zerschlagen wurde.

1. Zur Genesis der chinesischen Arbeiterklasse zu Beginn des 20. Jahrhunderts

Zu Anfang des 20. Jahrhunderts hatten sich in den großen Städten Chinas – vor allem unter dem Einfluß ausländischen

Kapitals – kapitalistische Produktionsverhältnisse herausgebildet. Daneben blieben weiterhin Elemente der alten Wirtschaftsform bestehen, die nach wie vor auch auf dem Land dominierte. Dementsprechend existierten zur gleichen Zeit ständische und lohnabhängige Handwerker, selbständige und lohnabhängige Heimarbeiter sowie industrielle Lohn- und Kontraktarbeiter nebeneinander. Doch nur die Arbeiter der für die damaligen chinesischen Verhältnisse modernen Industrie stellten die eine Seite des sich entwickelnden Kapitalverhältnisses dar, und nur sie wuchsen an Zahl und Bedeutung – im Gegensatz zu den Handwerkern und Heimarbeitern als »Produkten« präkapitalistischer Produktionsverhältnisse. Während die einen die neuen Kräfte in der Sozialstruktur Chinas darstellten, waren die anderen eher ihre Verbündeten als ein integraler Bestandteil ihrer Klasse und ihrer sozialen Bewegung.

Ein wesentliches Merkmal der kapitalistischen Industriearbeiter ist die endgültige Scheidung des Produzenten von seinen Produktionsinstrumenten. Weitere Kennzeichen sind ihre Arbeit unter kapitalistischen Produktionsverhältnissen in mit modernen Produktionsmitteln arbeitenden Betrieben, ihre Konzentration und ihre Organisiertheit innerhalb der Produktion. Diesen Kriterien entsprachen im China des anbrechenden 20. Jahrhunderts die Arbeiter im Verkehrs- und Transportwesen, in mit vergleichsweise modernen Produktionsmitteln arbeitenden Bergwerken, in den Werften und Arsenalen, in der Leichtindustrie und in den städtischen Betrieben sowie in den Maschinenbau- und Reparaturwerkstätten und in der Bauindustrie. Die Rikscha-Kulis, eine zahlenmäßig bedeutende Gruppe unter den chinesischen Werktätigen, gehörten – im Gegensatz zu der Einteilung von Chesneaux[2] – nicht zu den Industriearbeitern. Der Einschränkung von Lewin, daß die Merkmale der Konzentration und Organisiertheit in der Produktion sowie die Beschäftigung an modernen Produktionsmitteln für die Rikscha-Kulis nicht zutreffen[3], ist hinzuzufügen, daß die meisten von ihnen die Rikschas zu einem festen Satz bei einem Verleiher mieteten, also keine Lohnarbeiter im eigentlichen Sinne darstellten. Nur wenige waren selbst Eigentümer der zweirädrigen Personenkarren und damit selbständige Kleinunternehmer.[4]

Die Entwicklung des industriellen Proletariats in China verlief – im Gegensatz zu Europa – nicht parallel zu der Herausbildung einer chinesischen Bourgeoisie. Die Entwicklung der chinesischen Industriearbeiterschaft war vielmehr zunächst gänzlich von außen durch die Verwertungsinteressen des Auslandskapitals bestimmt. Deshalb entstand das chinesische Industrieproletariat nicht nur zeitlich vor der »nationalen Bourgeoisie«, sondern auch in direktem Zusammenhang mit den Interessen der Bourgeoisie in den imperialistischen Staaten. In China gestaltete nicht die Industrie den Verkehr um, sondern die Modernisierung des Verkehrswesens ging der Entwicklung der Industrie voraus. Dies lag hauptsächlich an den zunächst rein kolonialen Eroberungsinteressen der ausländischen Staaten, die mit Schiffahrt und, später, mit Eisenbahnen über wirkungsvolle militär- und marktstrategische Instrumente verfügten. Den militärischen Eroberungsplänen und den Erfordernissen eines ausgedehnten Handels entsprechend entstanden in den 40er und 50er Jahren des 19. Jahrhunderts ausländische Schiffswerften in Kanton, Hongkong, Shanghai, Macao (Aomen) und anderen Orten und damit gleichzeitig die erste Gruppe von industriellen Lohnarbeitern. Nach dem Ausbau der Schiffsbau- und Transportindustrie und der Errichtung von ersten Verarbeitungsbetrieben (Tee, Seide) in ausländischer Hand war deren Zahl kurz vor dem Chinesisch-Japanischen Krieg (1894) auf circa 34 000 angestiegen. Als in den 60er Jahren in Qing-Regierung im Rahmen der Selbststärkungsbewegung begann, eine moderne Rüstungsindustrie aufzubauen, bildete sich eine zweite Gruppe von Industriearbeitern heraus, die mit der Entwicklung auch der Zuliefererbetriebe (Bergwerke, Eisenhütten etc.) gegen Ende des Jahrhunderts auf circa 36 000 anwuchs. Eine dritte Gruppe von industriellen Lohnarbeitern entstand schließlich in den 70er und 80er Jahren des 19. Jahrhunderts in den Fabriken der chinesischen Bourgeoisie. Ihre Zahl betrug um 1894 etwa 27 000. Das Zugeständnis der chinesischen Regierung an Ausländer, auf chinesischem Territorium Fabriken zu errichten (1895), leitete den teilweisen Umschlag des Warenexports in Kapitalexport ein: zahlreiche ausländische Industriebetriebe entstanden ab der Jahrhundertwende und ließen die Zahl der in ausländischen Unternehmen beschäftigten Arbeiter in die Höhe schnellen. Selbst nach dem Aufschwung der chinesischen Industrie während des Ersten Weltkriegs betrug der Anteil der in ausländischen Betrieben tätigen chinesischen Arbeiter immerhin noch 40 Prozent.[5] Ökonomische Ausbeutung und politische Unterdrückung in den von ausländischem Kapital kontrollierten und betriebenen Unternehmen förderten in der Arbeiterschaft nicht nur die Entwicklung eines sozialrevolutionären, sondern auch eines nationalrevolutionären Bewußtseins. Es war daher wenig verwunderlich, daß ausländische Betriebe wesentlich öfter bestreikt wurden als die in chinesischer Hand, obwohl in den chinesischen Fabriken im allgemeinen schlechtere Arbeitsbedingungen herrschten.

Neben den traditionellen Arbeitern, wie Transportkulis und Bergleuten, rekrutierte sich das Industrieproletariat vorwiegend aus dem Heer der landlos gewordenen Bauern und der Bankrott gegangenen Handwerker, das infolge der zunehmenden Zerstörung der traditionellen Agrarstruktur, der ländlichen Heim- und der städtischen Handwerksindustrie durch den Import billiger ausländischer Waren entstanden war und sich unaufhörlich vermehrte. Allerdings hatte nur ein geringer Teil dieser deklassierten Gruppen die Möglichkeit, in die Klasse der Industriearbeiter überzuwechseln. Die Mehrzahl sank ins Lumpenproletariat ab, verdingte sich in den Söldnerarmeen der Militärmachthaber oder kehrte aufs Land zurück. Hohe Arbeitslosenzahlen und eine starke Fluktuation begleiteten daher die chinesische Industriearbeiterschaft von ihrer Entstehung an.

Da sich das chinesische Industrieproletariat, mit Ausnahme eines Teils der Seeleute, Eisenbahner und Bergarbeiter, am Anfang des 20. Jahrhunderts erst in der ersten Generation befand, hatte es keine proletarischen, sondern noch bäuerliche Traditionen. Zwischen den Lohnarbeitern in der Stadt und ihrer ländlichen Heimat bestand noch eine feste Bindung. Während großer Streikkämpfe oder bei Arbeitslosigkeit kehrten viele Arbeiter in die Dörfer ihrer Familien zurück, um dort Unterschlupf und Hilfe zu suchen. Eine große Zahl von in modernen Betrieben tätigen Bergarbeitern, die traditionell während der landwirtschaftlichen Saison als Bauern und im Winter als Bergleute arbeiteten, ließ sich erst zu Anfang der zwanziger Jahre völlig in die kapitalistische Arbeitsteilung integrieren: noch 1917 mußte das mit modernen Produktionsmitteln ausgestattete Eisenbergwerk von Daye (Provinz Hubei) den Produktionsbetrieb mehrfach völlig einstellen, weil nahezu alle Arbeiter in den Sommermonaten auf den Feldern arbeiteten.[6] Die Aufrechterhaltung der Bindung an das Land verlangsamte zwar einerseits die Herausbildung eines spezifischen proletarischen Klassenbewußtseins, andererseits trug sie aber auch zu einer Radikalisierung der Arbeiter bei: erstens stärkte das Bewußtsein einer Fluchtmöglichkeit – so fiktiv sie in vielen Fällen auch war – den Widerstandsgeist der Arbeiter innerhalb ihrer Betriebe, und zweitens erhielten die Lohnabhängigen in der Industrie aus ihrer wiederholten Erfahrung des dörflichen Elends noch zusätzliche Impulse für ihre sich in den Fabriken bildende revolutionäre Stimmung. Darüber hinaus fanden durch den Kontakt der Industriearbeiter mit ihrem ländlichen sozialen Ursprung auch neue ideologische Inhalte und später sogar Ideen der modernen Arbeiterbewegung den Weg in die Dörfer. Insofern trug die Verbindung von Stadt und Land nicht nur zur Radikalisierung der Arbeiter, sondern auch zur Revolutionierung der Bauernschaft bei.[7]

Bestimmt durch die Verwertungsinteressen des ausländischen Kapitals blieben die Herausbildung von Ansätzen kapitalistischer Produktionsverhältnisse und die industrielle Entwicklung auf einzelne geographische Zentren und industrielle Sektoren beschränkt. Dies bedingte ein im Vergleich zur Gesamtbevölkerung kleines Industrieproletariat. Um das Jahr 1919 gab es etwa 1,5 Millionen Industriearbeiter – nicht einmal 0,5 Prozent der damaligen Bevölkerung Chinas.[8] Doch gerade aufgrund der geographischen Konzentration der modernen Industrie in China ist es aufschlußreich, die Bevölkerung der jeweiligen Industriezentren als Vergleichswerte heranzuziehen. In Shanghai machten zu Beginn der 20er Jahre die circa 230 000 Industriearbeiter knapp 15 Prozent der Stadtbevölkerung aus[9] – eine durchaus stattliche Ziffer, vor deren Hintergrund auch die Stärke der chinesischen Arbeiterbewegung in den zwanziger Jahren verständlicher wird. In Orten, die praktisch erst mit der modernen Industrie entstanden waren, lag der Prozentanteil der Arbeiter noch höher. In Tangshan, wo sich neben den Kailuan-Kohlengruben auch die

Reparaturbetriebe der Peking-Shenyang-Eisenbahn befanden, hatte sich die Bevölkerung von 1877 bis 1926 von knapp 2500 auf 47 623 fast verzwanzigfacht – der Anteil der Industriearbeiter betrug hier 36 Prozent.[10] In Anyuan, dem Standort des zum Hanyeping-Konzern gehörenden Pingxiang-Kohlenbergwerks, machten allein die Kumpel, die in diesem modernen Bergwerk arbeiteten, 34 Prozent der Bevölkerung aus.[11]

Tab. 1: Zahlenmäßige Entwicklung des chinesischen Industrieproletariats[12]

Zeit	Anzahl der Arbeiter in der modernen Industrie
Gegen Ende des 19. Jahrhunderts	100 000
1911	500 000
1916	1 000 000
1919	1 500 000
1927	2 000 000
1949	3 000 000

Unqualifizierte Arbeitskräfte bildeten die überwältigende Mehrzahl der chinesischen Industriearbeiterschaft. Sie teilten sich auf in Festangestellte und Kontraktarbeiter, wobei die Kontraktarbeiter die unterste Stufe der inneren Gliederung der chinesischen Arbeiterklasse darstellten.[13] Zwischen diesen beiden Gruppen gab es anfangs aufgrund des unterschiedlichen sozialen Status nur wenig Kontakte. Über der Masse der unqualifizierten Arbeitskräfte erhob sich eine kleine Schicht von vergleichsweise gutbezahlten Facharbeitern, die erst nach ihrer Politisierung in den zwanziger Jahren begannen, sich mit den Hilfsarbeitern zusammenzuschließen. »Arbeiteraristokratische« Elemente waren die Vorarbeiter und die kleineren Kontrakteure, die noch selbst arbeiteten. Frauen und Kinder machten innerhalb der Industriearbeiterschaft etwa 50 Prozent aus und waren fast ausschließlich in der Leichtindustrie beschäftigt. Da Frauen- und Kinderarbeit billiger und auch besser zu reglementieren war, gingen in- und ausländische Kapitalisten ab Ende der zwanziger Jahre zunehmend dazu über, die männlichen durch weibliche oder Kinder-Arbeit zu ersetzen.[14]

2. Arbeitsbedingungen

Die Arbeits- und Lebensbedingungen für die Masse der chinesischen Industriearbeiter, die unqualifizierten Arbeitskräfte, waren mit denen der englischen Werktätigen zu Anfang des 19. Jahrhunderts vergleichbar, wenn nicht sogar noch armseliger.[15] Die Löhne reichten kaum zur Reproduktion der Arbeitskraft, geschweige denn zum Unterhalt der Familie. So wurden die Frauen (und sogar die Kinder) ebenfalls in die Fabriken gezwungen, in denen sie noch weniger als ihre männlichen Kollegen verdienten. Bei Arbeitsausfall infolge Krankheit wurde kein Lohn bezahlt. Die durchschnittliche Arbeitszeit betrug 12 Stunden pro Tag. Wöchentliche Ruhetage waren unbekannt, und lediglich zu den traditionellen Festen, dem Neujahrs-, Drachenboot- und Mondfest, gab es insgesamt zehn unbezahlte freie Tage pro Jahr.

Fehlende Sicherheitsvorkehrungen führten zu einer hohen Zahl von Arbeitsunfällen, vor allem in den Bergwerken. Allein in einer der größten und modernsten Gruben Chinas, dem Fushun-Kohlenbergwerk mit circa 40 000 Arbeitskräften, kamen in den acht Jahren von 1912 bis 1919 1429 Kumpel zu Tode und 28 976 erlitten Verletzungen.[16] In einer der seltenen Veröffentlichungen über Verletzungen am Arbeitsplatz beschreibt Dr. Decker, Arzt am Shanghaier Industriekrankenhaus, die Art der Unfallverletzungen in der Textilindustrie wie folgt:

> »95 Prozent der Wunden betreffen die Hand oder ihre nächste Umgebung. Viele permanente Arbeitsbehinderungen von Frauen und Kindern kommen von Handverletzungen. Es ist sehr bedauerlich, daß die Hand, die so nützlich ist, insbesondere für den Textilarbeiter, der Teil des Körpers ist, der am öftesten zerquetscht wird. [...] unter den verletzten Frauen findet man 20 Prozent mit Wunden am Kopf, und zwar stellte sich bei näherer Untersuchung heraus, daß es zumeist Augenverletzungen waren. In der Weberei, wo so viele Frauen arbeiten, wird ein scharf zugespitztes Instrument benutzt, das durch das Auge vieler Arbeiter hindurchgeht. Ein Unfall dieser Art hat immer zu teilweisem oder völligem Verlust der Sehfähigkeit des durchstoßenen Auges geführt.«[17]

Fehlender gesundheitlicher Schutz und die katastrophalen hygienischen Verhältnisse in den Betrieben und Unterkünften der Arbeiter führten zusammen mit der verbreiteten Unterernährung zu einer hohen Rate von berufsspezifischen Krankheiten: Knochenfraß in den Streichholzfabriken, Bleivergiftungen unter den Druckern, Haut- und Magenerkrankungen sowie Tuberkulose in der Textilindustrie. Hakenwurminfektionen waren eine für chinesische Bergleute ›normale‹ Krankheit.[18] In einer Untersuchung der »Rockefeller Sanitary Commission for the Eradication of Hookworm« im Pingxiang-Kohlenbergwerk in der Provinz Jiangxi im April 1914 wurde bei 81,6 Prozent der untersuchten Arbeiter Hakenwurmbefall festgestellt, was zu einer ungewöhnlich hohen Krankheits- und Todesrate führte. Unter Tage bot sich den Forschern ein erschreckendes Bild: bei fast 100prozentiger Luftfeuchtigkeit und hohen Temperaturen schuftete eine »extrem große Zahl« von halbnackten oder völlig nackten Kumpels mit »abgetrennten und abgequetschten Händen und Füßen« zwölf Stunden lang, umgeben von unzähligen Ratten«, Ameisen, großen Skorpionen und ihrem eigenen Kot.[19]

Das in der chinesischen Industrie von Ende des 19. bis Mitte des 20. Jahrhunderts vorherrschende Arbeitssystem für die Masse der chinesischen Arbeiter, d. h. die ungelernten Arbeitskräfte, war das der Kontraktarbeit *(baogong)*[20], welches in seiner Reinform eine Abart des Stücklohnsystems darstellte. Besonders verbreitet war die Kontraktarbeit im Bergbau, wo 70 bis 80 Prozent der Arbeiter davon betroffen waren.[21] Darüber hinaus wurde dieses System überwiegend angewandt in der Textilindustrie, den Werften, im Bauwesen, in den Reparaturbetrieben der Eisenbahnen, unter den Seeleuten, den Hafenkulis und im Hotel- und Restaurantgewerbe. Insgesamt waren etwa 50 Prozent der Arbeiter in der modernen Industrie Kontraktarbeiter. Ein wichtiger Grund, weshalb sich das Kontraktarbeitssystem, das wahrscheinlich zuerst im Bergbau aufgekommen war[22], derart in der modernen Industrie ausbreiten konnte, war zunächst die Tatsache, daß die ausländischen Kapitalisten Sprache, Mentalität und Arbeitsverhältnisse in China nicht kannten. Die ausländischen Unternehmer waren nicht nur auf einen chinesischen Komprador für die Geschäftsangelegenheiten angewiesen, sondern auch auf einen oder mehrere Kontrakteure, die das Arbeitsproblem für sie lösten. Später hatte die Macht der Kontrakteure, die oft in Geheimgesellschaften zusammengeschlossen waren, so zugenommen, daß es selbst den Unternehmern nur unter enormen Schwierigkeiten und manchmal sogar überhaupt nicht gelang, dieses System abzuschaffen, das sie um den Superprofit des Kontrakteurs brachte, und das die Arbeitsproduktivität – wie sich schließlich herausstellte – eher senkte denn steigerte.[23]

In der Reinform des Kontraktarbeitssystems handelte der Kontrakteur – zumeist ein älterer Vorarbeiter mit technischem und organisatorischem Grundwissen, in ausländischen Betrieben manchmal auch der Komprador selbst – mit dem Unternehmer einen Vertrag über eine bestimmte zu leistende Arbeit, zum Beispiel eine Anzahl zu produzierender oder zu transportierender Waren, aus. Gemäß diesem Vertrag stellte der Kapitalist Rohstoffe, Fabrikationsräume, Maschinen, Arbeitsgeräte und Arbeitsmittel, das heißt den gesamten konstanten Kapitalteil, während der Kontrakteur für Beschaffung, Entlohnung, Einsatz und Kontrolle der Arbeitskräfte verantwortlich war und so den eigentlichen Produktionsprozeß organisierte. Dafür bekam er vom Unternehmer eine Gesamt-Stücklohn-Summe, die er nach seinem Gutdünken verteilte: so erhielten die Bergarbeiter unter dem Kontraktsystem nur etwa 40 Prozent des ihnen eigentlich zustehenden Anteils[24], die Textilarbeiter etwa 50 bis 60 Prozent[25] und die Hafenkulis sogar nur 20 bis 30 Prozent.[26] Unter einem Kontrakteur arbeiteten zwischen 50 und 600 Arbeiter, die den direkt vom Kontrakteur angestellten Vorarbeitern, Arbeitsaufsehern, Rekrutierungs- und Kontraktagenten, Entlohnern, Hausmeistern und Handlungsbevollmächtigten unmittelbar unterstanden. Die Kontraktarbeiter lebten in abgeschlossenen, bewachten Barackenlagern, die von den Kontrakteuren verwaltet wurden. Auf diese Weise waren die Arbeiter nicht nur während der Produktion, sondern auch während der freien Zeit unter der Kontrolle ihrer direkten Ausbeuter.

Neben dieser Reinform des Kontraktarbeitssystems gab es eine leicht abgewandelte. Hier war der Kontrakteur *(baogongtou, baotou* oder *batou)* – verschleiernd auch als Vorarbeiter *(gongtou)* bezeichnet – nur für die Beschaffung und teilweise auch für die Entlohnung der Arbeitskräfte zuständig, während Einsatz und Kontrolle im Betrieb durch den Kapitalisten erfolgen. Die Lohnabzüge durch den Kontrakteur lagen hier niedriger, nämlich bei circa 20 Prozent, und auch die Zahl der unter einem Kontrakteur arbeitenden Arbeitskräfte war geringer. Diese abgewandelte Form der Kontraktarbeit war zum Beispiel auf den Eisenbahnen stark verbreitet.

Neben den »normalen« Abzügen zwischen 20 und 80 Prozent verdienten die Kontrakteure an überhöhten Lohnabzügen für Essen, Unterkunft, Überführung, Strafen und an der Auszahlung der Löhne in Form von minderwertigem Kupfer- anstatt von Silbergeld. Darüber hinaus eröffneten sie Spielhöllen und Geschäfte, für die sie spezielle Wertmarken ausgaben, die sie den Arbeitern anstelle eines Teils ihres Lohns aufzwangen, und erzielten zusätzliche Gewinne durch höhere Preise als die üblichen. Daß dadurch ein großer Teil der Arbeiter bei den Kontrakteuren verschuldet war, kam letzteren in doppelter Hinsicht zugute: zum einen nahm die Abhängigkeit der Arbeitskräfte zu, und zum anderen konnten sie ihnen Darlehen zu hohen Zinsen gewähren – eine weitere zusätzliche Einnahmequelle. Nur die kleineren Kontrakteure beteiligten sich noch an der Produktion als Vorarbeiter, die großen hingegen betrieben regelrechte Kontraktarbeiter-Firmen und investierten die damit erzielten Profite in Industrie- und Handelsunternehmen oder in Ländereien.

Unter dem System der Kontraktarbeit gab es drei Formen der Rekrutierung, den *baofan*-, den *daifan*- und den *muzai*-Vertrag.[27] Der *baofan*-Kontrakt wurde – wie die beiden anderen auch – zwischen dem Kontrakteur und der zumeist bäuerlichen Familie der jugendlichen Arbeitskraft geschlossen, gewöhnlich für einen Zeitraum von drei Jahren. Der Kontrakteur verpflichtete sich darin, für Arbeit, Essen, Kleidung und Unterkunft zu sorgen. Dafür brauchte er während der gesamten Vertragszeit keinen Lohn zu zahlen und lediglich einen einmaligen Betrag zwischen 30 und 40 Yuan an die Familie zu entrichten. Mit dem Vertrag gingen alle Rechte an der Arbeitskraft auf den Kontrakteur über, der während der drei Jahre zwischen 200 und 350 Yuan Profit pro kontraktierter Arbeitskraft machte. Der *daifan*-Kontrakt besagte, daß der Kontraktarbeiter Lohn erhielt und von diesem einen bestimmten Betrag für Arbeitsvermittlung, Unterkunft und Verpflegung monatlich an den Kontrakteur zu entrichten hatte. Da diese Unkostenpauschale, die vom Lohn von vornherein abgezogen wurde und zumeist etwa 8 Yuan betrug, höher war als das Anfangsgehalt, mußte der Kontraktarbeiter zunächst Schulden bei seinem Kontrakteur machen. Zur vertraglichen kam so noch die ökonomische Abhängigkeit, die in einzelnen Fällen länger als die Vertragsdauer währte. Im für den Kontrakteur günstigsten Fall konnte dieser mit den Eltern junger Mädchen einen *muzai*-Kontrakt abschließen, mit dem die Kinder gegen Zahlung einer bestimmten Summe dem Kontrakteur lebenslänglich zu Dienstleistungen überlassen wurden. Dieser regelrechte Sklavenhandel stellte jedoch nicht die Hauptform der Rekrutierung von Kontraktarbeitern dar – *baofan*- und *daifan*-Verträge waren die Regel.

Innerhalb des Systems der Kontraktarbeit bestand kein direktes Verhältnis zwischen Kontraktarbeiter und Kapitalist. Der Arbeiter ging nicht mit dem Unternehmer, sondern mit dem Kontrakteur ein Arbeitsverhältnis ein, und das sehr oft nicht freiwillig. Die Ausbeutung der Arbeiter durch das Kapital vollzog sich hier also vermittels der Exploitation des Arbeiters durch den Kontrakteur. Der Unternehmer eignete sich zwar einen Teil des vom Kontraktarbeiter geschaffenen Mehrwerts an, doch offensichtlich war für den Arbeiter nur die direkte ökonomische Ausbeutung durch den Kontrakteur. Für den Arbeiter innerhalb des Kontraktarbeitssystems waren daher die Kontrakteure und nicht die Kapitalisten die direkten Gegner. Das System der Kontraktarbeit stellte so einen Hemmschuh in der Entwicklung eines gegen die Kapitalisten und die kapitalistische Produktionsweise gerichteten Klassenbewußtseins dar. Darüber hinaus verhinderte es durch die Kasernierung, die totale persönliche Entrechtung und die Verschleierung des Kapitalverhältnisses zunächst auch die Bildung von »echten« Gewerkschaften, die sich für die Interessen der Arbeiter einsetzten. Als zu Beginn der zwanziger Jahre die ersten modernen Gewerkschaftsorganisationen entstanden, leisteten die Kontrakteure im allgemeinen großen Widerstand und versuchten an vielen Orten, die Arbeiterverbände zu zerstören, indem sie diese unterwanderten, Gegenorganisationen aufbauten oder Betriebsleitung, Polizei und Militär zur gewaltsamen Abschaffung der Gewerkschaften animierten. Erfolgreich waren diese Aktionen in den Jahren 1922 bis 1927 freilich in den seltensten Fällen. Erst nach dem Putsch

Tschiang Kai-scheks im April 1927 traten die oft in Geheimgesellschaften organisierten Kontrakteure wieder aus der Defensive, und nicht wenige von ihnen machten eine Karriere als Funktionäre innerhalb der Guomindang-Gewerkschaften.[27a]

3. Arbeiterorganisationen und Arbeiterbewegung vor 1919

3.1. Traditionelle Verbände

Die Organisierung der chinesischen Arbeiterschaft hat eine sehr lange Geschichte, die im Fall der Gilden über mehr als 1000 Jahre zurückreicht.[28] Hierbei ist jedoch zu berücksichtigen, daß die chinesische Gesellschaftsverfassung bis Mitte des 19. Jahrhunderts dominant feudalistisch war und die chinesische Arbeiterschaft bis dahin hauptsächlich aus Handwerkern, Manufaktur- und Heimarbeitern, Bergleuten und Transportkulis bestand, die fast ausschließlich unter präkapitalistischen Produktionsverhältnissen ihre Arbeit verrichteten. Die Organisationen der Arbeiter waren von diesen beiden Faktoren maßgeblich geprägt. Ich spreche daher von traditionellen Arbeiter- bzw. Arbeitsverbänden, von denen es im eigentlichen Sinne nur zwei Arten gab – die Gilden *(gongsuo* oder *hanghui)* und die Vereinigungen zur gegenseitigen Hilfe *(bang, bangkou* oder *gongbang).* Diese traditionellen Organisationen hatten die strukturellen Veränderungen der chinesischen Gesellschaft ab Mitte des 19. Jahrhunderts zunächst nicht nur unbeschadet überstanden, sondern sie hatten sich auch unter den Arbeitern der modernen Industrie stark ausgebreitet – ein Ausdruck der Stärke der traditionellen Elemente und des Übergangscharakters der chinesischen Gesellschaft zu Anfang des 20. Jahrhunderts. Mit der Verschärfung des Klassengegensatzes zwischen Unternehmern und Arbeitern und einer breiteren Solidarisierung innerhalb der Arbeiterschaft ab Beginn der zwanziger Jahre verfielen diese traditionellen Verbände jedoch zusehends und wurden zu einem Großteil durch Zunft und Herkunft übergreifende Organisationen mit reinem Klassencharakter ersetzt.

Die Gilden waren den handwerklichen Berufssparten entsprechend organisiert, und Meister und Gesellen – in einigen

Fällen auch die Lehrlinge – gehörten ihnen als Mitglieder an. Die Gilden kontrollierten die Produktion, indem sie einerseits Ausstoß, Qualität und Preis der Waren festlegten und andererseits den Arbeitsmarkt völlig beherrschten: sie bestimmten nicht nur Löhne und Arbeitszeit, sondern hatten auch die Lehrlingsausbildung fest in ihrer Hand. Von daher waren die Gilden Organisationen nicht nur der Produzenten gegenüber den Verbrauchern, sondern auch der Meister gegenüber den Lehrlingen. Die unter den Arbeitern der modernen Industrie entstandenen Gilden-Verbände waren freilich nurmehr Organisationen der Meister gegenüber den Lehrlingen und der Zunft gegenüber den Unternehmern. Das traditionelle Verhältnis Produzent-Verbraucher war hier bereits durch das Verhältnis Produzent-Aneigner ersetzt worden. Beispiele hierfür waren die Gilden der Schmiede und Zimmerleute in den Reparaturbetrieben der Peking-Hankou-Eisenbahn.[29]

Die Vereinigungen zur gegenseitigen Hilfe hatten, da sie ebenfalls lokalen Charakter aufwiesen, gewisse Ähnlichkeiten mit den vornehmen Landsmannschaften *(tongxianghui)*. Im Unterschied zu ihnen gehörten den *bang* jedoch hauptsächlich Arbeiter, Bauern und Personen der unteren Gesellschaftsschichten an. Insgesamt gab es drei Arten von Vereinigungen zur gegenseitigen Hilfe:

Die handwerklich- oder proletarisch-städtischen Vereinigungen *(shougongbang, kulibang* oder *difangbang)* waren auf der Basis der gleichen lokalen Herkunft zunächst von Arbeitern und Kulis an ihren Arbeitsorten als Reaktion auf die Verweigerung von Hilfe von seiten der Landsmannschaften und Gilden gegründet worden. Später fanden jedoch auch kleine Händler, untere Beamte, Vorarbeiter, Kontrakteure und »Leute mit Ansehen« Aufnahme in diese Vereinigungen. Da sich die unwissenden und rechtlosen Arbeiter und Kulis traditionell auf gebildete und einflußreiche Landsleute stützten (die aus der Bauernschaft stammenden sozialutopischen Vorstellungen vom »guten Beamten«, der »für die Schwachen gegen die unrechtmäßige Gewalt eintritt«, hielten sich noch in den kommunistischen Gewerkschaftsorganisationen der zwanziger Jahre[30]), wurden diese fast immer ihre Anführer und machten die *bang*-Verbände oft zu einem Instrument der Durchsetzung ihrer Interessen. Dies war vorwiegend bei den

Vorarbeitern und Kontrakteuren der Fall. Aufgrund dessen besaßen diese Vereinigungen keinen reinen Klassencharakter, sondern waren hauptsächlich landsmannschaftlich ausgerichtet. Hauptaufgabe der Vereinigungen zur gegenseitigen Hilfe war es, den Landsleuten unter den Arbeitern dabei zu helfen, einen Arbeitsplatz zu finden. Die Existenz eines großen disponiblen Arbeitslosenheeres seit Beginn des 20. Jahrhunderts führte zu einem erbitterten Konkurrenzkampf zwischen den verschiedenen landsmannschaftlich ausgerichteten »bang«-Organisationen, der zuweilen sogar mit Waffen ausgefochten wurde.[31]

Die bäuerlich-ländlichen Vereinigungen *(nonggongbang)* teilten sich auf in gewerbemäßige und kooperative Verbände. Die gewerbemäßigen *nongbang* bestanden aus Gruppen von zehn bis zwanzig Arbeitern, die gegen Entgelt hauptsächlich während der landwirtschaftlichen Saison auf dem Land aushalfen. Im Winter arbeiteten sie meist in den kleinen einheimischen Kohlengruben. Die Mitglieder dieser kleinen Arbeitsorganisationen bestimmten den Erfahrensten unter ihnen zu ihrem Anführer *(toumu)*, der für Unterkunft, Verpflegung und Arbeitseinsatz der anderen sorgte und den Gewinn verteilte. Sehr wahrscheinlich entwickelte sich aus dem *toumu* der Kontrakteur im Bergbau und später auch in der Industrie.[32] Die kooperativen Vereinigungen basierten auf der ursprünglichen ländlichen Dorfgemeinde als Einheit, und jede Bauernfamilie stellte eine Arbeitskraft für sie ab. Die Gruppe half innerhalb des Dorfes ohne Entgelt dort, wo es gerade notwendig war. Obwohl der Arbeitsaufwand pro Familie nie ganz ausgeglichen sein konnte, soll dieses System der Kollektivhilfe aufgrund des traditionell starken dörflichen Zusammenhangs gut funktioniert haben.[33]

Darüber hinaus waren Arbeiter oft Mitglieder in Geheimgesellschaften *(mimijieshe* oder *huidang)*, von denen viele während der Qing-Dynastie als politische Kampforganisationen gegen die Manzu-Herrschaft gegründet worden waren und die sich durch ihre straffe, hierarchische Organisation auszeichneten. Ihnen gehörten fast ausschließlich Angehörige der unteren Gesellschaftsschichten an, z. B. kleine Händler, arme Bauern, Arbeiter und Handwerker, aber auch oppositionelle Intellektuelle und entlassene Beamte. Viele Kumpel des Pingxiang-Kohlenbergwerks in Anyuan, Provinz Jiangxi, waren zum Beispiel Mitglieder der »Hongjianghui«-Geheimgesellschaft und nahmen im Dezember 1906 am Aufstand von Ping-Liu-Li teil, der der erste einer Reihe von bewaffneten Aufständen gegen die Qing-Dynastie und für die Errichtung der Republik war.[34] Daneben bestanden zu Anfang des 20. Jahrhunderts Geheimgesellschaften, die sich aus Handels-, Transport- und Salzschmugglerorganisationen entwickelt hatten, und die nun das Gewerbe der städtischen Unterwelt und die Beschaffung von Kontraktarbeitern größtenteils monopolisierten. Sie wurden von Kompradoren, professionellen Gangstern und mächtigen Kontrakteuren geführt, wobei letztere »ihre« Arbeiter als Fußvolk in diese finsteren Gesellschaften einbrachten. Ein anschauliches Beispiel ist die Grüne Band *(qingbang)* in Shanghai, der viele Kontrakteure und Kontraktarbeiter der Textilindustrie beigetreten waren und die am 12. April 1927 Tschiang Kai-schek zum erfolgreichen Schlag gegen die Shanghaier Arbeiterbewegung und die Kommunistische Partei Chinas verhalf. Viele dieser Geheimbünde wurden in den zwanziger Jahren, vorwiegend nach dem Putsch Tschiang Kai-scheks, von ihren Führern in »Gewerkschaften« umbenannt und existierten unter neuem Namen in alter Weise weiter.[35]

Insgesamt gesehen bildeten die traditionellen Arbeitsverbände und die Geheimgesellschaften ein großes Hindernis für eine umfassende Organisierung der Arbeiterschaft. Zu der lokalen oder zunftmäßigen Beschränktheit dieser Verbände kam die direkte Intervention ihrer Führer (sehr oft Meister, Kontrakteure, Vorarbeiter etc.). Diese mußten mit allen Mitteln versuchen, eine Solidarisierung, Organisierung und Politisierung der Proletarier zu verhindern, um ihre eigenen Pfründe zu sichern. Die Arbeitsverbände der alten Gesellschaft und das System der Kontraktarbeit ergänzten einander in der ökonomischen Ausbeutung und sozialen Unterdrückung der chinesischen Arbeiterschaft.

3.2. Erste gewerkschaftliche und politische Organisationen

Mit der Propagierung der konstitutionellen Herrschaft für China und der Abkehr vom traditionellen sinozentristischen

Weltbild während der 100-Tage-Reform im Jahre 1898 kamen auch Konzepte für moderne Organisationsformen der Arbeiter auf. Zunächst wurde kurz nach 1900 in Tangshan ein *julebu* (chinesische Lautumschrift für »Club«) für die dortigen Bergleute, Eisenbahn- und Zementfabrikarbeiter organisiert, dessen Aktivitäten sich auf die Freizeitgestaltung der Arbeiter beschränkte. Streitigkeiten zwischen lokalen und den aus Kanton stammenden Arbeitskräften führten jedoch schon 1905 zu seiner Auflösung.[36] Ein Jahr später entstand mit dem »Club der Postarbeiter von Kanton« eine ähnliche Organisation.[37] Im unmittelbaren Ergebnis der Protestaktionen der Arbeiter der Taigu-Werft in Hongkong gegen ausländische Arbeitsaufseher und Vorarbeiter entstanden gegen Ende des Jahres 1908 das »Landhaus der Massenfreude«, der »Verein derer, die es lieben, öffentlich zu debattieren«, und ähnliche Verbände aufgrund der Einsicht in die Notwendigkeit eigener Organisationen der Arbeiterschaft. Die Aufgaben dieser Verbände beschränkten sich nicht darauf, für ihre Mitglieder eine Art Freizeitangebot zu organisieren, sondern es wurden auch regelmäßig Diskussionsabende und Kurse zur beruflichen Weiterbildung abgehalten. 1909 schlossen sich diese Organisationen in der »Technischen Lehranstalt Chinas« zusammen, deren Hauptziele in der technischen und allgemeinen Weiterbildung ihrer Mitglieder lagen.[38] Wenn es sich bei diesen Verbänden auch um genuine Arbeiterorganisationen handelte, so gehörten ihnen doch ausschließlich Facharbeiter an. Die Masse der chinesischen Arbeiterschaft, die unqualifizierten Arbeitskräfte, waren von diesen Organisationen ausgeschlossen.

Dieser Trend setzte sich auch nach der Revolution von 1911 fort, als einige Vereine zur gegenseitigen Hilfe entstanden, wie zum Beispiel der von dem Ingenieur Xu Shiyuan im März 1912 ins Leben gerufene »Verein der Eisenbahner zur gegenseitigen Unterstützung« am westlichen Abschnitt der Longhai-Eisenbahn, die im Mai 1913 in Hanyang gegründete »Vereinigung der Gießer« oder die »Vereinigung der Arbeiter- und Angestellten-Kollegen« am südlichen Abschnitt der Tianjin-Pukou-Eisenbahn, die im April 1912 in Nanjing als Reaktion auf die schlechte Behandlung durch das ausländische Verwaltungspersonal entstanden war.[39] Alle diese Organisationen wurden jedoch in den Jahren 1913 bis 1916 auf Anordnung der Regierung Yuan Shikai gewaltsam aufgelöst. Eine Ausnahme bildete lediglich der ursprünglich von der »Tangshan-Arbeiterpartei« Ende 1912 geschaffene »Verein zum gegenseitigen Nutzen«, der bis 1916 für seine Mitglieder einen Bücher- und Zeitungs-Lesering, Arbeiter-Abendschulkurse, eine Monatszeitschrift und einen Propagandatrupp unterhielt.[40]

Neben Organisationen der Facharbeiter entstanden seit Anfang des 20. Jahrhunderts zahlreiche gemischte Verbände, in denen Unternehmer und Arbeiter gleichermaßen vertreten waren. Der erste und bekannteste Verband dieser Art war der »Verein zum Studium der Maschinenlehre von Guangdong«, der von Mechanikern, Maschinisten und deren Unternehmern am 3. Mai 1909 in Kanton gegründet wurde. Der Verein war der eigentliche Vorläufer der späteren »Mechanikergewerkschaft von Guangdong«. Nach dem Vorbild dieser Organisation entstanden in den Provinzen Hunan und Hubei sowie in den Städten Tianjin, Shanghai und Tangshan ähnliche gemischte Mechaniker-Verbände, die für ihre Mitglieder sogenannte Weiterbildungsschulen *(buxi xuexiao)* einrichteten und auf diese Weise die Versorgung der chinesischen Betriebe mit Facharbeitern sicherstellten.[41] Ebenso wie der »Verein zur Freundschaft unter den Seidenarbeiterinnen«, der 1912 mit Unterstützung zweier Seidenhändler in Shanghai ins Leben gerufen worden war[42], hatten diese Organisationen noch einen sehr starken Gilden-Charakter: einmal waren Unternehmer und Arbeiter in ihnen gleichermaßen vertreten, zum zweiten waren sie entlang bestimmter Berufssparten – wenn auch nicht so eng wie die traditionellen Gilden – organisiert, und drittens befaßten sich die Verbände hauptsächlich mit der berufsspezifischen Ausbildung der Arbeiter-Mitglieder.

Insgesamt gesehen waren diese ersten gewerkschaftlichen Organisationen der Arbeiterschaft noch stark von traditionellen Elementen der Gilden und der lokalen Vereinigungen zur gegenseitigen Hilfe beeinflußt. Darüber hinaus waren sie fast ausschließlich auf die innerhalb der Arbeiterklasse privilegierte Schicht der Facharbeiter beschränkt und den traditionellen Arbeiterverbänden an Zahl und Einfluß deutlich unterlegen. Einige dieser modernen Organisationen waren als Reaktion auf die schlechte Behandlung durch das ausländische Aufsichtspersonal entstanden, wodurch sie sich grundlegend von den Jahrhunderte alten Arbeiterverbänden unterschieden. Zudem zeigte sich in den konkreten Bedingungen der Entstehung dieser Organisationen bereits die für einen großen Teil der chinesischen Arbeiterbewegung konstitutive Einheit von sozialem und nationalem Kampf.

An politischen Organisationen, die in der Arbeiterschaft eine wichtige politische Kraft sahen, gab es vor 1919 lediglich die Anarchisten und – mit Einschränkungen – die »Arbeiterpartei der chinesischen Republik«. Ganz anders als alle anderen politischen Gruppierungen, wie die »Liga der Verbündeten« (Tongmenghui), die »Nationale Volkspartei« (Guomindang), die »Fortschrittspartei« oder die »Sozialistische Partei«, waren Angehörige dieser Organisationen bereits lange vor der 4. Mai-Bewegung (1919) in der Arbeiterschaft propagandistisch und organisatorisch tätig.

Die chinesischen Anarchisten, die sich auf Bakunin und Kropotkin beriefen, waren zunächst von Liu Shifu 1912 in Kanton im »Hahnenschrei-Studienheim« organisiert worden. Nach ihrem Verbot gründete Liu im Juli 1914 in Shanghai den »Verein der Anarchokommunisten«, der oft fälschlicherweise als anarchistische Partei bezeichnet wird. Weitere anarchistische Gruppen entstanden in Changshu (Provinz Jiangsu), Peking, Nanjing, Kanton und in den Provinzen Sichuan und Shanxi.[43] Die Hauptziele dieser Verbände waren die Propagierung des Anarchismus und die Erziehung von Werktätigen in Schulen für das gemeine Volk *(pingmin xuexiao)*. Die Anarchisten unterstützten nicht nur den Streik der Shanghaier Lackarbeiter im August 1914[44], sondern gründeten auch die Gewerkschaft der Friseure und die Teehausgewerkschaft in Kanton, wo sie auch bei den Eisenbahnern, den Mechanikern, den Arbeitern der Verkehrsbetriebe, den Schneidern, Schustern und Druckern sowie beim Hotel- und Restaurantpersonal Einfluß hatten.[45] Die Hochburgen der chinesischen Anarchisten lagen in Kanton und in der Provinz Hunan. In Kanton richteten sie – wie auch in Shanghai – Lesezirkel für Arbeiter ein und regten die Gründung von Arbeiterclubs an, während sie in Changsha, der Hauptstadt der Provinz Hunan, 1920 die sehr einflußreiche »Vereinigung der Arbeitenden Hunans« gründeten.[46]

Die am 22. Januar 1912 in Shanghai von Intellektuellen und Kapitalisten ins Leben gerufene »Arbeiterpartei der chinesischen Republik« hatte sich gemäß ihrer Satzung folgende Ziele gesteckt: »die Entwicklung der Industrie voranzutreiben«, das Wissen der Arbeiter zu vertiefen, ihre Lebenslage zu verbessern und für die Bildung von Arbeiterverbänden und eine Arbeitsgesetzgebung einzutreten.[47] Aus der Satzung und der sozialen Zusammensetzung der Gründer und Führer der Arbeiterpartei läßt sich unschwer erkennen, daß ihr das Konzept einer Partei des friedlichen Neben- und Füreinander von Arbeiterklasse und Kapitalisten zugrunde lag, wobei die letzteren bestimmten, wie diese Kooperation auszusehen hatte: in der Führung der Partei war kein einziger Arbeiter vertreten. Immerhin unternahm die Partei jedoch in ihrer anderthalbjährigen Geschichte – sie wurde 1913 wieder verboten – zahlreiche Versuche, die Lage der Arbeiter zu verbessern: sie organisierte und unterstützte einige Streiks, schuf eine Bank für Arbeiter und eine Kooperative für Maurer in der Provinz Hunan und verlangte vor dem Parlament einen wöchentlichen Ruhetag, einen staatlich festgesetzten Mindestlohn und eine Sozialversicherung für Arbeiter. Die Arbeiterpartei war die erste nationale politische Organisation in China, die sich auf die Arbeiterschaft als soziale und politische Kraft stützte, wenn auch offenbar – zuzüglich zu den bereits gemachten Einschränkungen – lediglich auf die Facharbeiter. Die Partei verfügte auf ihrem Höhepunkt über 70 lokale Zellen und angeblich über 400 000 Mitglieder (nach anderen Quellen 10 000).[48] Allerdings läßt sich die große Mitgliederzahl dadurch erklären, daß die Kontrakteure und Vorarbeiter, die der Partei in großer Zahl auf der unteren Ebene angehörten, die unter ihnen arbeitenden Lohnabhängigen als Mitglieder mitrechneten.

3.3. Arbeiterkämpfe und Streiks vor 1919

Die Kämpfe der chinesischen Arbeiterklasse vor 1919 lassen sich in vier Arten unterteilen: Kampf gegen die Einführung der kapitalistischen Produktionsweise und moderner Produktionsmittel, Streiks für bessere Lebens- und Arbeitsbedingungen, Teilnahme an Aufständen gegen die Qing-Dynastie und Teilnahme an antiimperialistischen Kämpfen. Fast all diese

Auseinandersetzungen wurden, wenn sie nicht wie die meisten ökonomischen Streiks spontan waren, nicht etwa von den unter 3.2. beschriebenen modernen Arbeiterorganisationen, sondern von den traditionellen Verbänden, vor allem von den Geheimbünden, initiiert. Soweit feststellbar, endeten sie zumeist in Niederlagen, und oft wurden die Streikführer hingerichtet – wie nach den Arbeitsniederlegungen im Hanyang-Arsenal und unter den Pekinger Postboten im Jahre 1913.[49] Die Streikzahlen wuchsen mit dem Ausbau der modernen Industrie, der nahezu gleichbedeutend war mit dem Kapitalexport der imperialistischen Staaten, und mit der zunehmenden Auflösung der traditionellen Zentralgewalt. Nachdem im Jahre 1895 ausländischen Kapitalisten die Errichtung von Fabriken auf chinesischem Territorium erlaubt worden war, erhöhten sich die Streikzahlen um ein Vielfaches. Gleiches bewirkten die Aufstände gegen die Qing-Dynastie in den Jahren 1906 bis 1910, die Xinhai-Revolution von 1911 und die sogenannte Zweite Revolution von 1913 gegen Restaurationsversuche Yuan Shikais. Das geographische Zentrum der Streiks bildete vor und nach 1919 die Industrie- und Handelsmetropole Shanghai.

Tab. 2: Streiks in China, 1870-1926[50]

Zeitraum	Anzahl der Streiks	Streiks pro Jahr
1870-1895	16	1 (0,6)
1896-1904	36	4
1905-1911	55	8 (7,9)
1912-1913	24	12
1914-1918	82	16 (16,4)
1919-1926	1208	151

Über das Ausmaß der Kämpfe gegen die Einführung moderner kapitalistischer Produktionsmethoden in China ist wenig bekannt, doch lassen sich zwei Beweggründe für diese maschinenstürmerischen Aktionen herausschälen. Zumeist war es die Existenzangst der von der kapitalistischen Produktion bedrohten Arbeitenden in der traditionellen Handwerks- und Heimindustrie, die die Heim- und Handwerker sowie die Arbeiter in den kleinen Manufakturen zu den Attacken gegen

Maschinen und jene, die diese installierten, trieben. Ein Ausnahmefall war dabei sicherlich der Erfolg der Weberinnen in der dörflichen Heimindustrie westlich von Kanton. Ihre permanenten Angriffsaktionen auf im nahegelegenen Xinan aufgestellte mechanische Webstühle in den Jahren 1905 und 1906 führten schließlich zu deren Demontage.[51] Erfolglos wie fast alle anderen Kämpfe dieser Art war der Widerstand der Kumpel in den vielen kleinen primitiven traditionellen Bergwerken von Anyuan gegen den Bau des großen, modernen Pingxiang-Kohlenbergwerks. Dem deutschen Ingenieur Leinung war es nur unter dem Dauerschutz von 200 Soldaten und mit Hilfe von auswärtigen Arbeitskräften möglich, den Bau des Bergwerks zu beginnen.[52] Der Streik der Rikscha-Fahrer in Shanghai im Jahre 1918, in dessen Verlauf Depots, Werkstätten und Straßenbahnen der örtlichen Verkehrsbetriebe zerstört wurden, fällt in die gleiche Kategorie.[53] Ein zweiter Grund für ludditische Aktionen bildeten nationalistische Antipathien gegenüber den ausländischen Mächten und deren Staatsbürgern in China. Die teilweise Zerstörung des Telegraphensystems im Norden während der Boxerbewegung und die Sabotageakte der Taigu-Werftarbeiter in Hongkong als Reaktion auf schlechte Behandlung durch ausländische Vorarbeiter im Jahre 1908, zeigten, daß das Maschinenstürmertum in China nicht nur ein Kampf gegen moderne Produktionsmethoden, sondern auch ein Kampf gegen die Intervention des Imperialismus in China war.[54]

Streiks für bessere Arbeits- und Lebensbedingungen machten den Großteil der Kämpfe der chinesischen Arbeiterklasse vor 1919 aus. In der Mehrzahl wurden Lohnerhöhungen gefordert, wie im Streik von über 1000 Bergarbeitern der Shuikoushan-Antimonbergwerke in der Provinz Hunan im Mai 1917[55] oder im Streik der Arbeiter der Webstuhlindustrie von Suzhou im Juli 1915.[56] Vielfach waren auch Lohnkürzungen Grund für spontane Streiks wie im Juli 1917 in den Shanghaier Fabrikationsstätten der »British American Tobacco Company«.[57] Auch der Streik der Arbeiter im Arsenal von Hanyang im Sommer 1913 gegen die Auszahlung der Löhne in minderwertigem Papiergeld, der von der »Laojun«-Geheimgesellschaft wahrscheinlich auch im Zusammenhang mit der Zweiten Revolution von 1913 entfacht wurde, gehört in diese Kategorie.[58] Einige Arbeitskämpfe wurden auch gegen eine Verschlechterung der Arbeitsbedingungen geführt: 1906 streikten die Grubenarbeiter von Anyuan gegen die Einführung der 12-Stunden-Schicht und die Entlassung von 500 Arbeitern[59], und 1913 legten die Pekinger Postboten ihre Arbeit nieder, um gegen die Erhöhung der täglichen Auslieferungen von vier- auf achtmal zu protestieren.[60] In den ausländischen Betrieben kam es oft zu Auseinandersetzungen zwischen ausländischem Verwaltungs- und Aufsichtspersonal und chinesischen Arbeitern, die bisweilen zu Streiks und gewalttätigen Unruhen führten. Der dreitägige Streik und die heftigen Auseinandersetzungen im Mai 1905 am Pingxiang-Kohlenbergwerk in Anyuan gegen Lohnkürzungen und Mißhandlungen durch das deutsche Aufsichtspersonal waren nur ein Beispiel von vielen und zeigten, daß der soziale und nationale Kampf für große Teile der Arbeiterschaft in der modernen Industrie Chinas eine unauflösbare Einheit bildeten.[61]

In den Streiks für bessere materielle Bedingungen gab es jedoch oft wenig Solidarität der Arbeiter. Die Gründe dafür lagen sowohl in der traditionellen Organisierung der Arbeiter nach ihrer lokalen Herkunft oder handwerklichen Tätigkeit als auch in der Existenz eines riesigen, jederzeit disponiblen Arbeitslosenheeres. Als zum Beispiel im Oktober 1914 die über 8000 Arbeiter aus Ningbo, die auf den Passagierschiffen dreier Gesellschaften in Shanghai beschäftigt waren, wegen Lohnforderungen in Streik traten, lehnten es ihre aus Kanton stammenden Kollegen ab, sich dem Ausstand anzuschließen. Daraufhin sperrten die Unternehmer alle Arbeiter aus Ningbo mit Hilfe der Polizei aus, entließen sie und ersetzten sie binnen kürzester Zeit durch Arbeiter aus Kanton.[62]

Die Teilnahme der chinesischen Arbeiterklasse an Aufständen gegen die herrschenden Qing ist bereits während der Taiping-Rebellion (1850-1864) nachweisbar. Mehrere Tausend Bergarbeiter der Silber-, Eisenerz- und Kohlengruben Zentralchinas schlossen sich nacheinander der Taiping-Armee an und trugen durch die Anwendung ihrer berufsspezifischen Kenntnisse des Stollengrabens und des Sprengens entscheidend zur Eroberung vieler Städte bei.[63] Kumpel des Pingxiang-Kohlenbergwerks in Anyuan und Arbeiter der Weishan-Schüsselmanufaktur beteiligten sich im Dezember 1906 an dem Aufstand der mit der Tongmenghui verbündeten »Hongjianghui«-Geheimgesellschaft im Raume Pingxiang-Liling-Liuyang[64], und Kantoner und Hongkonger Mechaniker standen in den Reihen der Revolutionäre Sun Yat-sens in der Schlacht von Huanghuagang im März 1910.[65] Während der Revolution von 1911 und der Zweiten Revolution im Jahre 1913 traten viele Arbeiter in die »Chinesische Revolutionsarmee« ein, halfen Seeleute beim Waffentransport und reparierten Shanghaier Schlosser die Waffen der revolutionären Truppen.[66] Für die Teilnahme von Arbeitern an Kämpfen gegen die Qing-Dynastie waren im wesentlichen zwei Gründe maßgeblich. Einmal waren die Mandschu-Kaiser bei den Han-Chinesen verhaßt, und dieser Haß hatte sich mit dem ökonomischen und politischen Niedergang im Verlauf des 19. und beginnenden 20. Jahrhunderts noch verstärkt. Zum anderen machten große Teile der Bevölkerung die Qing für die Intervention des Imperialismus in China verantwortlich. So war auch für einen Teil der Arbeiterschaft der Kampf gegen die ohnehin verhaßten Mandschu zugleich ein Kampf gegen die Barbaren.

Früh setzte auch die Teilnahme der chinesischen Arbeiterschaft an antiimperialistischen Kämpfen ein: Als Protest gegen die Besetzung Kantons durch englische und französische Truppen im Jahre 1858 traten über 20 000 Hongkonger Arbeiter in Streik und zogen nach Kanton.[67] In der Bewegung gegen die 21 Forderungen Japans im Jahre 1915 streikten in Shanghai Arbeiter einer japanischen Handelsgesellschaft, Dockarbeiter und andere bei japanischen Firmen angestellte Facharbeiter und Lehrlinge. In Changsha, der Hauptstadt der Provinz Hunan, legten Arbeiter der japanischen Fabriken und Handelshäuser die Arbeit nieder und propagierten den Boykott japanischer Waren. Im Kampf der Tianjiner Bevölkerung gegen die Ausweitung der französischen Konzession streikten im November 1916 zunächst die Arbeiter des von den Franzosen betriebenen Elektrizitätswerkes, was die Stromversorgung der Stadt teilweise lahmlegte und einige Betriebe zwang, die Produktion einzustellen. Streiks chinesischer Arbeiter in weiteren ausländischen Unternehmen führten ebenfalls zu Produktionsstopps. In anderen Städten kam es zu Geldsammlungen für die Streikenden in Tianjin.[68] Diese Beispiele zeigen deutlich, daß in den Auseinandersetzungen um nationale Ziele bereits Ansätze einer spezifischen Solidarität vorhanden waren – die Voraussetzung einer breiteren Organisierung der Arbeiterschaft.

Die verschiedenartigen Kämpfe der chinesischen Arbeiterklasse vor 1919 wiesen, in unterschiedlichem Maße, einen gemeinsamen Nenner auf – die Verbindung von sozialen mit nationalen Forderungen. Wie die Entstehung des Industrieproletariats war auch seine Bewegung bestimmt durch die Intervention des Auslandskapitals in China. Die chinesische Arbeiterbewegung war daher von Beginn an in die nationale Bewegung eingebettet. Ihr erster Höhepunkt, die 4. Mai-Bewegung, und die Entwicklung danach belegen dies.

4. Der Beginn der modernen Arbeiterbewegung in China (1919-1922)

4.1. Die Arbeiterbewegung während der 4. Mai-Bewegung

Die 4. Mai-Bewegung (1919) stellte nicht nur den Beginn einer Neuorientierung der revolutionären Bewegung in China dar, sie markierte auch den Beginn einer neuen Phase der Arbeiterbewegung. Während sich auf seiten der revolutionären Intelligenz ein kleiner Teil vom Westen lossagte, sich dem Studium des Marxismus zuwandte und später die Kommunistische Partei Chinas gründete, bewirkten die Nachrichten von der Ablehnung aller chinesischen Forderungen auf der Friedenskonferenz von Versailles bei den chinesischen Arbeitern, daß sie sich zum erstenmal auf nationaler Ebene und in großer Zahl ohne Rücksicht auf lokale Herkunft und Beruf einer nationalrevolutionären Bewegung aktiv verbündeten. In Shanghai streikten auf dem Höhepunkt der 4. Mai-Bewegung Anfang Juni 1919 allein über 60 000 Industriearbeiter[69], und mehr als die Hälfte aller Arbeitsniederlegungen dieses Jahres entsprangen der nationalen Protestbewegung.[70] Obwohl über 90 Prozent dieser Streiks in Shanghai ausbrachen, bedeutete dies keineswegs, daß die Arbeiter in den anderen Landesteilen abseits standen. In nahezu allen Großstädten fanden Protestveranstaltungen von Studenten, Händlern und Arbeitern statt, auf denen man wegen der Annektion der Provinz Shandong durch Japan den Boykott japanischer Waren beschloß. Dieser wurde derart konsequent durchgeführt, daß sich der Warenverkehr zwischen Japan und China um 40 Prozent verringerte.[71] Den »Zehnergruppen zur Rettung des Vaterlandes«, die im ganzen Land zur Durchsetzung des Warenboykotts organisiert worden waren, gehörte, wie in Tangshan und Changxindian, auch eine bedeutende Anzahl von Arbeitern an.[72] Die antiimperialistische Haltung der Arbeiterschaft ging so weit, daß 10 000 Shanghaier Arbeiter, die japanische Fabriken bestreikten, nicht mehr an ihre Arbeitsplätze zurückkehrten und in anderen, vorwiegend chinesischen Unternehmen einen Arbeitsplatz zu finden versuchten.[73]

Wie schon in den politischen Kämpfen vor 1919 lag jedoch die Führung der Bewegung in den Händen anderer sozialer Klassen, in diesem Fall der nationalen Bourgeoisie und des Kleinbürgertums. Dies wurde auch deutlich an der von kleineren chinesischen Kapitalisten ausgehenden Gründung vieler gemischter Arbeiterverbände im Anschluß an die 4. Mai-Bewegung, die mit Slogans wie »Unterstützt die nationalen Produkte« und »Entwickelt die (nationale) Industrie« die nationalistischen Gefühle der Arbeiter für ihre Zwecke rigoros ausnutzten.[74] Durch ihre Solidarität während der 4. Mai-Bewegung erfuhren die chinesischen Arbeiter jedoch auch ihre eigene Stärke, und durch den Kontakt mit den revolutionären Intellektuellen, der an einigen Orten in Form von »Schulen für das gemeine Volk« bis in die zwanziger Jahre aufrechterhalten wurde, lernten sie, daß die konfuzianischen Werte der Pietät gegenüber dem Nächsthöheren in der sozialen Rangordnung nicht mehr galten. So wurden unter den Arbeitern die ersten Voraussetzungen für den Aufschwung der chinesischen Arbeiterbewegung ab 1921/22 im Verlauf der 4. Mai-Bewegung geschaffen.

4.2. Die Aufnahme des Marxismus unter chinesischen Intellektuellen und erste Aktivitäten in der Arbeiterschaft

Daß die ernsthafte Beschäftigung mit dem Marxismus und seine Verbreitung in China erst im Verlauf der 4. Mai-Bewegung, vor allem ab Frühjahr 1920, begann, lag zu einem großen Teil daran, daß die bis 1919 ins Chinesische übersetzten Werke von Karl Marx und Friedrich Engels keine Hilfe sein konnten für Revolutionäre eines Landes, in dem kapitalistische Produktionsverhältnisse und ein breites Industrieproletariat nur ansatzweise existierten. Nach den in China damals bekannten Schriften von Marx und Engels konnte der Sozialismus erst auf den Trümmern der voll ausgebildeten kapitalistischen Gesellschaft aufgebaut werden, so daß Chen Duxiu, einer der Gründer und der erste Generalsekretär der Kommunistischen Partei Chinas, noch 1917 die Meinung vertrat: »Die Ideale des Sozialismus sind sehr hoch und seine Schulen sind äußerst vielfältig. Aber in China kann diese Lehre wahrscheinlich [erst] später als in Europa aufblühen, weil [bei uns] die Industrie noch nicht entwickelt und die Trustbildung noch nicht vollzogen ist.«[75] Es verwundert daher nicht, daß der Marxismus in seiner ursprünglichen Form keine Verbreitung unter den radikalen Intellektuellen fand. Vielmehr gewannen die anarchistischen Theorien von Kropotkin, Bakunin und Maria Spiridonowa nach den Niederlagen der von der Tongmenghui zu Anfang des 20. Jahrhunderts organisierten Aufstände gegen die feudale Qing-Dynastie eine breite Anhängerschaft.

Nach dem Sieg der Oktoberrevolution in Rußland bewirkten jedoch drei Faktoren, daß sich ein wenn auch geringer Teil der chinesischen Intelligenz dem Marxismus zuwandte. Erstens machte der Sieg der Oktoberrevolution deutlich, daß die sozialistische Revolution auch in vergleichsweise rückständigen Ländern erfolgreich durchgeführt werden konnte. Zweitens zerstörte die Ablehnung der berechtigten Forderungen Chinas auf der Friedenskonferenz von Versailles durch die Siegermächte mit einem Schlag die Illusionen und Hoffnungen, die der bisher westlich orientierte Teil der chinesischen Intelligenz gehegt hatte. Die zuvor fast als idealtypisch anerkannten Vorbilder, die westliche »Zivilisation«, »Demokratie« und »Kultur«, verwandelten sich in den Augen vieler nun in eher abschreckende Beispiele, in Vorbilder im negativen Sinn. Auf der Suche nach neuen Leitbildern wandte sich nun ein kleiner Teil der Intellektuellen dem Osten zu, wo es den russischen Kommunisten nach Meinung der interessierten chinesischen Beobachter gelungen war, in ihrem eher rückständigen – und damit mit China vergleichbaren – Land die Revolution siegreich zu beenden und den ersten sozialistischen Staat der Welt zu gründen. Drittens stellte die Erklärung der Sowjetregierung vom 25. Juli 1919 an das chinesische Volk und an die Regierungen Süd- und Nordchinas einen entscheidenden Wendepunkt in der Umorientierung chinesischer Intellektueller vom kapitalistischen Westen zum sozialistischen Osten dar. In dieser Erklärung verzichtete die Sowjetunion auf alle früher durch die zaristische Regierung China abgezwungenen Sonderrechte, auf Einflußsphären, Konzessionen und Niederlassungen und gab der Bereitschaft Ausdruck, auf der Grundlage der Gleichberechtigung und der Achtung der gegenseitigen Interessen freundschaftliche Beziehungen herzustellen. Das war das erste Mal, daß ein ausländischer Staat bereit war, unter Achtung der chinesischen Souveränität und Interessen mit China in Beziehungen zu treten. Insgesamt gesehen bewirkte der Aufruf des Rates der Volkskommissare nicht nur eine positive Einstellung der öffentlichen Meinung zum neu entstandenen Sowjetstaat, sondern auch, daß chinesische Intellektuelle begannen, sich mit der Oktoberrevolution und der entstehenden sozialistischen Gesellschaft in Rußland sowie mit dem Marxismus ernsthaft auseinanderzusetzen.

Im Rahmen des aufkommenden Interesses an Sowjetrußland und am Marxismus entstanden im Anschluß an die 4. Mai-Bewegung zunächst in Peking unter Führung von Li Dazhao, einem der ersten Propagandisten des Marxismus in China, Ende 1919/Anfang 1920 die ersten marxistischen Studienzirkel, denen weitere in Shanghai, Changsha und anderen Städten folgten. Publizistisch wurde der Marxismus hauptsächlich von der »Neuen Jugend« verbreitet, zu deren Herausgebern an erster Stelle Chen Duxiu zählte. Nachdem es mit Hilfe der Komintern-Delegation unter Grigorij Voitinskij bis zum Ende des Jahres 1920 gelungen war, in Shanghai, Peking, Wuhan, Kanton, Changsha und Jinan »Kommunistische Zellen« zu gründen mit dem Ziel, eine Kommunistische Partei Chinas aufzubauen, begannen die jungen kommunistischen Intellektuellen, Publikationen für Arbeiter, wie die *Arbeiterstimme* in Peking oder die *Arbeitswelt* in Shanghai, herauszugeben und zunächst in Peking und Shanghai systematisch mit Arbeitern in Kontakt zu treten. Ihre Erfahrungen in der Agitierung, Erziehung und Organisierung der Arbeiterschaft von Changxindian und im Shanghaier Textilindustrieviertel Xiaoshadu fanden im *Plan für die Arbeiterbewegung*, der vom Ersten Kongreß der Kommunistischen Partei Chinas 1921 entworfen und verabschiedet wurde, ihren Ausdruck und hatten daher Modellcharakter für die weitere Politik der Kommunistischen Partei Chinas in der Arbeiterbewegung.

Der Aufbau einer Gewerkschaft unter den Arbeitern von Changxindian, einer Station auf der Peking-Hankou-Eisenbahn und eine Stunde südwestlich von Peking gelegen, war exemplarisch für die Vorgehensweise der Kommunisten in den späteren Jahren. Noch im September 1920, dem Gründungsmonat der Kommunistischen Zelle Peking, begann Zhang Guotao, einer der Gründer der Kommunistischen Partei Chinas und verantwortlich für die Arbeiterbewegung, die Verbindungen mit Facharbeitern und Kontrakteuren der Lokomotiv- und Waggonwerkstätte von Changxindian, die während der 4. Mai-Bewegung geknüpft worden waren, wiederaufzunehmen. Unter der Parole von der »Erziehung des gemeinen Volkes« gelang es ihm, eine Gruppe von Arbeitern von der Notwendigkeit einer Schule für ihre Kinder zu überzeugen und einige einflußreiche Kontrakteure zur quasi offiziellen Unterstützung zu gewinnen. Die bereits im folgenden Monat eingerichtete »Schule der Arbeiterkinder von Changxindian« wurde zum 1. Januar 1921 um Abendkurse für Arbeiter erweitert und in »Weiterbildungsschule für Arbeiter von Changxindian« umbenannt. Die von der Kommunistischen Zelle Peking bestimmten Lehrer der Schule unterrichteten die Arbeiter und deren Kinder in drei Fächern: 1. Allgemeines Wissen, 2. Mathematik, und 3. Sprache, ein Fach, in dem den Schülern mit Hilfe spezieller auf den Wortschatz der Arbeiter abgestimmter Unterrichtsmaterialien Lesen und Schreiben beigebracht wurden. Die »Weiterbildungsschule für Arbeiter von Changxindian« stellte als erste ihrer Art ein Modell für alle nachfolgenden kommunistischen Arbeiterschulen dar.[76]

Wie schon bei der Errichtung der Weiterbildungsschule stützten sich die kommunistischen Intellektuellen auch bei der

Organisierung der Gewerkschaft von Changxindian, die offiziell auf einer vielbeachteten 1. Mai-Versammlung 1921 gegründet wurde, auf einflußreiche Kontrakteure und Vorarbeiter, was dazu führte, daß ihr außer den circa 40 Arbeiterschülern der Weiterbildungsschule – zum großen Teil Facharbeiter – kaum ein Arbeiter beitreten wollte. Das Gros der Arbeiter mißtraute einem Verband, der behauptete, ihre Interessen vertreten zu wollen, und dem gleichzeitig ihre Herren und ihre Unterdrücker angehörten. Die kommunistischen Intellektuellen trafen hier auf das Kardinalproblem ihrer Arbeit: Um an die Arbeiter heranzukommen, hatten sie sich zunächst der traditionellen Verbände oder derer bedient, die sowohl unter den Arbeitern als auch bei den Unternehmern und Behörden Einfluß hatten, wie Kontrakteure und Vorarbeiter, während sie nun den Arbeitern beweisen mußten, daß die von ihnen propagierten Verbände wirklich die Interessen der breiten Arbeiterschaft vertraten. Dieser Beweis wurde für die Mehrzahl der Arbeiter erst mit der Entfernung der Kontrakteure aus den Gewerkschaften und mit der erfolgreichen Organisierung der großen ökonomischen Streiks des Jahres 1922 erbracht. Ähnliche Erfahrungen wie in Changxindian machte in Shanghai Li Qihan, dem es erst nach seinem Eintritt in die Qingbang-Geheimgesellschaft gelang, Einfluß auf die Textil-, Tabak- und Druckereiarbeiter von Xiaoshadu zu nehmen.[77]

4.3. Die Beschlüsse des Ersten Kongresses der Kommunistischen Partei Chinas zur Arbeiterbewegung und die Gründung des »Sekretariats der chinesischen Arbeitervereinigungen«

Der Erste Kongreß der Kommunistischen Partei Chinas, der im Juli 1921 stattfand, legte neben der Verabschiedung eines Programms das Studium der marxistischen Theorie und die Entwicklung der Arbeiterbewegung als vorläufige Hauptaufgaben fest. Der zweite Arbeitsschwerpunkt bedeutete, daß die Zielgruppe der Kommunistischen Partei nicht mehr hauptsächlich aus Studenten bestand, wie vor dem Kongreß, sondern daß nunmehr der theoretische Anspruch, politische Partei des Proletariats zu sein, in der Praxis verwirklicht werden sollte.[78] Zu diesem Zweck entwarfen und verabschiedeten die

12 Delegierten, die 57 Parteimitglieder vertraten, einen *Plan für die Arbeiterbewegung* und faßten einen Beschluß über die Aufnahme von Arbeitern in die Partei.[79]

Der *Plan für die Arbeiterbewegung* sah vor, als Vorstufen von Industriegewerkschaften zunächst Weiterbildungsschulen für Arbeiter zu gründen, in denen von der Partei ausgewählte Lehrkräfte den Werktätigen neben Lesen und Schreiben die Notwendigkeit gewerkschaftlicher Organisierung vermitteln sollten. Wie die Weiterbildungsschulen sollten auch die auf ihrer Grundlage zu organisierenden Gewerkschaften von der Kommunistischen Partei politisch geführt werden. Um dies zu gewährleisten, wurde beschlossen, mindestens zwei Parteimitglieder als Berater in die Führungsgremien einer jeden Gewerkschaft zu entsenden. Mit den bestehenden traditionellen Verbänden sollten Kontakte geknüpft werden, mit dem Ziel, sie zu einem späteren Zeitpunkt nach kommunistischen Vorstellungen zu reorganisieren. Darüber hinaus wurde die Schaffung einer nach außen hin von der Kommunistischen Partei unabhängigen Dachorganisation zur Leitung der Arbeiterbewegung vereinbart. Das Programm des gewerkschaftlichen Kampfes enthielt sowohl ökonomische als auch politische Forderungen: Neben (und verbunden mit) Verkürzung der Arbeitszeit, Lohnerhöhungen und Schutz der arbeitenden Frauen und Kinder wurden Versammlungs-, Koalitions-, Rede- und Pressefreiheit gefordert. Hinsichtlich der Bedingungen für die Aufnahme von Arbeitern in die Partei wurde – ebenso wie in bezug auf die Organisationsprinzipien der Kommunistischen Partei Chinas – beschlossen, »die Erfahrung der russischen bolschewistischen Partei zu übernehmen«.[80] Das Kriterium für die Aufnahme von Arbeitern war daher nur die Bereitschaft, sich für die kommunistische Gewerkschaftsbewegung aktiv einzusetzen, und nicht das Verständnis der marxistischen Theorie.

Sofort nach dem Ersten Kongreß der Kommunistischen Partei Chinas wurde die Errichtung der zentralen Dachorganisation für die Arbeiterbewegung in Angriff genommen und Anfang September 1921 das bereits ab August provisorisch bestehende »Sekretariat der chinesischen Arbeitervereinigungen« offiziell gegründet. Neben dem Hauptquartier in Shanghai wurden Zweigbüros in Peking, Wuhan, Kanton und

Changsha eröffnet. Als Organ des Sekretariats erschien in Shanghai die *Arbeiter-Wochenschrift*. Die Aufgaben, die sich das Sekretariat in seinem Manifest gesetzt hatte, waren mit den im *Plan für die Arbeiterbewegung* benannten inhaltlich identisch. Hinzu kam lediglich, daß man sich um die Herstellung von engen Verbindungen zwischen dem chinesischen Proletariat und den Arbeitern des Auslands bemühen wollte. Nach dem organisatorischen Aufbau der Dachorganisation für eine kommunistisch geführte chinesische Arbeiterbewegung konnten ihre knapp 30 Mitglieder, die ohne Ausnahme gleichzeitig der Kommunistischen Partei Chinas angehörten und von denen nur einer (Xiang Ying) Arbeiter-Herkunft nachweisen konnte, nun beginnen, den vom Ersten Kongreß der Kommunistischen Partei verabschiedeten *Plan für die Arbeiterbewegung* in die Praxis umzusetzen.[81]

4.4. Kommunisten und Anarchisten im Kampf um die Arbeiter

Bevor im folgenden der Aufbau moderner Gewerkschaftsorganisationen durch die chinesischen Kommunisten behandelt wird, muß zunächst auf die politische Gruppierung eingegangen werden, die vor 1919 praktisch als einzige der Arbeiterschaft eine zentrale politische Rolle zuordnete – die Anarchisten. Als im zweiten Halbjahr 1920 die Kommunistischen Zellen gegründet wurden, waren die Anarchisten den marxistisch-leninistischen Kommunisten zahlenmäßig zwar überlegen, aber in über 20 Gruppen zersplittert, die bis 1923 mehr als 70 verschiedene Publikationen herausgegeben hatten.[82] Die Teilnahme von Anarchisten in den Kommunistischen Zellen von Peking und Kanton, in denen sie sogar zunächst die Mehrheit besaßen, war wahrscheinlich ein Versuch, die anarchistische Szene zu vereinigen. Da die Anarchisten jedoch die nach dem Prinzip des demokratischen Zentralismus aufgebaute Kommunistische Partei Rußlands als undemokratisch und als künftiges Herrschaftsinstrument einer neuerlichen Klassendiktatur ablehnten, hatten sie in der Mehrzahl bereits Anfang 1921 die kommunistischen Gruppen wieder verlassen.[83]

Während das Leninsche Konzept der Organisierung des Proletariats und des Aufbaus seiner politischen Partei vorsah, zunächst mit der Gründung einer »festgefügten Organisation der Revolutionäre« zu beginnen und erst danach an die Verwirklichung der »eigentlich trade-unionistischen Ziele« und die »Heranbildung von Revolutionären aus der Arbeiterschaft« zu gehen[84], forderten die Anarchisten aus der strikten Ablehnung einer von Intellektuellen selbsternannten Avantgarde des Proletariats, genau den umgekehrten Weg einzuschlagen: Zunächst sollten Bildung und Bewußtsein der Arbeiterklasse durch Weiterbildungsschulen und ähnliche Einrichtungen so weit entwickelt werden, daß die Arbeiter selbständig eigene Organisationen ins Leben riefen. Auf einer höheren Stufe sollten dann industrielle und nichtindustrielle übergreifende Organisationen geschaffen und später in einem großen Verband aller Arbeiter vereinigt werden. In diesen genuinen, von klassenbewußten Arbeitern selbständig geschaffenen Massenorganisationen sollte es nach den Vorstellungen der Anarchisten keine »Führer«, sondern nur »Beauftragte« geben, die den expliziten und *nicht* den ›objektiven‹ Willen der Mitglieder lediglich erfüllen sollten und jederzeit ausgewechselt werden konnten. Aufgrund des niedrigen Bildungs- und Bewußtseinsniveaus der chinesischen Arbeiterklasse in den zwanziger Jahren sahen die Anarchisten es als ihre Hauptaufgabe an, die Arbeiter durch Publikationen, Schulen und Lesezirkel zu bilden und die Gründung erster kleiner Arbeiterorganisationen anzuregen. Die Gründung einer »Arbeiterpartei«, die aufgrund der gesellschaftlichen Bedingungen der Zeit nur intellektuelle Kaderpartei sein konnte, wurde strikt abgelehnt. Für die Anarchisten war die Gründung einer Partei des Proletariats der Endpunkt einer Organisierung der gesamten Arbeiterklasse von unten nach oben und nicht der Anfang einer Organisierung der Arbeiterschaft von oben nach unten.[85]

Die durch ihr eher sozialutopisches Konzept bedingte organisatorische Zersplitterung brachte die Anarchisten gegenüber der Kommunistischen Partei Chinas in der Organisierung der Arbeiter von Anfang an in eine schwächere Position. Hinzu kam, daß die Aktivitäten der nicht vom Ausland unterstützten chinesischen Anarchisten in der Arbeiterbewegung zu Anfang der zwanziger Jahre – soweit bekannt ist – auf Kanton und die Provinz Hunan beschränkt waren, und daß sie jeglichen Kontakt und Kompromiß mit Unternehmern, Militärmachthabern und Politikern ablehnten. In Changsha, der Hauptstadt der Provinz Hunan, hatten zum Beispiel die beiden anarchistischen Arbeiterstudenten Huang Ai und Pang Renquan am 20. November 1920 die »Vereinigung der Arbeitenden Hunans« gegründet, um die »materielle Lebenslage der Arbeiter zu verbessern« und »das Wissen der Arbeitenden zu erhöhen«. In ihrer etwas mehr als einjährigen Geschichte richtete die Vereinigung fünf Arbeiterschulen ein, initiierte und unterstützte einige Streiks und organisierte mehr als 7000 Arbeiter der verschiedensten Berufszweige in Dreiergruppen, der Basisorganisation der Vereinigung. Die kompromißlose Haltung ihrer Führer in der Auseinandersetzung mit dem Gouverneur von Hunan, Zhao Hengti, den sie unter anderem der Korruption und des Verrats bezichtigten, führte anläßlich des Streiks in der Hunan-Spinnerei Nr. 1 Anfang Januar 1922 zur Verhaftung und Hinrichtung von Huang Ai und Pang Renquan. Erst danach gelang es dem Hunan-Büro des Sekretariats der chinesischen Arbeitervereinigungen unter Mao Tse-tung, die hunanesischen Arbeiter nach den Richtlinien der Kommunistischen Partei Chinas zu organisieren und frühere Mitglieder der Vereinigung in kommunistisch geführte Gewerkschaften aufzunehmen.[86]

Im Gegensatz zu den Anarchisten waren die organisatorisch einheitlichen und ideologisch und finanziell von der Komintern unterstützten Kommunisten wesentlich flexibler im Umgang mit Unternehmern, Politikern, Geheimbünden und Militärmachthabern. So berichtete Liu Shaoqi, einer der bekanntesten Arbeiterführer der Kommunistischen Partei Chinas, 1937 in Yan'an Helen Foster Snow, daß Mao Tse-tung im Jahre 1922 mit dem genannten Gouverneur Zhao Hengti zusammengetroffen sei und ihn mit Erfolg um Schutz für die Arbeiterbewegung gebeten habe.[87] Um in engeren Kontakt mit Arbeitern zu kommen, trat in Shanghai Li Qihan nicht nur der Grünen Bande bei[88], sondern hielt auch die 1. Mai-Veranstaltung im Jahre 1921 zusammen mit dem Kapitalisten und Führer einer gemischten Arbeiterorganisation, Tong Lichang, ab.[89] Und Li Dazhao, einer der ersten Propagandisten des Marxismus in China, traf mit der Administration des Militärmachthabers Wu Peifu im Frühjahr 1922 ein Übereinkommen, nach dem sechs Mitglieder der Kommunistischen Partei als »Geheim-Inspektoren« des Verkehrsministeriums auf den nördlichen Eisenbahnen Anhänger der mit Zhang Zuolin verbündeten und damit Wu Peifu feindlichen »Kommunikations-Clique« entlarven sollten. Darüber hinaus mußten die Inspektoren im Falle eines Krieges zwischen den Militärmachthabern Zhang und Wu, der kurz nach dieser Vereinbarung Ende April ausbrach, die Benutzung der nördlichen Eisenbahnen ausschließlich durch die Truppen Wu Peifus sichern. Da dies letztlich nur mit Unterstützung der Eisenbahnarbeiter möglich war, erklärte sich Wu Peifu bereit, gewerkschaftliche Aktivitäten der Kommunistischen Partei Chinas unter den Eisenbahnern zu tolerieren.[90]

Es zeigte sich schließlich, daß die Kommunistische Partei den Anarchisten in der Agitierung und Organisierung der Arbeiter durch ihre einheitliche Organisation, eine geschicktere Taktik und aufgrund der Unterstützung durch die Komintern überlegen waren. Mit dem Jahr 1923 hörte der Einfluß der Anarchisten auf die Arbeiterbewegung praktisch auf. Danach beschränkten sich die Anarchisten darauf, die Kommunisten aufgrund ihrer Politik gegenüber der Arbeiterklasse vehement zu kritisieren: Verworfen wurde, daß die kommunistischen Intellektuellen und nicht die Arbeiter alle wichtigen Positionen in den Gewerkschaftsverbänden besetzt hielten, daß sie die Arbeiter, ohne sie zu befragen, kommandierten und durch Verfälschung und unnötige Radikalisierung von Forderungen der Arbeiter für Niederlagen, wie die des »7. Februar-Streiks«, verantwortlich seien[91] – eine Kritik, wie sie später auch von linken Kräften innerhalb der Kommunistischen Partei Chinas, darunter Qu Qiubai, vorgetragen wurde.[92]

4.5. Der Aufbau kommunistischer Gewerkschaftsorganisationen 1921-1922

Der Aufbau kommunistischer Gewerkschaftsorganisationen in den Jahren 1921/22 war hauptsächlich auf die nördlichen Eisenbahnen und auf die Provinz Hunan beschränkt, während in Kanton, dem Sitz der südlichen abtrünnigen Regierung, und in Shanghai traditionelle Arbeiterverbände, gemischte Verbände von Unternehmern und Arbeitern sowie von der

Guomindang oder den Anarchisten beeinflußte Organisationen eine starke Position besaßen und den Kommunisten nur partiell erlaubten, Einfluß zu nehmen. Im Süden war es daher zunächst die Politik des »Sekretariats der chinesischen Arbeitervereinigungen«, mit den Führern der lokalen Vereinigungen zur gegenseitigen Hilfe Kontakt aufzunehmen, Differenzen zwischen ihnen auszuräumen und mit ihrer Hilfe Weiterbildungsschulen für Arbeiter einzurichten, die unter dem Motto »Alle Arbeiter auf der Welt sind eine Familie« die Gründung von modernen Gewerkschaftsorganisationen erzieherisch vorbereiten sollten. Gegenüber den Geheimgesellschaften sollte eine ähnliche Politik verfolgt werden, an deren Beginn der Eintritt von Kommunisten in diese Verbände stand.[93]

Demgegenüber gab es zur Zeit der Gründung des Sekretariats in Hunan bereits genuine, von der anarchistischen »Vereinigung der Arbeitenden Hunans« ins Leben gerufene Arbeiterschulen und Verbände und in Changxindian die erste von Kommunisten geleitete Weiterbildungsschule für Arbeiter, der im Oktober 1921 der erste von Kommunisten konzipierte Arbeiterclub folgte. Im Gegensatz zur der im Mai gegründeten Gewerkschaft gehörten dem »Arbeiterclub von Changxindian« keine Kontrakteure und Vorarbeiter mehr an. Im übrigen setzte sich der Club nicht nur rein gewerkschaftliche Ziele, sondern er organisierte auch ein Freizeitangebot für die Arbeiter. Diese beiden Änderungen waren wichtige Voraussetzungen dafür, daß der Club – in Wirklichkeit nur ein anderer Name für Gewerkschaft – zu einer Massenorganisation heranwachsen konnte. Aufgrund der Vereinbarung zwischen Li Dazhao und der Militärregierung Wu Peifu im Frühjahr 1922 gelang es der Kommunistischen Partei bis Ende des Jahres, auf den sechs Eisenbahnen im Norden an mehr als 20 Stationen Weiterbildungsschulen und Arbeiterclubs nach dem Vorbild von Changxindian zu gründen, davon allein 16 auf der Peking-Hankou-Eisenbahn.[94] Auf der Grundlage der von den Anarchisten geschaffenen Organisationen und nach den Erfahrungen in Changxindian gründeten Mitglieder des »Sekretariats der chinesischen Arbeitervereinigungen« in Hunan unter Mao Tse-tung Weiterbildungsschulen und Arbeiterclubs an der Hankou-Kanton-Linie, in Changsha und anderen

Orten. Am erfolgreichsten arbeiteten die Arbeiterclubs von Anyuan und Shuikoushan, die jeweils mehrere Weiterbildungsschulen und eine Konsumgenossenschaft betrieben. Der »Club der Eisenbahn- und Bergarbeiter von Anyuan« gab 1924 sogar zwei Lehrbücher heraus, das *Arbeiter-Lesebuch* und das *Lesebuch zur Weiterbildung*, die unter anderen die Vorbilder für die späteren Lehrbücher in den Sowjetgebieten waren.[95]

Zu Beginn ihrer Arbeit in der Arbeiterbewegung gaben die Kommunisten, die im Namen des »Sekretariats der chinesischen Arbeitervereinigungen« unter den Arbeitern Erziehungs- und Gewerkschaftsarbeit leisteten, ihre Parteizugehörigkeit nicht preis und vermieden auch, öffentlich die Kommunistische Partei mit den von ihnen aufgebauten Gewerkschaften in Verbindung zu bringen. So kritisierte Mao Tsetung, daß die Gewerkschaftsführer von Anyuan auf einer Demonstration zum 1. Mai 1922, dem Gründungstag des dortigen Arbeiterclubs, die Parole »Lang lebe die Kommunistische Partei Chinas« ausgegeben hatten. Dies sei, so Mao, verfrüht, denn es würde die Arbeiter nur verschrecken. Zunächst solle man die Arbeiter organisieren und für ihre Interessen eintreten. Erst wenn sie erkannt hätten, daß die jungen Intellektuellen auf ihrer Seite stünden, und sie Vertrauen zu ihnen gefaßt hätten, sei die Zeit gekommen, sich zu decouvrieren.[96] Ein weiterer Grund für eine derartige Vorgehensweise bildete sicherlich auch die Furcht vor Repressalien von seiten der Behörden. Die Verwendung der Bezeichnung »Club« anstatt »Gewerkschaft« für die kommunistisch geführten Arbeiterorganisationen hatte ähnliche Motive.[97]

Die in den Jahren 1921/22 von den Kommunisten gegründeten Arbeiterclubs besaßen alle eine detailliert ausgearbeitete Organisationsstruktur, die in einer Satzung konkret festgelegt war. So waren die Gewerkschaftsmitglieder auf der untersten Ebene in »Zehnergruppen« organisiert, deren Vertreter auf der Ebene des Arbeitsorts die »Versammlungen der Delegierten der Zehnergruppen« bildeten. Diese Versammlungen wählten je einen Repräsentanten, den »Generaldelegierten« des Arbeitsorts, in die »Höchste Delegiertenversammlung«, die das beschlußfassende Organ einer jeden Gewerkschaft darstellte. Darüber hinaus bestimmten die Vertreter von jeweils 10 Zehnergruppen einen Delegierten von 100 Gewerkschaftsmitgliedern. Generaldirektor und Direktoren der »Versammlung der Beauftragten«, das ausführende Organ der Gewerkschaft, wurden auf einer Sitzung dieser »Delegierten von hundert« gewählt, alle anderen Mitglieder des Exekutivkomitees jedoch vom Generaldirektor selbst bestimmt.[98] Auf diese Weise konnten die wichtigsten Posten innerhalb der Exekutivorgane der Gewerkschaften von Vertretern des kommunistischen »Sekretariats der chinesischen Arbeitervereinigungen« besetzt und die Arbeiterorganisationen praktisch von ihnen geführt werden. Doch erst nach den großen Streiks für Lohnerhöhungen, Anerkennung der Clubs als Vertretung der Arbeiter, gegen das Kontraktsystem und für bessere Arbeitsbedingungen, die im Herbst 1922 ausgerufen wurden, begannen die Arbeiterclubs, allmählich zu Massenorganisationen zu werden und die Satzungen mehr als tote Paragraphen zu sein. Die wenigen Monate der Freiheit bis zur ersten schweren Niederlage der Arbeiterbewegung im Februar 1923 waren jedoch eine zu kurze Zeitspanne, um die Gewerkschaften satzungsgemäß funktionieren zu lassen – wurde doch deren Organisierung zunächst von oben nach unten vollzogen. Weitere Gründe hierfür waren die Arroganz, Selbstherrlichkeit und das »Kommandotum« der intellektuellen Arbeiterführer, die ungenügende Repräsentanz von Arbeitern in den Führungsorganen der Gewerkschaften und die teilweise sehr komplizierten Satzungen selbst, die es den Arbeitern schwer machten, sie zu verstehen und anzuwenden.[99]

5. Der erste Aufschwung der Arbeiterbewegung in China (Januar 1922 – Februar 1923)

Während des ersten Aufschwungs der modernen Arbeiterbewegung in China, der mit dem Ausstand der Hongkonger Seeleute von Januar bis März 1922 begann und Anfang 1923 mit der Niederschlagung des »7. Februar-Streiks« sein blutiges Ende fand, wurden mehr als 100 Streiks ausgerufen – doppelt so viele wie 1921. Insgesamt waren über 300 000 Arbeiter an ihnen beteiligt.[100] Die Gründe für das spektakuläre Anwachsen der Streiks waren dreierlei Art. Vor allen Dingen war es die elende Lebenslage der chinesischen Arbeiterklasse, die sich besonders nach 1919 ständig verschlechtert hatte. So stieg zum Beispiel in Peking der Preisindex für Lebensmittel von 88 im Jahre 1919 auf 113 im Jahre 1922, und dementsprechend sank der Reallohnindex von 111 auf 94,5.[101] Zweitens bewirkte das Entstehen von Arbeiterschulen und modernen Arbeiterverbänden nach 1919 die Herausbildung erster Ansätze eines Klassenbewußtseins unter der Arbeiterschaft. Zu Beginn des Jahres 1922 hatte es sich so weit entwickelt, daß das Proletariat massiv und in großer Zahl in Streikkämpfe eintrat. Und drittens waren die politischen Bedingungen für die Entwicklung der Arbeiterbewegung besser als je zuvor. Im Norden war Wu Peifu angesichts der unvermeidlichen Auseinandersetzung mit der zunächst mit ihm verbündeten Fengtian-Militärclique Zhang Zuolins bemüht, die Arbeiter und das liberale Bürgertum mit Parolen wie »Schützt die Arbeiter« und »Für eine Regierung von aufrichtigen Männern« auf seine Seite zu bringen, so daß die Arbeiterbewegung sich dort zunächst völlig frei entfalten konnte. In Hunan blieb dem von zwei Seiten bedrängten Gouverneur Zhao Hengti nach der Hinrichtung der beiden Arbeiterführer Huang Ai und Pang Renquan nicht viel anderes übrig, als die Arbeiter und die Kommunistische Partei relativ frei agieren zu lassen, um die öffentliche Meinung nicht völlig gegen sich aufzubringen. Und im Süden, namentlich in Hongkong und Kanton, genoß die Arbeiterbewegung seit der Etablierung der abtrünnigen Südregierung im Jahre 1917 relative Entfaltungsmöglichkeiten.

Tabelle 3 zeigt, daß zwei Drittel aller Streiks materielle Forderungen der Arbeitenden zugrunde lagen. Gegenüber den Arbeitsniederlegungen vor 1919 kam jedoch ein neues Moment hinzu: Neben den ökonomischen Forderungen wurde in zahlreichen Streiks zusätzlich verlangt, das Recht der Arbeitsvermittlung ausschließlich den Gewerkschaften zuzugestehen und damit das Kontraktarbeitssystem praktisch abzuschaffen. Damit war die chinesische Arbeiterbewegung in eine neue Phase getreten, in der der Kontraktarbeit, unter der nicht nur die Arbeiter grausam ausgebeutet wurden, sondern auch moderne Gewerkschaftsorganisationen nur schwer entstehen konnten, der Kampf angesagt wurde. In der zweiten Phase des ersten Aufschwungs der chinesischen Arbeiterbe-

Tabelle 3: Streiks in China, 1918-1926[102]

Jahr	Anzahl der Streiks	Streikgründe: *Ökonomische:* für höhere Löhne, gegen Lohnsenkung, Lohnabzüge und hohe Lebenshaltungskosten etc.		*Schlechte Arbeitsbedingungen:* gegen lange Arbeitszeit, schlechte Behandlung durch Kontrakteure etc.		*Politische:* nationale Bewegungen (4. Mai- und 30. Mai-Bewegung), Organisation von Gewerkschaften, Sympathiestreiks etc.		Sonstige und unbekannte	
		Zahl	%	Zahl	%	Zahl	%	Zahl	%
1918	25	15	60%	7	28%	—	—	3	12%
1919	66	23	35%	7	11%	35	53%	1	2%
*	(31)		(74%)		(23%)	(—)	(—)		(3%)
1920	46	32	70%	11	24%	—	—	3	7%
1921	49	33	67%	9	18%	1	2%	6	12%
1922	91	61	67%	12	13%	7	8%	11	12%
1923	47	28	60%	4	9%	5	11%	10	21%
1924	56	34	61%	9	16%	2	4%	11	20%
1925	318	105	33%	52	16%	145	46%	16	5%
**	(184)		(57%)		(28%)	(11)	(6%)		(9%)
1926	535	250	47%	172	32%	46	9%	67	13%
1918 bis 1926	1233	581	47%	283	23%	241	20%	128	10%
***	(1064)		(53%)		(26%)	(72)	(7%)		(12%)

* ohne die 35 Streiks, die im Rahmen der 4. Mai-Bewegung ausgerufen wurden.
** ohne die 134 Streiks, die im Rahmen der 30. Mai-Bewegung ausgerufen wurden.
*** ohne die 169 Streiks, die im Rahmen der 4. Mai- und der 30. Mai-Bewegung ausgerufen wurden.

wegung, die nach dem Ersten Nationalen Gewerkschaftskongreß im Mai 1922 begann, kam die Forderung nach Anerkennung der Gewerkschaften als alleinige Vertretungskörperschaften der Arbeiter hinzu.

5.1. Der Streik der Hongkonger Seeleute 1922[103]

Die Vorgeschichte des Streiks der Hongkonger Seeleute (12. Januar-8. März 1922) begann im März 1921, als aufgrund der starken Stellung von regelrechten Arbeitskontrakt-Firmen in der Arbeitsvermittlung von Seeleuten auf Initiative von

Mitgliedern der Guomindang die »Dachgewerkschaft der chinesischen Seeleute« gegründet wurde. Die permanente Verschlechterung der Lebenslage der Seeleute – von 1914 bis Ende 1921 war zum Beispiel der Reispreis in Hongkong um 150 Prozent gestiegen – führte im September und November zu gewerkschaftlichen Forderungen nach Lohnerhöhungen. Gleichzeitig wurde verlangt, der Gewerkschaft die Arbeitsvermittlung von Seeleuten zu überlassen. Diese Forderungen wurden von den Unternehmern nicht nur ignoriert, sondern sie erhöhten Ende des Jahres auch noch die ohnehin höheren Löhne der ausländischen Seeleute um 15 Prozent. Als am 12. Januar die dritte, ultimative Forderung der Gewerkschaft unbeantwortet blieb, brach der Streik aus, an dem sich bis Ende Januar rund 30 000 Arbeiter beteiligten. Das Verbot der Seeleute-Gewerkschaft durch die britischen Behörden am 1. Februar 1922 rief einen allgemeinen Sympathiestreik Hongkonger Arbeiter hervor. Bis Anfang März stieg die Zahl der Streikenden auf 120 000, die zu einem großen Teil nach Kanton ausreisten, um Repressionen von seiten der Kolonialbehörden aus dem Weg zu gehen. Nachdem Seeverkehr, Industrie und Handel total zum Erliegen gekommen waren, die Zahl der Streikenden immer mehr anwuchs und Hongkong der wirtschaftliche Ruin drohte, blieb Regierung und Unternehmern schließlich nichts anderes übrig, als im wesentlichen auf die Forderungen der Gewerkschaft einzugehen.

Der Streik der Hongkonger Seeleute war nicht nur von seiner Dauer (56 Tage) und der Zahl der Beteiligten her ein Novum in der Sozialgeschichte Chinas. Zum erstenmal waren Arbeiter in einen Sympathiestreik gegen das Verbot einer Gewerkschaft getreten, der sie selbst nicht angehörten, und auch zum erstenmal hatten Arbeiter aus den verschiedensten Orten des Landes für einen zunächst rein ökonomisch begründeten Ausstand materielle Hilfe geleistet. Der Streik der Hongkonger Seeleute war daher der Beginn einer Entwicklung, in der die chinesischen Arbeiter begannen, ihre traditionellen lokalen und berufsspezifischen Fesseln abzuwerfen und sich bewußt als einheitliche Klasse – unabhängig von Dialekt und professioneller Fertigkeit – zu konstituieren. Der Erfolg des Streiks war der Auslöser für die danach einsetzende große Streikwelle.

Der Streik der Hongkonger Seeleute und die sich im März/April 1922 anschließenden Arbeitskämpfe der Matrosen auf dem Yangzi, der Briefträger und der Rihua-Spinnerei-Arbeiter in Shanghai[104] signalisierten den Beginn einer Streikbewegung in nationalem Maßstab. Dabei mußte das »Sekretariat der chinesischen Arbeitervereinigungen« erkennen, daß nicht nur keiner dieser Streiks von ihm geführt oder auch nur initiiert worden war, sondern daß darüber hinaus die Gefahr bestand, daß die Guomindang und ihr nahestehende Verbände die Führung in der nationalen Arbeiterbewegung erlangten. Erste Ansätze hatte es dazu bereits gegeben, als die ebenso wie die Hongkonger Seeleute-Gewerkschaft unter Guomindang-Einfluß stehende »Mechanikergewerkschaft von Guangdong« auf dem Höhepunkt des Hongkonger Streiks am 27. 2. 1922 einen vorbereitenden Kongreß zur Gründung der »Dachgewerkschaft der Provinz Guangdong« abhielt, an dem sich 56 Gewerkschaften beteiligten.[105]

Vor diesem Hintergrund regte das Sekretariat am 12. April 1922 in Zeitungsannoncen und Einladungen an alle Gewerkschaften die Einberufung des »Ersten Nationalen Arbeiterkongresses« am 1. Mai in Kanton an.[106] Die 162 Delegierten von mehr als 100 Gewerkschaften, die der Einladung gefolgt waren, vertraten 70 000 organisierte Arbeiter.[107] 80 Prozent der Delegierten kamen von Gewerkschaften aus Hongkong und Kanton – ein Zeichen davon, wie weit die Entwicklung der Gewerkschaftsbewegung im Süden bereits fortgeschritten war. Der Rest bestand in der Mehrzahl aus Delegierten der von Kommunisten aufgebauten bzw. im Entstehen begriffenen[108] Gewerkschaften im Norden, in der Provinz Hunan und in Wuhan.[109] Der sechstägige Kongreß, auf dem es zu erheblichen Auseinandersetzungen zwischen Kommunisten, Anarchisten, Guomindang-Mitgliedern und Delegierten genuiner Arbeiterorganisationen kam, faßte schließlich doch verschiedene gemeinsame Beschlüsse, von denen als wichtigste zu nennen sind[110]: Forderung des Acht-Stunden-Tags und einer Arbeitsgesetzgebung; Richtlinien für die gegenseitige Streikhilfe der Gewerkschaften[111]; Richtlinien für die Behandlung von »Arbeiterverrätern«; Prinzipien gewerkschaftlicher Organisation.[112]

Das bedeutendste Ergebnis des Kongresses lag ohne Zweifel in dem Beschluß über die Prinzipien gewerkschaftlicher Organisation. Nachdem postuliert worden war, daß die auf der Grundlage der industriellen und handwerklichen Gewerkschaften zu gründenden lokalen Dachverbände sich zu einem späteren Zeitpunkt in einer »Nationalen Dachgewerkschaft« zusammenschließen sollten, wurde das »Sekretariat der chinesischen Arbeitervereinigungen« beauftragt, bis zur Gründung des nationalen Gewerkschaftsverbandes als zentrales Verbindungsbüro aller Gewerkschaften zu fungieren und die Einberufung eines zweiten Arbeiterkongresses vorzubereiten. Mit diesem Beschluß hatte das nach außen hin von der Kommunistischen Partei unabhängige Sekretariat[113] praktisch die organisatorische Führung der nationalen Arbeiterbewegung errungen.[114]

5.3. Die Beschlüsse des Zweiten Kongresses der Kommunistischen Partei Chinas und die Arbeitsrechtsbewegung

Hatte das auf dem Ersten Kongreß der KP Chinas verabschiedete Programm nur sehr abstrakt die Rolle der Arbeiterklasse in einer ebenfalls unklar umrissenen Revolution beschrieben, so legte das Manifest des Zweiten Kongresses im Juli 1922 eindeutig fest, daß das Proletariat zusammen mit den armen Bauern zunächst die nationale, bürgerlich-»demokratische Revolution« unterstützen und nach deren Sieg in einem zweiten Kampf die einheimische Bourgeoisie stürzen und die »Diktatur des mit den armen Bauern verbündeten Proletariats« errichten müsse.[115] Darüber hinaus betonte der 6. Beschluß des Zweiten Kongresses zur Arbeiterbewegung, daß diese Unterstützung aus einer unabhängigen Position des Proletariats bzw. der Gewerkschaften heraus erfolgen müsse.[116] Damit war der kommunistisch geführten Arbeiterbewegung eine neue programmatische Richtung gegeben. Als kurzfristiges Ziel der Arbeiterbewegung nahm der Zweite Kongreß der KP Chinas die Forderung des Ersten Nationalen Arbeiterkongresses nach einer Arbeitsgesetzgebung in seinem Manifest und auch in seinen Beschlüssen zur Arbeiterbewegung auf und benannte sie konkret: Abschaffung der Kontraktarbeit; Einführung des Acht-Stunden-Tags; innerhalb der Fabriken Errichtung von Hospitälern und sanitären Einrichtungen für die Arbeiter; Schaffung einer Versicherung für Arbeiter; Schutz der weiblichen und Kinder-Arbeit; Arbeitslosenschutz. Darüber hinaus forderte der Kongreß politische Freiheiten bzw. Rechte für die Arbeiter und Bauern: das uneingeschränkte Wahlrecht, Rede-, Presse-, Versammlungs-, Koalitions- und Streikfreiheit.[117]

Außerdem faßten die neun Delegierten von 123 Parteimitgliedern zahlreiche Einzelbeschlüsse zur Arbeiterbewegung, die als grundlegender strategischer und taktischer Rahmen für die Arbeit der Kommunisten in der Arbeiterbewegung angesehen wurden.[118] Demnach lag das Endziel der Arbeiterbewegung in der Zerschlagung der Lohnsklaverei und dem Wiederaufbau der Gesellschaft nach kommunistischen Prinzipien. Haupttätigkeit der Gewerkschaften sollte daher der Kampf gegen die Kapitalisten und die Regierung sein. Im Unterschied zu den Gilden sollten den Gewerkschaften auf keinen Fall Unternehmer angehören. Gleichzeitig sei es die Aufgabe der Arbeiterverbände, die Lage der Arbeitenden zu verbessern, wobei Arbeitsverträge und Lohnabmachungen ausschließlich kollektiv, d. h. von den Arbeiterdelegierten für alle Arbeiter, geschlossen werden sollten. Eindeutig wurde die Führung der Gewerkschaften durch die Kommunistische Partei festgelegt. Nicht-kommunistische Arbeiterverbände – von Guomindang-Gewerkschaften bis hin zu traditionellen Gilden – sollten beeinflußt, später reorganisiert und unter kommunistische Führung gebracht werden.

Als noch im Juli die Pekinger Militärregierung Wu Peifus das alte Parlament wieder zusammenrief, begann das »Sekretariat der chinesischen Arbeitervereinigungen« mit einer Kampagne zur Verabschiedung einer Arbeitsgesetzgebung, die vom Ersten Nationalen Arbeiterkongreß wie auch vom Zweiten Kongreß der KP Chinas gefordert worden war. Unter Leitung von Deng Zhongxia wurde ein Arbeitsrechtsentwurf mit 19 Punkten ausgearbeitet[119], der breite Unterstützung unter den organisierten Arbeitern fand und von den Wuhaner Gewerkschaften im September 1922 als Petition ins Parlament eingebracht wurde. Trotz ihres schließlichen Mißerfolgs erhöhte diese Kampagne das Ansehen des Sekretariats unter den

Arbeitern, und ihr Scheitern zeigte, daß die Arbeiterschaft von den Militärs und der »Regierung der aufrichtigen Männer« nichts Positives zu erwarten hatte.[120] Die intellektuelle »Vorhut des Proletariats« freilich zog weder aus dem Mißerfolg der Arbeitsrechtskampagne noch aus dem brutalen Vorgehen von Truppenteilen Wu Peifus gegen die Streikenden am Kailuan-Kohlenbergwerk im Oktober 1922 die notwendigen Schlüsse: So traf die Niederschlagung der nördlichen Arbeiterbewegung durch Wu Peifu im Verlauf des »7. Februar-Streiks« 1923 die Arbeiterklasse selbst völlig unvorbereitet.

5.4. Die Streikbewegung von Juli 1922 bis Februar 1923

Die Streikbewegung von Juli 1922 bis Februar 1923 stellte den Höhepunkt des ersten Aufschwungs der modernen Arbeiterbewegung in China dar: In diesem Zeitraum wurden nicht weniger als 96 Streiks mit 270 000 Beteiligten ausgerufen[121], und die Zahl der in Gewerkschaften organisierten Arbeiter erhöhte sich auf schätzungsweise 300 000. Annähernd die Hälfte davon waren Mitglieder in von Kommunisten geführten Verbänden[122] – ein Zeichen dafür, daß sich der Einfluß der KP bzw. des »Sekretariats der chinesischen Arbeitervereinigungen »auf die Arbeiterbewegung nach dem Ersten Nationalen Arbeiterkongreß vervielfacht hatte. Dies zeigte sich auch darin, daß fast alle bedeutenden Streiks in diesem Zeitraum vom Sekretariat angeregt und geführt wurden. Das Zentrum der Arbeitskämpfe hatte sich damit vom Süden in die Gebiete verlagert, in denen die Kommunisten die Arbeiterbewegung quasi allein leiteten, das heißt in Zentralchina (Hunan/Hubei) und im Norden. Versuche des Sekretariats, auch unter den Shanghaier Arbeitern Fuß zu fassen, waren durch die Schließung seines Hauptquartiers und die Verhaftung des kommunistischen Arbeiterführers Li Qihan im September 1922 zunichte gemacht worden.[123]

Initialwirkung für die im Herbst 1922 massiv einsetzende Streikwelle hatten der Arbeitskampf der Arbeiter des Hanyanger Stahlwerks im Juli und der der Eisenbahner von Changxindian im August. In Hanyang waren die Stahlwerker in den Ausstand getreten, weil die Hanyeping-Gesellschaft in Zusammenarbeit mit den Militärbehörden ihren mit Hilfe des

Sekretariats organisierten Club gewaltsam geschlossen und 70 Club-Mitglieder entlassen hatte. Der Sieg des Streiks, der unter anderem die Wiedereröffnung des Clubs und seine Anerkennung als Vertretungskörperschaft der Arbeiter zum Ziel hatte[124], beeinflußte hauptsächlich die Arbeiterbewegung in Hunan und Hubei. Allein in der Provinz Hunan wurden bis Februar 1923 zehn Streiks mit 22 250 Beteiligten ausgerufen und damit unmittelbar zusammenhängend 18 Gewerkschaften gegründet.[125] Der Streik der Arbeiter von Changxindian, dem sich fünf weitere Arbeiterclubs auf dem circa 500 Kilometer langen nördlichen Streckenabschnitt der Peking-Hankou-Eisenbahn anschlossen, war der Ausgangspunkt der Streikwelle im Norden, insbesondere auf den Eisenbahnen. Der Einfluß dieses Arbeitskampfes war unter den Arbeitern deshalb so groß, weil er als lokal begrenzter Streik für alle Arbeiter der Eisenbahnlinie – von Peking bis Hankou – Lohnerhöhungen durchgesetzt hatte.[126]

Forderungen nach Lohnerhöhungen bildeten die Hauptursache der Arbeitsniederlegungen in dem beschriebenen Zeitraum. Neben weiteren ökonomischen Forderungen verlangten Arbeiter und Gewerkschaften in ihren Streikdeklarationen zumeist auch die Beseitigung oder Modifizierung des Kontraktarbeitssystems und die Anerkennung der Arbeiterclubs als alleiniger Vertretungsorgane der Arbeiter mit Mitspracherecht bei Einstellungen und Entlassungen von Arbeitskräften. Mit einer Ausnahme, dem Ausstand der Kumpel des Kailuan-Kohlenbergwerks im Oktober 1922[127], endeten alle Streiks mit einem völligen oder zumindest teilweisen Erfolg. Die Gründe dafür lagen nicht nur in der günstigen politischen Situation und darin, daß die Arbeiter geschlossen hinter den Forderungen der Gewerkschaften standen, sondern auch in der besonderen Taktik des »Sekretariats der chinesischen Arbeitervereinigungen«. Das Sekretariat hatte die Verbände angewiesen, die Arbeitskämpfe kompromißbereit und mit Hilfe von »Arbeitermilizen« zivilisiert und ordnungsgemäß zu führen, um den Behörden jeglichen Vorwand zu gewaltsamen Eingriffen zu nehmen. Die Taktik des »Das-Mitleid-der-Menschen-erregen«, die sich in Parolen wie »Wir wollen leben! Wir wollen essen! Augenblicklich leiden wir Hunger! [. . .] So werden wir zum Streik als unserem allerletzten Mittel gezwungen!« niederschlug, brachte darüber hinaus den Streikenden Sympathien selbst im bürgerlichen Lager ein.[128]

Die Bereitschaft der unter dem Einfluß von kommunistischen Intellektuellen gegründeten Gewerkschaften, für die Interessen der Arbeiterschaft einzutreten, und ihre Fähigkeit, Streikkämpfe erfolgreich zu Ende zu bringen, waren eine grundlegende Voraussetzung dafür, daß die Arbeiter im Verlaufe der Streikbewegung den bereits zuvor gegründeten Arbeiterclubs oder Gewerkschaften in großer Zahl beitraten. Ein Beispiel von vielen war der »Club der Eisenbahn- und Bergarbeiter von Anyuan«, dem vor dem Streik im September 1922 lediglich 700 Arbeiter angehört hatten, während kurz nach dem Erfolg des Streiks seine Mitgliederzahl auf 11 000 angestiegen war.[129] Noch während die einzelnen Gewerkschaften erst im Begriff waren, wirkliche Massenorganisationen zu werden, wurden auf Initiative des Sekretariats die ersten Dachgewerkschaften ins Leben gerufen, wie die »Vereinigung der Arbeiterverbände Wuhans«, die zwanzig Gewerkschaften mit mehr als 30 000 Mitgliedern umfaßte, und die »Vereinigung der Arbeiterverbände Hunans«, die von 14 Gewerkschaften mit über 30 000 Mitgliedern im November 1922 gegründet und zu deren Leiter Mao Tse-tung gewählt wurde.[130]

Die gewaltsame Auflösung des Gründungskongresses der »Dachgewerkschaft der Peking-Hankou-Eisenbahn«, der am 1. Februar 1923 von den 16 Arbeiterclubs bzw. Gewerkschaften an dieser Eisenbahnlinie einberufen worden war, und die blutige Niederschlagung des sich anschließenden Streiks von 20 000 Arbeitern am 7. Februar durch die Truppen Wu Peifus markierten das abrupte Ende des ersten Aufschwungs der chinesischen Arbeiterbewegung und der Zusammenarbeit zwischen der Kommunistischen Partei Chinas und dem nördlichen Militärmachthaber.[131] Bis auf Guangdong, wo Sun Yat-sen im Januar 1923 wieder an die Macht gekommen war, wurden bis Ende des Jahres im ganzen Land die zum Teil gerade erst gegründeten Gewerkschaftsorganisationen gewaltsam aufgelöst, Arbeiterführer ins Gefängnis geworfen oder gar umgebracht. Die einzige Ausnahme bildete der maßgeblich von Li Lisan aufgebaute »Club der Eisenbahn- und Bergarbeiter von Anyuan«, der bis September 1925 öffentlich weiterbestand und sich – basierend auf einem Delegierten-System – zu einer Art kommunistischer Modell-Gewerkschaft mit sieben Arbeiterschulen, einer Konsumgenossenschaft und einer eigenen Zeitschrift, dem *Anyuan-Zehntageblatt*, entwikkelte.[132] Mit der Niederschlagung des »7. Februar-Streiks« trat die chinesische Arbeiterbewegung in eine Phase der Unterdrückung und Illegalität. Die im Vergleich zum Zeitraum zuvor wenigen Streiks endeten in den meisten Fällen erfolglos, obwohl die Forderungen im allgemeinen minimal waren. Bis zum Wiederaufleben der Arbeiterbewegung im Sommer 1924 blieben die aufgelösten Gewerkschaften verboten und die inhaftierten Gewerkschaftsführer im Gefängnis.[133]

Die praktisch totale Niederschlagung der von Kommunisten geführten Arbeiterbewegung löste innerhalb der KP große Auseinandersetzungen aus. Die Gruppe um Generalsekretär Chen Duxiu vertrat die Meinung, daß die Schwäche der Arbeiterbewegung allein in der Zersplitterung und Unreife der chinesischen Arbeiterklasse zu suchen sei. Eben deshalb forderten sie auf dem Dritten Parteikongreß im Juni 1923 in Kanton eine enge Kooperation zwischen Guomindang und der Kommunistischen Partei auch in der Arbeiterbewegung, mit dem Ziel, die Arbeiter für die Guomindang als der führenden Kraft der nationalen Revolution zu gewinnen.[134] Dem entgegengesetzt war die Auffassung von Deng Zhongxia, dem Direktor des Sekretariats nach seiner Übersiedlung nach Peking im Oktober 1922: Die Gewerkschaften seien lediglich an der Spitze, aber nicht an der Basis organisiert gewesen, und im übrigen habe die Partei viel zu wenige Arbeiter in ihre eigenen Reihen aufgenommen, was zur Schwäche der Arbeiterverbände und zu der mangelhaften Führung durch die KP geführt habe.[135] Zhang Guotao, bis Oktober 1922 Direktor des Sekretariats, und Cai Hesen, Mitglied des Zentralkomitees und zuständig für Propaganda, vertraten hingegen die Ansicht, daß für die Niederschlagung der Arbeiterbewegung hauptsächlich der Wandel in der Haltung der Militärmachthaber (Wu Peifu) und der sie unterstützenden imperialistischen Staaten verantwortlich gewesen sei.[136] Die Kader der Arbeiterbewegung widersetzten sich außerdem geschlossen der Auffassung der Komintern und Chen Duxius, in der Arbeiterbewegung mit der Guomindang zusammenzuarbeiten und ihr dabei die Führung zu überlassen. Aufgrund dieser Auseinandersetzungen begann die Kommunistische Partei erst nach einer erweiterten Plenartagung des Zentralkomitees im Mai 1924 wieder einheitlich in der Arbeiterbewegung aktiv zu werden.[137]

Nach 1927 wurde die Niederschlagung der Arbeiterbewegung im Frühjahr 1923 ebenso wie die Liquidierung des kommunistischen Einflusses in den Städten durch Tschiang Kai-schek im Jahre 1927 ausschließlich dem »Opportunismus« Chen Duxius angelastet.[138] Für das eingangs erwähnte Übereinkommen mit Wu Peifu (siehe Seite 289 f.) und für das spätere Bündnis mit Tschiang Kai-schek waren freilich Chen Duxiu und der ebenfalls kritisierte Li Dazhao nicht primär verantwortlich – diese Entscheidungen wurden von der Komintern gefällt.[139] Die Frage, ob eine kommunistische Partei, in der die Arbeiter nicht nur die Mehrzahl der Mitglieder ausgemacht hätten, sondern auch innerhalb der Parteiführung maßgeblich vertreten gewesen wären, eine von den fatalen Ratschlägen der Komintern unbeeinflußte Politik hätte betreiben und dadurch schwere Niederlagen wie 1923 und 1927 hätte verhindern können, ist weder von den zeitgenössischen Kommunisten noch von den späteren Parteihistorikern gestellt, geschweige denn beantwortet worden.

6. Der zweite Aufschwung der chinesischen Arbeiterbewegung (Januar 1924-März 1927)

Während des zweiten Aufschwungs der chinesischen Arbeiterbewegung, dessen Höhepunkt in die Zeit vom Zweiten Nationalen Arbeiterkongreß im Mai 1925 bis zum Putsch Tschiang Kai-scheks am 20. März 1926[140] fiel, wurden circa 80 Prozent aller Streiks von 1919 bis 1927 ausgerufen, und die Zahl der organisierten Industriearbeiter stieg von knapp 200 000 auf zeitweise annähernd eine Million.[141] Die Besonderheiten der chinesischen Arbeiterbewegung in diesem Zeitraum lagen in der Schaffung eines nationalen Gewerkschaftsverbandes, in der führenden Rolle der Arbeiterklasse während der antiimperialistischen Bewegung vom 30. Mai und während des Hongkong-Kanton-Streiks sowie in der Teilnahme von großen Teilen der Arbeiterschaft an der nationalen Einigungsbewegung (Nordfeldzug) und damit verbundenen bewaffneten Aufständen (Shanghai).

6.1. Das Wiederaufleben der Arbeiterbewegung

Zwei politische Ereignisse leiteten das Wiederaufleben der Arbeiterbewegung ein: Im Süden war es der Erste Nationale Kongreß der Guomindang im Januar 1924 und im Norden der Zusammenbruch des Militärregimes unter Wu Peifu und Zao Kun im Oktober desselben Jahres.

Die maßgeblich von der Komintern erwirkten Beschlüsse der KP Chinas zum Bündnis mit der Nationalen Volkspartei auf der sogenannten Westsee-Konferenz im August 1922 und auf ihrem Dritten Parteitag im Juni 1923 sowie die mit ihrem Ersten Nationalen Kongreß abgeschlossene Reorganisierung der Guomindang machten es den in der Arbeiterbewegung aktiven Kommunisten möglich, die Autorität der Partei Sun Yat-sens unter den Arbeitern und ihre Maschinerie für die Organisierung der chinesischen Arbeiter auszunutzen. Hinzu kam, daß mit Liao Zhongkai ein führender Vertreter des linken Flügels der Guomindang zum Direktor des Arbeiter-Büros beim Zentralen Exekutivkomitee der Nationalen Volkspartei ernannt wurde. Liao berief nicht nur einen Kommunisten zum Sekretär des Büros, sondern veranlaßte auch die Gründung der »Arbeiterdelegierten-Konferenz von Guangdong«.[142] Die im Mai 1924 gegründete Arbeiterdelegierten-Konferenz war als Gegen-Dachverband zu den bestehenden traditionellen und den von rechten Guomindang-Mitgliedern beeinflußten Arbeiterorganisationen gedacht, wie die Mechaniker-Gewerkschaft oder die »Dachgewerkschaft der Provinz Guangdong«[143], mit denen es in der Folgezeit zu teilweise erheblichen Auseinandersetzungen kam.

Die große Streikbewegung von 1925 bis Anfang 1927 nahm ihren Anfang mit dem erfolgreichen Ausstand der chinesischen Arbeiter auf der Kantoner Insel Shamian vom 15. Juli bis 17. August 1924. Ihr Protest richtete sich gegen eine neue, die Chinesen diskriminierende Polizeiverordnung für die englische und die französische Konzession, die sich beide auf der Insel Shamian befanden. Dieser Streik, dem sich sogar die chinesische Polizei der Konzessionen anschloß, hatte einen ausschließlich antiimperialistischen Charakter und zeigte damit unter anderem, wie sehr der ideologische Einfluß der Guomindang-Linken und der KP Chinas auf die Arbeiterklasse in Kanton zugenommen hatte.[144] Genau dies war ein Dorn im Auge der Kantoner Bourgeoisie, vertreten durch die lokale Handelskammer. Bereits 1923 hatte sie ein Freiwilligenkorps der Kaufleute gebildet, mit dem langfristigen Ziel, die Regierung unter Sun Yat-sen zu stürzen. Als die Kantoner Behörden im August 1924 Waffen, die für das konterrevolutionäre Korps bestimmt waren, beschlagnahmen ließen, beschloß die Arbeiterdelegierten-Konferenz am 20. desselben Monats, zum Schutz der Regierung eine »Armee der Arbeiterverbände« aufzustellen. Doch nachdem Sun Yat-sen im September Kanton verlassen hatte, um den Feldzug gegen Militärmachthaber Wu Peifu zu leiten, lieferte der Gouverneur von Kanton, Hu Hanmin, am 10. Oktober die zunächst konfiszierten Waffen an das Freiwilligenkorps der Kaufleute aus. Sofort danach begann die Kaufmannschaft mit bewaffneten Überfällen, in deren Verlauf sie den westlichen Bezirk von Kanton besetzte. Zusammen mit Arbeiter- und Bauerneinheiten gelang es der von Sun eingesetzten Guangdong-Armee, den Umsturzversuch der Kantoner Bourgeoisie niederzuschlagen. Die Arbeitermilizen und die von Kommunisten organisierte »Selbstverteidigungsarmee der Bauern« trugen trotz ihrer primitiven Bewaffnung entscheidend zur Niederwerfung und Auflösung des Freiwilligenkorps bei. Dies war das erste Mal, daß chinesische Arbeiter und Bauern zusammen an bewaffneten Kämpfen zur Unterstützung einer revolutionären Regierung teilnahmen. Zumindest bis 1927 sollte dies jedoch eine der wenigen Ausnahmen in der Sozialgeschichte Chinas bleiben. Hinzu kam, daß der antiimperialistische Charakter auch dieses Kampfes eine nicht minder starke Motivation für die Bevölkerung darstellte, Sun Yat-sen aktiv zu unterstützen. Großbritannien hatte sich nämlich offen auf die Seite der mit den Guomindang-Rechten und den regionalen Militärmachthabern verbündeten Kaufleute gestellt.[145]

Der Staatsstreich Feng Yuxiangs im Norden am 24. Oktober 1924 löste in der dortigen Arbeiterbewegung eine Periode des Wiederaufschwungs aus. Die im Verlaufe des »7. Februar-

Streiks« verhafteten Arbeiterführer wurden freigelassen, Gewerkschaften wieder erlaubt und entlassene Arbeiter wieder eingestellt. In aller Öffentlichkeit konnte die ein Jahr zuvor maßgeblich von Kommunisten im Untergrund aufgebaute »Nationale Dachgewerkschaft der Eisenbahner« vom 7. bis 10. Februar 1925 in Zhengzhou ihren Zweiten Delegiertenkongreß abhalten, auf dem als Hauptaufgabe der Wiederaufbau der zerstörten Gewerkschaften beschlossen wurde.[146] Obwohl es zwischen Oktober 1925 und Juni 1926 zu großen ökonomischen Streiks im Nordosten kam, erreichte die Bewegung im Norden allerdings nie wieder den Organisationsgrad, den sie Ende 1922/Anfang 1923 besessen hatte. Dies lag im wesentlichen an den verstärkten Aktivitäten der Guomindang-Rechten, die mit Hilfe von früheren Kommunisten »gelbe« Gewerkschaftsverbände aufbauten, sowie an einer sehr geschickten Sozialpolitik des Verkehrsministeriums, das sich etwa im Falle der Peking-Hankou-Eisenbahn an die Tarifvereinbarungen des August-Streiks von 1922 hielt und alle zwei Jahre die Löhne erhöhte.[147] Ein weiterer Grund war die erneute Unterdrückung der von Guomindang-Linken und Kommunisten geführten Arbeiterbewegung, die nach dem neuerlichen Bündnis zwischen Wu Peifu und Zhang Zuolin und der Niederlage Feng Yuxiangs im Frühjahr 1926 einsetzte.

In Shanghai war der Einfluß des Regierungswechsels im Norden auf die Arbeiterbewegung am größten: dort streikten vom 9. bis 27. Februar 1925 zeitweise 40 000 Arbeiter von 22 japanischen Spinnereien unter anderem gegen Entlassungen, schlechte Behandlung und für Lohnerhöhungen. Wie in Kanton hatte der Ausstand hauptsächlich nationalrevolutionären Charakter, und auch hier gelang es der KP, mit Hilfe des »Arbeiterclubs Shanghai-West« die Führung des Streiks zu übernehmen. Obwohl der Ausstand eine Niederlage erlitt, war er insofern erfolgreich, als sich während des Streiks über 10 000 Arbeiter in Gewerkschaften organisierten und der Wille des Shanghaier Proletariats zum Kampf gegen die japanischen Kapitalisten sich durch deren unnachgiebige Haltung unverkennbar festigte.[148] Unter dem Eindruck des Februar-Streiks von Shanghai traten vom 19. April bis 9. Mai 1925 über 20 000 Arbeiter der japanischen Spinnereien in Qingdao in Ausstand und erzielten zunächst einen Teilerfolg.[149] Die brutale Reaktion des japanischen Textilindustrieverbands auf die nach den beiden Arbeitskämpfen zunehmende Organisierung und Radikalisierung der Arbeiter bildete die unmittelbare Ursache für die 30. Mai-Bewegung.

6.2. Der Zweite Nationale Arbeiterkongreß[150]

Das Wiederaufleben der Arbeiterbewegung und der immer stärker werdende Einfluß der Kommunistischen Partei führten notwendigerweise zu Auseinandersetzungen der Kommunisten und Guomindang-Linken mit dem rechten Flügel der Nationalen Volkspartei, der im wesentlichen die Interessen der chinesischen Groß- und Kompradorenbourgeoisie vertrat. Der Versuch eines bewaffneten Putsches der mit der Guomindang-Rechten und dem britischen Imperialismus verbündeten Kantoner Kaufleute war – zweieinhalb Jahre vor der Zerschlagung der Arbeiterbewegung – ein deutliches Zeichen gewesen für die Entschlossenheit der Bourgeoisie, eine Radikalisierung der Arbeiter zu verhindern und eine progressive Regierung zu stürzen. Nach diesem anfänglichen Fehlschlag verstärkten die Rechten in der Nationalen Volkspartei ihre Aktivitäten in der Arbeiterbewegung: die Guangdonger Mechanikergewerkschaft wurde in einen strikt antikommunistischen Verband umorganisiert, ebenso wie die im August 1923 gegründete »Vereinigung der Shanghaier Arbeiterverbände«. Anläßlich des von Kommunisten beeinflußten Streiks der Spinnereiarbeiter im Februar 1925 riefen sie den »Antikommunistischen Bund weiblicher und männlicher Arbeiter« ins Leben. Schließlich wurde am 1. März 1925 in Peking unter Führung von Ma Zhaojun, einem führenden Vertreter des rechten Guomindang-Flügels und Mitglied der Guangdonger Mechanikergewerkschaft, die »Nationale Vereinigung der Arbeiter aller Provinzen und Gebiete« ausgerufen, die vorgab, mit 13 Dachgewerkschaften eine wirklich nationale Arbeiterorganisation zu sein, sich jedoch wenig später wieder auflöste.[151]

Die Kommunistische Partei Chinas reagierte auf ihrem Vierten Kongreß im Januar 1925 auf das Wiederaufleben der Arbeiterbewegung zunächst mit dem Beschluß, mehr Arbeiter in ihre Reihen aufzunehmen, um die Partei im Proletariat organisatorisch zu verankern, was zuvor nur unzureichend geschehen war.[152] Darüber hinaus wurde beim Zentralkomitee ein Komitee für die Arbeiterbewegung eingerichtet, das die Aufgaben des 1923 aufgelösten »Sekretariats der chinesischen Arbeitervereinigungen« übernahm und auch personell mit letzterem identisch war. Angesichts der Einigungsbestrebungen der Guomindang-Rechten auf dem Gewerkschaftssektor beschloß die KP, den Zweiten Nationalen Arbeiterkongreß am 1. Mai 1925 in Kanton einzuberufen. Ursprünglich war das »Sekretariat der chinesischen Arbeitervereinigungen« mit der Vorbereitung dieses Kongresses beauftragt worden, doch da es von rechten Gewerkschaften als kommunistische Organisation entlarvt worden war, befürchtete die KP, daß im Falle einer Einberufung des Kongresses durch das Sekretariat politisch unabhängige Gewerkschaften abgeschreckt und nicht an dem Kongreß teilnehmen würden. Das Komitee für die Arbeiterbewegung wies daher vier von Kommunisten geführte Gewerkschaften an, den Kongreß gemeinsam einzuberufen: die »Arbeiterdelegierten-Konferenz von Guangdong«, die nationalen Dachgewerkschaften der Seeleute und der Eisenbahner und die »Hanyeping-Dachgewerkschaft«.

Der Zweite Nationale Arbeiterkongreß, an dem 280 Delegierte von 166 Gewerkschaften mit nominell 540 000 Mitgliedern – davon jedoch nur 220 000 zahlende, das heißt aktive – teilnahmen[153], wurde am 1. Mai 1925 gemeinsam mit dem Ersten Delegiertenkongreß der Bauern der Provinz Guangdong in Kanton eröffnet. Obwohl mehr als 40 vom rechten Flügel der Guomindang beherrschte Gewerkschaften, darunter die der »Vereinigung der Shanghaier Arbeiterverbände« angeschlossenen Organisationen, die Guangdonger Mechanikergewerkschaft und die »Dachgewerkschaft der Provinz Guangdong«, ihre Teilnahme mit der Begründung verweigert hatten, das Ganze sei ein »bolschewistisches Unternehmen«, zeigte die Zusammensetzung der Delegierten deutlich genug, wie sehr sich der Einfluß der Kommunistischen Partei und des linken Flügels der Guomindang auf die nationale Arbeiterbewegung vergrößert hatte. KP- und Guomindang-Mitglieder (hauptsächlich Vertreter der Linken) stellten jeweils ein Drittel der Delegierten.

Der wichtigste Beschluß des Kongresses lag zweifelsohne in

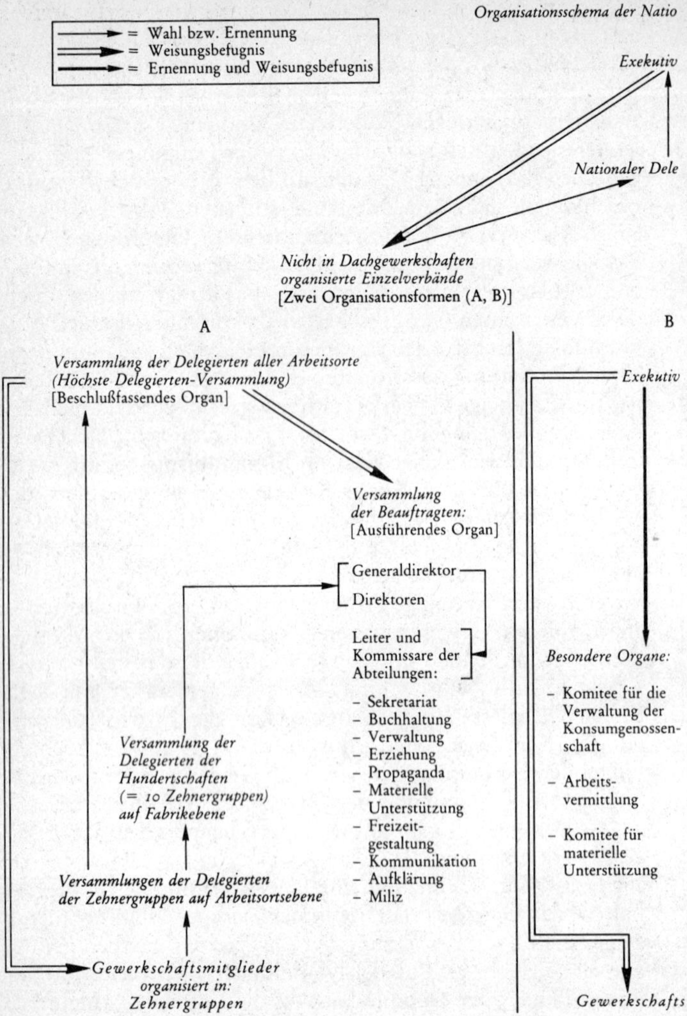

= Wahl bzw. Ernennung
= Weisungsbefugnis
= Ernennung und Weisungsbefugnis
Organisationsschema der Natio
Exekutiv
Nationaler Dele
Nicht in Dachgewerkschaften organisierte Einzelverbände [Zwei Organisationsformen (A, B)]
A
B
Versammlung der Delegierten aller Arbeitsorte (Höchste Delegierten-Versammlung) [Beschlußfassendes Organ]
Versammlung der Beauftragten: [Ausführendes Organ]
Generaldirektor
Direktoren
Leiter und Kommissare der Abteilungen:
– Sekretariat
– Buchhaltung
– Verwaltung
– Erziehung
– Propaganda
– Materielle Unterstützung
– Freizeitgestaltung
– Kommunikation
– Aufklärung
– Miliz
Versammlung der Delegierten der Hundertschaften (= 10 Zehnergruppen) auf Fabrikebene
Versammlungen der Delegierten der Zehnergruppen auf Arbeitsortsebene
Gewerkschaftsmitglieder organisiert in: Zehnergruppen
Exekutiv
Besondere Organe:
– Komitee für die Verwaltung der Konsumgenossenschaft
– Arbeitsvermittlung
– Komitee für materielle Unterstützung
Gewerkschafts

nalen Dachgewerkschaft Chinas

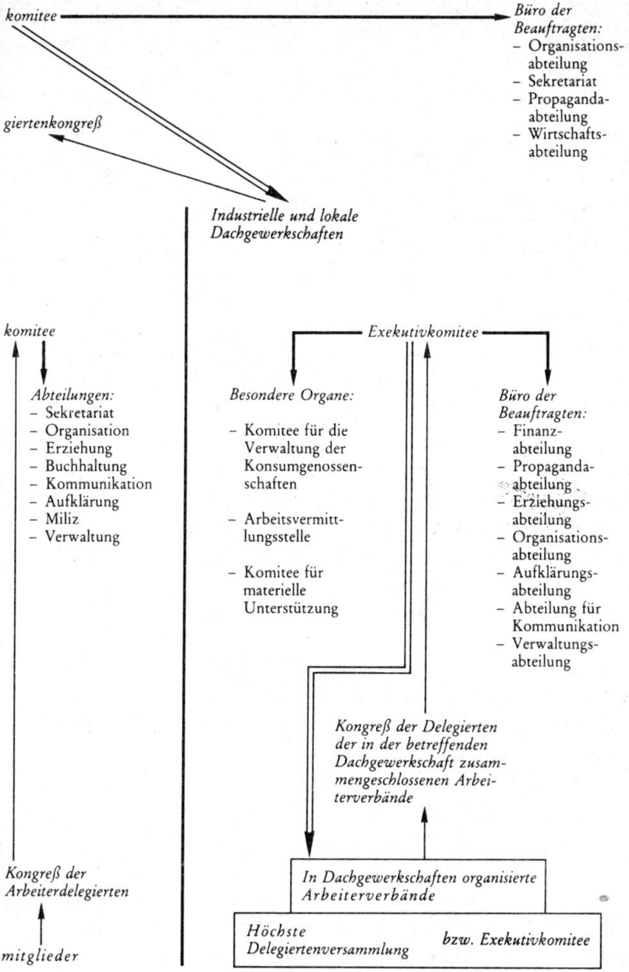

der Gründung der »Nationalen Dachgewerkschaft Chinas«, die von einem 25köpfigem Exekutivkomitee geleitet wurde, dem – soweit nachweisbar – 18 KP-Mitglieder beziehungsweise 7 Mitglieder des Büros für die Arbeiterbewegung beim Zentralkomitee der Kommunistischen Partei Chinas angehörten. Damit war das Hauptziel des KP-Büros erreicht, nämlich eine maßgeblich von der KP beeinflußte nationale Gewerkschaftsorganisation zu etablieren.[154] Weitere wichtige Beschlüsse wurden gefaßt über den politischen und ökonomischen Kampf der Arbeiterklasse, zu Fragen der Organisation, zur Vereinigung der Arbeiter und Bauern, zur Bekämpfung von Verrätern und über den Eintritt in die Rote Gewerkschaftsinternationale.[155]

Von großer Bedeutung waren die Beschlüsse über den politischen Kampf, in denen die Notwendigkeit einer Teilnahme an der nationalen Revolution betont wurde. Zugleich wies der Kongreß jedoch zweimal darauf hin, daß die chinesische Arbeiterschaft und ihre Organisationen im nationalen Kampf ihren Klassencharakter unbedingt bewahren müßten, andernfalls bestünde die Gefahr, daß »unsere Interessen der Bourgeoisie geopfert und wir im schlimmsten Fall sogar an die Feinde verkauft werden«.[156] Diese Warnung war nicht nur ein Angriff gegen die nach Meinung der KP-Linken opportunistische Bündnispolitik des Zentralkomitees der Kommunistischen Partei und der Komintern, sondern auch eine einigermaßen genaue Vorhersage der Niederschlagung der kommunistisch geführten Arbeiterbewegung durch die Reaktion im April 1927 und danach. Während die Einschätzung des Kongresses zur Stellung der Arbeiter in der nationalen Revolution sich in diesem Punkt als richtig erwies, waren die Beschlüsse zum Bündnis der Arbeiter und Bauern und damit zur Frage des Charakters der chinesischen Revolution in einem entscheidenden Punkt von der gesellschaftlichen Wirklichkeit Chinas völlig abgehoben. Die Auffassung, daß sich das Zentrum der Politik in den Städten befände, und daß

Literatur zum Schema S. 310: Deng Zhongxia, *Zhigong yundong*, S. 171-174 (122-124); Wang Qingbin, *Laodong nianjian*, Teil II, S. 29, 105 f. Siehe auch die Satzungen der Arbeiterclubs von Anyuan und Shuikoushan, nachgedruckt in: *Hunan lishi ziliao* (1958), Nr. 2, S. 20-24, 39-50.

daher die Städte das Zentrum des Kampfes bildeten, eine Meinung, die auch ein Jahr später noch vom Dritten Nationalen Arbeiterkongreß vertreten wurde[157], sollte durch die Entwicklung der chinesischen Revolution nach 1927 widerlegt werden.

6.3. Die 30. Mai-Bewegung[158]

Die Vorgeschichte der 30. Mai-Bewegung begann mit der Reaktion des japanischen Textilindustrieverbands auf die ökonomischen Streiks der Arbeiter in den Betrieben von Shanghai und Qingdao im Februar und im April 1925. In Shanghai wurden die Abmachungen des Februarstreiks von den japanischen Unternehmen nicht eingehalten, und in Qingdao verbot man am 24. Mai die Gewerkschaft. Daraufhin kam es zunächst in Shanghai Anfang Mai zu verschiedenen spontanen Streikaktionen, in deren Verlauf am 15. Mai ein chinesischer Arbeiter von einem japanischen Aufseher erschossen wurde. Danach überschlugen sich die Ereignisse. Die Konzessionsmächte erließen Versammlungsverbote und ließen streikende Arbeiter und auf den Straßen agitierende Studenten verhaften. Kurz vor einer für den 30. Mai angesetzten Massendemonstration wurde bekannt, daß die Japaner in Qingdao einen Streik der dortigen Textilarbeiter gegen die Schließung ihrer Gewerkschaft von Polizei und Militär gewaltsam hatten niederschlagen lassen. Dabei waren 8 Arbeiter erschossen, 16 verletzt und 75 verhaftet worden. Als in Shanghai am 30. Mai wiederum mehr als einhundert Studenten verhaftet worden waren, drängte eine von den Ereignissen der letzten Tage äußerst aufgebrachte Menge von über 10 000 Menschen vor die örtliche Polizeistation. Die überwiegend aus Ausländern bestehende Ordnungstruppe eröffnete das Feuer – 13 Menschen wurden auf der Stelle getötet, über 40 verletzt, 53 verhaftet. Nach diesem Tag erhielt die darauf folgende Streikbewegung, die in ganz China 135 Ausstände umfaßte, ihren Namen.

Am selben Tag beschlossen führende KP-Mitglieder, gleichzeitig Angehörige des Shanghaier Büros der »Nationalen Dachgewerkschaft Chinas«, einen Generalstreik in den ausländischen Betrieben auszurufen, und zu dessen Führung die »Shanghaier Dachgewerkschaft« zu gründen, was am 1. Juni 1925 geschah. Auch die Studenten und die Kaufleute traten in Streik. Die Leitung der Bewegung lag zunächst bei dem »Gemeinsamen Komitee der Arbeiter, Kaufleute und Studenten«, das auf Initiative von Kommunisten gebildet worden war. Während die kleinbürgerliche Vereinigung der Einzelhändler dem Komitee angehörte, hatte die Handelskammer ihre Beteiligung mit der Begründung abgelehnt, sie wolle sich die Möglichkeit offenlassen, zu einem späteren Zeitpunkt als Vermittler einzuspringen. Die Handelskammer und die chinesische Bourgeoisie unterstützten jedoch den Streik der Arbeiter finanziell, weil der Ausstand in den ausländischen Betrieben dem chinesischen Kapital durchaus zugute kam, und weil die am 7. Juni vom Gemeinsamen Komitee formulierten 17 Bedingungen zur Beilegung des Zwischenfalls vom 30. Mai auch Forderungen der Bourgeoisie enthielten. Die Vertreter der imperialistischen Staaten zeigten sich jedoch wenig kompromißbereit. Während in Shanghai die Zahl der streikenden Arbeiter und Handlungsgehilfen bis Mitte Juni auf circa 160 000 angestiegen war und im ganzen Land Sympathiestreiks ausbrachen, wurden die Massaker überall fortgesetzt. Allein in Shanghai fielen ihnen über 60 Menschen zum Opfer. Angesichts dieser unnachgiebigen Haltung entschärfte die Shanghaier Handelskammer einseitig die ursprünglichen Forderungen des Gemeinsamen Komitees und verringerte sie auf 13.[159] Als auch darüber keine Einigung erzielt werden konnte, gaben die Handelskammer und die Vereinigung der Einzelhändler ihren ökonomisch verlustreichen Kampf auf, und am 23. Juni 1925 wurden die Läden wieder geöffnet.

Ganz deutlich wurde der Charakter des der chinesischen Arbeiterklasse von der Komintern oktroyierten Bündnispartners, als auf Beschluß des ausländischen Stadtrats von Shanghai am 6. Juli 1925 die Stromlieferungen an die nicht bestreikten Fabriken in chinesischem Besitz eingestellt wurden. Auf der einen Seite belastete diese Maßnahme die Streikkasse der Dachgewerkschaft erheblich, da dadurch die Zahl der unterstützungsbedürftigen Arbeiter um über 20 000 anstieg. Auf der anderen Seite schwand mit der Einstellung der Arbeit auch in ihren Fabriken jegliche Motivation der chinesischen Bourgeoisie, den Streik weiterhin finanziell zu unterstützen. Nachdem darüber hinaus der ausländische Stadtrat die Wiederaufnahme der Stromlieferungen für die chinesischen Betriebe mit der Bedingung der Beendigung der Streiks in den englischen Unternehmen verknüpft hatte, stellte die Handelskammer nicht nur die finanzielle Unterstützung des Ausstands nach und nach ein, sondern versuchte zusätzlich, die Dachgewerkschaft durch Sabotageakte zur Aufgabe zu zwingen. Die sogenannte nationale Bourgeoisie zeigte eine antiimperialistische Haltung nur so lange, wie dies ihren Verwertungsinteressen zugute kam.

Leere Streikkassen und die prekäre ökonomische Lage der Arbeiter zwangen die »Shanghaier Dachgewerkschaft« schließlich, die 17 Forderungen des Gemeinsamen Komitees fallenzulassen und in Verhandlungen über die Beendigung des Streiks zu treten. So wurde, obwohl selbst die ökonomischen Forderungen nur teilweise erfüllt worden waren, Ende August die Arbeit in den japanischen Fabriken, auf den japanischen Schiffen und im Elektrizitätswerk wiederaufgenommen. An der Einigung in den englischen Betrieben nahm die Dachgewerkschaft nicht mehr teil. Nachdem sie Ende August 1925 drei große ökonomische Streiks in chinesischen Unternehmen entfacht hatte, wurde sie von den in Shanghai herrschenden Fengtian-Militärs verboten.

Trotz des Scheiterns des Streiks und des Verbots der Dachgewerkschaft war die Niederlage relativ. Immerhin war es während der 30. Mai-Bewegung gelungen, einen großen Teil der Shanghaier Arbeiter in einem Dachverband zu vereinigen. Ende Juli 1925 waren der Dachgewerkschaft 117 Verbände mit insgesamt 218 000 Mitgliedern angeschlossen. Dies war wiederum ein großer Erfolg für die Kommunistische Partei Chinas, der es zuvor nur partiell gelungen war, unter der Arbeiterschaft Shanghais Fuß zu fassen. Im übrigen bestand die Dachgewerkschaft auch nach ihrem Verbot im Untergrund als starke Organisation weiter, obwohl ihre Mitgliederzahl zeitweise auf 120 000 absank. Mehrfach wiedereröffnet und verboten stand sie hinter der großen Welle ökonomischer Streiks zwischen September 1925 und Juli 1926[160], und im Februar und März 1927 organisierte sie die Arbeiter zur Unterstützung der Shanghaier Aufstände gegen Militärmachthaber Sun Chuanfang.

Der zweifellos größte Erfolg der »Shanghaier Dachgewerkschaft« in ihrer knapp zweijährigen Geschichte lag in der Organisierung der Shanghaier Arbeiter in modernen Verbänden. Sie war bis Ende 1926 so weit gediehen, daß die traditionellen und die vom rechten Flügel der Guomindang beherrschten Organisationen keinen nennenswerten Einfluß mehr unter dem Shanghaier Proletariat hatten. Dies zeigte sich sehr deutlich bei der Niederwerfung der Shanghaier Arbeiterbewegung im April 1927, als Tschiang Kai-schek Gangster der Grünen Bande des Du Yuesheng, ausstaffiert mit Armbinden, die das Schriftzeichen *gong* (Arbeiter) trugen, auf die Arbeiter hetzen mußte.

6.4. Der Hongkong-Kanton-Streik (Juni 1925-Oktober 1926)[161]

In direkter Reaktion auf die Massaker vom 30. Mai 1925 in Shanghai und danach in anderen Orten traten in Hongkong am 19. Juni zunächst die Arbeiter der der »Nationalen Dachgewerkschaft Chinas« angeschlossenen Verbände in den Ausstand. Neben der Übernahme der 17 Bedingungen des Shanghaier Gemeinsamen Komitees stellten die Streikenden weitere, auf lokale Probleme bezogene Forderungen auf, wie zum Beispiel die nach Rede-, Versammlungs- und Pressefreiheit für alle Personen in der britischen Kolonie, nach Einführung einer Arbeitsgesetzgebung und nach Abschaffung der Kontraktarbeit. Als am 23. Juni englische und französische Marinesoldaten eine Demonstration von nach Kanton zurückgekehrten streikenden Arbeitern, Kadetten und Studenten auf der Kantoner Shaji-Straße gewaltsam auflösten und dabei 52 Menschen erschossen, dehnte sich der Ausstand auf praktisch alle Arbeiter in Hongkong aus. Auch die Werktätigen auf der Kantoner Insel Shamian schlossen sich dem Streik an. Ende Juni hatten 160 000 Arbeiter die Arbeit niedergelegt, zu einem späteren Zeitpunkt waren es sogar 250 000.

Wie während des Hongkonger Streiks von 1922 fuhren die meisten Streikenden nach Kanton oder in ihre Heimatdörfer, wo sie vor den Repressalien der Kolonialbehörden Hongkongs sicher waren. Darüber hinaus unterstützte die neue Guangdonger Nationalregierung, die unter maßgeblicher Beteiligung von Guomindang-Linken am 1. Juli 1925 gebildet worden war, den Ausstand. Daher wurde Kanton auch der Sitz des »Komitees des Hongkong-Kanton-Streiks«, das nach dem Shaji-Massaker vom 23. Juni die totale wirtschaftliche Blockade Hongkongs beschloß. Das Führungsorgan des Streiks war wie eine eigenständige Gewerkschaft aufgebaut und unterstand direkt der »Nationalen Dachgewerkschaft Chinas«. Das 13köpfige Komitee wurde gewählt und kontrolliert von einer Delegiertenversammlung der streikenden Arbeiter, die zweimal in der Woche zusammentrat. Ihr gehörten mehr als 800 Mitglieder an, die je 50 Streikende vertraten. Unter dem Streikkomitee arbeiteten 18 verschiedene Abteilungen, die von der Blockade Hongkongs bis hin zur Unterstützung, Verpflegung und Unterbringung der Streikenden den Ausstand konkret organisierten.

Das Streikkomitee, dem fast ausschließlich führende KP-Mitglieder angehörten, und die Guangdonger Nationalregierung arbeiteten bis zum Putsch vom 20. März 1926 eng zusammen, obwohl sich das Komitee viele, eigentlich der Regierung zufallende Kompetenzen angeeignet hatte. Während die Regierung den Streik materiell großzügig unterstützte, stellte das Streikkomitee der Regierung für den Ost- und Südfeldzug Ende 1925 gegen lokale Militärmachthaber, darunter vor allem Chen Jiongming, Teile der Arbeitermiliz und der streikenden Transportarbeiter, Propagandatrupps und Sanitäter zur Verfügung. Die streikenden Arbeiter beteiligten sich nicht nur an bewaffneten Auseinandersetzungen zum Schutz der ab August völlig vom linken Flügel der Guomindang beherrschten Guangdonger Regierung, sondern halfen auch beim wirtschaftlichen Aufbau. So beteiligten sich über 3000 von ihnen am Bau einer Straße, die Kanton mit dem der Stadt vorgelagerten Ozeanhafen von Huangpu verbinden sollte.

Während des insgesamt fünfzehn Monate dauernden Streiks versuchte das Streikkomitee mehrmals, den Ausstand zu beenden, doch scheiterte dies an der unnachgiebigen Haltung der britischen Kolonialregierung von Hongkong, der durch den Warenboykott und den Streik ungeheure ökonomische Verluste entstanden. Nach dem Putsch Tschiang Kai-scheks vom 20. März 1926 und dem Abzug der Truppen des Nordfeldzugs, denen sich mehrere Tausend streikende Arbeiter, organisiert in Transport-, Propaganda- und Sanitätseinheiten, angeschlossen hatten, sank die Macht des Streikkomitees. Nachdem Tschiang Kai-schek das Kriegsrecht verkündet und »alle Arbeiterunruhen« für die Zeit des Nordfeldzugs strikt verboten hatte, nahm die Nationalregierung einseitig und ohne Beteiligung des Komitees Verhandlungen mit den Hongkonger Behörden auf und erklärte nach deren Scheitern den Streik am 10. Oktober 1926 für beendet.[162] Ohne Unterstützung durch die Guangdonger Regierung mußte das Streikkomitee aufgeben.

Die Errungenschaften des Hongkong-Kanton-Streiks lagen – ebenso wie die der 30. Mai-Bewegung in Shanghai – in der nahezu allumfassenden Organisierung der streikenden Arbeiter in modernen Gewerkschaftsverbänden, die fast ausnahmslos der von der Kommunistischen Partei beherrschten» Nationalen Dachgewerkschaft Chinas« angeschlossen waren. Allein in Kanton entstanden während des Streiks 80 neue Gewerkschaften, und die kommunistische »Arbeiterdelegierten-Konferenz von Guangdong« verfügte zur Zeit ihres Ersten Kongresses am 1. April 1926 über 108 Einzelverbände mit 140 000 Mitgliedern. Darüber hinaus wurden in Guangdong verschiedene industrielle und lokale Dachgewerkschaften ins Leben gerufen,wie die »Hongkonger Dachgewerkschaft« oder die der Hongkonger Transportarbeiter im April beziehungsweise März 1926.[163] Die massenhafte Organisierung von Arbeitern während der antiimperialistischen Streiks in den Jahren 1925 und 1926 zeigte deutlich, wie sehr die chinesische Arbeiterbewegung mit der nationalen Bewegung verbunden war.

Die Verwirklichung des Bündnisses zwischen Arbeitern und Bauern wurde jedoch – wie schon während der 30. Mai-Bewegung – vernachlässigt. Zwar hatten die Arbeitermilizen zu Beginn der Wirtschaftsblockade mit einigen der in Guangdong sehr starken Bauernvereinigungen bei der Bewachung der Küste zusammengearbeitet, doch war es nicht – wie auf dem Ersten Kongreß der Arbeiterdelegierten-Konferenz im April 1926 gefordert – zu einem Bündnis in Form von gemeinsamen Organisationen gekommen. Im Gegenteil: als die Blockade den Bauern Schaden zuzufügen begann, versandeten die ersten zaghaften Ansätze einer Zusammenarbeit.[164] Augenscheinlich maßen das Streikkomitee und das Zentralkomitee der KP (im Sinne der Komintern-Anweisungen) dem Bündnis mit der sogenannten »nationalen« Bourgeoisie mehr Bedeutung bei als dem mit den chinesischen Bauern.

Die großen Erfolge bei der Organisierung der Arbeiter durch die »Nationale Dachgewerkschaft Chinas« während des Hongkong-Kanton-Streiks und in der 30. Mai-Bewegung spiegelten sich eindrucksvoll auf dem Dritten Nationalen Arbeiterkongreß wider, der vom 1. bis 12. Mai 1926 in Kanton stattfand. 502 Delegierte vertraten 699 Einzel- und Dachgewerkschaften mit einer Mitgliederzahl (Industriearbeiter als auch andere Lohnabhängige, wie Angestellte, Kaufmannsgehilfen, Handwerker und andere) von insgesamt 1 240 000 – mehr als doppelt so viel wie im Jahr zuvor. Die wichtigsten Beschlüsse betrafen die Strategie der Arbeiterbewegung, die Organisationsmethoden, den wirtschaftlichen Kampf und die Streiktaktik. Insbesondere betonte der Kongreß die Notwendigkeit der Unterstützung des Nordfeldzugs durch die Arbeiterklasse.[165]

Die eindrucksvolle Zahl von 1,2 Millionen Gewerkschaftsmitgliedern konnte freilich nicht darüber hinwegtäuschen, daß die meisten der 1925/26 gegründeten Arbeiterverbände nur an der Spitze, aber nicht an der Basis organisiert waren. »Die Gewerkschaften entstanden aus der Streikbewegung heraus. Die Streikkomitees wurden allmählich zu Exekutivkomitees oder zu Versammlungen der Beauftragten und die streikenden Arbeiter zu Gewerkschaftsmitgliedern.«[166] Auf der Zweiten Plenarsitzung in Shanghai vom 12. bis 18. Juli 1926 wies das erweiterte Zentralkomitee der KP in seinen Beschlüssen zur Arbeiterbewegung deshalb darauf hin, daß die Basis der Gewerkschaften besser organisiert und der »Bürokratismus« bekämpft werden müsse.[167] Nach der Kritik des späteren Parteiführers Qu Qiubai zu urteilen, gelang es der KP bis zur Zerschlagung der Arbeiterbewegung im April 1927 jedoch nicht, die Gewerkschaften an der Basis auszubauen:

»Die über 2,8 Millionen Gewerkschaftsmitglieder im April/Mai 1927 waren überhaupt nicht gut organisiert. Den damaligen Gewerkschaften fehlte es allen an der unteren Basisorganisation. [. . .] Für die Massen der Gewerkschaftsmitglieder war es überhaupt nicht außergewöhnlich, daß ihre Gewerkschaften von Funktionären geleitet wurden, die von der Dachgewerkschaft entsandt worden waren [. . .]. Daß Streiks ausschließlich von den Gewerkschaftsfunktionären angeordnet wurden, war ebenfalls eine natürliche Sache. Die roten Gewerkschaften legten damals die geringste Aufmerksamkeit auf die Entwicklung von Basisorganisationen der Massen und auf die Durchführung von Wahlen und Beschlüssen durch die Massen [. . .]. Insgesamt gesehen wurden die Gewerkschaften nicht zu eigenen Organisationen der Massen, sondern zu einer Art Behörde *(yamen)*. Das war der größte Fehler.«[168]

6.5. Der Nordfeldzug und das Wiederaufleben der Arbeiterbewegung in Zentralchina[169]

Die Guangdonger Truppen des Nordfeldzugs, die Anfang Juli 1926 nach Hunan und Hubei aufbrachen, erzielten unerwartet rasch Erfolge gegen die Armeen des Militärmachthabers Wu Peifu. Am 11. Juni war die Hauptstadt der Provinz Hunan, Changsha, genommen, am 6. September Hankou und einen Monat später die Metropole Hubeis, Wuchang. Maßgeblichen Anteil an diesem schnellen Vormarsch hatten nicht nur die mehreren Tausend streikenden Guangdonger Arbeiter, die in den Reihen der Nordfeldzugsarmee standen, sondern auch die Bauern und Arbeiter, die sich im Laufe der Eroberung Hunans und Hubeis den revolutionären Truppen angeschlossen oder ihnen in vielfältiger Weise Hilfe geleistet hatten.[170]

Die Erfolge des Nordfeldzugs bedeuteten für die Arbeiter in Zentralchina die Möglichkeit, ihre im Frühjahr 1923 zerstörten Organisationen wiederaufzubauen. Die Führung der Arbeiterbewegung lag, wie schon während der 30. Mai-Bewegung und des Hongkong-Kanton-Streiks, fast völlig in den Händen von Kommunisten. Innerhalb von nur zwei Monaten wurden in Hubei fast 100 Gewerkschaften gegründet, die sich mit einer Mitgliederzahl von 100 000 am 10. Oktober 1926 in der »Dachgewerkschaft der Provinz Hubei« zusammenschlossen. Auf ihrem Ersten Kongreß im Januar 1927 verfügte die Dachgewerkschaft bereits über mehr als 200 Einzelverbände mit circa 300 000 organisierten Arbeitern. In Hunan gründeten im Dezember 1926 52 Verbände die »Dachgewerkschaft der Provinz Hunan«, die im Frühjahr des folgenden Jahres mehr als 400 000 Mitglieder zählte, darunter 90 000 Industriearbeiter. So bewirkte vor allem das Wiederaufleben der Arbeiterbewegung in Zentralchina, daß sich von Mai 1926 bis April 1927 die Zahl gewerkschaftlich erfaßter Lohnabhängiger in China von 1,2 auf 2,9 Millionen erhöhte.[171] Das Tempo der Gewerkschaftsbewegung und das Fehlen qualifizierter Kader bedingten jedoch zunächst eine äußerst mangelhafte Organisation und Disziplin an der Basis. Der Erlaß einheitlicher organisatorischer Richtlinien und disziplinarischer Vorschriften sowie die Aufstellung einer Arbeitermiliz durch die zentralen Arbeiterverbände um die Jahreswende führten nur teilweise zur Beseitigung dieser Mängel.

Mit dem Aufbau gewerkschaftlicher Organisationen ging eine Streikwelle einher, in der nicht nur weitreichende ökonomische Forderungen gestellt wurden: verschiedentlich verlangten die Gewerkschaften auch das Mitspracherecht bei der Entlassung und Einstellung von Arbeitern und an einigen Orten sogar eine Beteiligung an der Verwaltung der Produktion. Derartige Forderungen wurden jedoch auf Drängen der Handelskammer vom Schlichtungsausschuß der Wuhan-Regierung, dem Vertreter der Dachgewerkschaft, der Regierung und der Handelskammer angehörten, abgelehnt. Unternehmen, die von ihren Besitzern geschlossen oder aufgegeben worden waren, wurden jedoch teilweise von den Arbeiterverbänden wiedereröffnet und in Eigenregie betrieben, wie zum Beispiel die Kohlenbergwerke von Anyuan.[172] Arbeiter-Kooperativen gab es hauptsächlich in Wuhan und Umgebung. Die Verlegung der Nationalregierung von Kanton nach Wuhan, die große Streikwelle und vor allem die Rückgabe der britischen Konzessionen von Hankou und Jiujiang an China hatten die ausländischen Kapitalisten veranlaßt, ihre Banken, Fabriken und Schiffahrtsgesellschaften zu schließen. Auch einige chinesische Unternehmer und Händler waren diesem Beispiel gefolgt. Die Folge war, daß in Wuhan Anfang 1927 mehr als 100 000 Arbeiter keine Arbeit hatten. Um den Werktätigen zumindest ein Existenzminimum zu sichern und die Regierung zu unterstützen, ließen daraufhin lokale KP-Zellen und Gewerkschaftsorganisationen in Hanyang, Hankou und in der weiteren Umgebung mehrere Unternehmen, die von ihren Besitzern geschlossen worden waren, konfiszieren. Obwohl die Mitglieder der »Verwaltungskomitees«, die zur Leitung der Betriebe eingerichtet worden waren, nur wenig

Erfahrung in der Organisation der Produktion hatten, lagen die Hauptgründe für das schließliche Scheitern der meisten Arbeiter-Kooperativen anderswo: Erstens hatten internationales und chinesisches Kapital die Rohstoffversorgung Wuhans weitgehend verhindern können, und zweitens hatte die Regierung, der auch Kommunisten angehörten, im Mai die Beschlagnahme von Unternehmen verboten und Enteignungen teilweise wieder rückgängig gemacht.[173]

Die antiimperialistische Ausrichtung der chinesischen Arbeiterbewegung in der Periode des zweiten Aufschwungs setzte sich auch in Zentralchina fort. Allein in den ausländischen Betrieben wurden von November 1926 bis März 1927 circa 50 große Streiks ausgerufen. Den absoluten Höhepunkt der Bewegung bildeten die Besetzung der britischen Konzessionen in Hankou und Jiujiang im Januar 1927 durch die Bevölkerung und ihre offizielle Rückgabe an die Wuhan-Regierung im Februar.[174]

In der Provinz Hunan kam es zum erstenmal zu einem längerfristigen, konkreten Bündnis von Arbeitern und Bauern. Nachdem der »Club der Eisenbahn- und Bergarbeiter von Anyuan« im September 1925 mit Waffengewalt aufgelöst und annähernd 10 000 organisierte Kumpel entlassen worden waren, kehrten diese zu ihren in der Mehrzahl bäuerlichen Familien in Hunan und Jiangxi zurück. Während einige von ihnen zunächst an dem maßgeblich von Kommunisten geleiteten »Institut für die Bauernbewegung« in Kanton zu zukünftigen Kadern ausgebildet wurden und mit den Nordfeldzugstruppen im Sommer 1926 nach Zentralchina zurückkamen, beteiligten sich viele Bergarbeiter in ihren Heimatdörfern an der gerade beginnenden Bauernbewegung und ließen ihre langjährigen organisatorischen Erfahrungen in sie einfließen. Einige der »Bauernvereinigungen« und »Bauern- und Arbeitervereinigungen« wurden nach dem Vorbild des Arbeiterclubs von Anyuan organisiert[175], und frühere Bergarbeiter übernahmen oft führende Positionen in diesen Verbänden. Von den 17 Bauernvereinigungen auf Bezirksebene im Kreis Pingxiang wurden zum Beispiel allein 15 von alten Gewerkschaftlern aus Anyuan geleitet.[176] In der historischen Entwicklung der chinesischen Arbeiterbewegung handelte es sich hierbei jedoch um eine Ausnahme, die auf die spezifische lokale

Situation zurückzuführen ist und auf die Tatsache, daß die Bindungen zwischen dem jungen chinesischen Industrieproletariat und seinem dörflichen Ursprung noch ungebrochen waren.

7. Die Niederschlagung der chinesischen Arbeiterbewegung

Die Niederschlagung der seit 1925 nahezu ausschließlich von der KP Chinas geführten Arbeiterbewegung ereignete sich nicht wie ein Blitz aus heiterem Himmel im April 1927 und in den darauffolgenden Monaten, wie es nach der Lektüre zeitgenössischer chinesischer KP-Literatur und der damaligen Komintern-Veröffentlichungen erscheinen mag.[177] Spätestens nach der Ermordung Liao Zhongkais, des profiliertesten Vertreters des linken Flügels der Guomindang, wurde offenbar, daß die Rechten innerhalb der Nationalen Volkspartei das Blockbündnis mit der KP und die Dominierung der Massenbewegung durch die Kommunisten auf Dauer nicht dulden würden.

Konnten über die politischen Zusammenhänge des gewaltsamen Todes von Liao Zhongkai im August 1925 nur Spekulationen angestellt werden, so trat das längerfristige Interesse der Guomindang-Rechten am 20. März 1926 offen zutage. Unter dem Vorwand, ein kommunistischer Coup d'état stehe bevor, erklärte Tschiang Kai-schek, Oberkommandierender der Guangdonger Streitkräfte und Mitglied des Zentralkomitees der Nationalen Volkspartei, den Ausnahmezustand, ließ 50 Politkommissare der Armee, in der Mehrzahl Kommunisten, verhaften, das Hauptquartier des Hongkong-Kanton-Streikkomitees durchsuchen und die Arbeitermilizen entwaffnen.[178] Wenig später wurden diese Maßnahmen wieder rückgängig gemacht, denn Tschiang war für den geplanten Nordfeldzug weiterhin auf Unterstützung durch die Sowjetunion angewiesen, die ihm Ende April 1926 durch Borodin erneut garantiert wurde. Dieser Rückendeckung gewiß, ließ Tschiang auf der Sitzung des Zentralen Exekutivkomitees der Guomindang am 15. Mai die sogenannten Beschlüsse zur Neuordnung der Partei verabschieden, nach denen die KP-

Mitglieder nicht mehr als ein Drittel der Mitglieder eines Guomindang-Exekutivorgans ausmachen durften. Außerdem durften KP-Mitglieder keine führenden Positionen in den Abteilungen des Hauptquartiers der Nationalen Volkspartei innehaben, sollte die Kommunistische Partei eine Liste ihrer Mitglieder in der Guomindang vorlegen und mußten die Direktiven der Komintern einer gemeinsamen Kommission von KP und Nationaler Volkspartei präsentiert werden.

Der Putsch vom 20. März und die Beschlüsse vom 15. Mai trafen weder beim Zentralkomitee der KP Chinas noch bei den Guangdonger Arbeiterverbänden auf nennenswerten Widerstand. Im Gegenteil: Tschiang wurde auf dem Dritten Nationalen Arbeiterkongreß im Mai 1926 als Ehrengast bejubelt.[179] Auch als Tschiang im Juli eine Beteiligung des Streikkomitees an den Verhandlungen über die Beendigung des Hongkong-Kanton-Streiks ablehnte, sein Hauptquartier am 29. Juli das Kriegsrecht verhängte und jegliche Arbeiterunruhen verbot, blieb eine entschiedene Opposition aus. Diese kompromißlerische Haltung der Kommunistischen Partei setzte sich zunächst in Shanghai während des ersten Aufstands gegen Militärmachthaber Sun Chuanfang Ende Oktober 1926 fort. Die Shanghaier KP-Führung hatte dem Vertrauten Tschiang Kai-scheks, Niu Yongjian, die eigentliche Führung des Aufstands überlassen und auf eine selbständige Politik während der Vorbereitung und Durchführung des Umsturzversuchs verzichtet – der Hauptgrund für das klägliche Scheitern dieses ersten Aufstands.[180]

Nach den erfolglosen Verhandlungen zwischen der Nationalregierung in Wuhan und Tschiang Kai-schek im Januar 1927 kündigte dieser in einer Rede am 19. Februar an: »Die Zeit ist gekommen, sie hinauszuwerfen.«[181] Wer damit gemeint war, konnte sich eigentlich jedermann denken, waren es doch die Kommunisten, die in den Augen des rechten Flügels das Auseinanderbrechen der Guomindang bewirkt hatten. Am selben Tag begann in Shanghai der von der Dachgewerkschaft angesichts des raschen Vormarsches der Truppen Tschiangs ausgerufene Generalstreik, dem der zweite Shanghaier Aufstand folgen sollte, um den Truppen des Nordfeldzugs die Einnahme der Stadt zu erleichtern. Aufgrund eines entsprechenden Telegramms des auch an der

Planung dieses zweiten Aufstands beteiligten Guomindang-Beauftragten Niu Yongjian ließ Tschiang Kai-schek den Vormarsch seiner Truppen auf Shanghai am 18. Februar stoppen und gab so Sun Chuanfang die Gelegenheit, den Aufstand niederzuschlagen und mehrere Streikführer zu verhaften und hinzurichten. Das Verhalten der KP-Führung, die sich weniger auf die Organisierung der Arbeiter zum Aufstand als auf Verhandlungen mit der Shanghaier Bourgeoisie und dem rechten Flügel der Guomindang konzentrierte, lief nach Meinung des späteren Parteiführers Qu Qiubai objektiv auf einen Verrat hinaus.[182]

Nicht lange nach seinem Bruch mit der Wuhan-Regierung begann Tschiang mit der offenen Zerschlagung der Arbeiterbewegung: zunächst wurde am 11. März 1927 die Dachgewerkschaft von Ganzhou (Provinz Jiangxi) gewaltsam aufgelöst und ihr Vorsitzender erschossen. Ähnliches ereignete sich am 16. in Nanchang, am 19. in Jiujiang, am 23. in Anqing, am 24. in Wuhu, am 28. in Longhua und am 30. und 31. in Hangzhou. Während in Wuhan Guomindang-Linke und Kommunisten nun öffentlich den Sturz Tschiangs forderten, verhandelte die KP-Führung in Shanghai selbst nach der Weigerung der Truppen Tschiangs, den Arbeitern im dritten Shanghaier Aufstand am 21. März zu Hilfe zu kommen, noch mit seinen Vertretern über die Bildung einer provisorischen städtischen Regierung. Und als nach dem Erfolg des Aufstands die ersten Truppen der nationalen Armee in Shanghai einmarschierten, lautete eine der von der Kommunistischen Partei herausgegebenen Parolen: »Willkommen Tschiang Kai-schek!«[183]

Die Zusammensetzung der am 29. März 1927 eingesetzten, jedoch bald von den Rechten boykottierten Regierung – ihr gehörten fünf Vertreter der Gewerkschaften und 14 Angehörige des rechten Flügels der Guomindang und der Shanghaier Bourgeoisie an – war die totale Umkehrung des tatsächlichen Kräfteverhältnisses in Shanghai. Zu diesem Zeitpunkt verfügte Tschiang nämlich nur über eine 3000 Mann starke Truppe in der Stadt, während die Dachgewerkschaft 2700 bewaffnete Arbeitermilizen[184] und vor allem einen harten Kern von etwa 100 000 ihrer Ende März auf 821 282 angestiegenen Mitglieder dagegen einsetzen konnte. Zusätzlich verfügte das militärische

Oberkommando der Kommunistischen Partei über mehr als 2000 bewaffnete Stoßtruppler, so daß die Zahl der paramilitärisch ausgebildeten und ausgerüsteten Kämpfer insgesamt 5000 betrug.[185] Außerdem konnte die KP der Unterstützung durch die 1. Division der nationalen Armee unter Xue Yue sicher sein. Konsequent ordnete Tschiang nach seiner Ankunft in Shanghai am 26. März den Abzug dieser 1. Division aus Shanghai an, deren Kommandeur der KP-Führung daraufhin einen gemeinsamen Putsch gegen Tschiang vorschlug. Nachdem die KP-Führung diesen Plan durch Unentschlossenheit quasi abgelehnt hatte, blieb Xue Yue nichts anderes übrig, als die Stadt zu verlassen. Das Kräfteverhältnis hatte sich gänzlich umgekehrt, als die zentralen Organe der Kommunistischen Partei einen Teil der Waffen der Arbeitermilizen der rechten Armeeführung als »Geschenk« und Ausdruck friedlicher Absichten überreichen ließen – eine Maßnahme, die gegen den Widerstand der militärischen Leiter der Milizen und der bewaffneten Arbeiter selbst durchgesetzt wurde.[186]

Am 12. April 1927 begann Tschiang Kai-schek in Shanghai seinen Coup gegen die Kommunisten und die von ihnen geführten Arbeiterverbände. Gangster der »Grünen Bande« überfielen mit Unterstützung regulärer Truppen zu Hunderten die Gewerkschaften, konfiszierten die den Arbeitermilizen verbliebenen Waffen und richteten unter den organisierten Arbeitern ein Blutbad an – allein am 12. April wurden 400 Arbeiter umgebracht. Der am Tag darauf ausgerufene und von 100 000 Werktätigen befolgte Generalstreik wurde mit unvorstellbarem Terror bis zum 17. April niedergeschlagen.[187]

Die Shanghaier Ereignisse wiederholten sich am 15. April und danach in Kanton und Guangdong. Am 21. Mai 1927 ging Militärkommandeur Xu Kexiang gegen die Arbeiter- und Bauernbewegung von Hunan vor und kündigte so sein Umschwenken zu Tschiang Kai-schek an. Auf Anraten des Komintern-Beauftragten Borodin setzte die KP-Führung auch in Wuhan die Politik der Kapitulation fort. Ende Juni befahl das Politbüro, die über 1000 Gewehre der Arbeitermilizen dem Garnisonskommandanten von Wuhan, Li Pinxian, zu übergeben, was schließlich gegen den Widerstand der Arbeiter durchgesetzt wurde. Im Gegenzug ließ Li die wichtigsten Gewerkschaften, darunter die Gebäude der »Nationalen

Dachgewerkschaft Chinas«, von Truppen besetzen. Kurze Zeit später begannen die Militärs von Wuhan, Arbeiter und Kommunisten zu verfolgen, zu verhaften und auch hinzurichten.[188] Die Kapitulation der Wuhan-Regierung im Juli besiegelte nicht nur das Ende der Zusammenarbeit zwischen der Kommunistischen Partei Chinas und der Nationalen Volkspartei, sondern bedeutete auch die Niederwerfung der chinesischen Arbeiterbewegung. Allein 1927 fielen ihr insgesamt fast 38 000 Menschen zum Opfer.[189]

Die totale Niederschlagung der Arbeiterbewegung und die fast vollständige Auslöschung des kommunistischen Einflusses in den Städten ging zu einem großen Teil auf das Konto der Kommunistischen Partei selbst. Erstens war der Verrat Tschiang Kai-scheks an seinem Bündnispartner spätestens ab Ende Februar vorauszusehen; eine Vorbereitung darauf in Form von Bewaffnung und militärischer Ausbildung eines – wenn auch kleinen – Teils der Arbeiter wäre also möglich gewesen. Außerdem hätte die KP mittels der von ihr kontrollierten Gewerkschaften die Arbeitermassen über die eigentlichen Absichten Tschiangs informieren und sie auf einen möglichen Kampf gegen den rechten Flügel der Guomindang vorbereiten können. Statt dessen ließ die KP-Führung auf eine Anweisung Stalins hin Waffen vergraben, ja sogar einen Teil davon an das Armeekommando Tschiang Kai-scheks abliefern[190]; praktisch wurde nichts unternommen, um die Arbeiterschaft zum offenen Widerstand gegen Tschiang zu organisieren. Zweitens waren noch Ende März die Kräfte der Kommunisten und Arbeiter in Shanghai wesentlich stärker als die Tschiang Kai-scheks; vor allem stand praktisch die gesamte Arbeiterschaft der Stadt hinter der von der KP geführten Dachgewerkschaft. Die politische Machtübernahme durch die Kommunistische Partei, das Proletariat und Teile des Kleinbürgertums wäre in Shanghai Ende März 1927 tatsächlich möglich gewesen.[191]

Dem Einwand, eine Machtergreifung durch die von der KP geführte Arbeiterschaft und Teile des Kleinbürgertums in Shanghai hätte unweigerlich zu einer bewaffneten Intervention der imperialistischen Staaten und letztlich auch zur Zerschlagung der chinesischen Arbeiterbewegung geführt, ist entgegenzuhalten, daß ein direktes Eingreifen des Imperialismus in China wahrscheinlich eine nationale Massenbewegung ausgelöst hätte, die wohl das Ausmaß der Bewegung vom 4. Mai 1919 und der vom 30. Mai 1925 noch übertroffen hätte. Ob allerdings die Mehrheit der bäuerlichen Bevölkerung diesen Kampf unterstützt hätte – und nur das wäre die Voraussetzung für seinen Erfolg gewesen – mag bezweifelt werden. Das Ergebnis einer derartigen Niederlage wäre indes in einem entscheidenden Punkt ein anderes gewesen: die Arbeiterschaft hätte nämlich weiterhin eine Partei unterstützt, die sie als Vertreterin ihrer Interessen hätte ansehen können. Die defätistische Politik der KP-Führung im Jahre 1927 hatte jedoch zur Folge, daß sich die Arbeiter massenhaft von der Kommunistischen Partei lossagten.[192] So waren es nicht nur der Terror des Tschiang Kai-schek-Regimes und die Allmacht des Imperialismus in den chinesischen Industriezentren, die die KP aufs Land und in die Berge zwangen, sondern auch die Arbeiter selbst, die von einer intellektuellen »Avantgarde des Proletariats«, die sie in ihren Augen direkt in die Niederlage geführt hatte, nichts mehr wissen wollten.

Die Frage, wieso die KP eine derartige selbstmörderische Politik betrieben hat, ist nicht mit dem »Opportunismus« des damaligen Parteiführers Chen Duxius zu beantworten – wie oft dies auch von chinesischen Parteihistorikern noch wiederholt werden wird.[193] Auch die – richtige – Feststellung, die damalige KP-Führung habe lediglich die Anweisungen der Komintern befolgt, ist wiederum nur die Personalisierung (die »Schuld Stalins«) eines tieferreichenden Problems.[194] Der eigentliche Konfliktpunkt liegt vielmehr in der Tatsache, daß die »politische Partei des Proletariats« in China nicht von Proletariern geführt wurde, sondern nach wie vor von »Bourgeoisideologen«, die angeblich »zum theoretischen Verständnis der ganzen geschichtlichen Bewegung sich hinaufgearbeitet« hatten.[195] Selbst in Shanghai, wo 70 Prozent der Parteimitglieder Arbeiter waren, gab es noch Mitte 1927 keinen einzigen Arbeiter im örtlichen Parteikomitee.[196] So hatten die Arbeiter, die sich in Shanghai und Wuhan gegen die Ablieferung der Waffen an die Guomindang-Generäle gewandt hatten und den Kampf gegen Tschiang Kai-schek forderten, innerhalb ihrer eigenen Partei keine Möglichkeit, ihre Ansichten zu vertreten, geschweige denn, ihre Forderungen durchzusetzen.

Cai Hesen, Mitglied des Zentralkomitees, ging in seinem politischen Bericht *(Die Geschichte des Opportunismus)* vor dem Nordchina-Büro der Kommunistischen Partei Chinas im September 1927 ausführlich auf das Verhältnis zwischen Partei und Arbeiterklasse in den Jahren 1921 bis 1927 ein.[197] Seine Darstellung soll hier anstelle einer Zusammenfassung der Fehler der Kommunistischen Partei in der Arbeiterbewegung von 1921 bis 1927 stehen, die maßgeblich zur fast totalen Niederschlagung der chinesischen Arbeiterbewegung beitrugen. Die Tatsache, daß die von Cai Hesen aufgezeigten Mängel, insbesondere das Fehlen innerparteilicher Diskussion und Demokratie, bis in die Gegenwart weiterbestehen[198], wirft die grundsätzliche Frage auf, ob es sich hierbei lediglich um politische Fehler oder aber um eine Folgeerscheinung handelt, die sich notwendig innerhalb einer Kommunistischen Partei marxistisch-leninistischen Typs herausbildet (insbesondere dann, wenn sich diese auf dem Boden einer präkapitalistischen autokratischen Gesellschaft entwickelt hat).

»Eine politische Diskussion der Massen innerhalb der Partei findet gewöhnlich nicht statt, genausowenig wie innerhalb der Führungsorgane Arbeiter oder Bauern vertreten sind. Deshalb haben, obwohl eine äußerst revolutionäre Arbeiter- und Bauernklasse vorhanden ist, und die Arbeiter- und Bauernmassen unter den Parteimitgliedern ganz vorzüglich sind, die Wünsche und Meinungen der Arbeiter und Bauern innerhalb der Partei bisher überhaupt keine Rolle gespielt. Offen gesagt, haben sie für die chinesische Revolution ganz Hervorragendes geleistet, doch innerhalb ihrer eigenen Partei, die die Revolution anführt, haben sie nicht die geringste Rolle gespielt. [. . .]

Wir selbst sind Verfechter des Demokratischen Zentralismus. Aber seit acht Jahren praktizieren wir nur den Zentralismus von oben nach unten – eine Demokratie von unten nach oben gibt es dagegen nicht. In den letzten drei Jahren hat die Parteiorganisation eine explosionsartige Entwicklung durchgemacht: Vor 1925 waren wir ein Intellektuellenzirkel von noch nicht einmal 500 Leuten, aber nach 1925 entwickelte sich die Partei zu einer Massenorganisation mit mehr als 50 000 Mitgliedern.

Vor 1925 gab es in den Führungsorganen der Partei keine Arbeiterelemente, das war ganz unvermeidlich. Nach 1925 begann die Partei zu einer Massenorganisation zu werden, doch die Führungsgremien machten diese Veränderung nicht durch. Vielmehr entwickelten sie nach und nach die Gewohnheit, die Fähigkeiten der Arbeiter gering einzuschätzen und den Massen nicht zu vertrauen. Hinzu kam, daß während der großen Entwicklung der nationalen Revolution untere und obere Führungsorgane unbewußt allmählich einen kleinbürgerlichen oder nationalbürgerlichen Charakter annahmen. [...]

Während des revolutionären Aufschwungs von 1925 bis zum Nordfeldzug haben sich bereits die revolutionären Kräfte der breiten Arbeiter- und Bauernmassen herausgebildet, und gleichzeitig sind unzählige Führer der Arbeiter- und Bauernmassen in diesen Kämpfen hervorgebracht worden. Aber unsere Parteiorganisation hat diesen großartigen Fortschritt überhaupt nicht widergespiegelt, und die Führungsorgane haben von Beginn an diese Führer der Kämpfe der Massen in viel zu geringem Maße aufgenommen. Ein weiterer Aspekt ist, daß das parteiinterne Leben der Massen überhaupt noch keine Gestalt angenommen hat, da es weder eine Parteidiskussion noch ein Wahlsystem gibt. Dies hat soweit geführt, daß die oberen Parteiorgane den unteren Abteilungen der Partei verbieten, eigenhändig Parolen auszugeben, selbständig Erklärungen zu veröffentlichen und die Strategie und Taktik der lokalen Kämpfe selbst festzulegen. Dies ist darauf angelegt, daß die unteren Parteigremien total abhängig sind von der Führung durch die oberen Parteiorgane, und daß die Parteimitglieder den Befehlen wie Soldaten absolut gehorchen. Eine derartige Organisation ist der Form nach sehr genau und streng; sie stellt wirklich eine eiserne Organisation mit einer eisernen Disziplin dar. Aber die Gefahr, die sich darin verbirgt, ist gewaltig. Die Massen der Parteimitglieder und die unteren Abteilungen der Partei können überhaupt nicht eigenständig und spontan ihre Fähigkeiten entwickeln. Sie sind von Anfang bis Ende nur Soldaten, die auf Befehl handeln. Sie sind eben nicht sehr selbstbewußte und sehr eigenständige Kampfeinheiten und Kämpfer. Aus diesen Gründen haben sich folgende Gewohnheiten entwickelt: Es gelten nur die Meinungen und Urteile (über richtig oder falsch) der oberen Parteiorgane; Meinungen und Urteile der unteren Parteizellen und Massen gibt es nicht. Wenn die unteren Abteilungen der Partei und die Massen gegenüber den oberen Parteigremien abweichende Meinungen äußern oder gar Kritik üben, dann legen die Führungsorgane das als Verrat und Rebellion aus und ergreifen schwere Unterdrückungsmaßnahmen. Von daher hat sich die Gewohnheit des ›die Massen fürchten‹ entwickelt. Es wird die Ansicht vertreten, daß die parteiinternen Angelegenheiten die Massen nichts angehen, und man ist der Auffassung, daß das Auftreten abweichender Meinungen die Autorität der Führungsorgane untergraben würde. Deshalb fürchten die Leute in den Führungsgremien natürlich auch, daß Vertreter der Massen an der Führung teilhaben. Die Beziehungen zwischen den Führungsgremien und den Massen sind nicht nur schlecht und abgerissen, sondern man kehrt sich sogar den Rücken und geht seine eigenen Wege. Die Massen verlassen vollständig die Partei, und die Parteiführung läßt die Massen völlig im Stich.«

8. Die Bewegung nach 1927[199]

Mit der Zerschlagung der chinesischen Arbeiterbewegung zerbrachen die engen Bindungen zwischen Kommunistischer Partei und Arbeiterschaft. Die Ursachen dafür lagen nicht nur allein im Terror des Tschiang Kai-schek-Regimes, dem 1927 und 1928 zwischen 20 000 und 25 000 der circa 100 000 Mitglieder der Kommunistischen Partei Chinas und des Kommunistischen Jugendverbandes zum Opfer fielen.[200] In den Augen vieler politisch und gewerkschaftlich organisierter Arbeiter lief die Politik der KP-Führung im Jahre 1927 schlicht auf einen Verrat an der Arbeiterklasse hinaus, und sie verließen zu Tausenden die Partei. So sank der Anteil der Arbeiter unter den KP-Mitgliedern von April 1927 bis Januar/Februar 1929 von 53,8 Prozent auf 2,9 Prozent, und im September 1930 machten sie nurmehr 1,7 Prozent aus.[201]

Die Arbeiter waren nach 1927 auch nicht mehr bereit, massenhaft an den von der KP organisierten Aufständen teilzunehmen. Die Umsturzversuche in Nanchang und Kanton Ende 1927 waren rein militärische Aktionen, die kaum Unterstützung von seiten der Arbeiter erhielten. Ye Ting, einer der Führer des Kantoner Aufstands, auf dessen Höhepunkt die »Kantoner Kommune« ausgerufen wurde, benannte die Hauptgründe für dessen Niederlage: »Die breiten Massen haben sich am Aufstand nicht beteiligt. [...] Sämtliche Läden waren geschlossen, und die Angestellten zeigten nicht den leisesten Wunsch, uns zu unterstützen [...]. Die Hongkonger Arbeiter zeigten nicht die leiseste Sympathie für den Aufstand.«[202] Nachdem dann die Versuche der Kommunistischen Partei in den Jahren von 1928 bis 1930, wieder eine kommunistische Gewerkschaftsbewegung aufzubauen, am »weißen Terror« und am Widerwillen der Arbeiterschaft praktisch gescheitert waren, zog die KP auch die letzten ihr verbliebenen Kader unter den Arbeitern ab, um sie in den Sowjetgebieten und in der Organisierung der Bauernbewegung einzusetzen.[203]

Nach 1927 spielte die Arbeiterbewegung für die chinesische Revolution so gut wie keine Rolle mehr, obwohl immer wieder und in nicht geringer Zahl spontane Streiks ausbrachen. Diese Arbeitskämpfe hatten fast ausschließlich ökonomischen Charakter und richteten sich gegen die sich in den dreißiger Jahren permanent verschlechternde Lebenslage der Werktätigen. Die antiimperialistische Tradition der chinesischen Arbeiterbewegung setzte sich in Einzelfällen fort[204], doch der Verlust der intellektuellen Führer und Arbeiterkader sowie die Gewerkschaftspolitik der Regierung Tschiang Kaischek[205] verhinderten eine umfassende Organisierung und Politisierung der Arbeiter. Die von der Nationalregierung reorganisierten Gewerkschaften wurden in der Mehrzahl von Politikern, Guomindang-Beamten und Angehörigen der »Grünen« und »Roten Bande« (darunter viele Kontrakteure) geführt und vertraten alles andere als die Interessen der Arbeiter.[206] Trotzdem gehörten diesen sogenannten »gelben« Verbänden Anfang 1930 etwa 500 000 Werktätige an.[207] Von der Guomindang unabhängige Arbeiterorganisationen waren mit den 1929 erlassenen Gewerkschaftsgesetzen verboten worden[208], und die wenigen im Untergrund bestehenden kommunistischen Gewerkschaften blieben bedeutungslos. Xiang Ying, kommunistischer Arbeiterführer seit Beginn der zwanziger Jahre, bezifferte die Zahl der Mitglieder in den Roten Gewerkschaften gegen Ende 1929 mit knapp 65 000, davon allein 40 000 in den Sowjetgebieten. Von den übrigen mehr als 14 000 waren nicht einmal die Hälfte Industriearbeiter. Nach Xiang Ying sank die Zahl der in kommunistischen Gewerkschaften organisierten städtischen Arbeiter in den Jahren 1930/31 nochmals erheblich.[209]

Lediglich in den Rätegebieten konnte sich die Arbeiterbewegung selbständig und offen entwickeln. So gab es zum Beispiel im Jiangxi-Sowjet eine Arbeitsgesetzgebung, die den Achtstunden-Arbeitstag festlegte, einen Mindestlohn einführte, den Arbeitsschutz für Frauen und Kinder vorschrieb, den Arbeitern das Recht gab, zu streiken und sich in Verbänden zu organisieren. Darüber hinaus wurde eine Sozialversicherung für Arbeiter eingerichtet, die Kontraktarbeit abgeschafft und die Lehrzeit auf drei Jahre verkürzt – etwas, das es in China zuvor nie gegeben hatte und auch unter der Nationalregierung nie geben sollte.[210] Aufgrund ihrer zahlenmäßigen Schwäche und der geographischen Randlage bildete die Arbeiterbewegung in den Roten Gebieten jedoch keinen Machtfaktor, sondern lediglich ein fortschrittliches Modell.

1 Es gibt für die chinesische Arbeiterbewegung vom Beginn des 20. Jahrhunderts bis 1927 vier große Dokumentensammlungen: Wang Qingbin u. a., *Diyici Zhongguo laodong nianjian [Das erste chinesische Arbeitsjahrbuch]*, Peking 1928; J. Chesneaux, *Les Syndicats Chinois 1919-1927*, Paris 1965; *Diyici guonei geming zhanzheng shiqi de gongren yundong [Die Arbeiterbewegung in der Zeit des ersten revolutionären Bürgerkriegs]*, Peking 1954; *Zhongguo lici quanguo laodong dahui wenxian [Dokumente der verschiedenen Nationalen Arbeiterkongresse]*, Peking 1957. Darüber hinaus sind im *China Yearbook* 1924/25 ff. im Kapitel *Labour* zeitgenössische Dokumente, Statistiken und Artikel zur chinesischen Arbeiterbewegung abgedruckt.

Ausführliche Darstellungen zur Geschichte der chinesischen Arbeiterbewegung sind insbesondere:

1) J. Chesneaux, *The Chinese Labor Movement, 1919-1927*, Stanford 1968. Dieses Buch ist nicht nur *das* Standardwerk über die chinesische Arbeiterbewegung, sondern zählt darüber hinaus zu den bedeutendsten Veröffentlichungen zur chinesischen Sozialgeschichte.

2) Deng Zhongxia, *Zhongguo zhigong yundong jianshi [Kurze Geschichte der chinesischen Arbeiterbewegung]*, Peking 1949, ist eine zwischen 1928 und 1930 verfaßte Darstellung eines in der Arbeiterbewegung führenden Kommunisten. Obwohl das Buch wegen der Hinrichtung des Verfassers im Jahre 1933 unvollständig geblieben ist – von 30 geplanten Kapiteln sind nur 13 vollendet und veröffentlicht worden –, ist es aufgrund des politischen Standpunkts das Autors, der Detailliertheit seiner Darstellung und aufgrund der Bedeutung der abgedruckten Dokumente für ein näheres Verständnis der chinesischen Arbeiterbewegung unumgänglich.

Eine deutsche Ausgabe, herausgegeben von W. Meißner und G. Schulz erschien 1975 in Hamburg unter dem Titel *Anfänge der chinesischen Arbeiterbewegung 1919-1926*, ist jedoch stark gekürzt. In den folgenden Anmerkungen sind die Seitenangaben für die deutsche Ausgabe jeweils in Klammern hinzugefügt.

3) N. Wales [d. i. Helen Foster Snow], *The Chinese Labor Movement*, New York 1945. Dieses Buch ist deshalb sehr wichtig, weil es im wesentlichen auf Informationen von während der zwanziger Jahre und danach in der Arbeiterbewegung tätigen Kommunisten beruht, die die Autorin 1937 in Yan'an interviewte. In dem Buch kommt Liu Shaoqi, einer der bedeutendsten KP-Führer in der Arbeiterbewegung, ausführlich zu Wort.

4) Ma Zhaojun, *Zhongguo laogong yundong shi [Geschichte der chinesischen Arbeiterbewegung]*, Taibei 1959. Das Buch bietet auf nahezu 2300 Seiten eine sehr ausführliche Darstellung der Geschichte der chinesischen Arbeiterbewegung von 1894 bis 1957. Zu berücksichtigen ist, daß Ma Zhaojun, einer der führenden Vertreter des rechten Flügels der *Guomindang* und selbst aktiv in der Arbeiterbewegung, genauso wie Deng Zhongxia von einem bestimmten politischen Standpunkt aus schreibt.

2 J. Chesneaux, *Labor Movement*, S. 24.

3 G. Lewin, *Zur Definition des Begriffes »Arbeiterklasse« in China (1917 bis 1949)*, in: *Wissenschaftliche Zeitschrift der Karl-Marx-Universität Leipzig, Gesellschafts- und Sprachwissenschaftliche Reihe* (1972), Nr. 6, S. 548.

4 Interview mit dem Arbeiter Hang Baohua in Changxindian im November 1974. Siehe auch Li Youying, *Beijing laodong zhuangkuang [Die Lage der Pekinger*

Arbeiter], in: *Xin qingnian [Neue Jugend]*, v. 1. 5. 1920, S. 11-12; Luo Chuanhua, *Jinri Zhongguo laogong wenti [Arbeitsprobleme in China heute]*, Shanghai 1933, S. 232-236.

5 Chesneaux, *Labor Movement*, S. 42 f. Zur Entstehung der chinesischen Industriearbeiterschaft siehe u. a. Zheng Xuemeng, *Zhongguo gongye wuchanjieji de chansheng ji qi zaoqi de zhuangkuang (Die Entstehung des chinesischen Industrieproletariats und seine anfängliche Lage)*, in: *Shixue yuekan* (Geschichtswissenschaftliche Monatsschrift) (1960) Nr. 4, S. 6-14.

6 *Tayeh Iron Mines*, in: *The Far Eastern Review* (1917), Juli, S. 580.

7 Zur Herkunft des Industrieproletariats und seiner Verbindung mit dem Land siehe u. a. J. Chesneaux, *The Chinese Labour Force in the First Part of the Twentieth Century*, in: C. D. Cowan (Hrsg.), *The Economic Development of China and Japan*, London 1964, S. 111 ff.; ders., *Labor Movement*, S. 48 ff.; G. Lewin, *»Arbeiterklasse«*, S. 548, 550; K. A. Wittfogel, *Die Grundlagen der chinesischen Arbeiterbewegung*, in: *Archiv für die Geschichte des Sozialismus und der Arbeiterbewegung* (1930), Nr. 2, S. 247 ff.

8 Im Rahmen dieses Artikels können die teilweise sehr unterschiedlichen Zahlenangaben zur Gesamtzahl des chinesischen Industrieproletariats nicht diskutiert werden. Vgl. dazu u. a. J. Chesneaux, *Labor Movement*, S. 24-47; Sen Katayama, *Der Bürgerkrieg in China und die chinesische Arbeiterklasse*, in: *Rote Gewerkschaftsinternationale* (1924), Nr. 12 (47), S. 289; N. Wales, *Labor Movement*, S. 9; Fang Fu-an, *Chinese Labour. An Economic and Statistical Survey of the Labour Conditions and Labour Movements in China*, London 1931, S. 14-32; G. Lewin, *»Arbeiterklasse«*, S. 552; R. R. Müller, *Beiträge zur Gesellschaftstheorie in China. Die Herausbildung des Klassenbegriffs im 20. Jahrhundert*, Berlin (DDR) 1976, S. 49; Zhao Qin, *Xinhai geming qianhou de Zhongguo gongren yundong [Die chinesische Arbeiterbewegung vor und nach der Revolution von 1911]*, in: *Lishi yanjiu [Historische Forschungen]* (1959), Nr. 2, S. 1-16; Wang Qingbin, *Laodong nianjian*, Teil I., S. 7-32; *ebenda*, Teil II., S. 376; Deng Zhongxia, *Women de liliang [Unsere Kräfte]*, in: *Zhongguo gongren [Der chinesische Arbeiter]* (1924), Nr. 2, unter dem Titel *Zhongguo gongren jieji de liliang [Die Kräfte der chinesischen Arbeiterklasse]* abgedruckt in: *Diyici guonei geming zhanzheng shiqi de gongren yundong*, S. 3-6; Liu Likai, Wang Zhen, *1919-1927 nian de Zhongguo gongren yundong [Die chinesische Arbeiterbewegung von 1919 bis 1927]*, Peking 1957, S. 5-9; Chen Da, *Zhongguo laogong wenti [Arbeitsprobleme in China]*, Shanghai 1929, S. 7-21.

9 Ma Honglin, Ji Guozhong, Chen Shulin, *Diyici shijie dazhan qijian Shanghai gongrenjieji de zhuangda he gongren yundong de fazhan (Die Stärke der Shanghaier Arbeiterklasse und die Entwicklung der Arbeiterbewegung während des Ersten Weltkriegs)*, in: *Shixue yuekan* (1964) Nr. 7, S. 9; W. Ayers, *Shanghai Labor and the May 30th Movmement*, in: *Papers on China*, Bd. 5 (May 1951), S. 4; vgl. J. Chesneaux, *Labor Movement*, S. 47.

10 *Tangshan, An Industrial Town on Peking-Mukden Railway*, in: *Chinese Economic Journal* (1927), Oktober, S. 884 f.

11 F. C. Yen, *Report on Hookworm Infection, Pinghsiang Colliery*, in: *The National Medical Journal of China* (1918), Nr. 3, S. 83.

12 Tabelle 1 wurde auf der Grundlage der in Anm. 8 genannten Literatur erstellt.

13 Siehe Abschnitt 2, Arbeitsbedingungen.

14 J. Chesneaux, *Labor Movement*, S. 73-76; M. Bulle, *Leben und Kampf der chinesischen Arbeiterinnen und Bäuerinnen*, Moskau 1932, S. 7 f.; Mussin, *Die*

Industrie und das Proletariat Schanghais, in: *Rote Gewerkschaftsinternationale* (1924), Nr. 12 (47), S. 290; Qu Qiubai, *Zhongguo geming zhong zhi zhenglun wenti (Streitfragen während der chinesischen Revolution),* o. O. 1928, S. 63. Zur Frauen- und Kinderarbeit siehe auch Ta Chen [Chen Da], *Working Women in China,* in: *Monthly Labor Review* (1922), Nr. 6, S. 142-149 (1312-1319); *China. Stand der Frauen- und Kinderarbeit,* in: *Internationale Rundschau der Arbeit* (1927), Nr. 6, S. 576-578; *China. Die Arbeitsverhältnisse der Frauen,* in: *Internationale Rundschau der Arbeit* (1934), Nr. 2, S. 165-167.

15 Zu den Arbeits- und Lebensbedingungen siehe u. a. B. Torgasheff, *The Cost of Living of China's Masses,* in: *The China Weekly Review* (1929), Nr. 8, S. 296-298, 309 und Nr. 9, S. 432-436; ders., *Mining Labor in China,* Shanghai 1930, S. 100-138; Herbert D. Lamson, *The Chinese Laborer and his Family,* in: *Sociology and Social Research* (1932), Nr. 3, S. 203-212; ders., *How the Chinese Laborer lives,* in: *Sociology and Social Research* (1932), Nr. 4, S. 326-335; ders., *Industrial Accidents in China,* in: *The China Weekly Review* (1930), 1./15./22. 2. und 8. 3. 1930; J. Chesneaux, *Labor Movement,* S. 71-112; Chung-Ping Yen, J. Kuczynski, W. Jonas, *Die Lage der Arbeiter in der Baumwollindustrie Shanghais insbesondere in den englischen Fabriken,* Berlin (DDR) 1964, S. 159-185; Chen Da, *Laogong wenti,* S. 22-78; S. K. Sheldon Tso, *Present Labor Conditions in China,* in: *Monthly Labor Review* (1928), Nr. 4, S. 44-55; Fang Fu-an, *Chinese Labour,* S. 33-65. Sung-Ho Lin, *Factory Workers in Tangku.* Peking 1928; L. K. Tao, *Livelihood in Peking. An Analysis of the Budgets of Sixty Families.* Peking 1928; ders., *The Standard of Living among Chinese Workers.* Shanghai o. J. [1931]. Vgl. dazu F. Engels, *Die Lage der arbeitenden Klasse in England* (1845), in: *MEW* Bd. 2, Berlin (DDR) 1970, S. 225 ff.

16 Wang Qingbin, *Laodong nianjian,* Teil I., S. 353.

17 H. W. Decker, *Industrial Hospital, Shanghai: Review of 880 Cases from the Cotton Mills,* in: *The China Medical Missionary Journal* (1924), März-Nr., zitiert nach: Chung-Ping Yen, *Baumwollindustrie,* S. 184.

18 International Health Board of the Rockefeller Foundation, *Report on the Distribution and Control of Hookworm Disease in the Mines of China,* New York 1917 (unveröffentlichte Studie im Archiv der Rockefeller Foundation).

19 Siehe hierzu ausführlich A. C. Reed, *Investigation of Hookworm Infection at the Ping Hsiang Colliery, Central China,* in: *American Journal of Public Health* (1914), Nr. 12, S. 1136-1158; F. C. Yen, *Report on Hookworm Infection, Pinghsiang Colliery, Hunan,* in: *The National Medical Journal of China* (1918), Nr. 3, S. 81-87 und Nr. 4, S. 140-145, (1919), Nr. 1, S. 57-66.

20 Zur Kontraktarbeit siehe u. a. J. Chesneaux, *Labor Movement,* S. 57-62, 89 f.; *Chinese Labor and the Contract System,* in: *People's Tribune* (1933), Nr. 8, S. 407-410; Chung-Ping Yen, *Baumwollindustrie,* S. 145-157, 208-231; W. Eichhorn, *Zur Vorgeschichte der chinesischen Arbeiterbewegung,* in: *Saeculum* (1961), Nr. 12, S. 36-43; Torgasheff, *Mining Labor,* S. 53-60; Hsia Yen, *Contract Labor,* in: *Chinese Literature* (1960), Nr. 8, S. 47-63; Deng Zhongxia, *Zhigong yundong,* S. 44 f. (34 f.); Tang Hai, *Zhongguo laodong wenti [Arbeitsprobleme in China],* Shanghai 1927, S. 135 f.; Fu Dong, *Batou zhidu [Das Kontraktarbeitssystem],* in: *Zhongguo qingnian [Chinesische Jugend]* (1964), Nr. 7, S. 18; Ying Yan u. a., *Yi zhang gongpiao su shen chou [Ein Arbeitsschein zeugt von tiefem Haß],* in: *Zhongguo qingnian* (1964), Nr. 7, S. 16; Luo Chuanhua, *Laogong wenti,* S. 217-226; A Mining Expert [B. P. Torgasheff], *The Contract System in Chinese Mining,* in: *People's Tribune* (1932), Nr. 6, S. 152-156.

21 *China Yearbook* (1932), S. 492; Torgasheff, *Mining Labor,* S. 60.

22 E-tu Zen Sun, *Mining Labor in the Ch'ing Period,* in: A. Feuerwerker u. a., *Approaches to Modern Chinese History,* Berkeley/Los Angeles 1967, S. 59-62.

23 Siehe hierzu Chung-Ping Yen, *Baumwollindustrie,* S. 151 f.; Torgasheff, *Mining Labor,* S. 59; *The Pingsiang Colliery. A Story of Early Mining Difficulties in China,* in: *The Far Eastern Review* (1916), Nr. 10, S. 377-379.

24 *China Yearbook* (1932), S. 492.

25 Chung-Ping Yen, *Baumwollindustrie,* S. 208, 219.

26 *Chinese Labor and the Contract System,* S. 408-409.

27 Zum *baofan-* und *daifan-*Kontrakt siehe *ebenda,* S. 409-410. Zum *muzai-*Kontrakt siehe J. H. Harris, *Slave Trading in China,* in: *Contemporary Review* (1930), Nr. 2 (770), S. 174-180; *China. Der Schutz der »muit-sai« in Schanghai,* in: *Internationale Rundschau der Arbeit* (1939), Nr. 7, S. 641-644.

27a Luo Chuanhua, *Laogong wenti,* S. 106 f., 222 f.; Interview mit dem Arbeiter Hang Baohua in Changxindian im November 1974; Eichhorn, *Vorgeschichte,* S. 35 f.; W. E. Gourlay, *›Yellow‹ Unionism in Shanghai. A Study of Kuomintang Technique in Labor Control, 1927-1937,* in : *Papers on China* (1953) Bd. 7, S. 120 f.

28 Chen Da, *Laogong wenti,* S. 83.

29 Zu den Gilden siehe u. a. *ebenda,* S. 84-92; J. Chesneaux, *Labor Movement,* S. 113-117; Qu Qiubai, *Zhongguo zhigong yundong de wenti [Probleme der chinesischen Arbeiterbewegung],* in: *Buersaiweike [Bolschewik]* (1930), Nr. 2/3, S. 98-99; Ma Zhaojun, *Laogong yundong,* S. 34-37; siehe auch Wang Qingbin, *Laodong nianjian,* Teil II., S. 1-2, 10-20, wo die Gilden fälscherlicherweise unter dem Begriff *shougongbang* abgehandelt werden.

30 Qu Qiubai, *Zhigong yundong,* S. 105.

31 Zu den Vereinigungen zur gegenseitigen Hilfe siehe u. a. *ebenda,* S. 99-100; J. Chesneaux, *Labor Movement,* S. 117; Chen Da, *Laogong wenti,* S. 95-96; Ma Zhaojun, *Laogong yundong,* S. 37-38; Wang Qingbin, *Laodong nianjian,* Teil II., S. 2-3; He Deming, *Zhongguo laogong wenti* (Arbeitsprobleme in China), Shanghai 1937, S. 108 f.

32 Chen Da, *Laogong wenti,* S. 95 f.; Eichhorn, *Vorgeschichte, S. 46; E-tu Zen Sun, Mining Labor,* S. 50-51, 55, 61-62.

33 Chen Da, *Laogong wenti,* S. 95 f.

34 Tagebuchaufzeichnungen des Magistrats des Kreises Liling, Wang Wenpu, in: *Shibao [Die Zeit],* 2. – 4. 3. 1907, benutzt nach: Wang Jingyu u. a., *Zhongguo jindai gongye shi ziliao [Materialien zur Geschichte der modernen Industrie Chinas],* Peking 1957, Band II. (1895-1914), Buch 2, S. 1293. Siehe auch Di Chen, *1906 nian de Ping Liu Li da qiyi [Der große Aufstand von Ping-Liu-Li im Jahre 1906],* in: *Lishi jiaoxue [Geschichtsunterricht]* (1958), Nr. 10, S. 21-26; Chang Kuo-t'ao, *The Rise of the Chinese Communist Party, 1921-1927,* Lawrence/Manhattan/Wichita 1971, S. 1-17.

35 J. Chesneaux, *Labor Movement,* S. 117 f.; ders., *Weißer Lotus, Rote Bärte. Geheimgesellschaften in China. Zur Vorgeschichte der Revolution,* Berlin 1976, S. 161-167; Eichhorn, *Vorgeschichte,* S. 35 f., 39; Gourlay, *›Yellow‹ Unionism,* S. 120 f.; Qu Qiubai, *Zhigong yundong,* S. 100 f. Qu Qiubai, *Zhenglun wenti,* S. 61 berichtet, daß über 50 Prozent der Shanghaier Arbeiter Mitglieder von Geheimgesellschaften waren.

36 Ta Chen [d. i. Chen Da], *The Labor Movement in China,* in: J. B. Condliffe (Hrsg.), *Problems of the Pacific. Proceedings of the Second Conference of the Institute of Pacific Relations, Honolulu/Hawai, July 15 to 29, 1927,* Chicago 1928, S. 411 f.

37 Ma Zhaojun, *Laogong yundong,* S. 51 f.

38 *Ebenda,* S. 50 f.

39 *Ebenda,* S. 98 f.; Zhao Qin, *Gongren yundong,* S. 5.

40 Xu Yuanqi, *Tangshan laodong zhuangkuang (II) [Die Lage der Arbeitenden von Tangshan, II.],* in: *Xin qingnian* (1920), Nr. 6, S. 7-8.

41 Ma Zhaojun, *Laogong yundong,* S. 51 f., 142 f. Siehe auch Lowe Chuan-hua, *Facing Labor Issues in China,* London 1934, S. 56-62; W. Ayers, *The Hong Kong Strikes, 1920-1926,* in: *Papers on China,* Bd. 4 (April 1950), S. 105 f.

42 Zhao Qin, *Gongren yundong,* S. 5.

43 R. A. Scalapino, G. T. Yu, *The Chinese Anarchist Movement,* Berkeley 1961, S. 35 ff.; *Wusi shiqi qikan jieshao [Einführung in die Periodika der 4. Mai-Periode],* Peking 1959, Band III, S. 222; *Minsheng [Volksstimme],* Nr. 16 (27. 6. 1914), S. 4-8 und Nr. 30 (15. 3. 1920), S. 5 f. Zur Geschichte des Anarchismus in China siehe auch D. W. Y. Kwok, *Die anarchistische Bewegung,* in: P. J. Opitz (Hrsg.), *Chinas große Wandlung,* München 1972, S. 146-162.

44 Ma Zhaojun, *Laogong yundong,* S. 85. Siehe auch *Minsheng* Nr. 21 (2. 8. 1914), S. 9 und Nr. 23 (5. 5. 1915), S. 8-11.

45 Deng Zhongxia, *Zhigong yundong,* S. 5 (18 f.); Ma Zhaojun, *Laogong yundong,* S. 86; *Minsheng* Nr. 31 (15. 4. 1921), S. 3.

46 Ma Zhaojun, *Laogong yundong,* S 85, 151 f.; *Minsheng* Nr. 29 (28. 11. 1916), S. 11. Zum Konzept der Anarchisten für die Arbeiterbewegung siehe hier, Teil 4.4., Kommunisten und Anarchisten im Kampf um die Arbeiter, S. 287 ff.

47 Siehe *Satzung der Arbeiterpartei,* abgedruckt in: Wang Jingyu, *Jindai gongye,* S. 1273-1274. Zur Geschichte der Arbeiterpartei der chinesischen Republik siehe u. a. Li Shiyue, *Xinhai geming qianhou de Zhongguo gongren yundong he Zhonghua minguo gongdang [Die chinesische Arbeiterbewegung vor und nach der Xinhai-Revolution und die Arbeiterpartei der chinesischen Republik],* in: *Shixue jikan [Geschichtswissenschaftliche Vierteljahresschrift]* (1957), Nr. 1; Liang Yukui, *Guanyu Zhonghua minguo gongdang de xingzhi wenti [Zur Frage des Charakters der Arbeiterpartei der chinesischen Republik],* in: *Lishi yanjiu* (1959), Nr. 6, S. 73-78; Ma Zhaojun, *Laogong yundong,* S. 73-78, 85, 96 f.; Zheng Xuejia, *Zhonggong xingwang shi [Aufstieg und Fall der Kommunistischen Partei Chinas],* Taibei 1969, Band I., Buch 1, S. 360-362.

48 Zhao Qin, *Gongren yundong,* S. 5.

49 *Ebenda,* S. 13.

50 Streikzahlen für die Jahre 1870 bis 1917 in: *Ebenda,* S. 1-2, 4, 15. Streikzahlen für die Jahre 1918 bis 1926 in: Ta Chen [Chen Da], *Analysis of Strikes in China, from 1918 to 1926,* Shanghai 1927, S. 5.

51 J. Chesneaux, *Labor Movement,* S. 127.

52 *Early Mining Difficulties,* S. 377.

53 J. Chesneaux, *Labor Movement,* S. 127-128.

54 *Ebenda,* S. 128; Ma Zhaojun, *Laogong yundong,* S. 50. Zwei weitere Beispiele in: Shao Xunzheng, *Yijiulingwunian siyue Zhongguo gongren fankang diguozhuyi zibenjia de douzheng [Der Kampf der chinesischen Arbeiter gegen imperialistische Kapitalisten im April 1905],* in: *Lishi yanjiu* (1954), Nr. 2.

55 *Zhongguo gongchandang lishi jianghua [Erörterung der Geschichte der Kommunistischen Partei Chinas],* Peking 1962, S. 11.

56 Zhao Qin, *Gongren yundong,* S. 15.

57 *Ebenda,* S. 16.

58 Deng Zhongxia, *Zhigong yundong,* S. 4 (18); Ma Zhaojun, *Laogong yundong,*

S. 87.

59 Li Weiyang, *Anyuan meikuang zuizao de bagong ziliao [Materialien zu den frühesten Streiks am Kohlenbergwerk von Anyuan]*, in: *Jindaishi ziliao [Materialien zur modernen Geschichte]* (1958), Nr. 1, S. 1-3; *Early Mining Difficulties*, S. 380.

60 Zhao Qin, *Gongren yundong*, S. 13; *Minsheng* Nr. 4 (27. 12. 1913), S. 6-7.

61 Li Weiyang, *Anyuan meikuang*, S. 1-5; *Early Mining Difficulties*, S. 379.

62 *Minsheng* Nr. 21 (2. 8. 1914), S. 8-9.

63 Liang Renbao, *Taiping tianguo he kuanggong [Das Himmelreich des Großen Friedens und die Bergarbeiter]*, in: *Lishi jiaoxue* (1957), Nr. 5, S. 16-23.

64 Siehe Anm. 34.

65 Ma Zhaojun, *Laogong yundong*, S. 57-60.

66 *Ebenda*, S. 61-64; Zhao Qin, *Gongren yundong*, S. 13 f.

67 Hu Hua, *Zhongguo geming shi jiangyi [Lehrstoff zur Geschichte der chinesischen Revolution]*, Peking 1961, S. 17.

68 Zhao Qin, *Gongren yundong*, S. 14-15.

69 Deng Zhongxia, *Zhigong yundong*, S. 8 (21). Zu den Shanghaier Streiks siehe auch J. T. Chen, *The May Fourth Movement in Shanghai*, Leiden 1971, S. 111 ff.; Shen Yixing, *Wusiyundong zhong Shanghai gongren de bagong douzheng [Die Streikkämpfe der Shanghaier Arbeiter während der 4. Mai-Bewegung]*, in: *Jinian wusiyundong sishi zhounian lunwenji [Aufsatzsammlung zum Gedenken des 40. Jahrestages der 4. Mai-Bewegung]*, Shanghai 1960, S. 1-10.

Zur Arbeiterbewegung während der 4. Mai-Bewegung siehe Yin Falu, *Wusi aiguo yundong shiqi gongren jinxing zhengzhi douzheng de jishu duanpian [Einiges über die politischen Kämpfe der Arbeiter während der nationalistischen 4. Mai-Bewegung]*, in: *Wusiyundong wenji [Aufsätze zur 4. Mai-Bewegung]*, Wuhan 1957, S. 34-41; Liu Nongchao, *Liusan gaochao zhong de wuchanjieji [Das Proletariat während des Aufschwungs vom 3. Juni]*, in: *ebenda*, S. 42-45; Ma Yunting, *Zhongguo gongrenjieji ›liusan‹ zhengzhi da bagong (Der große politische Streik der chinesischen Arbeiterklasse vom 3. Juni)*, in: *Shixue yuekan* (1959) Nr. 6, S. 11-14.

70 Ta Chen, *Analysis of Strikes*, S. 9; Shanghaishi zhengfu shehuiju/Bureau of Social Affairs, The City Government of Greater Shanghai, *Jin shiwunian lai Shanghai zhi bagong tingye/Strikes and Lockouts in Shanghai since 1918*, Shanghai 1933, Appendix, S. 3-6.

71 L. Heller, *Nationale Bewegung und Arbeiterklasse*, in: *Rote Gewerkschaftsinternationale* (1925), Nr. 9 (56), S. 106.

72 Deng Zhongxia, *Zhigong yundong*, S. 8 (fehlt in d. dtsch. Ausgabe); *Beifang de hongxing – Changxindian jiche cheliang gongchang liushinian [Roter Stern des Nordens – 60 Jahre Lokomotiv- und Waggonfabrik Changxindian]*, Peking 1960, S. 50-52.

73 J. T Chen, *May Fourth Movement*, S. 182.

74 J. Chesneaux, *Labor Movement*, S. 160-163.

75 *Tongxin [Korrespondenz]*, in: *Xin qingnian* (1917), Nr. 1 (2. Jahrgang, Nr. 5), S. 5.

76 Chang Kuo-t'ao, *Communist Party*, S. 114 ff.; *Beifang de hongxing*, S. 61 ff.; Deng Zhongxia, *Zhigong yundong*, S. 14 ff. (25 ff.).

77 Qiwu laoren [d. i. Bao Huiseng, einer der Gründer der Kommunistischen Partei Chinas], *›Erqi‹ huiyi lu [Erinnerungen an den ›7. Februar‹]*, Peking 1957, S. 33; Chang Kuo-t'ao, *Communist Party*, S. 172 ff.

78 Chang Kuo-t'ao, *Communist Party*, S. 145; Tschen Pan-tsiu [Chen Tanqui], *Erinnerungen an den I. Parteitag der KP Chinas*, in: *Die Kommunistische Interna-*

tionale (1936) Nr. 9, S. 902; Qiwu laoren, ›*Erqi*‹, S. 29. Das im chinesischen Urtext verlorengegangene erste Programm der Kommunistischen Partei Chinas ist abgedruckt in: C. M. Wilbur (Hrsg.), »*The Communist Movement in China.*« *An Essay written in 1924 by Ch'en Kung-po*, New York 1966, S. 102-103.

79 Der »Plan für die Arbeiterbewegung« und der Beschluß über die Aufnahme von Arbeitern in die Partei sind im Original verloren gegangen. Für eine inhaltliche Rekonstruktion siehe Chang Kuo-t'ao, *Communist Party*, S. 150 f.; Qiwu laoren, ›*Erqi*‹, S. 31; C. M. Wilbur, »*Communist Movement*«, S. 103 f.; Tschen Pan-tsiu, *Erinnerungen*, S. 902. Siehe auch Qiwu laoren, *Zhongguo gongchandang chengli qianhou de jianwen [Erfahrungen vor und nach der Gründung der Kommunistischen Partei Chinas]*, in: *Xin guancha [Neue Beobachtungen]* (1957), Nr. 13, S. 18.

80 Tschen Pan-tsiu, *Erinnerungen*, S. 902. Vgl. W. I. Lenin, *Was tun? Brennende Fragen unserer Bewegung* (1902), in: Lenin, *Werke*, Bd. 5, Berlin (DDR) 1955, S. 487 f.

81 Chang Kuo-t'ao, *Communist Party*, S. 169 ff.; Qiwu laoren, ›*Erqi*‹, S. 31 ff.; N. Wales, *Labor Movement*, S. 29 f.; *Zhongguo laodong zuhe shujibu xuanyan [Manifest des Sekretariats der chinesischen Arbeitervereinigungen]*, in: *Gongchandang/The Communist* (1921), Nr. 6, S. 21-22, mit französischer Übersetzung in: J. Chesneaux, *Syndicats*, S. 121-125.

82 *Wusi shiqi qikan*, Bd. 3, S. 258, 264.

83 Hu Hua, *Zhongguo geming*, S. 43; Wang Jianmin, *Zhongguo gongchandang shi gao [Geschichte der Kommunistischen Partei Chinas]*, Band 1, Hongkong 1974, S. 32; He Ganzhi, *Zhongguo xiandai geming shi [Geschichte der modernen chinesischen Revolution]*, Peking 1956, S. 31.

84 Lenin, *Was tun?*, S. 476, 487. Zum Aufbau der Kommunistischen Partei Chinas analog zum Leninschen Parteimodell siehe u. a. Li Shu, *Shiyue geming he Zhongguo gongren yundong [Die Oktoberrevolution und die chinesische Arbeiterbewegung]*, in: *Lishi yanjiu* (1958), Nr. 2, S. 5 f.; Wang Shi u. a., *Zhongguo gongchandang lishi jianbian [Abriß der Geschichte der Kommunistischen Partei Chinas]*, Shanghai 1958, S. 24, 32 f.

85 *Wusi shiqi qikan*, Bd. 2, S. 167-178; *ebenda*, Bd. 3, S. 212-269; *Minsheng* Nr. 23 (5. 5. 1915), S. 9-11.

86 *Wusi shiqi qikan*, Bd. 2, S. 121-134; *Hunan jin bainian dashi jishu [Aufzeichnungen über große Ereignisse der letzten hundert Jahre in Hunan]*, Changsha 1959, S. 418 ff.; Li Rui, *Mao Zedong tongzhi de chuqi geming huodong [Die frühen revolutionären Aktivitäten des Genossen Mao Tse-tung]*, Peking 1957, S. 172 ff.

87 N. Wales, *Labor Movement*, S. 40.

88 Siehe Anm. 77.

89 J. Chesneaux, *Labor Movement*, S. 173.

90 Qiwu laoren, ›*Erqi*‹, S. 71; Chang Kuo-t'ao, *Communist Party*, S. 275; Deng Zhongxia, *Zhigong yundong*, S. 24-27 (fehlt in d. dtsch. Ausgabe); C. Brandt, *Stalin's Failure in China*, New York 1966, S. 24 f. Siehe auch die Rede Karl Radeks zur Orientfrage auf der 20. Sitzung des Vierten Kongresses der Kommunistischen Internationale vom 23. 11. 1922, in: *Protokoll des Vierten Kongresses der Kommunistischen Internationale, Petrograd-Moskau vom 5. November bis 5. Dezember 1922*, o. O. 1923, S. 630.

91 *Wusi shiqi qikan*, Bd. 3, S. 259-262, 267 f.

92 Qu Qiubai, *Zhigong yundong*, S. 105-108.

93 Qiwu laoren, ›*Erqi*‹, S. 32 f.

Mitglieder der Kommunistischen Zelle Shanghai halfen zwar bei der Gründung der *Shanghaier Mechanikergewerkschaft* im Oktober 1920 wie auch bei der Gründung einer Druckergewerkschaft im Dezember 1920 und einer Textilarbeitergewerkschaft im Frühjahr 1921, hatten jedoch keinerlei Einfluß auf diese Organisationen. Alle drei waren genuine Arbeiterverbände, die jedoch noch Gildencharakter hatten. Die Mechanikergewerkschaft formulierte in ihren fünf Grundsätzen unter anderem, daß sie weder in Diensten von Kapitalisten noch von irgendwelchen politischen Parteien stehen und eine ›reine‹ Arbeiterorganisation bleiben wolle. Siehe hierzu Wang Jianmin, *Gongchandang*, S. 32; J. Chesneaux, *Labor Movement*, S. 163, 174; C. M. Wilbur, J. L. Y. How, *Documents on Communism, Nationalism, and Soviet Advisers in China, 1918-1927*, New York 1972, S. 49; Grundsätze der Shanghaier Mechanikergewerkschaft in: *Laodongjie [Arbeitswelt]* (1920), Nr. 9, abgedruckt in: Zheng Xuejia, *Xingwang*, Bd. I, Buch 1, S. 526.

94 Deng Zhongxia, *Zhigong yundong*, S. 24-27, 40 (fehlt in d. dtsch. Ausgabe).

95 Jun Chen, *Xuanchuan Ma Liezhuyi, pipan Kong Meng zhi dao – jieshao Anyuan gongren yexiao de gongren duben [Propagierung des Marxismus-Leninismus, Kritik der Prinzipien von Konfuzius und Menzius – Eine Vorstellung der Arbeiter-Lesebücher der Arbeiterabendschulen von Anyuan]*, in: *Wenwu – Geming wenwu tekan [Kulturgegenstände – Sondernummer: Revolutionäre Kulturgegenstände]* (1974), Nr. 1, S. 15-23. Zur Geschichte der Arbeiterclubs von Anyuan und Shuikoushan siehe u. a. L. Shaffer Womack, *Anyuan: The Cradle of the Chinese Workers' Revolutionary Movement, 1921-1922*, in: *Columbia Essays in International Affairs*, Bd. 5, New York/London 1970, S. 184-199; L. Shaffer, *Mao Tse-tung and the Hunan Labor Movement.* (Diss.) Columbia University, 1974 (UM 75-5250), S. 162-195, 293-346; *Hongse de Anyuan [Rotes Anyuan]*, Nanchang 1959, S. 77-229; Liu Shaoqi, Zhu Shaolian, *Anyuan lukuang gongren julebu lüeshi [Kurze Geschichte des Clubs der Eisenbahn- und Bergarbeiter von Anyuan]*, in: *Anyuan lukuang gongren julebu zhounian jiniance [Gedenkband zum Jahrestag der Gründung der Eisenbahn- und Bergarbeiterclubs von Anyuan]*, Anyuan 1923, nachgedruckt in: *Hunan lishi ziliao [Materialien zur Geschichte Hunans]* (1958), Nr. 1, S. 3-26; Ming Fei (Hrsg.), *Hunan Shuikoushan gongren julebu jishi [Aufzeichnungen über den Arbeiterclub von Shuikoushan, Hunan]* (5. 11. 1923), nachgedruckt in: *Hunan lishi ziliao* (1958), Nr. 1, S. 27-42, Nr. 2, S. 25-72.

96 *Hongse de Anyuan*, S. 107-109.

97 J. Chesneaux, *Labor Movement*, S. 188 f. Vgl. Deng Zhongxia, *Zhigong yundong*, S. 15 f. (26 f.), der für die Bezeichnung »Club« –allerdings ausschließlich in bezug auf Changxindian – einen anderen Grund anführt.

98 Siehe z. B. die Satzungen der Arbeiterclubs von Anyuan und Shuikoushan, nachgedruckt in: *Hunan lishi ziliao* (1958), Nr. 2, S. 20-24, 39-50. Siehe auch Shaoqi [Liu Shaoqi], Qiushi [Li Qiushi], *Julebu zuzhi gaikuang [Allgemeines zur Organisation des Clubs]*, in: *Anyuan lukuang gongren julebu bagong shengli zhounian jiniance [Gedenkband zum Jahrestag des Siegs im Streik des Eisenbahn- und Bergarbeiterclubs von Anyuan]*, Anyuan 1923, nachgedruckt in: *Hunan lishi ziliao* (1958), Nr. 2. S. 14-16. Siehe auch hier *Organisationsschema der Nationalen Dachgewerkschaft Chinas*, S. 310 f.

99 J. Chesneaux, *Labor Movement*, S. 196 f.; Deng Zhongxia, *Zhigong yundong*, S. 41 f. (32); Qu Qiubai, *Zhigong yundong*, S. 104 f. Siehe auch Liu Shaoqi, *Dui julebu guoqu de piping he jianglai de jihua [Kritik am Club in der Vergangenheit und Pläne für die Zukunft]*, in: *Shengli zhounian jiniance*, nachgedruckt in: *Hunan lishi ziliao* (1958), Nr. 2, S. 1-13.

100 Liu Likai, Wang Zhen, *Gongren yundong*, S. 19.

101 S. K. Sheldon Tso, *Labor Conditions*, S. 54.

102 Nach Ta Chen, *Analysis of Strikes*, S. 9.

103 Zum Streik der Hongkonger Seeleute 1922 siehe u. a. Ta Chen, *Analysis of Strikes*, S. 14-22; J. Chesneaux, *Labor Movement*, S. 180-185; Ayers, *Hong Kong Strikes*, S. 110-116; Lowe Chuan-hua, *Labor Issues*, S. 51-54; Deng Zhongxia, *Zhigong yundong*, S. 44-67 (34-52); Ma Zhaojun, *Laogong yundong*, S. 177-195.

104 Liu Likai, Wang Zhen, *Gongren yundong*, S. 19. Zum Streik der Arbeiter in der Rihua-Spinnerei siehe Ma Zhaojun, *Laogong yundong*, S. 221 f.

105 Die *Dachgewerkschaft der Provinz Guangdong* wurde am 23. 10. 1922 in Kanton mit über 120 Mitgliedsverbänden offiziell gegründet. Siehe dazu u. a. Ma Zhaojun, *Laogong yundong*, S. 197-200, 238; Chang Kuo-t'ao, *Communist Party*, S. 135 f.

106 Inhalt des Textes der Einladung zum Ersten Nationalen Arbeiterkongreß in: Chang Kuo-t'ao, *Communist Party*, S. 226 f.

107 Liu Shaoqi, nach: N. Wales, *Labor Movement*, S. 63-65. Deng Zhongxia, *Zhigong yundong*, S. 69 (53) spricht von 270 000 organisierten Arbeitern, doch sind derartige Zahlen weit übertrieben. Nachweislich traten die chinesischen Arbeiter erst im Verlauf der großen Streikwelle im Herbst 1922 massenhaft den Gewerkschaften bei. Siehe auch Anm. 153.

108 So nahm am Kongreß ein Delegierter des Clubs der Eisenbahn- und Bergarbeiter von Anyuan teil, der erst am Tage der Einberufung des Kongresses offiziell gegründet worden war (Deng Zhongxia, *Zhigong yundong*, S. 69 (53); Liu Shaoqi, Zhu Shaolian, *Julebu lüeshi*, S. 7).

109 Deng Zhongxia, *Zhigong yundong*, S. 69 f. (53 f.); Ma Zhaojun, *Laogong yundong*, S. 201.

110 Die Texte der Anträge und Beschlüsse auf dem Ersten Nationalen Arbeiterkongreß sind bis auf den Beschluß über Streikhilfe (siehe Anm. 111) und den über die Prinzipien gewerkschaftlicher Organisation (siehe Anm. 112) verlorengegangen. Unterschiedliche Aufstellungen der Antrags- und Beschlußpunkte geben Deng Zhongxia, *Zhigong yundong*, S. 72 (56) und J. Chesneaux, *Syndicats*, S. 127-130, wobei es sich bei der bei Chesneaux abgedruckten und übersetzten um eine Wiedergabe in der zeitgenössischen Presse handelt, die abgedruckt ist in: *Dahui wenxian*, S. 3-6. Siehe auch Chang Kuo-t'ao, *Communist Party*, S. 236 und Ma Zhaojun, *Laogong yundong*, S. 202.

111 Eine Wiedergabe des Beschlusses zur Streikhilfe in der zeitgenössischen Presse ist abgedruckt in: *Dahui wenxian*, S. 3-6 und mit französischer Übersetzung in: J. Chesneaux, *Syndicats*, S. 125 f. Eine Rekonstruktion des Antragstextes gibt Deng Zhongxia, *Zhigong yundong*, S. 73 f. (5).

112 Eine Wiedergabe des Beschlusses über die Prinzipien gewerkschaftlicher Organisation in der zeitgenössischen Presse ist abgedruckt in: *Dahui wenxian*, S. 3-6 und mit französischer Übersetzung in: J. Chesneaux, *Syndicats*, S. 125-127, 129. Auszugsweise in: Ma Zhaojun, *Laogong yundong*, S. 201 f.

113 Chang Kuo-t'ao, *Communist Party*, S. 271.

114 *Ebenda*, S. 236; Deng Zhongxia, *Zhigong yundong*, S. 74 f. (58).

115 *Dierci quanguo dahui xuanyan [Manifest des Zweiten Nationalen Kongresses]*, in: *Hongse wenxian [Rotes Archiv]*, Yan'an 1938, S. 16 f. Eine nicht ganz präzise Übersetzung findet sich in Wilbur, *Communist Movement*, S. 114 f.

116 Die im chinesischen Urtext verlorengegangenen Beschlüsse des Zweiten Kongresses zur Arbeiterbewegung sind in englischer Übersetzung abgedruckt in: C. M. Wilbur, *Communist Movement*, S. 122-126.

117 *Ebenda,* S. 116, 123; *Dierci quanguo dahui xuanyan,* S. 18; C. M. Wilbur, How, *Documents 1918-1927,* S. 59.

118 Chang Kuo-t'ao, *Communist Party,* S. 247; siehe auch Anm. 116.

119 Siehe die öffentliche Bekanntmachung des *Sekretariats der chinesischen Arbeitervereinigungen* zur Arbeitsrechtsbewegung vom August 1922, abgedruckt in: Wang Qingbin u. a., *Laodong nianjian,* Teil II, S. 436-438 und mit französischer Übersetzung in: J. Chesneaux, *Syndicats,* S. 131 ff. Der bloße Text des Arbeitsrechts-Entwurfs ist auch abgedruckt in: Deng Zhongxia, *Zhigong yundong,* S. 76 f. (59 f.).

120 Zur Arbeitsrechtskampagne siehe Deng Zhongxia, *Zhigong yundong,* S. 75-78 (58-61); Wang Qingbin u. a., *Laodong nianjian,* Teil II, S. 436-439; J. Chesneaux, *Labor Movement,* S. 197 f.

121 Liu Shaoqi, *A Concise History of Workers Movement in China* (Mai 1939), in: *Collected Works of Liu Shao-ch'i. Before 1944,* Hongkong 1969, S. 120.

122 C. M. Wilbur, How, *Documents 1918-1927,* S. 64.

123 Chang Kuo-t'ao, *Communist Party,* S. 271 f.

124 Liu Shaoqi, Zhu Shaolian, *Julebu lüeshi,* S. 7 f.; *Zhongguo gongchandang lingdao xia de zaoqi HanYePing gongren yundong [Die frühe Arbeiterbewegung in der Hanyeping-Gesellschaft unter der Führung der Kommunistischen Partei Chinas],* in: *Renmin ribao [Volkszeitung],* 12. 11. 1965, S. 5.

125 Shi Shan, *Shengxian xia zhi Hunan [Hunan unter der Provinzverfassung],* in: *Qianfeng [Die Vorhut]* (1923), Nr. 1 (Juli), S. 74-77.

126 Siehe u. a. Deng Zhongxia, *Zhigong yundong,* S. 24-29 (fehlt in d. dtsch. Ausgabe); Ma Zhaojun, *Laogong yundong,* S. 208-212; *Beifang de hongxing,* S. 99-116.

127 Zum Kailuan-Streik siehe u. a. J. Chesneaux, *Labor Movement,* S. 193 f.; Deng Zhongxia, *Zhigong yundong,* S. 79-84 (62-66); Ta Chen, *Analysis of Strikes,* S. 22-24; Ma Zhaojun, *Laogong yundong,* S. 229-233; *Kuangshan nuhuo – Kailuan meikuang yijiuerernian de bagong douzheng [Flammen des Zorns im Bergwerk – Der Streikkampf im Kailuan-Kohlenbergwerk von 1922],* in: *Geming wenwu [Revolutionäre Kulturgegenstände]* (1976), Nr. 3, S. 30-34.

128 *Hongse de Anyuan,* S. 109, 150. Die nahezu identische Streiktaktik der vom Sekretariat bzw. seinen Mitgliedern geführten Streikkämpfe Ende 1922/Anfang 1923 und die Entsendung von Sonderbeauftragten zum Teil erst kurz vor Ausbruch der Streiks lassen den Schluß zu, daß es einheitliche Anweisungen des Sekretariats zur Taktik der Streiks gegeben hat. Siehe *Beifang de hongxing,* S. 105, 108, 116; Liu Shaoqi, Zhu Shaolian, *Julebu lüeshi,* S. 10, 13, 18; *Hongse de Anyuan,* S. 109-124; Ming Fei, *Julebu jishi,* Teil I, S. 35 f., 41 und Teil II, S. 30 f.

129 Darüber hinaus erhöhte sich nach dem Streik – allerdings innerhalb eines nicht näher bezeichneten Zeitraums (bis circa 1924/25) – die Zahl der Parteizellen von einer auf dreizehn und die der Zellen des Sozialistischen Jugendverbands von einer auf sieben. Jede dieser Zellen hatte zwischen 50 und 60 Mitglieder. (Diese Informationen erhielt ich anläßlich eines Besuches der Mao zhuxi chuangjian de Zhongguo gongchandang Xiangqu weiyuanhui jinianguan [Gedenkstätte an die Gründung des Hunan-Gebietskomitees der Kommunistischen Partei Chinas durch den Vorsitzenden Mao] in Changsha am 3. 11. 1975. Dort wurde die Zahl der Clubmitglieder nach dem Streik mit 16 000 angegeben. Diese Ziffer ist jedoch weit übertrieben. Eine zeitgenössische Quelle gibt die Mitgliedszahl mit 11 000 an; siehe Shi Shan, *Shengxian,* S. 74).

130 Deng Zhongxia, *Zhigong yundong,* S. 39 f. (fehlt in d. dtsch. Ausgabe); Liu

Likai, Wang Zhen, *Gongren yundong*, S. 20.

131 Zum »7. Februar-Streik« siehe Deng Zhongxia, *Zhigong yundong*, S. 85-107 (67-81); J. Chesneaux, *Labor movement*, S. 206-210; Chang Kuo-t'ao, *Communist Party*, S. 270-295; Mao Zhaojun, *Laogong yundong*, S. 239-256; Zhang Teli [d. i. Zhang Guotao], *›Erqi‹ qianhou gonghui yundong lüeshi [Kurze Geschichte der Gewerkschaftsbewegung vor und nach dem »7. Februar«]*, in: *Xin Qingnian* (1925), Nr. 2, S. 14-32; *Jinghan gongren liuxue ji [Die Geschichte des Blutvergießens der Arbeiter an der Peking-Hankou-Eisenbahn]*, Peking 1923; *Erqi gongchou [Die Rache an den Arbeitern vom 7. Februar]*, Wuhan 1923, nachgedruckt in: *Jindaishi ziliao* (1955), Nr. 1, S. 51-178.

132 Deng Zhongxia, *Zhigong yundong*, S. 109-111 (82-85); *Hongse de Anyuan*, S. 77-229; Jun Chen, *Xuanchuan*, S. 15.

133 Deng Zhongxia, *Zhigong yundong*, S. 108-124 (82–93); J. Chesneaux, *Labor Movement*, S. 211-233; Liu Shaoqi, *Workers Movement*, S. 121-124.

134 Chen Duxiu, *Zhongguo guomin geming yu shehui ge jieji [Die Nationale Revolution Chinas und die gesellschaftlichen Klassen]*, in: *Qianfeng* (1923), Nr. 2 (Dezember); ders., *Zichanjieji de geming yu geming de zichanjieji [Die bürgerliche Revolution und das revolutionäre Bürgertum]*, in: *Xiangdao [Der Führer]* (1923), Nr. 22 (April); Chang Kuo-t'ao, *Communist Party, 1921-1927*, S. 300 f., 306 f., 310; Deng Zhongxia, *Zhigong yundong*, S. 112 f. (85 f.).

135 Deng Zhongxia, *Zhigong yundong*, S. 41-43, 105-107 (32 f., 80 f.).

136 Chang Kuo-t'ao, *Communist Party*, S. 276 f., 299, 308.

137 Auf dem erweiterten Plenum des Zentralkomitees Anfang Mai 1924 in Shanghai wurde beschlossen, daß sich eine kleine Anzahl von KP-Mitgliedern innerhalb der Guomindang um die Massenarbeit kümmern und die Routinearbeit den Guomindang-Leuten überlassen sollte. Die Mehrzahl der KP-Mitglieder sollte jedoch unabhängig von der Guomindang unter Arbeitern, Bauern und jungen Intellektuellen arbeiten, um eigene kommunistische Organisationen aufzubauen und so die Kommunistische Partei und nicht die Guomindang zu stärken. Siehe dazu Chang Kuo-t'ao, *Communist Party*, S. 340 f., 344; Deng Zhongxia, *Zhigong yundong*, S. 113 (86).

138 Deng Zhongxia, *Zhigong yundong*, S. 27, 42 (33), 107 (81).

139 Brandt, *Stalin's Failure*, S. 24 f.

140 Siehe Abschnitt 7 und Anm. 178.

141 Zu den Streikzahlen siehe Tabelle 3. Die Zahl der organisierten Arbeiter, einschließlich lohnabhängiger Handwerker, Angestellten und Kaufmannsgehilfen, gab Su Zhaoren, kommunistischer Arbeitsminister der linken Wuhan-Regierung, 1927 mit 3 065 000 an. Aus der von ihm gegebenen Aufschlüsselung ist ersichtlich, daß circa ein Drittel davon Industriearbeiter waren (nach: N. Wales, *Labor Movement*, S. 176). Ebenfalls 1927 bezifferte der Vierte Nationale Arbeiterkongreß die Gesamtzahl der (lohnabhängigen) Arbeiter in China mit 6 Millionen, davon 4 Millionen Handwerker und Kaufmannsgehilfen (nach: Wang Qingbin, *Laodong nianjian*, Teil II, S. 376). Ausgehend von diesen Angaben kann man annehmen, daß 1927 etwa 50 Prozent der chinesischen lohnabhängigen Arbeiter, Landarbeiter nicht eingeschlossen, von den Gewerkschaften organisatorisch erfaßt waren.

142 J. Chesneaux, *Labor Movement*, S. 246; Ma Zhaojun, *Laogong yundong*, S. 286-289.

143 Siehe Anm. 41 und 105.

144 Zu diesem Streik siehe Deng Zhongxia, *Zhigong yundong*, S. 122 f. (91); J. Chesneaux, *Labor Movement*, S. 247 f.; Ma Zhaojun, *Laogong yundong*, S. 317.

145 Zum Putschversuch des Freiwilligenkorps der Kantoner Kaufleute im Oktober 1924 siehe Ma Zhaojun, *Laogong yundong*, S. 319 f.; Deng Zhongxia, *Zhigong yundong*, S. 123 (92); J. Chesneaux, *Labor Movement*, S. 95-98; Tang Leang-Li, *The Inner History of the Chinese Revolution*. London 1930, S. 185-190. Xu Songling, *Yijiuersi nian Sun Zhongshan de beifa yu Guangzhou shangtuan shibian (Der Nordfeldzug Sun Yat-sens im Jahre 1924 und der Putsch des Korps der Kantoner Kaufleute)*, in: *Lishi yanjiu* (1956) Nr. 3, S. 59-69. Siehe auch E. J. Motz, *Great Britain, Hong Kong, and Canton: The Canton-Hong Kong Strike and Boycott of 1925-26*, (Diss.) Michigan State University 1972 (UM 72-30.014), S. 25-32. Die Darstellung von Motz weicht z. T. erheblich von der in der oben angegebenen Literatur ab.

Neben der Beteiligung an der Niederschlagung des Freiwilligenkorps der Kantoner Kaufleute nahmen Arbeiter und Bauern vor 1927 gemeinsam an dem zweiten Ostfeldzug der Kantoner Nationalregierung gegen Chen Jiongming Ende 1925 und am Nordfeldzug in der zweiten Hälfte des Jahres 1926 teil. Siehe dazu He Ganzhi, *Geming shi*, S. 70 f., 83 f.; Deng Zhongxia, *Zhigong yundong*, S. 234 f. (169).

146 Chang Kuo-t'ao, *Communist Party*, S. 334 f., 398 f.; Deng Zhongxia, *Zhigong yundong*, S. 116-119 (fehlt in d. dtsch, Ausgabe), 126 f. (95 f.). Die wichtigsten Dokumente des Zweiten Kongresses der Nationalen Dachgewerkschaft der Eisenbahner sind abgedruckt in Wang Qingbin, *Laodong nianjian*, Teil II, S. 377-392. Siehe auch *Geming zhanzheng*, S. 17-26.

147 Interview mit dem Arbeiter Hang Baohua in Changxindian im November 1974.

148 Zum Streik der Arbeiter in den japanischen Spinnereien von Shanghai siehe Deng Zhongxia, *Zhigong yundong*, S. 130-142 (97-105); Chang Kuo-t'ao, *Communist Party*, S. 412-414; Ma Zhaojun, *Laogong yundong*, S. 341-344.

149 Zum Streik der Arbeiter in den japanischen Spinnereien von Qingdao siehe Ma Zhaojun, *Laogong yundong*, S. 352-355; Deng Zhongxia, *Zhigong yundong*, S. 143-149 (fehlt in d. dtsch. Ausgabe).

150 Zum Zweiten Nationalen Arbeiterkongreß vom 1. bis 7. Mai 1925 in Kanton siehe Deng Zhongxia, *Zhigong yundong*, S. 150-179 (108-127 mit Auslassungen); ders., *Laodong yundong fuxing qizhong de jige zhongyao wenti [Einige wichtige Fragen der Arbeiterbewegung in der Periode des Wiederaufschwungs]*, in: *Zhongguo gongren [Der chinesische Arbeiter]* (1925), Nr. 5, nachgedruckt in: *Geming zhanzheng*, S. 27-48; Yi Nong, *Zhongguo dierci quanguo laodong dahui zhi shimo [Der Zweite Nationale Arbeiterkongreß Chinas von Beginn an bis zu seinem Abschluß]*, in: *Xiangdao* (1925), Nr. 115 (17. 5. 1925), nachgedruckt in: *Geming zhanzheng*, S. 49-53; Chang Kuo-t'ao, *Communist Party*, S. 399, 408 f., 414-421; J. Chesneaux, *Labor Movement*, S. 258-261; Ma Zhaojun, *Laogong yundong*, S. 356-361; Lin Tung-hai, *The Labour Movement in China*, in: *People's Tribune*, 16. 4. 1933, S. 285-293.

151 Lowe Chuan-hua, *Labor Issues*, S. 60 f.; Chang Kuo-t'ao, *Communist Party*, S. 419 f.; Ma Zhaojun, *Laogong yundong*, S. 259-262, 328 f., 344-346.

152 J. P. Harrison, *The Long March to Power. A History of the Chinese Communist Party, 1921-72*, New York/Washington 1972, S. 61; Deng Zhongxia, *Zhigong yundong*, S. 42 (32); Cai Hesen, *Jihuizhuyi shi [Die Geschichte des Opportunismus]* (September 1927), nachgedruckt in: *Zhanwang/Look Fortnightly* (1977), Nr. 359 (16. 1. 1977), S. 38.

153 Zur Zahl der auf dem Kongreß vertretenen organisierten Arbeiter siehe Deng Zhongxia, *Zhigong yundong*, S. 153 (111); J. Chesneaux, *Labor Movement*, S. 505

(Anm. 182); N. Wales, *Labor Movement*, S. 163 f.; *Die Arbeiter Chinas im Kampf gegen den Imperialismus. Aus dem Bericht der ersten Delegation der Gewerkschaften der Sowjetunion nach China*, Moskau 1927, S. 44. In einem Schreiben der Delegierten des Zweiten Arbeiterkongresses Chinas an die *Rote Gewerkschaftsinternationale* vom 1. Mai 1925 heißt es u. a.: »Die Vertreter von 200 000 organisierten Arbeitern und Bauern sind hier zusammengekommen, um die Interessen der Arbeiter und Bauern Chinas zu wahren« (in: *Rote Gewerkschaftsinternationale* (1925), Nr. 5 (52), S. 327).

154 Die auf dem Kongreß verabschiedete Satzung der Nationalen Dachgewerkschaft Chinas ist abgedruckt in: Deng Zhongxia, *Zhigong yundong*, S. 171-174 (122-124).

155 Bis auf die Beschlüsse über den Beitritt in die Rote Gewerkschaftsinternationale sind alle genannten abgedruckt in: *ebenda*, S. 155-170 (113-121); Wang Qingbin, *Laodong nianjian*, Teil II, S. 359-368.

156 in: Deng Zhongxia, *Zhigong yundong*, S. 157 (114).

157 Siehe den diesbezüglichen Beschluß des Dritten Nationalen Arbeiterkongresses vom Mai 1926, abgedruckt in: Wang Qingbin, *Laodong nianjian*, Teil II, S. 371.

158 Ausführliche Darstellungen der 30. Mai-Bewegung und des damit direkt zusammenhängenden Hongkong-Kanton-Streiks (siehe Abschnitt 6.4) finden sich u. a. in: Ayers, *Hong Kong Strikes*, S. 117-122; ders., *Shanghai Labor*, S. 1-38; *Die Arbeiter Chinas im Kampf gegen den Imperialismus*, S. 7-55; Ta Chen, *Analysis of Strikes*, S. 26-35; Chang Kuo-t'ao, *Communist Party*, S. 422-444; J. Chesneaux, *Labor Movement*, S. 262-318; *China Yearbook* 1926, S. 919 ff.; Deng Zhongxia, *Zhigong yundong*, S. 180-254 (S. 128-188 mit Auslassungen); Liu Likai, Wang Zhen, *Gongren yundong*, S. 33-39; Ma Zhaojun, *Laogong yundong*, S. 374-452; Xu Shihua u. a., *Wusa yundong [Die 30. Mai-Bewegung]*, Peking 1956; *Wusa yundong [Die 30. Mai-Bewegung]*, Shanghai 1976; Motz, *Canton-Hong Kong Strike*, S. 38-192; Qu Qiubai, *Guomin huiyi yu wusa yundong – Zhongguo geming shi shang de yijiuerwu nian (Die Nationalversammlung und die 30. Mai-Bewegung – Das Jahr 1925 in der Geschichte der chinesischen Revolution)*, in: *Xin Qingnian* (1926) Nr. 3 (25. 3. 1926); Qi Wu, *Wusa yundong de lishi yiyi he jingyan jiaoxun (Historische Bedeutung und praktische Lehren der 30. Mai-Bewegung)*, in: *Lishi yanjiu* (1965) Nr. 3, S. 25-36; Dokumente und zeitgenössische Artikel in: *Geming zhanzheng*, S. 56-169.

159 Die ursprünglichen 17 Forderungen des Gemeinsamen Komitees und die von der Handelskammer auf 13 verminderten und umgeänderten sind abgedruckt in: Deng Zhongxia, *Zhigong yundong*, S. 196-200 (fehlt in d. dtsch. Ausgabe).

160 Zu dieser Streikwelle siehe u. a. *Geming zhanzheng*, S. 247-311.

161 Siehe Anm. 158; speziell zum Hongkong-Kanton-Streik siehe auch T. N. Akatuowa [T. N. Akatowa], *Yijiuerwu – yijiuerliu nian de shenggang da bagong (Der große Hongkong-Kanton-Streik von 1925 bis 1926)*, in: *Lishi jiaoxue* (Geschichtsunterricht) (1956) Nr. 8, S. 28-24, und die ausgezeichnete literarische Darstellung der Tätigkeiten der Komintern-Agenten während des Streiks von A. Malraux, *Die Eroberer*, Hamburg 1970.

162 H. R. Isaacs, *The Tragedy of the Chinese Revolution*, Stanford 1974, S. 105-109; T'ang Leang-Li, *Inner History*, S. 239.

163 Dokumente und zeitgenössische Artikel zur Gewerkschaftsbewegung während des Hongkong-Kanton-Streiks sind abgedruckt in: *Geming zhanzheng*, S. 170-218.

164 H. R. Isaacs, *Tragedy*, S. 71; J. Chesneaux, *Labor Movement*, S. 317; Deng Zhongxia, *Zhigong yundong*, S. 251 f. (185 f.)

165 Dokumente zum Dritten Nationalen Arbeiterkongreß sind abgedruckt in: Wang Qingbin, *Laodong nianjian*, Teil II, S. 368-372; *Dahui wenxian*, S. 49-138; *Geming zhanzheng*, S. 219-234.

166 Aus dem Beschluß über die Arbeiterbewegung des VI. Kongresses der KP Chinas im September 1928, zitiert nach: Qu Qiubai, *Zhigong yundong*, S. 104.

167 Beschlüsse zur Arbeiterbewegung des 2. Plenums des erweiterten Zentralkomitees der KP Chinas vom 12. bis 18. Juli 1926 in Shanghai in: C. M. Wilbur, How, *Documents 1918-1927*, S. 288-295.

168 Qu Qiubai, *Zhigong yundong*, S. 104 f.

169 Ausführliche Darstellungen der Arbeiterbewegung in Zentralchina im Zusammenhang mit dem Nordfeldzug finden sich u. a. in: J. Chesneaux, *Labor Movement*, S. 319-332; Ta Chen, *Analysis of Strikes*, S. 35-42; Liu Likai, Wang Zhen, *Gongren yundong*, S. 41-45; Ma Zhaojun, *Laogong yundong*, S. 557 ff.; Dokumente und zeitgenössiche Artikel in: *Geming zhanzheng*, S. 312-446.

170 Siehe Huo Ran, *Jin shuyue lai Hunan de gongren yundong [Die Arbeiterbewegung Hunans in den letzten Monaten]*, in: *Zhanshi [Der Kämpfer]* (1926), Nr. 24 (14. 11. 1926), unter dem Titel *Hunan gongren yuanzhu beifajun qingkuang [Die Unterstützung der Nordfeldzugsarmee durch die Arbeiter Hunans]* nachgedruckt in: *Geming zhanzheng*, S. 319-328.

171 Auf dem Vierten Nationalen Arbeiterkongreß, der vom 19. bis 28. Juni 1927 in Hankou stattfand, wurde die Zahl der organisierten Lohnabhängigen mit 2,9 Millionen angegeben. Siehe Wang Qingbin, *Laodong nianjian*, Teil II, S. 375; Dokumente des Kongresses in: *Ebenda*, S. 372-377; siehe auch Lin Tung-Hai, *Labor Movement*, S. 294 ff.

172 *Hongse de Anyuan*, S. 325-327; A. L. Strong, *China's Millions*, London 1936, S. 102.

173 Qu Qiubai, *Zhongguo geming yu gongchandang [Die chinesische Revolution und die Kommunistische Partei]*, Moskau 1928, S. 28 f., 32, 58 f.; Victor Serge, *Die Klassenkämpfe in der chinesischen Revolution von 1927*, hrsg. v. A. Widmann, Frankfurt a. M. 1975, S. 40, 82 f.; T'ang Leang-Li, *Inner History*, S. 271; H. R. Isaacs, *Tragedy*, S. 123-126, 208-212; Wei Hongyun, *Guanyu yijiuerqi nian Wuhan geming zhengfu de ji ge wenti (Über einige Fragen zur revolutionären Wuhan-Regierung im Jahre 1927)*, in: *Lishi jiaoxue* (1958) Nr. 5, S. 19, 21.

174 Chang Kuo-t'ao, *Communist Party*, S. 563-566; H. R. Isaacs, *Tragedy*, S. 123-126; *Wie die chinesische Revolution zugrunde gerichtet wurde. Brief aus Schanghai gerichtet an das Exekutivkomitee der Kommunistischen Internationale von Stalin unterschlagen* (17. 3. 1927), Reprint Mailand 1967, S. 9 f.

175 Die »Arbeiter- und Bauernvereinigung von Yuebei« im Kreis Hengshan, Provinz Hunan, zum Beispiel war wie folgt organisiert: Je zehn Familien wählten einen Delegierten. Je zehn Delegierte von jeweils zehn Familien wählten einen Delegierten von hundert Familien. Die Delegierten von hundert Familien wählten pro Bezirk einen Generaldelegierten. Die Generaldelegierten der Bezirke eines Kreises bildeten die »Gemeinsame Konferenz der Generaldelegierten«, das höchste beschlußfassende Organ der Vereinigung. Als Exekutiv- und zeitweilig beschlußfassendes Gremium fungierte das »Komitee der Arbeiter- und Bauernvereinigung«, das von der Gemeinsamen Konferenz gewählt wurde. Dem Komitee gehörten neben dem Vorsitzenden Kommissare für Erziehung, Propaganda, Verkehr, Kommunikation, Aufklärung und Finanzen an (Information in Mao zhuxi chuangjian). Vgl. hier,

4.5. *Der Aufbau kommunistischer Gewerkschaftsorganisationen 1921-1922* und *Organisationsschema der Nationalen Dachgewerkschaft Chinas.*

Die »Arbeiter- und Bauernvereinigung von Yuebei« war bereits im September 1923 offiziell ins Leben gerufen worden. Im Fühjahr 1923 waren einige KP-Mitglieder unter den Bergarbeitern von Shuikoushan und Anyuan in ihre Heimatorte im Kreis Hengyang zurückgekehrt und hatten mit der Organisierung der dortigen Bauernbewegung begonnen. Doch bereits knapp zweieinhalb Monate nach ihrer Gründung wurde die »Arbeiter- und Bauernvereinigung von Yuebei«, der damals über 10 000 Mitglieder angehörten, von Truppen des Militärmachthabers Zhao Hengti gewaltsam aufgelöst. Nach dem Eintreffen der Nordfeldzugstruppen im Sommer 1926 entstand die Vereinigung im Juni 1926 unter dem Namen »Bauernverein von Yuebei« von neuem *(Hunan jinbainian,* S. 484-486; Li Rui, *Diyici guonei geming zhanzheng shiqi de Hunan nongmin yundong [Die Bauernbewegung von Hunan in der Periode des ersten revolutionären Bürgerkriegs],* in: *Dangshi xuexi cankao ziliao [Materialien zum Studium der Parteigeschichte],* Bd. 1, Suiyuan 1952, S. 203); *»Hunan nongmin yundong de diyi mian hongqi – Yuebei nonggonghui« (Die erste rote Fahne der Bauernbewegung von Hunan – die Arbeiter- und Bauernvereinigung von Yuebei),* in: *Geming wenwu (Revolutionäre Kulturgegenstände),* (1977), Nr. 3, S. 28-40).

176 *Hongse de Anyuan,* S. 327.

177 Siehe u. a. die Ausgaben von *Xiangdao* vom März 1926 bis April 1927 und H. R. Isaacs, *Tragedy,* S. 159-163.

178 Zum Coup vom 20. März 1926 siehe Chang Kuo-t'ao, *Communist Party,* S. 493-519; J. Chesneaux, *Labor Movement,* S. 311-316; H. R. Isaacs, *Tragedy,* S. 89-110; Tang Leang-Li, *Inner History,* S. 241-247; Wu Tien-wei, *Chiang Kaisheks March 20th Coup d'Etat of 1926,* in: *Journal of Asian Studies* (1968), Nr. 3, S. 585-602.

179 H. R. Isaacs, *Tragedy,* S. 104.

180 Zum ersten Shanghaier Aufstand vom 23. Oktober 1926 siehe (A. Neuberg), H. Kippenberger, M. N. Tuchatschewski, Ho Chi Minh, *Der bewaffnete Aufstand,* Frankfurt a. M. (1971), S. 128-134; Qu Qiubai, *Shanghai gongren diyici qiyi [Der erste Aufstand der Shanghaier Arbeiter],* in: *Zhongguo zhigong yundong cailiao huibian [Gesammelte Materialien zur chinesischen Arbeiterbewegung],* o. O. 1931, nachgedruckt in: *Geming zhanzheng,* S. 447-449. Zu allen drei Shanghaier Aufständen siehe auch Shanghai zonggonghui, *Shanghai zonggonghui baogaoshu (Bericht der Shanghaier Dachgewerkschaft),* Shanghai 1927; Ma Honglin, *Shanghai gongren sanci wuzhuang qiyi (Die drei bewaffneten Aufstände der Shanghaier Arbeiter),* in: *Lishi jiaoxue* (1965) Nr. 9, S. 22-27.

181 L. Wieger, *La Chine Moderne,* Bd. 8, Xianxian 1932, S. 23 f., zitiert nach: H. R. Isaacs, *Tragedy,* S. 126.

182 Qu Qiubai, *Shanghai eryue ershierri baodong hou zhi zhengce ji gongzuo jihua yijianshu (Ansichten zur Politik nach dem Shanghaier Aufstand vom 22. Februar und einem Arbeitsplan),* in: ders., *Zhenglun wenti,* S. 163 ff.

Zum zweiten Shanghaier Aufstand vom 22. Februar 1927 siehe auch H. R. Isaacs, *Tragedy,* S. 132-136; A. Neuberg u. a., *Aufstand,* S. 134-139; *Geming zhanzheng,* S. 450-472; Chang Kuo-t'ao, *Communist Party,* S. 586; *Brief aus Shanghai,* S. 14-17.

183 H. R. Isaacs, *Tragedy,* S. 156; *Brief aus Shanghai,* S. 16.

184 Shanghai zonggonghui [Shanghaier Dachgewerkschaft], *›Si yier‹ da tusha jishi [Aufzeichnung über der Gemetzel vom 12. April],* Shanghai 15. April 1927, nachgedruckt in: *Geming zhanzhen,* S. 494.

185 Chang Kuo-t'ao, *Communist Party,* S. 589. A. Malraux (*So lebt der Mensch,* Frankfurt a. M. 1969, S. 17) schreibt, daß das militärische Oberkommando der KP die Zahl der »Kämpfer« von Februar bis März 1927 auf 5000 verdoppelt hatte. Sie seien in 192 Kampftrupps mit je etwa 25 Mann organisiert gewesen. In A. Neuberg u. a., *Aufstand,* S. 143, wird angegeben, daß am 21. März 1927 sogar 6000 »Stoßtruppler« zur Verfügung gestanden hätten. Vgl. Ma Honglin, *Wuzhuang qiyi,* S. 22, 26.

186 A. Neuberg u. a., *Aufstand,* S. 147 f.; H. R. Isaacs, *Tragedy,* S. 170 f., 362 (Anm. 25); A. Malraux, *So lebt der Mensch,* S. 95-97, 102, 105.

187 Zum dritten Shanghaier Aufstand vom 21. März 1927 und zum Coup Tschiang Kai-scheks am 12. April 1927 siehe Chang Kuo-t'ao, *Communist Party,* S. 585-591; J. Chesneaux, *Labor Movement,* S. 357-371; A. Neuberg u. a., *Aufstand,* S. 139-148; H. R. Isaacs, *Tragedy,* S. 130-185; *Geming zhanzheng,* S. 473-533; M. N. Roy, *Revolution und Konterrevolution in China,* Berlin 1930, S. 383 f.; *China Yearbook* 1928, S. 1001 ff. André Malraux, nach seinen eigenen Angaben damals Propaganda-Kommissar der Nationalregierung in Kanton (später Wuhan), hat den dritten Shanghaier Aufstand und den Putsch Tschiang Kai-scheks literarisch in *So lebt der Mensch* verarbeitet. Dieser Roman gibt eine hervorragende authentische Schilderung der konkreten Situation unter den Aufständischen und innerhalb der Kommunistischen Partei.

188 Chang Kuo-t'ao, *Communist Party,* S. 648-652; H. R. Isaacs, *Tragedy,* S. 264-266. Cai Shufan, 1926/27 Arbeiterführer in Zentralchina, über die Entwaffnung der Wuhaner Arbeitermilizen (in einem Gespräch mit Helen Foster Snow 1937): »In Wuhan hatten die Arbeiter über 1000 Gewehre, doch Chen Duxiu (Chef der Kommunistischen Partei) befahl ihnen, sie der Guomindang zu übergeben. Nicht einer der Arbeiter wollte sein Gewehr aushändigen und alle waren bestürzt und erbost. Viele wurden verhaftet, sobald sie ihre Waffen abgelegt hatten [...]. Erst nachdem die Arbeiter ihre Waffen abgelegt hatten, begannen die Hinrichtungen« (in: N. Wales, *Red Dust: Autobiographies of Chinese Communists,* Stanford 1952, S. 87). Vgl. dazu Chang Kuo-t'ao, *Communist Party,* S. 649 f. und Cai Hesen, *Jihuizhuyi,* S. 35.

189 N. Wales, *Labor Movement,* S. 55.

190 H. R. Isaacs, *Tragedy,* S. 163; A. Malraux, *So lebt der Mensch,* S. 105, 148; A. Neuberg u. a., *Aufstand,* S. 147.

191 Bereits über den zweiten Shanghaier Aufstand im Februar schrieben drei russische Vertreter der Kommunistischen Jugendinternationale in ihrem *Brief aus Schanghai* am 17. März 1927: »So fand die rechte Tendenz, welche die Partei schon im vorigen Jahre angesteckt hatte, ihren grellen und vollendeten Ausdruck in der Taktik der Partei während der Schanghaier Ereignisse, *die man nur mit der Taktik des deutschen ZK im Jahre 23 und der Menschewiki während des Dezemberaufstandes von 1905 vergleichen kann* [Herv. im Orig.; P. S.]. Der wesentliche Unterschied besteht darin, daß in Schanghai das Proletariat bedeutend mehr Kräfte und Chancen auf seiner Seite hatte, und bei energischem Auftreten Schanghai hätte für die Revolution erobern können und das Kräfteverhältnis innerhalb der Kuomintang hätte ändern können« (S. 16). Eine ähnliche Meinung vertritt eine Studie über die Shanghaier Aufstände, die im Generalstab der russischen Roten Armee verfaßt wurde: »Wenn die Kampfstimmung des Schanghaier Proletariats zur Zeit des dritten Aufstandes einen derart beispiellosen Aufschwung erreicht und die Kommunistische Partei Chinas einen derart ungeheuren Einfluß auf die werktätigen Klassen Schanghais besessen hat, so ist es ganz unbegreiflich, warum in Schanghai keine Rätemacht

organisiert wurde, warum es den reaktionären Generalen und Strohmännern von Tschang Kai-schek gelungen ist, jene Macht, die im Moment des Aufstandes organisiert worden war, davonzujagen, und warum sich das Schanghaier Proletariat entwaffnen ließ.« (In: A. Neuberg u. a., *Aufstand,* S. 145.)

192 H. R. Isaacs, *Tragedy,* S. 273 f.; Cai Hesen, *Jihuizhuyi,* S. 38; Qu Qiubai, *Zhongguo geming,* S. 86. Der Anteil der Arbeiter unter den Parteimitgliedern sank von 53,8 Prozent im April 1927 auf 2,9 Prozent im Januar/Februar 1929, in absoluten Zahlen ausgedrückt: von 30 971 auf 3435 (N. Wales, *Labor Movement,* S. 60; Tsiu Wito (Strachow), *Die Lage in der Kommunistischen Partei Chinas,* in: *Internationale Presse-Korrespondenz* (1929), Nr. 57 (2. 7. 1929), S. 1367 f.).

193 Zum Beispiel He Ganzhi, *Geming shi,* S. 114 f.; Hu Hua, *Geming shi,* S. 195 f.; Wang Shi, *Lishi jianbian,* S. 89-92; *Zhongguo gongchandang lishi jianghua,* S. 62 f.

194 Zum Beispiel Brandt, *Stalin's Failure;* H. R. Isaacs, *Tragedy,* S. 163 f., 199.

195 K. Marx, F. Engels, *Manifest der Kommunistischen Partei* (Deutsche Originalfassung von 1948), Peking 1970, S. 46.

196 *Brief aus Shanghai,* S. 17. In diesem Zusammenhang heißt es dort weiter: »Die Führung der Partei-, Arbeiter- und Bauernorganisationen besteht überall aus Intellektuellen, Studenten, die bei all ihren guten Eigenschaften sehr wenig mit den Massen verbunden sind und nicht immer deren Nöte begreifen. Diese Lage wird bisher beibehalten und zwar nicht deshalb, weil es keine Arbeiter gäbe, welche in die Führung vorrücken könnten, sondern deshalb, weil die Spitze der Parteiorganisationen die Arbeiter zur Führung nicht heranlassen will. [. . .] Nach der Vorstellung des führenden Kerns der Partei sind die Arbeiter und Bauern eine gewisse graue wertlose Masse, unbewußt und inaktiv, und diese Masse müssen die Kommunisten auf einem Wege führen, den sie selbst, ohne Befragung dieser Massen, bahnen. [. . .] In Schanghai erklären sie, während die Arbeiter in Aufstand sind, daß die Arbeiter keinen Aufstand wollen, und daß das Volk von Schanghai die Macht nicht will. Die Idee einer Volksdelegierten-Versammlung nennt der Sekretär des Komitees von Schanghai, B., eine ›ausländische Idee‹. Dieses völlige Unverständnis für die Nöte, Forderungen und den Kampf der Massen, diese verächtliche hochmütige Einstellung führt dazu, daß *alle Massenbewegungen spontan vor sich gehen* [Herv. im Orig.; P. S.], ohne Partei und gegen die Partei. Sie muß nachträglich die Ereignisse feststellen und sie ›anerkennen‹« (S. 17 ff.).

197 Cai Hesen, *Jihuizhuyi,* S. 38.

198 So gingen weder dem Sturz Lin Biaos im Jahre 1971 noch dem Sturz der sogenannten »Viererbande« im September 1976 entsprechende Diskussionen und Beschlüsse innerhalb der gesamten Partei voraus. Die gewöhnlichen Parteimitglieder durften und dürfen den *faits accomplis* lediglich im nachhinein applaudieren, da abweichende Meinungen nicht debattiert, sondern nur »verdammt« und Andersdenkende verfolgt werden. Siehe z. B. die Ende 1974 in Kanton erschienene Wandzeitung von Li Yi Zhe, »Demokratie und Rechtssystem im Sozialismus«, und die offizielle Reaktion darauf, in: Li Yi Zhe / H. Opletal / P. Schier, *China: wer gegen wen? ›Demokratie und Rechtssystem im Sozialismus‹ – eine Wandzeitung der außerparteilichen Opposition. Analyse und Dokumentation*, Berlin 1977.

199 Zur Entwicklung der chinesischen Arbeiterbewegung nach 1927 siehe u. a. Xing Bixin u. a., *Dierci Zhongguo laodong nianjian [Das Zweite Chinesische Arbeitsjahrbuch],* Peking 1932; *China Yearbook* 1928 ff.; N. Wales, *Labor Movement;* Lowe Chuan-hua, *Labor Issues;* I. Epstein, *Notes on Labor Problems in Nationalist China,* New York 1949; Gourlay, *›Yellow‹ Unionism,* S. 103-135; Fang

Fu-an, *Chinese Labor.*

200 Tsiu Wito, *Die Lage in der Kommunistischen Partei Chinas*, S. 1367.

201 *Ebenda*, S. 1367 f.; N. Wales, *Labor Movement*, S. 60; Tschou En-lai (Schao Schan), *Bericht an die dritte Vollversammlung* [Plenum des Zentralkomitees; P. S.] (24. September 1930), in: C. Brandt, B. Schwartz, J. K. Fairbank, *Der Kommunismus in China. Eine Dokumentargeschichte*, München 1955, S. 144 f. Siehe auch Anm. 192.

202 A. Neuberg u. a., *Aufstand*, S. 122.

Zum Aufstand von Nanchang am 1. 8. 1927 siehe u. a. J. Guillermaz, *The Nanchang Uprising*, in: *China Quarterly* (1962), Nr. 11, S. 161-168.

Zum Kantoner Aufstand vom 11. bis 13. 12. 1927 siehe u. a. A. Neuberg u. a., *Aufstand*, S. 94-126; H. R. Isaacs, *Tragedy*, S. 282-292; Tang Leang-Li, *Inner History*, S. 315-318; Hsiao Tso-liang, *Chinese Communism and the Canton Soviet of 1927*, in: *China Quarterly* (1967), Nr. 30, S. 49-78; S. B. Thomas, *›Proletarian Hegemony‹ in the Chinese Revolution and the Canton Commune of 1927*, Ann Arbor 1975, S. 1-74; *Guangzhou qiyi [Der Kantoner Aufstand]*, Kanton 1957.

203 Gourlay, *›Yellow‹ Unionism*, S. 117 f.

204 Zum Beispiel der Widerstand der Shanghaier Postarbeiter gegen das chinesisch-amerikanische Luftfahrtabkommen. Siehe dazu B. Wiethoff, *Luftverkehr in China, 1928-1949. Materialien zu einem untauglichen Modernisierungsversuch*, Wiesbaden 1975, S. 151-159.

Zur Teilnahme bzw. Nicht-Teilnahme von Arbeitern am Widerstand gegen die japanische Invasion gibt es zu unterschiedliche Berichte, als daß – ohne eine gründliche und kritische(!) Quellenforschung – allgemein gültige Aussagen darüber getroffen werden könnten. Siehe z. B. Gourlay, *›Yellow‹ Unionism*, S. 104, 118, 124 und Fan-Schi-min (Fang Zhimin?), *Die japanische Intervention, die Kuomintang und der Kampf des chinesischen Proletariats*, in: *Rote Gewerkschafts-Internationale* (1932), Nr. 6, S. 461-468.

205 Siehe Gourlay, *›Yellow‹ Unionism*, S. 105-112.

206 *Ebenda*, S. 120 f.; Lowe Chuan-hua, *Labor Issues*, S. 49, 72; J. Chesneaux, *Weißer Lotus, Rote Bärte*, S. 161-167.

207 Lowe Chuan-hua, *Labor Issues*, S. 50; Gourlay, *›Yellow‹ Unionism*, S. 119.

208 Siehe Ma Zhaojun, *Laogong yundong*, S. 911-920; englische Übersetzung u. a. in Fang Fu-an, *Chinese Labor*, S. 161-170.

209 Nach: Xing Bixin, *Laodong nianjian*, Teil II, S. 201 ff.

210 J. Guillermaz, *A History of the Chinese Communist Party, 1921-1949*, London 1972, S. 214 f.; N. Wales, *Labor Movement*, S. 76 f.

Dietmar Albrecht

Kommunistische Partei und Bauernbewegung

Bauernbewegungen ziehen sich wie ein roter Faden durch die Geschichte Chinas.[1] Mehr als einmal stürzten Bauernaufstände Dynastien. Wiederholt verkündeten neue Herrscher soziale Reformen, die das Los der Bauern umkehren sollten. Doch so stark einige Rebellionen China auch aufgewühlt haben – stets endeten sie mit der Hegemonie neuer Herrscher und der Errichtung einer neuen Dynastie auf den Schultern der Bauern. Noch der Taiping-Aufstand (1850-1864) machte deutlich, daß die Bauern, trotz ihrer überwältigenden Zahl, auf sich allein gestellt die immer dringlicher werdende soziale Umwälzung nicht durchzuführen vermochten.[2] Andererseits kam keine politische Bewegung an den Bauern vorbei, wollte sie die Nation einen, sie von der ausländischen Vorherrschaft befreien, die landwirtschaftliche Produktion und damit die gesamte Wirtschaft Chinas auf eine stabile Grundlage stellen und das Land mit einheimischem Kapital industrialisieren.

Die Bauern kämpften ums Überleben. Doch um die Wurzeln ihres Elends ziehen zu können, mußten sie die gesellschaftlichen Bedingungen ihrer jahrtausendealten Unterdrükkung und Ausbeutung erkennen. Wer es vermochte, den bäuerlichen Massen das System begreiflich zu machen, das sie in Armut und Elend hielt, wer es vermochte, ihr Bewußtsein, ihre Kraft und ihre Initiative zu mobilisieren und zu lenken, hielt den Schlüssel zur politischen Macht und zur Umgestaltung der chinesischen Gesellschaft in Händen.

Dieser Beitrag will den Versuch der Kommunistischen Partei schildern, die Bauern Chinas zu gewinnen, zu bewegen und zur Umgestaltung der gesellschaftlichen Verhältnisse zu führen. Unter der ländlichen Bevölkerung fanden die Kommunisten den Rückhalt, der ihnen in den Städten nach 1927 verlorenging. Die Bindung der Bauernbewegung an die Kommunistische Partei – und umgekehrt – ist eng geknüpft an die Person *Mao Tse-tungs* (1893-1976), dessen Analysen und Stellungnahmen daher im Vordergrund stehen.

Einige Aspekte der Bauernbewegung können nur angedeutet

werden: die traditionellen Mittel und Formen der Bauernbewegung; die bäuerlichen Organisationsformen zu Beginn der kommunistischen Einflußnahme; Organisation und Wirkungsweise des Rätesystems in Jiangxi; schließlich der Umfang der Bodenverteilung und die Anfänge der Genossenschaftsbewegung in Jiangxi und zur Yan'an-Zeit. Eine Fülle von Daten findet sich hierzu in der zitierten Literatur; ebenso viele Fragen bleiben weiterer Forschungsarbeit vorbehalten.

I. Verelendung und Klassenstruktur auf dem Land[3]

Ein Kommunist und Bauernorganisator der ersten Stunde namens Peng Pai (1896-1929), seiner Herkunft und Bildung nach Grundherrnsohn und westlich geprägter Intellektueller, schilderte zu Beginn der zwanziger Jahre beispielhaft das Leben der Pächter im Kreis Haifeng, der unweit Hongkong in der Küstenregion der Provinz Guangdong gelegen ist:

»Elend wie das Leben der Pächter war, mußten sie auf ein Auskommen sinnen. Sie konnten dies auf aktive oder passive Weise tun. Auf aktive Weise: Sie konnten neben der Feldarbeit einen Hügelhang aufforsten, Obst anbauen, Rinder, Schweine und Hühner halten, Feuerholz in den Bergen schlagen, sich als Flußschiffer oder Sänftenträger verdingen [. . .]. Mit dem Verdienst trugen sie ihre Schulden ab, aber es reichte nie. Auf passive Weise: Da aktive Methoden nicht ausreichten, die Schulden zu tilgen, konnten sie ihre paar Felder, Hütten, Schuppen und Landstückchen verpfänden, die der Sohn vom Vater geerbt hatte, oder ihr Feldgerät ins Leihhaus bringen. Reichten solche Pfänder nicht aus, ihre Schulden zu begleichen, griffen sie zu ihren grausamsten Mitteln: die Bauern ehrten Vater und Mutter und liebten Frau und Kinder, doch angesichts der Härte ihres Lebens mußten sie die Kleider von den Leibern ihrer Eltern, Frauen und Kinder verpfänden, so daß diese der Kälte schutzlos preisgegeben waren. Dorfkinder mit über Jahrzehnte vererbten, durchlöcherten und geflickten Kleidern waren ein alltäglicher Anblick. Da es den Kindern an nahrhaftem Essen mangelte und sie sich mit Blättern oder Tarowurzeln begnügen mußten, waren ihre Arme und Beine spindeldürr, ihre Gesichter blaß, ihre Bäuche geschwollen wie Säcke, ihre Pobacken mitleiderregend winzig. Den lieben langen Tag liefen die Kinder mit Kot und Rotz beschmiert umher. Die Fliegen tummelten sich in ihren Augen- und Mundwinkeln, ohne daß ein Kind seine Hand hob – es nahm die Fliegen nicht wahr. Der Bauer hätte Eltern, Frau und Kindern gern Reis, Gemüse, Schweinefleisch und andere schöne Dinge gegeben. Doch ohne Geld konnte er ihnen weder Reis noch Fleisch kaufen und kochte statt dessen Brei aus Wurzeln. So sehr mußten die Bauern ihre Familien auspressen, daß sich im Hause wahre Kämpfe zutrugen zwischen Vater und Sohn, Mann und Frau. Und das Elend wurde nur noch schlimmer.

Reichten die Einschränkung der Lebenshaltungskosten und das Auspressen der Familie nicht aus, dieses Schuldenfaß ohne Boden zu stopfen, gingen die Bauern noch einen Schritt weiter: sie verheirateten ihre Frauen an andere Männer und verkauften ihre Kinder, um ihre Schulden zu begleichen. Hatten sie Frau und Kind verkauft, blieb ihnen nur noch, das Dorf zu verlassen, sich auf den Märkten als Arbeiter zu verdingen oder aber fortzuwandern, um als Soldaten, Banditen oder Kulis ihr Leben zu fristen. Einzige Alternative war der Tod.

Im Dorf Zhaochong des Kreises Haifeng lebte ein Grundherr namens Li, der den Bauern gegenüber unerbittlich war. Er zwang sie, ihre Kinder zu verkaufen, um die Pacht zahlen zu können. Sagte dies ein Bauer dem Grundherrn, lachte dieser: ›Du bist ein aufgeweckter Bursche. Verkaufst du dein Kind, um die Pacht zu zahlen, schlägst du zwei Fliegen mit einer Klappe. Erstens weist die volle Zahlung der Pacht dich als ehrbaren Menschen aus, und du darfst weiterhin meine Felder bestellen. Zum zweiten brauchst du nach dem Verkauf deines Kindes ein Maul weniger zu stopfen, was die Last auf deinen Schultern erleichtert‹.«[4]

Mehr als zwanzig Jahre später schrieb der Amerikaner Graham Peck aus der Provinz Sichuan:

»Die Bauern in jenem Tal lebten und starben auf ihre Art [. . .] In einer Familie war der Vater gestorben. Da es mit seiner Frau dem Ende zu ging und die Familie bitterarm war, beschlossen die Kinder, den Vater nicht sofort zu beerdigen: vielleicht würde die alte Frau auch sterben, bevor die Hitze käme und der Leichnam des Alten zu stinken begänne. In diesem Fall könnten sie an den Bestattungskosten sparen, wenn sie beide zugleich beerdigten. Nach ihrem Rat gefragt, stimmte die alte Frau zu, und sie stellten den Sarg in den dunkelsten und kältesten Raum: nämlich das Krankenzimmer der Alten. Dann häuften sie Steine auf den Deckel, um den Leichnam vor den Hunden zu schützen.«[5]

So ging es unzähligen Bauern Chinas.[6] Zwar lagen zwischen der verelendeten Dorfarmut und der Grundherrenschicht etliche andere Einkommensgruppen, doch die Mehrzahl der ländlichen Bevölkerung lebte in den ersten Jahrzehnten dieses Jahrhunderts in der gleichen armseligen Lage, wie die Augenzeugen Peng Pai und Graham Peck sie schildern. Die Ursache dieser extremen Gegensätze waren die Unterschiede in den Abhängigkeitsverhältnissen. Grundherren und reiche Bauern, die über mehr Land verfügten als über den ihnen bei einer gleichen Verteilung zustehenden Teil, preßten den von ihnen Abhängigen ein Mehrprodukt ab, das zumeist die Differenz von erarbeitetem Wert und Subsistenzminimum übertraf.

Die Pacht war die gängigste Methode, Mehrprodukt abzuziehen.[7] Pächter und Dorfarmut schienen identisch, die Hauptfront des Klassenkampfes schien zwischen Pächter und Grundherren zu verlaufen. Neben ihnen standen jene, die ihr Land selbst bestellten und weder selbst ausbeuteten noch direkt ausgebeutet wurden.[8] Die Wirklichkeit war jedoch komplexer. Untersuchungen in der Provinz Hunan am Vorabend der Bodenreform förderten zutage, daß die überwältigende Mehrheit der mittleren Bauern und sehr wahrscheinlich auch der reichen Bauern Land pachtete.[9] Dennoch konnte die Klassendefinition in der Anlage zum Gesetz über die Bodenreform von 1934/1950 feststellen, daß ein reicher Bauer einen Teil oder sogar den größeren Teil seines Einkommens aus der Ausbeutung durch Pacht oder Lohnarbeit bezog.[10]

Chen Hansheng (1897-?), dessen Klassenabgrenzungen weitgehend den späteren Richtlinien der chinesischen Kommunisten entsprachen, ermittelte 1933 im Kreis Panyu, Provinz Guangdong, daß die Hälfte der reichen und nahezu zwei Drittel der mittleren Bauern einen Teil ihres Landes oder das gesamte Land, das sie bebauten, in Pacht hatten.[11] Der in Muramatsus Studie geschilderte wohlhabende Bauer Ling Wuyi in der Nähe von Suzhou, Provinz Jiangsu, hatte als landloser Bauer zwischen 1908 und 1912 nahezu fünf Hektar Land gepachtet, das er zumeist unterverpachtete, während er selbst wiederum unterverpachtetes Land bestellte.[12] Pacht war also nicht ohne weiteres die vorherrschende Art des Entzugs von Mehrprodukt. Pächter und Dorfarmut waren nicht immer ein- und dasselbe. Die Klassenanalyse, die Mao Tse-tung bis 1933 ausarbeitete und die den Richtlinien von 1950 zugrundegelegt wurde, trug schließlich dieser Komplexität des Pachtsystems und den anderen Formen der Ausbeutung Rechnung: Für »Grundherren«, die »grundsätzlich« nicht selbst arbeiteten, war die Eintreibung von Pachtzins die Hauptform der Ausbeutung; »reiche Bauern« oder »Großbauern« besaßen »in der Regel« Grund und Boden; »manchen von ihnen gehört jedoch nur ein Teil des von ihnen bearbeiteten Bodens, während sie den anderen Teil hinzugepachtet haben; andere besitzen überhaupt kein eigenes Land und haben den gesamten von ihnen bearbeiteten Boden in Pacht«; Hauptform ihrer Ausbeutung war die Lohnarbeit; Eintreibung von Pachtzins, Geldgeschäfte und kapitalistische Unternehmungen kamen hinzu. Von den »Mittelbauern« besaßen »viele« eigenes Land, »manche« gar keines. Existenzquelle der Mittelbauern war ausschließlich oder hauptsächlich ihre eigene Arbeit. »Arme Bauern« waren in der Regel gezwungen, Boden zu pachten und ihre Arbeitskraft zu einem geringen Teil zu verkaufen. »Arbeiter« schließlich bezogen ihren Lebensunterhalt ausschließlich oder hauptsächlich aus dem Verkauf ihrer Arbeitskraft.[13]

Eigentum an Grund und Boden als einziges Kriterium der Klassenzugehörigkeit wurde also rasch verworfen. Als neues Kriterium galt zeitweise die »Verfügung« über Land *(jingying)*: gepachtetes, verpachtetes und/oder bewirtschaftetes Land.[14] Diese von der Guomindang benutzte Kennzeichnung verschleierte allerdings das entscheidende Kriterium: die Ausbeutung. Es verschwieg zudem die Größe der Bauernhaushalte, die Zahl der einsatzfähigen Arbeitskräfte und die Art ihrer Arbeit. Eine Bauernfamilie, die ausreichend Land besaß und über mehrere Arbeitskräfte verfügte, konnte auf der Leiter des ökonomischen Erfolges sehr hoch gestiegen sein, ohne von Ausbeutung profitiert zu haben. Die *Beschlüsse über die Festlegung der Klassenzugehörigkeit auf dem Lande* von 1934/1950 unterschieden dem zufolge etwa im Falle reicher Pächterfamilien durch Ausbeutung erzielte Einkommen von selbst erarbeiteten Einkommen und von Pachtzahlungen.

Ein letzter Faktor, der die Klassenanalyse komplizierte, war das von den Bauernhaushalten erwirtschaftete Nebeneinkommen. In den sechs Dörfern des Kreises Ding südwestlich von Peking, die Sidney Gamble untersuchte, betrug der Nebenerwerb durch Entkernen von Baumwolle, Spinnen und Weben durchschnittlich 20 Prozent der Einkommen[15], während der Prozentsatz, den das von Fei Xiaotong (1910 –?) untersuchte Dorf Kaixiangong in der Nähe Shanghais in der Seidenproduktion erwirtschaftete, eher noch höher lag.[16]

Die Methode der Klasseneinstufung, der die chinesischen Kommunisten ab 1934 weitgehend und seit 1950 endgültig folgten, beruhte in erster Linie auf den tatsächlichen Einkommensdaten jedes einzelnen Bauernhaushaltes. Wie hoch war das Gesamteinkommen? Woher kam es? Welcher Anteil beruhte auf Ausbeutung? Und welchen Anteil verlor der Haushalt aufgrund von Ausbeutung durch andere? Diese Fragen waren nur in enger Zusammenarbeit mit den betroffenen Bauern selbst und ihren Dorfnachbarn zu lösen, auf demokratische Weise, »mit den Methoden der Selbsteinschätzung und kollektiven Beratung auf bäuerlichen Massenversammlungen im Rahmen eines administrativen Dorfes *(xiang)* oder auf Delegiertenkonferenzen der Bauern unter der Leitung der Volksregierung eines administrativen Dorfes«. Jeder Betroffene, Mitglied der Bauernvereinigung oder nicht, sollte seinen Fall vertreten und beim Volksgericht des Landkreises Beschwerde führen können.[17]

Der Weg zu einer derart fundierten Strategie des sozialen Wandels auf dem Dorf war das Ergebnis mühsamen Suchens, bitterer Fehlschläge und heftiger innerparteilicher Auseinandersetzungen über die Bestimmung des Klassenwiederspruchs zwischen Grundherren und reichen Bauern auf der einen und den armen Bauern und Landarbeitern auf der anderen Seite.[18]

Die Widersprüche zwischen den Klassen traten nicht stets und überall offen ans Licht. Eine jahrtausendelang eingeübte Gesellschaftsordnung hatte die materiellen Realitäten mit einem Geflecht »traditionaler Moralität« überdeckt, in dem das Klassenbewußtsein an Schärfe verlor, solange die ökonomische Subsistenz gesichert war:

– das Gefühl der Zugehörigkeit zur eigenen Klasse trat hinter die Bindung an den Grundherren zurück, die ein minimales Überleben und den Schutz der Bauern in Geheimgesellschaften und anderen örtlichen Organisationen garantierte;

– die Verbindung zur eigenen Klasse konnte überlagert werden durch das Netz des Clan, der Großfamilie, und seiner Patronage;

– der Klassenantagonismus, der sich zu Zeiten dynastischen Niedergangs gewalttätig entladen konnte (wenn auch nicht als bewußt geführter Klassenkampf), wurde zu Zeiten funktionierender Herrschaft durch deren Strafandrohungen entschärft;

– das Gespür für die materiellen Grundlagen der eigenen Klasse schließlich konnte unterliegen, wenn der Grundherr in guten Zeiten Geister und Götter einer anderen Welt berief.[19]

Die Produktionsbedingungen der nordchinesischen Getreideanbaugebiete, die Thaxton in seiner Studie zur »traditionalen Moralität« erörtert, verschlechterten sich in den Jahrzehnten nach dem Sturz der Mandschudynastie in beschleunigtem Tempo. Unter den härteren Bedingungen, die der Einfluß des Weltmarktes diktierte, lockerten die Grundherren ihre traditionelle Patronage gegenüber Bauern und Pächtern, jedoch ohne sie, den veränderten ökonomischen Bedingungen entsprechend, kapitalistischen Marktbeziehungen anzunähern. Die Grundherren steigerten schlicht die Ausbeutung – mit katastrophalen Folgen für beide Seiten.

Überwogen bis zum Sturz der letzten Dynastie Fünfjahrespachtverträge oder sogar die erbliche Pacht, so führten die Verpächter nun immer häufiger halb- oder einjährige Pachtverträge ein. Betrug die Pacht beispielsweise bislang 50 Prozent der Ernte, wurde dieser Satz nun auf 70 oder gar 80 Prozent erhöht. Wo möglich wurde die Pacht nicht mehr auf die jeweils eingebrachte Ernte bezogen, sondern als Jahr für Jahr gleichbleibendes absolutes Fixum gefordert, ungeachtet aller natürlichen oder menschlichen Einflüsse. Ihre überlieferte Verpflichtung, den Pächtern Schutz und Sicherheit zu gewähren, wälzten die Grundherren auf die Schultern der Abhängigen ab und verlangten nun Gebühren für die Feldwachen und Milizen gegen Erntediebe, Banditen und plündernde Soldateska. Bewaffnete Büttel begannen die Pacht einzutreiben, die sich noch um Gebühren für die Vermarktung überschüssigen Getreides und für zusätzliche Dienstleistungen wie Transporte aus den Marktstädten aufs Land erhöhte. Anstatt wie gewohnt den Pächtern Produktionsmittel beizusteuern, warteten nun die Grundherren aufs höchste Gebot, bevor sie ihre Ochsen zum Pflügen, Drehen der Mühlsteine oder Ziehen der Karren hergaben. Sie entzogen den Pächterfamilien das traditionelle Recht der Nachlese auf den abgeernteten Feldern und weigerten sich, wie bisher Kopftücher und Wikkelgamaschen zu stellen. Die Grundherren boten keinen Schutz mehr gegen willkürliches Pressen zum Militärdienst, bürgten nicht mehr in Gerichtsverfahren und ließen die Pächter und Abhängigen selbst für die bescheidenen Dorffeste berappen. Sie strichen Strohhüte, Dampfbrot und Zigaretten bei Marktgängen, das traditionelle Mahl fürs »Jäten des Weizenfeldes« anläßlich der Herbsternte sowie die Prämien zum Neuen Jahr.[20]

Die Lücke, die das zerfallende Patronagesystem hinterließ, hätte die staatliche Macht, repräsentiert von der Nationalen Volkspartei, der Guomindang, füllen können – durch staatliche Kredite, Marktüberwachung, Pachtkontrolle und anderes mehr. Die Legitimität der Guomindang als Prototyp der (städtisch geprägten) Militärjunten in den zeitgenössischen asiatischen Bauerngesellschaften hing geradezu von ihrem Willen und ihrer Kraft ab, die Krise in den Beziehungen zwischen Grundherren und abhängigen Bauern zu lösen. Doch weder vermochte die Staatspartei das traditionelle Subsistenzsystem wiederherzustellen noch es durch ein funktionierendes Markttauschsystem zu ersetzen. Im Gegenteil: Sie ließ nicht nur den Grundherren freie Hand, sondern sie übertrumpfte sie noch mit neuen Abgaben und Lasten, wobei sie sich der eingesessenen Dorfherrschaft als Eintreiber und Vertreter bediente. Die Wiederbelebung des *Baojia*-Systems, einer Art kollektiver Haftung für Wohlverhalten (unter Aufsicht eines Angehörigen der alten Dorfelite), besiegelte die Entmündigung der abhängigen Bauern. Das Diktat der neuzeitlichen Marktwirtschaft hätte zwar auf brutale Weise die chinesische Landwirtschaft kommerzialisieren und modernisieren können. Doch die Chance eines solchen Schocks scheiterte an der starren Haltung von Grundherren und kollaborierender Bürokratie, die ihren Gewinn nicht in der Anpassung an die veränderten wirtschaftlichen Bedingungen suchten, sondern in gemeinsamer vermehrter Auspressung der Bauern.[21]

Die traditionale Moralität zerbrach. Es brauchte eine Kraft, die den Abhängigen ein Existenzminimum, Schutz und Sicherheit bot, die an die überkommenen Bedürfnisse anknüpfte, ihren konservativen Charakter überwand und das Protestpotential und die kollektive Energie der Bauern an neuen gesellschaftlichen Möglichkeiten orientierte.[22]

II. Intelligenz und Bauernbewegung

»Eines schönen Tages im Mai begann ich mit der Bauernbewegung. Ich ging in ein Dorf des Chishan-Bezirks, einen weißen Hut auf dem Kopf und in einem modern geschnittenen Anzug, wie ihn die Studenten trugen. Ein Bauer in den Dreißigern sah mich kommen. Er streute Dünger auf die Felder und meinte: ›Setzen Sie sich, Herr, rauchen Sie. Sie kommen Steuern kassieren, nicht wahr? Die Leute hier haben aber keine Opern gehabt.‹ Ich antwortete: ›Ich komme nicht wegen der Theatersteuer. Ich möchte eure Bekanntschaft machen. Weil euer Leben so schwer ist, möchte ich mit euch darüber sprechen.‹ Der Bauer: ›Jaja, das schwere Leben ist unser Schicksal. Später einmal können wir Tee zusammen trinken, Herr. Wir haben keine Zeit zum Plaudern. Entschuldigen Sie.‹ Und ging. Wenig später begegnete mir ein etwa zwanzigjähriger Bauer, der ein wenig freundlicher aussah. Er fragte: ›Woher kommen Sie, Herr? In wessen Auftrag? Ist was passiert?‹ Ich: ›Ich bin weder Beamter noch Soldat. Ich war Student, und jetzt bin ich auf einem Ausflug just in euer schönes Dorf. Ich will euer Freund werden.‹ Er lachte: ›Wir niederes Volk taugen nicht für euch Söhne feiner Herren. Wir können uns ja später einmal unterhalten.‹ Ohne sich umzusehen, ging er in die andere Richtung. Ich wollte noch etwas sagen, da war er schon außer Hörweite. Deprimiert dachte ich daran, daß meine Freunde mich vor solcher Kraftverschwendung gewarnt hatten. Mein Ärger wuchs. Ich ging ins nächste Dorf, wo die Hunde mich anbellten und die Zähne fletschten. Ich hielt das für einen Willkommensgruß und ging vorwärts. Alle Türen waren verriegelt. Einige Bewohner waren auf den Feldern, die anderen auf dem Markt. Als ich das dritte Dorf erreichte, ging die Sonne eben unter. Es wurde zu spät. Die Bauern mochten argwöhnen, was ich vorhatte. Also ging ich heim. Zuhause sprach niemand mit mir. Ich war wie unter Feinden [. . .] Am übernächsten Tag marschierte ich zur Hauptstraße, die am Longshan-Tempel vorbeiführt [. . .] Zahllose Bauern kamen hier Tag für Tag vorbei und machten am Tempel Rast. Ich nutzte die Gelegenheit und sprach sie an, redete über die Ursachen ihres schweren Lebens und über die Möglichkeiten, ihr Leben zu erleichtern. Ich bewies ihnen, wie die Grundherren die Bauern unterdrückten, und sprach von der Notwendigkeit, sich zusammenzuschließen. Zunächst hörten nur wenige Leute zu, doch wurden es mehr, bis ich so was wie eine Ansprache hielt. Halb glaubten mir die Bauern, halb zweifelten sie. Vier oder fünf redeten mit mir, ein Dutzend hörte mir zu. Ich machte Fortschritte.«

Diese Notizen schrieb Peng Pai im Frühjahr 1922 in sein Tagebuch.[23] Peng Pai gehörte selbst einer der führenden Grundherrenfamilien im Kreis Haifeng, etwa 150 km östlich von Hongkong, an. Von 1918 bis 1921 hatte er in Tokyo studiert und war dort von japanischen Sozialisten beeinflußt worden. Im Sommer 1921 war Peng Pai nach Kanton zurückgekehrt, wo er der Kommunistischen Partei beigetreten war. Chen Jiongming (1878-1933), seinerzeit Militärmachthaber in der Provinz Guangdong, hatte mit ähnlich radikalen Ideen gespielt und Peng zum Leiter seines Erziehungswesens gemacht. Im Frühjahr 1922 war Peng auf Druck der Grundherren entlassen worden. Er entschloß sich, die Organisierung der Bauern anzupacken.

Nach und nach fand sich ein Kern für die Gründung einer Bauernvereinigung. Sie zählte 30 Mitglieder, als sie den Nutzen ihrer Organisation erstmals beweisen konnte: erfolgreich nahm sie eines ihrer Mitglieder in Schutz, dessen sechsjährige Kindsbraut in einer Latrine ertrunken war. Die Verwandten des Kindes hatten Rache gefordert, doch vor der geschlossenen Front der Bauernvereinigung machten sie kehrt.

Die erste Satzung der Bauernvereinigung legte fest, daß niemand Land eines Mitgliedes beanspruchen dürfe ohne die Zustimmung des Betroffenen und auch der Vereinigung. Erhöhte ein Grundherr die Pacht und kündigte er einem Mitglied der Vereinigung, durfte ohne Zustimmung des Betroffenen und der Vereinigung kein anderes Mitglied das gekündigte Pachtland bestellen. Geriet ein Mitglied in Not, wollte die Vereinigung aushelfen. Die Satzung erwies sich als wirksam, ebenso wirksam wie der Wegezoll, den die Kaufleute aus der Stadt an die Bauern zahlen mußten – bis sie ihrerseits eine willkürlich neu erhobene Gebühr auf Flußtransporte widerriefen.

Im September 1922 zählte die Vereinigung mehr als 500 Mitglieder. Sie war nun stark genug, eine angesichts hoher Begräbniskosten sehr erfolgreiche Bestattungsgenossenschaft zu gründen. Eine Poliklinik folgte. Am 1. Januar 1923 wurde die Allgemeine Bauernvereinigung von Haifeng gegründet. 20 000 Haushaltungen, also etwa 100 000 Mitglieder, gehörten ihr bereits an. Sie nahm die Aufforstung kahler Hänge in Angriff und überließ sie kollektiver Nutzung. Sie baute ein dörfliches Schulwesen auf und berief eine Schlichtungsinstanz: ein Drittel der vorgetragenen Fälle betraf Ehestreitigkeiten. Nach außen propagierte die Vereinigung die Verbesserung der Anbaumethoden und den Ausbau des Bildungswesens. Nach innen bereitete sie ihre Mitglieder auf Bewegungen zur Senkung der Pachtzinsen vor.

In einer ersten Konfrontation zwischen Grundherren – die nun eine eigene Interessenorganisation mit dem sinnigen Namen Gesellschaft für Getreidevorräte gegründet hatten – und Bauern erzwangen Tausende von Bauernbittstellern von den Kreisbehörden die Freilassung von sieben wegen Vernachlässigung ihrer Pächterpflichten inhaftierter Bauern. Die zweite Konfrontation folgte, als die Bauernvereinigung nach einem verheerenden Taifun eine Senkung der Pacht auf 30 Prozent durchsetzen wollte. Doch die Grundherren vermochten die Bauern mit Waffengewalt auseinanderzujagen. Einige Bauernfunktionäre suchten beim zuständigen Militärmachthaber Chen Jiongming Zuflucht, doch dieser hatte inzwischen seiner Radikalität abgeschworen. Unbewaffnet und ohne materiellen Rückhalt war die Vereinigung zu schwach, sich durchzusetzen. Die Anzahl ihrer Mitglieder ging Ende 1923 rapide zurück, um erst zur Jahreswende 1924/25, mit der Ausdehnung der Guomindang-Herrschaft über Kanton hinaus, wieder zu erstarken.

Während des Bündnisses zwischen Guomindang und Kommunisten stieg Peng Pai 1924 bis 1927 zu einem der führenden Kader der Bauernabteilung der Guomindang auf. Nach der Niederlage Chen Jiongmings gegen die Truppen der Guomindang baute Peng die Bauernvereinigung wieder auf. Als das Bündnis von Nationalisten und Kommunisten zerbrach, riefen die Bauern der Nachbarkreise Haifeng und Lufeng den ersten Bauernsowjet Chinas aus. Er hielt sich vom November 1927 bis zum Februar 1928. Peng Pai wurde wenig später verraten und hingerichtet.[24]

Die Bauernbewegung in den Kreisen Haifeng und Lufeng hatte ihre Schlagkraft aus der Verbindung eines in früheren Bauernaufständen geübten und in geheimbündlerischer Organisation erfahrenen revolutionären Potentials in den unteren Schichten der ländlichen Bevölkerung mit dem mobilisierenden Faktor junger Intellektueller aus der Grundherrenklasse gewonnen, die zumeist in Japan ausgebildet worden waren und der Einsicht folgten, nur westliche Modernisierung könne den nationalen Niedergang aufhalten und nur die soziale Revolution das Elend der Menschen beseitigen. In dieser

Bewegung jugendlicher Intellektueller aufs Land spiegelte sich ein Teil der Volkstümler-Bewegung des späten zaristischen Rußland. Im Februar 1919 hatte der Pekinger Professor Li Dazhao (1889-1927), einer der ersten marxistischen Denker und Organisatoren im frühen republikanischen China, die Jugendlichen seines Landes aufgerufen, sich den Geist anzueignen, »der die damalige russische Jugend bei ihrer Propagandaarbeit im russischen Dorf beseelte«.

»Wer, wenn nicht wir Jugendliche, könnte es denn sonst in diesem in tiefer Finsternis dahindämmernden Land übernehmen, sie [die Bauern] aufzurütteln, sie zu lehren, ihre Befreiung zu fordern, ihnen die Ursachen ihrer Leiden zu erklären, ihnen zu helfen, die Dumpfheit und Unwissenheit abzuschütteln und selbst für ihre Lebensinteressen einzutreten?«[25]

Sieben Jahre darauf wiederholte Li Dazhao diesen Aufruf und mahnte zugleich die Intellektuellen, traditionelle Formen der bäuerlichen Bewegung wie die Geheimgesellschaften des Roten Speers für die Bauernvereinigungen zu gewinnen.[26]

Vielleicht hatten die Aufrufe Li Dazhaos den jungen Peng Pai bewogen, die Bauern der Kreise Haifeng und Lufeng zu organisieren. Die sich aus diesen Anfängen entwickelnde Bauernbewegung der Provinz Guangdong schuf die grundlegenden Kampf- und Organisationsformen, wie sie auch anderswo entstanden: in der nordchinesischen Provinz Shaanxi, südlich von Peking in der Provinz Hebei und im südwestchinesischen Gebiet der Zhuang-Minderheit.[27] Ausgehend vom Bezirk Yulin im Süden der Großen Mauer in der Provinz Shaanxi waren es ebenfalls Studenten aus führenden Grundbesitzerfamilien, die als Teil der kulturellen Erneuerungsbewegung und im Umkreis früher marxistischer Agitatoren zu Anfang der zwanziger Jahre den Kern einer Partisanentruppe bildeten, an ihrer Spitze der später im Kampf gegen die Japaner tödlich verwundete Liu Zhidan (1902-1936) und der 1954 gestürzte spätere »Machthaber des Nordostens«, Gao Gang (1895-1955?). Die Partisanenführer profitierten von ihrer Klassenherkunft: Sippenbindungen hielten die örtlichen Militärmachthaber von allzu eifriger Unterdrückung dieser Partisanen ab, während andernorts aufgeklärte Militärs und Politiker wie Feng Yuxiang (1882-1948) die Bauernbewegung und ihre Partisanen sogar zeitweilig legalisierten.

Die studentischen Partisanenführer in Shaanxi konnten sich

auf traditionelle bewaffnete Rebellengruppen wie die Roten Speere stützen[28], auf deren Bedeutung Li Dazhao hingewiesen hatte. Zugleich erhielten sie ideologische und organisatorische Hilfe von Kadern, die im nationalrevolutionären Bündnis von Kommunisten und Guomindang – unter anderem im Gebiet von Haifeng – Erfahrungen gesammelt hatten.[29] Ihre mangelnde militärische Macht führte die bäuerlichen Rebellengruppen jedoch in die Niederlage, sobald die Militärmachthaber ihnen ihre Duldung oder ihr Wohlwollen entzogen. Unberührt von den 1927 einsetzenden Diskussionen, ob, wie und wo revolutionäre Stützpunktgebiete und Rätegebiete errichtet werden sollten, hielt Liu Zhidan seine Partisanen, die oft nur Banditen waren, im Stile eines Robin Hood zusammen, knüpfte an die Rebellentradition an, wies die Bauern auf die Ursachen ihrer Verelendung hin und mobilisierte sie allmählich zur sozialen Umwälzung.[30] Es blieb die militärische Schwäche, und aus Furcht, Regierungstruppen könnten zu Strafexpeditionen zurückkehren, wagten die Bauern sich nicht an die Verteilung des Landes, die allein die Grundlage für eine wirksame Agrarreform sein konnte. Der Bauernbewegung in Shaanxi fehlte die explosive Dynamik einer umfassenden Rebellion, doch immerhin sicherte sie 1935 und 1936 den fliehenden Verbänden der süd- und zentralchinesischen Räterepublik ein neues Basisgebiet und ein Hinterland für den nationalen und Befreiungskrieg.

Ein Jahrzehnt nach Peng Pai, doch auf ähnliche Weise, mobilisierten in den Jahren 1928 bis 1932 rebellierende Oberschüler, die zumeist bereits im Kommunistischen Jugendverband organisiert waren, in der Gegend von Gaoyang-Lixian östlich von Baoding in der Provinz Hebei die dortigen Bauernweber, deren Existenz durch die vordringenden japanischen Waren zerstört worden war.[31] Ihren ersten erfolgreichen Angriff richteten die kommunistischen Jugendlichen gegen einen mächtigen Grundherrn, der rücksichtslos seine Schafe auf die Felder mit sprießendem Weizen zu treiben pflegte. Zweiter Angriffspunkt wurden die Mindestlöhne, deren Erhöhung die Bauernbewegung durchsetzte. Zum dritten Erfolg wurde die Aufhebung einer neu eingeführten Schweineschlachtsteuer. Im Sommer 1932 riefen die Kommunisten von Gaoyang-Lixian zum Aufstand gegen die übermaßige Besteuerung, gegen die Regierungsmonopole und allgemein gegen die Herrschaft der vielenorts zur Grundherrenvertretung degenerierten Guomindang. Die Gaoyang-Lixian-Räteregierung hielt sich nur wenige Wochen in dem infrastrukturell relativ gut erschlossenen Gebiet und demonstrierte eher das Heldentum einzelner Kommunisten als den Kampf breiter Massen; doch schuf der Aufstand – der dort am nachhaltigsten wirkte, wo die ökonomischen und politischen Strukturen am stärksten in der Vergangenheit verankert waren – die Grundlagen für den späteren Kampf gegen die Japaner, der es den kommunistischen Führern wieder erlaubte, den Untergrund zu verlassen.

Die Bauernbewegung der Zhuang, einer Volksgruppe in der südwestchinesischen Provinz Guangxi, war vornehmlich der Protest einer ethnischen Minderheit gegen das Vordringen der Han-Chinesen und erst in zweiter Linie Bauernaufstand. Wei Baqun (ca. 1895-1931), Sohn einer Grundherrnfamilie, doch im Gegensatz zu den zuvor genannten Partisanen- und Bauernführern ohne jede marxistisch-leninistische Motivation, führte zu Beginn der zwanziger Jahre die ins Bergland zurückgedrängten Zhuang-Bauern gegen die plündernden Soldatenhaufen der Militärmachthaber, die sich die einträgliche Besteuerung des durch die Gebiete der Zhuang führenden Opiumhandels gegenseitig streitig machten. Wei Baqun erhielt zwar 1924 am Kantoner Institut für die Bauernbewegung eine kurze militärische und ideologische Schulung, doch er leitete die Bewegung weiterhin eher als Robin Hood denn als Kommunist. Für die Zentrale der Partei in Shanghai boten die ideologische Schwäche der Zhuang-Bewegung und die für die Kommunisten günstigen Machtverschiebungen unter den Militärherren 1929 die einmalige Gelegenheit, die Entwicklung eines Rätegebietes direkt zu kontrollieren und zu steuern. Aus diesem Grunde ging auch der spätere Generalsekretär der Kommunistischen Partei Deng Xiaoping (1904) nach Guangxi, wo im Dezember 1929 das Youjiang-Rätegebiet ausgerufen wurde. Die revolutionäre Basis unter den Zhuang-Bauern und deren Vertrauen in die Räteführung wurden durch die Ungeduld der auswärtigen Kommunisten, die das rückständige Bewußtsein der Zhuang mit Gewalt verändern wollten oder es schlicht ignorierten, rasch unterminiert. Katastrophal wirkte im Juni/Juli 1930 der Beschluß der Shanghaier Führung, die 10 000 Kämpfer der Zhuang-Armee in das Rätegebiet von Jiangxi zu verlegen, wohl um dort der Zentrale mehr Einfluß zu sichern. Während die Zhuang im Frühjahr 1931 dezimiert in Jiangxi anlangten, brach das Youjiang-Rätegebiet, des militärischen Schutzes beraubt, zusammen. Wei Baqun wurde wie Peng Pai verraten und hingerichtet.[32]

Die Erfahrungen in Guangdong, Shaanxi, Hebei und Guangxi lehrten, daß Unzufriedenheit und Aufbegehren der Bauern allein noch keine revolutionäre Bewegung machten. Bäuerliches Elend war die treibende Kraft, sozialistische Studenten wiesen ihr die Richtung, doch ohne ausreichende eigene militärische Kräfte hingen ihre Erfolge und Niederlagen von den Machtverschiebungen und weniger den politischen Orientierungen unter den regionalen Militärmachthabern und deren Bündnis mit den Organisationen der Grundherren ab. Ein zweiter bestimmender Faktor war die Infrastruktur in den Zentren der Bauernbewegung, der Ausbau der Nachrichtenverbindungen und Straßen. Die Partisanengebiete in den schwer zugänglichen und entlegenen Provinzen Shaanxi und Guangxi hielten auch stärkerem militärischem Druck stand, während sie in Guangdong und Hebei rasch zerbrachen. Die Erschließung und allmähliche Modernisierung der ländlichen Gebiete stimulierten zwar die bäuerliche Bewegung, doch verliehen sie ihr keine dauerhafte Kraft.[33]

Die wichtigste und größte Bauernbewegung der zwanziger Jahre in der Provinz Hunan und entlang den Vormarschwegen der Nationalrevolutionären Armee in den Jahren 1926/27 bestätigt die Lehren der oben geschilderten, weniger bekannten Bewegungen. Zugleich illustriert sie das schwierige, ja ablehnende Verhältnis der jungen, an dem Vorrang der proletarischen Revolution festhaltenden Kommunistischen Partei zu den sozialrevolutionären Bauern. Zwar erklärte der zweite Parteitag der chinesischen Kommunisten im Juli 1922 »die 300 Millionen Bauern« zum »größten Faktor in der chinesischen Revolution«, doch war die Kommunistische Partei »eine Partei des Proletariats«, ihr Ziel »die Organisierung des Proletariats«.[34] Die Kommunistische Internationale wies den Dritten Parteitag im Mai 1923 wohl an, »die Bauernfrage« sei »die zentrale Frage aller Politik«[35], doch das Programm der

Kommunisten blieb in diesem Punkt vage. Noch im Jahre 1925 zählte die Kommunistische Partei bloß 950 Mitglieder, weitgehend Intellektuelle.[36] Die Wochenschrift der Partei *Xiangdao (Wegweiser)* brachte bis Ende 1926 nicht mehr als vier Aufsätze pro Jahr zur Bauernfrage; und erst im März 1926 richtete die Partei eine Bauernabteilung ein.[37]

Die Nationale Volkspartei oder Guomindang, seit 1924 Bündnispartner der Kommunisten in der Ersten Einheitsfront, unterschied sich in ihrer Geringschätzung der Bauern kaum von den Kommunisten.[38] Erst als die rebellierenden Bauern unter Peng Pai und anderen initiativen Intellektuellen der Kantoner Revolutionsregierung für ihren Kampf gegen die Militärmachthaber im Osten und Norden nützlich zu sein schienen, begann die Führung der Einheitsfront seit 1925 der Organisierung und Schulung der Bauern mehr Aufmerksamkeit zu widmen. Bald nach Errichtung der Einheitsfront gründete die Guomindang in Kanton das Ausbildungsinstitut für die Bauernbewegung *(Nongmin Yundong Jiangxisuo).* Da fast nur Kommunisten Erfahrungen in der Bauernarbeit besaßen, dominierten sie bald Lehrkörper und Ausbildungsplan. Erster Direktor des Instituts wurde Peng Pai, Leiter des sechsten, größten und letzten Lehrgangs von Mai bis September 1926 Mao Tse-tung.[39] 800 Teilnehmer absolvierten die Lehrgänge, welche Praktika – so unter den Bauern von Haifeng und Lufeng – mit simulierter organisatorischer Arbeit verbanden. Ausschlaggebend für die Teilnahme an einem der Lehrgänge waren nicht die Herkunft aus Arbeiter- und Bauernfamilien, sondern ausreichende Bildung, verbunden mit Motivation, Hingabe, Tatkraft und ein wenig Abenteuerlust.[40] Die jungen kommunistischen Dozenten, unter ihnen Mao Tse-tung, brachten ihre Studenten erstmals mit dem marxistischen Instrumentarium der Gesellschaftsanalyse in Berührung, wenngleich auch den Dozenten diese Instrumente theoretisch und praktisch noch recht fremd waren.

Seinem eigenen Bericht zufolge hatte Mao Tse-tung im Gefolge der antiimperialistischen Protestbewegung vom 30. Mai 1925 mit der Arbeit unter den Bauern seiner Heimatprovinz Hunan begonnen. In wenigen Monaten hatten er und andere mehr als 20 Bauernvereinigungen gegründet.[41] Als Mitarbeiter der Bauernabteilung der Guomindang schrieb

Mao seinen ersten Aufsatz über die Bauern, *Analyse der verschiedenen Klassen unter den Bauern Chinas und ihre Haltung zur Revolution*, veröffentlicht in der ersten Ausgabe des Guomindang-Organs *Zhongguo Nongmin (Die Bauern Chinas)*.[42] Zusammen mit den Kommunisten Peng Pai, Luo Qiyuan und Ruan Xiaoxian, die sämtlich aus der Guangdonger Bauernbewegung kamen, zählte Mao zum Kern der Bauernabteilung der Guomindang. Für jeden von ihnen war die Arbeit auf dem Lande mehr als eine bloße theoretische Übung zur Bauernfrage, sie war Brennpunkt der revolutionären Aktion.

Die sozioökonomische Grundlage der Macht der regionalen Militärmachthaber, gegen die sich die nationalrevolutionäre Bewegung des Bündnisses der erneuerten, von der Komintern unterstützten Guomindang mit den Kommunisten zunächst zu behaupten hatte, war die Herrschaft der Grundherren. Die Bauernbewegung forderte diese Herrschaft durch einseitige Pachtsenkungen, Enteignungen und eigenmächtige Strafaktionen unmittelbar heraus, während die städtische Arbeiterbewegung sich auf den gewerkschaftlichen Kampf beschränkte, diesen allerdings in den antiimperialistischen Streikbewegungen nachhaltig zu nutzen verstand. Im gegenwärtigen Kampf gegen die Militärmachthaber, so Mao im September 1926, war die Bauernbewegung von hervorragender Bedeutung.[43] Dieser Einschätzung widersprach Chen Duxiu (1879-1942), bis 1927 der erste Generalsekretär der chinesischen Kommunisten. Sein Gegensatz zu Mao lag nicht so sehr in seiner Klassenanalyse der bäuerlichen Gesellschaft Chinas (obwohl seine Kenntnis des Marxismus älter und fundierter war), sondern in den daraus zu ziehenden Schlußfolgerungen. Für Chen zeugte die Forderung nach einer ländlichen kommunistischen Bewegung von »Romantik«, denn die bäuerlichen Kleinproduzenten würden mit aller Hartnäckigkeit am eigenen Grund und Boden festhalten[44] oder als besitzlose oder verelendete Bauern zum Zerstörungsdrang und zur Barbarei primitiver Bauernrebellionen neigen.[45] Mao – und hierin hätte er sich auf Li Duzhao berufen können – erblickte im bäuerlichen Potential hingegen revolutionäre Neigungen – für den Generalsekretär Anlaß genug, Maos Analyse für das Parteiorgan *Xiangdao* abzulehnen.[46]

Im Gefolge – und nicht als Wegbereiter – des Nordfeldzuges der Nationalrevolutionären Armee wuchs die Bauernbewegung der Provinz Hunan im Jahre 1926 rasch an.[47] Vorangetrieben durch Absolventen des Kantoner Bauerninstituts, zählten die 43 Bauernvereinigungen auf Xiang-Ebene im Juni 1926 38 000 Mitglieder. Nach dem raschen Vorrücken der Nationalrevolutionären Armee, deren Feldzug als Intervention in die Kämpfe zerstrittener hunanesischer Militärmachthaber begonnen hatte, in Richtung des Yangzi-Flusses war die Mitgliedschaft im November 1926 auf 1,3 Millionen gestiegen; im Juni 1927 hatte sie 4,5 Millionen erreicht.[48] Die Bauernbewegung sammelte die Kraft, die etablierten gesellschaftlichen Herren zu stürzen. »Siegt der Ostwind nicht über den Westwind, dann wird der Westwind über den Ostwind siegen«, war die Umschreibung Maos (im Dezember 1926 vor dem ersten hunanesischen Bauernkongreß) für den Kampf zwischen Grundherren/Militärmachthabern auf der einen und den aufständischen Bauern auf der anderen Seite.[49]

Vom 4. Januar bis zum 5. Februar 1927 führte Mao seine berühmt gewordene Untersuchung durch, deren Fazit er als *Untersuchungsbericht über die Bauernbewegung in Hunan* vorlegte. Mao zielte mit seinem Bericht auf all jene, die sich der Bauernbewegung widersetzten oder die Anwendung von Gewalt durch die Bauern tadelten. Für Mao galt es angesichts der Dynamik der Massenbewegung Partei zu ergreifen.

»Hunderte Millionen Bauern werden sich erheben [...] und auf dem Wege der Befreiung vorwärtsstürmen [...] Sie werden alle revolutionären Parteien, alle revolutionären Genossen überprüfen, um sie entweder zu akzeptieren oder abzulehnen. Soll man sich an ihre Spitze stellen, um sie zu führen? Soll man hinter ihnen hertrotten, um sie wild gestikulierend zu kritisieren? Oder soll man ihnen in den Weg treten, um gegen sie zu kämpfen? Es steht jedem Genossen frei, einen dieser drei Wege zu wählen, aber der Lauf der Ereignisse wird dich zwingen, rasch deine Wahl zu treffen.«[50]

Maos Prognose erwies sich als richtig. Tschiang Kai-scheks Kommunistenmassaker vom 12. April 1927 in Shanghai, die blutige Unterdrückung von Hunans Bauern seit dem folgenden Frühjahr durch die Militärherren der Guomindang und der Bruch der Guomindang-Linken in Wuhan mit den Kommunisten im Juni 1927 bewiesen in der Tat, daß die hunanesische Bauernbewegung keinen Kompromiß und keinen mittleren Weg mehr zuließ. Ihre Forderungen bedrohten unmittelbar die Interessen der mächtigen Guomindang-Militärs, deren Offizierkorps sich überwiegend aus der Schicht der Grundherren rekrutierte. Der Fünfte Parteitag der chinesischen Kommunisten, der vom 27. April bis zum 6. Mai 1927 in Wuhan zusammentrat, befand sich in einem Dilemma. Stalin und die Komintern verlangten auch nach Tschiang Kai-scheks Aprilmassaker zugleich eine Intensivierung des Massenkampfes *und* die Aufrechterhaltung der Einheitsfront mit der Guomindang.[51] Der Parteitag selbst äußerte sich widersprüchlich: er stimmte der Umverteilung des Landes im Grundsatz zu und billigte die Machtergreifung durch die Bauern, doch im Detail beschränkte er die Beschlagnahme von Grund und Boden auf Ländereien von mehr als 33 Hektar und nahm Familien, die einen Angehörigen unter den Offizieren der Nationalrevolutionären Armee hatten, von aller Umverteilung aus.[52] Welche Grundherrenfamilie hatte keinen Verwandten im Offizierkorps! Die Beschlüsse des Parteitages riefen nach Revolution und schützten doch zugleich die etablierten Interessen. Maos Untersuchungsbericht wurde zurückgewiesen. Doch bereits wenige Monate später begann sich der Brennpunkt der kommunistischen Bewegung von den städtischen Zentren weg ins bäuerliche Hinterland zu verlagern.[53]

III. Partisanenkrieg und Agrarrevolution

China erlebte im Jahre 1927 die große Jagd auf alle Kommunisten und ihre Sympathisanten unter Arbeitern und Bauern. Als auch die Kommunisten zu den Waffen griffen, war es zu spät. Am 1. August 1927 erhoben sich in Nanchang, der Hauptstadt der Provinz Jiangxi im mittleren Süden des Landes, kommunistisch geführte Truppen. Sie scheiterten. Dieser Nanchang-Aufstand wurde zur Geburtsstunde der chinesischen Roten Armee. Weitere Aufstände zur Zeit der Herbsternte schlugen fehl. Vom 11. bis 14. Dezember hielt sich in Kanton ein erster Arbeiter- und Soldatenrat, die »Kantoner Kommune«, während unweit östlich die revolutionären Bauern unter Peng Pai den ersten Bauernsowjet gründeten. All diese Erhebungen wurden blutig erstickt. Das Jahr 1927 wurde so zum Fiasko für die chinesische Revolution und für die Bauernbewegung – und zum Neubeginn. Die Reste der chinesischen Kommunisten zogen sich in den städtischen Untergrund zurück oder sie gingen in die Berge, an ihrer Spitze in der Provinz Hunan Mao Tse-tung.[54]

Bergarbeiter und Weber, Lumpenproletariat, Banditen, übergelaufene Guomindang-Soldaten und Bauern, die sich gegen die Schutztruppen der örtlichen Grundherren bewaffnet hatten, bildeten den Kern der Truppe Maos, mit der er im Oktober 1927 die rettende Zuflucht in den Jinggangbergen erreichte und mit der er die Jinggangberge zum wichtigsten revolutionären Stützpunktgebiet ausbaute, weitab von den städtischen Zentren, im schwer zugänglichen Grenzgebiet der Provinzen Hunan und Jiangxi.

Die kleine, aber schlagkräftige Truppe Maos nahm von Anfang an neben dem militärischen Kampf politische und gesellschaftliche Aufgaben wahr. Sie schützte die dem Massaker entronnenen oder neugebildeten Bauernvereinigungen, unternahm erste Schritte zur Neuverteilung von Grund und Boden und brach die politische Macht der Grundherren. In der Truppe wurden Soldatenräte eingesetzt, die Vorrechte der Offiziere abgeschafft und eine Rangordnung nur insoweit aufrechterhalten, als sie für die Kommandostruktur notwendig war. Der erstrebten Demokratie im Innern der Armee sollte das Verhältnis der Armee zur Bevölkerung entsprechen, für die der Soldat traditionell auf der untersten Sprosse der sozialen Rangfolge stand. *Drei Hauptregeln der Disziplin* und *Acht Punkte zur Beachtung* wurden zur »Massenlinie« der Partisanen: Gehorche dem Kommando in allem, was du tust; nimm den Massen nicht eine Nadel, nicht einen Faden weg; liefere alles Beutegut ab. Und: Sprich höflich; sei ehrlich, wenn du etwas verkaufst und kaufst; gib zurück, was du entliehen hast; bezahle für das, was du beschädigt hast; schlage und beschimpfe niemanden; beschädige nicht die Akkerbaukulturen; nimm dir keine Freiheiten gegen Frauen heraus; mißhandle keine Gefangenen.[55]

Zur Jahreswende 1929/30 zog der Parteitag der Truppen Maos, zu dem mittlerweile die Soldaten- und Bauernführer Zhu De (1886-1976), Lin Biao (1907-1971?) und Peng Dehuai

(1899-?) gestoßen waren, das Fazit der zweijährigen Kämpfe im Stützpunktgebiet der Jinggangberge. Im Anschluß an diesen Parteitag schrieb Mao seinen Brief *Aus einem Funken kann ein Steppenbrand entstehen*, in dem er die politische und militärische Perspektive des Kampfes entwickelte: »Die Massakerpolitik der Guomindang bedeutet nichts anderes, als die Fische dorthin treiben, wo das Wasser tiefer ist; der Reformismus kann die Massen nicht mehr anziehen.« Schlüssel zum Sieg der Revolution sei, so räumte Mao ein, einzig und allein die »proletarische Führung«. »Aber gleichzeitig sind besonders die Entfaltung des Kampfes auf dem Lande, die Errichtung der roten Macht in kleinen Gebieten und Erweiterung der Roten Armee jene Hauptvoraussetzungen, die den Kampf in den Städten fördern und den Aufschwung der Revolution beschleunigen. Die Taktik, die wir aufgrund der Kämpfe der letzten drei Jahre ausgearbeitet haben, unterscheidet sich tatsächlich von der Taktik aller Zeiten in China und im Ausland. Dank unserer Taktik werden die Massen in einem immer größeren Umfang zum Kampf mobilisiert, und kein Feind, wie stark er auch sei, kann mit uns fertig werden. Unsere Taktik ist die des Partisanenkriegs. Im wesentlichen besteht sie in folgendem: ›Die Truppen auflockern, um die Massen aufzurütteln; die Truppen konzentrieren, um dem Feind zu begegnen.‹ ›Rückt der Feind vor, ziehen wir uns zurück; macht er halt, umschwärmen wir ihn; ist er ermattet, schlagen wir zu; weicht er, verfolgen wir ihn‹.«[56]

In den Jahren nach 1927 gerieten Mao und die Partei- und Militärführung der Stützpunktgebiete immer wieder in Gegensatz zur Parteizentrale in Shanghai, die die Bauern und das Hinterland immer noch ignorierte. 1930 sah Li Lisan (1899-1967?), ein erfahrener Gewerkschaftler und von 1928 bis 1930 der führende Mann im Zentralkomitee, die revolutionäre Hochflut unter den Arbeitern kommen und befahl zur Unterstützung der erhofften Arbeiteraufstände den Marsch der roten Truppen auf die Städte. Peng Dehuai eroberte kurzfristig Changsha, die Hauptstadt der Provinz Hunan, während Mao Tse-tung und Zhu De vor Nanchang, der Hauptstadt von Jiangxi, scheiterten. Die Truppen der Roten wären verloren gewesen, hätten sie sich nicht in ihre geschützten Stützpunktgebiete zurückziehen können, wo im November 1931 der erste Nationale Rätekongreß in Ruijin, im Südosten der Provinz Jiangxi, die Chinesische Räterepublik ausrief und die erste Räteverfassung beschloß.[57] Ziel der neuen Rätemacht waren die gründliche Verbesserung der Lebensbedingungen der Arbeiter und Bauern, die Vernichtung des »feudalen« Systems auf dem Lande, die Einschränkung des Kapitalismus – besser gesagt: seiner Anfänge – und die Befreiung Chinas vom Imperialismus. Die neugewählten Räte sollten das enteignete Land verteilen. Produktions- und Konsumgenossenschaften sollten gegründet, der Analphabetismus sollte bekämpft, die Opiumsucht besiegt, die Gesundheitsvorsorge verbessert und die Frau gesellschaftlich gleichberechtigt werden.[58]

Alle in der Räterepublik mit der Hauptstadt Ruijin zusammengefaßten Rätegebiete umschlossen auf dem Höhepunkt ihrer Macht 1933/34 etwa 300 Landkreise von den 2000 Landkreisen ganz Chinas. Im Verhältnis dazu war ihre Bevölkerungszahl erheblich geringer: nämlich nur zehn Millionen von den etwa 450 Millionen Chinesen insgesamt – ein Hinweis auf die geographische Unzugänglichkeit der Rätegebiete, die über Zentral-, Südost- und Nordwestchina verstreut lagen.

Wollten die Kommunisten physisch und politisch überleben, wollten sie die Perspektive der nationalen Einigung und Befreiung und der sozialistischen Umgestaltung ihres Landes aufrechterhalten, mußten sie die Bauernbewegung zur eigenen Sache machen, mußten sie die Kleinbauern und landlosen Bauern gewinnen und doch zugleich die Interessen der Mittelschicht berücksichtigen, um die Stützpunktgebiete auch ökonomisch zu sichern.

Im Gebiet der Jinggangberge, das auf seinem Höhepunkt sieben Landkreise ganz oder teilweise umfaßte[59], sammelten die Kommunisten ihre ersten Erfahrungen bei der Umverteilung von Grund und Boden. Noch vor den Herbstaufständen schrieb Mao Tse-tung am 20. August 1927 einen Brief an die Parteizentrale, in dem er die »Beschlagnahme allen Landes, einschließlich desjenigen der kleineren Grundherren und der Bauern auf Eigenland« forderte.[60] Im Bericht vom 25. November 1928, in die *Ausgewählten Werke* eingegangen als *Kampf um die Jinggangberge*, nahm Mao diese radikale Position zurück: Bauern auf Eigenland sollten von der Beschlagnahme ausgenommen werden, damit sie »die armen Bauern bei ihrem Angriff auf die Dorfdespoten und Grundherren unterstützen«.[61] Die den Mittelbauern drohende Enteignung hätte sie, so Mao, zum Bündnis mit den etablierten herrschenden Schichten im Dorf getrieben. Die allein von der Umverteilungspolitik profitierenden armen und landlosen Bauern seien isoliert und deshalb in unsicheren Zeiten (und wann waren sie in den Jinggangbergen nicht unsicher?) immer von den feindlichen Mittelschichten beeinflußt worden.[62]

Die Suche nach Zugeständnissen, die die bäuerlichen Mittelschichten gewinnen konnten, ohne die Grundlage der revolutionären Macht unter den armen Bauern zu gefährden, war Anlaß vieler Auseinandersetzungen Mao Tse-tungs mit anderen Gruppen in der Partei während der Zeit der Jiangxi-Räte. Seit seinen Untersuchungen in Hunan folgte Mao zwei Einsichten. Zum einen hatte er Vertrauen in die Kraft bäuerlicher Massenbewegung bei der gesellschaftlichen Umwälzung gewonnen. Die roten Truppen, die sich ja überwiegend aus der Landarmut rekrutierten, wurden zum wichtigen Instrument dieser sozialen Revolution. Bauern sollten und konnten treibende Kräfte der Umwälzung sein und nicht manipulierbare Massen. Ihre freiwillig gebotene Unterstützung würde ausschlaggebend werden für den Erfolg der Kommunisten. Zum anderen mußten die Revolutionäre die Unterstützung der schwankenden Mittelschichten erlangen, die an ihrer selbstgenügsamen Subsistenzwirtschaft hingen. Nur das Bündnis mit den Mittelschichten konnte die ökonomische und politische Grundlage der revolutionären Macht ausreichend festigen.

Beide Einsichten zu verwirklichen, schien der städtisch geprägten, intellektuellen, im Kaderdenken geschulten Führung der Kommunistischen Partei paradox, dem Gewerkschaftler Li Lisan ebenso wie der aus Moskau zurückgekehrten und nach 1930 tonangebenden Gruppe der »Achtundzwanzig«.[63] Für Mao hingegen war das Problem einer Verbindung der revolutionären Aktivisten mit der schwankenden Mitte nicht paradox, sondern dialektisch zu lösen und mußte dabei Rückwirkungen auf beide, Aktivisten wie Mittelbauern, haben.

Die verschiedenen Gesetze zur Bodenreform in den Jahren 1930/31 spiegeln die streitenden politischen Linien.[64] Im

Bodengesetz von 1931 ist eine deutlich härtere Behandlung der reichen Bauern vorgesehen, obschon es im Vergleich zum (Shanghaier) Entwurf bereits abgeschwächt war.[65] Alles Land der »feudalen« Grundherren, Dorfdespoten und -elite, Militärmachthaber, Beamten und anderen größeren Eigentümer von Privatland einschließlich der reichen Bauern sollte entschädigungslos enteignet werden, ob sie es selbst bebauten oder es verpachteten. Das beschlagnahmte Land sollte von den Räten an die armen und mittleren Bauern verteilt werden. Die reichen Bauern konnten schlechtes Land zur eigenen Bestellung erhalten. Die gleichmäßige Umverteilung sollte ohne Gewaltanwendung erfolgen. Sprach sich eine Mehrheit der mittleren Bauern gegen ihre Beteiligung an der Umverteilung aus, mochten sie fernbleiben. Auch die Verteilung des öffentlichen Landes von Tempeln und Schreinen sollte nur bei Zustimmung der Bauern erfolgen. Ausdrücklich schloß das Gesetz eine Umverteilung aufgrund verfügbarer Produktionsmittel aus; allein maßgeblich sollte die Zahl der familiären Arbeitskräfte und/oder – je nach den Wünschen und Bedingungen – der Familienmitglieder sein. Den reichen Bauern sollte das schlechte Land nur gemäß ihrer Arbeitskraft zugeteilt werden; aller überschüssige Besitz war ihnen zu nehmen. Die beschlagnahmten Produktionsmittel konnten genossenschaftlich eingesetzt werden, sofern die Bauern zustimmten.

Wie und in welchem Umfang setzten Partei, Armee und Räte die Bestimmungen des Bodengesetzes von 1931 in die Praxis um? Ein Bericht aus dem November 1932 räumte ein, bei der Verwirklichung des Gesetzes in Jiangxi seien viele Fehler begangen worden.[66] Zahlreiche Dokumente wurden in Umlauf gesetzt, wie die Klassenpolitik des Gesetzes zu verwirklichen sei.[67] Eine Weisung des Politbüros des Ouyuwan-Rätegebietes im Grenzdreieck der Provinzen Hubei, Hunan und Anhui beschrieb das Verfahren: »Die Massen des gesamten *Xiang* werden in einer Massenversammlung mobilisiert. Werktätige Bauern mit hohem Bewußtseinsstand sollen zu Landkommissaren gewählt werden. 17 bis 21 Vertreter eines jeden *Xiang* bilden das Landkomitee. Eine Bestandsaufnahme des Landes schließt sich an. Die Massen werden durch Gongschläge gerufen, um gemeinsam mit dem Landkomitee diese Bestandsaufnahme durchzuführen. Zuerst wird das Gebiet

›öffentlichen Landes‹ für die Mitglieder der Roten Armee festgelegt [dieses Land wurde für die abwesenden Kämpfer genossenschaftlich bestellt]. Danach wird alles Land gleich und gerecht unter den Bauern aufgeteilt, wobei die verschiedenen Faktoren wie Bodenqualität. Entfernung der Felder, vorhandene Wälder, Teiche, Bambusgehölze usw. berücksichtigt werden. Die Verteilung des Landes wird durch Mehrheitsbeschluß entschieden. Nach den Beschlüssen der Massenversammlung wird eine Liste aller Landempfänger und des ihnen zuzuteilenden Landes öffentlich ausgehängt, um Meinungen und Vorschläge einzuholen. Werden keine Änderungen vorgeschlagen, wird das Land den ursprünglichen Beschlüssen entsprechend aufgeteilt.«[68]

Klasseneinstufungen und Klassenkampf im Sinne des Bodengesetzes scheinen eher nachlässig betrieben worden zu sein. Die militärische Unsicherheit nicht nur in den Randzonen der Rätegebiete – verstärkt durch die hochmobile Kampfführung der Roten Armee –, das feingesponnene und recht solide Netz von Familienbeziehungen und traditioneller Patronage, opportunistisches und usurpatorisches Verhalten der an Bildung und organisatorischem Geschick den Aktivisten aus der Landarmut überlegenen Mittel- und Großbauern ebenso wie die unrealistische Radikalität des Gesetzes ließen seine Verwirklichung stagnieren. Schon im Winter 1932/33, mit vollem Einsatz ab Juni 1933, setzten Partei- und Räteführung eine »Bewegung zur Überprüfung des Landes« *(chatian yundong)* in Gang, die den sozialen Konflikt auf dem Lande verschärfte.[69]

Vorrangiges Ziel dieser Bewegung waren die Suche nach bislang ungeschoren gebliebenen Grundherren und Großbauern und die Beschlagnahme ihrer Vermögen und ihres Landes. Von beidem sollten Räteregierung und Bauern profitieren. Zum zweiten sollten Räte und Massenorganisationen von reaktionären Elementen »gereinigt« werden. Der Behinderungstaktik der reichen Bauern und Grundherren in diesen Gremien war ein Ende zu machen. Diese Verbindung ökonomischer und politischer Maßnahmen sollte den Enthusiasmus der Massen für den weiteren sozialistischen Aufbau der Rätegebiete wecken.[70]

Die Bewegung zur Überprüfung des Landes ähnelte dem

»Großen Sprung nach vorn« mit seiner Mobilisierung von Massen und Material zum Investbau, zur Produktionsarbeit und zum Aufbau von Kultur und Erziehung.[71] Wir wissen aus den systematischen Untersuchungen Maos von der elenden Lage der Landbevölkerung jener Kreise im Rätegebiet von Jiangxi. Die ländlichen Massen hatten erfahren, was Klassenkampf war und wozu sie ihn führten. In einer Bewegung wie der von 1933 konnten sie von ihren traditionellen Fesseln befreit werden. Doch wo waren die qualifizierten Kader, die den ländlichen Massen die Richtung wiesen und sie leiteten?

In einem Aufsatz vom August 1933 hob Mao den Bezirk Rentian nahe der Rätehauptstadt Ruijin als Muster für die Überprüfungsbewegung hervor. Die Zentralregierung habe eine besondere Arbeitsgruppe dorthin entsandt, die mit örtlichen Kadern den Kern der Bewegung bildete. Dieser Kern konzentrierte sich zunächst auf acht verhältnismäßig rückständige *Xiang*, mobilisierte die Massenorganisationen und hielt auf Nachbarschafts- und Dorfebene Massenversammlungen ab. Eine Vielzahl von Menschen sammelte Material über verdächtige Personen der einen oder anderen reaktionären Klasse. Das Landüberprüfungskomitee und die Vereinigung der armen Bauern auf *Xiang*-Ebene trafen ihre Entscheidungen aufgrund der zusammengetragenen Informationen, die vom Rat des Bezirkes bestätigt und von den Massen des betroffenen Dorfes gebilligt werden mußten. Erst dann folgten Beschlagnahmung und Verteilung.

Half geduldige Propagandaarbeit nicht, griffen die Genossen auch zum Terror: »In Bokengxiang konnten sie in einem Dorf keinen Durchbruch erzielen. Zwei berüchtigte ›große Tiger‹ übten dort ihre Tyrannei. Da griffen sie zu anderen Mitteln. Sie fingen sich die beiden Schurken und beriefen an Ort und Stelle einen wandernden Gerichtshof ein, der die beiden verurteilte. Die Massen stimmten begeistert zu, und die beiden wurden erschossen. Von Stund an entbrannte der Kampf der örtlichen Massen gleich einem wütenden Feuer.«[72]

Insgesamt ließ sich jedoch nur wenig Musterhaftes berichten. Clanloyalität und Lokalpatriotismus hemmten die Bewegung. Anderenorts schossen Kader übers Ziel hinaus, verteilten alles Land oder griffen die Mittelbauern an. Große Unsicherheit herrschte noch immer hinsichtlich der Kriterien der

Klassenzugehörigkeit. Mao Tse-tung als Vorsitzender der Räteregierung suchte im Oktober 1933 die Bewegung stärker in den Griff zu bekommen. Am 10. Oktober 1933 verabschiedete der Rat der Volkskommissare die von Mao bereits im Juni 1933 auf der Konferenz von acht Landkreisen vorgelegte Klasseneinstufung[73] gemeinsam mit einer Reihe gleichfalls von Mao entworfener *Beschlüsse zu einigen Fragen des Kampfes auf dem Lande.*[74] Die neuen Richtlinien schwächten die radikalen Erscheinungen der Überprüfungsbewegung ab; doch der mäßigende Einfluß Maos wurde im Frühjahr 1934 durch die tonangebenden »Achtundzwanzig« zunichte gemacht, an ihrer Spitze stand der neue Vorsitzende des Rates der Volkskommissare, Zhang Wentian (ca. 1900-?).

Das Hin und Her um die Bodenverteilung spiegelte die Auseinandersetzungen zwischen der Shanghaier »Avantgarde« und den ländlichen Partisanen- und Bauernführern. Für die letzteren waren die aufständischen Bauern keineswegs lediglich zum Radikalismus neigende Kleinbürger. Waren die Bauern mit einer analytisch und organisatorisch geschulten Führung verbunden, konnten sie die gesellschaftliche Umwälzung durchführen. Doch auch Maos Ansichten waren radikalen Schwankungen unterworfen, wie seine Rolle in der Bewegung zur Landüberprüfung zeigt. Er wollte sich offenbar mit der Mehrheit in der Zentrale nicht völlig überwerfen, versuchte aber andererseits auch, die bäuerlichen Massen in Bewegung zu bringen. So folgte die ländliche Klassenpolitik in der Jiangxi-Zeit einem Zickzack-Kurs, neigte aber letztlich eher einer radikalen Praxis zu.

Das Rätesystem der Jinggangberge und der Jiangxi-Republik eröffnete auch auf institutioneller Ebene der Bewegung der Bauern neue, demokratische Möglichkeiten.[75] Der administrative Apparat bis hinunter auf *Xiang*-Ebene, den die Kommunisten aufgebaut hatten und arbeitsfähig hielten, wurde unablässig aufgefordert, engsten Kontakt zur Bevölkerung zu halten. Dies mochte weitestgehende Demokratie bedeuten, konnte aber ebenso zur vollständigen Kontrolle von oben führen. Mao selbst belegte die zentralistische Komponente und leitete sie von den Notwendigkeiten des revolutionären Kampfes ab: »Man vertraue auf die feste Führung im Dorf durch die Vertreter des Volkes im Rat des *Xiang*, durch die

Dorfkomitees und die Massenorganisationen, organisiere das Volk des gesamten Dorfes wie in einem Netz unter dem Rat des Dorfes, damit es alle möglichen Aufgaben des Rates ausführen kann.«[76] Andererseits betonte Mao den demokratischen Aspekt des Rätesystems: »Die Ansichten des Volkes müssen sich rasch im Rat widerspiegeln und rasch beraten und beschlossen werden.«[77] Die Vertreter im *Xiang*-Rat sollten die »Meinungen der Massen sich rasch aneignen«[78] und »die Massen in die Lage versetzen, uneingeschränkt den Räten gegenüber ihre Meinungen zu vertreten«.[79]

Ähnlich ambivalent waren die Ansätze zur genossenschaftlichen Arbeit in der Jiangxi-Republik. Mit Sicherheit führte die Einsicht in die Notwendigkeit eines Zusammenschlusses ihrer einzeln unzulänglichen Kräfte viele arme und auch mittlere Bauern freiwillig in die vielen Gruppen für gegenseitige Hilfe, wie auch die Modellsatzungen von 1933 Freiwilligkeit und Überzeugung betonten.[80] Doch Mao sah Anlaß genug, sich im August 1933 zugleich mit harten Worten gegen die Bürokratie und eine überhandnehmende Verschärfung administrativer Maßnahmen zu wenden.[81] Einiges spricht dafür, daß die demokratischen Möglichkeiten des Rätesystems und der Genossenschaften angeboten und in der Tat auch genutzt wurden. Die Zuspitzung der militärischen Lage ebenso wie die linke Radikalisierung der Bodenpolitik wirkten allerdings in die entgegengesetzte Richtung.

In den Städten war 1932/33 die Kommunistische Partei weitgehend unterdrückt, waren die von ihr geführten Gewerkschaften zerschlagen. Im Januar 1933 übersiedelte die Zentrale der Partei von Shanghai nach Ruijin. Im Oktober 1933 begann die Nanjing-Regierung ihren fünften Einkreisungs- und Vernichtungsfeldzug. Solange die Rote Armee den von Mao und Zhu De entwickelten Taktiken des Partisanenkriegs gefolgt war, hatten die Guomindang-Armeen vernichtende Niederlagen erlitten. 1933 und 1934 ließen sich die kommunistischen Streitkräfte jedoch auf die Taktik des Gegners ein und gingen zum Stellungskrieg über. Die militärische Lage wurde nun derart bedrohlich, daß im Oktober 1934 auch die Hauptstreitkräfte ihr Rätegebiet von Jiangxi aufgeben mußten. Den Durchbruch aus der Umklammerung der Guomindang-Armeen verbanden die Kommunisten mit einem kühnen politischen Programm. Sie proklamierten den Marsch der Chinesischen Roten Armee der Arbeiter und Bauern nach Norden, um von dort das chinesische Volk anzuführen im Widerstand gegen die Aggression Japans, das nach der Besetzung der Mandschurei nun den Norden Chinas bedrohte.[82]

Der Lange Marsch wurde trotz aller Leiden und Verluste zum Beweis der moralischen, politischen, sozialen und militärtaktischen Überlegenheit der Kommunisten.[83] Zugleich gewährte er den Kommunisten die notwendige Atempause, um vor dem Neuaufbau im Nordwesten, in der Provinz Shaanxi, die programmatischen, organisatorischen und personellen Konsequenzen aus den Erfahrungen der Jahre nach 1927 ziehen zu können. In der Jiangxi-Republik hatte die Führung der Zentralen Räteregierung unter Mao Tse-tung in Zusammenarbeit mit einigen der zurückgekehrten »Achtundzwanzig« wie Zhang Wentian und Wang Jiaxiang (1907-1974) es vermocht, Strategien der Massenmobilisierung und organisatorische Techniken zu entwickeln, die Agrarrevolution, Bauernbewegung und Rätesystem verbanden. Die administrativen Strukturen und Praktiken der Lokalverwaltung der Jiangxi-Zeit wurden zur Grundlage des politischen Systems der chinesischen Kommunisten, in dessen Mittelpunkt sie die in der Yan'an-Zeit formulierte »Massenlinie« stellten.

Der Yan'an-Weg

Die Invasion Nordchinas durch die japanischen Truppen nach dem 8. Juli 1937 leitete zugleich eine schnelle Ausweitung der revolutionären bäuerlichen Bewegung unter der Führung der chinesischen Kommunisten ein. Ausgehend von ihrem kargen, isolierten und dünn besiedelten Stützpunkt im Nordwesten entlang den Grenzen der Provinzen Shaanxi, Gansu und Ningxia dehnte sich die revolutionäre Bewegung über weite Teile Nord- und Zentralchinas aus. Die Mitgliedschaft in der Kommunistischen Partei wuchs von einigen Zehntausend nach dem Langen Marsch auf über 1,2 Millionen zur Zeit des Siebten Parteitags im April 1945.[84] Am Ende des Langen Marsches war die gesamte Rote Armee auf allenfalls 50 000 Kämpfer geschrumpft. Zur Zeit des Siebten Parteitags zählte sie nahezu eine Million Mann.[85]

Was führte zu diesem außerordentlichen Wachstum in den Kriegsjahren? War es das Geschick, mit dem die chinesischen Kommunisten den »bäuerlichen Nationalismus« auf ihre Mühlen lenkten, die Führung im organisierten Widerstand gegen die japanische Aggression übernahmen und die kriegsbedingte Anarchie in den ländlichen Gebieten auf ein erträgliches Maß zurückführten?[86] Oder waren nicht vielmehr die zweite, die antijapanische, Einheitsfront mit der Guomindang und der Widerstandskrieg in den Guerillazonen trotz aller notwendigen politisch-taktischen Kompromisse bloß Vehikel, um überall, wo kommunistische Truppen und Kader erschienen, den elend lebenden Massen Chinas zu zeigen, wie sie ihre Kräfte mobilisieren konnten zur sozialen Umwälzung, ihnen vor Augen zu führen, daß die Kommunisten als führende Kraft dieser Umwälzung bereitstanden, als Vorhut, deren politische Programmatik, gesellschaftliche Praxis und deren Führungsstil sie mit den Massen verbanden?[87]

Schon vor dem Anrücken der ersten Einheiten der Roten Armee hatte die wachsende Stärke der roten Partisanen unter Liu Zhidan die Ängste der Bauern überwinden können. Enteignetes Land war in größerem Umfang umverteilt worden und hatte die Grundlagen einer für beide Seiten, Partisanen wie Bauern, vorteilhaften Zusammenarbeit geschaffen: letztere erhielten Land und damit Nahrung, erstere Informationen, logistische und taktische Hilfe und nicht zuletzt Rekruten.[88] Wie in den Rätegebieten des Südens hatte die Agrarrevolution die gesellschaftlichen Extreme beseitigt, doch blieben mit der Aufrechterhaltung, ja Stärkung der bäuerlichen Einzelwirtschaft andere Ursachen der Rückständigkeit unangetastet. Zur Rationalisierung und Produktivitätssteigerung und zur Verhinderung einer Restauration elitärer Herrschaft hätte es neuer Produktionsformen bedurft.

Die Landverteilung und die militärischen Erfolge der Roten Armee mobilisierten die Bauern zur politischen Mitarbeit in der Partei, in den Massenorganisationen und in der Selbstverwaltung sowie zum Militärdienst. Die neuen Möglichkeiten der Erziehung und gesellschaftlichen Praxis weiteten vor allem den Horizont der Jugend, die ihre Chance bei den Revolutionären sah. Ende 1936 hatten die kommunistischen Partisanen in Shaanxi die Bodenrevolution etwa in einem Dutzend Bezirken konsolidiert und sie in zehn weiteren eingeleitet. Eine neue politische Ordnung bildete sich heraus. In den sichersten und politisch fortgeschrittenen Gebieten begannen Partei, Regierung und Massenorganisationen, die verfallenden politischen Institutionen der Militär- und Grundherren abzulösen.[89]

Eine ähnlich breite Unterstützung fanden die Kommunisten in der benachbarten »Musterprovinz« Shanxi des »aufgeklärten« Militärmachthabers Yan Xishan (1883-1960), die sie seit 1935 infiltrierten. Als im Februar 1936 die Rote Armee auf breiter Front in Shanxi eindrang, besetzten die zahlenmäßig unterlegenen und schlecht bewaffneten kommunistischen Truppen in weniger als einem Monat nahezu ein Drittel der Provinz. Yan Xishans Heer war der Mobilität der Roten nicht gewachsen. Diese wiederum hätten ohne Zuflucht und Information bei den Bauern kaum so beweglich operieren können. Die Gegenmaßnahmen Yan Xishans verstärkten die prokommunistischen Sympathien der Bauern: massenhafte Hinrichtungen von Bauern aufgrund bloßen Verdachts auf Unterstützung von Kommunisten und Verhaftung aller Reisenden, die keine besondere Erlaubnis zum Verlassen ihrer Heimatdörfer vorweisen konnten.[90] Im Winter 1936, lange vor dem Angriff der Japaner, verfügten die Kommunisten auch in der Provinz Shanxi über eine Massengefolgschaft, die es ihnen erlaubte, wie die »Fische im Wasser« zu leben.

Die Initiativen der Kommunistischen Partei zur Bildung der antijapanischen Einheitsfront[91], zum Bündnis mit allen patriotischen Kräften und sogar mit Tschiang Kai-schek[92], stießen bei den Bauern der roten Gebiete auf wenig Begeisterung. In der *Resolution von Wayaobao* vom 25. Dezember 1935 waren die reichen Bauern bei der Umverteilung von Boden bereits den armen und mittleren Bauern gleichgestellt worden. In einer Weisung vom 4. April 1936 riefen Zentralkomitee und Zentrale Räteregierung unwillige Kader zur Raison und zur Berichtigung ihrer »Irrtümer« bei der Behandlung der reichen Bauern.[93]

Jan Myrdals Protokoll durchzieht der skeptische Unterton, in dem Bai Yude, seinerzeit Vorsitzender eines Kreisrates, sich an diese politische Kehrtwende erinnert:

»Der Vorsitzende Mao kam zu uns und sprach von der Notwendigkeit des Kampfes gegen Japan. Von der Notwendigkeit einer Einheitsfront. Das Zentralkomitee stoppte nun unsere Aktionen gegen die Großgrundbesitzer und die kleineren Grundbesitzer. Sie hielten uns vor, daß wir vom korrekten revolutionären Kurs abgewichen seien. Nun fand eine nochmalige Untersuchung der tatsächlichen Klassenverhältnisse aller Familien statt. Wir waren allzu streng vorgegangen. Nun sollte eine Einheitsfront zusammen mit Grundbesitzern errichtet werden.«[94]

Am 22. Juli 1936 verbot das Zentralkomitee die Beschlagnahme jeden Landes, das antijapanischen Soldaten und antijapanischen Unternehmern gehörte[95] – ein wertvoller Hinweis für Grundherren, wie sie ungeschoren bleiben könnten. Die Bodenrevolution kam nahezu zum Stillstand. Weit, sehr weit öffnete die Partei ihre Arme allen antijapanischen Patrioten. Wie sehr die Kommunisten über den Schatten ihrer Vergangenheit springen mußten und wie bitter ernst sie ihre Einheitsfrontagitation meinten, zeigte der Jubel, mit dem am 12. Dezember 1936 die Nachricht von der Festnahme Tschiang Kai-scheks von den roten Kämpfern in Yan'an begrüßt wurde: stündlich erwarteten sie das Flugzeug, das den gefangenen Generalissimus zum Volkstribunal bringen würde; in Tag- und Nachtschichten legten sie einen Behelfslandeplatz an – doch es kam lediglich eine Maschine des Putschistenführers Zhang Xueliang (1898), die Tschou En-lai zur Aushandlung des Kompromisses über die Einheitsfront nach Xi'an holen sollte.[96]

Die Kommunistische Partei hatte begriffen, daß sie nur einen kleinen Teil der Nation repräsentierte und daß es außerhalb der Partei und der sie unterstützenden Schichten der armen und mittleren Bauern breite Kreise von politisch aktiven Menschen gab, die der Guomindang kritisch gegenüberstanden. So ordnete sie den Klassenkampf vorerst den Interessen des Widerstandskrieges unter. Als Ergebnis der Lehren aus der Bodenrevolution in der Jiangxi-Zeit suchten die Kommunisten nunmehr landesweit die fortschrittlichen Kräfte zu entfalten, die Kräfte der Mitte zu gewinnen und die Vertreter eines Kapitulationismus zu isolieren.[97] Viele antijapanisch gesonnene und sozialkritisch eingestellte Chinesen gingen seit 1938 nach Yan'an und in die übrigen antijapanischen Stützpunktgebiete der Kommunisten, deren Blockade durch die nationalistischen Truppen für einige Zeit aufgehoben wurde. Durch eigenen Augenschein wollten sie sich von der Aufrichtigkeit der Kommunisten und von ihren gesellschaftlichen Reformen überzeugen. Viele blieben – und füllten die disproportional anwachsenden intellektuellen und bürokratischen Apparate in Yan'an, in denen neben all den Zuwanderern ja auch noch die zentrale und örtliche Räteregierung (umgetauft in Regierung der Grenzgebiete), das Zentralkomitee und seine Gremien, die Militärführung, zentrale Ausbildungsstätten, Hospitäler und vieles andere mehr Platz finden wollten. In den drittelparitätisch besetzten Selbstverwaltungsgremien der Stützpunktgebiete[98] nahm die Kommunistische Partei, wo immer sich genügend Repräsentanten fortschrittlicher Nichtkommunisten oder der politischen Mitte anboten, mit der Minderheit vorlieb[99] – eine zusätzliche Chance für die in der Bodenrevolution entmachteten Lokaleliten, ihren Einfluß wiederzugewinnen.

So trafen sich in Yan'an die durch die Einheitsfront freigesetzten restaurativen Tendenzen mit dem erdrückenden Übergewicht der Bürokratie und Intellektuellen, das verstärkt wurde durch die weiterhin verantwortlich tätigen Anhänger und Mitglieder der »achtundzwanzig Bolschewiki«. Die revolutionäre bäuerliche Bewegung geriet ins Hintertreffen. Yan'an war zwar Fanal des nationalen Widerstandes und der gesellschaftlichen Erneuerung. Doch die Aktionszentren und die gesellschaftliche Praxis verlagerten sich in andere Stützpunktgebiete, vor allem in das Jin-Cha-Ji-Grenzgebiet der Provinzen Shanxi, Chahar und Hebei und das Jin-Ji-Lu-Yu-Grenzgebiet der Provinzen Shanxi, Hebei, Shandong und Henan. Von dort kamen die Anstöße zur Belebung der Massenlinie und zu neuen Formen der sozialen Revolution *innerhalb* der Einheitsfront: Aufbau demokratischer Institutionen, Steuerreform, Pacht- und Zinssenkung, Aufbau des Erziehungswesens und Einleitung genossenschaftlicher Zusammenarbeit.[100] Der Führung in Yan'an blieb die Aufgabe, diese Erfahrungen auszuwerten.

Im August 1937 forderte Mao Tse-tung als Leitlinien der Wirtschaftspolitik auf dem Lande die Abschaffung der drükkenden Abgaben und vielfältigen Steuern, Senkung der Pacht- und Darlehnszinsen, Unterstützung der Arbeitslosen, Regelung der Getreideversorgung und Hilfe für die durch Naturkatastrophen Geschädigten.[101] Drei Jahre darauf erläuterte er parteiintern:

»Man muß den Parteimitgliedern und den Bauern klarmachen, daß jetzt nicht die Zeit für die Durchführung einer konsequenten Agrarrevolution ist und daß die ganze Reihe von Maßnahmen, die während der Agrarrevolution getroffen wurden, gegenwärtig nicht angewendet werden können. In der gegenwärtigen Politik muß einerseits festgesetzt werden, daß die Grundherren die Pacht- und Darlehnszinsen herabsetzen müssen, damit man die Aktivität der Hauptmasse der Bauern zum Widerstand gegen Japan entfalten kann, ohne daß diese Senkung ein allzu großes Ausmaß erreicht. Was die Pachtzinsen für den Boden betrifft, soll im allgemeinen der Grundsatz einer 25prozentigen Herabsetzung verwirklicht werden; wenn die Massen eine größere Senkung fordern, so kann man bei der Teilung der Ernte das Verhältnis 4:6 oder 3:7 zugunsten des Pächters einführen, darf aber über diese Norm nicht hinausgehen. Hinsichtlich der Darlehnszinsen darf die Senkung nur so weit gehen, wie es die ökonomischen Kreditbeziehungen der Gesellschaft vertragen [...] Die Bereinigung alter Rechnungen darf nicht dazu führen, daß verpfändete Grundstücke der Bauern kostenlos zurückgenommen werden.«[102]

Diese Weisungen und die ihnen folgenden Dekrete der Grenzgebiete (der früheren Rätegebiete) knüpften teilweise ausdrücklich an die Bodengesetzgebung der Guomindang von 1930 an, die allerdings Papier geblieben war.[103] Kennzeichen dieser reformerischen Bodendekrete wurden dem Gesetz von 1930 entsprechend die allgemeine 25prozentige Pachtsenkung und die Festlegung einer maximalen Pacht von 37,5 Prozent des Ertrages. Auch diese Maßstäbe wurden nicht blind durchgesetzt, sondern konnten nach örtlichen Bedingungen abgewandelt werden. In einer Hinsicht war das Bodengesetz von 1930 sogar weiter gegangen: dort konnte ein Pächter nach zehnjähriger Pacht das von ihm bestellte Land kaufen, wenn dessen Eigentümer nicht am Ort wohnte. Beide, die Shaan-Gan-Ning-Grenzregierung und die Jin-Cha-Ji-Grenzregierung, fügten dem Bodenrecht zwei neue Bestimmungen hinzu: eine kombinierte Vermögens- und Einkommenssteuer, die bis zu 35 Prozent erreichen konnte, und die Einsetzung von Schiedsgerichten für Streitigkeiten zwischen Grundherren und Pächtern.[104] Diese Schiedsgerichte wirkten oftmals als Gegengewicht zu einer Politik, die in den Augen armer Bauern die Grundherren allzu sehr schonte.

Alle Bestimmungen trugen eher den Charakter von allgemeinen Richtlinien. Erst ihre Anwendung gemäß den örtlichen Bedingungen und die notwendige Zustimmung der Massen gaben den Ausschlag:

»Die Bewegung zur Pachtherabsetzung ist ein Massenkampf der Bauernschaft, der durch die Weisungen der Partei und die Verordnungen der Machtorgane gelenkt und gefördert wird; die Pachtherabsetzung ist kein Gnadengeschenk an die Massen. Jede Senkung des Pachtzinses, die als Almosen gewährt wird, ohne daß die Aktivität der Massen entfaltet worden wäre, ist falsch, und ihre Ergebnisse werden nicht von Dauer sein.«[105]

Diese Politik der Pacht- und Zinssenkung wurde auch nach der Kapitulation Japans bis zum Bruch der Einheitsfront im Jahre 1946 aufrechterhalten.

Während des gesamten Widerstandskrieges standen die Grenzgebiete vor enormen wirtschaftlichen Schwierigkeiten, verursacht durch die Verwüstungen und Kosten des Krieges und den Abzug von Arbeitskräften in die Armee, verschlimmert aber noch durch die nach 1940 wieder wirksame Blockade durch die Guomindang. Eines der Mittel zur Überwindung dieser Schwierigkeiten war seit 1943 die Errichtung verschiedener Formen genossenschaftlicher Arbeit.[106] Vor 1943 hatten bescheidene Anfänge genossenschaftlicher Zusammenarbeit an traditionelle Formen gegenseitiger Hilfe angeknüpft. Auch waren schon vor 1937 in Nord-Shaanxi ebenso wie in den übrigen Rätegebieten erste Genossenschaften gegründet worden. Doch der Aufruf Maos vom November 1943 leitete einen Neubeginn und Aufschwung ein:

»Die wichtigste Form der Organisierung der Massen auf dem Gebiet der Wirtschaft sind gegenwärtig die Genossenschaften [. . .]. Seit Jahrtausenden führen die Bauernmassen eine individuelle Wirtschaft; jede Familie, jeder Hof stellt eine Produktionseinheit dar. Diese zersplitterte individuelle Produktion ist die ökonomische Grundlage des Feudalregimes, sie verurteilt die Bauern zu ewiger Armut. Es gibt nur ein einziges Mittel, diesen Zustand zu beseitigen, nämlich den allmählichen genossenschaftlichen Zusammenschluß [. . .]. Im Grenzgebiet haben wir bereits viele bäuerliche Genossenschaften organisiert, doch ist dieser Genossenschaftstypus vorläufig erst eine Anfangsform [. . .]. Gleichgültig wie sie sich nennen, ob sie jeweils nur aus einigen wenigen oder aus Dutzenden oder Hunderten Personen bestehen, ob ihnen ausschließlich voll einsatzfähige oder auch teilweise arbeitsfähige Mitglieder angehören, ob die Genossenschaftler einander mit ihrer Arbeitskraft, ihrem Arbeitsvieh und ihren Geräten helfen oder gar in der Hochsaison gemeinsam verpflegt und gemeinsam untergebracht werden, ob schließlich die betreffenden Organisationen zeitweiligen oder ständigen Charakter tragen – kurz, wie dem immer auch sei, wenn es sich nur um Organisationen der kollektiven gegenseitigen Hilfe handelt, denen sich die Massen freiwillig anschließen [. . .], sind sie alle gut. Diese Methode der kollektiven gegenseitigen Hilfe ist eine Erfindung der Massen selbst.«[107]

Der Aufbau der Genossenschaften lehrte, daß Organisation nicht einfach von oben verordnet werden konnte. Sie mußte in die bestehenden Strukturen eingearbeitet und allmählich zu neuer Qualität weiterentwickelt werden. Das natürliche Dorf mußte zunächst Rahmen der Genossenschaften sein. Nach und nach mochten sie ausgedehnt werden. Die größte Schwierigkeit für die Parteikader, das natürliche Dorf zu genossenschaftlicher Zusammenarbeit zu bewegen, waren wiederum die verwandtschaftlichen Beziehungen, in deren Rahmen bislang schon gegenseitige Hilfe gewährt worden war. Es bedurfte erheblichen Einfühlungsvermögens und organisatorischen Talents, dieses partikularistisch orientierte Clannetz und seine »Moralität« zu erweitern. Die Personalunion von Bauer und Partisan, die Verbindung von Produktionsarbeit und militärischer Verteidigung im Dorfrahmen, tat ihr Teil dazu, die traditionellen Beziehungen aufzubrechen.

Die deutsche Augenzeugin Anna Wang berichtete über diese Verbindung von Bauer und Partisan:

»Als ich ›hinter die feindlichen Linien‹ ging, gab es dort bereits drei Arten von militärischen Verbänden: die reguläre, also die Achte Armee, die Partisanenverbände und die Selbstschutzabteilungen. Die Partisanenverbände bestanden vorwiegend aus jungen Bauern, die weiter auf ihrem Land arbeiteten, jedoch an größeren Aktionen gegen die Japaner teilnahmen. Ihre Bewaffnung waren Gewehre, Handgranaten, Speere, Hammer und Steine, kurz alles, was sich nur als Waffe eignete. Die Gewehre hatten sie bei Überfällen auf feindliche Lastwagen oder kleinere Gruppen von Japanern selbst erobert. Ihre militärische Ausbildung wurde hauptsächlich in der Praxis erworben. Sie wurden von Einheiten der regulären Truppen in den Kampfpausen ausgebildet, und schon nach kurzer Zeit nahmen sie an Kampfhandlungen teil. Während ihres Dienstes wurden die Partisanen von ihren Dörfern mit Lebensmitteln versorgt, und wenn sie während der Saat- oder Erntezeit kämpfen mußten, kümmerte sich die örtliche Selbstverwaltung um die Bestellung des Landes. Fiel ein Partisan oder wurde er arbeitsunfähig, so wurde für seine Familie gesorgt. Die Selbstschutzverbände hatten neben ihrer militärischen Aufgabe, die, wie schon der Name sagt, sich auf den Schutz ihrer eigenen Dörfer beschränkte, noch eine Reihe wichtiger Funktionen. Sie halfen beim Transport von Lebensmitteln und Verwundeten, und zwar freiwillig; das verhaßte Wort ›*lafu*‹, das zwangsweise Rekrutieren, hörte ich ›hinter den Linien‹ nirgends. Die größte Hilfe für die Achte Armee leisteten die Selbstschutzverbände jedoch durch ihre Ortskenntnis und den ausgezeichneten Nachrichten- und Informationsdienst. Über alle Truppenbewegungen der Japaner wurde die Achte Armee jeweils sofort informiert, so daß sie rechtzeitig Gegenmaßnahmen ergreifen konnte. Anstatt überrascht zu werden, überraschte sie ihrerseits die Japaner, jagte sie in Täler und Bergschluchten und konnte so beträchtliche Mengen von Kriegsmaterial erbeuten.«[108]

Die Parteiorganisation, die die politische und militärische Autorität mit dem Dorf verband und zugleich über die Parteimitglieder im Dorf, die zudem Milizionäre und Bauern waren, die Kommunikation von unten nach oben aufbaute, trug entscheidend dazu bei, das natürliche Dorf, diese jahrtausendealte, in sich geschlossene Grundeinheit der chinesischen Gesellschaft, organisatorisch zu erschließen und wirtschaftlich und gesellschaftlich zu mobilisieren. Diese Entwicklung war möglicherweise der nachhaltigste und historische Erfolg der Bauernbewegung in Yan'an.[109]

Voraussetzung dieses Erfolges war die Berichtigung der elitären, bürokratischen, den Massen entfremdeten Verhaltensweisen der administrativen und kulturellen Kader in Yan'an und anderswo in den Stützpunkten, die in Partei und Regierung dominierten. Berichtigung, *Zhengfeng* (von *zhengdun zuofeng* = Berichtigung des Arbeitsstils), hieß Entfremdung und Mängel in der Arbeit durch eine engere Verbindung mit den Massen, vor allem durch die Teilnahme an ihrer Arbeit, zu überwinden. Dieses »Hinunter aufs Land« *(xiaxiang)* mochte den älteren der Intellektuellen eine Bestrafung dünken, ein Handeln wider alle Vernunft des in Rationalität und Rentabilität Geübten. Für die intellektuelle Jugend aber, die an den Berichtigungslehrgängen in den Jahren 1942 bis 1944 teilnahm, bedeutete das Hinunter aufs Land eine Erfahrung, die ihre patriotische Gesinnung und Dienstbereitschaft auf die Probe stellte. Diese Berichtigung war idealistisch und materialistisch zugleich: Chinas Probleme waren nicht zuletzt im Produktionsbereich zu lösen, durch den Angriff auf Armut, Unterdrückung und wirtschaftlichen Stillstand. Die Berichtigung mobilisierte den einzelnen zu bewußter Aktion und integrierte ihn zugleich in die gesellschaftliche Disziplin. Erneut entwickelte sich die in den Rätegebieten von Jiangxi und auf dem Langen Marsch erlernte Solidarität von Führenden und Geführten, von Funktionären und Massen, ein möglicher Weg zur Überwindung der Trennung von Hand und Kopf.[110] In der Berichtigungsbewegung von 1942 bis 1944 setzte sich zugleich die Militär- und Parteiführung um Mao Tse-tung endgültig gegen die Gruppe der Shanghaier Bolschewiki im alten Zentralkomitee durch. Der Sieg Mao Tsetungs auf der entscheidenden Konferenz höherer Parteikader in Yan'an vom 19. Oktober 1942 bis 14. Januar 1943[111] bereitete den Weg für das Projekt der gesellschaftlichen Umwälzung innerhalb der formal weiterbestehenden Einheitsfront und legte den Grund für den sozialen Umschwung der Jahre nach 1946.

Der Yan'an-Weg der chinesischen Kommunisten[112] verwarf unzweideutig die Herrschaft einer technischen oder administrativen Elite, die mittels einer zentralisierten Bürokratie regiert. Er betonte die Mitarbeit des Volkes, die Dezentralisierung in der örtlichen Selbstverwaltung. Revolution von oben konnte die Bauern nicht in eine moderne Welt führen. Die Bauern selbst mußten die Beschränkungen ihrer Klasse, ihrer Erfahrungen und ihres Denkens überwinden, so wie sie Intellektuellen und Bürgerlichen deren Schranken überwinden halfen. Mit dem Yan'an-Weg nahm die Kommunistische Partei nicht den industrialisierten Westen zum Vorbild, sondern mobilisierte die Initiative der Bauern, deren Möglichkeiten die Kommunisten während des Kampfes gegen die Truppen der Guomindang und der Japaner erkannt hatten – ebenso wie die Beschränkungen einer von oben regierenden Elite. Außenseiter mochten die gesellschaftliche Umwälzung in Gang bringen und ermutigen. Gelingen konnte sie erst mit Hilfe einer in den Volksmassen verwurzelten Führung.

IV. Das Fanshen – Umkehrung der Sozialordnung

Die während des Krieges gegen Japan veränderten Kräfteverhältnisse auf dem Lande traten bald nach der Kapitulation des Gegners zutage, obschon die Einheitsfront formal erst im Sommer 1946 aufgekündigt wurde. Die Bauern der kommunistisch geführten Gebiete bemächtigten sich des Bodens projapanischer Verräter und Kollaborateure und zwangen – sie nannten es Begleichen von Rechnungen – Grundherren und reiche Bauern, diejenigen Bauern zu entschädigen, denen sie zu hohe Pacht- und Darlehnszinsen abverlangt hatten, und darüber hinaus die Steuern nachzuzahlen, die während des Krieges armen und mittleren Bauern unzulässig auferlegt worden waren.[113]

Das Begleichen der Rechnungen lief oftmals auf die gesamte oder teilweise Beschlagnahme der Ländereien der Grundherren und einiger reicher Bauern hinaus. Die neu belebten Vereinigungen armer Bauern riefen Versammlungen aller Bauern ihrer Dörfer zusammen, auf denen jedermann Beschwerden und Anklagen vortragen konnte, die sich zu langen Listen summierten. Anschließend beschlagnahmte man Land und Güter, um die Opfer zu entschädigen. Dieses »Verteilen der Früchte« verlief spontan und nach von Ort zu Ort wechselnden Kriterien. Der amerikanische Agrartechniker William Hinton, der wenig später im Dorf Zhangzhuang im Kreis Lucheng der Provinz Shanxi gemeinsam mit einer Untersuchungsgruppe der Kommunistischen Partei eine Bestandsaufnahme des Begleichens der Rechnungen und des Früchteverteilens durchführte, berichtete:

»In Zhangzhuang wurde das beschlagnahmte Eigentum bei der ersten Verteilung nicht nach Gesichtspunkten der Bedürftigkeit verteilt, sondern den auf den Versammlungen vorgebrachten Beschwerden gegen die Grundherren entsprechend. Dies geschah unter der Parole *shui dou shui fen* – wer kämpft, bekommt seinen Teil. Damals war das ganz richtig und beruhte auf einem recht undifferenzierten Gerechtigkeitsgefühl. Jene, die beraubt und betrogen worden waren, sollten ihr Eigentum zurückerhalten, jene, die am stärksten ausgebeutet worden waren, sollten zusätzliche Entschädigung erhalten. Da viele aus Angst vor Vergeltung die Dorftyrannen nicht anzugreifen wagten, sollten jene, die solche Angriffe nicht scheuten, belohnt werden [...]. Als sie [die Dorfbewohner] sahen, daß die aktive Teilnahme am Kampf Land, Häuser, Kleider und Getreide einbrachte, schlossen sich jeder Kampagne immer mehr Leute an.«[114]

Für die Verteilung der knapp bemessenen »Früchte« wurden komplizierte Systeme ausgearbeitet, aber die zu bewältigende Aufgabe war nicht minder kompliziert.

»Da die Bewegung ein doppeltes Ziel verfolgte, mußte die Belohnung auch auf einem Doppelprinzip beruhen: Entschädigung für vergangenes Unrecht und vergangenen Schaden und *fanshen,* d. h. Veränderung der ökonomischen Verhältnisse einer jeden Familie im Dorf. Das System konnte überhaupt nur deshalb funktionieren, weil ein deutlicher Zusammenhang bestand zwischen den Forderungen und der Armut der Familien, die sie vorbrachten. Jene, die am meisten gelitten hatten, hatten auch die meisten Beschwerden vorzubringen und hatten es am nötigsten, mit den anderen Dorfbewohnern gleichgestellt zu werden.«[115]

In der Tat war im Dorf Zhangzhuang wie auch in vielen anderen Dörfern der zu jener Zeit »befreiten« Gebiete nach dem Kampf gegen die projapanischen Verräter, dem Begleichen der Rechnungen und dem Verteilen der Früchte die alte Klassenherrschaft auf dem Dorf zerstört.

Die Weisung der Kommunistischen Partei vom 4. Mai 1946 zog Bilanz und verallgemeinerte die Erfahrungen der *Fanshen*-Bewegung, um zugleich ihre vermeintlichen Auswüchse zu beschneiden. Die Mittelbauern sollten, wenn irgendmöglich, an der Bewegung beteiligt, ihr Land und ihre Interessen durften nicht beeinträchtigt werden. Auch der Besitz der reichen Bauern sollte im allgemeinen nicht angetastet und lediglich die Pacht gesenkt werden. Ausnahmen wurden eingeräumt, wenn die Beschwerden außerordentlich groß waren, doch sollten auch dann die reichen Bauern nicht zu hart angefaßt werden – denn sie seien an der Produktion beteiligt und übten ihren Einfluß auf sie aus. Der defensive Charakter dieser Weisung vom Mai 1946 ging so weit, daß die Grundherren in Tyrannen, Verräter und große Grundherren auf der einen, gewöhnliche, kleine und mittlere Grundherren auf der anderen Seite unterschieden werden sollten. Mit den letzteren sollte möglichst verhandelt, den ersteren sollten Mittel zum Lebensunterhalt belassen werden. Handels- und Industrieunternehmen auch der Grundherren waren zu schützen, dem »neudemokratischen« Typ der politischen Etappe entsprechend. Gewalt und Todesstrafe sollten nur aufgrund ordentlicher Gerichtsverfahren angewendet werden.[116] Dieser defensive Charakter der Mai-Weisung wurde diktiert von taktischer Rücksichtnahme auf die noch bestehende Einheitsfront mit der Guomindang. Die in den Jahren des antijapanischen Bündnisses aufgestaute Erbitterung der armen und landlosen Bauern, der in der frühen Nachkriegszeit wachsende militärische Druck der Guomindang ebenso wie mangelnde Erfahrung der aufs Land entsandten Kader führten in der Regel zur Überschreitung der in der Mai-Weisung gesteckten Grenzen: Land und Eigentum reicher Bauern wurden ebenso beschlagnahmt wie das der Grundherren; die Interessen vieler Mittelbauern wurden mißachtet, Industrie und Handel der ländlichen Gebiete beeinträchtigt, und oft wurde willkürlich körperliche Rache geübt.[117]

William Hinton und das Ehepaar Crook berichteten von einer Fülle solcher Überschreitungen. Nicht allein die augenblickliche materielle Lage der Familien wurde oft der alles entscheidenden Klasseneinstufung zugrundegelegt, sondern die vergangenen drei Generationen auf etwaige diskriminierende »feudale Wurzeln« überprüft. Wenige blieben, zog man die wachsende Verelendung der vergangenen Jahrzehnte in Betracht, in einem solchen Verfahren ungeschoren.[118]

Der Leiter der Organisationsabteilung der Kommunistischen Partei im *Taihang*-Gebiet, in dem sowohl das Dorf *Zhangzhuang* als auch das von den *Crooks* untersuchte Dorf liegen, analysierte später die Radikalität dieser »Bewegung zum Abschneiden feudaler Wurzeln« als eine »Form extremer Gleichmacherei«, typisch für das Denken der Bauern und ihre Kleinproduktion. Diese Gleichmacherei sei revolutionär, wo sie sich gegen die »feudale« Macht der Grundherren und reichen Bauern richte. Sie werde reaktionär, wenn sie das Eigentum der Mittelbauern angreife. Um diesen qualitativen Umschlag zu verstehen, »müssen die Bauern unter der Führung des Proletariats stehen«. »Wir haben gelernt, daß überall, wo die Bauern zum Kampf mobilisiert werden, sie zu extremer Gleichmacherei neigen und die Kader von ihnen mitgerissen werden.«[119]

Zur Korrektur der Auswüchse in der *Fanshen*-Bewegung trat im September und Oktober 1947 im Norden der Provinz Hebei eine Nationale Landwirtschaftskonferenz der Kommunistischen Partei zusammen, die ein *Grundsatzprogramm zum Chinesischen Bodengesetz* verabschiedete.[120] Es war radikaler als die Weisung vom 4. Mai 1946, indem es den »überschüssigen Besitz« der reichen Bauern zur Verteilung freigab und alle Schulden aus der Zeit vor der Bodenreform für nichtig erklärte. Träger der Bodenreform und führende Kraft in allen Kämpfen auf dem Lande sollten die Vereinigungen der armen Bauern sein. Die ultralinke Linie der Jiangxi-Zeit wurde jedoch nicht wiederholt: auch den Grundherren wurde, sofern die neu zu bildenden Volksgerichte sie nicht bestraften, Land zur Sicherung ihrer Existenz zugeteilt und den reichen Bauern ein ausreichender Teil ihres eigenen Landes zugestanden (und nicht anderer, schlechter Boden), sofern sie ihn selbst bestellten. Alle, Grundherren und reiche Bauern, sollten sich am ökonomischen Leben des Landes beteiligen können. Das *Grundsatzprogramm* von 1947 erfüllte die Forderungen der armen Bauern und der Landarbeiter, doch schützte es zugleich die Interessen der Mittelbauern, um sie für das Bündnis mit den armen Bauern zu gewinnen.[121] Die späteren Ausführungsbestimmungen des Zentralkomitees und der einzelnen Regionen gingen beim Schutz der Mittelbauern und bei der Schonung der reichen Bauern eher noch weiter.[122] Zusätzlich bekräftigte die Parteiführung am 25. Mai 1948 die Bestimmungen zur Klasseneinstufung auf dem Lande und ihre Zusatzbestimmungen aus dem Jahre 1933.[123]

Mit der Regelung und dem Übergang zur zentralen Anleitung und Kontrolle des *Fanshen* und der Bodenreform[124] leitete die Kommunistische Partei eine zweite Berichtigungsbewegung ein, um die Verirrungen der älteren und die rasch zunehmende Überheblichkeit bei den neueren Kadern, von der auch Hinton und die Crooks sprechen, wieder ins Lot zu bringen. Wie der Schwung des *Fanshen* zur Teilnahme auch von Nichtkommunisten an der Berichtigung führte, schildert ein ausführlicher Bericht über die Vorgänge im Kreise Pingshan:

»Zu Beginn überprüften die Parteizweige die Klassenherkunft und den Arbeitsstil der Funktionäre und besprachen die Beseitigung der Sektierergruppen hinter geschlossener Tür. Nach sieben oder acht Sitzungen hatten sie jedoch noch immer keine Ergebnisse erzielt. Da öffneten sie die Tür und luden zunächst die armen Bauern außerhalb der Partei zu ihren

Sitzungen, so daß zwanzig bis dreißig Parteimitgliedern siebzig bis achtzig parteilose Bauern gegenübersaßen. Die Geheimnistuerei der Sitzungen des ländlichen Parteizweiges hörte auf; die Hindernisse waren beseitigt, die schlechte Elemente aufgerichtet hatten, um die Bindung der Partei an die Massen zu hintertreiben. Auf diese Weise konnten der Klassenstandpunkt, der Arbeitsstil und das Betragen jedes Parteimitgliedes vor den Augen und Ohren der Massen überprüft werden. Die Massen konnten ihren Tadel an Parteimitgliedern vorbringen, und der Parteizweig nahm bereitwillig ihre Meinungen an. Die gelobten oder getadelten Parteimitglieder wurden entweder belohnt oder bestraft. Den schlechten Elementen blieb unter diesen Umständen nur die Reue und ein neuer Anfang. Alle Sektierergruppen fielen flugs auseinander. Dergleichen Sitzungen dauerten manchmal 24 Stunden, die Massen schienen kein Ende finden zu wollen. Jedermann sah, wie begeistert sie an den Sitzungen teilnahmen. Die Massen waren bereit, sich ohne zu zögern an die Seite der Partei zu stellen, wenn diese ihre Mitglieder und Funktionäre nicht länger hinter ihrem Schild verbergen und die Ansichten, Urteile und Erziehung der Massen annehmen würde.«[125]

Das *Fanshen*, das Umdrehen der Körper, die Umwälzung der Sozialordnung, hatte starken Einfluß auf die Einstellung der landlosen und armen Bauern.

»Zum erstenmal in ihrem Leben hatten sie den Eindruck, daß sie ihr Schicksal bis zu einem gewissen Grade in der Hand hielten. Sie schliefen unter ihrem eigenen Dach, arbeiteten auf ihrem eigenen Grund und Boden, säten ihr eigenes Saatgut aus, freuten sich auf ihre eigene Ernte, und was vielleicht das Schönste von allem war, sie hatten weder Getreide- noch Geldschulden [. . .]. Solche Gefühle [. . .] schufen eine Atmosphäre von hoher Begeisterung, so daß sich innerhalb kurzer Zeit selbst alltägliche Ausdrucksweisen im Dorf veränderten. Die Bauern begannen sich alle mit ›Genosse‹ anzureden nach dem Brauch der Achten Armee, und anstelle der alten Grußformel ›Landsmann, hast du schon gegessen?‹ fragten sich viele Bauern: ›Genosse, hast du schon deinen Körper umgedreht?‹«[126]

Diese »Umdrehung der Körper« und die Umverteilung des Bodens revolutionierten nicht nur die ländlichen Produktionsbeziehungen, sondern auch das Bewußtsein der ländlichen Bevölkerung. Um die sozialen Wurzeln – die ökonomischen und die ideologischen – des alten China nachhaltig auszuziehen, war es notwendig gewesen, daß die Bauern *selbst* die Bedingungen ihrer jahrtausendealten Unterwerfung und Resignation bloßlegten, erkannten und die Besitzverhältnisse umstürzten. Von den politischen Kräften des republikanischen China war es allein die Kommunistische Partei, deren Ideologie nicht den rückständigen Strukturen verhaftet war *und* die es – mühsam genug – vermochte, bei den ländlichen Massen Gehör zu finden, sich auf sie zu stützen und oft mit ihnen identisch zu werden. So konnten die Kommunisten den bäuerlichen Massen das System begreiflich machen, das sie an ihr elendes Leben fesselte. Sie wurden fähig, den sozialen Elan der Bauern zu wecken und Bedingungen zu schaffen, die eine Restauration der alten Produktionsbeziehungen verhindern konnten. Die Kader, die auf die Dörfer zogen, um die Massen zu mobilisieren, oder die seit den Tagen der Bauernbewegung und des ländlichen Partisanenkrieges dort lebten, weckten in den Bauern die Vorstellung einer neuen Welt: die, die bislang nichts waren, sollten künftig alles sein.

Die revolutionäre Umverteilung des Bodens vom Ende des Krieges gegen Japan bis zum Jahre 1952 leitete nach der militärischen Befreiung und nationalen Einigung Chinas eine neue Etappe seiner gesellschaftlichen Entwicklung ein. Sie schuf eine der wichtigsten Voraussetzungen, die technologische und industrielle Rückständigkeit des Landes zu überwinden. Die Methoden, die die chinesischen Kommunisten auf dem Lande entwickelt hatten – ihr Yan'an-Weg –, prägen, mit der Person Mao Tse-tungs historisch verbunden, noch heute den besonderen Stil des sozialistischen Aufbaus in China. Der Yan'an-Weg der chinesischen Kommunisten könnte für die Revolutionierung von gesellschaftlichen Zuständen in Ländern der ›Dritten Welt‹ Beispiel und Beitrag sein. Er ist eine gewichtige historische Erfahrung auf der Suche nach Wegen zur Lösung des Widerspruchs von Demokratie und Zentralismus, von Geführten und Führenden, von Land und Stadt und von Hand und Kopf bei der Entwicklung einer sozialistischen Gesellschaft, deren Realisierung noch immer aussteht.

Zitiert wird, wo es nicht anders vermerkt ist, jeweils das Original. Übersetzungen werden als Hilfe für den Sprachunkundigen genannt.

1 Vgl. allgemein: Wang Danling (Hrsg.), *Zhongguo nongmin geming shi lun [Abhandlungen zur Geschichte der chinesischen Bauernrevolutionen]*, Shanghai 1952; H. Franke, R. Trauzettel, *Das chinesische Kaiserreich*, Frankfurt a. M. 1968; H. Franke, *Volksaufstände in der Geschichte Chinas*, in: *Geschichte in Wissenschaft und Unterricht*, Jg. 1951, Nr. 1, S. 31-40; J. P. Harrison, *The Communists and Chinese Peasant Rebellions. A Study in the Rewriting of Chinese History*, New York 1969.

Für den Zeitraum ab 1840: Fan Wenlan, *Zhongguo jindai shi [Neuere Geschichte Chinas]*, Band 1: 1840-1901 (1947), Peking 1955⁹; deutsch nach der anhand des chines. Originals überprüften russ. Ausg. Fan Wön-Lan, *Neue Geschichte Chinas*, Berlin 1959; J. Chesneaux, *Peasant Revolts in China 1840-1949*, London 1973; ders., *Weißer Lotus, rote Bärte. Geheimgesellschaften in China. Zur Vorgeschichte der Revolution*, Berlin 1976; H. Isaacs, *The Tragedy of the Chinese Revolution*, Stanford (2. rev. Aufl.) 1961, 1. Kap.

Für einzelne neuere Bauernbewegungen, ausgenommen die Taiping: J. B. Parsons, *The Peasant Rebellions of the Late Ming Dynasty*, Tucson 1970; Chiang Siang-tseh, *The Nien Rebellion*, Seattle 1954; Chu Wen-djang, *The Moslem Rebellion in Northwest China 1862-1878. A Study of Government Minority Policy*, The Hague 1966.

2 Vgl. F. Michael, *The Taiping Rebellion. History and Documents*, Seattle, 3 Bände 1966-1971; Jen Yu-wen, *The Taiping Revolutionary Movement*, New Haven 1973; S. Y. Teng, *The Taiping Rebellion and the Western Powers*, London 1971; P. A. Kuhn, *Rebellion and Its Enemies in Late Imperial China. Militarization and Social Structure, 1796-1864*, Cambridge (Mass.) 1970.

3 Allgemeine Materialien: Li Wenzhi (Hrsg.), *Zhongguo jindai nongye shi ziliao [Materialien zur neueren Geschichte der chinesischen Landwirtschaft]*, [1840-1937], 3 Bände, Peking 1957; Institute of Pacific Relations (Hrsg.), *Agrarian China. Selected Source Materials from Chinese Authors*, Chicago 1939.

Zur landwirtschaftlichen Produktionsweise: J. L. Buck, *Land Utilization in China*, 3 Bände [Textband, Atlas, Statistiken], Shanghai/Chicago 1937 (*A Study of 16 786 Farms in 168 Localities and 38 256 Farm Families in 22 Provinces in China*, 1929-1933); R. P. Hommel, *China At Work. An Illustrated Record of the Primitive Industries of China's Masses Whose Life is Toil, and Thus an Account of Chinese Civilization* (1937), Cambridge (Mass.) 1970; J. Needham, *Science and Civilization in China*, Cambridge (Mass.) 1954 ff. (Band 1 ff.), bes. Band 4 (2): *Mechanical Engineering;* W. Wagner, *Die chinesische Landwirtschaft*, Berlin 1926 (Provinz Shandong).

Zur dörflichen Gesellschaft und Klassenstruktur: C. L. Chang, *The Chinese Gentry. Studies on their Role in Nineteenth Century Chinese Society*, Seattle 1955; ders., *The Income of the Chinese Gentry*, Stanford 1970; M. Freedman, *Family and Kinship in Chinese Society*, Stanford 1970; F. L. K. Hsü, *Under the Ancestor's Shadow. Kinship, Personality, and Social Mobility in China* (1948), Stanford 1967; O. Lang, *Chinese Family in Society* (1948), New Haven 1968 (Feldstudien 1935-37); P'an Kuang-tan, Fei Hsiao-t'ung, *City and Village. The Inequality of Opportunity*, in: J. M. Menzel (Hrsg.), *The Chinese Civil Service: Career Open to Talent?*,

Boston 1963, S. 9-21 (Übers. von *Keju yu shehui liutong [Prüfungssystem und soziale Mobilität]*, in: *Shehuikexue [Sozialwissenschaft]*, Jg. 4, Nr. 1 (Oktober 1947), S. 1-21); Fei Hsiao-t'ung *China's Gentry. Essays in Urban-Rural Relations* (1953), Chicago 1968; ders., *Peasantry and Gentry: An Interpretation of Chinese Social Structure and Its Changes*, in: *American Journal of Sociology*, Jg. 52 (1946/47), S. 1-17.

Örtliche Feldstudien: Chen Hansheng, *Landlords and Peasants in China. A Study of the Agrarian Crisis in South China* (1936), Westport 1973 (Kreis Panyu, Provinz Guangdong); Fei Hsiao-t'ung, *Peasant Life in China: A Field Study of Country Life in the Yangtze Valley*, London 1943 (Dorf Kaixiangong bei Shanghai, 1939-40); ders., *Earthbound China* (1945), Chicago 1976 (Nähe Kunming, Provinz Yunnan); S. D. Gamble, *Ting Hsien: A North China Rural Community* (1954), Stanford 1968 (Landkreis südlich Peking); ders., *North China Villages: Social, Political and Economic Activities Before 1933* (1954), Berkeley 1963; Y. Muramatsu, *A Documentary Study of Chinese Landlordism in Late Ch'ing and Early Republican Kiangnan*, in: *Bulletin of the School for Oriental and African Studies*, Jg. 29 (1966), S. 566-99; M. C. Yang, *A Chinese Village* (1945), New York 1970 (Dorf an der Bucht von Jiaozhou, Provinz Shandong).

4 Peng Pai, *Haifeng nongmin yundong baogao [Bericht über die Bauernbewegung in Haifeng]*, in: *Zhongguo Nongmin [Chinas Bauern]*, Nr. 1 (1925), S. 59-69, Nr. 3, S. 251-69, Nr. 4, S. 351-81, Nr. 5, S. 489-524; rev. Fassung in: *Diyici guonei geming zhanzheng shiqi de nongmin yundong [Die Bauernbewegung im ersten revolutionären Bürgerkrieg]*, Peking 1953, S. 40-138. Nach der engl. Übers. von D. Holoch in: P'eng P'ai, *Seeds of Peasant Revolution: Report on the Haifeng Peasant Movement*, Ithaca 1973, S. 16-17.

5 G. Peck, *Two Kinds of Time*, Boston 1950, S. 208.

6 Vgl. R. H. Tawney, *Land and Labor in China. Economic Conditions Under Kuomintang Rule* (1932), Boston 1966, M. Selden, *The Yenan Way in Revolutionary China*, Cambridge (Mass.) 1971, S. 5-16, und E. E. Moise, *Downward Social Mobility in Pre-Revolutionary China*, in: *Modern China*, Jg. 3, Nr. 1 (Januar 1977), S. 3-31.

7 Zum folgenden vgl. P. C. Huang, *Analyzing the Twentieth-Century Chinese Countryside, Revolutionaries versus Western Scholarship*, in: *Modern China*, Jg. 1, Nr. 2 (April 1975), S. 132-60.

8 So auch Mao Tse-tung, *Zhongguo nongmin zhong ge jieji de fenxi jiqi duiyu geming de taidu [Analyse der verschiedenen Klassen unter den Bauern Chinas und ihre Haltung zur Revolution]*, Januar 1926, in: *Mao Tse-tung ji [Gesammelte Werke]*, bearbeitet von Takeuchi Minoru in 10 Bänden, Tokyo 1970-1972, Band 1, S. 153-59. Ders., *Zhongguo shehui ge jieji de fenxi [Analyse der Klassen in der chinesischen Gesellschaft]*, 1. Februar 1926, in: *Mao Tse-tung ji*, Band 1, 161-73; redigierte Fassung in: Mao Tse-tung, *Ausgewählte Werke (AW)* in 4 Bänden, Peking 1968/69, Band 1, S. 9-19. Vgl. Chen Boda, *Jindai Zhongguo dizu gaishuo [Studie über die Grundrente im modernen China]*, (Shandong) 1948; deutsch in: Chen Po-ta, *Klassenanalyse und Partei in China*, Frankfurt a. M. 1971, S. 12-102. Die frühen Schriften Maos kommentiert, übersetzt und ergänzt durch zeitgenössische Dokumente M. H. Day, *Mao Zedong 1917-1927, Documents*, Stockholm 1975.

9 Yan Zhongping (Hrsg.), *Zhongguo jindai jingji shi tongji ziliao xuanji [Ausgewählte statistische Materialien zur Wirtschaftsgeschichte des modernen China]*, Peking 1955, S. 278, 262; Li Rui, *Hunan nongcun de zhuangkuang he tedian [Bedingungen und Besonderheiten der Dörfer in Hunan]*, in: *Xinqu tudi gaige qian*

de nongcun [Dörfer in neu befreiten Gebieten vor der Bodenreform], Peking 1951, S. 60.

10 *Zhongyang Renmin Zhengfu Zhengwuyuan guanyu huafen nongcun jieji chengfen de jueding [Beschluß des Regierungs- und Verwaltungsrates der Zentralen Volksregierung über die Festlegung der Klassenzugehörigkeit auf dem Lande]*, 4. 8. 1950, in: *Tudi gaige xuexi ziliao [Studienmaterialien zur Bodenreform]*, o. O. u. J. (Kanton 1950), S. 24-43; engl. *The Land Reform Law of the People's Republic of China* (1950), Peking 1976, S. 17-52.

11 Chen Hansheng, *Landlords and Peasants*, S. 141-44.

12 Y. Muramatsu, *Chinese Landlordism*, S. 580-81.

13 Mao Tse-tung, *Zemyang fenxi jieji [Wie können wir die Klassen analysieren?]*, Juni 1933, in: *Mao Tse-tung ji*, Band 3, S. 265-68; engl. in: Hsiao Tso-liang, *The Land Revolution in China, 1930-1934. A Study of Documents*, Seattle 1969, Dok. 96; redigiert in: *AW* I, S. 157-60.

14 Huang, *Chinese Countryside*, S. 141-44.

15 S. D. Gamble, *Ting Hsien*, S. 95, 99.

16 Fei Hsiao-t'ung, *Peasant Life*.

17 Art. 31 des Gesetzes über die Bodenreform vom 30. 6. 1950. Vgl. die Praxis bei W. Hinton, *Fanshen. Dokumentation über die Revolution in einem chinesischen Dorf*, 2 Bände, Frankfurt a. M. 1972, Teile III und IV.

18 Huang, *Chinese Countryside*, S. 150-58, setzt sich kritisch mit einigen abweichenden westlichen Beobachtungen auseinander, die das vorrevolutionäre Dorf als einen Ort der Chancengleichheit und der intensiven Wettbewerbswirtschaft bäuerlicher Einzelhaushalte beschreiben, vgl. M. Elvin, *The Pattern of Chinese Past*, Stanford 1973, und R. H. Myers, *The Chinese Peasant Economy: Agricultural Development in Hopei and Shantung, 1890-1949*, Cambridge (Mass.) 1970.

19 Vgl. R. Thaxton, *Tenants in Revolution. The Tenacity of Traditional Morality*, in: *Modern China*, Jg. 1, Nr. 3 (Juli 1975), S. 323-58. Zu den verschiedenen »Dimensionen des Klassenbewußtseins« vgl. J. C. Scott und B. Kerkvliet, *The Politics of Survival: Peasant Response to »Progress« in Southeast Asia*, in: *Journal of Southeast Asian Studies*, Jg. 4, Nr. 2 (1973), S. 241-68.

20 Vgl. Qi Wu, *Yige geming genjudi de zhangcheng: Kang Ri zhanzheng he jiefang zhanzheng shiqi de Jin-Ji-Lu-Yu [Das Wachsen eines revolutionären Stützpunktgebietes: das Shanxi-Hebei-Shandong-Henan-Grenzgebiet im Krieg gegen Japan und im Befreiungskrieg]*, Peking 1958, S. 100-24. Ch. Johnson faßt Qi Wus Daten zusammen in: *Chinese Communist Leadership and Mass Response: The Yenan Period and the Socialist Education Campaign Period*, in: Ping-ti Ho und Tang Tsou (Hrsg.), *China in Crisis: China's Heritage and the Communist Political System*, 2 Bände Chicago 1968, Bd. 1, 1. Teil, S. 397-447, hier S. 418-21. Vgl. auch Hinton, *Fanshen*, Teile I und II, sowie I. und D. Crook, *Revolution in a Chinese Village: Ten Mile Inn*, London 1959, Kap. 1 bis 9.

21 Vgl. die zeitgenössische Analyse von Tawney, *Land and Labour*, und R. Gunde, *Land Tax and Social Change in Sichuan, 1925-1935*, in: *Modern China*, Jg. 2, Nr. 1 (Januar 1976), S. 23-48. Eine wohlwollende, in ihrem Faktenreichtum lehrreiche Studie der »kemalistischen« Versuche der Guomindang schrieb J. Domes, *Vertagte Revolution. Die Politik der Kuomintang, 1923-1937*, Berlin 1969. Zu den Reformansätzen der Guomindang vgl. A. Damaschke und Cheng Hsiao, *Das Bodengesetz der Republik China vom 30. 6. 1930*, in: *Jahrbuch der Bodenreform*, Jg. 27, Nr. 1 (5. 3. 1931), S. 9-33, und Ping Chu, *Bodenreform in China*, in: *Jahrbuch der Bodenreform*, Jg. 29, Nr. 4 (8. 11. 1933), S. 145-81. Die Provinz *Shandong*

wurde in den dreißiger Jahren zum Schauplatz restaurativer Versuche eines »ländlichen Aufbaus«, der mit dem Philosophen und Soziologen *Liang Shuming* (1893-?) verbunden ist; vgl. G. S. Alitto, *Rural Reconstruction During the Nanking Decade: Confucian Collectivism in Shantung*, in: *The China Quarterly*, Nr. 66 (Juni 1976), S. 213-46.

22 Vgl. Thaxton, *Tenants in Revolution*, S. 337-57.

23 P'eng P'ai, *Report*, S. 20-23. Zur Radikalisierung Peng Pais während seines Studiums in Japan vgl. Y. P. Pang, *Peng Pai. From Landlord to Revolutionary*, in: *Modern China*, Jg. 1, Nr. 3 (Juli 1975), S. 297-322.

24 Vgl. S. Eto, *Hai-lu-feng: The First Chinese Soviet Government*, in: *The China Quarterly*, Nr. 8 (Oktober-Dezember 1961), S. 161-83, und Nr. 9 (Januar-März 1962), S. 149-81, und den Augenzeugenbericht des Koreaners Kim San in: Nym Wales und Kim San, *Song of Ariran. A Korean Communist in the Chinese Revolution* (1941), 2. Aufl. San Francisco 1972, S. 184-207. Kim nennt allerdings ein falsches Datum für die Gründung des Sowjets.

25 Li Dazhao, *Qingnian yu nongcun [Die Jugend und das Dorf]*, in: *Chenbao [Morgenzeitung]*, 20.-23. Februar 1919, zit. nach Li Dazhao, *Xuanji [Ausgewählte Werke]*, Peking 1962, S. 146-50, Zitat S. 146-47. Deutsch in: Li Dazhao, *Im Kampf für ein sozialistisches China*, Berlin 1969, S. 57-62, hier S. 58.

26 Li Dazhao, *Lu Yu Shaan deng sheng de Hongqianghui [Die Gesellschaften des Roten Speers in den Provinzen Shandong, Henan, Shaanxi und anderen]*, in: *Zhengzhi Shenghuo [Politisches Leben]*, 1926, zit. nach Li Dazhao, *Xuanji*, S. 564-70, hier S. 569. Deutsch in Li Dazhao, *Im Kampf*, S. 157-63, hier S. 162.

27 Selden, *Yenan Way*, S. 20-53. L. Grove, *Creating a Northern Soviet*, in: *Modern China*, Jg. 1, Nr. 3 (Juli 1975), S. 243-70; D. Lary, *Communism and Ethnic Revolt: Some Notes on the Chuang Peasant Movement in Kwangsi 1921-1931*, in: *The China Quarterly*, Nr. 49 (Januar-März 1972), S. 126-35; ders., *Region and Nation: The Kwangsi Clique in Chinese Politics, 1925-1937*, Cambridge (Mass.) 1974.

28 Yan Sheng, *Weinan de nongmin he qingnian yinian lai douzheng de chengji [Erfolge in den Kämpfen der Bauern und Jugendlichen im vergangenen Jahr südlich des Wei]*, in: *Zhongguo Qingnian [Chinas Jugend]*, Nr. 52 (29. 1. 1927), S. 45-46.

29 Selden, *Yenan Way*, S. 25.

30 Selden, *Yenan Way*, S. 43-48.

31 Grove, *Northern Soviet;* Nym Wales und Kim San, *Song of Ariran*, S. 280-82; Zhang Jinxi, *Zai hongse de yaolan li zhangda [Aufgewachsen in einer roten Wiege]*, in: *Hongqi piaopiao [Die Rote Fahne weht voran]*, 16 Bände, Peking 1957-1961, Band 1, S. 5-12.

32 Lary, *Region and Nation*, S. 88-115; Zhu Zhongyu, *Wei Baqun*, Peking 1960.

33 Vgl. Selden, *Yenan Way*, S. 34-36; R. M. Hofheinz jr., *The Peasant Movement and Rural Revolution: Chinese Communists in the Countryside (1923-1927)*, Ph. D. thesis, Harvard 1966. Eine entgegengesetzte Wirkung von »Modernisierung« und Infrastruktur sehen J. W. Lewis, *The Study of Chinese Political Culture*, in: *World Politics*, Jg. 18, Nr. 3 (April 1966), S. 507-12, und R. McColl, *A Political Geography of Revolution: China, Vietnam, and Thailand*, in: *Journal of Conflict Resolution*, Jg. 11, Nr. 2 (Juni 1967), S. 153-67; ders., *The Oyüwan Soviet Area 1927-1932*, in: *Journal of Asian Studies*, Jg. 27, Nr. 1 (November 1967), S. 41-60.

34 *Chūgoku kyōsantō shi shiryō shū [Sammlung von Quellenmaterialien zur Geschichte der Kommunistischen Partei Chinas]*, in 12 Bänden, Tokyo 1970-74, Bd. 1, S. 140, 142.

35 *Chūgoku kyōsantō shi shiryō shū*, Bd. 1, S. 235.

36 Nach J. Harrison, *The Long March to Power*, New York 1972, S. 61, 64.

37 Hinweise bei E. Snow, *Roter Stern über China* (1938), Frankfurt a. M. 1970, S. 203, und J. Ch'ên, *Mao and The Chinese Revolution*, London 1967, S. 104.

38 Vgl. Luo Qiyuan, *Benbu yinianlai gongzuo baogao gaiyao [Bericht über die Arbeit der Abteilung im vergangenen Jahr]*, in: *Zhongguo Nongmin*, Jg. 1, Nr. 2 (1. 2. 1926), S. 147-207, Nr. 3 (1. 3. 1926), S. 231-250 [Rechenschaftsbericht über die Arbeit der Bauernabteilung der Guomindang].

39 Eine detaillierte Darstellung des Instituts gibt G. W. Berkley, *The Canton Peasant Movement Training Institute*, in: *Modern China*, Jg. 1, Nr. 2 (April 1975), S. 161-179.

40 Berkley, *Peasant Movement Training Institute*, S. 169.

41 Snow, *Roter Stern*, S. 201.

42 Mao, *Zhongguo nongmin zhong ge jieji de fenxi jiqi duiyu geming de taidu*, Januar 1926.

43 Mao Tse-tung, *Guomin geming yu nongmin yundong [Nationale Revolution und Bauernbewegung]*, 1. 9. 1926, in: *Mao Tse-tung ji*,, Bd. 1, S. 175-179. Vgl. Luo Qiyuan, *Huiwu zong baogao [Zusammenfassender Bericht über die Vereinigung]*, in: *Zhongguo Nongmin*, Jg. 1, Nr. 6/7 (1. 7. 1926), S. 639-687 (Bericht über die Bauernvereinigung der Provinz Guangdong).

44 Antwort Chen Duxius auf einen Leserbrief in *Xiangdao*, Nr. 34 (1. 8. 1923), zit. nach Ph. C. C. Huang, *Mao Tse-tung and the Middle Peasants, 1925-1928*, in: *Modern China*, Jg. 1, Nr. 3 (Juli 1975), S. 271-296, hier S. 279.

45 Chen Duxiu in *Xiangdao* Nr. 158 (16. 6. 1926), zit. nach Huang, *Mao Tse-tung and the Middle Peasants*, S. 279.

46 Mao, *Zhongguo shehui ge jieji de fenxi*, 1. 2. 1926. Von der Ablehnung durch Chen Duxiu berichten F. Snow, *Roter Stern*, S. 203, und *Diyici guonei geming zhanzheng shiqi de nongmin yundong*, S. 265.

47 Vgl. Angus McDonald, *The Hunan Peasant Movement. Its Urban Origins*, in: *Modern China*, Jg. 1, Nr. 2 (April 1975), S. 180-203.

48 Mao Tse-tung, *Hunan nongmin yundong kaocha baogao [Untersuchungsbericht über die Bauernbewegung in Hunan]*, 28. 3. 1927, in: *Mao Tse-tung ji*, Bd. 1, S. 207-249, hier S. 208, S. 222-225. Redigierte Fassung in *AWI*, S. 21-63. Vgl. *Diyici guonei geming zhanzheng shiqi de nongmin yundong*, S. 18, S. 262.

49 Mao Tset-tung, *Hunan-sheng diyici nongmin daibiao dahui xuanyan [Erklärung auf dem ersten Bauernkongreß der Provinz Hunan]*, Dezember 1926, in: *Mao Tse-tung ji*, Bd. 1, S. 201-206, hier S. 205.

50 Mao, *Hunan nongmin yundong kaocha baogao*, 28. 3. 1927, S. 208; nach der deutschen Übers. in *AW* I, S. 22.

51 *Chūgoku kyōsantō shi shiryō shū*, Bd. 3, S. 8-12.

52 *Chūgoku kyōsantō shi shiryō shū*, Bd. 3, S. 37-46. Vgl. E. Snow, *Roter Stern*, S. 204.

53 Zu den Anfängen der Bauernbewegung vgl. auch John Rue, *Mao Tse-tung in Opposition 1927-1935*, Stanford 1966, Kapitel 3, und S. Yokoyama, *The Peasant Movement in Hunan*, in: *Modern China*, Jg. 1, Nr. 2 (April 1975), S. 204-238.

54 Zum Jahr 1927 vgl. Hsiao Tso-liang, *Chinese Communism in 1927. City vs. Countryside*, Hongkong 1970; Wales/Kim, *Song of Ariran*, Teil 3, und R. Hofheinz jr., *The Autumn Harvest Insurrection*, in: *The China Quarterly*, Nr. 32 (Oktober-Dezember 1967), S. 37-87.

55 Vgl. Mao Tse-tung, *Jinggangshan qian wei dui Zhongyang de baogao [Bericht*

des Frontkomitees der Jinggangberge an das Zentralkomitee], 25. 11. 1928, in: *Mao Tse-tung ji,* Bd. 2, S. 25-66. Stark redigierte Fassung in *AW* I, S. 79-118; Mao Tse-tung, *Zhongguo Gongchandang Hongjun disijun dijiuci daibiao dahui jueyi an [Entwurf zum Beschluß des Neunten Parteitags der Vierten Armee der Roten Armee der Kommunistischen Partei Chinas]*, Dezember 1929, in: *Mao Tse-tung ji,* Bd. 2, S. 77-125. Redigierte Fassung unter dem Titel *Über die Berichtigung falscher Ansichten in der Partei* in: *AW* I, S. 119-132; siehe auch die heroisierende Darstellung bei A. Smedley, *China's Red Army Marches,* New York 1934, deutsch: *China kämpft* (1949), Berlin 1971.

56 Mao, *Gei Lin Biao tongzhi de xin [Brief an Genossen Lin Biao]*, 5. 1. 1930, in: *Mao Tse-tung ji,* Bd. 2, S. 127-141, hier S. 133-136. Redigierte Fassung unter dem Titel *Aus einem Funken kann ein Steppenbrand entstehen,* in: *AW* I, S. 133-146, hier S. 139-141.

57 Im Detail Rue, *Mao in Opposition,* S. 83 ff., und *Räte-China. Dokumente der chinesischen Revolution (1927-31),* Leningrad 1934, neu herausgegeben und eingeleitet von M. Hinz, Berlin 1973.

58 Vgl. *Räte-China,* Dokumente 62 bis 67.

59 Mao, *Jinggangshan qian wei dui Zhongyang de baogao,* 25. 11. 1928, S. 33.

60 Mao Tse-tung, *Hunan zhi Zhongyang han [Brief aus Hunan an das Zentralkomitee]*, 20. 8. 1927, in: *Mao Tse-tung ji,* Bd. 2, S. 11-12, hier S. 12.

61 Mao Tse-tung, *Jinggangshan qian wei dui Zhongyang de baogao,* 25. 11. 1928, S. 50; das Zitat fehlt in der Fassung der *AW.*

62 Mao Tse-tung, *Jinggangshan qian wei dui Zhongyang de baogao,* 25. 11. 1928, S. 33, 48. Vgl. Mao Tse-tung, *Jinggangshan tudifa [Bodengesetz der Jinggangberge]*, Dezember 1928, in: *Mao Tse-tung ji,* Bd. 2, S. 67-69, hier S. 69. Dieses Bodengesetz ist Teil der Sammlung *Nongcun diaocha [Untersuchungen auf dem Dorf]*, die Mao Tse-tung zwar in Yan'an wiederholt herausgab (Vorwort vom 6. 10. 1937 in *Mao Tse-tung ji,* Bd. 5, S. 275), aber nicht in die *AW* aufnehmen ließ (Vorwort der Herausgeber, *AW* I, S. 5).

63 Möglicherweise war diese Ablehnung einer um die Mittelschichten werbenden Politik durch die Parteizentrale in Shanghai auch ein Reflex der Stalinschen Anti-Kulaken-Politik; vgl. Rue, *Mao in Opposition,* Kapitel 5; B. I. Schwartz, *Chinese Communism and the Rise of Mao* (1951), Cambridge (Mass.) 1958, Kap. 9; R. Lorenz, *Sozialgeschichte der Sowjetunion I 1917-1945,* Frankfurt a. M. 1976, S. 170-177, S. 183-197.

64 a. *Tudifa* (Bodengesetz), 1930? (Rue, *Mao in Opposition,* nennt in Anhang D den 7. 2. 1930), verabschiedet vom Chinesischen Revolutionären Militärausschuß unter Mao Tse-tung, in: *Mao Tse-tung ji,* Bd. 2, S. 179-184, englisch in Hsiao Tso-liang, *Land Revolution,* Dok. 9;

b. *Tudi zhanxing fa* (Provisorisches Bodengesetz), angenommen im Mai 1930 auf der von Li Lisan geleiteten Nationalen Konferenz von Vertretern der Rätegebiete, in: *Hongqi [Rote Fahne]*, Nr. 107 (4. 6. 1930), S. 2-3, Kopie in Hsiao Tso-liang, *Power Relations within the Chinese Communist Movement, 1930-1934. Volume II. The Chinese Documents,* Seattle 1967, S. 30; englisch in Hsiao, *Land Revolution,* Dok. 1;

c. *Zhonghua Suweiai Gongheguo tudifa* (Bodengesetz der Chinesischen Räterepublik), verabschiedet vom 1. Nationalen Rätekongreß im November 1931, in: *Suweiai fadian [Rätegesetzbuch]*, Bd. 2, Ruijin, Juli 1934, S. 41-47, Kopie in Hsiao, *Power Relations II,* S. 437; englisch in Hsiao, *Land Revolution,* Dok. 34.

65 Text des Entwurfs in *Räte-China,* Dok. 64. Vgl. Hsiao Tso-liang, *Power*

Relations within the Chinese Communist Movement, 1930-1934. A Study of Documents, Seattle 1961, S. 178-179.

66 *Tudi fenpei gaikuang – Jiangxi-sheng Su baogao [Übersicht über die Bodenverteilung – Bericht des Rates der Provinz Jiangxi],* in: *Hongse Zhonghua,* Nr. 41 (21. 11. 1932), S. 5-6, Nr. 42 (28. 11. 1932), S. 7-8, hier Nr. 41, S. 5; vgl. die aus diesem Bericht erstellte Tabelle bei Hsiao, *Land Revolution,* S. 70-71.

67 Hsiao, *Land Revolution,* S. 64-77.

68 Zitiert bei Xi Dong, *Zhongguo Suweiai Zhengfu zenyang jiejue tudi wenti [Wie die Chinesische Räteregierung die Bodenfrage löste],* in: Mao Tse-tung u. a., *Zhongguo Gongchandang yu tudi geming [Die Kommunistische Partei Chinas und die Bodenrevolution],* Hongkong 1948, S. 49-63, hier S. 54-55.

69 Vgl. T. Lötveit, *Chinese Communism 1931-1934. Experience in Civil Government,* Lund 1973, S. 154-184; Hsiao, *Land Revolution,* Teil IV.

70 Vgl. *Zhonghua Suweiai Gongheguo Linshi Zhongyang Zhengfu Renmin Weiyuanhui xunling, dishiyihao – shixing guangfan shenru de chatian yundong [Weisung Nr. 11 des Rates der Volkskommissare der Provisorischen Zentralregierung der Chinesischen Räterepublik – Verwirklichung einer umfassenden und eingehenden Bewegung zur Überprüfung des Landes],* 1. 6. 1933, in: *Hongse Zhonghua,* Nr. 87 (20. 6. 1933), S. 5; englisch in Hsiao, *Land Revolution,* Dok. 60.

71 Vgl. *Ba xian qu yishang suweiai fuze renyuan chatian yundong dahui suo tongguo de jielun [Schlußfolgerungen auf einer Konferenz verantwortlichen Rätepersonals auf und oberhalb der Bezirksebene von acht Landkreisen über die Bewegung zur Überprüfung des Landes],* 21. 6. 1933 (ihr Autor ist wahrscheinlich Mao Tse-tung, der weitere Reden auf dieser Konferenz hielt), in: *Mao Tse-tung ji,* Bd. 3, S. 251-264; englisch in Hsiao, *Land Revolution,* Dok. 69.

72 Mao Tse-tung, *Chatian yundong de chubu zongjie [Eine erste Zusammenfassung der Bewegung zur Überprüfung des Landes],* August 1933, in: *Mao Tse-tung ji,* Bd. 3, S. 341-56, Zitat S. 344.

73 Mao, *Zenyang fenxi jieji,* Juni 1933; englisch in Hsiao, *Land Revolution,* Dok. 96.

74 Mao Tse-tung, *Zhongyang Zhengfu guanyu tudi douzheng zhong yixie wenti de jueding [Beschlüsse der Zentralregierung zu einigen Fragen des Kampfes auf dem Lande],* 10. 10. 1933, in: *Mao Tse-tung ji,* Bd. 4, S. 43-65. In redigierter Fassung nochmals am 4. 8. 1950 verabschiedet, vgl. Anm. 10.

75 Vgl. Lötveit, *Chinese Communism,* Kap. 1 bis 3.

76 Mao Tse-tung, *Caixi-xiang diaocha [Untersuchungen in Caixi-xiang],* 1933, in: *Mao Tse-tung ji,* Bd. 4, S. 175-198, Zitat S. 179.

77 Mao Tse-tung, *Zhonghua Suweiai Gongheguo Zhongyang Zhixing Weiyuanhui yu Renmin Weiyuanhui dui dierci Quanguo Suweiai Daibiao Dahui de baogao [Bericht des Zentralen Exekutivkomitees und des Volkskomitees der Chinesischen Räterepublik vor dem 2. Nationalen Rätekongreß],* 24./25. 1. 1934, in: *Mao Tse-tung ji,* Bd. 4, S. 219-282, Zitat S. 240.

78 Mao Tse-tung, *Xiang su zenyang gongzuo [Wie soll der Xiang-Rat arbeiten?],* 10. 4. 1934, in: *Mao Tse-tung ji,* Bd. 4, S. 337-353, Zitat S. 346.

79 *Suweiai jianshe jueyi an [Entwurf zu einem Beschluß über den Aufbau von Räten],* verabschiedet vom 2. Nationalen Rätekongreß im Januar 1934, in: *Zhonghua Suweiai Gongheguo dierci Quanguo Daibiao Dahui wenxian [Texte des 1. Nationalen Rätekongresses der Chinesischen Räterepublik],* o. O. März 1934, S. 188-198, nach der Kopie in Hsiao, *Power Relations II,* S. 745 links unten.

80 H. Marchisio, *Réforme agraire et organisations coopératives en Chine de 1927*

à 1952, in: *Archives internationales de sociologie de la coopération*, Nr. 22 (Juli-Dezember 1967), S. 138-193, hier S. 148-154.

81 Mao Tse-tung, *Fensui wuci »weijiao« yu suweiai jingji jianshe renwu [Die Zerschlagung des fünften »Einkreisungs- und Vernichtungsfeldzuges« und die Aufgaben der Räte beim Aufbau der Wirtschaft]*, 12. 8. 1933, in: *Mao Tse-tung ji*, Bd. 3, S. 323-337, bes. S. 335-336. Redigierte Fassung unter dem Titel *Man muß die Arbeit auf wirtschaftlichem Gebiet beachten* in: *AW* I, S. 147-156. Vgl. die das zentralistische Gewicht betonende Einschätzung bei F. Schurmann, *Ideology and Organization in Communist China* (1966), 2. rev. Aufl. Berkeley 1968, S. 415. Zum Verhältnis Demokratie-Zentralismus vgl. auch die organisationssoziologische Studie von Ilpyong J. Kim, *The Politics of Chinese Communism. Kiangsi under the Soviets*, Berkeley 1974, insbes. S. 133-135 zu den Landarbeitergewerkschaften und S. 143-151 zur Bewegung für gegenseitige Hilfe.

82 *Wei Zhongguo Gongnong Hongjun bei shang kang Ri xuanyan [Aufruf an die Chinesische Rote Armee der Arbeiter und Bauern zum Marsch nach Norden und zum Widerstand gegen die japanische Aggression]*, 15. 7. 1934, in: *Mao Tse-tung ji*, Bd. 4, S. 363-367.

83 Vgl. D. Albrecht und D. Betke (Hrsg.), *Auf dem Langen Marsch 1934/35. Die Wende in der chinesischen Revolution, von Teilnehmern erzählt*, Berlin 1976.

84 Liu Shaoqi, *Guanyu xiugai dangzhang de baogao [Bericht zur Änderung der Parteisatzung]*, 14. 5. 1945, in: *Zhongguo Gongchandang dangzhang yu guanyu xiugai dangzhang de baogao [Satzung der Kommunistischen Partei Chinas und Bericht zur Änderung der Parteisatzung]*, Shanghai 1949, S. 27-127, hier S. 31, S. 75; deutsch (nach dem Russischen) unter dem Titel *Über die Partei*, Berlin 1954, S. 10, S. 67.

85 Vgl. die Zusammenstellung bei Albrecht/Betke, *Langer Marsch*, S. 140-141, nach E. Snow, *Random Notes on Red China 1936-1945*, Cambridge (Mass.) 1971², S. 100-102; Chu Teh [Zhu De], *The Battle Front of the Liberated Areas*, Peking 1962, S. 28 (Bericht vor dem 7. Parteitag, 25. 4. 1945).

86 Das behauptet Ch. Johnson in einer einflußreichen Studie: *Peasant Nationalism and Communist Power: The Emergence of Revolutionary China 1937-1945*, London 1963.

87 Vgl. die Kritik an Ch. Johnson von E. Lerner, *The Chinese Peasantry and Imperialism: A Critique of Chalmers Johnson's Peasant Nationalism and Communist Power*, in: *Bulletin of Concerned Asian Scholars*, Jg. 6, Nr. 2 (April-August 1974), S. 43-56; D. G. Gillin, *»Peasant Nationalism« in the History of Chinese Communism*, in: *Journal of Asian Studies*, Jg. 23, Nr. 2 (Februar 1964), S. 269-289; C. E. Dorris, *Peasant Mobilization in North China and the Origins of Yenan Communism*, in: *The China Quarterly*, Nr. 68 (Dezember 1976), S. 697-719.

88 M. Selden, *Yenan Way*, S. 48-66; J. Myrdal, *Bericht aus einem chinesischen Dorf*, München 1966, S. 53-83; E. Snow, *Roter Stern*, Teil VIII.

89 Vgl. das Fazit bei Selden, *Yenan Way*, S. 116.

90 D. G. Gillin, *»Peasant Nationalism«*, S. 269-272.

91 Zur Schaffung der Einheitsfront gegen Japan im Detail Kuo Hengyü, *Maos Weg zur Macht und die Komintern*, Paderborn 1975; *Guanyu muqian zhengzhi xingshi yu dang de renwu jueding [Beschluß über die gegenwärtige politische Lage und die Aufgaben der Partei]*, 25. 12. 1935, in: *Mao Tse-tung ji*, Bd. 5, S. 19-40; vgl. *AW* I, Anm. auf S. 330.

92 *Tingzhan yihe yizhi kang Ri tongdian [Telegramm zu den Fragen Waffenstillstand, Friedensvertrag und gemeinsamer Kampf gegen Japan]*, 5. 5. 1936, in: *Mao*

Tse-tung ji, Bd. 5, S. 47-48.

93 Zhonghua Suweiai Renmin Gongheguo Zhongyang Zhengfu xibei banshichu [Nordwestbüro der Zentralregierung der Chinesischen Volksräterepublik], *Guanyu zhixing gaibian funong celüe ji geji gongchandang yu suweiai de zhishi [Weisung für die Kommunistische Partei und Räte aller Ebenen über die Durchführung der revidierten Politik hinsichtlich der reichen Bauern]*, 4. 4. 1936, zit. nach Selden, *Yenan Way*, S. 98.

94 J. Myrdal, *Bericht*, S. 62.

95 *Guanyu tudi zhengce de zhishi [Weisung zur Bodenpolitik]*, 22. 7. 1936, zit. nach Selden, *Yenan Way*, S. 99.

96 So erinnerte sich die junge Ordonnanz Mao Tse-tungs, He Qinghua: *Suicong Mao zhuxi zai Shaanbei [Als Begleiter von Vorsitzendem Mao auf dem Weg nach Nordshaanxi]*, in: *Hongqi piaopiao*, Bd. 13, S. 35-61, hier S. 43-45.

97 Mao Tse-tung, *Die Lage im Widerstandskrieg gegen die japanische Aggression nach dem Fall von Shanghai und Taiyuan und unsere Aufgaben*, 12. 11. 1937, in: *AW* II, S. 63-78.

98 Vgl. Mao Tse-tung, *Die Frage der politischen Macht in den Stützpunktgebieten des Widerstands gegen die japanische Aggression*, 6. 3. 1940, in: *AW* II, S. 493-496.

99 Vgl. die Untersuchungen von L. P. Van Slyke, *Enemies and Friends: The United Front in Chinese Communist History*, Stanford 1967, S. 142-153.

100 Vgl. Dorris, *Peasant Mobilization*, und D. G. Gillin, *»Peasant Nationalism«*. Gillin widerlegt allerdings die gängige These, daß während des japanischen Vormarsches in Shanxi 1937/38 die kommunistischen Truppen die Hauptlast des Kampfes trugen; ihnen sei der antijapanische Widerstand eher Vorwand und Schutz gewesen bei der Mobilisierung der Bauern.

101 Mao Tse-tung, *Wei dongyuan yiqie liliang zhengqu kangzhan shengli er fendou [Für die Mobilisierung aller Kräfte zur Erringung des Sieges im Widerstandskrieg kämpfen]*, 28. 8. 1937, in: *Mao Tse-tung ji*, Bd. 5, S. 249-256, hier S. 254-255; leicht redigiert in *AW* II, S. 19-26.

102 Mao Tse-tung, *Über unsere Politik*, 25. 12. 1940, in: *AW* II, S. 521-531, Zitat S. 527.

103 Vorwort zur Bodenverordnung der Regierung des Grenzgebietes von Shanxi-Chahar-Hebei, Januar 1943, zit. nach C. Brandt, *Agrarian Reform in Communist China Against the Background of the Marxist Tradition*, in: *Papers On China* (Harvard University, Regional Studies Seminar), Jg. 1 (Dezember 1947), S. 243-288, Zitat S. 265. Vgl. die Hinweise in Anm. 23 zur Bodengesetzgebung der Guomindang. Vgl. ebenso *Regulations Governing the Lease of Land*, 9. 12. 1943, in: *Laws and Regulations of the Shensi-Kansu-Ninghsia Border Region*, o. O. Mai 1945, S. 34-40.

104 C. Brandt, *Agrarian Reform*, S. 267.

105 Mao Tse-tung, *Zhong Gong Zhongyang Zhengzhiju guanyu jianzu shengchan yongzheng aimin ji xuanchuan shi da zhengce de zhishi [Weisung des Politbüros des Zentralkomitees der KPCh zur Pachtherabsetzung, Produktion, Unterstützung der Regierung, Sorge für das Volk und Propagierung der zehn großen politischen Strategien]*, 1. 10. 1943, in: *Mao Tse-tung ji*, Bd. 9, S. 53-58, Zitat S. 53; redigiert und gekürzt in *AW* III, S. 151-156.

106 H. Marchisio, *Réforme agraire*, S. 156-160; Chao Kuo-chun, *Agrarian Policy of the Chinese Communist Party* 1921-1959, London 1960, S. 55-57. Zur Bewegung der industriellen Kooperative *(Indusco)*, die von fortschrittlichen westlichen Helfern

initiiert wurde, vgl. Nym Wales, *China Builds for Democracy. A Story of Cooperative Industry,* New York 1941; R. Alley, *Our Seven – Their Five – A Fragment From the Story of Gung Ho,* Peking 1963.

107 Mao Tse-tung, *Zuzhiqilai [Organisieren!],* 29. 11. 1943, in: *Mao Tse-tung ji,* Bd. 9, S. 85-94, Zitat S. 88-90; leicht redigiert in *AW* III, S. 175-185. Vgl. den bei F. Schurmann, *Ideology and Organization,* S. 419-422, übersetzten Leitartikel der *Jiefang Ribao [Befreiungszeitung]* vom 25. 1. 1943.

108 A. Wang, *Ich kämpfte für Mao. Eine deutsche Frau erlebt die chinesische Revolution* (1964), Neuauflage Hamburg 1973, S. 297-98.

109 F. Schurmann, *Ideology and Organization,* S. 423-427.

110 Die wesentlichen Texte zur Berichtigungsbewegung der Jahre 1942-1944 finden sich in: *Zhengfeng wenxian (dingzheng ben) [Dokumente zur Berichtigungsbewegung, rev. Ausgabe],* Kanton 1950; zum großen Teil übersetzt in: B. Compton (Hrsg.), *Mao's China: Party Reform Documents, 1942-1944,* Seattle 1952.

111 Vgl. M. Selden, *Yenan Way,* S. 200-207.

112 Dieses Fazit nach M. Selden, *Yenan Way,* S. 208-276.

113 Zu dieser oft spontanen Bewegung vgl. den »Klassiker der chinesischen Revolution«: W. Hinton, *Fanshen;* ebenso I. u. D. Crook, *Ten Mile Inn,* und die literarische Verarbeitung in: Chou Li-po [Zhou Libo], *Orkan. Die Revolution auf dem chinesischen Dorf,* 2 Bände, Berlin 1971.

114 W. Hinton, *Fanshen,* Bd. 1, S. 211-212.

115 W. Hinton, *Fanshen,* Bd. 1, S. 214.

116 Der Wortlaut dieser Weisung lag mir nicht vor. Zitiert nach I. u. D. Crook, *Ten Mile Inn,* S. 179, denen auch W. Hinton, *Fanshen,* Bd. 1, S. 274, folgt.

117 Vgl. Liu Shaoqi, *Guanyu tudi gaige wenti de baogao [Bericht zur Bodenreform],* 14. 6. 1950, zit. nach *Tudi gaige xuexi ziliao,* S. 4-16, Zitat S. 11; englisch in: Liu Shao-ch'i, *Collected Works,* 3 Bände, Kowloon 1969, Bd. 2, S. 215-233.

118 Vgl. I. u. D. Crook, *Ten Mile Inn,* S. 133-134.

119 Zitiert bei I. u. D. Crook, *Ten Mile Inn,* S. 135. Vgl. auch Mao Tse-tung, *Zai Jin Sui ganbu huiyi shang de jianghua [Rede auf einer Kaderkonferenz in Shanxi-Suiyuan],* 1. 4. 1948, in: *Mao Tse-tung ji,* Bd. 10, S. 127-141, bes. S. 138; geringfügig redigiert in *AW* IV, S. 241-255.

120 Datiert 10. 10. 1947, in: W. Hinton, *Fanshen,* Bd. 2, S. 391-396. Vgl. Mao Tse-tung, *Muqian xingshi he womende renwu [Die gegenwärtige Lage und unsere Aufgaben],* 25. 12. 1947, in: *Mao Tse-tung ji,* Bd. 10, S. 97-116; leicht redigiert in *AW* IV, S. 161-183 (vgl. die dortigen Anmerkungen!).

121 Vgl. Mao Tse-tung, *Muqian xingshi he womende renwu,* S. 105.

122 H. Marchisio, *Réforme agraire,* S. 168-171.

123 Diese Angabe findet sich in der Vorbemerkung zu den Beschlüssen vom 4. 8. 1950, S. 24 (chin.) bzw. S. 17 (engl.).

124 Vgl. F. Schurmann, *Ideology and Organization,* S. 432-434.

125 Liu Shaoqi, *Pingshan tugai zhengdang fanli [Das Vorbild von Pingshan bei der Bodenreform und Parteiberichtigung],* Februar 1948, in: *Tugai zhengdang dianxing jingyan [Beispielhafte Erfahrungen der Bodenreform der Parteiberichtigung],* Hongkong 1948, S. 24-25; englisch in Liu Shao-ch'i, *Collected Works,* Bd. 2, S. 119-122.

126 W. Hinton, *Fanshen,* S. 216-217.

Günter Kleinknecht
Theorien der chinesischen Revolution

Drei wesentliche Merkmale kennzeichneten die gesellschaftlichen Verhältnisse Chinas zu Beginn des 20. Jahrhunderts: die extreme vorkapitalistische Ausbeutung der Bauern durch die herrschende Klasse der Grundherren, Bürokraten und Militärs; die gewaltsame Verfügung der imperialistischen Staaten über entscheidende ökonomische und politische Bereiche; sowie schließlich der Zerfall der staatlichen Einheit des Landes infolge des Aufstiegs der sich beständig bekriegenden Militärmachthaber. Die chinesischen Verhältnisse bildeten eine Einheit von verschiedenartiger Aneignung des bäuerlichen Mehrprodukts, imperialistischer Aggression und fortgesetzten inneren Kriegen zwischen den einzelnen Machtzentren. Nur in einem einheitlichen, gegen diese Gesamtheit gerichteten Kampf konnten deshalb die Bauern befreit sowie die nationale Unabhängigkeit und eine zentrale Regierungsgewalt wiederhergestellt werden.

Zwei politische Gruppierungen, die im 20. Jahrhundert die chinesische Geschichte maßgeblich mitgestalteten, erhoben den Anspruch, die Probleme Chinas und deren Zusammengehörigkeit erkannt und richtig erfaßt zu haben und folglich auch die Taktik und die gesellschaftlichen Kräfte zu kennen, die die chinesische Gesellschaft auf eine neue Grundlage stellen könnten: die sich auf Sun Yat-sen und auf seine Lehren berufende Bewegung, die ihre Basis in Teilen der Intelligenz, der Auslandschinesen, des städtischen Kleinbürgertums und der in den Vertragshäfen heranwachsenden Bourgeoisie hatte und die Kommunistische Partei, die ursprünglich in der Arbeiterklasse und später fast ausschließlich in der Bauernschaft verankert war. Sun Yat-sen schlug zunächst durch die »Liga der Verbündeten« *(Tongmenghui)* und ab 1912 durch die »Volkspartei« *(Guomindang)* die *Drei Volksprinzipien des Nationalismus, der Demokratie und des Volkswohlstandes* als theoretische Basis zur Erneuerung der chinesischen Nation vor. Diese Prinzipien waren mehrdeutig und kombinierten einander zum Teil widersprechende Vorstellungen. Sie reflektierten die vielfältigen Pressionen und Einwirkungen, denen die soziale Gefolgschaft der Partei Suns im Gefüge zwischen den Klassen der alten chinesischen Gesellschaft, den neu entstehenden Klassen und den imperialistischen Mächten unterlag. Sun und spätere Führer der Guomindang konnten somit auf Verschiebungen in der Stellung der Klassen, auf die veränderte Wirksamkeit von bestimmten Einflüssen und auf entscheidende politische Ereignisse mit einer inhaltlichen Umgestaltung der *Drei Volksprinzipien* reagieren. Zu verschiedenen Zeitpunkten drückten die *Drei Volksprinzipien* verschiedene politische Ziele und Methoden aus.

Die Kommunistische Partei Chinas (KPCh) war ursprünglich in den Städten beheimatet, hatte eine starke proletarische Basis und war eng mit der internationalen kommunistischen Bewegung verbunden. Ihre Taktik wurde ihr durch die Kommunistische Internationale (Komintern) vorgegeben. Vom Charakter her – so bestimmte die Komintern – sei die chinesische Revolution eine bürgerlich-demokratische, in der das Proletariat und seine Partei mit Hilfe einer antiimperialistischen Einheitsfront die Führung anstreben sollte. Eine so gestaltete Revolution könne im Ergebnis China einen nichtkapitalistischen Entwicklungsweg zum Sozialismus eröffnen. Die Zerstörung der Arbeiterbewegung nach 1927 machte dieses Programm hinfällig. In der KPCh setzte sich daraufhin die Konzeption Mao Tse-tungs durch, die von der Festigkeit der ausländischen Herrschaft in den Städten und von der politischen Schwäche des Proletariats ausging und folglich das Schwergewicht der revolutionären Aktivitäten auf das Land verlagerte, dort Stützpunktgebiete schuf und in einem langwierigen revolutionären Krieg China schrittweise, mit der Einnahme der Städte als Höhepunkt, von der alten Ordnung, die Mao feudal nannte, und dem Imperialismus zu befreien suchte. In der Geschichte der KPCh vor 1949 gibt es zwei klar voneinander getrennte Perioden, in denen der mögliche und der für die KPCh wünschenswerte Verlauf der Revolution jeweils unterschiedlich bestimmt wurde.

In den folgenden Ausführungen soll aufgezeigt werden, wie die beiden wichtigsten Parteien der chinesischen Revolution, die Guomindang und die KPCh, ihre Politik theoretisch begründeten, wie sie den Charakter der chinesischen Gesellschaft einschätzten und welche Bestimmung des Ziels und der Mittel der Revolution sie daraus ableiteten. Die Entwicklung der *Drei Volksprinzipien* und die auf die Führungsrolle der Arbeiterklasse zugeschnittene Taktik der KPCh sowie die von der überragenden revolutionären Potenz der Bauern ausgehende politische Linie Maos sollen dargestellt und vor dem Hintergrund der historischen Verhältnisse in China interpretiert werden.[1]

1. Sun Yat-sen: Die Drei Volksprinzipien

Die *Drei Volksprinzipien,* die Sun Yat-sen seit 1904 propagierte, waren der erste Versuch, die Notwendigkeit einer Revolution in China zu begründen, die über einen bloßen Wechsel der Dynastie hinausgehen und ihre Vorbilder nicht in einer verklärten Vergangenheit suchen, sondern sämtliche Bereiche der Gesellschaft erfassen und sich an den höchsten Errungenschaften der Zeit orientieren sollte. Seiner eigenen Meinung nach legte Sun eine geschlossene und realistische revolutionäre Theorie vor, die die Probleme Chinas als Einheit begriff und die Lehren des Aufstiegs Europas und Amerikas einschloß, ohne die chinesischen Besonderheiten außer acht zu lassen. Damit glaubte er ein erfolgversprechendes Programm zur Umgestaltung Chinas aufgestellt zu haben, das den traditionellen Vorstellungen der Bauern und den Reformvorschlägen der konstitutionellen Monarchisten weit überlegen war. Eine von den Prinzipien des Nationalismus, der Demokratie und des Volkswohlstandes geleitete Revolution würde China den Weg aus seiner erniedrigenden Rückständigkeit öffnen und eine Entwicklung einleiten, die dem chinesischen Volk einen seinen Fähigkeiten angemessenen Rang in der Welt wiedergäbe. Auf diese Annahmen berief sich eine politische Bewegung, die die erste moderne politische Partei Chinas hervorbrachte, einen wesentlichen Beitrag zum Sturz der Qing-Dynastie leistete und später weite Teile Chinas verwaltete, die schließlich aber doch scheiterte und weder die nationale Souveränität erreichte noch eine demokratische Grundordnung einführte, noch die elementaren Lebensbedürfnisse der Masse der Bevölkerung erfüllte.

1.1. Das Prinzip des Nationalismus

Das Prinzip des Nationalismus nahm in Suns Lehre die oberste Stelle ein. Sein Inhalt wandelte sich, aber die nationale Selbstbehauptung des chinesischen Volkes war für Sun stets die unabdingbare Voraussetzung für die Verwirklichung der anderen beiden Prinzipien. Wenn China erst von fremder Beherrschung frei sei, dachte Sun, stehe auch der demokratischen Selbstbestimmung und dem Wohlstand des Volkes nichts mehr entgegen. Was Sun unter Nationalismus verstand und welche Bedeutung er diesem Prinzip beimaß, zeigt schon das Manifest der Tongmenghui, einer rudimentären, noch von den Gebräuchen der Geheimgesellschaften beeinflußten Partei, die Sun 1905 in Japan gründete, um seine neugewonnenen Erkenntnisse in die Tat umzusetzen. Dort faßte Sun das Prinzip des Nationalismus in zwei Parolen zusammen: Vertreibung der Mandschu und Wiedererrichtung eines hanchinesischen Reiches. Das eine folgte aus dem anderen: Sobald die Mandschu verjagt seien, verkündete das Manifest, werde China als nationaler Staat glanzvoll wiedererstehen.[2] Suns Nationalismus war rassisch begründet. Die Han, die eigentlichen Chinesen, seien ein Volk ohne eigenen Staat, weil Menschen anderer Nationalität, die Mandschu, über China geböten und das chinesische Volk seit über zwei Jahrhunderten im Zustand der Sklaverei hielten. Aber die Fremdherrschaft der Mandschu sei nicht nur die terroristische Diktatur einer Minderheit über eine Mehrheit, sondern auch die Unterwerfung einer zivilisierten, hochstehenden Kulturnation durch einen barbarischen, niedrigen Eindringling. Alle Übel der chinesischen Gesellschaft führte Sun auf diese Vergewaltigung zurück. Ihre Überwindung würde folglich die großen schöpferischen Kräfte der Han freisetzen und Auftakt einer glorreichen Entwicklung des chinesischen Staates sein. Sie sei daher auch die treibende Kraft hinter der revolutionären Erregung des chinesischen Volkes: »Daß wir die Zerstörung unseres Staates durch die Mandschu und ihre Herrschaft über uns nicht ertragen können, ist die Ursache der Revolution.«[3]

Mit Nationalismus meinte Sun ursprünglich die Forderung nach rassischer Einheit des chinesischen Volks mit seinen Führern. Suns Nationalismus richtete sich gegen die Mandschu und nicht gegen die Eingriffe und Anmaßungen von außen. Mehr noch: so wie Sun das innere Elend allein der fremden Zwangsherrschaft der Mandschu anlastete, erklärte er auch die schrittweise Öffnung Chinas, die Abtrennung von Gebieten und die Inanspruchnahme von Hoheitsrechten durch ausländische Mächte mit der Unfähigkeit der barbarischen Mandschu, vernünftige Beziehungen mit der Außenwelt zu pflegen. Aggressionen anderer Staaten verkehrten sich in der Betrachtungsweise Suns zu Akten der Selbstverteidigung, die angesichts einer ignoranten Regierung unvermeidlich waren. In einem Ruf an das amerikanische Volk von 1904, in dem er diesem die wirkliche Lösung der chinesischen Frage mitteilte, warb Sun für seine Revolutionspläne mit der Versicherung, daß mit der Mandschu-Dynastie die Ursache der Behinderung des Weltfriedens beseitigt werden könnte. Wer die Mandschu-Dynastie stürze, so Sun, schalte den wichtigsten Unruheherd der internationalen Politik aus. Die Welt sei aus dem Gleichgewicht geraten und der Frieden bedroht, nur weil die verkommenen und unzivilisierten Mandschu nicht in der Lage seien, sich in der modernen Welt zurechtzufinden und sich an der internationalen Zusammenarbeit zu beteiligen. Eine aufgeschlossene und fortschrittliche chinesische Regierung würde die Staatengemeinschaft daher von einer großen Last befreien. Aus diesem Grund, folgerte Sun, müßten auch die bislang aggressiven Staaten dem neuen China helfen, selbständig zu werden und sich zu entwickeln.[4] Als Sun im Januar 1912 das Amt des Provisorischen Präsidenten übernahm, versprach er, daß die Chinesische Republik sich wie ein zivilisierter Staat verhalten werde. Daran knüpfte er die Erwartung, daß die in der Vergangenheit gebräuchlichen »üblichen Machenschaften« – Suns Synonym für die Politik der Ungleichen Verträge – ein Ende finden und die Welt sich ein gutes Stück der Großen Harmonie nähern würde.[5]

Das Prinzip des Nationalismus hatte demnach keinen antiimperialistischen Inhalt, ja es leitete sich direkt aus der Notwendigkeit her, mit dem Westen zu einer Verständigung zu kommen. Sun konnte deshalb dem Teil der Intelligenz und des Bürgertums nicht folgen, der die Qing-Dynastie bekämpfte, weil sie einen wirksamen Widerstand gegen die Eingriffe des Auslands – und nicht, wie Sun glaubte, eine für China vorteilhafte Einigung mit dem Ausland – verhinderte. Sun stand in krassem Gegensatz zu der nach 1905 immer stärker werdenden antiimperialistischen Bewegung. So lehnte er Boykottmaßnahmen gegen importierte Waren ab und hätte sogar im Tausch für Unterstützung Japan Privilegien gewährt. Seine Gefälligkeit gegenüber Japan wurzelte in der Annahme, die Interessen der asiatischen Völker seien identisch, da sie derselben Rasse zugehörten. Jede Konzession, die China Japan zugestand, sollte dazu dienen, die anderen Mächte hinauszudrängen und die rassische Einheit Asiens voranzutreiben, von der sich Sun für die Entwicklung Chinas sehr viel versprach.

1.2. Das Prinzip der Demokratie

Im zweiten seiner Volksprinzipien, dem der Demokratie, grenzte sich Sun Yat-sen klar von all jenen Kräften ab, die zwar wie er die Krise Chinas mit der Existenz einer fremden Dynastie begründeten, aber die Form dieser Herrschaft nicht angriffen. Sun wollte nicht, wie die bäuerlichen Geheimgesellschaften und frühere Rebellen, lediglich den Regenten im Kaiserhaus auswechseln, sondern die Institution eines allmächtigen und unkontrollierten Kaisers ganz abschaffen und eine an angelsächsischen Vorbildern ausgerichtete demokratische Republik gründen. Sun wünschte kein Abbild, sondern das Gegenteil der Mandschu-Dynastie. In China, konstatierte Sun, »wird der Staat seit jeher als Privateigentum eines einzelnen Menschen betrachtet«[6], der sich mit dem Volk nicht ins Einvernehmen zu setzen brauche. Für die Mandschu wie für jede andere Dynastie sei der Gegensatz zwischen Volk und Despot konstitutiv. Diesen Gegensatz wollte Sun durch eine politische Revolution in einer Republik überwinden, in der sich das Volk selbst eine Verfassung gibt, die ihm die Souveränität beläßt und Staatsorgane einsetzt, die Machtmißbrauch weitgehend ausschließen.

Anders als die konstitutionellen Monarchisten war Sun davon überzeugt, daß China für die Einleitung demokratischer Entscheidungsprozesse reif sei. Freilich müßten die Chinesen, denen jede demokratische Tradition und Erfahrung fehle, schrittweise an die demokratischen Spielregeln herangeführt werden. Sun legte dafür drei Hauptetappen mit genauer Zeitangabe fest. In der ersten Etappe, die drei Jahre währt, befindet sich noch alle Macht in den Händen der Militärs, damit alle unerwünschten Erscheinungen des Mandschu-Regimes ausgelöscht werden können. Danach, in der zweiten Etappe der politischen Vormundschaft, übergibt die Militärregierung allmählich Befugnisse an gewählte Volksvertretungen und stellt sich auf den Boden einer Provisorischen Verfassung. Sie bleibt die zentrale Autorität; doch nach und nach weiten sich – in dem Maße, wie demokratische Verhaltensweisen eingeübt und die Befähigung zu Freiheit und Gleichheit erworben werden – die Rechte des Parlaments aus, bis schließlich nach sechs Jahren die Souveränität ganz auf das Volk übergeht und nur noch verfassungsmäßige Staatsorgane Macht ausüben.[7]

1.3. Das Prinzip vom Volkswohlstand

Das Prinzip vom Volkswohlstand unterscheidet sich von den beiden vorangegangenen Prinzipien in entscheidender Weise. Anders als die Prinzipien des Nationalismus und der Demokratie, die bestehende Einrichtungen wie die nichtchinesische Herrschaft über China und das despotische System kritisierten und zu deren Vernichtung aufriefen, thematisierte Sun Yat-sen in seinem dritten Prinzip ein Problem, das in China selbst angeblich noch gar nicht existierte, aber in Zukunft als Folge der nationalen und politischen Revolution entstehen könnte. Mit dem Prinzip vom Volkswohlstand ging es ihm nicht darum, einem tatsächlichen Übel zu begegnen, sondern Fehlentwicklungen erst gar nicht aufkommen zu lassen. Sun formulierte es nicht als Ergebnis einer Analyse der sozialen Verhältnisse in China, sondern unter dem Eindruck von Beobachtungen im Westen.

Ungeachtet ihrer gewaltigen ökonomischen Kraft und ihrer fortschrittlichen politischen Institutionen waren die europäischen Staaten und die USA in Suns Augen keine perfekt organisierten Gemeinwesen. Hinter der eindrucksvollen Fassade der riesigen Industriekomplexe und der Geschäftigkeit der Parlamente entdeckte Sun soziale Unterschiede von erschreckendem Ausmaß. Sun stellte Armut, Krankheit und Arbeitslosigkeit auf der einen und unvorstellbare Reichtümer auf der anderen Seite fest. Dieser Zustand brachte nach Sun zwangsläufig Erscheinungen hervor, die er als Krankheit, als Deformation charakterisierte: Klassenkampf, Gewalt und schließlich soziale Revolution. Unglücklicherweise sei das Gefälle zwischen Besitzenden und Nichtbesitzenden dort so groß, daß innere Zerrissenheit und Krieg unvermeidbar seien. In China jedoch könne man der verhängnisvollen Spaltung der Gesellschaft und ihren schlimmen Folgen noch aus dem Weg gehen, wenn aus den Fehlern des Westens gelernt würde. Genau darin lag der Sinn des Prinzips vom Volkswohlstand.

Die Ungleichheit in Europa und Amerika erklärte Sun damit, daß die Bodenfrage nicht rechtzeitig gelöst worden sei. In England etwa monopolisierten wenige reiche Grundbesitzer große Landflächen, die sie aber nicht bebauten, sondern als Jagdgründe, Spekulationsobjekte oder Viehweiden mißbrauchten, weil dies einträglicher sei. Der Boden reiche eigentlich für alle aus, aber seine Eigentümer zerstörten aus selbstsüchtigen Motiven die Landwirtschaft, so daß die Armen keine Felder zu bestellen hätten und folglich gezwungen seien, in den Städten Arbeit zu suchen. »Die Industrie befindet sich jedoch völlig in den Händen der Kapitalisten, und wenn die Fabriken auf Grund irgendwelcher Zufälle stillstehen, müssen die Armen hungern.«[8] Die sogenannte soziale Frage, an der er den Westen so schwer leiden sah, leitete Sun aus der Existenz großen Grundeigentums ab.

Sun zeichnete ein idyllisches Bild der Lage der chinesischen Landwirtschaft. Er fand, daß gewöhnlichen Leuten genügend freies Land ohne jede Beschränkung offen stehe, weil es im allgemeinen keine Grundherren gebe, die die ausschließliche Verfügungsgewalt über den Boden ausübten. Sicherlich habe sich die Lage der Bauern seit den Tagen des Brunnenfeldsystems verschlechtert, aber sie könnten immer noch kleine Grundeigentümer werden und seien daher nicht völlig von der Möglichkeit ausgeschlossen, sich selbst zu ernähren.[9] Sobald jedoch nach der nationalen und politischen Revolution im Zuge des allgemeinen Aufschwungs die Städte wüchsen, Fabriken gebaut würden und ein Transport- und Kommunikationszentrum entstünde, müsse sich diese zufriedenstellende Situation ändern. Land werde plötzlich sehr wertvoll werden und sich zum Spekulieren und Horten anbieten. Dies werde jenen Prozeß einleiten, der die Bauern aus der Landwirtschaft vertreibe, sie verarmen lasse und zu einem Heer von Arbeitslosen mache. In Shanghai und anderen großen städtischen Gebieten zeichnete sich Sun zufolge schon ein Landproblem dieser Art ab, weil dort die Zivilisation hoch und die Verkehrslage günstig sei. Das Innere des Landes sei jedoch noch nicht betroffen, dort existiere ein soziales Problem nur im Ansatz. Daher sei, folgerte Sun, China jetzt noch vom unheilvollen Weg des Westens fernzuhalten. Sun wollte die soziale Frage dadurch lösen, daß er ihre Entfaltung verhinderte. Die Methode, die ihm dazu zweckmäßig schien, war die Angleichung der Bodenrechte durch die Festsetzung der Bodenpreise.

Nach diesem Verfahren sollte jeder Grundherr den Wert seines Landes selbst bestimmen, in dem Wissen freilich, daß die Regierung jederzeit das Recht hatte, Land zum angegebenen Wert zu erwerben. Stiege nun der Wert eines Grundstücks nach der Festsetzung des Preises auf Grund des allgemeinen Fortschritts, so könne die Regierung die unverdiente, allein von der Ausbreitung der Zivilisation verursachte Differenz zwischen ursprünglich vereinbartem und tatsächlichem Preis abschöpfen. Auf diese Weise würden dem Staat erhebliche Mittel zufließen. Die Gewinne aus den höheren Grundstückspreisen fielen nicht einer Minderheit von Monopolisten, sondern allen Chinesen zu.

»Wenn es für uns auch schwer ist, das Kommende vorauszusehen, müssen wir doch jetzt unsere Entscheidungen für die Zukunft treffen, damit der Wertzuwachs *(la plus value)* für den Boden zum Eigentum des Volkes, das diesen geschaffen hat, und nicht zum Eigentum einzelner Kapitalisten wird, die lediglich durch Zufall Grundeigentümer geworden sind.«[10]

Je weiter die Zivilisation fortschreite, je größer also der Wertzuwachs sei, den der Staat als Bodensteuer kassiere, desto vermögender werde die Gesellschaft. »Das Volk würde allmählich reich, und die üble Politik, die uns schon seit einigen tausend Jahren bedrückt, wäre für immer zu Ende.«[11] Seine Vorschläge, prophezeite Sun, würden China zum reichsten Staat der Erde machen.

Sun hatte demnach nicht die Absicht, das gleiche Recht auf Boden dadurch zu verwirklichen, daß er die vorhandenen

Verhältnisse des Grundeigentums antastete und Boden der großen Grundherren unter landarmen Bauern oder Landarbeitern aufteilte. Die Besteuerung des rein zivilisationsbedingten Preisanstiegs für Grundstücke hätte den existierenden Reichtum nicht berührt und mit Enteignung nichts zu tun gehabt. Die Bodenfrage war für Sun keine Bauernfrage. Ihre Lösung lag nicht im Kampf der Bauern gegen die Grundeigentümer, sondern in administrativen Zwangsmitteln gegen die mögliche, zukünftige Entstehung von Monopolen, die die Vertreibung der Bauern vom Land verhindern sollten. Sun folgte in seinem dritten Prinzip Bodenreformern wie Henry George, der die absolute Grundrente von den privaten Monopolisten zum Staat umlenken wollte, damit Kapital und Arbeit nicht länger mit dieser nutzlosen Abgabe belastet würden, verband damit jedoch eine andere Zielsetzung.[12] Sein Prinzip vom Volkswohlstand war keine Waffe gegen tatsächlich existierende Ungleichheit und Ungerechtigkeit, sondern ein präventives Mittel gegen deren Aufkommen. Noch könnten die Warnungen aus dem Westen befolgt werden, weil es in China kaum Klassenunterschiede gebe. Im wesentlichen, argumentierte Sun, kenne die chinesische Gesellschaft nur ein geringes Gefälle zwischen den verschiedenen sozialen Schichten, ein Gefälle zudem nicht zwischen arm und reich, sondern zwischen arm und sehr arm. Mehr als Abstufungen des allgemeinen Elends erkannte Sun in China nicht.[13] Ist es in Anbetracht dieser Tatsache nicht besser, fragte er, den Ausbruch von Klassenkämpfen zu verhindern, »als angesichts vollendeter Tatsachen nach einer sozialen Revolution zu trachten? In den Ländern Europas ist die Krankheit bereits ausgebrochen, und man kommt nicht umhin, Gewalt anzuwenden. Unser Land hat sich noch nicht angesteckt, deshalb sollte man der Krankheit vorbeugen.«[14] Es gebe keine etablierten Klassen mit fest eingewurzelten Vorrechten. Chinas Unglück, seine Rückständigkeit in sämtlichen Sektoren der Produktion, erweise sich eben deshalb als Chinas Glück. »In China ist das Studium des Volkswohlstandes früh gediehen. Wenn wir die ökonomischen Übel im Keim ersticken können, können wir auf einen Schlag die Früchte sowohl der politischen wie der sozialen Revolution ernten. So können wir die westlichen Mächte überholen.«[15]

Die *Drei Volksprinzipien*, die mit ihrem oben geschilderten Inhalt Suns Denken bis 1912 zum Ausdruck bringen, basierten, insofern sie die herrschenden Verhältnisse von Ergebnissen her attackierten, die diese Verhältnisse nicht selbst erzeugt hatten, auf einer Konzeption historischen Fortschritts. Mit anderen Worten: sie waren revolutionär. Sun versuchte sie freilich mit Mitteln durchzusetzen, die wenig erfolgreich waren. Die Tongmenghui sammelte jene sozialen Schichten, die westlichen Ideen und Einflüssen anhingen und somit am Rande oder ganz außerhalb der chinesischen Gesellschaft existierten: Teile der Intelligenz, der Bourgeoisie und Kleinbourgeoisie, auch einzelne aufgeschlossene Beamte und selbst Teile der Gentry und der Auslandschinesen. Sie hatte über ganz China verteilte Zellen, doch ihr fehlte der Rückhalt bei der größten Klasse, den Bauern, ohne die in China eine Umwälzung nicht gelingen konnte. Suns Bodenprogramm war nicht nur für die aktuelle Notlage vieler Bauern ohne jede Bedeutung, weil es lediglich zukünftige Veränderungen ausschließen und nicht in der Gegenwart solche bewirken wollte, es sah auch keine Beteiligung der Betroffenen selbst vor. Suns Verzicht auf Eingriffe in bestehende Eigentumsrechte bedeutete den Verzicht auf die Mobilisierung der Bauern.[16] Diesen grundsätzlichen Mangel seiner politischen Tätigkeit, der in seiner Theorie legitimiert wird, suchte Sun dadurch auszugleichen, daß er mit Geheimgesellschaften kooperierte und später Armeeteile für sich gewinnen wollte.

Das Ende des Kaiserreiches kam für die Republikaner um Sun unerwartet. Was der Höhepunkt langjähriger Mühen hätte sein sollen, war ein fast künstlicher Vorgang, der zwar den Kaiser zur Abdankung zwang, aber die realen Machtverhältnisse unangetastet ließ. Der Fall des Qing-Regimes war zwar mehr als bloßes Moment eines dynastischen Kreislaufs, doch noch keine bürgerliche Revolution. Er bedeutete den Beginn einer Übergangsperiode, in der die alten gesellschaftlichen Verhältnisse zerfielen und sich unterschiedliche Wege der Neuordnung auftaten, die von unterschiedlichen Klassen verfolgt wurden.

Nach der Ausrufung der Republik hätte der Aufstieg Chinas eigentlich beginnen können. Mit dem Rücktritt des Mandschu-Hofes, bestätigte Sun 1912, seien die beiden ersten Prinzipien des Nationalismus und der Demokratie erfüllt und das Haupthindernis für die Zurückgebliebenheit Chinas beseitigt.[17] Es kam aber, wie Sun sich später eingestehen mußte, ganz anders, denn Chinas Lage wurde nicht besser, sondern schlimmer. Nicht Sun und die Guomindang, die Nachfolgerin der Tongmenghui, bestimmten das Geschehen, sondern reaktionäre Warlords und Bürokraten. Dies sei, erklärte Sun, nicht die Schuld seiner Partei, sondern ein Erbe der Mandschu, das in einer zweiten Revolution überwunden werden müsse.[18] Diese von Sun geforderte zweite Revolution kam nicht zustande, weil sie falsche Voraussetzungen machte. Das System der Warlord-Herrschaft war nicht lediglich ein Überbleibsel, das der neuen Republik von der letzten Dynastie hinterlassen wurde, sondern wichtiger Bestandteil der imperialistischen Oberhoheit über China. Seine völlig falsche Einschätzung des Imperialismus hinderte Sun daran, dies zu begreifen.

Bei den Streitigkeiten der verschiedenen Provinzcliquen und politischen Richtungen spielte die Guomindang bis Anfang der zwanziger Jahre eine untergeordnete Rolle. Erst der neue Inhalt, den Sun den *Drei Volksprinzipien* gab, machte aus der Guomindang eine Partei von nationalem Rang und revolutionärer Bedeutung. Besonders die Neufassung des Prinzips des Nationalismus erleichterte Sun das Wiederauftauchen aus der Obskurität, in der er nach 1913 zu verschwinden drohte.

1.4. Die Neufassung der Drei Volksprinzipien

Das Wohlwollen, das Sun Yat-sen den fremden Mächten gegenüber an den Tag legte, führte dazu, daß die Bewegung, die ausländische Waren boykottierte und zum Protest gegen die Eingriffe von außen aufrief, an Sun und seiner Partei vorbeiging. Während diese die Chinesen vor allem zum Kampf gegen die japanischen Aggressionen aufrüttelte, bot Sun der japanischen Regierung im Austausch für militärische und finanzielle Hilfe die Ausbeutung der Rohstoffe Chinas, die Öffnung aller Handelszentren und das Versprechen an, Industrieunternehmen nur gemeinsam mit japanischem Kapital zu betreiben. Sun wäre sogar bereit gewesen, die Mandschurei abzutreten.[19] Er schloß sich dem Protest gegen die berüchtigten 21 Forderungen Japans 1915 nicht an und beteiligte sich auch nicht an der Bewegung des 4. Mai, deren Tragweite für die nachfolgenden politischen Vorgänge kaum zu überschätzen ist.[20]

Sun revidierte seinen Standpunkt nur langsam. Die wiederholte Ablehnung seiner detaillierten Entwicklungspläne, die auf ausländischen Kapitalinvestitionen und Staatsanleihen aufbauten, durch die Regierungen der westlichen Länder enttäuschten ihn. Offenbar war es nicht allein das Unvermögen der Mandschu-Dynastie, das die ausländischen Mächte nach China brachte. Stark beeindruckt zeigte sich Sun auch von der Russischen Revolution und ihrer Fähigkeit, sich gegen die Interventionsarmeen zu behaupten. Und schließlich mißlang ihm der Versuch, auf die Waffen eines Warlords gestützt China zu vereinen. Diese Erfahrungen veranlaßten Sun, eine enge Verbindung mit Sowjetrußland anzustreben und weniger auf Unterstützung aus Europa und Amerika zu zählen. Schon 1918, in einem Glückwunschtelegramm aus Anlaß der Oktoberrevolution, gab er der Hoffnung Ausdruck, »daß sich die Revolutionsparteien unserer beider Länder zu gemeinsamem Kampf zusammenschließen«.[21] Im Januar 1923 schloß Sun mit der Sowjetregierung eine Vereinbarung über Hilfe ab, wobei er freilich Wert auf die Feststellung legte, daß China das Sowjetsystem nicht einführen könne, weil die Voraussetzungen dafür nicht vorhanden seien. Diese Umorientierung gipfelte schließlich 1924 auf dem I. Nationalkongreß der Guomindang, der die individuelle Mitgliedschaft von Kommunisten in der Guomindang guthieß und die Partei nach sowjetischem Vorbild reorganisierte. Im Manifest dieses Nationalkongresses erkannte Sun nun an, daß Nationalismus in China nur einen Inhalt haben konnte – nämlich »die Beseitigung der imperialistischen Aggression«.[22]

Ab 1924 setzte Sun Nationalismus mit Antiimperialismus gleich. Schien ihm bis 1911 die Qing-Dynastie das einzige Hindernis, das zwischen China und seiner Zukunft als blühendem Land stand, so war es ab 1924 der Würgegriff, in dem der Imperialismus China hielt. Im Gegensatz zu seinen bisherigen Äußerungen bezeichnete er die wirtschaftliche Unterdrückung nun als besonders gefährlich, da sie schwer wahrnehmbar sei. Ausländisches Kapital, das ihm früher unter fast allen Bedingungen willkommen war, machte er von nun an für den beklagenswerten Zustand der chinesischen Ökonomie verantwortlich. China werde Stück für Stück, ohne daß es dem Volk schmerzlich bewußt sei, zur Kolonie der Großmächte. Von allen kolonialen Ländern habe es China am schwersten, weil es nicht nur Sklave eines, sondern mehrerer Länder sei, für das sich gleichwohl keines dieser Länder wirklich verantwortlich fühle. Und er rechnete gewissenhaft aus, welche Verluste das chinesische Volk durch diese Unterdrückung erleide: 1,2 Millionen Yuan pro Jahr. Dieser Schaden sei so groß, »daß sich China auf sozialem Gebiet nicht entwickeln kann und das einfache Volk keine Möglichkeit zum Leben hat. Diese ökonomische Unterdrückung allein ist schlimmer, als wenn Millionen von Soldaten kommen würden, uns zu töten . . .«[23] Suns Umdeutung des Prinzips des Nationalismus erstreckte sich auch auf die Beurteilung der Warlords. Sun erkannte, daß die Existenz von Militärmachthabern auf die Einmischung der Großmächte zurückging. »Da ihre Interessen in China aufeinanderstoßen, lieferten sie, um ihre Gier zu befriedigen, das Volk den Militärmachthabern ans Messer«.[24] Weil die Warlords von den Imperialisten ausgehalten würden, um als deren Werkzeuge zu agieren, sei folglich, so formulierte Sun im Manifest der Guomindang, der Kampf um nationale Souveränität und Einheit nichts anderes als Antiimperialismus. Um die Warlords auszuschalten, müßten die fremden Mächte vertrieben werden. Nationale Revolution hieß für Sun, die Allianz zwischen Imperialismus und bewaffneten Kräften im Innern aufzubrechen und China als freien und einheitlichen Staat wiederherzustellen.

Suns Antiimperialismus hatte jedoch rassische, pan-asiatische Obertöne. Er verglich die europäische Kultur militärischer Gewalt (»Weg der Tyrannen«) mit der Menschlichkeit, der Moral und dem Recht Asiens (»Weg der Könige«).[25] Die nationale Unterdrückung Chinas und anderer asiatischer Staaten war für Sun nicht das notwendige Resultat bestimmter historischer Produktionsverhältnisse, sondern ging aus der rassisch bedingten Aggressivität der westlichen Lebensweise hervor. Sprach Sun von Antiimperialismus, so meinte er den Kampf gegen England und in gewissem Maße gegen die USA. Japan, ein Land mit gleichen Tugenden und gleicher Kultur wie China, bezog er in diesen Kampf nicht ein. Kurz vor seinem Tode appellierte Sun sogar an Japan, Chinas Partner bei der Verteidigung asiatischer Werte zu werden. Sofern Sun die japanische Expansion in China nicht offen begrüßte, schien sie ihm doch zumindest wesentlich weniger verdammenswert, weil sie sich gegen die »eigentlichen Imperialisten«, die Europäer und Amerikaner, richtete.[26]

Auch in seiner Politik gegenüber den Warlords war Sun nicht immer konsequent. Obwohl er offiziell verkündete, daß sich die Einigung des Landes nur auf der Grundlage einer Bewegung des Volkes gegen die imperialistischen Mächte und ihre chinesischen Handlanger vollziehen könnte, suchte er doch, um vermeintlich schnellerer Fortschritte willen, die Gegensätze zwischen den militaristischen Gruppierungen auszunutzen. So verbündete er sich etwa mit dem von Japan protegierten Zhang Zuolin, um den Warlord Wu Peifu aus seiner Position in der englischen Einflußsphäre in Mittelchina zu verdrängen.

Suns neue Interpretation des Nationalismus führte auch zu Änderungen im Prinzip vom Volkswohlstand. Da nach Sun die wahrhafte Unabhängigkeit und Freiheit Chinas nur dann errungen werden konnte, wenn sich die Volksmassen fest mit der Guomindang vereinigten, sollten die Forderungen der Arbeiter und Bauern erfüllt werden. In der Fassung der *Drei Volksprinzipien* von 1924 war er daher stark bemüht, die unmittelbaren Interessen vor allem der Bauern zu berücksichtigen. Aber wie die Vereinigung mit dem Volk Vereinbarungen mit Warlords nicht ausschloß, so trat Sun auch nicht ohne Einschränkungen für die Belange der Bauern ein. Das gleiche Recht auf Boden in Form der Besteuerung der Wertzuwächse, an der Sun als der besten Regelung der Bodenfrage immer festhielt, ergänzte er 1924 durch eine Politik unter der Parole »Dem Pflüger sein Feld!« Er versprach zudem den Arbeitern, die Macht des Kapitals zu beschränken. Ohne die Bauern, sagte Sun in einer Rede vor dem Institut für Bauernbewegung der Guomindang, habe die Revolution keine Grundlage.[27] Sun erläuterte seinen Zuhörern, wie die Revolution diese Grundlage gewinnen könnte. Anders als früher erkannte er nun an, daß die chinesischen Bauern im Elend lebten, ja nach seinem persönlichen Empfinden war das Elend, das die chinesischen

Bauern ertragen mußten, weit größer als jenes der russischen Leibeigenen unter dem Zarismus.[28] Dieses Elend müsse beseitigt werden, »und das heißt letztlich, daß dem Pflüger sein Feld gehören wird«.[29]

Dieses Ziel sollte nach der »gerechten« russischen Methode der Landverteilung erreicht werden, wie es die Bolschewiki praktiziert hatten. »In unserer gegenwärtigen Revolution [...] wollen wir ebenfalls, daß dem Pflüger sein Feld gehört, erst dann ist es eine tiefgreifende Revolution. Solange dem Pflüger der Boden nicht gehört und er nach wie vor in jedem Jahr Pacht entrichten muß, ist die Revolution noch nicht zu Ende geführt.«[30] Freilich dürfe nicht überstürzt gehandelt werden, denn im Falle der sofortigen Landaufteilung wären die Bauern nicht in der Lage, Angriffen der Grundherren zu widerstehen. Um Klassenkämpfe zu vermeiden, propagierte Sun eine friedliche Lösung der Probleme, bei der »die Bauern Vorteile erlangen, die Grundbesitzer aber keinen Schaden erleiden«.[31] Überhaupt wäre die radikale Politik einer Umverteilung des Landes nur dann nötig, wenn sich die Grundherren weigerten, eine dem steigenden Bodenwert entsprechende höhere Steuer zu bezahlen.[32] Im Manifest des I. Nationalkongresses der Guomindang hieß es noch bescheidener, daß, wenn die Regierung Ödland und Grenzländereien erschlösse, die Wasserversorgung verbesserte und Kredite bereitstellte, »die Bauern zufrieden die Freuden genießen können, die das Leben zu bieten vermag«.[33] Für die tatsächliche Politik der Guomindang spielten jedoch all diese Überlegungen keine Rolle. In ihrem Parteiprogramm offerierte sie den Bauern lediglich eine 25%ige Pachtreduzierung und eine bessere Zukunft. Beides blieb unerfüllt.

Bei dem Postulat der Beschränkung des Kapitals, das Sun 1924 als zweiten Bestandteil in das Prinzip vom Volkswohlstand einfügte, kam es ihm darauf an, einen Industrialisierungsprozeß zu initiieren, der – wie die Angleichung der Bodenrechte – eine Spaltung der Gesellschaft in eine arme und eine reiche Klasse ausschließen würde. Der Aufbau einer Industrie in China sollte in gar keinem Fall Mißstände wie in Europa und Amerika hervorbringen. Sein wichtigstes Vorhaben war, Maßnahmen zu treffen, die die Gefahr der Entstehung eines Klassenkrieges abwehren konnten. Sun begründete nicht die Notwendigkeit einer sozialen Revolution, sondern die Notwendigkeit ihrer Vermeidung. Er sprach dem Staat die Aufgabe zu, dem Vordringen kapitalistischer Formen mit ihren sozialen Spannungen durch eine vorausschauende Politik Einhalt zu gebieten. Dazu sei es keinesfalls erforderlich, privates Eigentum an Produktionsmitteln aus der Wirtschaft zu verbannen. Es reiche vollauf, wenn der Staat das Kapital kontrolliere und dessen Macht da beschneide, wo sie ausufere und die Lebenshaltung des Volkes gefährde. Monopole jeder Art und Unternehmen, deren Umfang die Leitung durch eine Einzelperson ausschließe, könnten nicht gebilligt werden. Sollten sie dennoch notwendig sein, so müßten sie, wie auch die Banken, Eisenbahnen und Schiffahrtslinien, vom Staat verwaltet und betrieben werden. Auch Produktionszweige, die private Unternehmen nicht abdeckten, müsse der Staat übernehmen. »Da es in China tatsächlich noch keine großen Kapitalisten gibt, kann – wenn der Staat das Kapital verwaltet und entwickelt – der daraus entstehende Nutzen dem ganzen Volk zugute kommen. Weil wir durch derartige Maßnahmen nicht mit den Kapitalisten in Konflikt geraten, können wir sie leicht verwirklichen.«[34] Suns Konzept sah weiter vor, die Privatindustrie nicht nur passiv zu dulden, sondern großzügig zu fördern und umfassend zu schützen, unabhängig davon, ob es sich um chinesische oder ausländische Eigentümer handelte. So wollte Sun die Binnenzölle ersatzlos streichen, das schwerfällige Geld- und Kreditsystem der modernen Industrie anpassen, Transporte erleichtern und bürokratische Hemmnisse beseitigen.

Aber das reiche nicht aus, um China zu einem anderen Industriestaaten ebenbürtigen Partner zu machen. China mangele es an Kapital, weshalb es das im Ausland vorhandene Kapital nutzen müsse. Private Investitionen aus dem Ausland seien erwünscht, sofern sie Chinas Unabhängigkeit nicht verletzten. Für Sun war die Einbeziehung ausländischen Kapitals eine rein praktische Angelegenheit, die mit Politik oder gar Imperialismus nichts zu tun hatte; er trennte ökonomische von politischer Dominanz. Ausländisches Kapital war ihm dann hinderlich, wenn es mit politischer Unterdrückung verbunden war. Frei von Auflagen und für nationale Zwecke verwendet, leiste es jedoch einen unverzichtbaren Beitrag zum

Aufbau Chinas. Wenn es China gelänge, ausländisches Kapital anzulocken, dann »werden wir mit geringen Anstrengungen große Ergebnisse erzielen. Wollten wir darauf warten, daß uns für die Entwicklung der Industrie ausreichend eigenes Kapital zur Verfügung steht, würden wir nur sehr langsam vorankommen«.[35] Suns Antiimperialismus war insofern zwiespältig, als er allein gegen die politische Ungleichheit gerichtet war und die Möglichkeit ökonomischer Unterdrückung eines selbständigen Nationalstaats leugnete. Mit Hilfe des westlichen Kapitalismus wollte Sun seine Vorstellungen von der großen, schönen und klassenlosen chinesischen Gesellschaft verwirklichen.[36]

Sun Yat-sens *Drei Volksprinzipien* weisen alle Merkmale einer kleinbürgerlichen Theorie auf. Von einer scheinbar den Niederungen spezifischer gesellschaftlicher Interessen entrückten Position verhieß er dem chinesischen Volk ein neues Zeitalter, wenn es nur seinen Ratschlägen folgte. Nicht die Einsicht in die wahren gesellschaftlichen Zusammenhänge und ihre politischen Folgen bestimmten die *Drei Volksprinzipien,* sondern ein in sich widerspruchsvolles Gemisch von richtigen und falschen Behauptungen und Vermutungen, von Projektionen – und großen Hoffnungen. Sun leitete sein Rezept zur Rettung Chinas nicht aus den Verhältnissen Chinas selbst ab, sondern trug es von außen an die chinesische Gesellschaft heran. Daher erschöpfte sich seine Politik im wesentlichen in moralischen Appellen, großen detaillierten Projekten und vielfältigen Verbindungen mit anderen politischen Kräften. Seine häufigen Niederlagen waren nicht zufällig.

Im einzelnen äußert sich die Kleinbürgerlichkeit von Suns Volksprinzipien in seiner Angst vor Klassenkämpfen, in seiner Verurteilung von Monopolen, in seinem Verständnis des Staates, schließlich aber auch in seiner eigenen Einschätzung der Demokratie. Weil sich Sun keiner Klasse zugehörig fühlte, erschien ihm die Teilung der Gesellschaft in Arme und Reiche, Eigentümer und Nicht-Eigentümer auch nicht als notwendiger Ausfluß spezifischer Produktionsverhältnisse, sondern als bedauernswerter Unfall, den eine vorausschauende Politik hätte verhüten können. Klassen waren für ihn Resultate unnötiger politischer Fehler. Für grundfalsch erachtete Sun insbesondere die Nachlässigkeit gegenüber der Entstehung von jeglicher Art von Monopolen. Er attackierte die Auswüchse privaten Grundeigentums und der kapitalistischen Produktionsverhältnisse, nicht diese selbst. Der Staat, den Sun als neutrales Werkzeug und gegenüber ökonomischen Prozessen allmächtige Instanz begriff, sollte den Mißbrauch von Eigentum und damit die krankhafte Klassenspaltung unmöglich machen. In welcher Richtung China sich entwickelte, hing für Sun davon ab, wer an den Hebeln staatlicher Macht saß. Neben illusionären Vorstellungen enthielt das Programm aber auch einen Punkt, dessen Verwirklichung in China eine große Errungenschaft bedeutet hätte: die Forderung nach einer demokratischen Umgestaltung, die trotz ihrer Zweideutigkeit (Periode der politischen Vormundschaft) für China einen Schritt nach vorn darstellte.[37]

Die kleinbürgerlichen Inhalte in Suns Prinzipien nehmen eine besondere Form an, weil sic keine überschaubare gesellschaftliche und historische Situation widerspiegeln, sondern eine verwirrende Vielfalt sozialer Verhältnisse, die sich in China als Folge des Aufeinanderprallens unterschiedlicher Produktionsweisen herausgebildet hatten. Zudem stand Sun unter dem Eindruck der Krisenhaftigkeit der entwickelten kapitalistischen Industriestaaten, die er in seiner Theorie zu verarbeiten suchte. Suns Prinzipien waren daher nicht nur der Ausdruck der komplexen Realität Chinas, sondern auch die Reaktion auf die europäische und amerikanische Realität. Daraus ergaben sich die Widersprüchlichkeit Suns in allen wichtigen Fragen und die zwei besonderen Züge seiner Prinzipien: die Absicht, dem Kapitalismus zuvorzukommen, und die Betonung der Vorteilhaftigkeit von Chinas Rückständigkeit.

In keiner der für die chinesische Gesellschaft zentralen Problembereiche nahm Sun eine eindeutige Haltung ein. Die Angleichung der Bodenrechte war für den größten Teil des Landes irrelevant, weil sie lediglich ein Programm für die Zukunft war und dann lediglich zur Überweisung der absoluten Grundrente an den Staat geführt hätte. Damit wäre der Kapitalismus nicht aufgehalten, sondern seine Verbreitung erleichtert worden. Aber auch die Losung »Dem Pflüger sein Feld« war nur scheinbar radikal, denn Sun akzeptierte deren Konsequenz nicht: den Kampf der Bauern. Wer in China die

Agrarverhältnisse umwälzen wollte, konnte sich nicht auf Sun beziehen.

Auch in Hinsicht auf das zweite wesentliche Ausbeutungsverhältnis, den Imperialismus, verhielt sich Sun zwiespältig. Wegen der rassischen Komponenten in seinem Denken, dem fehlenden Verständnis für die Wechselbeziehung zwischen ökonomischer und politischer Unterdrückung und der nie überwundenen Zuversicht, der Westen werde Einsicht zeigen, konnte eine konsequente antiimperialistische Tätigkeit zwar an Sun anknüpfen, mußte aber unbedingt über ihn hinausgehen. Schließlich war auch sein Prinzip der Demokratie nicht frei von Widersprüchen. Er wollte die Souveränität des Volkes, aber mit friedlichen Mitteln und unter seinen Bedingungen. Daher war ihm kein Manöver zu schade und kein Warlord zu reaktionär, wenn nur seine Partei dadurch der Macht näherkam. Auf welchem Gebiet auch immer, Sun vertrat nur eingeschränkt revolutionäre Lösungen. Eine wirklich revolutionäre Bewegung mußte sich von den Vorstellungen Suns emanzipieren.

Wie andere Repräsentanten ökonomisch nicht entwickelter Länder vor und nach ihm, reagierte Sun auf den industriellen Vorsprung einiger europäischer und amerikanischer Länder und dessen soziale und politische Begleiterscheinungen mit der Auffassung, dies sei ein durchaus günstiger Umstand, da es erlaube, den Fehler der kapitalistischen Methode der Industrialisierung zu vermeiden. So dachten schon die russischen Volkstümler, die vor dem verderblichen Weg des Kapitalismus warnten und die Rückständigkeit Rußlands verherrlichten.[38] Suns *Drei Volksprinzipien* reflektierten den Übergangscharakter der chinesischen Gesellschaft, ihren Zerfall, aber auch die Konfrontation des Agrarlandes China mit dem westlichen Kapitalismus und dessen Schwierigkeiten.[39]

2. Kommunistische Internationale und Kommunistische Partei Chinas 1921-1927: Antiimperialistische Einheitsfront mit der Guomindang, Agrarrevolution und Hegemonie der Arbeiterklasse

Im Juli 1921 traten 12 Delegierte, die 57 Mitglieder vertraten, in Shanghai zum Gründungsparteitag der KPCh zusammen.

Die KPCh war eine der ersten Kommunistischen Parteien, die außerhalb Europas entstand und nicht in der Tradition der europäischen Arbeiterbewegung verwurzelt war. Sie wuchs aus der »4. Mai-Bewegung« hervor, in der zum erstenmal das chinesische Proletariat auf nationaler Ebene politisch in Erscheinung getreten war und die die Beschäftigung mit der Oktoberrevolution und dem Marxismus anregte. Ihren Ursprung hatte die KPCh in den Städten, wo sie auch ihr Betätigungsfeld sah. Als zentrale Aufgabe stellte sie sich die gewerkschaftliche Organisierung und die politische Vertretung der Arbeiterklasse. Wie das geschehen sollte, legte die KPCh jedoch nicht selbst fest, denn sie war Sektion der Komintern und als solche den Beschlüssen und Direktiven ihrer Weltkongresse und Exekutivorgane unterworfen.[40] Mehr als andere der Komintern angeschlossene Parteien war die KPCh – jung, unerfahren und ohne Bezug zur Geschichte der europäischen Arbeiterbewegung – von der Hilfe der Komintern abhängig und von ihren Weisungen betroffen. Die Konzeption revolutionärer Taktik, die die Politik der KPCh in den zwanziger Jahren bestimmte, wurde von der Komintern ausgearbeitet und vom Exekutivkomitee der Komintern (EKKI) den jeweiligen Erfordernissen angepaßt und in Zweifelsfällen verbindlich interpretiert.

2.1. Die Grundposition der Komintern in der Kolonialfrage

Anders als die Sozialistische Internationale vor dem 1. Weltkrieg bejahte die Komintern uneingeschränkt das Recht der Kolonial- und Halbkolonialländer auf völlige nationale Selbstbestimmung. Aus dieser grundsätzlichen Haltung ergab sich die Frage, wie der Imperialismus in den Kolonien selbst bekämpft werden konnte: Welchen Charakter hatte eine Revolution in einem Kolonial- und Halbkolonialland und welche Aufgaben mußten die Kommunisten wahrnehmen? Dieses Problem behandelte der 2. Weltkongreß im Juli-August 1920. Er verabschiedete Thesen, die die Taktik der Kommunistischen Parteien in den Kolonien in den Grundzügen festlegten und den allgemeinen Ausgangs- und Bezugspunkt der Politik der Komintern und ihrer Sektionen in den abhängig und unterdrückt gehaltenen Ländern bildeten.

Die *Thesen zur nationalen und zur kolonialen Frage,* die Lenin entwarf und die vom 2. Weltkongreß ohne Gegenstimmen gebilligt wurden, verpflichteten die Kommunisten in den Kolonien, sich zeitweilig mit der bürgerlichen Demokratie zu verbünden, die Schaffung von Bauernräten anzustreben und die nationale Befreiungsbewegung eng an Sowjetrußland heranzuführen. Hinter dieser Aufgabenbestimmung stand eine spezifische Beurteilung der inneren Verhältnisse in den abhängig gehaltenen Ländern und deren Einordnung in das System der internationalen Politik.

Der wichtigste Charakterzug der kolonialen und halbkolonialen Länder bestehe darin, so Lenin in seiner Erläuterung der Thesen vor dem Kongreß, »daß dort noch vorkapitalistische Verhältnisse herrschen«.[41] In den zurückgebliebenen Staaten der Kolonialwelt überwögen feudale oder patriarchalische Produktionsbeziehungen. Daraus folge, daß die Bewegung der Bauern gegen Großgrundeigentum und gegen alle Erscheinungen des Feudalismus die Hauptform des Klassenkampfes sei. Es sei deshalb ein Irrtum anzunehmen, betonte Lenin, die Kommunisten könnten in solchen Ländern eine rein kommunistische, auf die sozialistische Revolution bezogene Politik betreiben. Erforderlich sei dort zunächst die Unterstützung der Bauern gegen den Feudalismus. Kommunisten in den Kolonien hätten darauf hinzuarbeiten, »daß die Bauernbewegung weitgehend revolutionären Charakter annimmt«.[42] Eine solche Bauernbewegung war für Lenin bürgerlich-demokratisch, das heißt, sie zielte darauf ab, das Land zugunsten der Bauern umzuverteilen und zu deren freier Verfügung zu stellen. Politisch könne diese Revolution zu der Gründung von Bauernräten führen. Die Thesen forderten daher die Kommunisten auf, alle Anstrengungen zu unternehmen, um Räte der Bauern und Werktätigen zu schaffen.[43] Denn, so rechtfertigte Lenin diese These, »der Gedanke der Sowjetorganisation ist einfach und kann nicht nur auf proletarische, sondern auch auf bäuerliche, auf feudale und halbfeudale Verhältnisse angewandt werden«.[44]

Bürgerlich-demokratisch war Lenin zufolge vorerst auch der soziale Inhalt des Befreiungskampfes gegen den Imperialismus. Die Schaffung selbständiger und einheitlicher Nationalstaaten war für ihn Teil jener Umwälzung, die an die Stelle feudaler Formen oder deren Überbleibsel, und dazu zählte Lenin nationale Unterdrückung und politische Zerrissenheit, bürgerliche Demokratie und formale Gleichheit setzt. Nationale Selbstbestimmung und antifeudale Revolution gehörten zusammen. Daraus zog Lenin den Schluß, daß die kommunistischen Parteien in den Kolonien die unbedingte Pflicht hätten, bürgerlich-demokratische Bewegungen zu unterstützen, jedoch in vollem Bewußtsein ihrer besonderen Aufgaben. Das Proletariat und seine Partei teilten ein gemeinsames Interesse mit der bürgerlichen Demokratie, hätten aber auch Interessen, die darüber hinausreichten und die wirksam herauszulösen und zu bewahren seien. Der Kernsatz in Lenins Thesen lautet: »Die Kommunistische Internationale muß ein zeitweiliges Bündnis mit der bürgerlichen Demokratie der Kolonien und der zurückgebliebenen Länder eingehen, darf sich aber nicht mit ihr verschmelzen, sondern muß unbedingt die Selbständigkeit der proletarischen Bewegung – sogar in ihrer Keimform – wahren.«[45]

Das wichtigste internationale Merkmal der Ära des Imperialismus – und folglich auch der grundlegende Gedanke seiner Thesen – war für Lenin die Zweiteilung der Welt in eine geringe Zahl von unterdrückenden und eine große Mehrheit von unterdrückten Nationen. Als erster Staat der Welt, in dem das nationale Selbstbestimmungsrecht verwirklicht und die Grundlage jeglicher Ausbeutung aufgehoben sei, sammele die Russische Sowjetrepublik sowohl die Arbeiterbewegungen der kapitalistischen Länder als auch die nationalen Befreiungsbewegungen um sich.[46] Aus diesem Grund bestehe in den Kolonien die Möglichkeit, daß sich dort der ökonomische Fortschritt in anderen Formen vollziehe als in Europa. Die zurückgebliebenen Völker, die sich jetzt befreiten, müßten nicht unbedingt das kapitalistische Entwicklungsstadium durchlaufen. Mit Unterstützung der Arbeiterklasse in den fortgeschrittensten Ländern, vermittelt über Sowjetrußland, könnten die Kolonien über bestimmte Zwischenstufen zum Kommunismus gelangen, ohne daß kapitalistische Produktionsverhältnisse dazwischentreten müßten.[47]

Der 4. Weltkongreß (November-Dezember 1922) präzisierte diese Thesen, vor allem im Hinblick auf die inzwischen klarer erkennbaren politischen und ökonomischen Tendenzen in den Kolonien. In seinen *Leitsätzen zur Orientfrage* wiederholte er zunächst die allgemeine Aufgabe der Kommunistischen Parteien in diesen Ländern, die zweifacher Natur sei. Einmal müßten alle nationalen und revolutionären Kräfte für eine möglichst radikale bürgerlich-demokratische Umwälzung und die völlige Unabhängigkeit gewonnen werden, zum anderen müßten die kommunistischen Parteien die Arbeiter und Bauern zum Kampf für ihre besonderen Interessen organisieren.[48] Die Kommunisten in den kolonial unterdrückten Gebieten hätten eine »antiimperialistische Einheitsfront« herzustellen, in ihr die Stellung eines selbständigen revolutionären Faktors einzunehmen und das Führungsmonopol der nationalen Bourgeoisie in der antiimperialistischen Bewegung aufzubrechen.[49] Dazu sei es notwendig, ein unmißverständlich antifeudales Agrarprogramm zu formulieren, um damit die Bauernmassen für den nationalen Befreiungskampf heranzuziehen. »Dieser Kampf um den Einfluß bei den bäuerlichen Massen muß für das einheimische Proletariat als Vorbereitung für die Rolle des politischen Führers dienen.«[50]

Die Leitsätze hielten Räte für die geeignete Form politischer Macht, um die bäuerliche Agrarrevolution an die Grenze des objektiv Möglichen zu führen.[51] Weil der Imperialismus mit dem feudalen Großgrundeigentum in vielfältiger Weise verbunden sei, stärke die Beteiligung der Bauern die antiimperialistische Einheitsfront. In der Analyse der Komintern bedingten sich antifeudaler und antiimperialistischer Kampf wechselseitig.[52] Als Einheit von nationaler und antifeudaler Revolution würden koloniale Revolutionen den Rahmen bürgerlicher Demokratie jedoch sprengen, weil sie mit der Herrschaft des Weltimperialismus unvereinbar seien. Eines der wichtigsten Ziele der Kommunisten liege also darin, den Kolonialvölkern die Notwendigkeit eines Bündnisses mit dem internationalen Proletariat und mit den Sowjetrepubliken klarzumachen.[53]

Von dieser grundlegenden Position aus – antiimperialistische und antifeudale Revolution im Rahmen einer mit dem internationalen Kommunismus verbündeten Einheitsfront, Räte der Bauern und Aussicht auf die Umgehung des Kapitalismus – leitete die Komintern eine politische Linie für die KPCh ab und griff in deren Tätigkeit ein.

2.2. Das Bündnis mit der Guomindang

Auf ihrem 1. Parteitag im Juli 1921 beschloß die KPCh ein Programm, das den Thesen des 2. Weltkongresses in den entscheidenden Punkten widersprach, weil es weder den Kampf der Bauern noch die Auflehnung breitester Volksschichten gegen den Imperialismus berücksichtigte. Die KPCh erklärte die Überwindung des Kapitalismus und die Diktatur des Proletariats zu ihrem nächsten Ziel und lehnte Kontakte mit bürgerlichen Parteien ab.[54] Die Komintern dachte anders. Unmittelbar nach dem 2. Weltkongreß begannen Vertreter der Komintern in China, mit Sun Yat-sen Gespräche zu führen, die sich bis ins Jahr 1922 erstreckten und über die Ziele und tatsächlichen Maßnahmen der Guomindang Klarheit schaffen sollten. Die Berichte der Komintern-Repräsentanten waren positiv: sie bewerteten die Tätigkeit der Guomindang einhellig als revolutionär und nationalistisch. Der Leiter der Komintern-Delegation in China, H. Maring, schlug im Frühjahr 1922 vor, die Kommunisten sollten individuell innerhalb der Guomindang arbeiten und von dort aus ihre Aktivitäten entfalten, denn er meinte, dies sei die einzige Chance, den Kommunismus in China zu verbreiten. Eine Gefahr für die Selbständigkeit der KPCh stelle ein solches Vorgehen nicht dar, weil die Guomindang keine Partei im herkömmlichen Sinne sei, nämlich der politische Repräsentant *einer* Klasse, sondern ein »Block verschiedener Klassen«. Nach Ansicht Marings erfaßte die Guomindang Arbeiter, Soldaten, Intellektuelle und Teile der Bourgeoisie.[55] Maring hob den großen Einfluß hervor, den die Guomindang unter den Arbeitern ausübte, und lobte die Kantoner Regierung für ihren Widerstand gegen die imperialistischen Mächte. Er schrieb im Organ des EKKI:

> »Die Thesen des 2. Weltkongresses sind für China, wo das Proletariat nur erst im geringen Maß entwickelt ist, in der Weise durchzuführen, daß wir die revolutionär-demokratischen Elemente des Südens tatsächlich unterstützen. Es ist unsere Aufgabe, zu versuchen, diese revolutionär-nationalistischen Elemente zusammenzuhalten und die ganze Bewegung nach links zu treiben.«[56]

Auf der Basis dieser Aussagen wies die Komintern die KPCh im August 1922 an, sich Marings Vorschlag zu eigen zu machen.[57] Damit war für China die Entscheidung über die Auslegung des wichtigsten Grundsatzes der vom 2. Weltkongreß verabschiedeten Thesen gefallen. Der Adressat und die Form kommunistischer Unterstützung für die national-revolutionäre Befreiungsbewegung standen in groben Zügen fest.

Noch hatte freilich die KPCh diesem Plan zuzustimmen. Angesichts der Entschlossenheit der chinesischen Kommunisten, dieselben Ziele wie die Kommunisten in Europa zu verfolgen, fiel es der Komintern sehr schwer, sich durchzusetzen. Der Widerstand der KPCh gegen eine Kooperation mit der Guomindang und besonders gegen deren beabsichtigte organisatorische Gestalt war hinhaltend und nur durch starken Druck zu brechen. Im Januar 1922 veranstaltete die Komintern in Moskau einen Kongreß kommunistischer und revolutionärer Organisationen des Ostens mit der Absicht, den Kommunistischen Parteien Asiens klarzumachen, daß nur eine gemeinsame Front aller revolutionären Kräfte den Kommunisten Einfluß und den Interessen der Massen Geltung verschaffen könnte. In bezug auf China sprach G. E. Zinov'ev, der Vorsitzende des EKKI, dies unmißverständlich aus: »Es ist die Aufgabe des gegenwärtigen Kongresses, den Funktionären der revolutionären Bewegung in China Richtlinien zu geben. Die Aufgabe Chinas und insbesondere des gegenwärtigen Kongresses ist, eine Vereinigung der zerstreuten Truppen der chinesischen Revolutionäre zustande zu bringen.«[58]

Die Ermahnungen von höchster Stelle zeigten Wirkung. Im 1. Manifest zur gegenwärtigen Lage vom Juni 1922 und im Manifest ihres 2. Parteitages vom Juli 1922 rückte die KPCh von ihrer bisherigen Position ab und erkannte an, daß in China vor der proletarischen eine demokratische Revolution stattfinden müsse, die ein gemeinsames Vorgehen mit anderen Parteien voraussetze.[59] Die beiden Erklärungen der KPCh bestätigten, daß die Guomindang trotz ihrer Anfälligkeit für Kompromisse und ihrer gelegentlichen Unschlüssigkeit die einzige revolutionäre Partei sei, mit der zusammen die KPCh den Kampf führen könne. Die KPCh faßte jedoch eine Allianz mit der Guomindang ins Auge, in der zwei ebenbürtige, weiterhin getrennt und selbständig voneinander existierende Partner für begrenzte Zeit und begrenzte Ziele ihre Aktivitäten koordinierten. Die KPCh war jetzt bereit, ein Zwei-Parteien-Bündnis, einen »Block von außen« zu akzeptieren, lehnte aber Marings Plan des individuellen Eintritts in die Guomindang, den »Block von innen«, ab.[60] Eine Mitgliedschaft in der Guomindang erschien den Führern der Partei als Verrat am Proletariat. Ein solches Vorgehen müsse zwangsläufig die Selbständigkeit der Partei gefährden, ihren Klassencharakter verwischen und ihre Basis verwirren. Maring erwiderte diesen Kritikern, daß die Guomindang keine bürgerliche Partei, sondern eine Koalitionspartei vieler Klassen sei, deren offene Organisationsstruktur und oberflächliche Ideologie der KPCh die Aussicht eröffne, an die Massen heranzukommen und den revolutionären Prozeß zu beschleunigen.[61]

Das EKKI entschied diesen Streit zugunsten Marings. Im August 1922 billigte das Zentralkomitee der KPCh gegen seine eigene Überzeugung die Weisung der Komintern und empfahl allen Kommunisten, die Mitgliedschaft in der Guomindang zu beantragen.[62] Bis Anfang 1924 weigerte sich die KPCh jedoch, ihre Beziehungen in Einklang mit diesem Beschluß zu gestalten.[63] Daß sich die KPCh schließlich doch fügte, lag an der Außenpolitik der Sowjetregierung und am verstärkten Druck der Komintern.

1923 erreichten die Verhandlungen zwischen der russischen Regierung und Sun Yat-sen ihren Abschluß. Die Sowjetregierung sagte der Guomindang politische und militärische Hilfe zu, vor allem durch die Entsendung von Beratern, während Sun in eine umfassende Reorganisation der Guomindang einwilligte, die es den Kommunisten ermöglichen sollte, in der Guomindang mitzuarbeiten.[64] Das EKKI begründete im Januar 1923 umfassend die spezifische Regelung der Beziehungen zwischen der KPCh und der Guomindang, die mit Sun abgesprochen war. In China, stellte die Resolution fest, gebe es nur eine ernst zu nehmende national-revolutionäre Partei, und das sei die Guomindang. Sie stütze sich teils auf die Intelligenz und die Arbeiter, teils auf die liberal-demokratische Bourgeoisie und Kleinbourgeoisie. Da die Arbeiterklasse schwach und die zentrale Aufgabe in China eine nationale Revolution gegen den Imperialismus und seine feudalen Agenten sei, müßten die Kommunisten in die Guomindang eintreten, ohne daß dies auf Kosten der politischen Eigenständigkeit der KP gehen dürfe. Ohne mit der Guomindang zusammenzustoßen, müsse die KPCh die Arbeitermassen organisieren und erziehen, Gewerkschaften aufbauen und so die Basis für eine mächtige Kommunistische Partei schaffen.[65]

In einer Direktive an den 3. Parteitag der KPCh konkretisierte das EKKI im Mai 1923 die Funktion, die die Partei innerhalb der Einheitsfront erfüllen sollte. In dieser Direktive kamen zum erstenmal zwei Punkte zur Sprache, die in der Revolution 1925-1927 den Kern der Kominternlinie bildeten: die Identität von nationaler und antifeudaler Revolution und die Führung der Arbeiterklasse in der national-revolutionären Bewegung. »Die nationale Revolution in China und die Bildung einer antiimperialistischen Front werden notwendig von einer Agrarrevolution der Bauernschaft gegen die Überbleibsel des Feudalismus begleitet sein.«[66] Nur wenn die Bauern in die Bewegung einbezogen würden, könne die Revolution ein Erfolg werden. Deshalb – so die Direktive weiter – »ist die zentrale Frage aller Politik die Bauernfrage. Diesen fundamentalen Punkt zu übergehen [. . .] hieße, die ganze Wichtigkeit der sozial-ökonomischen Grundlage nicht zu verstehen, auf der allein ein siegreicher Kampf gegen den ausländischen Imperialismus und für die gründliche Vernichtung des feudalen Regimes in China aufgebaut werden kann.«[67] Die KPCh müsse in ein enges Bündnis mit der Bauernschaft treten, indem sie unablässig die Losungen der Agrarrevolution propagiere: Konfiskation des Großgrundbesitzes, Abschaffung der Pacht und des Steuersystems sowie Errichtung von Organen bäuerlicher Selbstverwaltung. Ferner habe sie die Guomindang beharrlich auf die Seite der Agrarrevolution zu drängen und in den von Suns Truppen gehaltenen Gebieten die Enteignung zugunsten der armen Bauern durchzusetzen.[68] Diese Maßnahmen gelängen aber nur, wenn die Führung der revolutionären Bewegung bei der Partei der Arbeiterklasse liege. Dazu sei es erforderlich, daß die KPCh die Arbeiterbewegung mit allen Kräften fördere, um sich selbst in eine wirkliche Massenpartei zu verwandeln.[69]

Der 3. Parteitag der KPCh, der im Juni 1923 zusammentrat, bestätigte das Ergebnis der ZK-Sitzung vom vorigen August und sicherte der Komintern zu, ihre Entscheidungen zu befolgen. Die Vereinbarung zwischen Sowjetrußland und der Guomindang, aber auch die im »7. Februar-Zwischenfall« deutlich hervorgetretene eigene Schwäche bewirkten eine neue Bewertung der eigenen Lage. Weil in China eine starke Arbeiterklasse fehle, erklärte der Parteitag, könne es auch keine starke Kommunistische Partei geben. Die Guomindang sei überlegen, und deshalb solle sie »die zentrale Kraft der nationalen Revolution sein und ihre Führung übernehmen«.[70] Mit dieser Bereitschaft der KPCh, der Guomindang freiwillig den Vorrang in der Einheitsfront zu überlassen, ging der 3. Parteitag zwar über das hinaus, was die Komintern verlangte, aber er zog einen Schlußstrich unter die bisherige Politik der Isolation. Auf dem 1. Nationalkongreß der Guomindang im Januar 1924 wurde den Kommunisten die individuelle Mitgliedschaft in der Guomindang unter Beibehaltung ihrer Zugehörigkeit zur KPCh gestattet. Von nun an traten Kommunisten der Guomindang bei und gelobten, deren Prinzipien zu akzeptieren und sich ihrer Disziplin zu unterwerfen.[71]

2.3. Revolution und »Block von innen«: die Taktik der KPCh 1925-1927

Die Überlegung, mit der die Komintern die Kommunisten in einer Zeit der Reaktion und der wiederaufflammenden inneren Kriege zum Beitritt in die Guomindang bewog, schien sich bald als richtig zu erweisen. Die KPCh erlebte einen in der Geschichte der Arbeiterbewegung beispiellosen Aufschwung. Es gelang ihr, das Proletariat zu organisieren und zu unerwarteter Stärke zu führen, die Bauern anzusprechen und in neuen Verbänden zusammenzufassen sowie in der antiimperialistischen Bewegung eine maßgebliche Rolle zu spielen. Genau dieser Erfolg aber mobilisierte die reaktionären Gruppen in der Guomindang, die die immer deutlicher hervortretende revolutionäre Richtung der Arbeiter- und Bauernbewegung mißbilligten. Weil diese Gruppen aber die Armeen kontrollierten, stellte sich der Komintern die Frage nach der weiteren Zukunft der Einheitsfront und ihrer spezifischen Form. War die Annahme richtig, nationaler und sozialer Kampf schlössen sich auch in der Guomindang nicht wechselseitig aus, ja bedingten, verstärkten einander? Wie gestaltete sich das Kräfteverhältnis der verschiedenen Klassen in China?

Über welche Macht verfügte die Arbeiter- und Bauernbewegung im Vergleich mit den bewaffneten Kräften? Auf diese Fragen gab die Komintern widerspruchsvolle und wirklichkeitsfremde Antworten, die Anweisungen an die KPCh zur Folge hatten, die es Tschiang Kai-schek erleichterten, der unvorbereiteten Arbeiter- und Bauernbewegung eine Niederlage mit weitreichenden Konsequenzen beizubringen.

Die vorrangigen Aufgaben, die sich die Kommunisten in der Guomindang entsprechend den Direktiven der Komintern stellten, wurden von ihr zunächst mit bemerkenswerter Schnelligkeit erfüllt. Vor allem kommunistischer Tätigkeit war es zu verdanken, daß sich die Guomindang-Regierung in Kanton gegenüber rechten Angriffen behaupten und ihre Stellung in der Provinz Guangdong festigen konnte. Unter maßgeblicher Beteiligung der KPCh und der von ihr organisierten Massen begann die Guomindang, ihren Macht- und Einflußbereich auszudehnen. Diese Entwicklung mußte jedoch die Geschlossenheit der in der Guomindang vereinigten unterschiedlichen sozialen Schichten berühren, das heißt die Wirksamkeit jener Faktoren, die in China nach Auffassung der Komintern einen klassenübergreifenden revolutionären Block hervorbrachten. In der Analyse der Komintern schlug sich diese Entwicklung in doppelter Weise nieder: einmal wurde eine Spaltung der Guomindang vorhergesagt, zum anderen die Hegemonie der Arbeiterklasse in der revolutionären Bewegung für die nahe Zukunft erwartet. Beides sei der Revolution förderlich, vorausgesetzt, die KPCh vermeide linke und rechte Fehler.

Im März 1925 berichtete G. Vojtinskij in der *Kommunistischen Internationale*, dem Organ des EKKI, von Aktivitäten eines rechten Flügels in der Guomindang, der Kompromissen mit dem Imperialismus nicht abgeneigt sei und die Guomindang in eine rein bürgerliche Partei zu verwandeln beabsichtige.[72] In dem Maße aber, argumentierte die Komintern, wie sich die rechten bürgerlichen Kreise vom revolutionären Lager entfernten, erhöhe sich das Gewicht der Kommunistischen Partei. Von Tag zu Tag werde klarer, schrieb F. R. in der *Kommunistischen Internationale*, »daß die Hegemonie in der sich entfaltenden Bewegung immer mehr und mehr der Arbeiterklasse zufällt«.[73] Die Resolution des 6. Erweiterten EKKI-

Plenums konstatierte abschließend im März 1926 das Ende eines Entwicklungsprozesses der revolutionären Bewegung: die große Handels- und Industriebourgeoisie sei ausgeschieden, das Proletariat zum Führer aufgestiegen.[74] Die richtige Linie bestehe auch jetzt noch darin, um die Guomindang, den »revolutionären Block der Arbeiter, Bauern, der Intelligenz und der städtischen Demokratie«, eine einheitliche Bewegung zu schaffen. Es sei falsch, heißt es in einem Leitartikel der *Kommunistischen Internationale*, die Groß- und Kompradorenbourgeoisie, die die revolutionäre Bewegung verlassen habe, mit der städtischen Demokratie gleichzusetzen und sie mit jener erheblichen Schicht der Bourgeoisie zu verwechseln, die nach wie vor ein vitales Interesse an einer demokratischen Macht habe und die deshalb bereit sei, sich »auf eine ziemlich ausgedehnte Periode hinaus [...] aktiv an der allgemeinen nationalen Freiheitsbewegung [zu] beteiligen«.[75] Einerseits müsse die KPCh verhindern, daß dadurch die Entfaltung der Arbeiter- und Bauernbewegung gestört werde, andererseits aber darauf bedacht sein, »den Kampf der bürgerlichen Schichten um die Einheit und Unabhängigkeit des Landes in höchstmöglichem Maß für sich auszunutzen«.[76]

Bis Mitte 1927 gab diese Überlegung, die auf Fortsetzung des »Blocks von innen« hinauslief, letztlich den Ausschlag für die Direktiven, die die Komintern der KPCh erteilte. Ein erstes Beispiel für die unbedingte Priorität, die die Komintern in ihrer China-Politik der Bewahrung der Einheitsfront einräumte, bietet die Reaktion auf den Zwischenfall am 20. März 1926.[77] Zunächst wurden Nachrichten über den Coup Tschiang Kai-scheks als gefälscht und als provokatorisches Manöver des britischen Imperialismus bezeichnet.[78] Als sich später das volle Ausmaß der Ereignisse nicht mehr vertuschen ließ, spielte die Komintern deren Bedeutung für den Fortgang der Revolution herunter und wies jede Kritik an der Einheitsfront zurück. Gegen den Austritt aus der Guomindang oder eine Umwandlung des Bündnisses in eine Zwei-Parteien-Koalition sprach nach Ansicht der Komintern vor allem der absolute Vorrang, der dem Kampf gegen den Imperialismus und seine chinesischen Handlanger, der mit dem Nordfeldzug vor einem neuen Höhepunkt stand, eingeräumt werden mußte. Ohne die Guomindang und ihre Truppen sei dieser Kampf aussichtslos. In dieser Situation sei ein taktischer Rückzug gerechtfertigt, weil der Austritt aus der Guomindang objektiv einer Hilfeleistung für die Imperialisten gleichkäme.[79]

Die führende Fraktion der Komintern sah keine Notwendigkeit, die Grundzüge ihrer Konzeption für China zu korrigieren. Immerhin versuchte sie Ende 1926, die Erfahrungen des Nordfeldzugs in ihre Linie einzuarbeiten und aus der wachsenden Macht des Militärs innerhalb der Guomindang, die am 20. März sichtbar wurde, Rückschlüsse auf das Kräfteverhältnis der Klassen zu ziehen. Unter dem Schlagwort »Umgruppierung der Kräfte« nahm sich das 7. EKKI-Plenum (November-Dezember 1926) vor, den Standort der Guomindang und die Stellung der in ihr vertretenen Klassen genauer zu bestimmen, um künftige Entwicklungsrichtungen angeben und die Aufgaben für die KPCh präziser fassen zu können. In seiner Resolution zur Lage in China befand das 7. EKKI-Plenum: »Das Entwicklungsstadium der revolutionären Bewegung ist durch eine bedeutsame Umschichtung der sozialen Kräfte charakterisiert.«[80] Die soziale Basis der revolutionären Bewegung, so die Resolution weiter, verenge sich, da die Bourgeoisie den gemeinsamen Block mit den Arbeitern, Bauern und der Kleinbourgeoisie, der die bisherige Etappe der Revolution kennzeichnete, auf Grund der Radikalisierung der Arbeiter- und Bauernbewegung verlassen werde. Die nationalrevolutionäre Bewegung stehe am Vorabend einer Umgruppierung, deren Ergebnis ein Block des Proletariats, der Bauernschaft und des städtischen Kleinbürgertums sein werde, in dem das Proletariat die Führung innehabe, wodurch die Revolution in eine neue, höhere Phase einträte. Das historisch unvermeidliche Ausscheiden der Bourgeoisie aus der Guomindang vollziehe sich aber nur allmählich. Während dieses Prozesses müsse die KPCh fortfahren, von jenen Schichten der Bourgeoisie Notiz zu nehmen, die Imperialismus und Militarismus gegenüber nach wie vor feindlich eingestellt seien.[81]

Sollte die Bourgeoisie auf die Seite der Konterrevolution überwechseln und dadurch ein Block mit – im Vergleich zur vorherigen Etappe – noch revolutionärerem Charakter entstehen, so würde nach Ansicht der Komintern ein Ringen um die

Vormachtstellung in China beginnen, von dessen Ausgang die weitere Richtung der Revolution abhing. Entweder setze sich das Proletariat mit seinen Blockpartnern gegen die Bourgeoisie durch und China gehe im Bündnis mit der Sowjetunion und dem Weltproletariat in nichtkapitalistischen Bahnen auf den Sozialismus zu, oder die Bourgeoisie bleibe siegreich und beschreite nach Abschluß eines Kompromisses mit den imperialistischen Mächten den kapitalistischen Weg. Wie konnte nun die Arbeiterklasse und ihre Partei diesen Kampf mit der Bourgeoisie um die Hegemonie erfolgreich bestehen und damit ihre Vorstellungen einer nichtkapitalistischen Entwicklung verwirklichen?

Das 7. EKKI-Plenum antwortete, daß dazu vor allem die große Masse der Bauern noch stärker als bisher in die Revolution einbezogen und ferner die Kleinbourgeoisie von rechten Einflüssen ferngehalten werden müsse. Gerade diese zwingende Notwendigkeit, die überwältigende Mehrheit der chinesischen Bevölkerung zu gewinnen, um damit über die eigene, enge Klassenbasis hinaus Unterstützung zu finden,

»bestimmt die Haltung der Kommunistischen Partei gegenüber der Guomindang und der Kantoner Regierung. Der Apparat der nationalrevolutionären Regierung gewährt einen sehr wirkungsvollen Weg zur Annäherung an die Bauernschaft, und die KP muß diesen Apparat benutzen [. . .]. Aus diesem und vielen anderen, ebenfalls triftigen Gründen, ist der Vorschlag, daß die KP die Guomindang fallenlassen sollte, falsch.«[82]

Im Gegenteil, die KPCh sollte ihre Arbeit in der Guomindang intensivieren und in der Bekämpfung des rechten, bürgerlichen Flügels nicht nachlassen, die kleinbürgerliche Mitte konsequent kritisieren sowie den linken Arbeiter- und Bauernflügel konsolidieren.

Im Mittelpunkt der taktischen Anweisungen, die das 7. EKKI-Plenum der KPCh erteilte, stand die Aufforderung, die Agrarrevolution der Bauern über die Guomindang und ihre Organe entschieden zu entfalten.

»Wenn wir an die Agrarfrage nicht kühn herangehen und den praktischen und politischen Forderungen der Bauernmassen nicht die erforderliche Unterstützung geben, ist die Revolution gefährdet. Die Weigerung, die Frage der Agrarrevolution in den Vordergrund des Programms der nationalrevolutionären Bewegung zu stellen, aus Angst, dadurch die unentschiedene und unsichere Kooperation der kapitalistischen Klasse zu verlieren, ist unkorrekt [...]. Die KPCh darf solche Fehler nicht machen.«[83]

Die KPCh könne die Bauern hinter sich bringen, wenn sie die sofortige Befriedigung der wichtigsten Interessen der Bauernschaft betreibe, nämlich dafür eintrete, die Pacht herabzusetzen, außerordentliche Steuern abzuschaffen und örtliche demokratische Selbstverwaltungsorgane zu etablieren. Letzten Endes, ergänzte Stalin, dürfe auch die Enteignung von Großgrundbesitzern kein Tabu sein.[84] Diese prinzipiellen Forderungen sollten von Bauern gewählte Komitees formulieren und in die Tat umsetzen. Nach Stalins Erwartung würde die Revolution im Dorf um diese Bauernkomitees als Kern wachsen.[85]

Das Bekenntnis zur Agrarrevolution stand für die Komintern weder im Widerspruch zum Bündnis mit der Guomindang noch zur Effektivität der antiimperialistischen Bewegung, weil die Guomindang ihrem Urteil nach die geeignete Organisation war, die Bauern wachzurütteln, und weil die Opposition gegen die imperialistische Intervention durch die Mobilisierung der Bauern an Schlagkraft gewann. So wie im Mai 1923, als die Komintern zum erstenmal die Schlüsselrolle der Bauernfrage betonte und vom notwendigen Zusammenfallen der nationalen und der antifeudalen Revolution sprach, war für sie auch nach den Ereignissen des Jahres 1926 ausgemacht, daß das antiimperialistische Bündnis mit der Guomindang nicht nur mit tiefen Eingriffen in die bestehenden Agrarverhältnisse vereinbar war, sondern sogar davon profitierte. Stalin sagte auf dem 7. EKKI-Plenum: »Die antiimperialistische Front in China wird um so stärker und mächtiger sein, je schneller und gründlicher die chinesische Bauernschaft in die Revolution hineingezogen wird.«[86] Aus diesem Grund konnte P. A. Mif, ein China-Experte der Komintern, die Furcht der KPCh, mit einer radikalen Bauernpolitik die Einheitsfront in Frage zu stellen, als falsch verurteilen: »Die Kompliziertheit der gegenseitigen Beziehungen zwischen der KPCh und der Guomindang darf die kommunistische Vorhut des chinesischen Proletariats nicht davon abhalten, [...] die Bauernbewegung energisch und entschlossen zu unterstützen.«[87]

Das 7. EKKI- Plenum gelangte zu der Einschätzung, daß das Proletariat bald zur politisch führenden Klasse werde, wenn es die Bauern unter agrarrevolutionären Losungen zusammenfasse und die Allianz mit der Guomindang beibehalte, womit eine neue Gruppierung des revolutionären Blocks einhergehe. Hegemonie des Proletariats, Agrarrevolution und Einheitsfront mit der Guomindang schlössen sich nicht wechselseitig aus, sondern sie bedingten einander und entwickelten sich gemeinsam. – Gerade dieser Zusammenhang aber existierte in China 1927 nicht. Die in der Guomindang tonangebenden Militärs waren weder bereit, eine Umverteilung des Grund und Bodens hinzunehmen, noch gar, sich die Bedingungen ihres Handelns von der Arbeiterklasse und der Kommunistischen Partei diktieren zu lassen. Die Kommunisten mußten folglich wählen. Da die Komintern die Aufkündigung der Zusammenarbeit mit der Guomindang kategorisch verwarf, mußte sie auf die Agrarrevolution und folglich die Hegemonie des Proletariats verzichten. Darauf reduzierte sich die Politik der Komintern und ihrer chinesischen Sektion in der Tat.

Im Oktober 1926 wies die Komintern die KPCh in einem Telegramm an, die Agrarbewegung bis zur Einnahme Shanghais nicht zu verschärfen.[88] Der Nordfeldzug sollte durch die Feindseligkeit der Armeeführer gegenüber den revolutionären Ansprüchen der Bauern so lange nicht gefährdet werden, bis das Proletariat nach der Einnahme Shanghais von den Kämpfen der Bauern nicht länger isoliert war. Doch bereits im Juli 1926 hatte das ZK der KPCh eine Begünstigung des Klassenkampfes auf dem Lande für unangebracht erklärt, weil das zum Auseinanderbrechen der Guomindang führen könne.[89] Solange der Feldzug nach Norden noch andauere, wiederholte das ZK im Januar 1927, sei die Losung »Herabsetzung der Lasten des Volkes« ungeeignet.[90] Immer wenn die Reibungen innerhalb der Einheitsfront nicht ernst genug seien, um Konflikte zu rechtfertigen, »sollten wir weitere Konzessionen anbieten. Dies haben wir bis jetzt vernachlässigt«.[91]

Die Zügelung der Bauernbewegung sollte befristet sein, bis die Revolution nach der Befreiung Shanghais, des Zentrums der Arbeiterbewegung, einen neuen Aufschwung erleben würde. Doch der zeitweilige Rückzug, der der proklamierten Einheit von nationaler und sozialer Revolution im Rahmen der Guomindang widersprach, bahnte die völlige Niederlage an, weil die Macht in China anders verteilt war, als die Komintern in Moskau mutmaßte. Diese Unkenntnis der Lage führte zu Ratschlägen, die genau das Gegenteil dessen erreichten, was sie beabsichtigten: statt das bestimmende Subjekt in der bisher kritischsten Phase der chinesischen Revolution, wurden die Arbeiterklasse und ihre Partei deren Opfer.

Die Komintern erwartete die Umgruppierung der Kräfte ohne Erschütterung der revolutionären Front, da sie von der KPCh so in die Wege geleitet werden könnte, daß sie allmählich und unter voller Kontrolle der fortschrittlichen Fraktion abliefe. Der unvermeidliche Seitenwechsel der Bourgeoisie werde sich, prognostizierte Bucharin, nicht durch einen einseitigen, einmaligen Akt vollziehen. Darum sei es falsch, sich auf eine jähe Klärung der Fronten einzurichten oder gar auf das Abrücken möglichst großer Schichten der Großbourgeoisie hinzuarbeiten.[92] Bis zu allerletzt sollte sich das revolutionäre Lager die Dienste der Bourgeoisie zunutze machen. Die Arbeiter und Bauern schöben die Bourgeoisie vor sich her, so daß dieser gar nichts anderes übrigbleibe, als der Revolution dienlich zu sein, bis sie schließlich aus der revolutionären Bewegung herausfalle. Sowjetischen Parteifunktionären machte Stalin die Lage so klar:

»Die Kuomintang ist ein Block, eine Art von revolutionärem Parlament mit der Rechten, der Linken und den Kommunisten. Wozu einen Staatsstreich machen? Wozu die Rechte verjagen, wenn wir die Mehrheit haben und wenn die Rechte uns gehorcht? Die Bauern brauchen eine alte Schindmähre, solange sie nötig ist. Er jagt sie nicht fort. So auch wir. Wenn die Rechte uns nichts mehr nützen wird, werden wir sie fortjagen. Gegenwärtig brauchen wir die Rechte. Sie besitzt fähige Leute, die noch die Armee leiten und sie gegen die Imperialisten führen. Tschiang Kaischek hat vielleicht keine Sympathie für die Revolution, aber er führt die Armee und kann gar nicht anders, als sie gegen die Imperialisten zu führen. Außerdem haben die Leute von der Rechten Beziehungen zu den Generälen Tsang Tso-lins und verstehen sehr gut, diese zu demoralisieren und zu veranlassen, mit Sack und Pack und ohne Schwertstreich auf die Seite der Revolution überzulaufen. Auch sie haben Verbindungen mit den reichen Kaufleuten und können bei ihnen Geldmittel aufbringen. Man muß sie also bis zu Ende ausnützen, wie eine Zitrone ausquetschen und dann wegschmeißen.«[93]

Ähnlich widerspruchsvoll wie in der Bauernfrage agierte die Komintern auch in bezug auf die nationalrevolutionäre Armee der Guomindang. Sie erkannte die Bedeutung einer revolutionären Armee an und forderte die KPCh auf, der Arbeit in der Armee höchste Beachtung zu schenken. Stalin stellte fest: »In China kämpft die bewaffnete Revolution gegen die bewaffnete Konterrevolution. Das ist eine der Besonderheiten der chinesischen Revolution [...]. Das Kriegswesen bildet jetzt den wichtigsten Faktor in der chinesischen Revolution.«[94] Den Generälen der nationalrevolutionären Armee – oft ehemalige Warlords, die sich dem Nordfeldzug angeschlossen hatten – behagte jedoch die Mobilisierung der Bauern nicht, da sie deren eigene ökonomische Position als Grundeigentümer in Frage stellte. Sie wehrten sich folglich auch gegen Versuche der Kommunisten, die Armee als Instrument revolutionärer Veränderungen einzusetzen. Wieder hatte die Komintern die Wahl: entweder sie verzichtete auf die Einheit mit reaktionären Generälen oder sie akzeptierte deren Bedingungen. A. Martynov, ein anderer China-Experte der Komintern, dekretierte: in Verfolgung ihrer Ziele »darf die KPCh nicht dem von bürgerlichen Generälen geleiteten Revolutionsheer und der Nationalregierung Schwierigkeiten bereiten, sondern sie muß im Gegenteil deren revolutionären Kampf unterstützen«.[95] Die bürgerlichen Generäle gehörten zu jener auszunutzenden Klasse, die von den revolutionären Kräften zu einem von ihnen gewählten Zeitpunkt neutralisiert werden sollte.[96]

Im Unterschied zu Sun Yat-sen begriff die Komintern sowohl den untrennbaren Zusammenhang zwischen Imperialismus, vorkapitalistischer Ausbeutung und der spezifischen Form der politischen Herrschaft in China als auch die Notwendigkeit ihrer gemeinsamen revolutionären Überwindung. Da fast die gesamte chinesische Gesellschaft unter der herrschenden Ordnung litt, baute die Komintern ihre revolutionäre Taktik auf der Einheitsfront mit der Guomindang auf, in der das Proletariat mit Hilfe der Bauern nach und nach zur bestimmenden Klasse aufsteigen sollte. Doch die Dynamik der Revolution, die revolutionäre Energie sowohl der Arbeiter wie der Bauern machte dieses Konzept spätestens mit der Einnahme Wuhans im Oktober 1926 hinfällig. Die chinesische Revolution paßte nicht in den von der Komintern vorgesteckten Rahmen: die Klassendifferenzen innerhalb der Einheitsfront waren größer als die gemeinsame Feindschaft gegen die ausländische Intervention und ihre chinesischen Stützen. Die saubere Gliederung der Revolution in Stufen und der Gesellschaft in Blöcke hielt nicht Schritt mit der Geschwindigkeit, mit der sich die Richtung der Revolution und die Beziehungen der Klassen in China wandelten.

Die Niederlage der KPCh 1927 stellt einen tiefen Einschnitt in der Geschichte der chinesischen Revolution dar. Die Klasse, deren Auftreten in China nach den mißlungenen Versuchen der Bauern und der bürgerlichen Intelligenz, die alte Ordnung zu stürzen, den Entwicklungsgang und die Aussichten der Revolution nachhaltig veränderte und deren Ausdauer und Vorwärtsdrang 1925-1927 große Erfolge in der Befreiung Chinas brachte, wurde 1927 entscheidend besiegt. Das Proletariat hörte auf, die treibende Kraft der revolutionären Bewegung zu sein. Im politischen Verhältnis der Klassen kam ihm keine Bedeutung mehr zu. Und was Tschiang Kaischek selbst nicht schaffte, brachte die Komintern mit ihrer abenteuerlichen Politik in den Jahren 1928-1930 zuwege: die Festschreibung dieses Zustands. Die Konterrevolution war im ganzen Land auf dem Vormarsch, die herrschende Klasse gewann ihre alten Stellungen zurück und baute sie aus.

3. Mao Tse-tung und Kommunistische Partei Chinas 1927-1949: Agrarrevolution, Krieg und Gebiete Roter Macht

Die Revolution scheiterte 1927 in den Städten. Die Niederlage der Revolution war eine Niederlage des Proletariats und bedeutete für absehbare Zeit die Aussichtslosigkeit von revolutionären Umwälzungen, die von dieser Klasse initiiert und getragen werden konnten. Mit den Städten als Zentrum dominierte die Konterrevolution in ganz China. Mao Tse-tungs Konzeption revolutionärer Taktik hatte ihren Ursprung im Sieg der Konterrevolution und war eine Reaktion auf die nach 1927 entstandene Lage. Ihre wesentlichen Eigenschaften und ihre Neuartigkeit als Programm einer Kommunistischen Partei liegen in der besonderen Antwort begründet, die sie auf den Rückschlag von 1927 gab.

Maos Verarbeitung der Erfahrungen des Jahres 1927 hob sich deutlich von den Ergebnissen ab, zu denen die Leitung der KPCh unter der Einwirkung der Komintern gelangte. Die Komintern hielt auch nach der verheerenden Vernichtung der Organisationen der Arbeiterklasse im Gefolge von Tschiang Kai-scheks Coup im April 1927 an der Behauptung fest, die Revolution stünde auf der Tagesordnung. Die revolutionäre Bewegung befand sich nach Einschätzung der Komintern lediglich in einem momentanen Tief, in einem Tal zwischen zwei revolutionären Wellen. Daraus schloß die Komintern, daß sich die KPCh auf Aufstände vorbereiten müsse. Um die Jahreswende 1927-1928 und wieder 1930 nahm die Führung der KPCh den von der Komintern vorhergesagten Aufschwung der Revolution wahr und inszenierte Aufstände in den Städten, um die verlorene proletarische Basis zurückzuerobern. Diese Politik endete wegen mangelnder Resonanz bei den Arbeitern in Fehlschlägen, die schließlich genau das vereitelten, was ihre Urheber mit ihr beabsichtigt hatten: die Arbeiterklasse für die Revolution zurückzugewinnen.[97]

Mao orientierte sich auch nicht an jenen Beispielen kommunistischer Politik aus der Vergangenheit, in denen die Arbeiterklasse nach großen Erfolgen ebenfalls auf dem Rückzug war. Eine solche Linie, die in Deutschland nach 1849 oder in Rußland nach 1905 befolgt wurde, hätte in China so aussehen können, wie sie L. D. Trockij nach 1927 in Opposition zur Komintern vortrug. Trockij akzeptierte, daß China in eine Periode der Konterrevolution eingetreten war, und empfahl die Organisationen der Arbeiterbewegung langsam wiederaufzubauen. Die Arbeiter sollten allmählich, über die Führung des täglichen Kleinkriegs zwischen Arbeit und Kapital, von neuem an politische Kämpfe mit zunächst bescheidenen Zielen herangeführt werden. Trockij wollte die Arbeiter Schritt für Schritt aktivieren und durch die Teilnahme an allgemeindemokratischen Kampagnen auf künftige revolutionäre Auseinandersetzungen vorbereiten.[98]

Die Vorstellungen vom richtigen revolutionären Weg, die Mao nach 1927 entwickelte, unterscheiden sich sowohl vom putschistischen Projekt der Komintern wie von der Anlehnung an Vorbilder aus der Geschichte der Arbeiterbewegung, die von Trockij propagiert wurde. Mao nahm die Ausgangspositionen beider Linien auf. Er erkannte die Überlegenheit der Imperialisten und der herrschenden Klasse in China an und machte sich – anders als die Komintern – über das Ausmaß der Niederlage nichts vor. Aber im Gegensatz zu Trockij bejahte Mao die Möglichkeit revolutionärer Schritte auch nach 1927. Mao bestand auf Revolution in einer konterrevolutionären Situation.[99] Diese Überzeugung Maos, auch in der jeder wirklichen Veränderung extrem feindlichen Umwelt direkt revolutionäre Politik betreiben zu können, bedingt die Besonderheiten seiner Konzeption revolutionärer Taktik.

In erster Linie ergab sich daraus, daß die Arbeiterklasse als Träger der Revolution nicht in Betracht kam. Mao mußte sich einer anderen Klasse zuwenden, die ebenfalls unterdrückt und ausgebeutet wurde und daher für eine grundlegende Umgestaltung der Verhältnisse zu gewinnen war, nämlich den Bauern. Die Bauern bildeten die mit Abstand größte Klasse, die überall und nicht nur an einigen Schwerpunkten existierte und die in den Jahren 1926-1927 bewiesen hatte, zu welch revolutionärem Schwung sie fähig war. Das Eingeständnis konterrevolutionärer Übermacht, die von den Städten ihren Ausgang nahm, verlangte von Maos Standpunkt aus, sich von der Arbeiterklasse zu trennen und aufs Land zurückzuweichen. Die Bauernschaft war in China die einzige Klasse, die jene Voraussetzungen erfüllte, die das Beharren auf Revolution nach 1927 erforderte.

Aus Maos Grundposition – in China sind auch in einer Periode konterrevolutionärer Hegemonie revolutionäre Änderungen aktuell – folgte weiter die Notwendigkeit einer Armee, die aus der revolutionären Bewegung selbst hervorging, ihr Tätigkeitsfeld sicherte und unter günstigen Umständen vergrößerte. Nur bewaffnet war die Revolution imstande, sich unter der Herrschaft der ländlichen Ausbeuterklasse mit den Warlords an der Spitze jenen Raum zu schaffen, den sie für ihr Bestehen und erst recht für ihre Fortentwicklung brauchte.

Aus der genauen Kenntnis dieses Sachverhalts folgerte Mao ferner, daß eine gesamtnationale Revolution für lange Zeit ausgeschlossen war. Die revolutionäre Bewegung konnte sich für Mao nur in den Gegenden entfalten, die weit von den Zentren der Konterrevolution entfernt lagen und darüber hinaus eine Reihe politischer, ökonomischer und geographischer Vorteile vereinten. Die Revolution mußte sich zunächst auf wenige ausgewählte Regionen beschränken, von wo aus sich allmählich in einem langwierigen Kampf das Kräfteverhältnis zu ihren Gunsten gestalten konnte.

Maos Taktik bedeutete die Aufgabe der Städte und die Suche nach den Bedingungen und Orten im Hinterland Chinas, die unter dem Schutz einer eigenen Armee das Überleben der Revolution gestatteten. Ihre Kernpunkte waren demnach Agrarrevolution, Krieg und Gebiete Roter Macht. Mao mußte darlegen, wie die Bauern von der KPCh gegen die Grundeigentümer geführt und nach welchen Prinzipien die Verhältnisse auf dem Land revolutioniert werden konnten. Sein Konzept erforderte das Erkennen jener Regeln, nach denen eine relativ schwache revolutionäre Armee erfolgreich Krieg gegen einen besser ausgerüsteten und größeren Feind führen kann. Mao mußte schließlich erklären, wo Stützpunktgebiete möglich und wie diese gegen gegnerische Angriffe zu halten waren.

3.1. Revolution gleich Bauernrevolution

Mao zufolge wurde die chinesische Gesellschaft von zwei grundlegenden Widersprüchen bewegt, dem Widerspruch zwischen Imperialismus und chinesischem Volk und dem Widerspruch zwischen Großgrundeigentum und Bauernschaft. Wie für die Komintern hatte die chinesische Revolution auch für Mao den Sturz der Fremdherrschaft sowie die Abschaffung der Feudalordnung zum Inhalt und war daher von ihrer Ausgangsposition her bürgerlich-demokratischer Natur. Mao stimmte mit der Komintern auch darin überein, daß in dieser Revolution der Arbeiterklasse die Führung zukommen müsse, weil die Bourgeoisie zu schwach und mit der Klasse der Grundeigentümer und den ausländischen Kapitalisten zu eng verflochten sei: »China braucht dringend eine bürgerlich-demokratische Revolution, und diese Revolution kann nur unter der Führung des Proletariats vollendet werden.«[100] Mao wies China denselben Ort im damals gängigen Revolutionsschema zu wie die Komintern.

Doch Mao zufolge zeichnete sich die antifeudale und antiimperialistische, vom Proletariat angeführte und vollzogen chinesische Revolution durch ureigene Besonderheiten aus. Diese Besonderheiten aufzuzeigen und in eine Konzeption revolutionärer Taktik umzusetzen, betrachtete Mao als die eigentliche Aufgabe der theoretischen Bestimmung des Verlaufs und der Richtung der chinesischen Revolution. Er gab freilich Tatbestände als Besonderheiten aus, die nicht unmittelbar aus der Struktur der chinesischen Gesellschaft abzuleiten waren, sondern eine bestimmte historische Konstellation unterstellten, nämlich jene, die aus dem Zusammenbruch der Revolution 1927 hervorging. Die von Mao konstatierten Besonderheiten, auf denen seine revolutionäre Taktik basierte, setzten die »Besonderheit« einer zerschlagenen und wirkungslosen Arbeiterklasse voraus, waren also an eine ganz spezifische Lage geknüpft. Mao überhöhte die Lehren, die er aus dem Scheitern von 1927 zog, zu allgemeinen Besonderheiten der chinesischen Revolution. Seine Vorstellungen waren eindeutig auf die Ereignisse von 1927 bezogen, folglich nur in deren Kontext relevant und wirksam. Als wichtigste Eigenheit der chinesischen Revolution nannte Mao daher ihre Verankerung bei den Bauern und ihre Bewegung von den Dörfern in die Städte.

Für Mao stand unwiderruflich fest, daß die imperialistischen Mächte die Städte fest im Griff hatten und sich von dort aus im Verein mit den Grundeigentümern und Militärmachthabern jeder Veränderung der Verhältnisse entgegenstellten. Mao setzte daher Imperialismus mit Konterrevolution und Konterrevolution mit der Situation in den Städten gleich. Solle die Revolution am Leben erhalten werden, müsse sie sich von den Städten, also auch von den städtischen Klassen lossagen. »Die Revolution beginnt, entwickelt sich und siegt zuerst stets dort, wo die Kräfte der Konterrevolution verhältnismäßig schwach sind.«[101] Dies sei auf dem Lande der Fall, wo die Konterrevolution aufgrund der Entfernung von ihrer städtischen Basis anfälliger sei. Weil der Imperialismus die Städte besetzt habe, müsse sich die revolutionäre Bewegung zum Widerstand gegen ihn auf das Land zurückziehen. Für Mao war Revolution in China mit Agrarrevolution identisch. Ihr Subjekt war die Bauernschaft.

Da Mao ausschloß, daß der Imperialismus dort bekämpft, geschweige denn bezwungen werden konnte, wo die Fäden seiner Intervention zusammenliefen, wo er seine Soldaten stationiert, sein Kapital investiert hatte und wo er Handel betrieb, in den Küstenstädten nämlich, konnte für ihn auch die *nationale* Revolution nur auf dem Lande stattfinden. Sie stellte sich ihm als die notwendige Begleiterscheinung des revolutionären Prozesses dar, in dessen Verlauf die Bauern die Macht der feudalen Grundeigentümer brachen. Der Übergang des Bodens und der politischen Gewalt in die Hände der Bauern zog bei Mao die Vertreibung der fremden Invasoren nach sich. »Alle revolutionär gesinnten Genossen müssen wissen, daß die nationale Revolution eine große Veränderung auf dem Lande verlangt.«[102] Die nationale Selbstbehauptung folgt der Umwälzung der Agrarverhältnisse. Anders ausgedrückt: erst der Aufstand in den Dörfern ermöglicht der revolutionären Bewegung, sich der Städte zu bemächtigen, in denen der Imperialismus residiert.

In den europäischen Staaten müsse, so meinte Mao, der Angriff des Proletariats in den Städten im Mittelpunkt stehen, auf den dann die Eroberung der Dörfer folge. In China aber müsse die Revolution einen völlig anderen Weg einschlagen, da die Besonderheit des halbkolonialen Status erfolgreiche revolutionäre Vorstöße zunächst nur auf dem Lande erlaube. Darauf müsse sich die KPCh einstellen und den Schwerpunkt ihrer Tätigkeit in die Dörfer verlegen. Auf der Basis des dort Erreichten rücke dann ein Sieg in den Städten – für Mao gleichbedeutend mit einem Sieg über den Imperialismus – in den Bereich des Möglichen. Die Umwälzung der Herrschaftsverhältnisse im Hinterland Chinas schaffe die Bedingungen für die Eroberung der Städte, das heißt für das Ende der imperialistischen Unterjochung. Die Agrarrevolution kulminierte für Mao in der Einnahme der städtischen Zentren. Mao nannte das: die Städte vom Land aus einkreisen. Wer die Arbeit im Dorf der Arbeit in der Stadt unterordne, warf Mao seinen parteiinternen Kritikern vor, falle einem Trugbild zum Opfer, das an der chinesischen Wirklichkeit zerbreche, und werde deshalb sowohl in den Dörfern wie in den Städten ein Fiasko erleiden.

»Solange also die Lage als Ganzes nicht wieder die Bedingungen für die Schaffung der demokratischen Macht in den Städten gewährleistet, muß die Arbeit im Dorfe in der chinesischen revolutionären Bewegung die dominierende Rolle spielen, die Arbeit in der Stadt dagegen – nur eine Hilfsrolle. Erfolge der Revolution im Dorfe und zeitweilige Unmöglichkeit, ebensolche Erfolge in der Stadt zu erringen, Angriff im Dorf, und, in der Regel, Verteidigung in der Stadt, mehr noch Erfolge und Angriff in einer ländlichen Gegend und Mißerfolge, Rückzug und Verteidigung in einer anderen – das ist in dieser Periode das komplizierte Bild des Kampfes zwischen der Revolution und der Konterrevolution in China, und gerade so wird der notwendige Weg gebahnt, auf dem die Revolution in der gegebenen Lage von der Niederlage zum Sieg schreiten wird.«[103]

Die Einheit von nationaler und antifeudaler Revolution, wie Mao sie begriff, unterschied sich wesentlich von dem gleichlautenden Prinzip, das die Komintern zum erstenmal 1923 formulierte. Für die Komintern stellte sich diese Einheit durch die Wechselbeziehung zwischen den Aktionen vor allem der Arbeiter und Kleinbürger in den Städten und der bäuerlichen Machtentfaltung auf dem Lande her und bedurfte der permanenten Vermittlung durch die revolutionäre Avantgarde der Kommunistischen Partei. Der Zusammenhang von Agrarrevolution und nationaler Befreiung gewann Gestalt und wurde wirksam, sobald die wechselseitige Abhängigkeit von Arbeitern und Bauern in gemeinsamem Vorgehen mündete. Mao dagegen sah die Einheit von nationaler und sozialer Revolution im antifeudalen Kampf der Bauern realisiert. Sie ist, das implizieren Maos Aussagen, in der bäuerlichen Revolution notwendig enthalten, weil jeder Schritt gegen die Grundeigentümer das Fundament der imperialistischen Herrschaft untergräbt. Die Befreiung der Bauern erreicht ihren Höhepunkt im Zusammenbruch der imperialistischen Vormachtstellung. Konsequentes Vorgehen gegen die fremden Mächte erforderte daher unter den besonderen Bedingungen Chinas in Maos Konzeption den Rückzug der revolutionären Bewegung in die Dörfer – ein für die Komintern undenkbarer Schluß.

Die von Mao so verstandene Einheit von Agrarrevolution und Wiedergewinnung nationaler Selbständigkeit sollte dem halbkolonialen Zustand Chinas gerecht werden, der darin bestand, daß die imperialistischen Mächte zwar die politischen und ökonomischen Kommandohöhen kontrollierten, aber das riesige agrarische Hinterland nur indirekt beherrschten. Sie galt daher nicht in dieser Eindeutigkeit für jene neue Periode der chinesischen Geschichte, die mit dem Aggressionskrieg

Japans 1937 begann. Denn dieser Krieg war für Mao der Versuch, China in eine Kolonie umzuwandeln und das chinesische Volk zu zerstören.[104] Der innere Widerspruch werde jetzt, schrieb Mao, in seiner politischen Bedeutung klar vom Hauptwiderspruch zwischen China und Japan überschattet. »Die Tatsache, daß ein Feind der Nation tief in unser Territorium eingedrungen ist, bestimmt alles.«[105] Sie veranlasse die Klassen, so Mao weiter, ihre Beziehungen zueinander an der drohenden Gefahr der Kolonialisierung auszurichten und sich in einer antijapanischen Einheitsfront zusammenzuschließen. Dies verlange von der revolutionären Bewegung Zugeständnisse, so den Verzicht auf agrarrevolutionäre Maßnahmen, um auch jenen Grundherren, die nicht gegen den Widerstandskrieg eingestellt seien, die Teilnahme an der Einheitsfront zu ermöglichen.[106] Nach dem Einfall Japans sei den Kommunisten nicht mehr die Aufgabe gestellt, das ganze imperialistische Herrschaftssystem zu beseitigen, sondern allein die Inbesitznahme Chinas durch Japan zu verhindern. Dementsprechend ziele die Revolution auch nicht mehr auf die feudalen Ausbeutungsverhältnisse insgesamt, sondern lediglich auf jene ihrer Repräsentanten, die mit den japanischen Invasoren kollaborierten.

Aber auch der Krieg gegen Japan sei seinem Charakter nach revolutionär, bilde – wie Mao sagte – eine neue Entwicklungsstufe der Revolution.[107] Da in China eine revolutionäre Bewegung ihren Sitz nur in den Dörfern haben könne, müsse dieser Krieg auf dem Lande mit den Bauern geführt werden.

> »Der Widerstandskrieg gegen Japan ist seinem Wesen nach ein Bauernkrieg. Wir leben jetzt in einer Zeit der ›Theorie des In-die-Berge-Gehens‹, [. . .] und alles spielt sich in den Bergen ab, geschieht dem Wesen der Sache nach für die Bauern. Und alles, was für den Widerstandskrieg und für das Leben benötigt wird, geben uns dem Wesen der Sache nach die Bauern. [. . .] Das bedeutet, daß die chinesische Revolution ihrem Wesen nach eine Bauernrevolution ist und daß der gegenwärtige Widerstand gegen die japanische Aggression seinem Wesen nach ein antijapanischer Widerstand der Bauern ist.«[108]

In all ihren Phasen war die chinesische Revolution der Einschätzung Maos nach eine Revolution der Bauern, die im halbkolonialen China die Form der Umwälzung der Agrarverhältnisse und unter der akuten Bedrohung des Bestandes der chinesischen Nation die Form des antijapanischen Widerstandskrieges annahm. Nach der Niederlage Japans trat China folglich in ein neues Stadium der Revolution ein, in dem wieder das gesamte Grundeigentum attackiert wurde.

Diese Politik hatte Erfolg. Anfang 1949 verwaltete die KPCh weite Teile Chinas, hatte wichtige Städte erobert, und die Eroberung weiterer Städte stand in Aussicht. Die Revolution der Bauern gegen die Grundherren und die japanischen Aggressoren gipfelte in der Besetzung der Städte und zog, wie Mao erwartet hatte, den Zusammenbruch des Systems imperialistischer Herrschaft nach sich, wie es sich seit der Mitte des 19. Jahrhunderts herausgebildet hatte. Damit fiel der Grund weg, der die Kommunisten gezwungen hatte, sich aus ihrer eigentlichen Umgebung in die Berge zu entfernen. Die Revolution hatte sich vom Dorf in die Stadt bewegt und entwickelte sich nun in umgekehrter Reihenfolge.

»Von 1927 bis jetzt lag der Schwerpunkt unserer Arbeit auf dem Lande; auf dem Lande sammelten wir Kraft, wir umzingelten die Städte vom Lande aus und nahmen sie dann ein. Die Periode, in der wir eine solche Arbeitsmethode anwandten, ist nun bereits abgeschlossen. Jetzt beginnt die Periode ›von der Stadt aufs Land, von der Stadt auf das Land anleiten‹. Der Schwerpunkt der Parteiarbeit verlagert sich vom Lande in die Stadt [. . .]. Keinesfalls dürfen wir die ländlichen Gebiete vernachlässigen und nur den Städten Beachtung schenken; eine solche Auffassung wäre völlig falsch. Aber der Schwerpunkt der Arbeit der Partei und der Armee muß in den Städten liegen, es müssen größte Anstrengungen unternommen werden zu lernen, die Städte zu verwalten und aufzubauen.«[109]

Wer China umgestalten wolle, müsse begreifen, »daß die chinesische Gesellschaft an beiden Enden dünn und in der Mitte dick ist«.[110] Sowohl das Proletariat am einen wie auch die Bourgeoisie und die Grundherren am anderen Ende machten nur eine verschwindende Minderheit der chinesischen Bevölkerung aus. Es seien die Zwischenklassen, vor allem die der Bauern, die das Gesicht Chinas prägten und ohne die jeder Versuch revolutionärer Politik von vornherein zum Scheitern verurteilt sei. »Daß die Bauern achtzig Prozent der Bevölkerung Chinas bilden, weiß jedes Schulkind. Deshalb bildet die Bauernfrage die Grundfrage der chinesischen Revolution, sind die Kräfte der Bauern ihre Hauptkraft.«[111] Als Bauernfrage bezeichnete Mao die Schwierigkeiten jener Schichten, die einen Teil oder das ganze Land, das sie bearbeiteten, von Grundherren pachten mußten.[112] Diese Riesenmasse der armen Bauern

»bildet die Vorhut beim Sturz der feudalen Kräfte; es sind dies jene verdienstvollen Pioniere, die das große revolutionäre Werk vollbracht haben, das so viele Jahre ungetan geblieben war [...]. Ohne die armen Bauern gäbe es keine Revolution. Wer ihre Rolle negiert, der negiert die Revolution. Wer über die armen Bauern herfällt, der fällt über die Revolution her. Was die allgemeine Richtung der Revolution betrifft, haben sie nie Fehler begangen.«[113]

Da für Mao die Bauern den Ausschlag gaben, stand und fiel der Führungsanspruch der KPCh mit ihrer Verbindung zur Bauernschaft. Für Mao entschied die Beteiligung der Bauern über den Erfolg, nicht aber über die politische Gestalt der Revolution. Die Bauern hätten einen engen politischen Horizont, der in ihrer kleinbetrieblichen Wirtschaftsweise begründet liege, demnach für das Bewußtsein der Bauern konstitutiv sei. Er hielt die Bauern für unfähig, selbständig ihre eigene Lage zu verbessern und Chinas Problem zu lösen. Die Bauern seien so lange politisch wirkungslos, wie sie sich nicht einer anderen Klasse unterordneten. Da die Bourgeoisie infolge ihrer Eigennützigkeit und ihrer Neigung zum Verrat die Interessen der Bauern nicht konsequent vertreten könne, sei allein das Proletariat imstande, die Bauern aus ihrer Borniertheit herauszuführen.

»Die armen Bauern und die Mittelbauern können ihre Befreiung nur unter Führung des Proletariats erlangen, und das Proletariat wiederum kann einzig und allein im festen Bündnis mit den armen Bauern und Mittelbauern die Revolution zum Sieg führen, andernfalls ist der Sieg unmöglich.«[114]

Diese Aussage hätte von jeder anderen kommunistischen Partei eines vorkapitalistischen Agrarlands übernommen werden können. Die Besonderheit der Beziehungen der KPCh zu den Bauern lag anderswo, nämlich darin, daß die KPCh nach 1927 fast jeden Kontakt mit der Arbeiterklasse verlor und sich in den Dörfern festsetzte, aber fortfuhr, im Namen der Arbeiterklasse zu sprechen und zu handeln. Die Führung des Proletariats verkürzte sich auf die Führung der KPCh – einer Partei, die von der Arbeiterklasse physisch entfernt war und nur wenige Industriearbeiter zu ihren Mitgliedern zählte.[115]

Die absolute Führung des Proletariats, von deren Notwendigkeit Mao sprach, verwirklichte sich nicht vermittelt über ein Bündnis zwischen Arbeitern und Bauern, sondern dadurch, daß sich die KPCh direkt und nahezu ausschließlich ihre Basis in der Bauernschaft schuf und mit Hilfe der Roten Armee in den Dörfern eine neue Form politischer Macht aufbaute.

Die Revolution hat nur dort eine Chance, wo die Konterrevolution weit von ihren Hauptstützpunkten entfernt und daher relativ schwach ist – das war für Mao ein Grundgesetz revolutionären Handelns in China. Die Imperialisten und ihre chinesischen Helfer waren seiner Ansicht nach immer in der Lage, mit wenigen militärischen Schlägen die Organisationen der Arbeiter zu zerstören und gewaltsam jede unabhängige Aktivität dieser Klasse zu unterbinden. Die chinesische Arbeiterklasse konnte für ihn nicht selbst die aktivste politische Kraft, die tatsächliche Avantgarde sein, daher war sie für die Revolution in ihrem ersten, bürgerlich-demokratischen Stadium verloren. An ihre Stelle setzte Mao die Bauernschaft. Anders als das Proletariat war diese über das ganze Land zerstreut und damit nicht in ihrer Gesamtheit anzugreifen und politisch zu vernichten. Auf dem Land könne, meinte er, trotz des weißen Terrors jederzeit und an jedem Ort revolutionärer Widerstand aufspringen und sich halten. Die Aufgabe der KPCh bestand daher laut Mao darin, den Verlust der Arbeiterklasse zu akzeptieren und statt dessen die Bauern zu mobilisieren und sie so zu organisieren und zu erziehen, daß sie auch ohne wirklichen Rückhalt im Proletariat, in Abwesenheit städtischer Klassenkämpfe, eine revolutionäre Entwicklung in Gang setzen, aufrechterhalten und über ganz China tragen konnten. Die KPCh mußte sich in China in der Bauernschaft das revolutionäre Subjekt erzeugen, das das Proletariat aufgrund besonderer Umstände nicht sein konnte. Aus einem Brief, den Mao im April 1929 an das ZK richtete, geht klar hervor, wie er den spezifischen Beitrag der verschiedenen Klassen zur chinesischen Revolution einschätzte:

»Der Schlüssel zum Sieg der Revolution ist einzig und allein die proletarische Führung. Die Schaffung einer proletarischen Basis der Partei, die Gründung von Zellen in Industriebetrieben in zentralen Gebieten – das ist augenblicklich eine wichtige organisatorische Aufgabe der Partei; aber gleichzeitig sind besonders die Entfaltung des Kampfes auf dem

Lande, die Errichtung der roten Macht in kleinen Gebieten, die Aufstellung und Erweiterung der Roten Armee jene Hauptvoraussetzungen, die den Kampf in den Städten fördern und den Aufschwung der Revolution beschleunigen. Deshalb ist der Verzicht auf den Kampf in den Städten ein Fehler; aber die Entwicklung der Kräfte der Bauern zu fürchten und zu glauben, es würde für die Revolution von Nachteil sein, wenn die Kräfte der Bauern die der Arbeiter übertreffen werden, halten wir, falls es solche Ansichten unter den Parteimitgliedern gibt, ebenfalls für falsch. Denn die Revolution im halbkolonialen China muß stets eine Niederlage erleiden, wenn den Bauern in ihrem Kampf die Führung durch die Arbeiterklasse fehlt, aber es kann niemals ungünstig für die Revolution selbst sein, wenn im Laufe des Kampfes die Kräfte der Bauern die der Arbeiter übertreffen.«[116]

Mao ging in seinen veröffentlichten Schriften nie so weit, die Arbeiter für die Revolution völlig aufzugeben, aber er hielt ihre Mitwirkung für weitgehend irrelevant. Selbst wenn es der KPCh gelingen sollte, in den Städten wieder Fuß zu fassen, konnte und durfte die Arbeiterklasse höchstens eine unterstützende Funktion wahrnehmen, weil für Mao die Revolution langfristig nur auf dem Lande die Chance hatte, zu überleben und jene Kräfte zu sammeln, die am Ende den Erfolg garantierten. Mao gestand der Arbeiterklasse allenfalls die Rolle zu, den Gegner mit Ablenkungsmanövern vom eigentlichen Schauplatz der Revolution fernzuhalten. Er ersetzte das kleine, geschlagene und von den Imperialisten umgebene Proletariat durch die Riesenmasse der überall vorhandenen und zur Revolution bereiten Bauern. In China brauchte das sicher beherrschte Proletariat einen Stellvertreter – die Bauern.

Mit dieser Substitution[117] kehrte Mao das Verhältnis zwischen Arbeitern und Bauern, wie es in der marxistischen Theorie herkömmlich aufgefaßt wird, nicht einfach um. Denn jenseits dieses Verhältnisses und unbetroffen von seiner Art stellte Mao die Kommunistische Partei. Die KPCh hörte dadurch, daß sie die Klasse, durch die sie handelte, auswechselte, nicht auf, die Partei des Proletariats zu sein. Nach wie vor verstand sie sich als die organisatorische Gestalt des proletarischen Klassenbewußtseins, obwohl sie nicht mehr lediglich durch den höheren Grad an Einsicht in die Bewegungsgesetze der Gesellschaft von der Masse der Arbeiter getrennt, sondern fast vollständig von ihr isoliert war. Der

KPCh fehlte die Wechselbeziehung zur Arbeiterklasse, doch diese blieb ihr Bezugspunkt. Proletarisches Bewußtsein konnte sich für Mao in Abwesenheit der Arbeiterklasse konstituieren und sich in der KPCh darstellen. Ohne Berührung zur Arbeiterklasse setzte sich die KPCh in den Dörfern mit dieser gleich. Die für eine Kommunistische Partei konstitutive Trennung von der Arbeiterklasse erweiterte sich in China zu einer physischen Trennung, die die KPCh jedoch in ihrem eigenen Fortbestehen aufgehoben sah. Gerade weil die KPCh vom Proletariat abgeschnitten war, sah sie sich mit dieser Klasse vereint. Den Platz des fehlenden Proletariats nahmen in Maos Konzeption die Bauern *und* die KPCh ein: die Bauern als Träger und die KPCh als Führer des revolutionären Prozesses. Nach Mao mochten die Bauern in ihrer politischen Wirksamkeit das Proletariat übertreffen, ja völlig vertreten, solange die KPCh als Verkörperung des Proletariats und seines Bewußtseins existierte. Das revolutionäre Subjekt war für Mao austauschbar, weil die KPCh, die unabhängig von der Arbeiterklasse und doch identisch mit ihr war, die Revolution führte. »Unter der Führung der Kommunistischen Partei kann – solange es Menschen gibt – jedes Wunder auf Erden vollbracht werden.«[118]

3.2. Revolution gleich bewaffnete Revolution

Die chinesische Revolution könne, so Mao, nur durch den bewaffneten Kampf Fortschritte machen, da anders weder die imperialistischen Eindringlinge zu vertreiben noch die von ihnen ausgehaltenen Warlords zu besiegen seien. Das chinesische Volk besitze keine Freiheitsrechte und müsse deshalb der inneren und äußeren Gewaltherrschaft militärische Kraft entgegensetzen. »In China ist die Hauptform des Kampfes der Krieg und die Hauptform der Organisation die Armee.«[119] In dieser Beziehung, schrieb Mao, könne die revolutionäre Bewegung viel von Tschiang Kai-schek lernen, denn dieser habe demonstriert, welche Grundsätze in China lebenswichtig seien: »Wer die Armee hat, hat die Macht«, und: »Der Krieg entscheidet alles.« Das gelte für das Lager der Konterrevolution, in dem allein jene Gruppen und Parteien Macht erlangten, die Gewehre hätten, wie für die revolutionäre Bewegung, die sich nur mit Soldaten behaupten könne. Ohne eine bewaffnete Revolution sei in China der bewaffneten Konterrevolution nicht beizukommen.

»Die Partei des Proletariats, die unter solchen Bedingungen wirkt, muß das Wesen der Dinge erkennen [...]. Jeder Kommunist muß diese Wahrheit begreifen: ›Die politische Macht kommt aus den Gewehrläufen‹ [...]. Manche Leute bezeichnen uns höhnisch als Anhänger der ›Theorie von der Allmacht des Krieges‹; jawohl wir sind Anhänger der Theorie von der Allmacht des revolutionären Krieges, und das ist nicht schlecht, sondern gut, das ist marxistisch. [...] Die Erfahrungen des Klassenkampfes im Zeitalter des Imperialismus lehren uns: Die Arbeiterklasse und die übrigen werktätigen Massen können nur mit der Macht der Gewehre die bewaffneten Bourgeois und Grundherren besiegen; in diesem Sinne können wir sagen, daß die ganze Welt nur mit Hilfe der Gewehre umgestaltet werden kann.«[120]

Da die kommunistische Bewegung nach 1927 die Städte verließ, kamen allein die Bauern für die »Bedienung der Gewehre« in Frage. Die Rote Armee, befand Mao, entstehe und wachse aus dem Kampf der Bauern unter der Führung des Proletariats.[121] In China ging die Bauernbewegung in die Bewegung der Roten Armee über. »Wenn man in China vom bewaffneten Kampf spricht, so ist damit dem Wesen nach der Bauernkrieg gemeint; die engen Beziehungen der Partei zum Bauernkrieg sind eben die Beziehungen der Partei zur Bauernschaft.«[122] Mao sah die höchste Form des revolutionären Kampfes dann erreicht, wenn die Bauern, in der Roten Armee bewaffnet und vom Proletariat geführt, in den Dörfern Aufstände unternahmen und Schritt für Schritt den Städten näher trieben.

Mao zählte die militärische Form, in der sich die revolutionäre Auseinandersetzung vollzog, zu den wichtigsten Besonderheiten der chinesischen Revolution. Im Unterschied zu vielen seiner parteiinternen Gegner begriff er also die Rote Armee nicht bloß als Mittel, um aus einer vorübergehenden Schwierigkeit herauszukommen, die im Vergleich zur Bewegung der Massen eine nebensächliche Rolle spielte, sondern als die unverzichtbare Voraussetzung jeglichen revolutionären Handelns. Die Rote Armee, so Mao, mache die Revolution und sei nicht deren zweitrangiges Hilfsinstrument. Ohne Armee gebe es in China keine revolutionäre Bewegung und keine revolutionären Veränderungen. Hinter die militärische Hauptmethode müßten alle anderen Formen revolutionärer Arbeit zurücktreten. Auch die KPCh sei in ihrer Existenz und Entwicklung an die Armee gebunden.

»Wir haben begriffen, daß in China ohne bewaffneten Kampf kein Platz für das Proletariat wäre, kein Platz für das Volk und kein Platz für die Kommunistische Partei und daß die Revolution nicht siegen würde. Achtzehn Jahre lang vollzog sich die Entwicklung unserer Partei, ihre Festigung und Bolschewisierung inmitten revolutionärer Kriege (und ist damit vom Partisanenkrieg nicht zu trennen). Ohne den bewaffneten Kampf, ohne den Partisanenkrieg würde es die Kommunistische Partei, wie sie heute ist, nicht geben. Kein Genosse in unserer Partei darf diese mit Blut erkaufte Erfahrung vergessen.«[123]

Da laut Mao in China alles aus den »Gewehrläufen kam« und der Krieg allmächtig war, drängte er die revolutionären Organisationen und auch die KPCh in die Rolle des Zuträgers der Roten Armee. Mao beurteilte jede Massenbewegung danach, ob sie die Führung des Krieges erleichterte.[124] Zwar wollte er niemals zulassen, daß die Gewehre die Partei kommandierten, aber er ließ nicht den geringsten Zweifel daran, daß die KP in China allein auf die Gewehre gestützt lebensfähig war. »Man kann sagen, daß die Geschichte unserer Partei eine Geschichte des bewaffneten Kampfes ist.«[125] Dies besagt: der bewaffnete Kampf muß Vorrang haben, weil er die Existenzbedingung für die KPCh schafft. Solange die Hauptform der chinesischen Revolution der Krieg war, so lange konnte die KPCh lediglich ein parasitäres Dasein im Körper der Roten Armee führen.[126]

Für die Rote Armee hieß Krieg Revolution. Anders als die Armeen der Militärmachthaber, schrieb Mao, kämpfe die Rote Armee nicht für sich selbst, sondern als Werkzeug der Durchführung der Revolution.[127] Dies spiegelte sich in den Prinzipien ihrer inneren Ordnung, in ihrem Verhalten gegenüber dem Volk und vor allem in der Art ihrer Kriegführung wider.

Vom Aufbau her beruhte die Rote Armee auf der Einheit von Offizieren und Soldaten. Im Rahmen der militärisch notwendigen Disziplin sollten in der Roten Armee demokratische Grundsätze gelten. Um den Feudalismus zu besiegen, müsse die Rote Armee alle feudalen Beziehungen, die in den Armeen der Militärmachthaber üblich seien, bei sich selbst überwinden.[128] Die Verwirklichung der Demokratie sei Voraussetzung nicht nur für die innere Einheit, sondern auch für die Einheit der Roten Armee mit dem Volk. Nur wenn sich die Rote Armee auf einer neuen Grundlage konstituiere, könne sie sich fest mit dem Volk zusammenschließen. Als Armee neuen Typs, die nicht zur Ausplünderung der Bevölkerung im Interesse einer kleinen Minderheit aufgestellt sei, dürfe die Rote Armee nicht das geringste Vergehen gegen die Volksmassen dulden. »Fest an der Seite des chinesischen Volkes zu stehen und ihm mit ganzem Herzen zu dienen ist das einzige Ziel dieser Armee.«[129] Ihr Handeln beschränkte sich daher nicht allein auf militärische Operationen. Über die rein kriegerische Auseinandersetzung mit dem inneren und äußeren Feind hinaus, stellte sich die Rote Armee erzieherische, politische und wirtschaftliche Aufgaben.

»Die Rote Armee führt nicht Krieg um des Krieges willen, sondern um unter den Massen eine Propaganda zu entfalten, sie zu organisieren und zu bewaffnen, ihnen bei der Errichtung der revolutionären Macht zu helfen; losgelöst von diesen Zielen, verliert der Krieg seinen Sinn und die Rote Armee ihre Existenzberechtigung.«[130]

Den Wunsch nach Einheit mit dem Volk demonstrierte die Rote Armee im krassen Gegensatz zu den Warlord-Armeen am eindeutigsten dadurch, daß sie bemüht war, sich nach Möglichkeit selbst zu vorsorgen. Die Rote Armee bewies so, daß sie nicht Teil eines ausbeuterischen Gewaltverhältnisses war, sondern ein in China unentbehrliches Organ der Revolution.[131]

Sie war dies in einem doppelten Sinn: einmal nach außen im Krieg, zum anderen aber auch nach innen durch ihren erzieherischen Effekt auf die bäuerlichen Soldaten. In der Roten Armee formten die Kommunisten die Bauern zu einer politischen Kraft, die imstande war, die von der KPCh vorgewiesenen Schritte zur Veränderung Chinas einzuleiten. Dazu bedurfte es eines Prozesses der Umwandlung der spontan rebellischen, aber politisch befangenen Bauernschaft in einen bewußten, für die KPCh tätigen Träger der Revolution. In diesem Prozeß kam der Roten Armee ausschlaggebende Bedeutung zu. Politische Schulung bildete immer eine ihrer wichtigsten Funktionen. Die Rote Armee müsse, forderte Mao, einem Schmelztiegel gleichen, in dem die Bauern ihre negativen Haltungen verlieren und zu einem verläßlichen Stellvertreter des Proletariats werden könnten. Dahinter stand Maos Überzeugung, die notwendiger Teil seiner Revolutionskonzeption ist, daß Erziehung die Grenzen objektiver Klassenzugehörigkeit überwinden könne. Revolutionäres Bewußtsein und proletarische Ideologie konnten seiner Meinung nach auch von Bauern erworben werden.

Die Rote Armee kämpfte, um die Revolution durchzuführen. Mao stand daher vor der Aufgabe, herauszufinden, welche Art des Krieges dieser Beziehung zur Revolution angemessen war. Die militärischen Regeln der Roten Armee bildeten einen entscheidenden Teil der Theorie der chinesischen Revolution. Ihnen widmete Mao das Hauptaugenmerk seiner theoretischen Arbeit. Resultat seiner Bemühungen war die Theorie des Volkskriegs, die er aus den Besonderheiten Chinas – und das hieß: aus der Lage der ins Hinterland abgetriebenen und schwachen revolutionären Bewegung – ableitete. Sie sollte die Bedingungen erfüllen, die der bewaffnete Kampf als Hauptform der Revolution stellte.[131a]

Maos militärische Prinzipien waren, wie auch der von ihm begründete Wechsel des Schauplatzes und des Subjekts der Revolution, darauf ausgerichtet, das Überleben und die allmähliche Entfaltung der revolutionären Bewegung sicherzustellen. Der revolutionäre Krieg, schrieb Mao, zeichne sich in China durch vier Besonderheiten aus. Als erste Besonderheit galten all jene objektiven Faktoren, die einen revolutionären Krieg auch nach 1927 aussichtsreich machten: die Größe Chinas; die Uneinigkeit der äußeren und inneren Unterdrükker; die Ungleichmäßigkeit der politischen und wirtschaftlichen Entwicklung; die revolutionären Erfahrungen aus der Zeit von 1924-1927. Als zweite und dritte Besonderheit bezeichnete Mao das Verhältnis der bewaffneten Kräfte: Der Feind sei jedem stehenden Heer irgendeines anderen Landes zahlenmäßig überlegen und kontrolliere die Schlüsselstellungen der Wirtschaft und des Verkehrs, während die Rote Armee klein und schlecht bewaffnet sowie auf rückständige Gegenden ohne ökonomische Reserven verwiesen sei. Dieser Gegensatz lege die Grundzüge der militärischen Organisationen der Roten Armee fest: Schwäche in Stärke und Stärke in Schwäche verwandeln. Eine vierte Besonderheit erkannte Mao darin, daß die KPCh den revolutionären Krieg führe und von den Bauern unterstützt werde. Wie aus der ersten, schloß Mao auch aus dieser Besonderheit, daß die Rote Armee Fortschritte machen und sogar den Sieg erringen könne. Dem stellte er die Folgerung aus dem Vergleich der Kriegsparteien gegenüber: der Krieg sei langwierig und die Gefahr einer Niederlage gegeben.

Der revolutionäre Krieg habe also Aussicht auf Erfolg, die in der objektiven Situation und im Subjekt der kriegführenden Parteien begründet sei; wegen der ungleichen Ausgangsstellung der beiden Seiten aber müsse er sich zwangsläufig über eine lange Zeit hinziehen. Diese fundamentale Beurteilung der Voraussetzungen, unter denen nach Mao der revolutionäre Krieg geführt wurde, treffe auf all seine Etappen zu. Sie stimme nicht nur für den agrarrevolutionären Krieg gegen die Guomindang, sondern auch für den antijapanischen Widerstandskrieg. Denn auch dieser weise gegensätzliche objektive und subjektive Besonderheiten auf, die einerseits einen chinesischen Sieg begünstigten, ihn jedoch andererseits in weite Ferne rückten. China führe einen – so Mao – fortschrittlichen Krieg, der die Sympathien aller Völker genieße, während die japanische Aggression barbarisch und reaktionär sei, für die daher nur wenige faschistische, dem baldigen Untergang preisgegebene Staaten einträten. Die Geschichte stehe eindeutig auf der Seite Chinas. Noch sei Japan indes eine Großmacht mit einer militärischen, wirtschaftlichen und politisch-organisatorischen Potenz, die der des halbkolonialen und zurückgebliebenen China auf absehbare Zeit weit überlegen sei. Der chinesisch-japanische Krieg werde von zwei Mißverhältnissen geprägt: zwischen den glänzenden Aussichten Chinas und dem bevorstehenden Zusammenbruch Japans sowie zwischen japanischer, imperialistischer Stärke und chinesischer, halbfeudaler Unterlegenheit. »Der Krieg ist eine Art Wettstreit zwischen den erwähnten Besonderheiten.«[131b] Die beiden Hauptformen des revolutionären Krieges in China nach 1927, der Bürgerkrieg und der Widerstandskrieg gegen die japanische Aggression, gehorchten der Analyse Maos zufolge denselben Gesetzen, weil sie beide von einer doppelten, gegensätzlichen Ungleichheit gekennzeichnet waren, die Sieger und Verlierer im voraus festlegte, aber zugleich die endgültige

Entscheidung darüber erst in einem langen, harten Kampf zustandekommen ließ.

Die widersprüchlichen Bedingungen, denen der revolutionäre Krieg in China unterworfen war, mußten sich in der Kriegführung der Roten Armee widerspiegeln. Die militärischen Operationen der Roten Armee mußten den gegensätzlichen Faktoren von Stärke und Schwäche gerecht werden. Für Mao hieß das, daß die Rote Armee weder nur offensiv noch nur defensiv sein konnte, sondern beide Grundkampfarten in spezifischer Weise kombinieren mußte. »Die Besonderheit des chinesischen Bürgerkriegs besteht darin, daß die beiden Kampfarten Angriff und Verteidigung einander abwechseln [...] Militärisch ausgedrückt, besteht unsere Kriegführung in einer wechselnden Anwendung von Verteidigung und Angriff.«[131c] Allgemein gelte, unterstrich Mao, daß sich die revolutionäre Partei auf Grund des für sie äußerst nachteiligen Kräfteverhältnisses strategisch defensiv einstellen müsse, also auf gar keinen Fall Gefechte eingehen dürfe, von denen der Ausgang des Krieges abhänge. Nur wenn die Rote Armee kriegsentscheidenden Schlachten ausweiche und nie das Risiko völliger Vernichtung eingehe, könne der Gegner hingehalten und in eine langwierige Auseinandersetzung verwickelt werden, so daß die Faktoren, die die Rote Armee begünstigten, zur Geltung kommen könnten. Allein aus der strategischen Defensive heraus, indem sie eine endgültige Entscheidung verschleppe, sei die Rote Armee zum Sieg fähig. Im Rahmen dieser ausgedehnten strategischen Verteidigung seien jedoch offensive Aktionen von taktischem Charakter möglich und notwendig. Im Gegensatz zur strategischen Defensive hätten taktische Angriffe aber nur dann einen Sinn, wenn sie von kurzer Dauer seien. Als Moment innerhalb eines langen, strategisch defensiven Krieges müßten die Angriffsaktionen von beschränktem Umfang sein und schnell vorgetragen werden.[132]

Die Bedeutung der taktischen Angriffsoperationen bedingte, daß ihr erfolgreicher Ausgang unter allen Umständen feststehen mußte, bevor sich die Rote Armee auf sie einlassen durfte. Andernfalls, betonte Mao, sei es besser, sich zurückzuziehen und eine günstigere Gelegenheit abzuwarten.[133] Wie aber konnte die Rote Armee sicherstellen, daß sie den im ganzen weit stärkeren Feind in einzelnen Kämpfen zu besiegen imstande war? Wie konnte aus einer strategischen Unterlegenheit an einem bestimmten Ort eine taktische Überlegenheit werden, wie sich eine strategisch schwache in eine taktisch starke Position verwandeln? So lauteten für Mao die Zentralprobleme des revolutionären Krieges in China. Es ging darum, die gegnerische Stärke in dem Moment, in dem es zur Schlacht kam, zu übertreffen. Dieses Problem war für Mao nur dadurch zu lösen, daß die Rote Armee ihre Kräfte konzentrierte. »Ob man aus der strategischen Verteidigung heraus den Sieg erringen kann, hängt hauptsächlich von diesem Mittel ab – von der Konzentration der Kräfte.«[134] Die Kampfmethode der Roten Armee hieß: Angriff in der Verteidigung, Überlegenheit bei Unterlegenheit, Stärke bei Schwäche, Vorteil im Nachteil, Initiative bei Passivität. Die Rote Armee mußte eine Streitmacht zusammenfassen, die die feindlichen Truppenteile einzeln zerstören konnte.

»Unsere Strategie ist: ›Einer gegen zehn‹, unsere Taktik: ›Zehn gegen einen‹; das ist eine unserer Grundregeln, dank denen wir den Feind besiegen können. [...] Wir setzen wenige ein, um viele zu schlagen – das sagen wir allen jenen, die China beherrschen. Wir setzen viele ein, um wenige zu schlagen – das sagen wir den einzelnen Truppenteilen des Feindes auf dem Schlachtfeld.«[135]

Die Fähigkeit, Soldaten an einem Punkt zu massieren, setzte eine hohe Beweglichkeit voraus. Wie keine andere Armee der Welt war daher die Rote Armee darauf angewiesen, pausenlos zu marschieren. Feste Stellungen, die unbedingt gehalten werden mußten, lehnte Mao ab. Die Rote Armee dürfe sich nicht binden, nicht in Kampfhandlungen hineinziehen lassen, bei denen sich die Parteien starr gegenüberstünden. Ihre Chance liege einzig und allein im Bewegungskrieg. »›Kämpfen, wenn man gewinnen kann; marschieren, wenn man es nicht kann‹ – das ist die populäre Auslegung des Bewegungskrieges.«[136] Die hohe Mobilität der Roten Armee, die es erlaubte, sie gegebenenfalls zu Vernichtungsaktionen zusammenzuziehen, implizierte freilich die Bereitschaft, den zeitweiligen Verlust eines Teils des von ihr kontrollierten Gebietes in Kauf zu nehmen; doch dies sei, so Mao, der Preis, ohne den die eingebüßten Gebiete nicht dauerhaft zurückzugewinnen seien.[137] Den Gegner tief ins eigene Territorium zu locken, bezeichnete Mao sogar als das wirksamste militärische Mittel einer schwachen Armee im Verlauf ihrer strategischen Verteidigung.[138] Wenn sie nicht ständig für Marschmanöver und Truppenverlegungen und -sammlungen bereit war, blieben der Roten Armee Aktionsmöglichkeiten versperrt, die in der Umkehrung des Kräfteverhältnisses eine wichtige Rolle spielten: Überraschung und Täuschung. Auf beides konnte die Rote Armee in ihrer Situation nicht verzichten. Allein auf der Basis einer ungewöhnlich mobilen und anpassungsfähigen Kriegführung war die Rote Armee imstande, die für den Erfolg taktischer Angriffe von einer strategischen Defensivposition aus erforderlichen Mittel der List und Überrumpelung anzuwenden.

Die Rote Armee müsse, verlangte Mao, den Gegner vernichten. Die andere Seite zermürben und in Ermattungsgefechten schlagen zu wollen, komme für sie als kleine und schlecht ausgerüstete Armee überhaupt nicht in Frage. Denn fremde Verluste müßten mit eigenen Ausfällen bezahlt werden. Gelinge es jedoch, einen Truppenteil völlig zu zerschlagen, so könnten nicht nur die eigenen Einbußen ausgeglichen, sondern sogar die Bestände ergänzt werden. Es sei wirksamer, ergänzte Mao, »jemandem einen Finger abzuhacken, als alle zehn zu verletzen; es ist wirksamer, eine Division des Gegners zu vernichten, als zehn in die Flucht zu schlagen.«[139]

Die Aufgabe der Roten Armee bestand also darin, Angriff und Verteidigung so zu verbinden, daß die vorteilhaften Besonderheiten wirksam werden und schließlich den Ausschlag geben konnten. In anderen Worten hieß das: die ungleiche Ausgangslage umdrehen, Schwäche in Stärke und zur selben Zeit Stärke in Schwäche verkehren. Bewegung, Konzentration, Vernichtung: so würde – hoffte Mao – die Rote Armee an von ihr gewählten Plätzen und Zeiten taktische Überlegenheit und kleine Siege erzielen, deren Häufung auf lange Sicht den Kriegserfolg bewirken würde.

3.3. Gebiete Roter Macht: Bauernrevolution und bewaffnete Revolution

Die strategische Defensivposition, in der sich die Rote Armee nach Mao befand, bedingte die Absage an alle Versuche, die herrschende Klasse in gesamtnationalen und handstreichartigen Vorstößen zu stürzen. Um die Konterrevolution in einem lang dauernden Krieg zu vernichten, müßten, folgerte Mao, begrenzte Stützpunktgebiete errichtet werden. Sowohl die Agrarrevolution wie auch der revolutionäre Krieg verlangten Gebiete Roter Macht.

»Der mächtige Imperialismus und seine reaktionären Verbündeten haben sich nämlich seit langer Zeit in den Schlüsselstädten des Landes festgesetzt; und wenn die Revolutionäre keinen Kompromiß mit dem Imperialismus und seinen Lakaien eingehen, sondern den Kampf standhaft fortsetzen wollen, wenn sie ihre Kräfte zu sammeln und zu stählen beabsichtigen und, solange ihre Kräfte nicht ausreichen, einer Entscheidungsschlacht gegen den starken Feind ausweichen wollen, dann müssen sie die rückständigen Dörfer in fortschrittliche, gefestigte Stützpunktgebiete, in große militärische, ökonomische und kulturelle Bastionen der Revolution verwandeln, von wo aus sie den tückischen Feind, der die Städte für den Angriff auf die ländlichen Gebiete ausnutzt, bekämpfen und in einem langwierigen Kampf Schritt für Schritt den vollständigen Sieg der Revolution erringen.«[140]

Der Kampf der Bauernschaft unter Führung des Proletariats münde auf seiner höchsten Stufe unvermeidlich in die Ergreifung der politischen Macht in einzelnen, besonders geeigneten Regionen.[141]

Mao warnte davor, das Regime der herrschenden Klasse auf einen Schlag loswerden zu wollen. Diejenigen, die auf eine große Revolution im ganzen Land setzten, weil sie meinten, die Massen könnten überall auf die Beine gebracht werden, seien im Irrtum.[142] Konnten aber einzelne befreite Bezirke über längere Zeit bestehen und damit als territoriale Basis der Revolution dienen? In keinem anderen Land der Welt existierten bisher kleine Gebiete Roter Macht inmitten des alten politischen Systems. War das in China möglich? Mao bejahte diese Fragen und begründete dies mit der Besonderheit des rückständigen und halbkolonialen China. Anders als in all den Staaten, in denen das Proletariat bislang eine Revolution durchgeführt habe, sei in China kein nationaler Markt vorhanden, keine Arbeitsteilung in nationalem Maßstab, die zwischen den Provinzen Abhängigkeiten schüfe. Und anders als die Kolonien beherrsche der Imperialismus China nur indirekt, so daß sich die verschiedenen imperialistischen Parteien untereinander stritten, welcher Teil von China ihnen jeweils als besonderer Machtbereich zustehe. Das Phänomen der von Feinden umgebenen Roten Gebiete kläre sich durch zwei Tatsachen auf,

»nämlich eine lokal begrenzte Agrarwirtschaft (keine einheitliche kapitalistische Wirtschaft) und die Spaltungs- und Ausbeutungspolitik der Imperialisten, die China in Einflußsphären aufgeteilt haben. Die anhaltenden Zwistigkeiten und Kriege innerhalb des weißen Machtbereichs haben Voraussetzungen dafür geschaffen, daß ein oder mehrere kleine rote Gebiete [. . .] in einer völligen Einkreisung durch das weiße Regime entstehen und sich behaupten können.«[143]

Da die befreiten Gebiete ihren Ursprung im revolutionären Krieg gegen die Militärmachthaber und Grundherren hatten, lag ihre wichtigste Aufgabe also darin, die Rote Armee zu befähigen, die für den Erfolg des Krieges erforderliche Strategie und Taktik anzuwenden. Sie waren vor allem Stützpunkte für den bewaffneten Kampf, in denen die KPCh und die Massen, die Politik und die Produktion völlig auf den Krieg eingestellt werden mußten.[144]

In den Roten Gebieten war alles auf den Krieg hin orientiert, aber dieser Krieg hatte einen spezifischen Inhalt – die Agrarrevolution. Insgesamt, urteilte Mao, wandelte sich die chinesische Gesellschaft nach dem Opiumkrieg von einer feudalen in eine halbfeudale Gesellschaft um, weil die Öffnung Chinas die selbstgenügsame Naturalwirtschaft der vorangegangenen Epoche zerstört und dem Kapital Eintritt in den Produktionsprozeß verschafft habe. Beide Prozesse verböten, China als Ganzes mit dem Begriff »feudal« zu belegen. Andererseits seien sie noch nicht so weit gediehen, daß sie das System der feudalen Ausbeutung im Kern angriffen. Die Grundlage dieses Systems – die Aneignung des Mehrprodukts der Bauern durch die Grundherren – »wird nicht nur weiterhin beibehalten, sondern sie nimmt in Verbindung mit der Ausbeutung durch das Kompradoren- und das Wucherkapital eine eindeutig dominierende Stellung im sozialökonomischen Leben Chinas ein.«[145] Auf dem Land widersprächen sich die Interessen der Bauern ohne oder mit unzureichendem Eigentum und die der großen Eigentümer. »Die Grundherrenklasse ist der Hauptfeind der Landrevolution. Die Politik [. . .] gegenüber den Grundherren besteht darin, ihr gesamtes Land und Eigentum zu konfiszieren und die Grundherrenklasse zu vernichten.«[146] Die Bauernfrage sei eine Bodenfrage, die Frage der Halbeigentümer und armen Bauern.

Als Japan in China einfiel und es zu kolonialisieren drohte, wurde jedoch der Widerspruch zwischen Grundherren und Bauern von dem nationalen Widerspruch zwischen China und Japan überlagert. Dementsprechend ging es Mao nicht mehr darum, den Bauern zu ausreichendem Eigentum zu verhelfen, sondern darum, zunächst das Streitobjekt – den Boden – überhaupt in chinesischer Hand zu behalten. Vorerst müsse geklärt werden, »wem der chinesische Boden gehört: den Japanern oder den Chinesen«.[147] Deshalb verzichtete die KPCh auf agrarrevolutionäre Maßnahmen und begnügte sich mit einer 25%igen Reduktion der Pachtsätze und anderen Erleichterungen für die Bauern.[148] Sobald das Problem der nationalen Zugehörigkeit des chinesischen Bodens jedoch gelöst war, rückte seine soziale Verteilung wieder in den Brennpunkt.

3.4. Gebiete Roter Macht: Neue Demokratie und Übergang zum Sozialismus

Die chinesischen Kommunisten, erklärte Mao, gäben sich nicht der Illusion hin, in der unmittelbaren Zukunft die Form menschlichen Zusammenlebens verwirklichen zu können, die eigentliches Ziel und historische Berechtigung ihrer Partei sei – den Kommunismus. Für dieses »vollkommenste, fortschrittlichste, revolutionärste und vernünftigste System in der ganzen Menschheitsgeschichte«[149] fehle in China das materielle Fundament. Vorrangige Aufgabe der KPCh müsse daher sein, die Bedingungen herzustellen, unter denen dieses Fundament gelegt werden könne. Dies verlange, nach außen hin die nationale Unterdrückung und innerhalb des Landes die Herrschaft der feudalen Grundherrenklasse zu beseitigen.

»Was ist der Charakter der chinesischen Revolution? Was für eine Revolution führen wir jetzt durch? Unsere gegenwärtige Revolution ist eine bürgerlich-demokratische Revolution und nichts von dem, was wir tun, geht über den Rahmen der bürgerlich-demokratischen Revolution hinaus. Jetzt dürfen wir das bürgerliche System des Privateigentums schlechthin noch nicht vernichten; vernichten müssen wir den Imperialismus und den Feudalismus, und das heißt eben bürgerlich-demokratische Revolution.«[150]

Rechnet man ihre vorbereitende Geschichte dazu, so brach nach Maos Urteil die Epoche der bürgerlich-demokratischen Revolution in China mit dem Opiumkrieg und der Taiping-Rebellion an. Sie hatte weitere Höhepunkte im Chinesisch-Japanischen Krieg von 1894, in der Reformbewegung von 1894 und im Yihetuan (Boxer)-Aufstand. Streng genommen begann sie jedoch erst mit Sun Yat-sen und seiner Partei, die zum erstenmal ein verhältnismäßig klar definiertes revolutionäres Programm vorgelegt hatten.[151] Mit ihm ging der bis dahin größte Erfolg der bürgerlich-demokratischen Revolution einher – der Sturz der Qing-Dynastie. In dieser Phase rechnete Mao die chinesische Revolution zu jener Kategorie bürgerlich-demokratischer Revolutionen, die in der Vergangenheit in Europa von der Bourgeoisie unternommen wurden, um eine ihren Geschäften gemäße politische Form des Gemeinwesens zu etablieren. Von dem Augenblick an jedoch, betonte Mao, in dem die Oktoberrevolution 1917 die Periode der sozialistischen Weltrevolution einleitete und im Gefolge der 4. Mai-Bewegung die KPCh gegründet wurde, war eine bürgerlich-demokratische Revolution dieses Typs in China ausgeschlossen. In der chinesischen Revolution trat ein Wandel ein, der zwei wesentliche Merkmale hatte: die Kämpfe in China wurden Bestandteil der proletarisch-sozialistischen Weltrevolution, und die Arbeiterklasse entwickelte sich zu ihrer führenden Kraft. Dadurch aber änderten sich, so argumentierte Mao, zwangsläufig das Resultat und die historische Bedeutung der Revolution. In der entstehenden Demokratie dominierten die Arbeiter und Bauern, nicht die Bourgeoisie, und daher sei sie unverkennbar lediglich eine Durchgangsstation zum Sozialismus. Für diese politische Form erfand Mao den Begriff »Neue Demokratie«.[152]

Seit dem Sieg der Bolschewiki in Rußland, verkündete Mao im Einklang mit den Doktrinen der Komintern, verlaufe die Weltgeschichte in eine neue Richtung. Die Front des Kapitalismus sei an einer wichtigen Stelle zusammengebrochen und offenbare damit ihre ganze Not. Der Sozialismus steht auf der Tagesordnung. Niedergang des Kapitalismus und Aufstieg des Sozialismus seien der Hauptinhalt der Epoche, die 1917 in Rußland eröffnet wurde. Diese gegensätzliche Entwicklung erstrecke sich auch auf die Kolonien und Halbkolonien. Der

Kapitalismus versuche, seinen Verfall durch eine verstärkte Ausplünderung der Kolonialvölker zu stoppen, während das internationale Proletariat und die sozialistischen Staaten die Befreiungsbewegungen in den Kolonien und Halbkolonien unterstützten, weil sie dem Kapitalismus eine wichtige Stütze entzögen und die Existenz des Sozialismus erleichterten. Deshalb sei eine antikoloniale Revolution unbedingt Bestandteil der sozialistischen Weltrevolution des Proletariats, und zwar unabhängig davon, welche Klassen und Parteien mit welchen Vorstellungen sie betrieben. Solange die Revolution gegen den Imperialismus gerichtet sei, sei sie objektiv in die proletarisch-sozialistische Weltrevolution einbezogen, »und ihre Teilnehmer werden zu deren Bundesgenossen, ob sie sich nun dieses Umstandes bewußt sind oder nicht, ob sie ihn begreifen oder nicht«.[153]

Neben einer Verschiebung des internationalen Kräfteverhältnisses zugunsten des Sozialismus brachte, Mao zufolge, die Oktoberrevolution auch einen Umschwung im Verhältnis der Klassen in China. Die Bourgeoisie sei international in die Defensive geraten und müsse dem Proletariat auch in China die Initiative überlassen. Bedeute dies für die kapitalistischen Länder, daß die bürgerliche Klasse ihre Herrschaft nicht mehr aufrechterhalten könne, so heiße es für die chinesische Bourgeoisie, daß sie erst gar nicht imstande sei, sich die unumschränkte staatliche Gewalt anzueignen. Ihr Versuch, sich zum Alleinherrscher aufzuschwingen, »ist gänzlich unrealisierbar, weil die gegenwärtige Weltlage durch den Endkampf zwischen den zwei großen Kräften, der Revolution und der Konterrevolution, gekennzeichnet ist«.[154] Daher habe das Proletariat nach der Oktoberrevolution, schloß Mao, mit Hilfe des internationalen Kommunismus die Bourgeoisie von der Führung der bürgerlich-demokratischen Revolution verdrängen können. Daraus folgerte er jedoch nicht, die Bourgeoisie sei ganz aus der revolutionären Bewegung ausgeschieden. Denn zumindest ihr nationaler Teil, der Teil also, der vom Imperialismus in seiner Entfaltung behindert werde, bewahre zu bestimmten Zeiten und zu einem gewissen Grade noch revolutionären Geist, ganz im Unterschied etwa zur Bourgeoisie des zaristischen Rußland. Sie spüre die Schläge des ausländischen Kapitals und die Unterdrückung durch die

Militärmachthaber und bejahe daher die Revolution. Diese positive Einstellung verringere sich in dem Maße, in dem das chinesische Proletariat in den revolutionären Kampf eingreife, die Bauern ihre Forderungen vorbrächten und die Komintern von außen Hilfe leiste. Die bürgerliche Klasse liebe weder Imperialismus noch Feudalismus, aber am allerwenigsten liebe sie eine vom Proletariat vorangetriebene konsequente Revolution.

»Dieser zwiespältige Charakter der nationalen Bourgeoisie ist dafür ausschlaggebend, daß sie in bestimmten Perioden und zu einem gewissen Grad an der Revolution gegen den Imperialismus, gegen die Regierungen der hohen Bürokratie und der Militärmachthaber teilnehmen und zu einer der Kräfte der Revolution werden kann. In anderen Perioden dagegen besteht die Gefahr, daß sie im Fahrwasser der Kompradoren-Großbourgeoisie zum Handlanger der Konterrevolution wird.«[155]

Das widersprüchliche Verhalten der Bourgeoisie sei ein wichtiger Bestimmungsfaktor der Taktik der KPCh, denn ihm entspreche auf der Seite der KPCh der Wechsel zwischen Zusammenarbeit und Kampf. Mao rechnete dies – neben der Identität von Revolution und Krieg – zur zweiten grundlegenden Besonderheit der Revolution im halbkolonialen China. »Das Proletariat bildet eine revolutionäre nationale Einheitsfront mit der Bourgeoisie oder wird gezwungen, mit dieser Front zu brechen.«[156] Diese Besonderheit führe dazu, daß die KPCh – unter der Voraussetzung, daß sie den revolutionären Krieg richtig führt – immer dann einen Schritt vorwärts mache, wenn sie die Bourgeoisie richtig behandele. Um dies zu belegen, verwies er auf die Geschichte der KPCh.

In ihren Anfangsjahren habe die KPCh eine Einheitsfront mit der Bourgeoisie geschlossen und große Erfolge erzielt, bis die Bourgeoisie 1927 die Gefahr, die von den mobilisierten Massen für ihre Position ausging, höher bewertet habe als ihre eigene Unterdrückung. In den folgenden zehn Jahren habe bei der Bourgeoisie die Furcht vor der Revolution überwogen, und sie sei folglich zur Konterrevolution abgeschwenkt. Während dieser Zeit sei die KPCh verpflichtet gewesen, den bewaffneten Kampf gegen die Bourgeoisie aufzunehmen, bis die imperialistische Unterjochung auch für die Bourgeoisie wieder eindeutig die größte Bedrohung darstellte. »Die bewaffnete Aggression des japanischen Imperialismus [hat] Änderungen in dem Verhältnis zwischen den Klassen innerhalb des Landes hervorgerufen und die Vereinigung aller Gesellschaftsschichten der Nation zum Widerstand gegen den japanischen Imperialismus notwendig und möglich gemacht.«[157] Nach dem Sieg Chinas trat Mao zufolge der US-Imperialismus an die Stelle Japans und zwang alle Schichten des chinesischen Volkes, sich zu ihrer eigenen Rettung erneut zu verbünden.[157a]

Natürlich, gestand Mao ein, gebe es keine Einheitsfront ohne Konzessionen. Aber diese Zugeständnisse hätten dort ihre Grenzen, wo die Unabhängigkeit und Selbständigkeit der KPCh nicht mehr gewährleistet sei. Aus diesem Grund habe die KPCh in der antijapanischen Einheitsfront die Führung in den Gebieten Roter Macht und der Roten Armee behalten und auf Freiheit der Kritik beharrt. Mao mahnte die Partei, sie werde den kürzeren ziehen, wenn sie ihre Prinzipien bedingungslos um der Einheitsfront willen aufgebe, und verwies auf die Erfahrungen der Jahre 1926 und 1927. Die Hauptursache der Niederlage lag nach Maos Meinung gerade darin, daß die KPCh von ihren leitenden Organen an die eigensüchtigen Interessen der Bourgeoisie angepaßt wurde und somit das Feld freiwillig der Guomindang überließ.[158] Mao schlug deshalb eine Politik vor, die weder opportunistisch der Parole »Vereinigung gilt alles, Kampf nichts« noch der abenteuerlichen Parole »Kampf gilt alles, Vereinigung nichts« folgen, sondern beides verbinden sollte. »Die gegenwärtige Politik ist eine Doppelpolitik, bei der ›Vereinigung‹ und ›Kampf‹ kombiniert werden.«[159]

Seit der Oktoberrevolution waren für Mao Revolutionen in kolonialen und halbkolonialen Ländern trotz ihres bürgerlich-demokratischen Charakters Glieder in der Kette der sozialistischen Weltrevolution. Diese von Mao neudemokratisch genannten Revolutionen fanden unter Führung der Arbeiterklasse und auf der Seite und mit Unterstützung des internationalen Proletariats statt. Sie könnten demnach, folgerte Mao, unmöglich in eine Diktatur der Bourgeoisie einmünden, sondern sie müßten die Klassen an die Macht bringen, die sie hauptsächlich trügen, die Arbeiter und die Bauern. Eine solche Staatsform werde in den befreiten Gebieten verwirklicht, in denen Arbeiter und Bauern gemeinsam in einer antifeudalen und antiimperialistischen, eben demokratischen Diktatur die politische Macht ausübten.[160] Im heutigen China, schrieb Mao 1940, bestehe die Neue Demokratie auf einer breiteren Grundlage in Form der antijapanischen Einheitsfront.[161] Er definierte die Neue Demokratie als die Diktatur der Einheitsfront aller revolutionären Klassen unter Führung des Proletariats.[162] Sie ist ein Zwitter: weder Diktatur der Bourgeoisie, die allgemein die Interessen des Kapitals auf Kosten des Volkes schützt und vertritt, noch eine reine Diktatur des Proletariats, die das Privateigentum abschafft. Die neudemokratische Revolution werde, erläuterte Mao, einerseits gewisse notwendige Maßnahmen ergreifen, um den grundherrlichen Boden zu konfiszieren, andererseits aber eine Großbauernwirtschaft im Dorf zulassen. Im industriellen Bereich würden die Großbanken sowie die großen Industrie- und Handelsunternehmen enteignet und in Staatseigentum überführt werden, aber das übrige Kapital werde nicht beschlagnahmt, sondern gefördert werden.

»Was die Beziehungen zwischen Arbeit und Kapital betrifft, so unterstützen wir einerseits die Arbeiter, so daß sie Arbeit haben und sich ernähren können, führen jedoch andererseits eine Politik der Förderung der Industrie und des Handels durch, damit auch die Unternehmer gewisse Profite erzielen können.«[163]

Mao erklärte sich auf dem Gebiet der Ökonomie im gegenwärtigen Stadium völlig mit den Ansichten Sun Yat-sens einverstanden.[164] Das kommunistische Minimalprogramm sei mit den *Drei Volksprinzipien* identisch.[165]

Maos Neue Demokratie hatte einen widersprüchlichen Charakter: sie bereitete einerseits einem kontrollierten Kapitalismus den Weg, auf der anderen Seite aber nahm sie die großen Kapitale in staatliche Verwaltung und gründete Genossenschaften, vollzog also Schritte in Richtung auf den Sozialismus. Angesichts der internationalen Lage und der dominierenden Rolle der Arbeiterklasse aber sei klar, daß dieser Widerspruch auf lange Sicht nur eine Lösung kenne: den Sozialismus.

»Das gegenwärtige Stadium der Revolution ist ein Übergangsstadium zwischen der Beendigung der kolonialen, halbkolonialen und halbfeudalen Gesellschaft und der Errichtung einer sozialistischen Gesellschaft; das ist der Prozeß der neudemokratischen Revolution. [. . .] Nur über diese

Revolution kann sich die chinesische Gesellschaft zum Sozialismus weiterentwickeln; einen anderen Weg gibt es nicht.«[166]

Die Neue Demokratie stelle die Form der Demokratie dar, die dem Sozialismus am nächsten sei, die in ihn hineinwachse.[167] Historisch betrachtet sei die Neue Demokratie lediglich ein Vorspiel, die Einleitung einer grandiosen Weiterentwicklung der chinesischen Gesellschaft. »Nach einigen Jahrzehnten wird rückblickend der Sieg der chinesischen volksdemokratischen Revolution wie ein kurzer Prolog zu einem langen Drama erscheinen. Ein Drama beginnt zwar mit einem Prolog, aber der Prolog ist noch nicht der Höhepunkt.«[168]

Dem Prolog folgte in der Tat ein Drama, dessen Inhalt sich zu einem guten Teil aus der Rolle, die die KPCh im Prolog spielte, erschließen läßt. Die Verzahnung der KPCh mit der Bauernbewegung erschöpfte sich nicht darin, daß die Bauern ihr Verhalten änderten und sich den kommunistischen Prinzipien unterwarfen, sondern hatte darüber hinaus Konsequenzen für das Verständnis marxistischer Theorie. In der Ideologie der KPCh fanden zunehmend Elemente Platz, die ihren Ursprung nicht in der spezifischen Existenz des Proletariats hatten, sondern in der bäuerlichen Umwelt, in der sich die Kommunisten bewegten. Mao paßte den Marxismus an die sogenannten chinesischen Besonderheiten an, um ihn mit einer revolutionären Praxis in Übereinstimmung zu bringen, an der die Arbeiterklasse nicht beteiligt war. Sprach Mao von Besonderheiten der chinesischen Revolution, so meinte er allemal die Konsequenzen, die er aus dem Scheitern von 1927 zog: die Neubewertung des revolutionären Potentials von Arbeiterklasse und Bauernschaft, von Stadt und Land. Gewiß gab es für die chinesischen Kommunisten nach 1927 gute und zwingende Gründe, sich von den Arbeitern und aus den Städten zurückzuziehen. Das war kein vorbedachter, nach reiflicher Überlegung getaner Schritt, sondern zunächst die einzige Möglichkeit, einer akuten Notlage zu entrinnen. In der Tat – was hätten die Kommunisten angesichts des Terrors anderes tun sollen? Für das Verständnis von Maos Theorie ist jedoch von entscheidender Bedeutung, daß er dieses Ausweichen, das die KPCh in höchster Bedrängnis rettete, zum Mittelpunkt seiner Konzeption revolutionärer Taktik machte. Das In-die-Berge-Gehen war für ihn keine provisorische, sondern eine grundsätzliche Entscheidung. Mao erhob zum Programm eines ganzen Abschnitts der Revolution, was sich als ein zeitweiliger Ausweg angeboten hatte. Dies kommt etwa darin zum Ausdruck, daß er die Niederlage 1927 als objektiv unausweislich darstellte[169] – es kam, wie es kommen mußte. Die Zerschlagung der Arbeiterklasse und ihrer Organisationen erscheint bei Mao als Voraussetzung für den eigentlichen Beginn der chinesischen Revolution, da erst jetzt die Qualitäten der bäuerlichen Massen voll zum Zuge kamen.

Die Chancen der chinesischen Revolution, sagte Mao ohne Vorbehalt, wüchsen mit ihrer Entfernung von den Zentren der Konterrevolution. Die Revolution siege zuerst auf dem Land und bewege sich von dort den Städten zu. Da Arbeit und Kapital, Proletariat und Bourgeoisie nur zusammen existieren können – wo der Herr, dort der Knecht –, bedeuten diese Aussagen, daß Mao von der Arbeiterklasse keinen erwähnenswerten politischen Beitrag mehr erwartete. Eine tatsächlich vom Proletariat geführte Revolution müßte dort ihren stärksten Rückhalt haben, wo auch der Imperialismus als Hauptkraft der Konterrevolution seine Basis hat. Entgegen allen seinen Beteuerungen gab Mao die Arbeiterklasse als Träger der Revolution auf. Allenfalls als Organisatoren der Bauern, aber nicht in ihrer eigenen Umwelt und mit ihren eigenen Kampfformen wies Mao den Arbeitern einen politischen Part zu.

Theoretische Schwierigkeiten ergaben sich jedoch daraus, daß Mao sich dennoch auf den Marxismus berief. Wie konnte er auf die Arbeiterklasse verzichten und doch als Marxist gelten? Mao löste das Problem dadurch, daß er einen chinesischen Marxismus kreierte. Mao sprach der Lehre von Marx, Engels, Lenin und Stalin universelle Geltung zu, aber nicht, weil sie in sich geschlossen eine große Erklärungskraft, sondern weil sie eine hohe Nützlichkeit besitze. Diese Nützlichkeit könne sie aber nur dann haben, wenn sie auf eine bestimmte Gesellschaft bezogen und auf diese hin interpretiert werde. Um brauchbar zu sein, müsse sie mit einer konkreten revolutionären Praxis vereinigt, also in eine nationale Form gebracht werden.

»Für die chinesischen Kommunisten, die ein Teil der großen chinesischen Nation, deren eigenes Fleisch und Blut sind, ist jedes von den

Besonderheiten Chinas losgelöstes Gerede über Marxismus bloß ein abstrakter, hohler Marxismus. Daher wird die konkrete Anwendung des Marxismus in China, die Sinisierung des Marxismus, in der Weise, daß er in jeder seiner Äußerungen die erforderlichen chinesischen Charakterzüge aufweist, d. h. eine Anwendung des Marxismus im Lichte der Besonderheiten Chinas, zu einem dringlichen Problem, das die ganze Partei verstehen und lösen muß. Man muß die ausländischen Schemata beseitigen, weniger hohle, abstrakte Phrasen dreschen und den Dogmatismus ruhen lassen; an ihre Stelle sollen der frische, lebhafte chinesische Stil und die frische, lebhafte chinesische Manier treten, die bei den einfachen Menschen Chinas beliebt sind. Den internationalistischen Inhalt von der nationalen Form loslösen können nur Leute, die nichts vom Internationalismus verstehen; wir jedoch müssen das eine mit dem anderen eng verbinden.«[170]

Mao integrierte den Marxismus den konkreten Besonderheiten Chinas, indem er unter der Oberaufsicht der über allem schwebenden KPCh das Verhältnis von Arbeiterklasse und Bauernschaft umkehrte. Im sinisierten Marxismus hatten die Bauern die wichtigste politische Funktion.

Der sinisierte Marxismus Maos schließt Vorstellungen ein, ohne die die Entwicklung der Volksrepublik und die Beziehungen der KPCh zu den sich an der KPdSU orientierenden Parteien nicht zu verstehen ist: die von der Vorteilhaftigkeit der Rückständigkeit, von der ökonomischen und politischen Bevorzugung des Landes vor der Stadt sowie von der Fähigkeit der Bauern zum Sozialismus.

Das Absehen von der Arbeiterklasse brachte ein negatives Urteil über jenes Verhältnis mit sich, dessen Ergebnis die Arbeiterklasse ist. Mao sprach dem Kapitalismus in China keine fortschrittlichen Eigenschaften, keine zivilisatorischen Impulse zu. Für ihn gab es nur den China von außen aufgezwungenen Imperialismus – und der befand sich auf der ganzen Welt im Stadium des Verfalls. Der Kapitalismus war ein fremdes, unnatürliches und korrumpierendes Phänomen, das die chinesische Gesellschaft eher zurückwarf als voranbrachte. So meinte Mao zwar schon lange vor dem 19. Jahrhundert kapitalistische Keime in China entdecken zu können, die auch voll aufgeblüht wären, hätten nicht die Imperialisten eingegriffen, aber er billigte diesen Keimen für das feudale China keinerlei vorwärtstreibende Bedeutung zu. Obwohl er immer bemüht war, Parallelen zur europäischen Geschichte aufzuzeigen, war für ihn der Widerspruch zwischen Stadt und Land, zwischen aufstrebendem Bürgertum und feudalen Grundherren für die Entwicklung der chinesischen Gesellschaft offensichtlich belanglos. »In der chinesischen Gesellschaft war nur dieser Klassenkampf der Bauernschaft, waren nur diese Bauernaufstände und -kriege die wahren Triebkräfte der historischen Entwicklung.«[171] Hatte der Kapitalismus schon in der feudalen Vergangenheit keine historische Funktion, so erst recht nicht in der Gegenwart. Der Marxismus sieht jedoch die Funktion des Kapitalismus gerade darin, die materielle Grundlage zu erzeugen, die die sozialistische Revolution braucht. Mao mußte also die objektiven Voraussetzungen des Sozialismus anderswo suchen: er fand sie auf dem Land. Daraus folgte jedoch, daß er die Rückständigkeit nicht als Hindernis begriff, sondern im Gegenteil als immensen Vorzug.

»Neben anderen Besonderheiten besitzt das 600 Millionen zählende chinesische Volk zwei bemerkenswerte Eigenschaften: es ist arm und ein unbeschriebenes Blatt. Das sind scheinbar Nachteile, in Wahrheit aber sind es Vorzüge. Wer arm ist, will seine Lage verbessern, er will Anstrengungen machen, er will die Revolution. Ein weißes Blatt ist noch unbeschrieben; es lassen sich die neuesten und schönsten Worte darauf schreiben, es lassen sich die neuesten und schönsten Bilder darauf malen.«[172]

Wenn die wahre Quelle des Sozialismus nicht in den kapitalistischen Städten, sondern in den rückständigen Dörfern liegt, so ergibt sich daraus, daß der Aufbau des Sozialismus in der Landwirtschaft beginnen und dort seinen Schwerpunkt haben muß. Der geschichtliche Fortschritt residiert in den Dörfern.

Mao betrachtete das chinesische Volk, in der Hauptsache die Bauern also, als eine potentiell proletarische Einheit, die unter der Führung der Partei (unter Umständen, wie in der Kulturrevolution, auch gegen sie) schier Unmögliches vollbringen könne. Die Aktivität der ländlichen Klassen sei imstande, auch hohe materielle Barrieren zu überspringen. Seine Zuversicht in die sozialistische Zukunft Chinas gründete Mao auf den unerschütterlichen Glauben an die spontane, revolutionäre Kreativität der Bauern. Auf diese »Schöpferkraft« setzte er seit seiner Untersuchung über die Bauernbewegung in Hunan: Was die allgemeine Richtung der Revolution betrifft, so machen sie keine Fehler; der Maßstab revolutionären Handelns, revolutionärer Gesinnung liegt im Urteil der Bauern: sie prüfen die Partei und ihre Mitglieder, um sie zu akzeptieren oder abzulehnen.[173] »Die wahren Helden sind die Massen, wir selbst aber sind oft naiv bis zur Lächerlichkeit.«[174]

Anmerkungen

1 Dieser Aufsatz gibt keinen umfassenden Überblick über sämtliche Theorien der chinesischen Revolution. So bleibt der Anarchismus ausgeklammert, der zeitweilig eine bedeutsame politische Strömung darstellte. Nicht berücksichtigt werden zudem die chinesischen Anhänger des Gildensozialismus, des Liberalismus, von B. Russell, I. Dewey, L. Tolstoj und anderen, weil sie politisch wenig in Erscheinung traten. Darüber hinaus werden auch nicht alle Vorstellungen, die innerhalb und für die Guomindang, beziehungsweise für die KPCh entwickelt wurden, wiedergegeben, sondern nur die wesentlichen Theorien, auf die sich die beiden Parteien beriefen. Aus diesem Grund wird die Weiterentwicklung der ›Drei Volksprinzipien‹ nach Suns Tod nicht verfolgt, ebensowenig kommen die Konzeptionen bestimmter Kommunisten zur Sprache, die am Rande der jeweils vorherrschenden Linie angesiedelt waren, wie etwa die von Li Dazhao, der trockijstischen Opposition, Li Lisan, Wang Ming, Zhang Guotao.

2 *Manifest der Liga der Verbündeten* (August 1905), in: Sun Yat-sen, *Reden und Schriften,* Leipzig 1974, S. 87-88.

3 *Die ›Drei Volksprinzipien‹ und die Perspektive Chinas* (21. 12. 1906), in: Sun Yat-sen, *Reden und Schriften,* S. 97.

4 *Die wirkliche Lösung der chinesischen Frage* (1904), in: Sun Yat-sen, *Reden und Schriften,* S. 79-85.

5 *Erklärung anläßlich der Übernahme des Amtes des Provisorischen Präsidenten der Republik* (Januar 1912), in: Sun Yat-sen, *Reden und Schriften,* S. 109.

6 *Die ›Drei Volksprinzipien‹ und die Perspektive Chinas,* a.a.O., S. 99.

7 *Manifest der Liga der Verbündeten,* a.a.O., S. 88-90.

8 *Die ›Drei Volksprinzipien‹ und die Perspektive Chinas,* a.a.O., S. 103.

9 Zitiert bei Chester T. Tan, *Chinese Political Thought in the 20th Century,* Newton Abbot 1972, S. 138. Auch die frühen Sozialisten, die mit Sun rivalisierten, nahmen das Elend der Bauern in China und die es verursachenden Mechanismen nicht wahr. Vgl. Martin Bernal, *Chinese Socialism before 1913,* in: *Modern China's Search for a Political Form,* hrsg. von Jack Gray, London/Toronto/New York, S. 66; Li Yu-ming, *The Introduction of Socialism into China,* New York/London 1971, S. 27; R. A. Scalapino / H. Schiffrin, *Early Socialist Currents in the Chinese Revolutionary Movement. Sun Yat-sen versus Liang Ch'i-ch'ao,* in: *Journal of Asian Studies* (1959), Nr. 3, S. 321-342.

10 *Die soziale Bedeutung der chinesischen Revolution* (1912), in: Sun Yat-sen, *Reden und Schriften,* S. 106.

11 *Die ›Drei Volksprinzipien‹ und die Perspektive Chinas,* a.a.O., S. 106.

12 Sun war von dem Amerikaner Henry George (1839-1897) sehr beeindruckt. Wie George war er der Meinung, daß die Technik der Konfiskation der Bodenrente

im Laufe der Zeit alle anderen Steuerformen überflüssig machen würde. Beeinflußt wurde Sun auch durch den ›Bund Deutscher Bodenreformer‹, der 1898 von Adolph Damaschke gegründet wurde. Ein Mitglied dieses Bundes, Admiralitätsrat Wilhelm Schrameier, war Beauftragter für Landfragen im deutschen Pachtgebiet Jiaozhou, wo 1898 zum erstenmal in der Welt eine 33⅓%ige Steuer auf zukünftige Wertsteigerungen des Bodens erhoben wurde. Dies schien Sun davon überzeugt zu haben, daß seine Ideen tatsächlich zu verwirklichen waren. 1924 berief Sun W. Schrameier als Berater in die Kantoner Regierung. Vgl. H. Schiffrin, *Sun Yat-sen's Early Land Policy. The Origin and Meaning of ›Equalization of Land Rights‹*, in: *Journal of Asian Studies* (1957), Nr. 4, S. 561; Johannes Chang, *Der Sozialismus Sun Yat-sens*, Münster 1965, S. 126-132; Gottfried Karl Kindermann, *Agrarrevolution und Agrarreform als Alternativen der Selbstentwicklung. Die Entwicklungstheorien des Sunyatsenismus und des chinesischen Kommunismus*, in: *Kulturen im Umbruch. Studien zur Problematik des Kulturwandels in Entwicklungsländern*, hrsg. von G. K. Kindermann, Freiburg 1972, S. 79-80; Alfred Baumert, *Die wirtschafts- und sozialpolitischen Reformpläne Sun Yat-sens*, Diss. Marburg 1950, S. 35.

13 Vgl. T. C. Woo, *The Kuomintang and the Future of the Chinese Revolution*, London 1928, S. 72; Helga Scherner, *Zur Geschichtsauffassung Sun Yat-sens*, in: *Wissenschaftliche Zeitschrift der Humboldt-Universität zu Berlin, Gesellschafts- und Sprachwissenschaftliche Reihe* (1967), Nr. 3, S. 437.

14 *Sozialistische Richtungen und Methoden* (15.-17. Oktober 1912), in: Sun Yat-sen, *Reden und Schriften*, S. 138.

15 *Dr. Sun Yat-sens Message to Min Pao* (26. November 1905), in: Milton J. T. Shieh, *The Kuomintang. Selected Historical Documents, 1894-1969*, St. John's University 1970, S. 10.

16 Suns finanzielle Abhängigkeit von den Auslandschinesen und seine Vorliebe für Verschwörungen, für die er wichtige Stelleninhaber des alten Systems zu gewinnen suchte, brachten ihn sogar dazu, seine agrarpolitischen Ziele, auch wenn sie nur in einer fernen Zukunft relevant wurden, völlig zu verschweigen. Vgl. J. Chang, *Der Sozialismus Sun Yat-sens*, S. 125.

17 *Die soziale Bedeutung der chinesischen Revolution*, a.a.O., S. 124.

18 *Der erste Schritt zur Veränderung Chinas kann nur die Revolution sein* (8. 10. 1919), in: Sun Yat-sen, *Reden und Schriften*, S. 232.

19 Lyon Sharman, *Sun Yat-sen: His Life and Its Meaning. A Critical Biography*, Hamden 1934, S. 186-191; Marinus Jansen, *The Japanese and Sun Yat-sen*, Cambridge (Mass.) 1954, S. 212; Y. C. Wang, *Chinese Intellectuals and the West*, Chapel Hill 1966, S. 357; George T. Yu, *Party Politics in Republican China. The Kuomintang 1912-1924*, Berkeley 1966, S. 131.

20 J. Fass, *Sun Yat-sen and the May 4th Movement*, in: *Archiv Orientalni* (1968), Nr. 1, S. 577-584.

21 *Glückwunschtelegramm anläßlich der Oktoberrevolution* (1918), in: Sun Yat-sen, *Reden und Schriften*, S. 225.

22 *Manifest des I. Nationalkongresses der Guomindang Chinas* (23. Januar 1924), in: Sun Yat-sen, *Reden und Schriften*, S. 270.

23 Aus den *Lektionen über die ›Drei Volksprinzipien‹*, in: Sun Yat-sen, *Reden und Schriften*, S. 304. Zum erstenmal erschienen diese Lektionen 1927 unter dem Titel *Die Grundlehren von dem Volkstum* auf deutsch (Sun Yat-sen, *Die Grundlehren von dem Volkstum*, Berlin 1927). Ein Teil dieser Lektionen sind auch enthalten in: *Sun Yat-sen. Aufzeichnungen eines chinesischen Revolutionärs.* Herausgegeben und eingeleitet durch eine Darstellung der Entwicklung Sun Yat-sens und des Sun

Yat-Senismus von K. A. Wittfogel, Wien–Berlin o. J.

24 *Manifest des I. Nationalkongresses der Guomindang China,* a.a.O., S. 263.

25 *Aus einer Rede in Kobe* (28. November 1924), in: Sun Yat-sen, *Reden und Schriften,* S. 352.

26 Zu Suns Verhältnis zu Japan vgl. Manabendra Nath Roy, *Revolution und Konterrevolution in China,* Berlin 1930, S. 253; H. Schiffrin, *Sun Yat-sen and the Origins of the Chinese Revolution,* Berkeley/Los Angeles 1968, S. 146.

27 *Dem Pflüger sein Feld* (23. August 1924), in: Sun Yat-sen, *Reden und Schriften,* S. 329.

28 *Ebd.*, S. 332.

29 *Ebd.*, S. 335.

30 *Ebd.*, S. 332.

31 *Ebd.*, S. 335.

32 *Ebd.*, S. 334.

33 *Manifest des I. Nationalkongresses der Guomindang Chinas,* in: a.a.O., S. 274.

34 Aus den *Lektionen über die ›Drei Volksprinzipien‹*, in: a.a.O., S. 318.

35 *Ebd.*

36 Sun Yat-sen, *The International Development of China,* New York/London 1922, S. 237.

37 Von innerparteilicher Demokratie hielt Sun wenig. Vgl. H. Schiffrin, *The Enigma of Sun Yat-sen,* in: *China in Revolution. The First Phase, 1900-1913,* New Haven/London 1968, S. 473 f.; James R. Shirley, *Control of the Kuomintang after Sun Yat-sen's Death,* in: *Journal of Asian Studies* (1965), Vol 25, S. 73 f.; Jürgen Domes, *Vertagte Revolution. Die Politik der Kuomintang, 1923-1937,* Berlin 1969, S. 95.

38 Nach der Lektüre einer 1912 in Petersburg erschienen Übersetzung von Sun Yat-sens Artikel *Die soziale Bedeutung der chinesischen Revolution* konstatierte Lenin: »Der fortgeschrittene chinesische Demokrat [i. e. Sun; G. K.] urteilt buchstäblich wie ein Russe. Seine Ähnlichkeit mit einem russischen Narodnik ist so groß, daß sie bis zur vollen Übereinstimmung der Hauptgedanken und einer Reihe einzelner Aussprüche geht« (W. I. Lenin: Demokratie und Volkstümlerideologie in China, in: *Werke,* Bd. 18, Berlin 1962, S. 152). Die Ähnlichkeit zwischen den russischen Narodniki und Sun ist in der Tat auffallend. Freilich gab es auch wesentliche Unterschiede. Anders als Sun suchten die Narodniki die Rettung vor dem Kapitalismus in der Beschwörung des kollektiven Wesens des russischen Menschen, in dessen natürlicher Hinneigung zu sozialistischen Institutionen. Sun bejahte Produktion auf großem Maßstab, sofern sie unter staatlicher Kontrolle stand, während die Narodniki eine mystisch gefärbte Volksproduktion, eine Vereinigung von Kleinindustrie und Landwirtschaft propagierten. Schließlich traf auf Sun mit Sicherheit nicht zu, was die Narodniki auszeichnete: sie betrachteten die Welt mit den Augen des Bauern, seiner Hilflosigkeit angesichts des revolutionierenden Eindringens von Kapital in die Landwirtschaft. Lenin charakterisierte Sun in dem zitierten Artikel als den Repräsentanten der jungen und kraftvollen Bourgeoisie Chinas, die noch nicht vom Proletariat bedroht werde. Dies begründete Lenin damit, daß Sun ein Agrarprogramm vorschlage, daß zwar in der Zielsetzung – den Kapitalismus zu vermeiden – reaktionär, tatsächlich aber fortschrittlich sei, weil es das Hindernis der absoluten Grundrente wegräume. »Darin eben besteht die Dialektik der gesellschaftlichen Verhältnisse Chinas, daß die chinesischen Demokraten [...] auf Grund dieser reaktionären Theorie, daß China dem Kapitalismus ›zuvorkommen‹ könne, ein rein kapitalistisches, maximal kapitalistisches Agrarpro-

gramm verfechten!« (ebd., S. 156). Lenin geht m. E. hier zu weit. Suns Agrarprogramm war so voller Einschränkungen und Rücksichtnahmen auf die Grundeigentümer, so halbherzig und kompromißlerisch – ganz abgesehen davon, daß es politisch unwirksam war, weil es mit Suns tatsächlicher Politik kollidierte –, daß es bestimmt nicht das Maximum einer revolutionären und demokratischen Änderung der Agrarverhältnisse zum Ausdruck brachte.

Die neuere sowjetische und an sie anschließend die DDR-Literatur über Sun Yat-sen setzen bei ihrer Bewertung der *Drei Volksprinzipien* zumeist an diesem Aufsatz Lenins an; vgl. den Sammelband *Sun Jat-sen', 1866-1966. K stoletiju so dnja roždenija. Sbornik statej, vospominanija i materialov*, Moskau 1966; A. V. Meliksetov, *K ocenke Sun Jat-sena*, in: *Narody Azii i Afriki* (1969) Nr. 5, S. 80-91; B. Scheibner / H. Scherner, *Einleitung* zu Sun Yat-sen, *Reden und Schriften*, S. 5-60. Auch in der VR China gilt Sun als ein »Gigant der demokratischen Revolution« (Li Ze-hou, *Über Sun Yat-sens Grundsatz vom Volkswohlstand*, in: *Neue Chinesische Geschichtswissenschaft*, Sonderheft der Zeitschrift für Geschichtswissenschaft, 1959, Bd. 7, S. 140-178). Zur Einschätzung in der VR China vgl. auch *Sun Yat-sen, Commemorative Speeches and Articles*, by Mao Tse-tung, Soong Ching Ling and Chou En-lai, Peking 1957. Die Nähe zu volkstümlerischen Vorstellungen ist übrigens nicht auf die *Drei Volksprinzipien* beschränkt. Auch die frühen Kommunisten und nach 1927 Mao Tse-tung griffen Ideen auf, die zum Gedankengut der Volkstümler gehören, so insbesondere die Überzeugung, China sei wegen seiner Armut und seiner vorkapitalistischen Reinheit besonders für den Sozialismus geeignet.

39 In einem Brief an Plechanov gab Engels folgende Erklärung für die oft merkwürdigen Verbindungen der verschiedensten theoretischen Ansätze, die in der zweiten Hälfte des 19. Jahrhunderts in Rußland in Umlauf gebracht wurden. »Übrigens kann man sich in einem Land wie dem Ihrigen, wo die moderne Industrie der primitiven Dorfgemeinschaft aufgepfropft wird und wo alle Zwischenphasen der Zivilisation zu gleicher Zeit vertreten sind, in einem Lande, das außerdem mehr oder weniger wirksam von einer durch den Despotismus errichteten geistigen Chinesischen Mauer umgeben ist, nicht darüber wundern, wenn dort die bizarrsten und unmöglichsten Ideenkombinationen auftreten.« Engels an Plechanov, 26. Februar 1895, in: Marx/Engels, *Werke*, Bd. 39, S. 417. Suns *Drei Volksprinzipien* waren ein Ergebnis der chinesischen Situation. Seine Verwandtschaft zu den Narodniki beruhte auf einer objektiv ähnlichen gesellschaftlichen Ausgangsposition, nicht etwa auf einer direkten politischen Beziehung zwischen Sun und den Narodniki. Zwar gab es solche Kontakte, vor allem in Japan, aber sie hatten für Suns Prinzipien geringe Bedeutung (vgl. A. V. Chejfec, *Revoljucionnye svjazi narodov Rossii i Kitaja v načale XX ogo veka*, in: *Voprosy istorii* (1956), Nr. 12, S. 91-100; Don C. Price, *Russia and the Roots of the Chinese Revolution, 1896-1911*, Cambridge (Mass.), 1974).

40 Der 2. Parteitag der KPCh im Juli 1922 stimmte dem Beitritt zur Komintern zu. Er akzeptierte damit die sogenannten *21 Bedingungen*, die die Aufnahme in die Komintern regelten. Die 16. dieser vom 2. Weltkongreß verabschiedeten Bedingungen lautete: »Alle Beschlüsse der Kongresse der Kommunistischen Internationale wie auch die Beschlüsse ihres Exekutivkomitees sind für alle der Kommunistischen Internationale angehörenden Parteien bindend« (*Der Zweite Kongreß der Kommunistischen Internationale. Protokoll der Verhandlungen vom 19. Juli in Petrograd und vom 23. Juli bis 7. August 1920 in Moskau*, Hamburg 1921, S. 393).

41 *Bericht der Kommission für die nationale und die koloniale Frage*, in: W. I.

Lenin, *Werke*, Bd. 31, S. 231.

Einen allgemeinen Überblick über die Behandlung der Kolonialfrage in der Komintern geben: R. Schlesinger, *Die Kolonialfrage in der Kommunistischen Internationale*, Frankfurt 1970; D. Boersner, *The Bolsheviks and the National and Colonial Question (1917-1928)*, Genf/Paris 1957; X. J. Eudin / R. N. North, *Soviet Russia and the East, 1920-1927*, Stanford 1957; H. Piazza, *Die Kommunistische Internationale und die nationale Befreiungsbewegung*, in: *Studien zur Geschichte der Kommunistischen Internationale*, Berlin 1974, S. 181-230; *Komintern i Vostok. Bor'ba sa leninskuju strategiju i taktiku v nacional'no-osvoboditel'nom dviženii*, Moskau 1969.

42 *Ursprünglicher Entwurf der Thesen zur nationalen und zur kolonialen Frage*, in: W. I. Lenin, *Werke*, Bd. 31, S. 137.

43 *Ebd.*

44 *Bericht der Kommission für die nationale und die koloniale Frage*, in: W. I. Lenin, *Werke*, Bd. 31, S. 231. Lenin benutzt hier den Begriff Sowjet im technischen Sinn, um damit Machtorgane zu kennzeichnen, die aus dem revolutionären Kampf hervorwachsen und im Gegensatz zu den staatlichen Organen stehen.

45 *Ursprünglicher Entwurf der Thesen zur nationalen und zur kolonialen Frage*, in: W. I. Lenin, *Werke*, Bd. 31, S. 138. Diese These stieß auf großen Widerstand, sowohl bei europäischen wie auch – besonders erbittert – bei einem Großteil der asiatischen Kommunisten. Vgl. A. Reznikov, *Bor'ba V. I. Lenina protiv sektanskich izvraščenij vo nacional'no-kolonial'nom voprose*, in: *Kommunist* (1968), Nr. 5, S. 36-47; ders., *Iz istorii podgotovki V. I. Leninym rešenij IIogo Kongressa Kominterna po nacional'no-kolonial'nomu vorprosu*, in: *Narody Azii i Afriki* (1971), Nr. 2, S. 40-53; N. E. Korolev, *Razrabotka Leninym politiki Kominterna po nacional'nomu i kolonial'nomu voprosu*, in: *Vtoroj Kongress Kominterna*, Moskau 1972, S. 152-193.

Hauptsprecher der asiatischen Kommunisten, die gegen die Forderung nach Unterstützung bürgerlich-demokratischer Befreiungsbewegungen opponierten, war der Inder M. N. Roy. Er legte dem Kongreß einen eigenen Thesenentwurf vor, der in zwei entscheidenden Punkten von dem Lenins abwich. M. N. Roy behauptete, daß der Kapitalismus innerhalb kürzester Zeit zusammenbräche, wenn er nicht den Zugriff zu den Profiten der Kolonien hätte. Die wichtigste Quelle des Kapitalismus lag für Roy in den ausbeuterischen Beziehungen der großen Kapitale zu den Kolonien. Roy war ferner der festen Überzeugung, daß die Massen der Arbeiter und Bauern in den Kolonien mit der bürgerlich-nationalistischen Bewegung nichts gemein hätten. Roys Thesenentwurf wurde von Lenin zurückgewiesen. Er bezeichnete ihn als in hohem Maße unbegründet und zu weitgehend. Trotzdem beschloß die Kommission zur nationalen und kolonialen Frage nach einigen Änderungen, die Thesen Roys dem Kongreß neben denen Lenins zur Verabschiedung vorzuschlagen – ein Zeichen für die Stärke der Opposition. Zu der ursprünglichen Fassung der Thesen Roys und der Kritik Lenins vgl. A. Reznikov, *Lenin o nacional'no-osvoboditel'nogo i kommunističeskogo dviženija na Vostoke*, in: *Kommunist* (1967), Nr. 7, S. 91-102; ders., *V. I. Lenin o problemach nacional'no-osvoboditel'nogo i kommunističeskogo dviženija na Vostoke*, in: *Narody Azii i Afriki* (1974), Nr. 6, S. 45-56; *The 2nd Congress of the Communist International as Reported and Interpreted by the Official Newspapers of Soviet Russia*, Washington 1920. Die vom 2. Weltkongreß als Zusatz zu Lenins Antrag einstimmig angenommene, revidierte Fassung von Roys Thesen ist abgedruckt in: *Der Zweite Weltkongreß der Kommunistischen Internationale. Protokoll der Verhandlungen*, S. 145-150. Auch Lenins Thesen wurden von der Kommission korrigiert. An die Stelle der Kennzeichnung »bürgerlich-demokratisch« in der 11. These setzte die Kommission den weniger anstößigen Begriff »national-revolutionär«. Lenin stimmte dieser Änderung zu, weil sie insgesamt für seine Position belanglos war, denn für ihn war nicht die Bourgeoisie, sondern die Bauernschaft die Hauptkraft der bürgerlich-demokratischen Bewegungen in unterentwickelten Ländern – und die Bauern waren ohne Zweifel revolutionär. Er glaubte, durch die neue Wortwahl sei sein Standpunkt viel genauer formuliert (*Bericht der Kommission für die nationale und koloniale Frage,* in: W. I. Lenin, *Werke,* Bd. 31, S. 230).

46 *Ursprünglicher Entwurf der Thesen zur nationalen und kolonialen Frage,* in: W. I. Lenin, *Werke,* Bd. 31, S. 134.

47 *Bericht der Kommission für die nationale und die koloniale Frage,* in: W. I. Lenin, *Werke,* Bd. 31, S. 232.

48 *Leitsätze zur Orientfrage,* in: *Protokoll des Vierten Weltkongresses der Kommunistischen Internationale. Petrograd–Moskau vom 5. November bis 5. Dezember 1923,* Hamburg 1923, S. 1041.

49 *Ebd.,* S. 1034, S. 1041.

50 *Ebd.,* S. 1039.

51 *Ebd.,*

52 *Ebd.,* S. 1037.

53 *Ebd.,* S. 1041.

54 *The First Program of the Communist Party of China,* in: Ch'en Kung-po, *The Communist Movement in China.* An Essay written in 1924, hrsg. und eingeleitet von C. Martin Wilbur, New York 1960, S. 106. Keiner der führenden Männer der KPCh hielt eine bürgerlich-demokratische Revolution für erstrebenswert. Hat nicht das Beispiel Rußland gezeigt – fragte Chen Duxiu –, daß der Sprung vom Feudalismus zum Sozialismus möglich ist? (Zitiert bei Benjamin J. Schwartz, *Chinese Communism and the Rise of Mao,* Cambridge (Mass.), 1966, S. 29). Li Dazhao meinte: »Bevor man fragt, ob die ökonomischen Verhältnisse in China die Praxis des Sozialismus erlauben, sollten wir zuerst fragen, ob Weltentwicklungen zur Verwirklichung des Sozialismus tendieren. Die ökonomischen Verhältnisse in China können sich dem ökonomischen Einfluß außerhalb Chinas nicht entziehen.« (Zitiert bei Huan Sung-k'ang, *Li Ta-chao and the Impact of Marxism on Modern Chinese Thinking,* The Hague/Paris 1965, S. 31; vgl. auch Maurice Meisner, *Li Ta-chao and the Origins of Chinese Marxism,* Cambridge (Mass.), 1967, S. 217 f.). Für andere Beispiele vgl. Carrére d'Encausse / S. Schram, *Marxism and Asia,* London 1969, S. 212-214; L. P. Deljusin, *Spor o socialisme. Iz istorii obščestvenno-politiceskom mysli Kitaja v načale 20-ch godov,* Moskau 1970; Din Šou-che / In' Suj-i / Čžan Bo-čžao, *Vlijanie Oktabr'skoj Revoljucii na Kitaj,* Moskau 1959, S. 105.

55 Dov Bing, *Sneevliet and the Early Years of the CCP,* in: *China Quarterly* (1971), Nr. 48, S. 684-687.

56 H. Maring, *Die revolutionär-nationalistische Bewegung in Süd-China,* in: *Kommunistische Internationale* (1922), 4. Jg., Nr. 22, S. 55.

57 A. I. Kartunova, *Komintern i nekotroye voprosy reorganisacii Gomin'dana,* in: *Komintern i Vostok,* S. 302. Daß sich die Komintern die Guomindang zum Partner wählte, war nicht so selbstverständlich, wie es jetzt scheinen mag. Eine Zeitlang stand auch der Warlord Wu Peifu hoch im Kurs (vgl. A. S. Whting, *Soviet Policies in China, 1917-1924,* New York 1954, S. 119).

58 *Der Ferne Osten. Der Erste Kongreß der kommunistischen und revolutionären Organisationen des Fernen Ostens,* Hamburg 1922, S. 25.

59 C. Brandt / B. J. Schwartz / J. K. Fairbank, *Der Kommunismus in China. Eine Dokumentargeschichte*, München 1966, S. 30-42.

60 V. I. Glunin, *Komintern i stanovlenie kommunističeskogo dviženija v Kitae (1920-1927)*, in: *Komintern i Vostok*, S. 253-254.

61 Dies berichtet Chen Duxiu in einem Brief an alle Parteimitglieder, den er Ende 1929 schrieb. Chen Duxiu, *Pis'mo ko vsem členam kitajskoj kommunističeskoj partii*, in: *Bjulletin' Oppozicii* (1930), Nr. 15-16, S. 20. Vgl. auch Harold Isaacs, *The Tragedy of the Chinese Revolution*, New York 1966, S. 59-60; ders., *Documents of the Comintern and the Chinese Revolution*, in: *China Quarterly* (1970), Nr. 45, S. 106.

62 V. I. Glunin, *Komintern i stanovlenie kommunističeskogo dviženie*, S. 254.

63 Dies veranlaßte K. Radek auf dem IV. Weltkongreß, die chinesischen Kommunisten zu tadeln. Sie sollten sich nicht weiter in großen Sprüchen gefallen, sondern die Arbeiterklasse in »ein vernünftiges Verhältnis zu den objektiv revolutionären bürgerlichen Elementen bringen [...]. Wenn die Kommunistische Internationale den kommunistischen Parteien des Westens sagt: Zu den Massen! So ist das erste, was wir Euch sagen: Heraus aus den Confutseschen Gelehrtenstuben des Kommunismus, hinein in die Massen!« (*Protokoll des IV. Weltkongresses der Kommunistischen Internationale*, S. 632-633).

64 Zu Art und Ausmaß dieser Hilfe vgl. R. A. Mirovickaja, *Pervoe desjatiletie*, in: *Leninskaja Politika SSSR v otnošenii Kitaja*, Moskau 1968, S. 20-67.

65 *Strategija i taktika Kominterna v nacional'no-kolonial'noj revoljucii na primere Kitaja. Sbornik dokumentov*, hrsg. von G. Kara-Murza unter der Redaktion von P. Mif, Moskau 1934, S. 112 (Englische Übersetzung in: Jane Degras, *The Communist International, 1919-1943. Documents*, Vol. 2, London 1960, S. 5-6).

66 *Strategija i taktika Kominterna*, S. 114.

67 *Ebd.*

68 *Ebd.*, S. 115.

69 *Ebd.*, S. 114 f.

70 *Der Kommunismus in China*, S. 71.

71 Vgl. das Versprechen Li Dazhaos, zitiert in *The Road to Communism. China Since 1912*, hrsg. von Dun J. Li, New York 1969, S. 67.

72 G. Vojtinskij, *Die Tendenzen der revolutionären Bewegung in China und die Partei Go-min-dan*, in: *Kommunistische Internationale* (1925), Nr. 3, S. 353-359; vgl. auch I. V. Stalin, *Über die politischen Aufgaben der Universität der Völker des Ostens*, in: *Stalin und die chinesische Revolution*, Heidelberg 1971, S. 40.

73 F. R., *Das Erwachte China*, in: *Kommunistische Internationale* (1925), Nr. 7, S. 713.

74 *Kommunističeskij Internacional v dokumentach. Rešenija, tezisy i vozzvanija kongressov Kominterna i plenumov IKKI 1919-1932*, redigiert von Bela Kun, Moskau 1935, S. 619. Diese Feststellung gründete auf dem Erfolg der Linken auf dem 2. Parteikongreß der Guomindang im Januar 1926: die offen antikommunistische ›Westberggruppe‹ wurde ausgeschlossen und die wichtigsten Abteilungen der Guomindang besetzten Kommunisten (J. Domes, *Vertagte Revolution*, S. 142-148; M. Jurev', *Revoljucija 1925-1927 gg. v Kitae*, Moskau 1968, S. 279-290).

75 *Fragen der revolutionären Bewegung im Osten auf dem bevorstehenden Erweiterten Plenum des EKKI*, in: *Kommunistische Internationale* (1925), 6. Jg., Heft 12, S. 1241.

76 *Ebd.*

77 Am 20. März 1926 inszenierte Tschiang Kai-schek einen »kommunistischen«

Überfall, den er zum Vorwand nahm, eine Kampagne gegen die Kommunisten in der Guomindang zu starten. Er erreichte, daß eine neue Vereinbarung zwischen der KPCh und der Guomindang getroffen wurde, die unter anderem folgende Punkte enthielt: Keine Kritik an Sun Yat-sen und den *Drei Volksprinzipien;* Beschränkung der Zahl der Kommunisten in den höheren Parteiausschüssen; Entfernung aller Kommunisten aus den Abteilungsspitzen der Parteizentrale. Schließlich sollte die KPCh dem Zentralexekutivkomitee der Guomindang eine Liste ihrer Guomindang-Mitglieder vorlegen und jede Instruktion an ihre Partei, soweit sie die Guomindang betraf, von einer gemeinsamen Kommission billigen lassen. T. C. Woo, *The Kuomintang and the Future of the Chinese Revolution,* S. 177; Wu Tien-wei, *Chiang Kai-shek's March 20th Coup d'Etat of 1926,* in: *Journal of Asian Studies* (1968), Nr. 3, S. 585-602.

78 »Die Kuomintang ist nicht eine kleine Gruppe mit einigen wenigen Mitgliedern, sondern ist im wahrsten Sinne des Wortes eine Massenpartei, und die revolutionären Kantoner Gruppen und die revolutionäre Kantoner Regierung sind auf dieser Basis begründet. Selbstverständlich kann da nicht über Nacht ein Staatsstreich ausgeführt werden« (Tang Shin She, *Die Kantoner Regierung und die revolutionäre Bewegung in China,* in: *Internationale Pressekorrespondenz* 5. 4. 1926, Nr. 53, S. 737).

79 Gegen diese Einschätzung gab es in der KPCh heftigen Widerspruch, der sich in einer Resolution der ZK-Plenums im Juli 1926 niederschlug, die eine offene Zwei-Parteien-Koalition verlangte, um eine wirklich eigenständige Politik verfolgen zu können (C. Brandt, *Stalin's Failure in China,* S. 72, S. 82 f.). Die Antwort der Komintern lautete: »Alle diese Beschlüsse müssen revidiert werden« (Editorial: *Der 5. Parteitag der KPCh und die Kuomintang,* in: *Kommunistische Internationale* (1927), Nr. 12, S. 555. Vgl. *Die Chinesische Frage auf dem 8. Plenum der Exekutive der Kommunistischen Internationale,* Hamburg 1928, S. 18.

80 *Kommunističeskij Internacional v dokumentach,* S. 671.

81 *Ebd.,* S. 672.

82 *Ebd.,* S. 676.

83 *Ebd.,* S. 671, S. 674.

84 J. V. Stalin, *Über die Perspektiven der Revolution in China,* in: *Stalin und die chinesische Revolution,* S. 55.

85 Von Räten redete Stalin nicht. »Sowjets, in diesem Fall Bauernsowjets, könnten nur dann organisiert werden, wenn China eine Periode des maximalen Aufschwungs der Bauernbewegung durchmachte, die das Alte zerbricht und eine neue Macht schafft, und unter der Voraussetzung, daß die Industriezentren Chinas den Damm bereits durchbrochen haben und in die Phase der Bildung der Sowjetmacht eingetreten sind« *(ebd.).*

86 *Ebd.,* S. 55.

87 P. Mif, *Die Bauernbewegung in China,* in: *Kommunistische Internationale* (1926), Nr. 14 (23), S. 634.

88 Stalin selbst gab die Existenz eines solchen Telegrammes zu, das jedoch episodisch gewesen sei und die Linie der Komintern keineswegs charakterisiere (*Die Internationale Lage und die Verteidigung der UdSSR,* in: *Stalin und die chinesische Revolution,* S. 186).

89 Chao Kuo-chun, *Agrarian policy of the CCP, 1921-1959,* Bombay 1960, S. 15. Vgl. Nassanov/Fokina/Albrecht, *Brief aus Shanghai,* in: L. Trotzki, *China – die erwürgte Revolution,* Bd. 1, Berlin 1972. Dieser Brief war an das EKKI adressiert. Seine Verfasser, Vertreter der Jugendinternationale, kritisierten darin den Kurs der

Komintern und der KPCh. Zur Agrarpolitik der KPCh vgl. auch: L. P. Deljusin, *Agrarno-krest'janskij vorpros v politike KPK 1921-1928*, Moskau 1972; K. C. Yeh, *The Chinese Communist Revolutionary Strategy and the Land Problem, 1921-1927* (Rand Corporation Memorandum RM 6077-ARPA), Santa Monica 1970.

90 *Documents on Communism, Nationalism and Soviet Advisers in China, 1918-1927*. Hrsg. von C. Martin Wilbur / Julie Lien-ying How, New York 1956, S. 429.

91 *Ebd.*, S. 432.

92 N. Bucharin, *Perspektiven der chinesischen Revolution*, in: *Kommunistische Internationale* (1927), Nr. 14, S. 673.

Dieser Artikel wurde eine Woche vor dem Coup Tschiang Kai-scheks veröffentlicht.

93 Diese Rede vom 5. April 1927 wurde offiziell nie veröffentlicht. Vyjovič, ein Vertreter der Opposition, zitierte sie auf dem 8. EKKI-Plenum der Exekutive der Kommunistischen Internationale, a.a.O., S. 123-124.

94 J. V. Stalin, *Über die Perspektive der chinesischen Revolution*, in: *Stalin und die chinesische Revolution*, S. 50 f.

95 A. Martynov, *Zur Umgruppierung der Kräfte der chinesischen Revolution*, in: *Kommunistische Internationale* (1927), Nr. 9, S. 411 f.

96 Die Politik des Ausnutzens mißlang gründlich. Die sozialen Kräfte gruppierten sich in der Tat um, freilich anders als sich die Komintern dies vorgestellt hatte, denn als Opfer blieb die KPCh auf der Strecke. Die Komintern machte die KP-Führung, allen voran Chen Duxiu, für die Leichtigkeit verantwortlich, mit der Tschiang Kai-schek die Kommunisten besiegen und die Arbeiter- und Bauernbewegung unterdrücken konnte. Ihre Linie sei korrekt gewesen – sie sei nur nicht ausgeführt worden. Mit dieser Selbstrechtfertigung versperrte sich die Komintern den Weg zu einer kritischen Untersuchung, die sie in die Lage versetzt hätte, aus den Klassenkämpfen zu lernen. Daraus resultierten für die 1927 folgenden Jahre grandiose Fehleinschätzungen. So wurde auch nach dem April-Coup die Zusammenarbeit mit der sogenannten linken Guomindang fortgesetzt. Diese Zusammenarbeit hatte dieselben Merkmale wie der »Block von innen«, und er endete mit einer Wiederholung der April-Ereignisse. Diese Niederlagen galten der Komintern freilich als Beginn einer höheren Stufe der chinesischen Revolution. Die Diskrepanz zwischen der tatsächlichen Lage und ihrer Beurteilung in Moskau trieb die KPCh in abenteuerliche Putsche, die erst 1930 aufhörten, als mit der Rätebewegung eine neue Richtung größere Fortschritte machte.

97 Zur Politik der KPCh in den Jahren 1927 bis 1930 vgl. B. Schwartz, *Chinese Communism and the Rise of Mao*, Cambridge (Mass.) 1951; H. Isaacs, *The Tragedy of the Chinese Revolution;* R. C. North, *Moscow and Chinese Communists*, Stanford 1963; A. M. Grigor'ev, *Komintern i revoljucionnoe dviženie pod lozungem sovetov (1928-1930)*, in: *Komintern i Vostok*, S. 313-349; M. C. Wilbur, *The Ashes of Defeat. Accounts of the Nanchang Uprising and Southern Expedition*, in: *China Quarterly* (1964), Nr. 18, S. 3-54; J. Guillermaz, *The Nanchang Uprising*, in: *China Quarterly* (1962), Nr. 11, S. 161-168; R. Hofheinz, *The Autumn Harvest Uprising*, in: *China Quarterly* (1967), Nr. 30, S. 49-78; ders., *Chinese Communism in 1927. City vs. Countryside*, Hongkong 1970; *Kantonskaja Kommuna. K sorokletiju vosstanija v Guančžou*, Moskau 1967; Ch'ü Ch'iu-pai, *The Past and Future of the Chinese Communist Party*, in: *Chinese Studies in History* (1971), Vol. 5, Nr. 1, S. 4-72; J. P. Harrison, *The Li Li-san Line and the CCP in 1930*, in: *China Quarterly* (1963), Nr. 14, S. 178-196 und (1964), Nr. 15, S. 140-159.

98 Trockijs Schriften sind zusammengestellt in: L. D. Trotzki, *China – die erwürgte Revolution,* 2 Bände, Berlin 1972 und 1975; L. Trotsky, *Problems of the Chinese Revolution,* Ann Arbor 1967.

99 R. Lew, *Maoism and the Chinese Revolution,* in: *The Socialist Register* 1975, S. 124.

100 *Warum kann die Chinesische Rote Macht bestehen?* (5. 10. 1928), in: Mao Tse-tung, *Ausgewählte Werke* (künftig *AW*), Peking 1968-69, Bd. 1, S. 68. Im folgenden wird Mao Tse-tung hauptsächlich nach dieser Ausgabe zitiert. Dies bedarf der Begründung, denn die Ausgewählten Werke, die in chinesischer Sprache 1951 erschienen, weisen zwei grundlegende Mängel auf. Erstens enthalten sie nur rund die Hälfte der Aufsätze, Reden und Briefe, die Mao bis zu diesem Zeitpunkt verfaßt hat. Zweitens sind die in ihr publizierten Texte umgeschrieben worden. Einzelne Sätze oder ganze Abschnitte wurden weggelassen, andere hinzugefügt. Zumeist wurde an den Stellen manipuliert, wo Mao sich offensichtlich allzuweit von den Kernpunkten des Marxismus, selbst in seiner sogenannten chinesischen Form, entfernt hatte oder wo er im Widerspruch zu der nach 1949 verkündeten offiziellen Version der Parteigeschichte steht. Dennoch bin ich der Überzeugung, daß sich die *Grundzüge* der Vorstellungen Maos über die chinesische Revolution – und allein um die geht es in dem vorliegenden Aufsatz – aus den *Ausgewählten Werken* erschließen lassen. Für eine historische Darstellung, die die Position Maos in einer bestimmten Situation analysieren will, genügt die Pekinger Ausgabe mit Sicherheit nicht. Selbstverständlich habe ich dort, wo die ursprünglichen Texte übersetzt vorliegen, diese herangezogen, insbesondere aus der Sammlung Schrams (Stuart R. Schram, *Das Mao-System. Die Schriften von Mao Tse-tung. Analyse und Entwicklung,* München 1972). In Japan erschien eine zehnbändige Mao-Werkausgabe, die für die Zeit vor 1949 nahezu vollständig ist: *Mao Tse-tung ji,* hrsg. von Takeuchi Minoru, 10 Bände, Tokio 1970-1972.

101 *Die Taktik im Kampf gegen den japanischen Imperialismus* (27. 12. 1935), in: *AW,* Bd. 1, S. 189.

102 *Untersuchungsbericht über die Bauernbewegung in Hunan* (März 1927), in: *AW,* Bd. 1, S. 25, S. 26. Dieser Untersuchungsbericht, der im März 1927 in der Zeitschrift der KPCh und im Mai im Wochenorgan der Guomindang erschien, wandte sich gegen die offizielle Politik der Einheitsfront gegenüber den Bauern. Er kritisierte, daß die Bauern in ihrer Entfaltung behindert und der revolutionäre Charakter ihrer Gewalt diffamiert werde. Mao nahm die Spontaneität der Bauern in Schutz und forderte einen Wechsel in der Politik gegenüber den Bauern. Dazu trug er dem ZK der KPCh konkrete Vorstellungen vor, die jedoch abgelehnt wurden; vgl. E. Snow, *Roter Stern über China,* Frankfurt a. M. 1975, S. 163.

103 *Beschluß über einige Fragen der Geschichte unserer Partei* (Angenommen vom 7. Erweiterten Plenum des Zentralkomitees der KPCh – 6. Einberufung – am 20. April 1945), in: Mao Tse-tung, *Ausgewählte Schriften in vier Bänden,* Berlin 1956, Bd. 4, S. 254. Dieser Beschluß wurde in die Pekinger Ausgabe der *AW* nicht aufgenommen. Er behandelt die sogenannte dritte ›linksabweichlerische Linie‹ der KPCh vom 4. ZK-Plenum im Januar 1931 bis zur Dsunij-Konferenz 1935, auf der Mao zum Führer der KP aufstieg. Die dritten Linksabweichler waren die sogenannten 28 Bolschewiki mit Wang Ming an der Spitze. Diese Gruppe verfocht eine Politik, die sich in fast allen wesentlichen Punkten von der Maos unterschied. Zunächst unterlag Mao. Seine Macht wurde zunehmend beschnitten, bis sie kurz vor dem Langen Marsch auf den Nullpunkt sank (vgl. Hsiao Tso-liang, *Power Relations within the Chinese Communist Movement. A Study of Documents,* Seattle 1961,

S. 161; Wang Ming / Kang Hsing, *Das revolutionäre China von heute. XIII. Plenum des EKKI im Dezember 1933*, Moskau/Leningrad 1934, S. 32). Wang Ming kritisierte insbesondere Maos Einschätzung der Bauern und seine Mißachtung der Arbeiterklasse (J. R. Rue, *Mao Tse-tung in Opposition, 1927-1935*, Stanford 1966, S. 255).

104 *Über die Taktik im Kampf gegen den japanischen Imperialismus* (Dezember 1935), in: *AW*, Bd. 1, S. 177, S. 180; *Die Aufgaben der KPCh in der Periode des Widerstandskampfes gegen die japanische Aggression* (3. Mai 1937), in: *AW*, Bd. 1, S. 310.

105 *Das Fazit der Abwehr der zweiten antikommunistischen Kampagne* (8. 5. 1941), in: *AW*, Bd. 2, S. 547.

106 *Nachwort zur ›Untersuchung der Verhältnisse im Dorf‹* (19. 4. 1941), in: *AW*, Bd. 3, S. 11.

107 *Die Bewegung des 4. Mai* (Mai 1939), in: *AW*, Bd. 2, S. 275.

108 *Über die Neue Demokratie* (Januar 1940), in: *AW*, Bd. 2, S. 428. Zu dieser Passage bemerken die Herausgeber: »Als Genosse Mao Tse-tung Nachdruck auf die revolutionären Stützpunktgebiete in den ländlichen Gegenden legte, verhöhnten dies die Dogmatiker in der Kommunistischen Partei als eine ›Theorie des In-die-Berge-Gehens‹« (*ebd.*, S. 448).

109 *Bericht auf der zweiten Plenartagung des vom Siebten Parteitag gewählten ZKs der KPCh* (5. 3. 1949), in: *AW*, Bd. 4, S. 386.

110 *Das Fazit der zweiten antikommunistischen Kampagne* (8. 5. 1941), in: *AW*, Bd. 2, S. 550; *Rede vor der Volksversammlung des Grenzgebietes Schensi-Kansu-Ningsia* (21. 11. 1941), in: *AW*, Bd. 3, S. 30.

111 *Über die Neue Demokratie* (Januar 1940), in: *AW*, Bd. 2, S. 248.

112 *Analysen der Klassen in der chinesischen Gesellschaft* (März 1926), in: *AW*, Bd. 1, S. 13.

113 *Untersuchungsbericht über die Bauernbewegung in Hunan* (März 1927), in: *AW*, Bd. 1, S. 32. »Die *einzige* Gruppe auf dem Lande, die stets den erbitterten und hartnäckigen Kampf aufnahm, sind die armen Bauern. Sowohl in der illegalen Periode wie in der Periode des offenen Auftretens *waren es die armen Bauern, die kämpften, organisierten und revolutionäre Arbeit leisteten.* Sie *allein* sind Todfeinde der örtlichen Machthaber und Shenshi, stürmen deren Lager ohne zu zaudern. Nur sie sind in der Lage, das Werk der Zerstörung durchzuführen.« Die hervorgehobenen Passagen sind in den *AW* gestrichen worden (vgl. Schram: *Das Mao-System*, S. 223). Im Original des Untersuchungsberichtes verteilte Mao Punkte für revolutionäre Leistungen. Danach »verdiente die Leistung der Stadtbewohner und Soldaten nur drei Punkte; die übrigen sieben Punkte würden den Bauern und ihrer Revolution auf dem Lande zufallen« (*ebd.*, S. 221). Dies schrieb Mao zu einem Zeitpunkt, als die Nationalrevolutionäre Armee große Erfolge hatte und die Arbeiter Shanghai so gut wie kontrollierten!

Diese Änderungen sind für die *AW* bezeichnend. Die Herausgeber bemühten sich offensichtlich, Maos Begeisterung für die revolutionäre Omnipotenz der Bauern dadurch abzuschwächen, daß sie allzu weitreichende Äußerungen wegließen und dafür Hinweise auf das Proletariat und die KPCh aufnahmen.

114 *Die chinesische Revolution und die KPCh* (Dezember 1939), in: *AW*, Bd. 2, S. 376; *Strategische Probleme des Revolutionären Krieges in China* (Dezember 1936), in: *AW*, Bd. 1, S. 224-225.

115 Die soziale Zusammensetzung der KPCh änderte sich folgendermaßen. Im März 1927 teilten sich über 50 000 Mitglieder so auf: 53% Arbeiter, 18,7% Bauern,

19,1% Intellektuelle 3,1% Soldaten und 8,5% Händler, Rest 4,2% (nach: M. F. Jurev', *Revoljucija 1925-1927 gg. v Kitae*, S. 459, S. 131). Nach dem April-Coup sank die Mitgliederzahl der KPCh innerhalb weniger Monate auf rund 10 000. Langsam stieg die Zahl wieder an, bis sie 1930 ungefähr den alten Stand wieder erreichte. Aber während dieser Zeit entstand in Wirklichkeit eine neue Partei. Schon im November 1928 beklagte das ZK der KPCh, daß die Partei unter den Industriearbeitern keine einzige funktionierende Zelle besäße. Tschou En-lai schrieb 1929: »Zur Zeit des 6. Kongresses (Juni-Juli 1928) betrug der Anteil der Arbeiter [. . .] 10%. Jetzt sank er auf 3%« (H. Isaacs, *Perspectives of the Chinese Revolution. A Marxist View*, in: *Pacific Affairs* (1935), Vol. 8, Nr. 3, S. 272). Im März 1930 mußte das ZK der KPCh eingestehen, daß lediglich 2 von 100 Parteimitgliedern zur Industriearbeiterschaft gehörten (R. N. North, *Moscow and Chinese Communists*, S. 132). Ein amerikanischer Vizekonsul berichtete 1932, daß die KPCh höchstens zu 3000 Industriearbeitern Verbindung habe (E. Clubb, *Communism in China, as reported from Hankow in 1932*, New York/London 1968, S. 96). Die Komintern bezifferte 1935 den Anteil der Arbeiter in der KPCh auf 20-25% (*Die Kommunistische Internationale vor dem 7. Weltkongreß*. Materialien, Moskau/Leningrad 1935, S. 556). Diese Zahl scheint viel zu hoch gegriffen und dürfte auf eine allzu weite Fassung des Begriffs »Arbeiter« zurückgehen. Auf dem 7. Weltkongreß begründete Wang Ming denn auch die proletarischen Eigenschaften der KPCh nicht mit dem Hinweis auf deren Zusammensetzung: »Jawohl, die KPCh ist die Partei der Arbeiterklasse vor allem dem Charakter ihrer Strategie und Taktik, ihrem Programm und ihres Zieles nach« (*Protokoll des 7. Weltkongresses der Kommunistischen Internationale*, Moskau 25. Juli-20. August 1935, S. 525-526).

116 *Aus einem Funken kann ein Steppenbrand entstehen* (5. Januar 1930), in: *AW*, Bd. 1, S. 139-140.

117 Diesen Begriff führte Isaacs 1938 ein: H. Isaacs, *The Tragedy of the Chinese Revolution*, S. 331. Vgl. auch Isaac Deutscher, *Maoism – Its Origins, Background and Outlook*, in: *Socialist Register* 1964, S. 11-37.

118 *Der Bankrott der idealistischen Geschichtsauffassung* (16. 9. 1949), in: *AW*, Bd. 4, S. 484. – Wies Mao der Bauernschaft in der Revolution einen Rang zu, der mit den Lehren des sogenannten Marxismus-Leninismus unvereinbar ist? Gibt es einen Maoismus? Diese Frage war und ist heftig umstritten. Schon in den 30er Jahren diagnostizierten die Trotzkisten die Verwandlung der KPCh in eine Bauernpartei und die Aufgabe des Marxismus zugunsten einer bäuerlichen Ideologie. Die KPCh sei das Äquivalent der Sozialrevolutionären Partei Rußlands, schrieb Isaacs 1935 (H. Isaacs, *Perspectives of the Chinese Revolution*, S. 274). Die meisten westlichen Sinologen gehen davon aus, daß Mao *de facto* Häresie begangen habe, weil er die KPCh von der Arbeiterklasse losgelöst und eng mit der Bauernbewegung verbunden habe (B. Schwartz, *Chinese Communism and the Rise of Mao*, S. 199). Dieser weithin verbreiteten Auffassung widersprach 1960 K. A. Wittfogel, indem er nachzuweisen versuchte, daß schon Marx und erst recht Lenin die Rolle der Bauern in der bürgerlich-demokratischen Revolution betont hätten, Mao sich daher sehr wohl im Rahmen der Orthodoxie bewege (K. A. Wittfogel, *The Legend of Maoism*, in: *The China Quarterly* (1960), Nr. 1, S. 72-88, Nr. 2, S. 16-32). Darauf antwortete B. J. Schwartz, *The Legend of the ›Legend of Maoism‹*, in: *China Quarterly* (1960), Nr. 2, S. 35-42 (beide Aufsätze sind deutsch erschienen in: P. J. Opitz (Hrsg.), *Maoismus*, Stuttgart 1972). Diese Debatte dauert an, wobei heute die schärfsten Häresie-Vorwürfe aus der Sowjetunion kommen. Ein Teil dieser Debatte dreht sich auch um die Frage, ob Maos Konzeption revolutionärer Taktik mit der Komintern-

Linie übereinstimmte, wie sie auf der Grundlage der Beschlüsse des 6. Weltkongresses nach 1928 entwickelt wurde. Während allgemein die Meinung vorherrscht, Mao habe sich um die Komintern wenig gekümmert, sich im Zweifelsfall über sie hinweggesetzt und einen eigenständigen Kurs verfolgt, behauptet eine kleine Gruppe von Experten, die Komintern habe nach 1927 ganz im Sinne Maos gehandelt und dessen Politik angeregt (Richard Thornton, *The Comintern and the Chinese Communists*, 1928-1931, Seattle/London 1969; Hsiao Tso-liang, *Power Relations within the Chinese Communist Movement*, S. 5).

119 *Probleme des Krieges und der Strategie* (6. 11. 1938), in: *AW*, Bd. 2, S. 257.

120 *Ebd.*, S. 261-262. – Mao zitierte häufig und gern jenen Stalin-Satz, in dem von der Notwendigkeit des Kampfes gegen die bewaffnete Konterrevolution die Rede ist.

121 *Aus einem Funken kann ein Steppenbrand entstehen* (5. 1. 1930), in: *AW*, Bd. 1, S. 134.

122 *Der Zeitschrift ›Kommunist‹ zum Geleit* (4. 10. 1939), a.a.O., S. 334.

123 *Ebd.*, S. 339. Die Teile in Klammern fehlen in den *AW* (vgl. S. Schram: *Das Mao-System*, S. 333). »Die ›Partei‹ war für Mao lediglich ein Name in einer anderen Organisation« (ders., *The Party in Chinese Communist Ideology*, in: *Party Leadership and Revolutionary Power in China*, hrsg. von J. W. Lewis, Cambridge 1970, S. 171).

124 *Probleme des Krieges und der Strategie* (6. 11. 1938), in: *AW*, Bd. 2, S. 257-258.

125 *Der Zeitschrift ›Kommunist‹ zum Geleit* (4. 10. 1939), in: *AW*, Bd. 2, S. 333.

126 Schon 1927 griff das Hunaner Provinzkomitee Mao an und warf ihm im Zusammenhang mit dem Herbsternteaufstand vor, er wolle eine »Flintenbewegung« (E. Snow, *Roter Stern über China*, S. 168). Gewehre waren für Mao in der Tat so wichtig, daß es ihm nicht so sehr darauf ankam, wer diese unter seiner Kontrolle in Händen hielt. Mao arbeitete mit Banditen, Räuberbanden und Deklassierten zusammen. Er bewunderte ihren Mut und war davon überzeugt, daß sie in der Roten Armee umerzogen werden könnten (vgl. *Der Kampf im Djingang-Gebirge* (25. 11. 1928), in: *AW*, Bd. 1, S. 89; *Analyse der Klassen in der chinesischen Gesellschaft* (März 1926), in: *AW*, Bd. 1, S. 16).

127 *Über die Berichtigung falscher Ansichten in der Partei* (Dezember 1929), in: *AW*, Bd. 1, S. 128.

128 *Der Kampf im Djingang-Gebirge* (25. 1. 1928), in: *AW*, Bd. 1, S. 91; *Gespräch mit dem englischen Journalisten James Bertram* (25. 10. 1937), in: *AW*, Bd. 2, S. 53.

129 *Über die Koalitionsregierung* (24. 4. 1945), in: *AW*, Bd. 3, S. 250.

130 *Über die Berichtigung falscher Ansichten in der Partei* (Dezember 1929), in: *AW*, Bd. 1, S. 120.

131 »Unter unseren Bedingungen ist die Produktion der Armee für ihre Selbstversorgung eine Maßnahme, die der Form nach rückständig und rückschrittlich, dem Wesen nach aber fortschrittlich und von großer historischer Bedeutung ist. Formal verstoßen wir gegen das Prinzip der Arbeitsteilung« (*Über die Produktionstätigkeit der Armee für ihre Selbstversorgung und über die Bedeutung der großen Ausrichtungs- und Produktionsbewegungen* (27. 4. 1945), in: *AW*, Bd. 3, S. 326).

131a *Die gegenwärtigen Aufgabe und unsere Lage* (25. 12. 1974), in: *AW*, Bd. 4, S. 167.

131b *Über den langwierigen Krieg* (Mai 1938), in: *AW*, Bd. 2, S. 140.

131c *Strategische Probleme des revolutionären Krieges in China* (Dezember

1936), in: *AW*, Bd. 1, S. 236; S. 243.

132 *Ebd.*, S. 286.

133 *Ebd.*, S. 270.

134 Strategische Probleme des revolutionären Krieges in China (Dezember 1936), in: *AW*, Bd. 1, S. 275. »Das Prinzip der Roten Armee ist die Konzentration der Kräfte« (*Der Kampf im Djingang-Gebirge* (25. 11. 1928), in: *AW*, Bd. 1, S. 94).

135 *Strategische Probleme des revolutionären Krieges* (Dezember 1936), in: *AW*, Bd. 1, S. 277, S. 280.

136 *Ebd.*, S. 282.

»1. Wenn der Feind vorrückt, ziehen wir uns zurück!

2. Wenn der Feind haltmacht und sich lagert, belästigen wir ihn!

3. Wenn der Feind die Schlacht vermeiden will, greifen wir an!

4. Wenn der Feind sich zurückzieht, verfolgen wir ihn!«

E. Snow, *Roter Stern über China*, S. 175.

137 *Über den langwierigen Krieg* (Mai 1938), in: *AW*, Bd. 2, S. 202.

138 *Ebd.* Diese beiden militärischen Prinzipien – Bewegungskrieg und »den-Gegner-ins-eigne- Territorium-locken« – lehnten die 28 Bolschewiki für den 5. Einkreisungsfeldzug ab. Tschou En-lai, der Mao als Politischer Kommissar der I. Frontarmee ablöste, erklärte zur zentralen Aufgabe der Roten Armee, den Gegner nicht einen Meter des befreiten Territoriums zerstören zu lassen. Deswegen wurden die vorhandenen Truppen nicht konzentriert, sondern verteilt, um die gesamte Frontlinie verteidigen zu können. Diese Taktik entsprach der politischen Einschätzung der Lage, die die Gruppe um Wang Ming vertrat. Danach stand die Guomindang kurz vor ihrem Zusammenbruch. Der 5. Einkreisungsfeldzug mußte die Entscheidung zwischen den sogenannten zwei Wegen, dem der Guomindang und dem der KPCh, bringen. Eben diese Entscheidung verlangte, daß kein Fußbreit Boden aufgegeben werden durfte. Diese seiner Ansicht nach grundfalsche Auffassung brachte Mao auf der Dsunji-Konferenz im Januar 1935 zur Sprache. Die Konferenz, auf der sich Mao gegen die alte Führung durchsetzte, stand ganz im Zeichen militärischer Fragen. Debattiert wurde, ob die Taktik des unbedingten Festhaltens, der Verteidigung in festen Stellungen richtig war oder ob die Rote Armee nicht vielmehr zum Guerillakrieg zurückkehren sollte. Eine kleine Mehrheit schloß sich Mao an (*Resolutions of the Tsunyi Conference*, translated with a Commentary by Jerome Ch'en, in: *China Quarterly* (1969), Nr. 40, S. 4). Diese Resolution enthält die erste Ausarbeitung von Maos wichtigsten militärischen Grundsätzen. Vgl. auch Otto Braun, *Chinesische Aufzeichnungen (1932-1939)*, Berlin 1972, S. 132, S. 142.

139 *Strategische Probleme des revolutionären Krieges* (Dezember 1936), in: *AW*, Bd. 1, S. 292.

140 *Die chinesische Revolution und die KPCh* (Dezember 1939), in: *AW*, Bd. 2, S. 367.

141 *Aus einem Funken kann ein Steppenbrand entstehen* (5. 1. 1930), in: *AW*, Bd. 1, S. 134.

142 *Ebd.*, S. 133.

143 *Warum kann die chinesische Rote Macht bestehen?* (5. 10. 1928), in: *AW*, Bd. 1, S. 69. Für die inmitten des weißen Regimes stehenden selbständigen Gebiete Roter Macht empfahl Mao eine bestimmte geographische Lage, nämlich schwer zugängliche Gebirgsgegenden (vgl. *Der Kampf im Djingang-Gebirge* (25. 11. 1928), in: *AW*, Bd. 1, S. 96; *Strategische Probleme des Partisanenkrieges gegen die japanische Aggression* (Mai 1938), in: *AW*, Bd. 2, S. 102). Gebirgsgegenden vereinten mehrere Vorteile: die Bevölkerung war gering, die staatliche Kontrolle schwach und

die Grundherren verfügten über weniger Macht als andernorts. Wenn ein Gebirge zudem die Grenze zwischen einzelnen Provinzen bildete, so konnten die Rivalitäten zwischen den Warlords ausgenutzt werden. Banditen und Rebellen wählten seit jeher Grenzgebiete und Gebirge als Operationsbasen, weil dort die Machtverteilung unklar war und die staatliche Administration oft nicht hinreichte (vgl. zum Problem der geopolitischen Faktoren des kommunistischen Erfolgs in China R. Hofheinz, *The Ecology of Chinese Communist Success, Rural Influence Patterns 1923-1945*, in: *Chinese Communist Politics in Action*, hrsg. von D. A. Barnett, Seattle/London 1969, S. 3-77).

144 *Man muß die Arbeit auf wirtschaftlichem Gebiet beachten* (20. August 1933, in: *AW*, Bd. 1, S. 152.

145 *Die chinesische Revolution und die KPCh* (Dezember 1939), in: *AW*, Bd. 2, S. 362.

146 *How to Analyze Classes, adopted by the Eighth County Conference on the Land Investigation Drive, June 17-21, 1933*, in: Hsiao Tso-liang, *The Land Revolution in China, 1930-1934. A Study of Documents*, Seattle/London 1969, S. 255.

147 *Die Aufgabe der KPCh in der Periode des Widerstandskampfes gegen die japanische Aggression* (3. Mai 1937), in: *AW*, Bd. 1, S. 320.

148 Die vorübergehende revolutionäre Enthaltsamkeit der chinesischen Kommunisten stiftete besonders bei amerikanischen Beobachtern viel Verwirrung. Eigentlich – so hieß es – seien die chinesischen Kommunisten gar keine Kommunisten, sondern harmlose Agrarreformer. In der McCarthy-Ära hatten diese Leute große Schwierigkeiten, weil ihnen vorgeworfen wurde, sie hätten sich bewußt in eine internationale Verschwörung einspannen lassen, um die freie Welt über den wahren Charakter des chinesischen Kommunismus zu täuschen (K. E. Shewmaker: *The ›Agrarian Reformer‹ Myth*, in: *China Quarterly* (1968), Nr. 34, S. 66-81; *The Chinese Communist Movement*. A Report of the US War Department, July 1945, Stanford 1968, S. 8-9).

149 *Über die Neue Demokratie* (Januar 1940), in: *AW*, Bd. 2, S. 421.

150 *Die Orientierung der Jugendbewegung* (4. 5. 1939), in: *AW*, Bd. 2, S. 281.

151 *Ebd.*, S. 281-282.

152 *Über die Neue Demokratie* (Januar 1940), in: *AW*, Bd. 2, S. 433.

153 *Ebd.*, S. 404.

154 *Analyse der Klassen in der chinesischen Gesellschaft* (März 1926), in: *AW*, Bd. 1, S. 11.

155 *Die chinesische Revolution und die KPCh* (Dezember 1939), in: *AW*, Bd. 2, S. 372-373.

156 *Der Zeitschrift ›Kommunist‹ zum Geleit* (4. 10. 1939), in: *AW*, Bd. 2, S. 333.

157 *Dringende Aufgaben nach der Herstellung der Zusammenarbeit zwischen der Kuomintang und der Kommunistischen Partei* (29. 9. 1937), in: *AW*, S. 39.

157a *Dem neuen Aufschwung der chinesischen Revolution entgegen* (1. 2. 1941), in: *AW*, Bd. 4, S. 123.

158 *Über die Taktik im Kampf gegen den japanischen Imperialismus* (27. 12. 1935), in: *AW*, Bd. 1, S. 193-194; *Der Zeitschrift ›Kommunist‹ zum Geleit*, in: *AW*, Bd. 2, S. 337. Freilich beging Tschiang Kai-schek hinterrücks Verrat – »bar jeglicher Dankbarkeit« (*Deklaration der chinesischen Volksbefreiungsarmee* (Oktober 1947), in: *AW*, Bd. 4, S. 152.

159 *Nachwort zur ›Untersuchung der Verhältnisse im Dorf‹* (9. 4. 1941), in: *AW*, Bd. 3, S. 11; *Über unsere Politik* (25. 12. 1940), in: *AW*, Bd. 2, S. 522. Die zweite Einheitsfront mit der Guomindang kam auf Druck der Komintern zustande. Mao

sprach sich zwar für Zusammenarbeit mit anderen, auch bürgerlichen Kräften aus, lehnte aber ein gemeinsames Vorgehen mit Tschiang Kai-schek ab. Dies war zunächst auch die Position der Komintern. Noch auf dem 7. Weltkongreß wurde Tschiang als Lakai des Imperialismus beschimpft (*Protokoll des 7. Weltkongresses*, Band 1, S. 221, S. 284, S. 363; Band 2, S. 521, S. 693, S. 995). Erst ein Jahr später erwog die KPCh die Einbeziehung der Guomindang in die Einheitsfront. Um die Art dieser neuerlichen Einheitsfront gab es heftige Auseinandersetzungen. Auf der einen Seite stand Wang Ming, der sich zeitweilig durchsetzte und die Komintern hinter sich hatte. Er forderte, der Einheitsfront alles unterzuordnen; jede Schwächung der Guomindang sei auch eine Schwächung der KPCh. Mao dagegen strebte eine Zwei-Seiten-Politik an, die die Unabhängigkeit und Selbständigkeit der KPCh unbedingt, auch auf Kosten von Konflikten mit der Guomindang, erhalten sollte (vgl. dazu O. Braun, *Chinesische Aufzeichnungen;* Kuo Heng-yü, *Maos Weg zur Macht und die Komintern*, Paderborn 1975; G. Benton, *The ›Second Wang Ming Line‹*, in: *China Quarterly* (1975), Nr. 61, S. 61-94; L. P. van Slyke, *Enemies and Friends. The United Front in Chinese Communist History*, Stanford 1967; T. Kataoka, *Resistance and Revolution in China. The Communists and the Second United Front*, Berkeley/Los Angeles/London 1974, S. 231; K. V. Kukuškin, *Komintern i edinyj nacional'nyj antijaponskij front v Kitae (1935-1943)*, in: *Komintern i Vostok*, S. 350-379).

Die Einheitsfront bestand nach 1939 nur noch auf dem Papier und hörte 1941 auf zu existieren. Schon im April 1938 kam es zu militärischen Zusammenstößen zwischen Guomindang- und kommunistischen Truppen, die 1941 mit der Zerstörung des Hauptquartiers der kommunistischen Neuen Vierten Armee ihren Höhepunkt erreichten (vgl. Chalmers A. Johnson, *Peasant Nationalism and Communist Power. The Emergence of Revolutionary China 1937-1945*, Stanford 1962, S. 138).

Die UdSSR hatte ein großes Interesse an der Einheitsfront, weil sie damit eine japanische Invasion im Osten zu vermeiden hoffte. Sie wollte auf gar keinen Fall in einen Krieg im Fernen Osten hineingezogen werden. Aus diesem Grund gewährte sie China umfangreiche Hilfe, die nahezu ausschließlich der Guomindang zugute kam. Gerade diese Hilfe war ein wichtiger Umstand, der die Guomindang bewog, die Vernichtungsfeldzüge gegen die Kommunisten einzustellen. Von den umfangreichen militärischen Lieferungen an die Guomindang profitierte die KPCh höchstens indirekt. Zu Art und Ausmaß dieser Hilfe vgl. A. Jakolev, *SSSR i bor'ba kitajskogo naroda protiv japonskoj aggressii (1931-1945 gg.)*, in: *Leninskaja politika SSSR v otnošenii Kitaja*, Moskau 1968, S. 68-120. Offensichtlich ging die Sowjetführung davon aus, daß die Guomindang im Krieg mehr leisten könne als die KPCh. Sie wurde gegenüber der KPCh klar bevorzugt (Charles B. McLane, *Soviet Policy and Chinese Communists*, New York 1958, S. 104).

160 Die Verfassung der Chinesischen Räterepublik, die der I. Allchinesische Rätekongreß im November 1931 verabschiedete, sollte »der demokratischen Diktatur des Proletariats und der Bauernschaft in den chinesischen Rätebezirken die politische Macht [sichern]. Das Ziel der demokratischen Diktatur des Proletariats und der Bauernschaft ist die Vernichtung aller feudalen Überreste, die Vernichtung der Macht der Imperialisten in China, die Einigung des ganzen Landes, die systematische Beschränkung der Entwicklung des Kapitalismus, die Durchführung des Wirtschaftsaufbaus, die Entwicklung des Klassenbewußtseins des Proletariats zwecks Übergang zur Diktatur des Proletariats« *(Räte-China. Dokumente zur chinesischen Revolution (1927-1931)*, hrsg. von M. Hinz, Frankfurt/Berlin/Wien 1973, S. 470). An Maos »Neuer Demokratie« ist nur der Begriff neu. Die wesentli-

chen Bestandteile ihrer inhaltlichen Aussage – Führung des Proletariats in der bürgerlich-demokratischen Revolution, demokratische Diktatur der Arbeiter und Bauern, Hinüberwachsen in den Sozialismus – sind von Lenin schon 1905 entwikkelt worden. Vgl. *Zwei Taktiken der Sozialdemokratie in der demokratischen Revolution,* in: W. I. Lenin, *Werke,* Bd. 9, S. 3-130.

161 *Über die Neue Demokratie* (Januar 1940), in: *AW,* Bd. 2, S. 409.

162 *Die chinesische Revolution und die KPCh* (Dezember 1939), in: *AW,* Bd. 2, S. 380.

163 *Rede vor der Volksversammlung des Grenzgebietes Schensi-Kansu-Ningsia* (21. 11. 1941), in: *AW,* Bd. 3, S. 31. Mao versprach eine Politik, die sowohl der Arbeit als auch dem Kapital gleichermaßen Nutzen bringen sollte (*Über einige Fragen in der gegenwärtigen Politik der Partei* (18. 1. 1948), in: *AW,* Bd. 4, S. 192; *Über die Industrie- und Handelspolitik* (27. 2. 1948), in: *AW,* Bd. 4, S. 213). »Nach Abschluß eines Vertrags zwischen Arbeit und Kapital müssen die Arbeiter die Arbeitsdisziplin einhalten und die Kapitalisten die Möglichkeit haben, einen bestimmten Profit zu erzielen« (*Über unsere Politik* (25. 12. 1940), in: *AW,* Bd. 2, S. 526-527).

164 *Über die Koalitionsregierung* (24. April 1945), in: *AW,* Bd. 3, S. 271.

165 *Die chinesische Revolution und die KP Chinas* (Dezember 1939), in: *AW,* Bd. 2, S. 423.

166 *Ebd.,* S. 380.

167 *Die Millionenmassen für die antijapanische, nationale Einheitsfront gewinnen* (7. Mai 1937), in: *AW,* Bd. 1, S. 341. Diese Hinüberwachsen werde mehrere Jahrzehnte dauern (*Über die Koalitionsregierung* (24. 4. 1945), in: *AW,* Bd. 3, S. 276).

168 *Bericht auf der Zweiten Plenartagung des vom Siebten Parteitag gewählten ZK der KPCh* (5. 3. 1949), in: *AW,* Bd. 4, S. 398.

169 »Mao glaubte nicht, daß die Konterrevolution 1927 geschlagen worden wäre, selbst wenn die Kommunistische Partei eine aggressive Politik der Landbeschlagnahme durchgeführt und vor der Spaltung von der Kuomintang kommunistische Armeen aus Arbeitern und Bauern aufgestellt hätte.« E. Snow, *Roter Stern über China,* S. 166. Mao verglich die Niederlage 1927 mit der der russischen Sozialdemokratie 1905. Dazu bemerkt I. Deutscher: »Who could imagine Lenin, after the 1905 defeat, ›withdrawing the party‹ from Petersburg and Moscow and going at the head of small armed bands into the wilderness of the Caucasus, the Urals, and Siberia?« (*Maoism,* in: *Socialist Register* 1964, S. 19).

170 S. Schram, *Das Mao-System,* S. 150. Die in den *AW* abgedruckte Fassung ist gegenüber dem Original stark verändert worden. Vgl. *Der Platz der KPCh im nationalen Krieg* (Oktober 1938), in: *AW,* Bd. 2, S. 246. »Die formalistische Absorption ausländischer Dinge kam China in der Vergangenheit teuer zu stehen. Ebenso müssen auch die chinesischen Kommunisten bei der Anwendung des Marxismus auf die chinesischen Verhältnisse die allgemeingültige Wahrheit des Marxismus mit der konkreten Praxis der chinesischen Revolution in vollem Ausmaß und in angemessener Weise vereinigen, d. h. mit den nationalen Besonderheiten Chinas integrieren, und nur dann wird der Marxismus – durch eine bestimmte nationale Form – brauchbar sein« (*Über die Neue Demokratie* (Januar 1940), in: *AW,* Bd. 2, S. 445).

171 *Die chinesische Revolution und die KPCh* (Dezember 1939), in: *AW,* Bd. 2, S. 357. Es geht nicht darum, ob diese Aussage richtig oder falsch ist, sondern allein darum, daß sie dem sonstigen, völlig an den Stalinschen Formeln ausgerichteten

Geschichtsbild Maos widerspricht und das ist gerade an dieser Stelle kein Zufall. Jeder größere Bauernaufstand – fuhr Mao fort – »versetzte der jeweiligen Feudalherrschaft einen Schlag und änderte somit in einem gewissen Grad [die Produktionsverhältnisse] und die Entwicklung der Produktivkräfte der Gesellschaft« *(ebd.)*. (Der Teil in Klammern fehlt in den *AW*.)

Diese Bauernaufstände mußten jedoch Mao zufolge am Ende immer wieder scheitern, weil ihnen die richtige Führung fehlte. Die antifeudale Stoßrichtung der Bauern fand erst einen adäquaten politischen und militärischen Ausdruck, als die KP die Führung der Bauernbewegung übernahm. Unter Mao fühlte sich die KP nicht als Vollstrecker einer bürgerlichen oder proletarischen Tradition, sondern als Erbe der chinesischen Bauernbewegungen der Vergangenheit. Vgl. J. P. Harrison, *The Communists and Chinese Peasant Rebellions. A Study in the Rewriting of History*, New York 1969.

172 S. Schram, *Das Mao-System*, S. 311.

173 *Untersuchungsbericht über die Bauernbewegung in Hunan* (März 1927), in: *AW*, Bd. 1, S. 22. Die chinesischen Erfahrungen hat Mao später verallgemeinert und auf die ganze Welt bezogen: der Ostwind sei stärker als der Westwind, die Bauern der Dritten Welt könnten die Metropolen des Imperialismus besiegen. Ihren stärksten Ausdruck fand diese Verallgemeinerung bei Lin Biao: »Wenn, im Weltmaßstab gesehen, Nordamerika und Westeuropa als ›Städte der Welt‹ bezeichnet werden können, kann man Asien, Afrika und Lateinamerika die ›ländlichen Gebiete der Welt‹ nennen. Seit Ende des 2. Weltkriegs ist die proletarische revolutionäre Bewegung in den nordamerikanischen und westeuropäischen kapitalistischen Ländern aus verschiedenen Gründen vorübergehend verzögert worden, während die revolutionäre Bewegung der Völker in Asien, Afrika und Lateinamerika sich kraftvoll entwickelt hat. In einem gewissen Sinn befindet sich die gegenwärtige Weltrevolution auch in einer Lage, bei der die Städte durch ländliche Gebiete eingekreist sind« (Lin Biao, *Es lebe der Sieg im Volkskrieg!*, Peking 1968, S. 53-54).

174 *Nachwort zur ›Untersuchung der Verhältnisse im Dorf‹* (9. April 1941), in: *AW*, Bd. 3, S. 9. Für die Verwandtschaft Maos mit den Volkstümlern und den utopischen Sozialisten vgl. M. Meisner, *Leninismus und Marxismus: Der Marxismus-Leninismus in China aus der Sicht des Populismus*, in: Opitz, *Maoismus*, S. 99-135; ders., *Utopian Socialist Themes in Maoism*, in: *Peasant Rebellion and Communist Revolution in Asia*, hrsg. von J. W. Lewis, Stanford 1974, S. 207-252.

Anhang

Auswahlbibliographie zur neueren chinesischen Geschichte (ca. 1900-1949)

I. Hilfsmittel

1. Bibliographien und Forschungsberichte

Bibliografija Vostoka, izd. Institut Vostokovedenija. Akademija Nauk SSSR, Moskau 1928-1937 (Reprint 1971).
Chang Chun-shu, *Premodern China. A Bibliographical Introduction*, Ann Arbor 1971.
Chesneaux, Jean / John Lust, *Introduction aux études d'histoire contemporaine de Chine, 1898-1949*, Paris/La Haye 1964.
Feuerwerker, Albert / S. Cheng, *Chinese Communist Studies of Modern Chinese History*, Cambridge (Mass.) 1961.
Hoffmann, Rainer, *Bücherkunde zur chinesischen Geschichte, Kultur und Gesellschaft*, München 1973.
Hucker, Charles O., *China. A Critical Bibliography*, Tucson 1962.
Kirby, E. Stuart, *Russian Studies of China: Progress and Problems of Soviet Sinology*, London 1976.
Lust, John/Werner Eichhorn, *Index Sinicus. Catalogue of Articles Relating to China in Periodicals 1920-1955*, Cambridge 1955.
Martin, Helmut, *Chinakunde in der Sowjetunion*, Hamburg 1972.
Nathan, Andrew J., *Modern China 1840-1972. An Introduction to Sources and Research Aids*, Ann Arbor 1972.
Nikiforov, V. N., *Sovetskie istoriki o problemach Kitaja*, Moskau 1970.
Skinner, G. William (Hrsg.), *Modern Chinese Society. An Analytical Bibliography*, 3 Bde., Stanford 1973.
Wilkinson, Endymion, *The History of Imperial China. A Research Guide*, Cambridge (Mass.) 1974.
Yuan Tung-li, *China in Western Literature*, New Haven 1956.

2. Handbücher, Nachschlagewerke, Atlanten

Boorman, Howard L. (Hrsg.), *Biographical Dictionary of Republican China*, 4 Bde., New York 1967-1971.
Franke, Wolfgang (Hrsg.), *China Handbuch*, Düsseldorf 1974.
Herrmann, Albert, *Historical and Commercial Atlas of China*, Cambridge (Mass.) 1935.
Hummel, Arthur W., *Eminent Chinese of the Ch'ing Period*, 2 Bde., Washington (D. C.) 1943/44.
Klein, Donald W. / Anne B. Clark (Hrsg.), *Biographic Dictionary of Chinese Communism, 1921-1965*, 2 Bde., Cambridge (Mass.) 1971.
Twitchett, Denis C. / P. J. M. Geelan, *The Times Atlas of China*, London 1974.

II. Darstellungen

1. Gesamtdarstellungen

Autorenkollektiv, *Novaja istorija Kitaja* [1644-1919], Moskau 1972.

Autorenkollektiv, *Novejšaja istorija Kitaja* [1917-1970], Moskau 1972.

Chang Chung-li, *The Income of the Chinese Gentry*, Stanford 1970.

Chesneaux, Jean / Marianne Bastid, *Histoire de la Chine*, 4 Bde., Paris 1969-1974.

Chesneaux, Jean, *Weisser Lotus, rote Bärte. Geheimgesellschaften in China. Zur Vorgeschichte der Revolution*, Berlin 1976.

Domes, Jürgen, *Vertagte Revolution. Die Politik der Kuomintang 1923-1937*, Berlin 1969.

Fairbank, John K. / Edwin O. Reischauer / Albert M. Craig, *East Asia: The Modern Transformation*, Boston 1965.

Franke, Herbert / Trauzettel, Rolf, *Das chinesische Kaiserreich*, Frankfurt 1968.

Hsü, Immanuel C. Y., *The Rise of Modern China*, 2nd ed., New York/London/Toronto 1975.

Skinner, G. William (Hrsg.), *The City in Late Imperial China*, Stanford 1977.

Wiethoff, Bodo, *Grundzüge der neueren chinesischen Geschichte*, Darmstadt 1977.

2. Monographien und Sammelbände zur Sozial- und Wirtschaftsgeschichte

Allen, G. C. / Audrey G. Donnithorne, *Western Enterprise in Far Eastern Economic Development*, London 1954.

Ash, Robert, *Land Tenure in Pre-Revolutionary China: Kiangsu Province in the 1920s and 1930s*, London 1976.

Barnett, Robert W., *Economic Shanghai: Hostage to Politics, 1937-1941*, New York 1941.

Bergère, Marie-Claire, *La bourgeoisie chinoise et la révolution de 1911*, La Haye/Paris 1968.

Buck, John L., *Chinese Farm Economy*, Chicago 1930.

Buck, John L., *Land Utilization in China*, Shanghai 1937.

Burgess, John Stewart, *The Guilds of Peking*, New York 1928.

Chan, Wellington K. K., *Merchants, Mandarins and Modern Enterprise in Late Ch'ing China*, Cambridge (Mass.) 1977.

Chang Chung-li, *The Chinese Gentry: Studies on Their Role in Nineteenth-Century Chinese Society*, Seattle 1955.

Chang, John K., *Industrial Development in Pre-Communist China. A Quantitative Analysis*, Chicago 1969.

Chang Kia-ngau, *The Inflationary Spiral: The Experience in China, 1939-1950*, New York 1958.

Chen Han-seng, *Landlord and Peasant in China. A Study of the Agrarian*

Crisis in South China, New York 1936.
Chen Han-seng, *Industrial Capital and the Chinese Peasants. A Study of the Livelihood of Chinese Tobacco Cultivators*, Shanghai 1939.
Cheng Yu-kwei, *Foreign Trade and Industrial Development of China. A Historical and Integrated Analysis Through 1948*, Washington (D. C.) 1956.
Chesneaux, Jean (Hrsg.), *Popular Movements and Secret Societies in China, 1840-1950*, Stanford 1972.
Condliffe, J. B., *China Today: Economic*, Boston 1932.
Cowan, D. C. (Hrsg.), *The Economic Development of China and Japan*, London 1964.
Eastman, Lloyd E., *The Abortive Revolution. China Under Nationalist Rule, 1927-1937*, Cambridge (Mass.) 1974.
Elvin, Mark / G. William Skinner (Hrsg.), *The Chinese City Between Two Worlds*, Stanford 1974.
Fei Hsiao-tung, *Peasant Life in China. A Field Study of Country Life in the Yangtze Valley*, London 1939.
Fei Hsiao-tung / Chang Chih-I, *Earthbound China. A Study of Rural Economy in Yunnan*, Chicago 1945.
Feuerwerker, Albert, *China's Early Industrialization. Sheng Hsuan-huai (1844-1916) and Mandarin Enterprise*, Cambridge (Mass.) 1958.
Feuerwerker, Albert, *The Chinese Economy 1912-1949*, Ann Arbor 1968.
Feuerwerker, Albert, *The Chinese Economy ca. 1870-1911*, Ann Arbor 1969.
Fong, H. D., *The Growth and Decline of Rural Industrial Enterprise in North China*, Tientsin 1936.
Fong, D. D., *Industrial Organization in China*, Tientsin 1937.
Gamble, Sidney D., *North China Villages. Social, Political and Economic Activities Before 1933*, Berkeley/Los Angeles 1963.
Hao Yen-p'ing, *The Comprador in Nineteenth-Century China: Bridge Between East and West*, Cambridge (Mass.) 1970.
Ho Ping-ti, *Studies on the Population of China, 1368-1953*, Cambridge, Mass. 1959.
Hou Chi-ming, *Foreign Investment and Economic Development in China, 1840-1937*, Cambridge (Mass.) 1965.
Institute of Pacific Relations (Hrsg.), *Agrarian China. Selected Source Materials from Chinese Authors*, London 1939.
Albrecht, Dietmar / Dirk Betke (Hrsg.), *Auf dem Langen Marsch 1934/35. Die Wende in der chinesischen Revolution, von Teilnehmern erzählt*, Berlin 1976.
Ch'ên, Jerome, *Mao and the Chinese Revolution*, London 1967.
Chūgoku kyōsantō shi shiryō shū, 12 Bände, Tokyo 1970-1974.
Crook, Isabel und David, *Revolution in a Chinese Village: Ten Mile Inn*, London 1959.

Harrison, James P., *The Communists and Chinese Peasant Rebellions. A Study in the Rewriting of Chinese History*, New York 1969.
Hinton, William, *Fanshen. Dokumentation über die Revolution in einem chinesischen Dorf*. 2 Bände, Frankfurt 1972.
Hsiao Tso-liang, *Chinese Communism in 1927. City vs. Countryside*, Hongkong 1970.
Hsiao Tso-liang, *Power Relations Within the Chinese Communist Movement, 1930-1934. A Study of Documents, Band 1, Seattle 1961, Band 2 (The Chinese Documents)*, Seattle 1967.
Lötveit, Trygve, *Chinese Communism 1931-1934. Experience in Civil Government*, Lund 1973.
King, Frank H. H., *A Concise Economic History of Modern China (1840-1961)*, New York 1969.
Lieu, D. K., *China's Economic Stabilization and Reconstruction*, New Brunswick 1948.
Liu Ta-chung / Yeh Kung-ch'ia, *The Economy of the Chinese Mainland: National Income and Economic Development 1933-1959*, Princeton 1965.
MacNair, Harley F. (Hrsg.), *China*, Berkeley/Los Angeles 1946.
Mao Tse-tung, *Ji*, bearbeitet von Takeuchi Minoru, 10 Bände, Tokyo 1970-1972.
Mao Tse-tung, *Ausgewählte Werke*, 4 Bände, Peking 1968-1969.
Meliksetov, Arlem Vaarovič, *Bjurokratičeskij kapital v Kitae*, Moskau 1972.
Michael, Franz, *The Taiping Rebellion. History and Documents*, 3 Bände, Seattle 1966-1971.
Mugruzin, Anatolij Sergeevič, *Agrarnye otnošenija v Kitae v 20-40 godach XX v.*, Moskau 1970.
Murphey, Rhoads, *Shanghai: Key to Modern China*, Cambridge (Mass.) 1953.
Myers, Ramon H., *The Chinese Peasant Economy. Agricultural Development in Hopei and Shantung, 1890-1949*, Cambridge (Mass.) 1970.
Perkins, Dwight H., *Agricultural Development in China, 1368-1968*, Chicago 1969.
Perkins, Dwight H. (Hrsg.), *China's Modern Economy in Historical Perspective*, Stanford 1975.
Remer, Charles F., *Foreign Investments in China*, London 1933.
Schran, Peter, *Guerilla Economy. The Development of the Shensi-Kansu-Ninghsia Border Region, 1937-1945*, Albany 1976.
Shih Kuo-heng, *China Enters the Machine Age*, Washington (D. C.) 1956.
Snow, Edgar, *Random Notes On Red China 1936-1945*, Cambridge, Mass. 1971.
Sun Kung-tu / Ralph W. Huenemann, *The Economic Development of Manchuria in the First Half of the Twentieth Century*, Cambridge (Mass.)

1969.
Sun, E-tu Zen, *Chinese Railways and British Interests, 1898-1911*, New York 1954.
Tawney, Richard H., *Land and Labour in China*, London 1932.
Wang, Y. C., *Chinese Intellectuals and the West 1872-1949*, Chapel Hill 1966.
Wiethoff, Bodo, *Luftverkehr in China 1928-1949. Materialien zu einem untauglichen Modernisierungsversuch*, Wiesbaden 1975.
Willmott, W. E. (Hrsg.), *Economic Organization in Chinese Society*, Stanford 1972.
Wittfogel, Karl August, *Wirtschaft und Gesellschaft Chinas*, Leipzig 1931.
Wright, Mary C. (Hrsg.), *China in Revolution: The First Phase 1900-1913*, New Haven/London 1968.
Yen Chung-p'ing, *Geschichte der Baumwollindustrie in China bis 1937*, in: J. Kuczynski, *Die Geschichte der Lage der Arbeiter unter dem Kapitalismus*, Bd. 28, Berlin (DDR) 1964.
Young, Arthur N., *China's Wartime Finance and Inflation, 1937-1945*, Cambridge (Mass.) 1965.
Young, Arthur N., *China's Nation-Building Effort, 1927-1937. The Financial and Economic Record*, Stanford 1971.

3. Monographien und Sammelbände zur Geschichte der revolutionären Bewegung

Brandt, Conrad / Benjamin I. Schwartz / John K. Fairbank (Hrsg.), *Der Kommunismus in China. Eine Dokumentargeschichte*, München 1958.
Chan, F. Gilbert / Thomas H. Etzold (Hrsg.), *China in the 1920s*, New York/London 1976.
Chang Kuo-t'ao, *The Rise of the Chinese Communist Party 1921-1927*, Lawrence/Manhattan, Wichita 1971.
Chang Kuo-t'ao, *The Rise of the Chinese Communist Party 1928-1938*, Lawrence/Manhattan, Wichita 1972.
Chen, Joseph T., *The May Fourth Movement in Shanghai*, Leiden 1971.
Chesneaux, Jean, *Les syndicats chinois, 1919-1927. Répertoire, documents, presse*, Paris 1965.
Chesneaux, Jean, *The Chinese Labor Movement, 1919-1927*, Stanford 1968.
Chow Tse-tsung, *The May Fourth Movement. Intellectual Revolution in Modern China*, Cambridge (Mass.) 1960.
Del'jusin, L. P., *Agrarno-krest'janskij vopros v politike KPK (1921-1928)*, Moskau 1972.
Deng Zhongxia, *Anfänge der chinesischen Arbeiterbewegung 1919-1926*, Hamburg 1975 [erheblich gekürzte deutsche Ausgabe von: *Zhongguo zhigong yundong jianshi*, Peking 1949].
Guillermaz, Jacques, *Histoire du parti communiste chinois (1921-1949)*,

Paris 1968.
Harrison, James P., *The Long March to Power. A History of the Chinese Communist Party, 1921-1972*, New York/Washington 1972.
Hinz, Manfred (Hrsg.), *Räte-China. Dokumente zur chinesischen Revolution (1927-1931)*, Frankfurt/Berlin/Wien 1973.
Ho Kan-chih, *A History of the Modern Chinese Revolution*, Peking 1959.
Hsiao Tso-liang, *The Land Revolution in China, 1930-1934. A Study of Documents*, Seattle/London 1969.
Isaacs, Harold R., *The Tragedy of the Chinese Revolution*, 2nd rev. ed., Stanford 1961.
Israel, John, *Student Nationalism in China, 1927-1937*, Stanford 1966.
Israel, John/Donald W. Klein, *Rebels and Bureaucrats. China's December 9ers*, Berkeley/Los Angeles 1976.
Johnson, Chalmers, *Peasant Nationalism and Communist Power. The Emergence of Revolutionary China, 1937-1945*, Stanford 1962.
Jordan, Donald A., *The Northern Expedition. China's National Revolution of 1926-1928*, Honululu 1976.
Jur'ev, Michail F., *Revoljucija 1925-1927 gg. v Kitae*, Moskau 1969.
Komintern i Vostok. Bor'ba za leninskuju strategiju i taktiku v nacional'no-osvoboditel'nom dviženii, Moskau 1969.
Kuo Heng-yü, *Maos Weg zur Macht und die Komintern am Beispiel der Bildung der »Antijapanischen Nationalen Einheitsfront«, 1931-1938*, Paderborn 1975.
Meisner, Maurice, *Li Ta-chao and the Origins of Chinese Marxism*, Cambridge (Mass.) 1967.
Opitz, Peter J. (Hrsg.), *Maoismus*, Stuttgart 1972.
Rue, John E., *Mao Tse-tung in Opposition, 1927-1935*, Stanford 1966.
Schiffrin, Harold Z., *Sun Yat-sen and the Origins of the Chinese Revolution*, Berkeley/Los Angeles 1968.
Schram, Stuart S., *Mao Tse-tung*, Frankfurt 1969.
Schwartz, Benjamin I., *Chinese Communism and the Rise of Mao*, Cambridge (Mass.) 1952.
Selden, Mark, *The Yenan Way in Revolutionary China*, Cambridge (Mass.) 1971.
Smedley, Agnes, *The Great Road. The Life and Times of Chu Teh*, New York/London 1956.
Snow, Edgar, *Roter Stern über China*, Frankfurt a. M. 1975.
Strategija i taktika Kominterna v nacional'noj-kolonial'noj revoljucii na primere Kitaja. Sbornik dokumentov, Moskau 1934.
Van Slyke, Lyman P., *Enemies and Friends. The United Front in Chinese Communist History*, Stanford 1967.
Wilbur, C. Martin, *Sun Yat-sen: Frustrated Patriot*, New York 1976.
Wilbur, C. Martin / Julie Lien-ying How (Hrsg.), *Documents on Communism, Nationalism and Soviet Advisers in China, 1918-1927*, N. Y. 1956.

III. Zeitschriften

Asia Quarterley, 1971 ff.
China Quarterly, 1960 ff.
Far Eastern Quarterly, 1941-1956
Far Eastern Survey, 1932-1961
Journal of Asian Studies, 1956 ff.
Modern Asian Studies, 1967 ff.
Modern China, 1975 ff.
Narody Azii i Afriki, 1961 ff.
Pacific Affairs, 1926 ff.

Die chinesischen Dynastien nach unserer Zeitrechnung:

Xia	21.-16. Jh. v. d. Z.
Shang	16.-11. Jh. v. d. Z.
Westliche Zhou	11. Jh.-771 v. d. Z.
Östliche Zhou	770-221 v. d. Z.
Chunqiu (Frühlings- und Herbstperiode)	770-473 v. d. Z.
Zhanguo (Die streitenden Reiche)	475-221 v. d. Z.
Qin	221-206 v. d. Z.
Westliche Han	206 v. d. Z.-24 u. Z.
Östliche Han	25-220 u. Z.
Sanguo (Drei Reiche)	220-280
Jin	265-420
Nanbeichao (Südliche und Nördliche Dynastien)	420-589
Sui	581-618
Tang	618-907
Wudai (Periode der Fünf Dynastien)	907-960
Nördliche Song	960-1127
Südliche Song	1127-1279
Yuan (Mongolen)	1279-1368
Ming	1368-1644
Qing (Mandschu)	1644-1911

Zeittafel 1839-1949

1839 November 1839 – August 1842. (Erster) Opiumkrieg zwischen England und China.

1842 29. 8. Vertrag von Nanking zwischen England und China begründet das Privilegiensystem der Ungleichen Verträge.

1843 Abtretung von Hongkong an England. Die Öffnung der Vertragshäfen beginnt.

1850 Beginn des Taiping-Aufstandes.

1853 März. Die Taiping erobern Nanking und machen es zu ihrer Hauptstadt.
Beginn des Aufstandes der Nian in Nordwestchina.

1856 Oktober. »Arrow-War« (Zweiter Opiumkrieg) zwischen England und China.

1857 Dezember. Britische und französische Truppen besetzen Kanton, das bis 1861 unter anglo-französischer Militärherrschaft bleibt.

1858 Juni. Verträge von Tianjin zwischen China, England, Frankreich, Rußland und den USA erweitern ausländische Privilegien in China.

1860 September. Britische und französische Truppen dringen in Peking ein.
Oktober. Verträge von Peking vervollständigen das System der Ungleichen Verträge.
China richtet ein Außenministerium ein.

1862 Beginn der Tongzhi-Restauration und der Selbststärkungsbewegung.

1864 Rückeroberung Nankings durch die kaiserlichen Truppen. Zerschlagung des Taiping-Aufstandes.

1865 Gründung des Jiangnan-Arsenals.

1868 Unterdrückung des Nian-Aufstandes.

1870 21. 6. Tianjin-Massaker: Erstürmung einer französischen Missionsstation als Höhepunkt der anti-christlichen Stimmung in China.

1872 Entsendung chinesischer Studenten ins Ausland beginnt.

1877 Eröffnung der Kaiping-Kohlegruben.

1878 China entsendet erstmals Botschafter in ausländische Hauptstädte.
Gründung der Shanghai Cotton Cloth Mill.

1880 Baubeginn der ersten chinesischen Eisenbahn.

1881 China erkennt die Besetzung der Ryukyu-Inseln durch Japan an.

1884/85 Chinesisch-französischer Krieg. Annam fällt an Frankreich.

1888 Gründung der Beiyang-Armee, Chinas erster moderner Militärtruppe.

1891 Gründung der ersten Betriebe nach dem »System staatlicher Kontrolle und kaufmännischer Leitung«.

1894 1. 8. Beginn des chinesisch-japanischen Krieges.

1895 17. 4. Besiegelung der chinesischen Niederlage durch den Vertrag von Shimonoseki. China muß Taiwan an Japan abtreten und verzichtet auf Oberherrschaftsansprüche in Korea. Ausländer erhalten das Recht, auf chinesischem Territorium Industriebetriebe zu errichten.

1896 Gründung der Hanyang-Eisenwerke.

1897 Deutsche Truppen besetzen Jiaozhou in der Provinz Shandong. Rußland pachtet Dairen (Dalian) und Port Arthur (Lüshun).
Bau der Ostchinesischen Eisenbahn durch Rußland (bis 1901).

1898 Deutschland pachtet Jiaozhou. England pachtet Weihaiwei und Kowloon (Jiulong) und erwirkt Konzessionen für den Eisenbahnbau im Yangzi-Gebiet. Belgien erhält die Konzession zum Bau der Peking-Hankou-Eisenbahn. Frankreich pachtet die Bucht von Kanton und erhält die Konzession zum Bau der Indochina-Bahn.
11. 6.-21. 9. »100 Tage«-Reformbewegung.

1899 6. 9. US-Außenminister J. Hay proklamiert die »Politik der Offenen Tür« in China.

1900 Aufstand der Yihetuan (»Boxer-Aufstand«). Alliierte Streitkräfte besetzen und zerstören teilweise Peking.

1901 Boxer-Protokoll legt China hohe Entschädigungen auf. Die Qing-Regierung leitet ein Programm gemäßigter Reformen ein.

1904/05 Russisch-japanischer Krieg. Nach seinem Sieg übernimmt Japan Dairen, Port Arthur und Rußlands Konzessionen in der Südmandschurei und wird damit zur vorherrschenden imperialistischen Macht im Nordosten.

1905 Abschaffung des traditionellen Prüfungssystems.
Sun Yat-sen gründet im japanischen Exil die Tongmenghui.

1906-1909 Serie von Aufständen gegen die Qing-Dynastie.

1909 Errichtung von Provinzialversammlungen als Elementen eines quasi-konstitutionellen Regierungssystems.
Bewegung zur Rückgewinnung von Eisenbahnkonzessionen.

1911 10. 10. Aufstand in Wuchang. Ausbreitung der Revolution auf die Provinzen.
Errichtung einer chinesischen Republik mit Sun Yat-sen als Präsidenten.

1912 Die Qing-Dynastie dankt offiziell ab. Sun Yat-sen tritt zugunsten von Marschall Yuan Shikai von seinem Präsidentenamt zurück.
Die Kaiping-Kohleminen geraten unter britische Kontrolle.

1913 Sun Yat-sens »Zweite Revolution« gegen Yuan Shikai scheitert. Sun muß nach Japan fliehen.
Die Mächte stützen Yuan Shikai durch eine Reorganisationsanleihe.

1915 18. 1. Japan richtet 21 Forderungen an China, die von der Regierung Yuan Shikai am 9. 5. angenommen werden.
Anti-japanische Boykotte.

15. 9. Chen Duxiu gründet die Zeitschrift Xin Qingnian (Neue Jugend).

Die Bewegung für Neue Kultur beginnt.

1916 6. 6. Yuan Shikai stirbt.

1917 Beginn der Auseinandersetzungen zwischen den Militärcliquen im Norden im Kampf um die Macht.

1918 16./19. 5. Die Pekinger Regierung und Japan schließen zwei Verträge über ein Militärbündnis. Japan wird eine Sonderstellung in China eingeräumt.

Li Dazhao und andere Intellektuelle beginnen das Studium des Marxismus und der Oktoberrevolution.

1919 4. 5. Protestdemonstration in Peking gegen die japanfreundliche Politik der Pekinger Regierung und gegen die Beschlüsse der Pariser Friedenskonferenz. Beginn der 4. Mai-Bewegung.

25. 7. »Karachan-Memorandum« legt die Grundzüge der sowjetischen China-Politik dar: Verzicht auf zaristische Eroberungen, Privilegien und Entschädigungen.

Oktober. Wiederbelebung von Sun Yat-sens nationalrevolutionärer Bewegung.

1920 April. G. N. Vojtinskij trifft als Abgesandter der Komintern in China ein.

Juli/August. Der II. Kongreß der Komintern diskutiert die Kolonialfrage.

27. 8. Zweites sowjetisches China-Memorandum, schränkt die Zugeständnisse des Ersten Memorandums ein.

1921 Mai. Sun Yat-sen wird Präsident einer Gegenregierung in Kanton.

Juli. Gründungsparteitag der KPCh in Shanghai. Gründung des Sekretariats der chinesischen Arbeitervereinigungen.

Dezember. Komintern-Vertreter H. Maring nimmt Kontakt zu Sun Yat-sen auf.

1922 Januar-März. Streik der Hafenarbeiter und Matrosen in Hongkong.

Februar. Die Konferenz von Washington errichtet ein neues System internationaler Beziehungen im Fernen Osten auf der Grundlage der »Offenen Tür«.

Peng Pai beginnt die Bauern in Hailufeng zu organisieren.

Mai. Erster Nationaler Arbeiterkongreß.

Juni. Sun Yat-sen wird aus Kanton vertrieben.

Juli. II. Parteitag der KPCh.

August. Auf Betreiben H. Marings stimmt die Mehrheit des ZK der KPCh einer Einheitsfront mit der Guomindang in Form des Blocks von innen zu.

Der sowjetische Diplomat A. A. Joffe beginnt Verhandlungen mit der Pekinger Regierung.

1923 26. 1. Gemeinsame Erklärung von Sun Yat-sen und A. A. Joffe.

7. 2. Niederschlagung des Peking-Hankou-Eisenbahnerstreiks durch Truppen des Militärmachthabers Wu Peifu.

10.-20. 6. III. Parteitag der KPCh in Kanton.

1. 9. Sun Yat-sen wird wieder Chef der abtrünnigen Regierung in Kanton.

August. Tschiang Kai-schek leitet eine Delegation der Kantoner Regierung in die Sowjetunion.

Borodin und andere sowjetische Berater treffen in Kanton ein.

1924 Januar. Erster Nationalkongreß der Guomindang.

Januar. Sun Yat-sen hält Vorträge über die Drei Volksprinzipien.

März. Unterdrückung der Bauernbewegung in Hailufeng.

1. 5. Gründung der Whampoa (Huangpu-)Militärakademie.

31. 5. Vertrag zwischen der Sowjetunion und der Pekinger Regierung.

Juli. Gründung des Ausbildungsinstituts für die Bauernbewegung in Kanton.

10.-15. 10. Bewaffneter Aufstand der Kantoner Kaufmannsvereinigung gegen die Regierung Sun Yat-sens.

1925 11.-22. 1. IV. Parteitag der KPCh in Shanghai.

12. 3. Sun Yat-sen stirbt in Peking.

Mai. Zweiter Nationaler Arbeiterkongreß.

30. 5. Antiimperialistische Demonstration und Massenstreik in Shanghai. Beginn der 30. Mai-Bewegung.

18. 6. Beginn des 16 Monate dauernden Streiks der Arbeiter in Hongkong und in den englischen Betrieben Kantons.

23. 6. Shamian-Massaker in Kanton.

Dezember. Kantoner Regierung kontrolliert die Provinz Guangdong.

1926 Ausweitung der Bauernbewegung, namentlich in Guangdong und Hunan.

Januar. II. Nationalkongreß der Guomindang; Höhepunkt des linken Einflusses in der Partei.

20. 3. Tschiang Kai-schek geht erstmals gegen die Kommunisten und den linken Flügel der Guomindang vor.

9. 7. Aufbruch zum Nordfeldzug von Kanton aus unter Führung Tschiang Kai-scheks.

November-Dezember. VII. EKKI-Plenum: die Komintern lehnt den Austritt aus der Guomindang ab.

Dezember. Die Guomindang-Regierung verlegt ihren Sitz nach Wuhan.

1927 Januar. Kommunisten treten der Guomindang-Regierung bei.

3.-6. 1. Erstürmung der britischen Konzession in Hankou (Wuhan).

März-April. Aufstände in Shanghai.

12. 4. Tschiang Kai-schek zerschlägt die revolutionäre Bewegung in Shanghai. Illegalisierung der KPCh und Ende der Einheitsfront mit der rechten Guomindang. Tschiang Kai-schek bricht mit der Regierung in Wuhan.
April. V. Parteitag der KPCh in Wuhan.
Ende Mai-Juni. Ende der Einheitsfront zwischen KPCh und linker Guomindang in Wuhan.
19.-21. 6. Feng Yuxiang verbündet sich mit Tschiang Kai-schek gegen die nördlichen Militärmachthaber; Verschiebung der militärischen Balance zugunsten der Nationalarmee.
1. 8. Aufstand kommunistisch geführter Truppen in Nanchang.
September. Gründung des ersten chinesischen Sowjets in Hailufeng unter Führung Peng Pais.
10.-19. 9. Fehlgeschlagener Herbsternte-Aufstand in Hunan und Jiangxi. Mao Tse-tung flieht in das Jinggang-Gebirge.
11.-13. 12. Aufstand von Kanton (»Kantoner Kommune«).

1928 April. Vereinigung der Truppen Mao Tse-tungs und Zhu Des im Jinggang-Gebirge.
Mai. Militärischer Zusammenstoß der Nationalarmee mit Japan in Shandong.
Juni-Juli. VI. Parteitag der KPCh in Moskau.
10. 10. Inauguration der Guomindang-Nationalregierung in Nanking.
29. 12. Die Mandschurei unter Zhang Xueliang erkennt die Autorität Nankings an.

1929 England gibt Konzessionen in Amoy (Xiamen), Jiujiang und Weihaiwei auf; Belgien gibt Konzession in Tianjin an China zurück. China beginnt mit der einseitigen Kündigung ungleicher Verträge mit einer Reihe kleinerer Länder.
1. 2. Partielle Wiederherstellung von Chinas Zollautonomie; erhöhte Zolltarife treten in Kraft.
Juni. Japan, Italien und Deutschland erkennen als letzte Großmächte (außer der Sowjetunion) die Nanking-Regierung an.
10. 7. China besetzt die Ostchinesische Eisenbahn.
22. 12. Chabarovsk-Protokoll besiegelt die militärische Niederlage Chinas gegenüber der Sowjetunion.

1930 Februar/Mai. Gesetze zur Bodenreform in den Rätegebieten.
Juni. Bodengesetz der Nankinger Regierung.
August. Angriff kommunistischer Truppen auf Changsha scheitert.
Dezember. Tschiang Kai-schek unternimmt den ersten erfolglosen Ausrottungsfeldzug gegen die kommunistischen Gebiete in Jiangxi.

1931 Gründung des nationalen Wirtschaftsrates in Nanking.
Februar-März. Der 2. Ausrottungsfeldzug gegen die Sowjetgebiete scheitert.

April-September. 3. Ausrottungsfeldzug.
18. 9. »Mandschurei-Zwischenfall«: Die japanische Guandong-Armee beginnt mit der Besetzung der Mandschurei.
7.-27. 11. Der Erste Nationale Rätekongreß tagt in Ruijin. Mao Tse-tung wird Vorsitzender der Sowjetregierung.

1932 Tschiang Kai-schek setzt sich gegenüber seinen Rivalen in der Guomindang durch.
Januar. Die japanische Kriegsmarine greift Shanghai an.
18. 2. Die Mandschurei erklärt ihre Unabhängigkeit von China.
15. 4. Die Chinesische Sowjetregierung erklärt Japan den Krieg.
Juni-März 1933. Erfolgloser 4. Ausrottungsfeldzug.

1933 Januar. Das ZK der KPCh siedelt von Shanghai in das Zentrale Sowjetgebiet über.
März. Japanische Truppen erobern die Stadt Chengde (Jehol).
Mai. Ein neuer, erheblich erhöhter Zolltarif tritt in Kraft.
31. 5. Tanggu-Waffenstillstand: chinesisches »Appeasement« gegenüber Japan.
November-Januar 1934. Die 19. Armee rebelliert in Fujian und fordert die Vereinigung der Kräfte des Landes gegen die japanische Aggression. Tschiang Kai-schek schlägt den Aufstand nieder.

1934 22. 1.-1. 2. Der Zweite Nationale Rätekongreß tagt in Ruijin.
Februar. Tschiang Kai-schek eröffnet die Bewegung für Neues Leben.
April. Amau-Deklaration: Japan proklamiert sein Protektorat über China.
Oktober. Unter dem Druck der 5. Guomindang-Offensive beginnen die Kommunisten mit dem Rückzug aus Jiangxi. Der Lange Marsch beginnt.

1935 6.-8. 1. Tagung von Partei- und Militärführern der KPCh in Zunyi: Mao Tse-tung setzt sich durch.
6. 7. Im Ho-Umetsu-Abkommen überläßt China die Provinz Hebei de facto den Japanern.
Juli-August. Aufrufe der KPCh zur Bildung einer antijapanischen Einheitsfront.
20. 10. Die Hauptkräfte der Roten Armee treffen in Nord-Shaanxi ein.
3. 11. Währungsreform in den Guomindang-Gebieten.
9. 12. Beginn antijapanischer Studentendemonstrationen in Peking (9. Dezember-Bewegung).
Im Zuge der Militäraktionen gegen die Rote Armee festigt Tschiang Kai-schek seine Kontrolle über die innerchinesischen Provinzen.

1936 Mai. Gründung der Liga zur Nationalen Rettung. Zunahme der Opposition gegen Tschiang Kai-scheks konziliante Politik gegenüber Japan.

Sommer. Zusammenbruch der autonomen Regierung in Guangdong. Ende der Opposition der Militärmachthaber von Guangxi gegen Nanking. Die Nanking-Regierung auf dem Höhepunkt ihrer Macht.

Dezember. Die KPCh errichtet ihr neues Hauptquartier in Yan'an.

12. 12. Tschiang Kai-schek wird verhaftet.

25. 12. Freilassung Tschiangs, der sich verpflichtet, den Bürgerkrieg einzustellen und Japan Widerstand zu leisten. Faktischer Beginn der Antijapanischen Nationalen Einheitsfront.

1937 7. 7. Zwischenfall an der Marco-Polo-Brücke. Die japanische Armee beginnt mit der Invasion Nordchinas.

28. 7. Besetzung Pekings.

21. 8. Sowjetisch-chinesischer Nichtangriffspakt.

22. 8. Proklamation der Antijapanischen Nationalen Einheitsfront. Die Rote Armee wird dem Oberkommando des Militärrats der Guomindang-Regierung unterstellt. Die Bodenreform in den kommunistisch beherrschten Gebieten wird eingestellt.

9. 11. Shanghai fällt.

1938 21. 10. Kanton fällt.

25. 10. Wuhan fällt.

1940 Januar. Mao Tse-tung schreibt »Über die Neue Demokratie«.

7. 7. KPCh führt das »Drei-Drittel-System« in den Selbstverwaltungsgremien ein.

20. 8.-5. 12. Kommunistisch geführte »Hundert-Regimenter-Offensive« in Nordchina drängt die japanischen Truppen zurück.

1941 4.-14. 1. Große Teile der kommunistisch geführten Neuen 4. Armee werden von Guomindang-Truppen aufgerieben. Dies bedeutet de facto das Ende der Einheitsfront.

13. 4. Nichtangriffspakt zwischen der Sowjetunion und Japan.

1942 1. 2. Beginn der Berichtigungsbewegung in der KPCh.

1943 11. 1. Vertrag zwischen den USA, England und China über Aufgabe westlicher Exterritorialitätsrechte in China.

Wiederaufnahme der Bodenreform in den kommunistischen Grenzgebieten.

1944 April. Wiederaufnahme der japanischen Offensive in China.

22. 7. Eine Beobachtergruppe der US-Armee trifft in Yan'an ein.

10. 10. Gründung der Demokratischen Liga als Organisation der Dritten Kraft.

1945 23. 4.-11. 6. VII. Parteitag der KPCh in Yan'an.

14. 8. Japan kapituliert.

28. 8.-10. 10. Verhandlungen zwischen der KPCh und der Guomindang.

1946 Januar-Juni. Amerikanische Mission unter General Marshall versucht, zwischen KPCh und Guomindang zu vermitteln.

4. 5. Direktive des ZK der KPCh zur Intensivierung der Bodenreform.
Juli. Wiederaufnahme des Bürgerkriegs: Beginn der Generaloffensive der Guomindang-Truppen gegen die Volksbefreiungsarmee.
4. 11. Abkommen zwischen USA und China.

1947 28. 2. Beginn des Aufstandes gegen die Guomindang-Herrschaft auf Taiwan.
Juli. Beginn der Gegenoffensive der Volksbefreiungsarmee.
10. 10. »Hauptthesen des chinesischen Bodengesetzes« leiten radikale Phase der Landrevolution ein.

1948 2. 11. Die Volksbefreiungsarmee erobert Mukden (Shenyang).
6. 11.-10. 1. 1949. Huai-Hai-Schlacht. Sie endet mit dem Sieg der Volksbefreiungsarmee.

1949 15. 1. Die Volksbefreiungsarmee nimmt Tianjin ein.
31. 1. Die Volksbefreiungsarmee besetzt Peking.
20. 4. Die Volksbefreiungsarmee überschreitet den Yangzi.
23. 4. Eroberung Nankings.
27. 5. Eroberung Shanghais.
21.-30. 9. Tagung der Politischen Konsultativversammlung des chinesischen Volkes in Peking.
1. 10. Deklaration der Zentralen Volksregierung über die Gründung der Volksrepublik China.
Dezember. Die Reste des Guomindang-Regimes fliehen nach Taiwan.

Maß- und Geldeinheiten

1 shi = 100 jin = 60,5 kg
1 jin = 0,6 kg
1 li = 0,576 km
1 mu = 0,06 ha
1 yuan = 0,26 US-Dollar (1933)

407 Walter Benjamin, Denkbilder
409 Rainer Maria Rilke, Über Dichtung und Kunst
410 Ödön von Horváth, Italienische Nacht
411 Jorge Guillén, Ausgewählte Gedichte
412 Paul Celan, Gedichte I
413 Paul Celan, Gedichte II
414 Rainer Maria Rilke, Das Testament
415 Thomas Bernhard, Die Macht der Gewohnheit
416 Zbigniew Herbert, Herr Cogito
417 Wolfgang Hildesheimer, Hauskauf
418 James Joyce, Dubliner
419 Carl Einstein, Bebuquin
420 Georg Trakl, Gedichte
421 Günter Eich, Katharina
422 Alejo Carpentier, Das Reich von dieser Welt
423 Albert Camus, Jonas
424 Jesse Thoor, Gedichte
425 T. S. Eliot, Das wüste Land
426 Carlo Emilio Gadda, Die Erkenntnis des Schmerzes
427 Michel Leiris, Mannesalter
428 Hermann Lenz, Der Kutscher und der Wappenmaler
429 Mircea Eliade, Das Mädchen Maitreyi
430 Ramón del Valle-Inclán, Tyrann Banderas
431 Raymond Queneau, Zazie in der Metro
433 William Butler Yeats, Die geheime Rose
434 Juan Rulfo, Pedro Páramo
435 André Breton, L'Amour fou
436 Marie Luise Kaschnitz, Gedichte
437 Jerzy Szaniawski, Der weiße Rabe
438 Ludwig Hohl, Nuancen und Details
439 Mario Vargas Llosa, Die kleinen Hunde
440 Thomas Bernhard, Der Präsident
441 Hermann Hesse – Thomas Mann, Briefwechsel
442 Hugo Ball, Flametti
443 Adolfo Bioy-Casares, Morels Erfindung
444 Hermann Hesse, Wanderung
445 Ödön von Horváth, Don Juan kommt aus dem Krieg
446 Flann O'Brien, Der dritte Polizist
447 Giuseppe Tomasi di Lampedusa, Der Leopard
448 Robert Musil, Törleß
449 Elias Canetti, Der Überlebende

450 Robert Walser, Geschwister Tanner
451 Alfred Döblin, Berlin Alexanderplatz
452 Gertrude Stein, Paris Frankreich
453 Johannes R. Becher, Gedichte
454 Federico García Lorca, Bluthochzeit/Yerma
455 Ilja Ehrenburg, Julio Jurenito
456 Boris Pasternak, Kontra-Oktave
457 Juan Carlos Onetti, Die Werft
458 Anna Seghers, Die schönsten Sagen vom Räuber Woynok
464 Franz Kafka, Der Heizer
465 Wolfgang Hildesheimer, Masante
466 Evelyn Waugh, Wiedersehen mit Brideshead
467 Gershom Scholem, Walter Benjamin
468 Rainer Maria Rilke, Duineser Elegien
470 Alain, Die Pflicht glücklich zu sein
471 Wolfgang Schadewaldt, Der Gott von Delphi und die Humanitätsidee
472 Hermann Hesse, Legenden
473 H. C. Artmann, Liebesgedichte
474 Paul Valery, Zur Theorie der Dichtkunst
476 Erhart Kästner, Aufstand der Dinge
477 Stanisław Lem, Der futurologische Kongreß
478 Theodor Haecker, Tag- und Nachtbücher
479 Peter Szondi, Satz und Gegensatz
480 Tania Blixen, Babettes Gastmahl
481 Friedo Lampe, Septembergewitter
482 Heinrich Zimmer, Kunstform und Yoga
483 Hermann Hesse, Musik
486 Marie Luise Kaschnitz, Orte
487 Hans Georg Gadamer, Vernunft im Zeitalter der Wissenschaft
488 Yukio Mishima, Nach dem Bankett
489 Thomas Bernhard, Amras
490 Robert Walser, Der Gehülfe
491 Patricia Highsmith, Als die Flotte im Hafen lag
492 Julien Green, Der Geisterseher
493 Stefan Zweig, Die Monotonisierung der Welt
494 Samuel Beckett, That Time/Damals
495 Thomas Bernhard, Die Berühmten
496 Günter Eich, Marionettenspiele
497 August Strindberg, Am offenen Meer
498 Joseph Roth, Die Legende vom heiligen Trinker
499 Hermann Lenz, Dame und Scharfrichter
500 Wolfgang Koeppen, Jugend
501 Andrej Belyj, Petersburg
504 Juan Rulfo, Der Llano in Flammen
505 Carlos Fuentes, Zwei Novellen

506 Augusto Roa Bastos, Menschensohn
508 Alejo Carpentier, Barockkonzert
509 Elisabeth Borchers, Gedichte
510 Jurek Becker, Jakob der Lügner
512 James Joyce, Die Toten/The Dead
513 August Strindberg, Fräulein Julie
514 Sigmund Freud, Eine Kindheitserinnerung des Leonardo da Vinci
515 Robert Walser, Jakob von Gunten
517 Luigi Pirandello, Mattia Pascal
519 Rainer Maria Rilke, Gedichte an die Nacht
520 Else Lasker-Schüler, Mein Herz
521 Marcel Schwob, 22 Lebensläufe
522 Mircea Eliade, Die Pelerine
523 Hans Erich Nossack, Der Untergang
524 Jerzy Andrzejewski, Jetzt kommt über dich das Ende
525 Günter Eich, Aus dem Chinesischen
526 Gustaf Gründgens, Wirklichkeit des Theaters
528 René Schickele, Die Flaschenpost
529 Flann O'Brien, Das Barmen
533 Wolfgang Hildesheimer, Biosphärenklänge
534 Ingeborg Bachmann, Malina
535 Ludwig Wittgenstein, Vermischte Bemerkungen
536 Zbigniew Herbert, Ein Barbar in einem Garten
537 Rainer Maria Rilke, Ewald Tragy
538 Robert Walser, Die Rose
539 Malcolm Lowry, Letzte Adresse
540 Boris Vian, Die Gischt der Tage
541 Hermann Hesse, Josef Knechts Lebensläufe
542 Hermann Hesse, Magie des Buches
543 Hermann Lenz, Spiegelhütte
544 Federico García Lorca, Gedichte
545 Ricarda Huch, Der letzte Sommer
546 Wilhelm Lehmann, Gedichte
547 Walter Benjamin, Deutsche Menschen
548 Bohumil Hrabal, Tanzstunden für Erwachsene und Fortgeschrittene
549 Nelly Sachs, Gedichte
550 Ernst Penzoldt, Kleiner Erdenwurm
551 Octavio Paz, Gedichte
552 Luigi Pirandello, Einer, Keiner, Hunderttausend
553 Strindberg, Traumspiel
554 Carl Seelig, Wanderungen mit Robert Walser
555 Gershom Scholem, Von Berlin nach Jerusalem
559 Raymond Roussel, Locus Solus
560 Jean Gebser, Rilke und Spanien
567 Siegfried Kracauer, Georg

754 Zur Wissenschaftslogik einer kritischen Soziologie. Herausgegeben von Jürgen Ritsert
756 Hannelore u. Heinz Schlaffer, Studien zum ästhetischen Historismus
758 Brecht-Jahrbuch 1974. Herausgegeben von J. Fuegi, R. Grimm, J. Hermand
759 Der Weg ins Freie. Fünf Lebensläufe überliefert von H. M. Enzensberger
760 Lodewijk de Boer, The Family
761 Claus Offe, Berufsbildungsreform
762 Petr Kropotkin, Ideale und Wirklichkeit in der russischen Literatur
764 Gesellschaft, Beiträge zur Marxschen Theorie 4
765 Maurice Dobb, Wert- und Verteilungstheorien seit Adam Smith
766 Laermann/Piechotta/Japp/Wuthenow u.a., Reise und Utopie
767 Monique Piton, Anders Leben
768 Félix Guattari, Psychotherapie, Politik und die Aufgaben der institutionellen Analyse
769 Jahoda/Lazarsfeld/Zeisel, Die Arbeitslosen von Marienthal
770 Herbert Marcuse, Zeit-Messungen
771 Brecht im Gespräch. Herausgegeben von Werner Hecht
772 Th. W. Adorno, Gesellschaftstheorie u. Kulturkritik
773 Kurt Eisner, Sozialismus als Aktion
775 Horn, Luhmann, Narr, Rammstedt, Röttgers, Gewaltverhältnisse und die Ohnmacht der Kritik
776 Reichert/Senn, Materialien zu Joyce »Ein Porträt des Künstlers«
777 Caspar David Friedrich und die deutsche Nachwelt. Herausgegeben von Werner Hofman
778 Klaus Fritzsche, Politische Romantik und Gegenrevolution
779 Literatur und Literaturtheorie. Hrsg. von Peter U. Hohendahl und Patricia Herminghouse
780 Piero Sraffa, Warenproduktion mittels Waren
782 Helmut Brackert, Bauernkrieg und Literatur
784 Friedensanalysen 1
787 Gesellschaft, Beiträge zur Marxschen Theorie 5
790 Gustav W. Heinemann, Präsidiale Reden
791 Beate Klöckner, Anna oder leben heißt streben
792 Rainer Malkowski, Was für ein Morgen
793 Von deutscher Republik. Hrsg. von Jost Hermand
794 Döbert R./Nunner-Winkler, G., Adoleszenzkrise und Identitätsbildung
795 Dieter Kühn, Goldberg-Variationen
796 Kristeva/Eco/Bachtin u. a., Textsemiotik als Ideologiekritik
797 Brecht Jahrbuch 1975
798 Gespräche mit Ernst Bloch. Herausgegeben von Rainer Traub und Harald Wieser
799 Volker Braun, Es genügt nicht die einfache Wahrheit
800 Karl Marx, Die Ethnologischen Exzerpthefte
801 Wlodzimierz Brus, Sozialistisches Eigentum und politisches System

802 Johannes Gröll, Erziehung im gesellschaftlichen Reproduktionsprozeß
803 Rainer Werner Fassbinder, Stücke 3
804 James K. Lyon, Bertolt Brecht und Rudyard Kipling
806 Gesellschaft, Beiträge zur Marxschen Theorie 6
807 Gilles Deleuze/Félix Guattari, Kafka. Für eine kleine Literatur
808 Ulrike Prokop, Weiblicher Lebenszusammenhang
809 G. Heinsohn / B. M. C. Knieper, Spielpädagogik
810 Mario Cogoy, Wertstruktur und Preisstruktur
811 Ror Wolf, Auf der Suche nach Doktor Q.
812 Oskar Negt, Keine Demokratie ohne Sozialismus
813 Bachrach/Baratz, Macht und Armut
814 Bloch/Braudel/L. Febvre u. a., Schrift und Materie der Geschichte
815 Giselher Rüpke, Schwangerschaftsabbruch und Grundgesetz
816 Rainer Zoll, Der Doppelcharakter der Gewerkschaften
817 Bertolt Brecht, Drei Lehrstücke: Badener Lehrstück, Rundköpfe, Ausnahme und Regel
818 Gustav Landauer, Erkenntnis und Befreiung
819 Alexander Kluge, Neue Geschichten. Hefte 1-18
820 Wolfgang Abendroth, Ein Leben in der Arbeiterbewegung
821 Otto Kirchheimer, Von der Weimarer Demokratie zum Faschismus
822 Verfassung, Verfassungsgerichtsbarkeit, Politik. Herausgegeben von Mehdi Tohidipur
823 Rossana Rossanda / Lucio Magri u. a., Der lange Marsch durch die Krise
824 Altvater/Basso/Mattick/Offe u. a., Rahmenbedingungen und Schranken staatlichen Handelns
825 Diskussion der ›Theorie der Avantgarde‹. Herausgegeben von W. Martin Lüdke
826 Fischer-Seidel, James Joyces »Ulysses«
827 Gesellschaft, Beiträge zur Marxschen Theorie 7
828 Rolf Knieper, Weltmarkt, Wirtschaftsrecht und Nationalstaat
830 Manuela du Bois-Reymond, Verkehrsformen zwischen Elternhaus und Schule
832 Herbert Claas, Die politische Ästhetik Bertolt Brechts vom Baal zum Caesar
833 Peter Weiss, Dramen I
834 Friedensanalysen 2
835-838 Bertolt Brecht, Gedichte in 4 Bänden
839 Géza Róheim, Psychoanalyse und Anthropologie
840 Aus der Zeit der Verzweiflung. Beiträge von Becker/Bovenschen/Brackert u. a.
841 Fernando H. Cardoso/Enzo Faletto, Abhängigkeit und Entwicklung in Lateinamerika
842 Alexander Herzen, Die gescheiterte Revolution
845 Ror Wolf, Die Gefährlichkeit der großen Ebene
847 Friedensanalysen 3
848 Dieter Wellershoff, Die Auflösung des Kunstbegriffs
849 Samuel Beckett, Glückliche Tage
850 Basil Bernstein, Beiträge zu einer Theorie

851 Hobsbawm/Napolitano, Auf dem Weg zum ›historischen Kompromiß‹
852 Über Max Frisch II
853 Brecht-Jahrbuch 1976
854 Julius Fučík, Reportage unter dem Strang geschrieben
856 Dieter Senghaas, Weltwirtschaftsordnung und Entwicklung
858 Silvio Blatter, Genormte Tage, verschüttete Zeit
860 Gombrich/Hochberg/Black, Kunst, Wahrnehmung, Wirklichkeit
861 Blanke/Offe/Ronge u.a., Bürgerlicher Staat und politische Legitimation. Herausgegeben von Rolf Ebbighausen
863 Gesellschaft, Beiträge zur Marxschen Theorie 8/9
864 Über Wolfgang Koeppen. Herausgegeben von Ulrich Greiner
866 Fichant/Pêcheux, Überlegungen zur Wissenschaftsgeschichte
867 Ernst Kris, Die ästhetische Illusion
868 Brede/Dietrich/Kohaupt, Politische Ökonomie des Bodens
871 Friedensanalysen 4
872 Piven/Cloward, Regulierung der Armut
873 Produktion, Arbeit, Sozialisation. Herausgegeben von Th. Leithäuser und W. R. Heinz
874 Max Frisch/Hartmut von Hentig, Zwei Reden zum Friedenspreis des Deutschen Buchhandels 1976
875 Eike Hennig, Bürgerliche Gesellschaft und Faschismus in Deutschland
878 Leithäuser/Volmerg/Wutka, Entwurf zu einer Empirie
879 Peter Bürger, Aktualität und Geschichtlichkeit
881 Loch/Kernberg u. a., Psychoanalyse im Wandel
882 Michael T. Siegert, Strukturbedingungen von Familienkonflikten
883 Erwin Piscator, Theater der Auseinandersetzung
884 Politik der Subjektivität. Texte der italienischen Frauenbewegung, Herausgegeben von Michaela Wunderle
885 Hans Dieter Zimmermann, Vom Nutzen der Literatur
886 Gesellschaft, Beiträge zur Marxschen Theorie 10
887 Über Hans Mayer, Herausgegeben von Inge Jens
888 Nicos Poulantzas, Die Krise der Diktaturen
890 Bergk/Ewald/Fichte u. a., Aufklärung und Gedankenfreiheit. Herausgegeben und eingeleitet von Zwi Batscha
891 Friedensanalysen 5
895 Umberto Eco, Zeichen. Einführung in einen Begriff und seine Geschichte
898 Cohen/Taylor, Ausbruchversuche. Identität und Widerstand
902 Ernest Borneman, Psychoanalyse des Geldes
906 Brecht-Jahrbuch 1977
907 Horst Kern, Michael Schumann, Industriearbeit und Arbeiterbewußtsein
910 Peter Weiss, Stücke II
920 Tagträume vom aufrechten Gang. Sechs Interviews mit Ernst Bloch, Herausgegeben von Arno Münster
925 Friedensanalysen 6
954 Elias/Lepenies, Zwei Reden. Theodor W. Adorno-Preis 1977

Alphabetisches Verzeichnis der edition suhrkamp